음악적 창의성이란 무엇인가?

플라톤에서 AI까지 음악적 창조에 대한 미적 담론

음악적 창의성이란 무엇인가?

플라톤에서 AI까지 음악적 창조에 대한 미적 담론

초판 1쇄   2025년 4월 1일
지은이   (사)음악미학연구회 편

발행처   모노폴리
발행인   강정미
편 집   신동욱

출판등록   2005년 8월 9일 제2005-48호
주소   경기도 파주시 회동길 480 아트팩토리 B동 437호
전화   031-944-6692
팩스   031-944-6693
홈페이지   www.mpmusic.co.kr

ISBN 978-89-91952-90-4 94670
       978-89-91952-47-8 94670 [세트]

세아
이운형
문화재단
총서

014

음악적 창의성이란 무엇인가?

플라톤에서 AI까지 음악적 창조에 대한 미적 담론

음악미학연구회 편
오희숙, 손민경 책임편집
편집위원: 최진경, 정다운, 권애영

모노폴리

일러두기

1. 번역 및 편역글은 저자 소개와 서문을 첨가하였다. (원저자 논문은 생략)

2. 도서와 잡지는 『 』, 작품명은 〈 〉으로 표기하였다.

3. 인명, 지명은 외래어 표기법을 따랐고, 관용적으로 사용되는 이름과 용어는 그대로 표기하였다.

4. 이해를 돕기 위해 필요에 따라 역주 및 편역주를 첨가하였다.

편집자 서문

"음악은 내 존재의 이유이고, 창의성이 나를 살아있게 하는 원동력이다."

(Gustav Mahler)

I.

음악에서 창의적인 작품을 만들어 내는 것은 번뜩이는 순간에 찾아오는 영감이나 마법과도 같은 미지의 신비스러운 능력, 천재가 소유한 특별한 능력으로 여겨지는 경우가 많다. 역사적으로 창의성에 대한 논의가 계속 있었지만, 문화의 융합이 두드러지고 테크놀로지가 발전한 최근에는 더욱 큰 관심을 받고 있다. 특히 인공지능이 예술에 개입되면서, 'AI가 만든 음악이 과연 창의적인가?', 'AI는 창의적인 예술가가 될 수 있는가?'라는 질문이 쏟아져 나왔고, 이러한 상황에서 창의성에 관한 근본적인 탐구가 촉구되고 있다. 이에 음악미학연구회의 총서 14는 '창의성'을 주제로 하였다.

예술 작품, 특히 음악을 설명하는 데 있어 창의성(creativity) 만큼 빈번하게 사용되는 용어는 없을 것이다. 'Creativity'는 한국어로 '창의성' 또는 '창조성'으로 번역될 수 있으며, 두 용어의 선택에 따라 미묘한 의미 차이가 있을 수 있다. 창의성은 다양한 창조적 활동을 포함하며, 보다 근본적인 아이디어와 사고 과정을 포괄하는 개념이다. 반면, 창조성은 예술 작품을 실제로 완성하는 등 창의적 아이디어를 실제로 구체적이고 실질적인 결과물로 변화시키는 능력을 강조한다. 또한 창의성의 미적 가치는 기존의 아이디어나 형태를 넘어서는 '독창성'(originality)의 개념으로 평가되기도 한다. 창의성은 음악의 본질과 창작 과정을 이해하고, 그 가치를 평가하는 데 필수적인 요소인 것이다.

음악적 창의성에 대한 미적 탐색은 고대 그리스의 뮤즈 신화로 거슬러 올라가 간다. 제우스와 기억의 여신 므네모쉬네(Mnēmosynē) 사이에서 태어난 9명의 딸들인 뮤즈 여신들(Musai)은 시와 음악, 무용 등의 예술과 천문학 및 역사 분야를 관장하였고, 특히 시인과 음악가에게 '신적인 영감'을 전달하며 예술의 창작에 관여하였다. 이러한 전통을 이은 플라톤은 영감을 받은 예술가는 마치 자석이 옆에 있는 쇠를 끌어당기듯이 계속 그 영감을 확산시켜 나가면서 고리를 형성하게 되고, 이러한 영향을 받은 시인들이 예술적 창작을 한다고 보았다. 이후 창의성은 테크놀로지가 발전된 최근까지 다양한 관점에서 논의되고 있다. 그렇지만 눈에 보이지 않는 '창의성'을 연구하고 해석하는 일은 결코 쉬운 일은 아니다. 창의성은 종종 무의식적인 사고 과정에서 비롯되기 때문에 직접 관찰할 수 없을 뿐만 아니라, 개인의 주관적인 경험, 감정, 가치관에 따라 다르게 나타난다. 그럼에도 불구하고 음악에서 '창의적'이라는 가치평가는 작품의 창작 주체와 그 음악적 산물뿐만 아니라 연주자와 수용자의 상호작용을 통해 이루어질 수 있다. 예를 들어, 연주자는 작곡가의 의도를 해석하여 자신의 감정과 스타일을 담는 과정에서 창의적 가치로 평가될 수 있으며, 음악을 듣는 수용자는 곡을 분석하고 해석하는 과정에서 창의성을 발휘할 수 있다. 이처럼 음악의 창의성은 창작자의 독창적인 영감과 능력, 연주자의 해석, 그리고 이를 평가하는 청중의 반응에 따라 다양한 각도에서 평가된다. 이러한 판단의 중심에는 '아름다움'이 자리하고 있으며, 이는 음악의 진정한 가치를 형성하는 핵심 요소가 된다.

이 책에서는 이러한 폭넓은 스펙트럼을 아우르는 창의성이라는 속성을 다각적인 시각에서 연구하였다. 고대부터 현대까지 음악 분야에서 나타난 다양한 창의성의 이론을 살펴보았고, 철학적 미학적 담론도 조명하였다. 특히 '소리'라는 매체를 통해 창작자가 여러 차원에서 탐색하고 실험하는 과정을 거쳐 연주를 통해 창의성을 발휘하는 음악에서의 창의성에서도 집중적으로 살펴보았다. 또한 글로벌 시대의 다양한 문화 상호작용, 장르의 결합과 협업을 통해 새로운 음악적 형태가 탄생하면서 창의성의 새로운 가능성이 나타나는 부분도 놓치지 않았다. 더불어, 음악교육에서 창의성을 강조하는 프로그램과 커리큘럼이 증가함에 따라 학생들의 창의적 사고 개발에 대한 관심도 높아지고 있는 점도 주목했다. 이처럼 이 책에서는 고대부터 현대까지 음악의 창의성 문제를 예술 미학적, 사회학적, 역사 음악학적, 음악교육학적 시각에서 살펴보았다.

II.

이 책은 음악적 창의성에 관한 총 19편의 다양한 학문적 탐색을 네 파트로 나누어 다루고 있다. 1부 창의성에 대한 역사적, 철학적 논의에서는 '음악적 창의성이란 무엇인가, 어디서부터 시작되었는가?'라는 역사적 철학적 논의를 살펴보았다. 오희숙은 "음악적 창의성 미학

음악적 창의성이란 무엇인가? : 플라톤에서 AI까지 음악적 창조에 대한 미적 담론

의 역사적 흐름"에서 이 책의 중심 키워드가 되는 '창의성' 개념을 역사적으로 고찰하면서, 책 전체의 기본적 토대를 제공하고 있다. 이 글에서는 음악에서 창의성은 무엇이고, 어떤 의미를 갖는지를 질문하면서, 시대에 따라 변화되는 미적 가치의 측면에서 창의성 개념을 통시적인 관점에서 추적한다. 이해완은 "창의성과 철학"에서 예술과 창작의 핵심적인 요소인 창의성의 본질로서의 새로움과 가치에 대해 깊이 파헤치면서 철학적 관점에서 인간 본연의 심리적인 과정으로서의 창의성에 대한 정의와 이해를 시도한다. 이후 임수영은 창의성은 실재하는 심리적 역량인가에 대해 반문한다. 그의 "창의성의 실체를 찾아서"에서는 원론적인 질문으로 창의성 이해의 기원을 찾고, 미국에서 20세기 중반 창의성 연구의 초창기 상황을 비판적으로 고찰하면서, 최근 들어 활발하게 거론되고 있는 창의성을 개념화하는 방식에 대한 질문을 던진다.

세 편의 글 이후에는 번역글이 수록되었다. 미국의 철학자 버마젠(Bruce Vermazen)은 창의성에 담긴 "독창성(originality)의 미적 가치"를 탐구한다(권애영 번역). 버마젠은 예술 작품의 질적 특성과 깊은 관련을 지닌 독창성의 개념을 재평가하면서, 독창성이 항상 미적 가치를 갖는 것은 아니며, 새로운 속성이 반드시 작품을 더 좋게 만들지 않는다고 비판한다. 오히려 그는 독창성이 예술 작품의 가치 평가에서 단일한 척도가 될 수 없지만 다양한 예술 형식과 작품의 속성들이 어떻게 미적 가치를 형성하는지에 대한 다차원적인 접근을 제안한다. 독일의 철학자 허이슬링(Roger Häußling)의 글 "그로이스의 창의성 미학"(김지은 번역)에서는 니체의 철학적 사상과 현대음악과의 관계를 논의하며, 전통적인 활동적인 삶과 명상적인 삶의 이분법을 넘어, 현대성이 창의성을 세계 변혁의 힘으로 재정의했다고 주장한 보리스 그로이스(Boris Groys 1947-)의 논의를 살펴본다. 허이슬링은 창의성이 관조에 의존하면서도, 인간이 진리에 접근할 유일한 방법을 보장한다고 주장한다. 이로써 그는 창작의 진정한 면모인 파괴성을 정당화한다고 본다. 허이슬링의 창의성 철학은 현대 사회와 철학적 사고 내에서 창의성의 가치에 대해 다시 숙고하게 만드는 중요한 계기를 제공한다.

2부 창작과 연주 실제에서의 창의성에서는 음악이 실제적으로 탄생하는 창작과 연주 실제에서 창의성 문제를 다루었다. 즈비코우스키(Lawrence Zbikowski)는 음악적 발화가 의미 구성에 기여하는 방식을 "음악, 은유, 창의성"이라는 관점에서 논의한다(김주희 번역). 즈비코우스키는 하이든의 오라토리오 〈천지창조〉를 그 예로 들면서 음악적 소통은 언어적인 것과 구별되지만, 음악적 연상을 이미지와 감각으로 인식하는 교차 영역 매핑을 통해 의미를 구성하고, 이는 인간의 창의성을 탐구하는 데 중요한 역할을 한다고 역설한다. 이후 깁슨(Kirtsten Gibson)은 "작가, 음악가, 작곡가: 창작자? - 16세기에서 17세기로의 전환기에 '음악적 창의성'은 인쇄 매체에서 어떻게 표현되었는가?"(조민경 번역)에서 당시 영국에서 출판된 음악 인쇄물에서 작곡가가 어떻게 '저작자'로서의 위치를 구축했는지를 다룬다. 16세기 후반과 17세기 초는 인쇄술의 발전과 더불어 문학과 음악 분야에서 창작물에 대한 저작권 개념이 서서히 형성되기 시작한 시기였는데, 그는 인쇄 매체가 작곡가의 창의성과 저작자로서의 권위를 표현하고 강화했을 뿐만 아니라 당시 음악가들이 후원자 혹은 고용주의 요구에 부응하는 것과 별개로 자신의 창작물에 대한 명확한 주인 의식 또한 지니고 있었음을 주장한다. 이어서 윌고스(Richard Willgoss)의 "현대음악의 작곡 과정에서 나타나는 창의성"(조수현 번역)에서는 현대음악의 '작곡 과정'이라는 특정한 맥락에서 창의성에 주목했다. 윌고스는 이 여정에 앞섰던 헤겔, 쇼펜하우어, 칙센트미하이, 들뢰즈, 보든의 철학적, 인지심리학적 창의성에 대한 이론을 토대로 예술작품의 과정 또는 결과물에 창의성이 실재한다고 보았다. 그는 특히 작곡가가 형언할 수 없는 것을 표현해내려고 할 때 창의성이 발휘되고, 이러한 과정이 예술로 승화되었을 때 예술적 가치가 높게 평가된다고 논한다.

반면 클락(Eric F. Clarke)은 연주에 더욱 주목하여 창의성을 찾는다. 그의 "연주에서의 창의성"(손민경 번역)에서는 연주가 창의적이라 할 수 있는 연유와 다양한 가능성을 검토하면서 연주에서 발견할 수 있는 창의성의 다양한 표현을 탐구한다. 클락은 악보의 지시를 넘어서 표현적으로 음악을 연주하는 것이 일종의 창의성이라고 본 기존의 연구에 문제를 제기하면서, 연주가 개성을 갖는 것이 그 주체성을 넘어서 시대적으로 문화적으로 개입될 여지가 있다고 술회한다. 저자는 연주에서의 창의성이 사회적으로 형성된 음악 재료, 연주 관행, 인간의 신체와 상호작용하는 악기의 가능성과 제약, 감각과 운동, 인지능력 사이의 복합적인 접점에서 발생한다고 주장한다. 더불어 맥퍼슨과 림브(Malinda J. McPherson & Charles J. Limb)는 즉흥연주에 담긴 창의성에 집중한다. "즉흥연주: 실험적 고찰, 결과, 그리고 향후 방향"(임혜숙 번역)에서 이들은 음악에서 즉흥연주가 연주자들과 작곡가들의 창의성을 기반으로 하는 중요한 음악적 능력이고, 즉흥연주는 빠른 시간 안에 이루어지는 즉흥적인 행동이지만 음악적 즉흥 연주는 학습에 기반이 되어야 가능한 창조적 행동이라고 밝힌다. 또한 즉흥연주 유형들과 뇌신경학적인 관련성에 대한 여러 케이스를 보여주면서, 이 연구 결과들은 AI시대 미래사회의 중요한 능력인 창의성을 구체적으로 이해하는 기반을 마련해준다. 이후 라오(Nancy Yunhwa Rao)는 "예술적 협업의 상호학제성과 상호문화성"(배묘정 번역)에 대한 주제로 공연예술 및 시각 예술의 분야에서 인류가 문화와 예술의 번영을 이끌어 낼 수 있는 두 가지 종류의 협업, 즉 학제간 및 문화간 협업의 기술에 관해 검토를 시도한다. "예술에 있어서 학제간 협업이란 확장(stretch)하고 유희(play)하는 과정"으로 정의 내리는 그는 새로운 창의성은 예술 분야에서 여러 창작자들이 협업할 때 촉발되는 것이며, 음악가의 경우 시각 예술가, 작곡가, 무용가, 드라마투르기, 작가, 배우들과 함께 작업하는 예술적 협업을 통해 드러날 수 있다고 주장한다. 그의 논의는 학제간, 문화간 협업을 통해 예술작품의 질적 수준을 향상시키고 인류 전체의 예술적 번영을 성취할 수 있는 방향을 제시한다.

3부 현대 테크놀로지 & AI에서의 창의성 논쟁에서는 테크놀로지와 첨단 기술의 변화 속에서 나타나는 음악적 창의성을 심도 있게 파헤친다. 파스퀴에(Philippe Pasquier)는 인공지능과 음악 창작의 교차 영역으로 AI 및 컴퓨터 기법을 사용하여 음악을 생성하거나 생성을 지원하는 "음악적 메타 창의성"을 주제로 논의를 펼친다(최미설 번역). 저자는 이 창의성을 음악의 계산적 창의성의 하위 영역이자 시스템으로 보고 있으며, AI 알고리즘이 음악 표현, 창의성 및 협업의 새로운 형태를 가능하게 하는 방법을 탐구한다. 베르티네토(Alessandro Bertinetto)는 "디지털 시대 즉흥연주의 상호작용"(김연수 번역)을 다루면서, 오늘날 디지털 기술 문화와 상호작용하면서 새롭게 구축되고 확장되는 즉흥 연주의 음악적 실제를 다양하게 파고든다. 베르티네토는 미디어적인 라이브니스와 웹의 즉흥적인 역동성이 예술적 창의성이 실현될 수 있는 원천이다라고 판단하면서, 현대의 디지털 즉흥연주가 지닌 미학적, 철학적 측면을 고찰한다.

케이, 쟁, 윅스트롬(D. Bondy Valdovinos Kaye, Jing Zeng, and Patrik Wikstrom)은 2018년 탄생한 숏 비디오 플랫폼인 틱톡의 창의성과 문화를 사회문화적 관점에서 탐구한다(정다운 편역). 이들은 틱톡에 담긴 독특한 창의성을 '플랫포미제이션(platformization)'과 '행동유도성(affordance)'과 관련지어 언어적 창의성 사회적 창의성, 분배되는 창의성 측면에서 바라본다. 즉, 틱톡이라는 디지털 플랫폼의 특성. 기능, 논리가 상이한 사회문화적 관습과 상호작용하는 방식, 그리고 공간적으로 떨어져 있는 사람들이 어떤 작품을 만들기 위해 창의적 과정을 유도하는 특성과 관련 있는 것이다. 이후 미란다(Eduardo R. Miranda)는 "음악 작곡과 뇌 모델"(송예진 번역)에서 기술 사용으로 작곡의 확장된 측면에 대해 이야기한다. 그는 철학자 니체의 개념을 적용하여 컴퓨터 작곡이 디오니소스적 측면(직관적, 비이성적)과 아폴론적 측면(이성적, 논리적)의 상호작용이라 설명한다. 즉, 작곡에 있어 컴퓨터 사용과 인간의 개입 사이의 상보적 관계를 보여주는데, 그는 실제 작곡에서 이러한 기술을 어떻게 확장된 작곡 가능성으로 구성했는지를 면밀하게 살펴본다.

이후 메를리니와 니콜레티(Merlini, Mattia, and Stefano Maria Nicoletti)는 "살과 강철: 음악과 신체적 쟁점의 측면에서 바라본 컴퓨터적 창의성"에서(윤예원 번역), 첨단기술 인공지능의 신체적 쟁점을 중심으로 논지를 전개한다. 이들은 현대 신경과학과 롤랑 바르트와 메를로 퐁티의 이론에 근거하여 음악 창작의 경험에서 신체의 역할에 주목하는데, 음악을 경험하는 과정뿐만 아니라 음악을 창작하는 과정에서도 지각하는 신체의 역할이 무엇보다 중요하다고 주장한다. 그의 주장은 최근 논쟁의 화두로 떠오르는 인공지능의 역할과 활용에 대한 기존의 인식과 관심을 환기해준다. 이후 시카우(Lea Luka Sikau)는 "업로드를 리허설하다"(박진주 번역)에서 리허설을 단순한 연습 단계가 아닌 창작의 중요한 과정으로 관찰하고 연구하는 민족지학의 관점에서 현대 작곡가 미셸 판데르아(Michel van der Aa, 1970-)의 오페라《업로드》(Upload, 2021)의 리허설 과정을 검토한다. 그는 아바타의 가상 게슈탈트와 함께 나타나는 창의적인 협업의 단계에 초점을 맞추는데, 아바타를 비인간적인 에이전트의 복합체로 해부하면서, 가상 신체를 활용한 리허설이 어떻게 오페라의 창의적 역학을 재구성하는지에 주목한다.

4부 창의성을 둘러싼 음악교육학적 담론에서는 창의성을 둘러싼 음악교육학적인 담론을 파헤친다. 쿡(Nicholas Cook)은 "창의적 학습의 여러 전통들"(이창성 편역)이라는 주제로 그동안 음악교육이 1:1로 이루어져 왔었던 이유, 또한 음악대학 제도 하에서 교수자와 학습자 간의 도제식 교육이 계속 유지되고 있었던 이유를 파헤친다. 이를 살피기 위해 공식적 제도 외에서 일어나는 음악교육 및 학습 사례- 서양 음악 중 재즈, 팝, 록 음악가들이 음악을 학습하는 방식을 탐구하고, 역사적인 시각에서 창의성 교육이 어떻게 진행되어 왔고, 그것이 현대의 음악 교육에 어떤 의미를 지니는지에 대해 고찰한다. 마지막으로 쉬프(Dylan Van Der Schyff)는 "체현된 음악 교육과 음악 창의성의 실천"(최진경 편역)을 탐색하는데, 음악의 행위적 성질이 가장 드러나는 연주 창의성을 체화인지로 설명을 시도한다. 그는 유기체와 환경의 상호작용을 강조하는 행화인지(enactive cognition)를 중심으로 연주 창의성을 설명하는데, 연주는 신체적, 도구적, 감정적, 사회적 요소들이 제약과 자유로움 사이에서 적절한 균형을 유지하며 생생한 음악적 사건들을 만드는 과정이며, 그 과정에서 음악가들은 참신한 해석, 템포나 프레이즈 변화, 즉흥적인 아이디어의 시도 등을 통해 새로운 관행이나 스타일을 낳을 수 있다는 것이 그의 이론이다. 그는 창의성을 창작, 연주에만 국한되는 것이 아니라 모든 학습자들이 길러야할 혹은 기를 수 있는 보편적 역량으로 설명함으로써, 음악교육자들이 학습자의 창의적 성향을 개발하고 증진할 수 있는 참여적이고 협력적인 음악 수업을 탐색하도록 일깨운다.

이처럼 음악 창의성에 관한 역사적, 철학적, 음악 실제적 다양한 질문들과 이에 대한 여러 층위의 답을 이 책에서 만날 수 있을 것이다.

III.

이 책은 약 삼 년간의 작업을 통해 완성되었다. 먼저 '음악적 창의성과 미학'을 주제로 국내, 영미권, 독일어권의 의미 있는 글들을 탐색하고 선별하는 작업을 하였고, 이후 음악미학연구회 회원을 중심으로 필자 공모를 통해 각자 담당 원고를 선정하였다. 심도 있는 논의를 위해 이 주제에 대한 미학 분야의 전문가에게 원고 청탁을 하였다. 그 후 집필, 번역 및 편역 작업을 거치며, 지속적인 필자 미팅을 진행하였다. 완성된 원고는 여러 차례의 수정을 거쳤고, 파트너 교정, 그룹 교정, 편집위원 교정, 대면 교정 등을 통해 다듬어졌다. 또한 2024년 (사)음악미학연구회 6월 정기 세미나에서 주요 내용을 발표하고 토론하면서 음악적 창의성에 대한 여러 저자들의 관점을 비교할 수 있었고, 각 원고의 내용을 깊이 있게 살펴보며 전반적인 이해의 폭을 넓힐 수 있었다. 긴 시간 동안 단계별로 작업하면서 처음에는 이해하기 어려웠던 용어와 문장들이 서로의 정성 어린 피드백을 통해 점차 명확해졌고, 원고의 전반적인 질이 점점 향상되는 모습을 볼 수 있었다.

이 쉽지 않은 작업에 묵묵히 인내하며 끝까지 함께 해준 음악미학연구회 회원들에게 감사의 말씀을 전하며, 귀한 통찰과 유용한 해석이 담긴 원고를 보내주신 미학과 이해완 교수님과 임수영 선생님께도 감사드린다. 그리고 음악미학연구회의 학술적 작업에 지속적으로 관심을 갖고 후원해 주시는 세아이운형문화재단 이사장님께도 깊은 감사를 드린다. 마지막으로 멋진 책을 편집해 주신 모노폴리 바상연 대표님께 감사의 마음을 전한다.

이 책이 기술, 사회문화와 함께 변화하는 음악의 창조적 가치와 아름다움을 성찰하고 사색하는 데 작은 도움이 되기를 바란다.

책임편집인 오희숙, 손민경

차례

Contents

[Title]

What is Musical Creativity? - Aesthetics on Musical Creation From Plato to AI

1.

창의성에 대한 역사적 · 철학적 논의

'음악적 창의성' 미학의 역사적 흐름

오희숙

프롤로그

음악은 어떻게 창조되는 것일까?[1] 보통 우리는 순간적인 영감을 받아 펜을 휘날리며 창작을 하는 작곡가의 모습을 떠올린다. 모차르트의 작곡 과정을 "누에가 실을 자아내듯, 의식적인 노력이나 결단 없이도 걸작을 척척 빚어내는" 모습으로 그리거나,[2] "주전자에서 물이 콸콸 쏟아지듯이 흐르는 영감"에 의해 창작하는 것으로 그리기도 한다. 아름다운 음악, 미적 가치를 만들어내는 그 원동력을 '창의성'이라 한다면, 이러한 신비하고 마법 같은 창의성이 음악의 본질이라고 생각할 수도 있을 것이다. 그렇지만 음악의 창조가 이렇게 영감에 의한 것만은 아니다. 많은 작곡가들은 창작 과정의 고통을 호소하면서도, 쓰고 지우고를 반복하고, 고민에 고민을 거듭해 가며 창의성을 찾기 위해 노력한다. 창작 과정에 남긴 수많은 베토벤의 스케치들은 하나의 창의적인 작품을 완성하기 위한 노력을 보여주는 예가 될 것이다. 이렇게 하나의 아름다운 음악 작품을 완성하는 데는 모종의 원동력이 필요하며, 이를 보통 '창의성'이라 부른다.

뿐만 아니라 이들이 만들어낸 작품에 대한 미적 평가에서도 역시 창의성은 중요한 척도가 되고 있다. "왜 베버의 가곡은 슈베르트의 가곡에 미치지 못하는 것일까? 그의 피아노 변주곡은 [···] 모차르트의 것과는 비교도 될 수 없고, 베토벤의 것과도 견줄 수 없는 것일까?"[3]라는 아인슈타인(A. Einstein)의 질문, 21세기 들어 AI 작곡모델 에미(Emmy)의 음악은 "심장이 없는"(no heart),[4] "영혼이 없는" 음악이며, 창조적 과정에 대한 실마리를 풀지 못한다는 비판도 바로 창의성과 관계가 있다.[5]

---

1) 이 글은 다음의 책을 참고하여 작성하였다. 오희숙, 『음악과 천재』 (서울: 서울대출판문화원), 2012.

2) M. Solomon, *Mozart: A Life* (New York: Harper Cdllins, 1995), P. Kivy, 이화신 번역 『천재. 사로 잡힌 자, 사로 잡는 자』 (서울: 쌤앤 파커스, 2010), 282에서 재인용.

3) A. Einstein, *Grösse in der Musik* (München: Deutscher Taschenbuch-Verlag, 1980), 강해근 번역 『위대한 음악가, 그 위대성』 (파주: 음악세계, 2001), 53.

4) A. Miller I., "David Cope, Makes Music That is 'More Bach than Bach'," in *The Artist in the Machine: The World of AI-Powered Creativity*, (Cambridge: MIT Press, 2019), 164.

5) J. Berger, "Who Cares if It Listens? An Essay on Creativity, Expectations, and Computational Modeling of Listening to Music", in

이처럼 음악에서 '창의적이다'라는 가치 평가는 작품의 창작 주체와 창작 결과인 '작품'에 적용된다. 작품을 창작하는 음악가의 능력에서 '창의성'을 논하며, 창작의 결과인 작품 자체의 평가에서도 '창의성'을 논하는 것이다. 그리고 이러한 미적 가치가 있는 결과물 창출의 공통분모는 모두 '아름다움'(美)이라는 개념으로 귀결된다.

흥미로운 점은 이러한 논의가 최근 들어 '창의성'이라는 개념을 중심으로 전개되고 있다는 것이다. 그러나 실제로 음악에서는 '창의성'이 빈번하게 사용되지는 않았고, '아름다움'이라는 미적 가치는 오히려 '독창성'이라는 개념으로 평가되었다.[6] 그런데 21세기 테크놀로지의 발전에 따라 창작의 주체가 기계(컴퓨터)가 된 AI 음악이 나타나면서, 컴퓨터가 생성한 음악을 과연 음악으로 인정할 수 있는가에 대한 의문이 제기되었고, 여기에서 '창의성' 개념이 논란의 중심이 되었다. 이러한 상황에서 그동안 큰 주목을 받지 못했던 '창의성' 개념이 음악에서 부각되었다.

이 글에서는 음악적 '창의성' 개념을 고찰해 보고자 한다. 음악에서 미적 가치 또는 예술성의 핵심적 요소라 할 수 있는 창의성은 하나의 고정된 개념이라기보다는, 시대에 따라 많은 변화를 거쳤다. 이에 시대에 따라 변화되는 미적 가치의 측면에서 창의성 개념을 추적하면서, 과연 음악에서의 창의성이 무엇이며, 어떤 의미를 가지는지 살펴볼 것이다. 이러한 논의는 21세기 최근 음악의 가치 평가에 의미 있는 토대가 될 수 있을 것이다.

1. 신적인 창의성: 영감(Inspiration)

예술의 창작에 대한 신화는 '뮤즈'(muse)에서 출발한다. 뮤즈 여신들(Musai)은 제우스와 기억의 여신 므네모쉬네(Mnēmosynē) 사이에서 태어난 9명의 딸들로 '희극·비극·비가·서정시·영웅시·음악·춤·역사·천문학'을 관장하였다. 이들 뮤즈는 '신적인 영감'을 전달하는 특별한 기능을 가지고 있었는데,[7] '영감'(inspiration)은 그리스어로 '엔토우시아스모스'(enthousiasmos)

Computer Models of Musical Creativity, ed. D. Cope (Cambridge: MIT Press, 2005), 351 재인용.

6) 즉 창의성(cereativity), 독창성(originality), 아름다움(beauty)은 음악에서 미적 가치를 일컫는 개념으로, 중심적으로 보는 시각이 다르지만, 음악의 예술성을 이루는 핵심적 요소라 할 수 있다.

7) 뮤즈 여신들은 시가와 춤, 그리고 철학이나 천문학 등 모든 지적 탐구도 관할 하였다. 시인들이 시적 영감을 얻어서 시를 짓게 되는 것을 무사(Mousa) 덕분으로 여긴다. 호모의 『일리아스』나 『오디세이아』의 첫머리도, 헤시오도스의 『신들의 계보』나 『일의 역일』의 첫머리도 '무사'를 언급하는 것으로 시작되는 것이 그 때문이다. Plato, Politeia, 박종현 번역 『국가(政體)』(파주: 서광사, 2005), 137.

로서, "신에 홀린 상태"를 뜻하며, 본래 종교적인 용어로서 신에 사로잡힌 접신 상태를 의미한다.[8] 즉 예술의 창작이 영감을 가진 여신들에 의해 주재되고 있다는 사실은 예술이 여신들에 의한 영감의 소산임을 의미한다.[9] 이러한 관점에서 음악은 인간에 의한 것이 아니라 신들에 의한 영감의 산물이며, 여기서 뮤즈가 전달하는 '신적인 영감'이 음악 창작의 출발점이 된다.

뮤즈가 예술적 영감을 준다는 신화적 사고는 플라톤의 『이온』에서 잘 나타난다. 소크라테스와 이온의 대화로 구성된 『이온』에서는 오늘날의 예술가를 의미하는 예술가의 창작과 연주(낭송)가 중심 주제를 이루는데, 시를 만들고 이를 읊는 활동이 뮤즈에 의한 '영감'에 의해 나타난다고 반복적으로 언급된다. 플라톤에 의하면, 뮤즈신들이 어떤 사람에게 영감을 불어넣으면, 그 영감이 영혼을 자극하여 노래와 시를 제작하게 한다.[10] 플라톤은 영감을 받은 예술가는 마치 자석이 옆에 있는 쇠를 끌어당기듯이 계속 그 영감을 확산시켜 나가면서 고리를 형성하게 되고, 이러한 영향을 받은 시인들이 예술 창작을 한다고 보았다.

> 뮤즈신이 사람들에게 영감을 주면 그 다음에는 영감을 받은 사람을 통해 다른 사람들에게 그 영감이 전해져서 퍼지게 된다. … 모든 훌륭한 서사 시인들은 그 좋은 시들을 자신의 기술의 힘을 빌어 만드는 것이 아니라 영감 받고 열광에 사로잡힌 상태에서 만든다. 훌륭한 서정 시인들도 마찬가지이다. … 시인은 영감을 받아서 제정신을 잃기 전까지는 시를 지을 수가 없다. … 왜냐하면 시인들은 기술에 의해서가 아니라 신적인 영향을 받아서 이런 일들을 하기 때문이다. … 시인을 통해 우리에게 말하고 이야기하는 것은 바로 신 자신이다. … 저 훌륭한 시들은 인간의 작품이 아니라 신들의 작품이며, 시인들은 단지 신들의 통역자에 불과하다.(Plato, Ion)[11]

이렇게 플라톤은 예술적 창조 활동이 '기술'(테크네 techne)과 관계한 것이 아니라 '신적인 힘', 즉 영감에 의한 것이라는 생각을 보여주고 있다. 예술가는 자신의 의도와 구상을 발휘하는 것이 아니라 '신의 뜻을 인간에게 전하는' 전령(messenger)으로서, '제정신이 아니라 신에 들려서' 예술 활동을 한다고 보았다. 이러한 견해는 예술의 기원을 설명하는 '영감론'의

---

8) 오병남, 『미학강의』(서울: 서울대학교 출판부, 2003), 7. 오병남은 '영감'이 한국어로는 "신명"(神明)이라는 말에 가깝다고 설명한다.

9) 오병남, 위의 책, 95.

10) W. Tatarkiewicz, *History of Six Ideas* (The Hague: Martinus Nijhoff, 1980), 손효주 번역 『미학의 기본 개념사』(서울: 미술문화, 1999), 128.

11) Plato, Ion, 533 E-534. Tatarkiewicz, 위의 책, 129에서 재인용.

뿌리가 되었다. 이러한 맥락에서 보자면 예술가가 가진 능력인 '영감'의 유무는 예술가 자신의 의도나 노력과 관계있는 것이 아니라, 타고날 때부터 자연스럽게 나타나거나 순간적으로 외부로부터 부여받는 창조성이라 할 수 있다.

영감의 강조는 17세기 무지카 포에티카(Musica Poetica) 전통에서 뚜렷하게 나타났다. 이후 18세기 고전시대 및 19세기 음악에 중요한 영향을 미쳤을 뿐만 아니라, 20세기에도 많은 작곡가들에게 계속적으로 중요한 의미를 갖는다.[12] 즉 창작에 있어 논리적 합리성이나 수공예적 기술보다는 영감을 중시했던 작곡가는 음악사에서 매우 많은 수를 차지한다. 영감이 창작의 근원으로 나타난 예는 음악사에 빈번하게 등장했는데, 대표적인 예로는 모차르트를 꼽을 수 있다. 페터 세퍼(Peter Shaffer)의 희곡 『아마데우스』(1979)에서는 "신에게서 선택받은 모차르트에게 작곡은 식은 죽 먹기처럼 쉬웠다"는 것이 반복적으로 등장하며, "그 어디에도 모차르트가 건반 연습을 했다거나 대위 선율에 대한 강의를 들었다는 이야기는 등장하지 않는다."[13] 그래서 모차르트 전기를 쓴 솔로몬(M. Solomon)의 표현은 더욱 현실감 있게 느껴진다.

> 모차르트의 음악에는 창조를 위한 노동의 흔적이나, 그 안에 승화되어 있는 피와 고통의 자국이 없다. 그래서 그의 창조성은 외부에서 오는 힘의 산물로 여겨졌다. 그는 아마도 신적인 능력을 부여받은, 스스로의 힘으로는 작동할 수 없는 도구 혹은 그릇으로 생각되었던 듯하다. 그는 별 노력 없이 거의 자동적으로 곡을 쓴 것으로 알려졌는데, 이는 누에가 실을 자아내듯, 의식적인 노력이나 결단 없이도 걸작을 척척 빚어내는 것이 그의 본능이었기 때문이다.[14]

더 나아가 이러한 영감미학은 19세기에 '무의식적인 측면'이 더욱 강조되어 바그너·브람스·말러 등 여러 작곡가에게 발견되며, 더 나아가 쇤베르크 등 20세기 작곡가들에게서 잘 나타난다.[15]

이렇게 '영감'은 가장 오래전부터 음악적 창의성에 중요한 역할을 담당했다. 영감의 본질은 '신적인 것', '무의식' 등 신비한 미지의 세계이며, 그렇기 때문에 이에 대한 합리적인 창

---

12) H. Danuser, "Ispiration, Rationalität, Zufall. Über musikalische Poetik im 20. Jahrhunderts," in *Einfall zum Kunstwerk: Der Kompositionsprozeß in der Muisk des 20. Jahrhunderts* (Laaber: Laaber 1993), 12.

13) P. Kivy, *The Possessor and the Possessed Handel, Mozart, Beethoven, and the Idea of Musical Genius* (New Haven: Yale University Press, 2001), 이화신 번역 『천재. 사로잡힌 자, 사로잡은 자』 (서울: 썸앤파커스, 2010), 281-282.

14) M. Solomon, *Mozart: A Life* (New York: Harper Cdllins, 1995), Kivy, 위의 책, 282에서 재인용.

15) 이 글의 후반부를 참조하시오.

작 원칙, 교육, 노력 등과는 구별되면서 예술 창작에 대한 신비감을 더해 주었다. 더 나아가 영감을 받은 예술가는 '신의 대리인', '신의 매개자'라는 위치를 점하고, 이는 '신이 된 예술가'가 되어 예술가의 위상을 상승시켰다.

2. 모방적 창의성

보통 '모방'은 '창의성'과 대립 개념으로 이해된다. 이에 예술사에서 긴 시간 큰 영향을 미친 '모방미학'은 창의성과 관계가 없다고 생각할 수 있다. 자연이라는 대상을 모방의 대상으로 삼은 모방미학은 기존에 존재하는 것을 재현하는 데 중점을 두었기 때문이다. 그렇지만 예술에서 모방은 단순한 복제가 아니라 예술가의 개성적인 시각과 노력이 필요한 과정이고, 여기서도 '창의성'이 관건이 된다. 천재를 논할 때도 '모방적 천재'의 개념이 존재하는 것에서 잘 알 수 있듯이, 모방은 여러 측면에서 창의성을 창출하는 원동력이 된다. 그렇다면 모방미학에서는 어떤 창의성이 나타나고 있는가?

1) 모방미학과 창의성

15-18세기 가장 중요한 예술이론으로 자리 잡았던 모방미학은 '자연 모방'이라는 토대 하에 예술의 성립과 발전을 이끌어냈다. '예술은 자연의 모방이다'라는 모방미학의 핵심 논제는 15-18세기 예술에 중심적 척도였고 음악에서도 르네상스 시대부터 영향을 미쳤으며, 특히 바로크 시대에 접어들어 바흐·헨델·비발디·쉿츠 등 당대 작곡가들의 음악의 창작과 이론에서 중요한 위치를 차지했다. 주목할 점은 이때 모방이 단순히 대상을 그대로 복제하는 성격의 것이 아니라는 점이다. 즉 모방적 창의성이 존재한다.

이는 모방미학을 음악에 연결시킨 바퇴(Ch. Batteux)의 논의에서 잘 나타난다. 『동일한 원리로 환원되는 아름다운 예술』에서 바퇴는 '모든 예술은 자연의 모방이라는 바탕 위에 존재한다'고 주장하였고, 음악도 여기에 속한다고 보았다. 그런데 그가 말하는 '모방'은 '있는 그대로의 모방'이 아니라 '자신의 관점을 보여주는 모방'이다. 모방의 대상을 '선별'하고, 자신의 시각에서 관찰해야 한다는 점을 강조한 것이다. 즉 예술가는 "그 자체로서 완벽한 선별된 전체를 창조하기 위해서, 자연의 아름다운 부분을 찾아야 한다."[16] 예술가의 중요한 과제는

---

16) Ch. Batteux, Les beaux arts deduits à un même principe (Paris: chez Durand neveu, 1747), 8; E. Fubini, *Geschichte der Musikästhetik* (Stuttgart/Weimar: Verlag J. B. Metzler, 1997), 144에서 재인용.

자연의 특성을 알아보고, 이를 혼돈된 상태에서 끄집어내고 전체를 드러내어 고착시키는 것이다. 그래서 그에게 예술가는 "활동하는 이성"이고 "섬광의 도구"(uninstrument eclaire)이며, 자연에 존재하는 조화로운 관계를 즉시 다른 사람보다 빠르게 지각할 수 있는 '능란한 모방자'(industrieux imitateur)로 정의된다.[17] 예술가는 '있을 수 없는 것을 생각해 내는 것'은 아니고, '이미 있는 것을 발견하는 것'이지만, 이 가운데에서 중요한 것은 '진실된 것과 거짓된 것을 알아보는' 분별력, 즉 취향이 중요하다. "천재는 관찰할 때만이 창조자일 뿐이며, 상호적으로 창조하는 상태가 되기 위해 관찰할 뿐이다."[18] 이러한 맥락에서 창안(invention)이라는 것도 새로운 것을 발견하는 것이 아니라 "자연을 직접적으로 모방"하는 것을 의미한다. 즉 예술가는 전에 존재하고 있던 것을 발견하그 깊이 파헤치는 것이지, 무엇인가 새로운 것을 만들어 내는 사람은 아니다. 그래서 그는 천재의 변덕에 의해 자연적 법칙을 어기는 것은 일종의 '광기'일 뿐이라고 경고하였다.[19] 즉 바퇴는 예술가의 '모방적 창의성'을 요구하고 있다.

음악의 경우, 바퇴는 음악의 모방 대상을 인간의 감정과 열정으로 보았고, 대상을 동일하게 자신의 관점에서 드러내는 것이 중요하다고 말했다. 그는 음악을 "소리의 종류를 모방하고 감정을 표현하지 않는 음악"과 "느낌을 담는 음악"의 두 종류로 구분했고, 이 가운데 감정과 느낌이 표현된 음악을 높이 평가하였다. 이미 존재하는 대상인 '감정'을 음악가의 고유한 취향으로 표현하는 것이 중요하며, 이것이 바로 모방 미학에서 말하는 창의성이라고 할 수 있다. 이처럼 모방미학 시대의 창의성은 '새로운 것'을 형상화하는 것이 아니라, 기존의 것의 테두리 속에서 개성적인 것을 드러내는 능력이라고 이해할 수 있다.

2) J. S. 바흐의 창의성

모방적 창의성의 맥락에서 논의될 수 있는 대표적 작곡가는 J. S. 바흐이다. 이는 바흐 당대의 비평가 비른바움(J. A. Birnbaum)의 평가에서 잘 나타난다.[20] 그는 "궁정 작곡가바흐는 위대한 작곡가, 음악의 대가, 오르간과 클라비어의 비르투오소로서 … 그 누구도 그러한 능력을 가지고 있지 못하다"고 말하면서.[21] "신과 신의 창조에만 적용할 수 있는 특성"[22]으로 여겨진 '완전함'이라는 개념으로 바흐를 칭송하였다. 비른바움은 진정한 예술은 '자연을 모방하

---

17) 임선희, "바퇴의 예술모방론에 대한 연구(2)", 『생활문화·예술논집』, 13. 1990, 148.

18) 임선희, 위의 글, 148.

19) 임선희, 위의 글, 149.

20) Ch. Wolff, *Johann Sebastian Bach* (2000), 변혜련·이경분 반 역 『요한 세바스찬 바흐 1』 (서울: 한양대 출판부, 2007), 19-34.

21) W. Neumann (ed.), *Bach-Dokumente*, Bd. 3 (Kassel: Bärenreiter, 1972), 299-300.

22) Wolff, 『요한 세바스찬 바흐 2』, 399.

는 것이며, 예술이 위대하면 할수록, 자연의 상태를 더욱 훌륭하게 모방하기 위하여 노력하면 할수록 아름다움은 더욱 완벽해진다고 주장하며, 바흐의 음악에서 이러한 모방의 진수가 나타나고 있다고 보았다.[23]

또한 최초로 바흐 전기(1802)를 쓴 포르켈(J. N. Forkel, 1749~1818)은 바흐를 '진정한 천재', '강렬한 천재성'을 가진 예술가로 높이 평가하였다.[24] 포르켈이 제시한 척도는 작품의 수("수많은 작품을 세상에 내놓고"), 작품 양식과 장르의 다양성("그 모든 것이 다양하며"), 다른 작곡가들의 작품과의 차별성("어느 시대 어느 작곡가의 작품과도 다르고"), 풍부한 독창적 악상, 청중에게 접근하는 강한 흡인력("전문가나 비전문가를 불문하고 모든 사람에게 말을 거는 생생한 정신"), 음악 내적으로 풍부한 악상과 섬세함, 다양한 변화와 기법의 숙달성 등이다.[25] 그는 바흐의 이러한 능력이 '타고난 재능'이 아니라 '노력과 학습'의 결과라고 말하며, "위대한 천재성과 결코 지칠 줄 모르는 학습"의 결합이 그의 천재적 작품을 가능하게 했다고 역설하였다.[26] 여기서 포르켈은 음악에 집중하는 바흐의 '예술정신'을 강조하였고, 이러한 정신이 '위대함과 숭고함'의 예술을 만들어 냈다고 평가하며, 바흐의 위대함이 개성적인 독창성에 기인하기보다는 부단하게 노력하는 측면을 강조하였다.

20세기 들어 바흐에 대한 평가에서도 이러한 모방적 창의성의 측면이 두드러진다. '음악의 위대성'을 논한 아인슈타인(A. Einstein, 1879~1955)은 바흐의 뛰어남을 그 누구보다도 높이 평가하면서 "바흐는 독창적이지 않다. 그는 위대한 모방자고 도용자였다"라고 주장하였다.

요한 세바스찬 바흐의 결정적인 특징, 그리고 그의 역사적인 위상을 나타내는 또 다른 특징들이 있다. 그는 음악에서의 마지막 '화가'다. [···] 당대의 위대한 미학적 슬로건은 '자연을 본받자'였다. '자연을 모방하는' 방법은 수없이 많다. 그 방법들은 일부는 자연주의적이고, 일부는 상징적이며, 대부분은 매우 순진하다. [···] 혁명적으로 시작된 17세기는 이러한 미학적 경향을 아무것도 바꾸지 않았다. 오히려 그것을 반대로 더 강화시켰다. 그 옛 거장들은 감정이 아니라 그려내는 일, 언어를 철저히 구체화시키는 일, 그리고 상징을 중요시했다는 것을 인식하기 위해 카리씨미나 아

23) Wolff, 위의 글, 25-26.
24) J. N. Forkel, *Über Johann Sebastian Bachs Leben, Kunst und Kunstwerke* (Leipzig: Hoffmeister und Kühnel, 1802), 강해근 번역 『바흐의 생애와 예술 그리고 작품』(서울: 한양대학교출판부, 2005).
25) Forkel, 『바흐의 생애와 예술 그리고 작품』, 163-164.
26) Forkel, 『바흐의 생애와 예술 그리고 작품』, 166-170.

고스티노 스테파니의 레스타티브 하나만 검토해보면 된다. 바흐는 이 모두를 이어받았다.[27]

바흐를 "음악에서의 마지막 화가"라고 말한 것 역시, 당대의 모방미학적 틀 안에서 바흐의 예술성이 드러났다는 점을 말하고 있다.[28] 또한 아인슈타인은 "바흐는 마치 목수가 매주 의자를 만들 듯이, 또는 대장장이가 술잔을 만들어 내듯이 교회 칸타타를 작곡하여 연주했다"고 하면서, 합리적 원칙에 의해 음악을 만들어내는 바흐의 장인 능력을 부각시켰다.[29]

　　이처럼 바흐의 뛰어난 예술성(창의성)은 모방미학적 관점과 수공예적 관점에서 이해할 수 있다.

3. 음악적 창의성의 핵심 '독창성'과 음악 천재

음악에서 미적 가치를 산출할 수 있는 능력을 '창의성'이라고 할 때, 가장 직접적으로 이를 대변하는 개념은 '독창성'(Originality)이다. 18세기 중반 이후, 독창성은 한 음악 작품의 미적 가치를 가늠하는 대표적인 척도로 자리 잡아, '창의성'이라는 개념과 구분 없이 사용될 정도로 서양음악사에 지속적으로 강력하게 영향력을 발휘하였다.

1) 독창미학의 대두
모방미학이 지배했던 18세기 중반에는 큰 미학적 사고의 변화가 나타났다. 이미 존재하는 것이 아닌, 기존에 없는 새로운 것을 드러내야 한다는 생각이 대두된 것이다. 이는 '자연 모방'의 원칙이 변화되었다고 할 수 있는데, "예술의 근본적 모델이 되는 것, 또는 되어야만 하는 것은 천성적으로 주어진 자연(natura naturata)이 아니라 만들어져가는 자연(natura naturans)이다"라는 생각이 나타난 것이다. 즉 모방되어야 하는 것은 '그냥 있는 그대로의 자연'이 아니라, '만들어내는 과정으로서의 자연'이라는 것이다.[30] 이렇게 자연 개념의 변화가 나타나면서, 예술에서 모방성은 의미를 잃어가고 '독창성'이 부각되기 시작하였다. 이 시기부터 '독창성'은 예술적 창조성의 중심에 자리 잡게 된다.

---

27) A. Einstein, *Grösse in der Musik* (Pan-Verlag: 1951), 강해근 번역 『위대한 음악가, 그 위대성』 (서울: 음악세계, 2001), 149. 이하 Einstein으로 축약.

28) Einstein, 위의 책, 211.

29) Forkel, 『바흐의 생애와 예술 그리고 작품』, 167-168.

30) C. Dahlhaus, *Musikalischer Realismus* (1967), 오희숙 번역, 「음악적 리얼리즘」 (서울: 예솔, 1994), 36.

시인이자 사상가인 영(D. E. Young, 1683~1765)은 예술가의 '창조적인 독창성'을 모방적 능력과 대조되는 예술 창작의 주요 원칙으로 제시하였다.

창조적인 작가의 붓은 … 황폐한 황무지에서 꽃피는 봄을 만들어 낸다. 모방하는 사람들은 -이러한 꽃피는 봄의 저편에서 월계수를 이식하는 사람과 비슷한데, 이때 월계수는 이식을 하면서 가끔 죽기도 하고, 주로 낯선 땅에서 병들기도 한다. '모방자'는 자신의 명성을 자신이 모방의 대상으로 선택한 대상과 나누어 가진다. 반대로 창조적인 독창성은 나뉘지 않은 갈채를 오로지 혼자 향유한다.[31]

자연 모방에서 벗어나 독창적 창조성을 드러내는 예술가는 괴테의 문학작품에서 잘 드러난다. 괴테는 소설 『젊은 베르테르의 슬픔』에서 감수성이 예민한 청년 베르테르의 감성과 영혼을 섬세하게 서술하면서, 현존하는 세계가 아닌 '보이지 않는 세계'를 창조하고자 하는 열망을 가진 베르테르의 모습을 그리고 있다.

그 새로운 정신이란 대체 무엇일까? 그것은 스스로 창조하는 인간, 그리하여 새로운 시대를 알리는 '천재'라고 그는 말했다. 천재란, 정확한 수학공식처럼 다듬고 구상하여 만들어내거나 무엇을 모방하는 것이 아니라, 순간적으로 내면에서 솟아오르며 넘치는 영감과 폭발적인 생명력으로 창조해 내는 사람이다. … 빌헬름, 우리의 시대는 다른 것을 요구하고 있다! 그것을 우리는 발견해야 한다. 그렇지 않으면 우리의 정신은 나태해지고 썩어서 결국 스스로 파멸을 불러오고 말 것이다. 우리 시대에는 모방이 아닌, 스스로의 힘으로 창조할 수 있는 인간, 바로 천재가 필요하다. 그리고 진정한 예술가와 같은 사람이 진정한 천재가 될 수 있을 것이다(Goethe, 『젊은 베르테르의 슬픔』)[32]

더 나아가 칸트는 예술이 천재의 소관이라고 주장하면서, 천재의 가장 본질적인 척도로 '독창성'을 꼽았다. 예술 작품을 만들어 내는 예술가의 능력은 기존의 규칙을 습득하여 그것을 모방하는 것이 아니라, 새로운 것을 만들어 내는 것이라고 본 것이다.

---

31) E. Young, *Conjectures on original composition in a letter to the author of Sir Charles Grandison* (Doublin, 1759), 8.

32) J. W. V. Goethe, (Die) *Leiden des jungen Werthers* (Leipzig: Weygand'sche Buchhandlung, 1825), 두행숙 번역 『젊은 베르테르의 슬픔』 (서울: H&book, 2005), 120-121. 강조는 필자에 의함.

천재란 모방정신에 전적으로 대립해 있어야 한다는 점에서 누구나 의견이 일치하는 바이다.(KdU 47)

칸트의 이러한 주장은 예술가의 창조적 아이디어를 중요하게 부각했고, 예술가의 주관성에 큰 의미를 부여하였다.

음악에서도 18세기 중반 이후 음악작품에 작곡가의 개별적 감정을 드러내는 것이 중요해졌고, 이에 따라 모방성보다는 독창성이 미적 의미를 가지게 되었다. 이러한 변화는 베토벤이 〈전원〉을 표제음악의 비난으로부터 보호하기 위해 사용한 '묘사보다는 감정표현을'(Mehr Ausdruck der Empfindung als Malerei)란 어휘가 단적으로 보여준다. 말하자면 사람을 속이는 모방의 정확성, 즉 가상적인 객관성보다는 바로 그 반대되는 주관적 독자성을 미적으로 정당화시키는 것으로 간주한 것이다.[33]

2) 음악에서의 독창성

그렇다면 음악에서 '독창성'은 어떻게 나타날까? 독창성이 음악에서 중요한 창작의 원동력이자 가치평가의 기준으로 자리 잡는다는 것은 세 가지 측면에서 구체적으로 발견된다.

첫째, 음악적 독창성은 기존에 존재하는 어떤 것이 아니라, 완전히 새로운 어떤 것을 만들어 내거나 보여주는 능력을 의미하였다. 코흐(H. Fr. Koch)는 뛰어난 음악가를 "아름다움을 손쉽게 발견하고 창안하는 능력과 독창성의 능력"의 소유자로 정의하였고(1802), 이는 먼저 전고전주의 시대의 작곡가인 C. P. E. 바흐(1717-1757)에서 적용되었다.

우리는 C. P. E. 바흐의 모든 작품에서 독창적-천재를 인식할 수 있다. 아주 작은 작품일지라도 그러하다. 모든 작품에는 독창성의 도장이 찍혀있다. 또한 모든 작품은 수백 개의 다른 작품에서 인식될 수 있는 각각의 착상(Erfindung)과 혁신성을 가지고 있다.(Johann Friedrich Reichardt 1775 편지글)[34]

이후 모방성과 차별화되는 예술적 능력으로서의 독창성은 고전시대 음악의 미적 척도가 되었고, 베토벤에 이르러 최절정에 다다른다.

---

33) Dahlhaus, 『음악적 리얼리즘』, 37.

34) C. P. E. Bach, H. G. Klein, "Er ist Original!" (Wiesbaden: Dr. Ludwig Reichert Verlag, 1988), 11. C. Ph. E. Bach: Sein musikalisches Werk in Autographen und Erstdrucken aus der Musikabtei.ung der Staatsbibliothek Preussischer Kulturbesitz Berlin.

둘째, 새로운 것, 혁신적인 것으로서의 독창성은 음악에서 개인의 주관적 감정의 표출을 통해 나타났다. 이미 존재하는 것이 아닌 새로움은 인간 내면의 감정적 표현으로 가능하였기 때문이다. 이러한 정황은 달하우스의 논의에서 뚜렷하게 지적되었다.

> 작곡가에게 신중한 관찰자의 역할을 맡겼던 '모방이론'은 C. P. E. 바흐, D. 슈바르트, 헤르더 그리고 하인제가 보기에는 편협하고 진부한 것이었다. 작곡가는 격정을 그려서는 안 되고, 자아(Ichheit)를 음악적으로 표출시켜야 했다. 자신을 반성하고 내면성을 드러내는 자만이 독창적이다. 독창성의 원리(Originalitätprinzip)는 새로울 뿐만 아니라 무엇보다도 먼저 하나의 예술 작품이 '실제적인 심정 토로'일 것을 요구했다.[35]

즉 독창성과 감정적, 주관적 표현은 동전의 양면처럼 밀접한 관계를 맺는다. 창작자 내면의 감정을 드러내는 미학적 입장은 주어진 대상에서 벗어나 새로운 독창성을 드러내는 기반이 된 것이다. 그래서 독창성(Originalität), 감정(Gefühl), 감성(Empfindung)은 새로운 미적인 관점에서 특별히 중요한 역할을 하였다.[36] 문학가이지 음악가였던 슈바르트(D. Schubart, 1739-1791)는 뛰어난 음악가의 가장 중요한 요소로 "음악적 아름다움과 위대성에 대한 열광(Begeisterung), '열광적인 감정' 그리고 '대단하게 예민한 심장의 감정'(Herzgefühl)을 들고 있다.

> 이 감정은 음악을 고귀하고 아름답게 부각시키는 모든 것과 공감한다. 동시에 '심장'은 위대한 음예술가의 공명판이다. 이것이(심장) 전혀 쓸모 있게 사용되지 않는다면, 예술가는 영원히 그 어떤 위대한 것도 창조할 수 없다.[37]

이처럼 창조의 원동력으로서의 독창성은 음악에서 '주관적 감정의 표출'을 통해 가시화되었다고 할 수 있다.

셋째, 독창성은 전통적 작곡이론과 대립된다. 즉 자신의 감정을 자유롭게 표현하면서 새로움을 추구하는 독창성은 창작의 기본적 원칙을 규정하는 기존의 창작 관습과 대립되었

---

35) C. Dahlhaus, "Wagners Inspirationsmythen," in *Komponisten, auf Werk und Leben befragt, hrsg.* V. Harry Goldschmidt (Leipzig, 1985), 35.

36) C. P. E. Bach, H. G. Klein, "Er ist Original!," 13.

37) D. Schubart, *Ideen zu einer Ästhetik der Tonkunst*(Wien, 1806), Mit Vorbermerkungen und Register zum Neudruck von Fritz und Margrit Kaiser, Georg Olms Verlagsbuchhandlung: Hildesheim, 1969, 69.

고, 작곡 원칙에서 벗어나면서 오히려 '예술적 창의성'을 드러내는 상황이 된 것이다. "나는 규칙에 따르는 극을 단념하는 것에 대해 한순간도 의심해 본 적이 없다. … 나는 자유로운 대기 속으로 박차고 나가서야 비로소 내가 손과 발을 가지고 있음을 느낀다"[38]고 한 괴테는 이러한 측면을 잘 보여준다. 즉 작곡원칙에 근거하여 실수한 것과 그렇지 않은 것의 차이가 예술 작품에서 중요한 것이 아니라, 그 원칙을 넘어서는 작품이 오히려 의미가 있다는 것이다. 아래와 같이, 헨델에 대한 평가가 좋은 예가 될 것이다.

> 그러나 이런 규칙 파괴[헨델의 실내악 2중주를 위한 성악곡에 나타난 실수가 가장 뚜렷하게 나타나는 곳에서조차] 그 고안은 참으로 경탄할 만하고, 작품에 나타난 변주곡은 너무나 아름답다. 음악 비평을 위해 그것을 검토하는 최고의 심판관들도 그들에게 주어진 임무를 수행하고자 하는 욕망을 좀처럼 품지 않을 것이고, 법칙들이 명백한 오류로 판정되고 있음에도 불구하고 헨델의 결함들을 바로 잡는 것을 달갑지 않게 생각할 것이다.[39]

또한 파이시엘로와 모차르트를 비교한 아인슈타인(A. Einstein)의 비교 역시 유사한 관점을 보여준다.

> 파이시엘로는 어떠한 양식상의 실수도 없이 아주 세련되고 생생한 작품을 썼다. 그러나 그것은 바로 양식상의 결함이 없기에 불충분하고, 그래서 나쁜 작품이 되고 말았다. 그 작품은 당시 독일, 파리, 런던에서, 그리고 이탈리아에서도 큰 성공을 거두었다. 그러나 그 대본의 질에도 불구하고 지금 그것을 소생시키려는 어떠한 시도도 완벽한 좌절로 끝날 것이다. 거기에는 우리가 응축이라고 부르는 것이 결여되어 있기 때문이다. 파이시엘로는 모든 것을 모차르트보다 지루하고 진부하게 말한다.(Einstein 135-136)

흥미로운 예는 베토벤에서 나타난다. 그의 독창적 음악은 당대의 작곡원칙에서 벗어났고 이에 대하여 여러 비판이 제기되었다. 베토벤 동시대 작곡가인 토마셔크(J. W. Tomaschek)는 "베토벤의 음악은 화성, 대위, 조화로운 리듬, 그리고 특히 음악미학을 대수롭지 않게 여기는 것 같다. 그의 대작들은 이따금 이렇게 사소한 것들로 인해 손상되었다"라고 불평했으

---

38) 이순예, "천재와 창조성," 『미학대계 제2권. 미학의 문제와 방법』, 미학대계간행회 편 (서울: 서울대출판부, 2007), 392.

39) J. Meinwering, *Memoirs of the life of the late George Frederic Handel* (London: Printed for R. and J. Dodsley, 1760) 197. P. Kivy, 『천재. 사로 잡힌 자, 사로 잡은 자』, 105에서 재인용.

며, 슈포어(L. Spohr)는 "독창적으로 새로운 길을 개척하고자 했던 그의 부단한 노력에도 불구하고, 청각을 잃어가듯 음악적 정확성 역시 점차 잃어버리게 되었다"고 지적하였다.[40] 이처럼 음악에서의 독창성은 ―칸트가 언급했듯이- 기존의 원칙에서 벗어나, 새로운 자신만의 규칙을 만드는 것을 의미하였고, 이는 서양음악사의 패러다임 변화를 이끄는 음악가들의 특징이라고도 할 수 있다.

3) 독창적 천재 베토벤

독창성이 미적 가치로 자리 잡으면서, 창작의 주체는 인간 예술가가 되었고, 이러한 능력의 소유자를 '천재'로 부르게 되었다. 즉 천재는 창의성을 산출할 수 있는 능력을 지칭한다고 할 수 있다. 여기서 독창성은 천재 개념 형성에 핵심적으로 작용하였다. 1767년 "당대의 문학적 독특함"에 대한 글에서 게스텐베르크(H. W. v. Gestenberg)가 한 말은 이러한 상황을 단적으로 표현하고 있다.

> 천재가 존재하는 곳에는 '착상'이 존재하며, 거기에는 '새로움'이 있고, 그다음에 독창성이 있다. 그렇지만 거꾸로는 불가능하다.[41]

독창성 미학의 기반 하에 주관적 표현성을 자유롭게 시도하며 본격적인 음악천재로 등극한 인물은 두말할 필요 없이 베토벤이다. 베토벤은 스스로 독창성에 대한 미학적 가치를 강조하고 주관성의 표출을 중요하게 보았는데, 대화록에 의하면, 베토벤에게 아부하려면 그를 '독창적'이라고 칭찬해 주면 되었다고 한다.[42] 그의 음악 작품에 나타난 독창성에 대해서는 당대의 여러 평에서 언급되고 있다.

> 판 베토벤 씨가 천재이며 독창성을 가지고 자신의 길을 걷고 있다는 점은 부정되어서는 안 된다. 보다 격조 높은 작곡 스타일 속에서의 유별난 철저함과 아울러 작곡과정에서 이 악기를 다루는 비범한 통제력으로 인해, 그가 의문의 여지없이 우리 시대의 최고의 피아노포르테 작곡가들과 연주가들 중의 한 명이라는 사실은 확실하다.(Allgemeine Musikalische Zeitung 1799년 10월 9일,

---

40) Kivy, 위의 책, 247에서 재인용.

41) H. W. Gestenberg, "Briefe über Merkwürdigkeiten der Literatur," 1767. "Er ist Original!" , 13에서 재인용.

42) P. Rummenhöller, "C. P. E. Bach und Ludwig van Beethoven - Zwei 'Originalgenies'," in *Die 9 Symphonien Beethovens: Entstehung, Deutung, Wirkung*, hrsg. Renate Ulm (Munich: Deutscher Taschenbuch, 1994), 458.

op. 10의 세 개의 소나타에 대한 평)[43]

　베토벤 음악에 대한 그의 생전 당시 평을 보면, 그의 음악이 보여주는 독창성을 확인할 수 있다. 〈제3번 영웅교향곡〉에 대해서는 "받아들이기 어려운 긴 작품의 길이, 지나친 날카로움과 괴상함"(Allgemeine musikalische Zeitung 1805, 321)이 지적되었지만, "이 눈에 띄고 거대한 작품은 베토벤의 본질적이고 놀라운 정신이 창조해 낸 것들 중에서 가장 영속적이고 예술적이다"라는 찬사를 받았다(Allgemeine musikalische Zeitung 1808, 319).[44] 1825년 체르니가 쓴 편지를 보면, 베토벤 음악의 혁신적 사로움, 즉 독창성은 놀라움을 주는 동시에 긍정적인 평가로 이어졌다는 것을 알 수 있다.

　　베토벤의 작품들이 첫눈에 파악되거나 이해될 수 없다는 것은 오랜 경험으로 우리가 체득한 것이지요. 바로 처음에 매우 이해하기 어려워 보이는 것이 시간이 지남에 따라 매우 좋아하는 것이 됩니다.[45]

　또한 그의 음악에 나타나는 강렬한 표현력은 피아니스트로서 그의 연주에서도 중요한 특성으로 주목되었다. 베토벤과 당대 유명 피아니스트였던 겔리넥(A. Gelinek)과의 연주경연(1793년)에서 베토벤이 보여준 개성적인 연주는 여러 문헌에서 언급되고 있으며, 연주와 창작에서 드러난 그의 독창성과 표현력을 잘 보여주는 대표적 예에 속한다.

　　이 천재가 주는 감명은 이미 그때에도 엄청났던 것 같다. 피아노 즉흥연주의 대가였던 아베 겔리넥(A. Gelinek)은 베토벤과의 연주시합에서 졌을 때 "그는 인간이 아니라 악마다!"라고 말했다. … 그는 풍부한 상상력으로 짐작키도 어려운 음악적 깊이를 드러내 보여주었고 듣는 이들을 감동시켰다. 또한 그의 연주는 아주 새로웠다. … 아마도 베토벤은 피아노의 연주기교를 온전히 음악적 표현, 새로운 영혼 세계의 표현을 위해 이용한 첫 연주자였을 것이다.[46]

---

43) T. DeNora, *Beethoven and the construction of genius: Musical Politics in Vienna, 1792-1803* (Berkeley: University of California Press, 1995) 김원명 번역 『베토벤 천재 만들기. 1792-1803년 빈의 음악정치』(부산: 경성대학교 출판부, 2009), 258에서 재인용.

44) S. Hinrischen, "Seid Umschlungen, Millionen. Die Beethoven-Rezeption," in *Beethoven-Handbuch*, hrsg. Seven Hiemke (Kassel: Bärenreiter, 2009), 570.

45) Hinrischen, 위의 글, 571.

46) W. Rietzler, Beethoven (1996), 나주리·신인선 번역 『베토벤』(서울: 음악세계, 2007), 33에서 재인용.

20세기의 음악학자 루멘횔러(R. Rummenhöllder)는 베토벤의 창조적 예술성을 논하면서 그를 새로운 시민적 시대의 전형적인 작곡가 유형으로서, "딱 하나만 있어서 다른 것과는 구별되는 유일성의 신화"를 예술성의 척도로 강조한 작곡가로 평가하고 있다.[47] 이렇게 베토벤은 자신의 개성을 섬세하고 열정적으로 표출시킨 '독창적' 천재상을 보여주는 인물이라 할 수 있다.

4. 낭만주의 시대의 창의성: 무의식적 영감

예술 창조성의 근원을 독창성에서 찾았던 고전시대를 이어 19세기에도 독창성은 예술적 가치의 중심 척도로 계속 작용하였다. 여기에 추가적으로 나타난 19세기 낭만주의 시대의 특징은 '영감'이다. 이미 플라톤의 논의에서 강조된 바 있고 모차르트 같은 작곡가에게 가장 잘 나타난 '영감'은 19세기 낭만주의 미학의 시대에 한층 강화된 모습으로 부각되었다.

1) 영감과 신적 창의성

소위 '천재'로 평가된 19세기 작곡가들은 무의식적 영감을 창조의 원동력으로 보았고, 작품의 창작을 –아래의 여러 진술이 보여주듯이- 영감과 연결시켰다.[48]

> 작곡을 할 때 반성적 성찰은 열광으로 이행된다.(R. Schuamnn)
>
> 의식적인 사고는 일시적으로 힘을 상실하고 무의식적 상태가 지배할 때 창작이 가능하다.(J. Brahms)
>
> 영감은 모든 인간적인 능력을 소생시키며 활성화시킨다. 그것은 압도적으로 작용하는 필연적인 에너지이다.(G. Puccini)
>
> 최고로 아름다운 선율은 꿈에서 영감을 받은 것이다.(M. Bruch)
>
> 모든 위대한 작곡가의 창작은 바로 영감에서 출발하고, 그것이 중심을 이루며, 그것이 삶의 법칙이며, 모든 것의 시작과 끝이다.(H. Pfizner)
>
> 영감을 받았을 때, 어떤 강한 힘의 영향을 받아 [창작을 하려는] 특정한 강요 속에서 비전을 가지

---

47) Rummenhöller, "C. P. E. Bach und Ludwig van Beethoven - Zwei 'Originalgenies'," 458.
48) 아래의 여러 예는 다음을 참조하였다: U. Drüner, "Antriebs- und Kompensationsformen musikalischer Kreativität. - Wie Komponisten und Interpreten künstlerischen Stress erleben," *Das Orchester* 44/6 (1996), 3-4.

게 된다.(R. Strauss)

영감이 내부에서 크게 울려 퍼질 때" 천재는 창작에 임하게 되며, 음악적-드라마적 에센스는 갑작스러운 번뜩임의 순간에 어스름한 명상을 보여주며 의식화 된다.(R. Wagner)[49]

영감은 19세기 들어 '무의식적이며, 제어할 수 없는 예술창조의 원동력'으로 자리 잡았다. 이는 "창조적인 것은 의식적인 자아와 일치하지 않는, 그 어떤 것으로 부여받은 것"이라는 정신분석학자 마추섹(P. Matussek)에 부합한다.[50] 이러한 특징은 예술적 창작을 '신적인 것'으로 보는 플라톤적 전통의 연장선상에서 이해할 수 있다. 바그너는 이러한 특성을 매우 명확하게 인식하고 있는 듯하다.

이러한 천재의 현존은 순수한 우연으로써, 신 또는 자연이 임의로 여기 또는 저기에 던지는 것이며, 이를 통해 부여된 능력은 단지 적절한 사람에게만 오는 법이다.[51]

영감의 근원을 '알 수 없는 어떤 것'이라는 비규정성으로 설명하지만, 이제 그 근원에 '신'이 자리 잡았다. 즉 19세기 낭만주의 시대의 음악적 창의성은 '신이 내린 은총'에 의한 재능이 되었다.[52]

2) 슈베르트, 멘델스존, 바그너, 말러의 창의성

19세기에 영감이 음악적 창의성의 주요 요소로 다시 대두되는 가운데, 그 유형은 작곡가마다 다르게 나타났다. '영감'에 의한 창작을 전형적으로 보여준 작곡가는 슈베르트(F. Schubert)이다. 그의 작곡과정에 대해서는 음악학자 도이취(O. Deutsch)가 슈베르트 동료와 친구들(Vogel, A. Hüttenbrenner, Stadler, Picher)에 대해 기록하였다.[53] 도이취의 기록에 의하면, 슈베르트는 거의 '무의식적'으로 작곡하였고, 피아노는 전혀 사용하지 않았으며, 작곡 과

---

49) C. Dahlhaus, "Wagners Inspirationsmythen," 108 이하 참조

50) P. Matussek, *Kreativität als Chance. Der schöpferische Mensch in pscyodynamischer Hinsicht,* (München/Zürich, 1951), 135. U. Drüner, "Antriebs- und Kompensationsformen musikalischer Kreativität. - Wie Komponisten und Interpreten künstlerischen Stress erleben," 8에서 재인용.

51) R. Wagner, *Gesammelte Schriften und Dichtungen,* Bd. IV (Lepzig, 1872), 306. Dürrer, 위의 글, 3에서 재인용. 강조는 필자에 의함.

52) G. Révész, *Talent und Genie; Grundzüge einer Begabungspsychologie* (München: Leo Lehnen Verlag, 1952), 126.

53) E. Hilmar, "Kompositionsprozeß", in *Schubert-Lexikon, ed.* E. Hilmar, M. Jestremski, (Graz: Akademische Druck- u. Verlagsanstalt, 1997), 243.

정에서 거의 수정도 하지 않았다. 이런 모습을 본 슈베르트의 동료들은 슈베르트를 '예지력·통찰력 있는 사람'(ein Clairvoyant) 또는 '몽유병자'라고 불렀다고 한다. 흥미롭게도 슈베르트는 단지 오전에만 작곡을 하였으며, "매우 조용하게 책상에 앉아서 악보 또는 텍스트북을 바라보면서, 아주 쉽고 거침없이, 거의 수정의 흔적 없이 작곡하는" 모습을 슈타들러(Stadler)는 상세하게 기록하고 있다.[54] 슈베르트는 직접 총보에 사보를 하였고, 중심 선율을 처음 사보한 후, 단계적으로 개별적인 성부를 첨가한 것으로 보인다. 20세기의 슈베르트 연구자들은 이러한 슈베르트의 창작 과정을 "빠르고-급작스러운 작업 방식"(Koelsch, 1927), "대단한 창작 속도를 보이며, 무엇인가를 수정할 준비는 거의 없었던 과정"(Sachse, 1958)으로 기록한다.[55]

　　멘델스존(F. Mendelssohn)의 경우에도 '영감'이 매우 중요한 요소였는데, 창작에 영향을 주는 '감정적 분위기'가 그에게는 작곡의 전제 조건을 형성하였다.[56] 그는 "때때로 나는 어떤 큰 진동이 순간적으로 들리는 것을 느낀다. 《시편》(op.51)을 작곡할 때 그것은 본격적으로 나에게 파고들었다"라고 밝힌 바 있다. 이러한 측면을 심도 있게 연구한 멘델스존 연구자 슈미트(Th. Ch. Schmidt)에 의하면, 멘델스존에게는 작곡을 할 수 있는 '적절한 분위기'가 창작의 절대적인 기본 전제였으며, 특히 '내적인 평안', '여유' 등이 중요한 영감을 주는 중요한 요인이었다. 멘델스존 스스로도 "나는 음악을 끌어낼 수 있는 분위기를 가지게 될 때야, 음악에 대해 생각할 수 있다"(1841년 2월 27일 편지)고 밝혔다. 그는 바쁜 여행일정, 가까운 친지의 죽음 등 자신의 평안한 일상이 깨지게 되면 창작을 할 수 없었고, '즐거운 일', '아름다운 자연', '사랑의 감정' 등이 충만할 때 창작의 생산력은 매우 높아졌다. 특히 자연은 그의 음악적 영감의 중요한 요소로서, 여러 작품의 창작과 연결된다.[57] 예를 들어 1836년 결혼 즈음하며 쉐베닝엔(Scheveningen) 호수에서 보낸 여름에 -멘델스존의 기록에 의하면- 당시의 주변 사람들이 "멘델스존은 오로지 영감을 찾아서 호수에 온 것이며, 다음날에는 쉐베닝엔의 호수 서곡이 작곡될 것"이라고 말했다고 한다.[58] 이렇게 멘델스존은 '심각하고 비극적이고 어두운 분위기'가 아니라 '기쁘고 명랑하고 즐거운 분위기'에서 작곡을 하였으며, 그래서 "좋은 날씨 작곡가"(ein Schönwetterkomponist)라는 별명을 얻었고, 이러한 분위기는 그의 음악에

---

54) Hilmar, 위의 글, 243.

55) Hilmar, 위의 글, 243.

56) Drüner, "Antriebs- und Kompensationsformen musikalischer Kreativität. - Wie Komponisten und Interpreten künstlerischen Stress erleben," 8에서 재인용.

57) Th. Ch. Schmidt, *Die ästhetischen Grundlagen der Instrumentalmusi F. Mendelssohn Bartholds* (M & P: Stuttgart, 1996), 88.

58) 1836년 8월 13일 편지. Schmidt, 위의 책, 85.

잘 반영되었다고 볼 수 있다.[59]

영감을 강조한 작곡가로는 바그너(R. Wagner)를 빼놓을 수 없다. 바그너는 자신은 여러 글에서 '예술가'와 '천재'를 동일한 의미로 사용할 정도로 천재 예술가를 예술에서 당연한 것으로 전제하였고, 작품의 창작을 '영감의 신화'로 설명하였다.[60] 그는 창작의 원동력을 '무의식적인 의식'(unbewusstes Bewusstsein) 또는 '초의식'(Überbewußtsein)이라는 개념으로 설명하면서, "영감이 내부에서 크게 울려 퍼질 때" 천재는 창작에 임하게 되며, "음악적 드라마적 본질은 갑작스러운 번뜩임의 순간에 어스름한 명상을 보여주며 의식화된다"고 말하였다.[61] 《라인의 황금》 전주곡(Vorspiel)의 창작이 이러한 예에 해당한다.

오후에 집에 와서 나는 오래 갈망했던 잠을 자려고 피곤한 몸으로 침대에 누웠다. 그러나 잠은 오지 않았다. 그 대신 나는 일종의 몽유병과 같은 상태가 되어 갑자기 내가 마치 흐르는 물속에 잠긴 듯한 느낌을 받았다. 그때 끊임없이 분산화음으로 진행하는 E♭장조 3화음 음향이 떠올랐다. 이 분산화음은 E♭장조의 순수 3화음의 선율로서 나타났다.[62]

또한 바그너는 "인간을 쾌적하게 하는 것이 천재의 의무라고 생각한다"고 보았고, "영감이 내부에서 크게 울려 퍼질 때, 다른 사람들 역시 그것을 듣게 하라"고 말하면서 대중에게 무엇인가를 전달하고 우매한 대중을 구원하고자 하는 구도자적 천재상의 모습을 보여주었다.[63] 이러한 맥락에서 바그너는 "천재의 탁월성에 기초하여 작곡가를 종교적으로 영감을 받은 모범적인 전형이라고 찬미하였던 19세기의 예술 개념"[64]을 믿고, 그 스스로 그러한 특징을 보여준 대표적 인물로 평가된다.

영감미학을 중요하게 본 또 다른 작곡가는 말러(G. Mahler)이다. 낭만주의 미학의 마지막 계승자로도 평가되는 말러의 경우 한편으로 숙고에 의하여 작품을 수정하는 이성적인 측면도 보여주었지만, 본질적으로 '영감'이 그의 창작에서 중요한 요소였다. 말러는 "한 작품의 창작과 탄생은 처음부터 끝까지 신비하다. 왜냐하면 사람들은 자신도 의식하지 못한 채

---

59) Schmidt, 위의 책, 88.

60) 바그너 천재성은 폭넓게 논의된 바, 그는 "예술가적 능력에 있어서는 그 예가 없을 정도로 예술사 전반에서 최고의 재능을 가진" 천재라는 칭송을 받은 바 있다. T. Mann, Wagner und unsere Zeit. Aufsätze, Betrachtungen, Briefe (Frankfurt a. M.: Fischer, 1963), 60.

61) Dahlhaus, "Wagners Inspirationsmythen," 108 이하 참조.

62) R. Wagner, Mein Leben, Bd. 2, ed. E. Middell (Bremen: Dieterich'sche Verlagsbuchhandlung, 1986), 60.

63) 김문환, "대중과 예술," 『바그너의 생애와 예술』 (서울: 느티 나무, 2006), 237에서 재인용.

64) 김문환, "대중과 예술," 235.

낯선 영감으로 무엇인가를 만들어야 하고, 이것이 나중에 어떻게 만들어졌는가에 대해서는 전혀 이해할 수 없기 때문이다"라고 말하면서, '무의식적 영감'을 창작의 원동력으로 보았다. 제2번 교향곡과 연관해서는 "더 놀라운 것은 전체 악장이나 작품에서가 아니라, 개별적 부분에서, 즉 가장 어렵고 가장 중요한 부분에서 이러한 무의식적인 비밀스러운 에너지가 나타난다는 것이다"라고 말했다.[65] 특히 이 교향곡 4악장의 텍스트를 찾는 과정에서의 경험을 다음과 설명하였다.

> 예술적 창조에 대한 본질에 있어서 가장 심오한 것은, 내가 어떻게 영감을 받아들이느냐이다. 나는 당시 오랫동안 마지막 악장의 합창에 대해 생각을 했고, 사람들이 이를 베토벤의 외형적 모방으로 느낄까봐 걱정을 했다. 이 생각이 나를 위축시켰다. 이 시기에 뷜로우(Hans von Büllow)가 세상을 떠났고, 나는 그의 장례식에 갔다. 내가 앉았던 곳의 분위기는 내가 고민했던 그 작품의 정신과 잘 맞았다. 그때 오르간 앞의 합창단이 클롭슈톡의 노래 '부활'을 불렀다. 번개와 같이 이는 내 머리에 스쳤고, 내 영혼은 완전히 명확해졌다. 창조자는 바로 이러한 순간을 기다린다. 이는 '성스러운 받아들임'이다. 당시 내가 체험한 것을 이제 음으로 창조했다.[66]

즉 말러는 예술의 창작이 신비에 싸여있으며, 논리적으로 설명할 수 없는 종류의 작업이라고 보았고, 실제로 자신의 창작과정에도 많은 경우 바로 이러한 무의식적 요소가 핵심적인 역할을 한 것이다.

이렇게 낭만시대 창작의 중심적 척도는 '무의식적 영감'이라 할 수 있으며, 이를 통해 음악가들은 자신의 예술적 독창성을 구현하였다. 이러한 능력은 학습이나 훈련을 통해 구성되는 것이 아니라, 타고난 능력이라고 볼 수밖에 없다.[67] 그래서 이들의 창조성은 평범한 사람은 아무리 노력해도 도달하기 어려운 것으로 이해되었다.

---

65) 이 부분은 다음을 참조하였다: 졸고, "음악시학에 대한 논의," 『음악이론연구』 3 (1999), 143-145.

66) G. Mahler and others, *Gustav Mahler Briefe: 1879-1911*, ed. Herta Blaukopf (Vienna and Hamburg: Publications of the International Gustav Mahler Society, 1982), 200.

67) 이러한 천재상은 예술가의 주체적인 정체성의 상실을 명확하게 보여준다고 생각한다. 왜냐하면 그들 스스로 창작을 자신의 주체적인 의식이나 내면의 고민을 통한 창조성의 발휘로 이해하기보다는 외부에서 오는 창조력을 수용하는 수동적 측면을 강조하고 있기 때문이다.

5. 20세기 현대음악의 전통적 창의성: 혁신적 독창성과 영감

음악의 양식적 미학적 변화가 급격하게 나타난 20세기 현대음악에서 음악적 창의성 개념은 오히려 '독창성'의 전통을 이어갔다. 조성의 붕괴, 전통적 작품 개념의 해체 등 기존의 이론이나 관습을 파격적으로 벗어나는 모더니즘과 아방가르드 음악 경향을 가능하게 한 원동력은 독창적인 새로운 예술에 대한 갈망이었기 때문이다. 특히 20세기적 독창성은 전통적 독창성에서 한 걸음 더 나아갔다고 볼 수 있는데, 전통에서 벗어나는 정도가 단순히 '규칙을 벗어나는 정도'에 머무른 것이 아니라 더욱 극대화되었다. 전통적인 독창성의 주요 관점이 '모방에서 벗어나는 것'이었다면, 이제는 한 단계 더 나아가 '새로운 언어'의 창출로 나아갔다고 볼 수 있다.

이러한 유형은 전통적 조성음악 체계에서 벗어나 무조음악이라는 새로운 영역을 개척한 쇤베르크(A. Schönberg)에서 찾을 수 있다. 그는 규범적인 전통적 미학에서 벗어나 '지금까지 존재하지 않았던 것'을 작품에 드러내고자 하였다. 즉 그는 "예술이라는 것은 새로운 예술을 의미한다"고 주장했고, 이를 '신의 창즈력'과 유사하게 보았다.[68]

> 진정한 창조의 본질을 이해하기 위해서 알아야 할 것은, 신이 '빛이 있으라' 하기 전까지는 빛이 없었다는 것이다. 그리고 거기에 빛이 없었기 때문에, 신의 전지전능함이 빛을 만들어낼 수 있는 환상(幻想, Vision)을 품고 있을 수 있었다. … 창조자는 이러한 환상 이전에는 존재하지 않았던 환상을 가지고 있다. 그리고 창조자는 이러한 환상에 삶을 부여하고, 실제화시킬 힘을 가지고 있다.[69]

즉 음악이 추구해야 할 진정한 가치는 '새로움'이며, 이 새로움은 지금까지 결코 존재하지 않았던 철저한 새로움이어야 한다고 쇤베르크는 보고 있다. 음악학자 슈미트(Ch. Schmidt)가 "쇤베르크의 무조음악은 천재적 음향 판타지를 통하여 조성적 문법의 모든 법칙에서의 해방을 가져왔다"고 언급하면서, "쇤베르크의 무조음악에는 모든 관습의 완벽한 해체에서 음악적 천재성의 아이디어가 실현되었다"고 평가하고 있는 점도 이러한 맥락에서 설득력이 있다.[70]

---

68) 쇤베르크의 미학과 시학에 대해서는 다음을 참조: 졸저, 『20세기 음악 2: 시학』 (서울: 심설당, 2004), 32-57.

69) A. Schönberg, *Stil und Gedanke. Aufsätze zur Musik*, ed. I. Votěch (Frankfurt a.M: S.Fischer, 1976), 77.

70) Ch. Schmidt, "Die Endzeit des Genies. Zur Problematik der ästhetischen Subjekts in der (Post-) Moderne," *Deutsche*

아방가르드의 대표주자인 케이지(J. Cage) 역시 독창성을 창조성의 핵심으로 보았던 인물이다. 그의 음악관의 기본적 토대는 기존의 것에 대한 비판을 통한 새로움의 추구였다. "나는 낡은 생각을 두려워한다"고 하면서, 케이지가 보여준 새로운 예술 세계는 전통을 뒤집는 것이었다. 지금까지 음악의 영역에서 상상할 수 없었던 '소음'이나 '침묵'을 음악의 재료로 본격적으로 수용한 것, 인간의 의도와 욕망에서 벗어나고자 했던 '우연성 음악'의 시도, 삶과 예술을 넘나드는 시도 등 케이지가 보여준 독창성은 고전·낭만적 독창성을 비약적으로 뛰어넘는 현대적 독창성의 산물이라고 볼 수 있다.

이 외에도 예술적 독창성의 추구는 "모든 오페라 극장을 폭파하라"(P. Boulez), "모든 것을 버려라, 우리는 잘못된 길에 있었다"(K. Stockhausen)는 주장을 하면서 전통에서 벗어난 20세기 많은 아방가르드적 작곡가들의 특징이라 할 수 있다. 즉 '관습으로부터의 해방'은 창조적 예술가의 절대적 심급이 된 것이다.[71]

주목할 점은 이러한 상황에서 20세기 음악에서는 '무의식적 영감'이 창조성의 한 요소로 작용하였다는 것이다. 이러한 측면은 매우 역설적인데, 20세기는 낭만주의의 감정적 특성에 대한 반발이 강하게 나타났고, 이에 따라 합리적·이성적 원칙에 의한 작곡양식이 새롭게 대두되었기 때문이다. 그럼에도 드뷔시(C. Debussy), 쇤베르크, 힌데미트(P. Hindemith) 등 현대 작곡가들이 창작의 원동력을 무의식적 영감의 측면에서 찾았다.

예를 들어 드뷔시는 음악을 설명하고 창작과정에 대해 이야기하는 것에 강력하게 반대하면서, "창작 작업은 말로 설명할 수 없으며", "애매한-다의성의 공간"에 존재한다고 역설하였다.[72] 드뷔시는 수공예, 테크닉, 작곡의 작업 등에 대해 이야기하지 않고, "예술의 비밀"에 대해 논하는데[73], 이는 그가 창조의 능력을 말로 설명할 수 없는 무의식적 차원으로 보고 있다는 것을 의미한다고 할 수 있다.

쇤베르크의 경우, 작품을 창작을 자극하고 이를 이끌어나가는 요소를 '환영'(幻影 Vision) 또는 '영감'이라고 보았고 이를 '형식감'(Formgefühl) 또는 '내적 필연성'(innere Notwendigkeit)이라고 부르기도 하였다. 그는 12음기법 작곡 과정에서도 역시 '무의식적 형식감'을 강조하면서, "사람들은 독자적 판타지의 거역불가능성에 대해 확신을 가져야 하며,

Vierteljahrsschrift für Literaturwissenschaft und Geistesgeschichte 69, 1995, 178.

71) Schmidt, 위의 글, 178-179.

72) R. Groth, "C. Debussy: 'Ein bisschen vom Geheimnis Bewahren'," in _Vom Einfall zum Kunstwerk. Der Kompositionsprozeß in der Musik des 20. Jahrhunderts_, ed. H. Danuser, (Laaber, 1993), 25에서 재인용.

73) Groth, 위의 글, 25에서 재인용.

자신의 독자적 영감을 믿어야 한다"고 역설하였다.[74] 창작과정에서 작곡가를 르네상스의 천재 미켈란젤로에 비유한 쇤베르크의 글은 이러한 맥락에서 매우 흥미롭다.

> 진정한 작곡가는 물론 나무블록을 가지고 노는 아이처럼, 다른 것에 한 부분을 조립하지 않는다. 그는 작품 전체를 하나의 즉흥적인 비전으로서 떠올린다. [.] 그리고 나서 작곡가는, 미켈란젤로가 스케치 없이 대리석 조각에서 그의 모세 작품을 조각해 냈듯이, 자신의 재료를 직접적으로 조형하면서 세세한 부분까지 완성하며 진행하 간다.[75]

힌데미트(P. Hindemith)도 '영감'과 같은 무의식적, 신적인 창조력을 강조한 작곡가이다. 그는 창작의 과정을 "어느 날 밤 폭풍우 속에 격렬한 번개가 … 스쳐 지나가는 경험"으로 비유하였고, "테크닉적 지식은 누구에게나 습득될 수 있는 반면, 명확한 환영(幻影)은 진정한 창조적 재능의 특권"이라고 보면서 영감이 천부적으로 타고난 것이라고 보았다.[76] 이렇게 20세기 음악적 창조성은 아이러니하게도 낭만주의적 특성이 더욱 극대화되어 나타났다.

6. 21세기 기계적 창의성(Computational Creativity)

테크놀로지의 발전은 음악에 큰 변화를 불러왔다. 20세기 후반부터 기계를 활용한 전자음악이나 컴퓨터 음악이 활발하게 나타났고, 21세기 들어서는 디지털 시대로 전환되면서 디지털 매체를 활용한 새로운 유형의 음악이 등장하였다. 또한 AI가 등장하여, 예술 분야에도 개입하기 시작하였다. 이에 21세기 들어 창의성은 컴퓨터와 관련되어 나타났다. 즉 지금까지 인간의 예술 활동을 중심으로 창의성 문제가 나타났다면, 21세기 들어서는 인간적 창의성과 차별화되는 컴퓨터를 활용한 음악의 창의성 문제가 중요하게 대두되었다. 이에 최근의 창의성은 기계적 창의성(computational creativity)이란 개념으로 포괄하여 접근할 수 있다.

---

74) Schönberg, *Stil und Gedanke. Aufsätze zur Musik*, 75. 쇤베르크의 미학과 시학에 대해서는 다음을 참조: 졸저, 『20세기 음악 2: 시학』, 29-58.

75) A. Schönberg, *Die Grundlagen der musikalischen Komposition*, Bd. I (Wien: Universal Edition, 1979), 12, J. Laas, "Zum Begriff Chaos im künstlerischen Schaffensprozeß," Musik & Ästhetik 7/26 (2003), 63에서 재인용.

76) P. Hindemith, *Komponisten in seiner Welt* (Zürich: Atlantis, 1959), 84.

1) AI 작곡모델의 창의성 문제

컴퓨터가 우리의 삶을 지배하고, 기계가 많은 업무를 인간 대신한다고 해도, 예술 창작은 인간만이 할 수 있는 마지막 보루였다. 그렇지만 AI 작곡모델이 대거 등장하게 되었다. 예일대의 컴퓨터 공학자 도냐 퀵(Donya Quick)이 개발한 쿨리타(Kulitta), 스페인 말라가 대학교의 멜로믹스(Melomics) 팀이 공개한 현대음악 작곡 AI 이아무스(Iamus) 미국 산타크루즈 대학의 작곡과 교수 코프(D. Cope)는 AI 작곡가 에미(Emmy)와 현대음악작곡에 도전하는 AI 하웰(E. Howell), 케임브리지 대학교의 쥬크덱(Jukedeck), 비바 컴퍼니의 아이바(AIVA), 오픈 에이아이(Open AI)의 뮤즈넷(Musenet)과 주크박스(Jukebox) 그리고 한국의 AI 작곡가 이봄(EvoM) 등 이 음악작품을 창작하여 작품을 발표하였다. 사실 한 인간이 작곡가로 성장하기 위해서는 어린 시절부터 많은 음악을 듣고 연주하고, 전문적으로 화성법, 대위법, 형식론 등의 이론을 학습하며 역사적으로 축적된 많은 작품들을 심층적으로 공부해야 하고, 이를 토대로 창의성을 발휘하며 지난한 과정을 거쳐 하나의 작품을 완성하게 된다.그런데 이 작업을 이제 AI가 실행하면서, 수백 년 축적된 작품을 하룻밤 사이에 공부하여 원리를 파악하고, 이를 적용하여 순식간에 다량의 작품을 창출하였다. 예를 들어 코프는 자신이 개발한 AI작곡 모델 에미가 작곡한 것을 직접 창작하는 경우 대략 8만 배나 긴 시간이 소요된다고 말한다.[77]

이러한 상황에서 '창의성'에 대한 문제가 전면에 부각되었다. AI 작곡가들의 창작 활동에 대해 경외감을 표명하기도 하였지만, 이보다는 주로 많은 비판이 대두되었다. 모차르트의 데이터를 활용한 에미(Emmy)의 음악에 대해 '형편없는 모차르트'[78]라고 비판되었고, 『괴텔, 에셔, 바흐』의 저자인 호프스테터(D. Hofstadter)는 AI가 창출한 음악의 근본적인 문제는 바로 '휴머니티'(인간성)가 결여되었다고 하면서, 음악이라는 것이 인간성의 발현이며, 인간의 예술성이 중요하다고 보았다. '영혼의 레퀴엠'(Requiem for the Soul)이라는 의미심장한 제목의 글에서 홈즈(R. Holmes)는 "에미(AI)는 생명을 가지고 있지 않고, 자신에 대한 인식 역시 하지 못하며, [...] 음악을 들어 본 적도 없고, 음악이 어디서 오는지에 대한 흔적도 느끼지 못한다"[79]고 하면서 AI와 인간의 차별점을 지적하였다.

베토벤 10번 교향곡 AI 프로젝트와 관련하여서도 AI창작의 문제점이 강하게 대두되었다. 이 교향곡의 초연을 지휘했던 카프탄(Dirk Kaftan)은 AI의 한계를 지적하면서 AI는 창의

---

77) D. Cope, *Computer Models of Musical Creativity* (Cambridge: MIT Press, 2005), 352.

78) "Ghost on the Machine," Keyboard 19/9 (1993), 25. D, Cope, 위의 책, 353에서 재인용.

79) B. Holmes, "Requiem for the Soul", *New Scientist* 155/2094 (1997), 23.

적이지 않다고 주장하였다.

> AI는 이미 진행된 것들로 작업한다. AI는 과거의 것을 작업하는 것이다. [여기서 던질 수 있는 질
> 문은] AI가 시대정신을 사로잡는 독창적인 새로운 것을 창조할 수 있는가이다. 이 문제는 베토벤
> 프로젝트에서 대답되지 않았다. 거기에 나의 아주 아주 큰 회의감이 있다.[80]

미디어 전문가 쉽(Jörg Schieb)도 AI는 기존의 양식을 모방하는 정도가 최상이며[81], AI
는 창의적일 수 없다고 단언한다. "자신의 실존과 자신의 무한성을 증명할 수 있는 경우만
창의적이라고 말할 수 있다"고 보기 때문이다.[82]
그렇지만 이러한 논쟁 속에서 '예술적 창의성'에 대한 고민이 나타났다. AI 음악은 창
의적인가? 인간만이 창의성을 가질 수 있는가? 그렇다면 창의성이란 과연 무엇인가? 이에
대해서 전통적 창의성 개념과 차별화되는 서로운 개념 규정이 시도되었다.

2) 보든의 창의성 이론

AI의 출현에 따른 창의성 문제에 대한 새토운 개념 규정을 시도한 가장 대표적인 예는 인
지과학자이자 철학자인 마거릿 보든(Margaret A. Boden)의 연구이다. 석세스 대학교의 인지
과학 교수인 그는 수년간 컴퓨터 과학의 츠원에서 창의성을 연구하였다. 컴퓨터의 창의적
부분과 인간 뇌의 작용과의 유사점에 대해 연구한 보든은 『창의적 마음: 산화와 메커니즘』
(The Creative Mind: Myths & Mechanisms)을 통해 새로운 창의성 개념을 제시하였다. 보든은
'창의성'이라는 것이 마법적인 것, 뭔가 특별한 것이 아니고 "인간의 정신과 두뇌라고 해서
마법을 부리는 것은 아니다"고 말하며,[83] 창의성을 다음과 같이 정의하였다.

> 창의성이란 '새롭고, 놀랍고, 귀한' 아이디어나 물건을 창조하는 능력을 뜻한다.[84]

---

80) "KÜNSTLICHE INTELLIGENZ – BEETHOVENS 10. SYMPHONIE URAUFGEFÜHRTKÜNSTLICH IST NICHT KÜNSTLERISCH:.
https://www.br-klassik.de/aktuell/news-kritik/kritik-urauffuehrung-beethoven-10-symphonie-kuenstliche-intelligenz-computer-bonn-100.html [2024년 1월 4일 접속].
81) https://blog.wdr.de/digitalistan/ki-hat-beethovens-10-symp-honie-vollendet/ [2023년 11월 20일 접속].
82) https://blog.wdr.de/digitalistan/ki-hat-beethovens-10-symp-honie-vollendet/ [2023년 11월 20일 접속].
83) M. Boden, The Creative Mind : Myths and Mechanisms. 2nd ed (London; New York: Routledge, 2004), 고빛샘 외 번역 『창조의 순간. 새로움은 어떻게 탄생하는가』 (21세기 북스, 2010), 22-23.
84) Boden, 『창조의 순간. 새로움은 어떻게 탄생하는가』, 11.

즉 그는 '새로움', '놀라움', '가치'라는 세 가지 특징으로 창의성을 규정하였다. 이를 토대로 보든은 '창의성'을 심리적 창의성(P 창의성)과 역사적 창의성(H 창의성)으로 나누었고, 여기서 심리적 창의성을 다시 조합적 창의성(combinational creativity), 탐험적 창의성(exploratory creativity), 변형적 창의성(transformational creativity)으로 구분하였다.[85]

창의성	심리적 창의성	조합적 창의성(combinational creativity)
		탐구적 창의성(exploratory creativity)
		변형적 창의성(transformational creativity)
	역사적 창의성	

창의성에서 가장 첫 번째로 중요한 요소인 새로움은 기존의 독창성과 직접 연결되는 개념으로 예술과 과학에서 새롭고 독창적인 생각을 떠올리는 것을 의미한다. 여기서 심리적 P 창의성은 새롭고, 놀랍고, 귀한 아이디어를 내놓는 능력으로 그 전에 얼마나 많은 사람들이 같은 아이디어를 떠올렸는지는 중요하지 않다. 반면 역사적 H 창의성은 우리가 알고 있는 범위 내에서 이전에 아무도 생각해내지 못한 것, 즉 인류 역사상 처음 등장한 것을 의미한다. 그래서 H 창의성은 특별한 경우가 된다.

보든은 특히 심리적 P 창의성에 관심을 가지며, 이를 다시 세 가지 유형으로 나누었는데, 먼저 조합적 창의성(combinatorial creativity)은 익숙한 아이디어들을 낯선 방식으로 결합하는 능력으로, 새로운 것을 만드는 방식이다. 시적 심상, 그림 또는 섬유를 이용한 콜라주, 비유를 이용한 표현이 여기에 속하며, '은유'와 '유추 능력'이 작용한다. 반면 탐구적 창의성(exploratory creativity)은 관념 공간에 대해 탐구하는 능력을 의미한다. 이미 존재하는 공간, 특정한 사회집단에 익숙하고 거기에서 가치를 인정받는 내재된 사고방식에서 새로운 아이디어를 생각해 내는 것이다. 이러한 창의성은 우리가 이전에 엿보지 못했던 가능성을 실현하기에 의미가 있다. 예술이나 과학 분야의 전문가들이 용인된 절차나 규칙 내에서 작동하고, 이전에 생각했을 뿐 누구도 전혀 생각해보지 못했던 새로운 스타일, 새로운 문장, 새로운 멜로디, 새로운 이론을 만들어 내는 것이 여기에 해당한다.

마지막으로 변형적 창의성(transformational creativity)은 영역을 파괴하는 능력이다. 우

---

85) 이 부분은 다음을 참고하였다. Boden, 『창조의 순간: 새로움은 어떻게 탄생하는가』, 프롤로그.

리 머릿속에 있는 지도를 바꿀 수 있는 정도의 새로운 시도가 여기에 해당된다. 각자의 관념 공간에 따라 이전에는 생각할 수 없었던 무언가를 생각해내는 능력, 불가능하다고 평가되는 아이디어를 창출하는 능력을 의미하며, 창의성 중에 가능 높은 수준을 보인다. 변형적 창의성의 결과가 인정되려면 수년이 걸릴 수 있는데, 왜냐하면 그 결과들이 종종 너무 특이해서 충격을 주거나 혐오감을 주고, 역겨움이나 불신감을 유발할 수 있기 때문이다.[86]

이러한 이론을 바탕으로 보든은 AI의 창의성에 대한 많은 비판을 반박하면서, "컴퓨터가 창의적일 수 있으며, 적어도 창의적으로 보이는 아이디어를 내놓을 수 있다"고 하였다.[87] 그는 "관념 공간과 이를 탐구하고 변형하는 방법은 AI개념으로 설명할 수 있으며, 연결고리를 형성하고 평가하는 것을 "원칙적으로 컴퓨터도 할 수 있다"고 본다. 컴퓨터는 "새로운 조합을 무궁무진하게 만들어 낼 수" 있으며, "매우 풍부한 지식과 함께 다양한 연결고리를 형성하는 능력"도 역시 가지고 있다는 것이다.

컴퓨터는 또한 주어진 영역이나 공간을 조사하고 탐구할 수 있는 탐구적 창의성을 가지고 있다고 하면서, 그림 그리기 프로그램 AARON과 함께 코프의 에미(Emmy)를 예로 든다.

이 프로그램은 바흐나 비발디, 모차르트, 스트라빈스키 등과 같은 작곡가들의 음악을 분석해 그 작곡풍 대로 작곡할 수 있다.[88]

더 나아가 변형적 창조성 역시 컴퓨터에서 가능하다고 본다. 스스로 규칙을 변경하고 개념적 공간을 변형시켜 흥미로운 아이디어를 산출하는 컴퓨터 프로그램도 이미 존재하기 때문이다.

즉 보든은 기계의 창의성을 규정하면서, AI 음악도 창의성을 가질 수 있다고 주장하였다. 그는 창의성이 "특별한 재능이 아니라 인간 지능 전반에 걸친 하나의 양상"으로, 극소수 엘리트 집단의 전유물이 아니며, 사람마다 차이는 있지만 어느 정도는 창의성을 가지고 있다고 본다.[89]

---

86) A. Miiler, *The Artist in the Machine : the World of AI-Powered Creativity* (Cambridge: MIT Press, 2019), 김동환·최영호 번역 『아티스트 인 머신』 (일산: 컬처북스, 2022), 91.
87) Boden, 『창조의 순간: 새로움은 어떻게 탄생하는가』, 21.
88) Boden, 위의 책, 24.
89) Boden, 위의 책, 11.

3) 코프의 재조합적 창의성(recombinant creativity)

코프(D. Cope, 1941-)는 AI 작곡모델 에미(Emmy)와 에밀리 하웰(Emily Howell)을 개발하였고, 이 모델이 창출한 음악에는 창의성이 없다는 많은 비판을 받았다. 그렇지만 코프는 AI 창작을 둘러싼 여러 비판에 대해 조목조목 응답하면서, 자신의 시각에서 창의성 개념을 규명하는 시도를 하였다.[90] 코프는 창의적인 활동이 "일종의 마술처럼 신비한 것이 아니라 명확하게 그 과정과 개념을 밝힐 수 있으며[91], "창의성 개념과 관련해서 유일하게 마술적인 것이 있다면, 여기에 마술적인 것이 관계되었다고 우리가 생각하는 점"이라고 말한다.[92] 즉 그는 창의성 개념이 객관적이며 논리적으로 규명될 수 있다고 주장한다.

그렇다면 코프가 중요하게 보는 예술적 가치, 즉 창의성이란 어떤 의미를 가질까? "음악적 창의성에 있어서 나의 컴퓨터 모델은 핵심적으로 재합성 모델"이라고 명쾌하게 말하며, '재조합적 창의성'(recombinant creativity) 개념을 제시하였다.[93] 창의성이 완전히 새로운 것을 발견해 내는 것이 아니라, 기존의 것을 재배열, 재배합 시키면서 나타난다는 것이다. 구체적으로 음악 작품의 창작도 "음악적 재료의 특별한 병치, 배치"에서 나오며, 이에 따라 작품의 창작에서 작용하는 창의성은 재합성의 능력에서 나온다고 본다.

> 성공적인 창의성의 비밀은 새로운 글자 또는 새로운 음들을 발견하는 것에서 나타나는 것이 아니라, 존재하는 글자와 존재하는 음들의 우아한 합성과 재배열에서 오는 것이다.[94]

> 나는 믿는다. 위대한 작곡가의 천재성은 이전에 상상할 수 없었던 음악의 창안(inventing)에 있는 것이 아니라 이미 존재하는 것들의 효과적인 재조합(reorder)과 재발견(refind)에 있다.[95]

또한 코프는 창의성은 "동적이며 복잡하지만, 그것은 또한 명백히 분석 가능하며 계산 가능"하다고 보았고[96], 이에 따라 창의성은 프로그램화할 수 있다고 말한다. 이러한 주장은

---

90) 이 부분을 다음을 참조하였다. 오희숙, "모방과 창의성 사이의 테크놀로지: 코프(D. Cope)의 초기 AI 작곡 모델 에미(Emmy) 연구,"『음악이론연구』, 2023, 67-107.

91) D. Cope, *Tinman Too. A Life Explored* (New York: iUniverse, 2012), 367.

92) Cope, 위의 책, 367.

93) Cope, *Computer Models of Musical Creativity*, 127. 이 개념은 보든의 '조합적 창의성'과 유사한 측면이 있다. 그러나 보든은 조합적 창의성을 창의성의 가장 기본적인 단계로 보았다면, 코프는 이 창의성이 AI 창작의 핵심적인 창의성으로 보고 있다.

94) Cope, 위의 책, 69.

95) D. Cope, *Experiments in Musical Intelligence* (Madison, Wis.: A-R Editions, 1996), 1.

96) D. Cope, Aesthetics, 조유경 번역, "음악적 창의성에 대한 컴퓨터 모델 중 제12장 미학,"『디지털 혁명과 음악』, 오희숙, 원유

그간 에미의 창작과정에서 유추할 수 있다. 에미는 바흐, 모차르트, 베토벤 등 음악사의 대가들의 작품을 분석하고 재조합하는 과정에서 이들 작품의 특성(시그니처)을 찾고, 이를 토대로 알고리즘 방식을 통해서 작품을 작곡한다. 음악작품은 알고리즘 과정을 통해 계산되고 조합되어 지며, 프로그램화된 것이다. 이에 코프는 "창의성의 가장 유용한 모델은 연상 네트워크에서 볼 수 있는 동적 프로세스와 유사하다"고 하면서, 다음과 같이 12가지 창의성 원리를 제안하였다.[97]

〈창의성에 대한 코프의 12가지 원리〉

1. 연결

2. 영감에만 의존하지 않는다

3. novelty, comtivity[98] 와 창의성은 다르다

4. 타인의 작품을 합성

5. 타인에 대한 작품을 암시하여 병렬하는 것에 의존

6. 학습과 지식이 필요

7. 모든 구조적 레벨에서 나타남

8. 문맥에서 발달

9. 프로그램의 자체적 규칙 발전

10. 경험

11. 통합

12. 타인의 판단에 의거한 미적 가치

이러한 맥락에서 코프는 기계의 창의성에 대한 공리를 세 가지로 압축한다. 기계(컴퓨터)는 창의성을 갖고, 음악의 미적 가치는 작품을 누가 만들었는지(인간인지 기계인지)와는 관계가 없으며, 기계의 한계는 동시에 인간의 한계라는 것이다. 더 나아가, 코프는 AI 음악이 인간의 창의성을 약화시킨다는 지적에 반발하면서, "프로그램에 의해 창조된 음악은 인간의 창의성을 [오히려] 뒷받침한다"고 말한다. "인간은 프로그램을 실행시키는 컴퓨터를 디자인하고 만들었으며, 음악을 생산하는 프로그램을 코드화했고, 그 프로그램이 데이터베이스

선 책임편집 (서울: 모노폴리, 2021), 661.

97) D. Cope, 위의 책, 659-660.

98) 콤티비티는 코프가 만든 신조어로 '창의성'(creativity)과 복합성(complextity)이 합쳐진 개념이다.

로 사용하는 음악을 작곡하였다. 그리고 더 중요한 것은, 그렇게 만들어진 작품을 듣고 평가하는 것도 인간"이며, 이러한 맥락에서 AI 음악은 인간의 창의성을 더욱 증대시키고 있다는 것이다.[99] 이와 같이 코프는 기계는 창의적인 활동을 할 수 없다는 선입관을 반박하면서, AI 모델에 적용될 수 있는 창의성 개념을 제시하였다.

맺음말

음악사에서는 수많은 천재를 만나게 된다. 우리는 늘 궁금하다. 그들의 창의성은 어디서 오는 것일까? 몇 개의 음으로 구성된 선율 하나를 만들고, 그 선율로 웅장한 사운드의 대규모 작품을 완성하고, 청중은 경탄과 찬사를 보내는 패턴을 보면 창의성이 수수께끼와 같이 느껴진다. 전율할 만한 아름다운 음악은 인간의 경지로 이해되지 않고, 그래서 음악은 신적인 차원으로 넘어서기도 한다. 『신적인 천재 모차르트』의 저자 파이퍼(K. Pfeiffer)는 모차르트 음악이 궁극적으로 '신의 영역'을 구현한다고 보았고,[100] 신학자 링엔바흐(R. Ringenbach)는 『모차르트가 들려주는 신의 소리. 하나님은 음악이시다』에서 모차르트의 음악에서 신 그 자체를 느낄 수 있다고 말하면서, 모차르트를 예술적 천재를 넘어서는 절대자의 경지로 본다. 그런데 시간이 흘러 21세기에는 이 모든 것을 컴퓨터가 할 수 있게 된 듯 하다. 창의성은 인간의 산물이고, 그 근원에는 '뇌'가 존재하고 있으며, 이것은 컴퓨터가 할 수 있는 경지라는 것이다.

> 뇌는 다른 것이 그러하듯 일종의 컴퓨터이다. … 상상력, 창의성, 심지어 의식까지도 우리 인간에게 선천적으로 허용된 특성은 모두 소프트웨어 프로그램과 동일한 것일 수 있다.(데미스 하시비스 Demis Hassibis)[101]

현대적 창의성을 연구하고 있는 밀러(A. Miller)는 저명한 현대미술상 '터너상'(Tuerner Prize)의 다음 수상자 또는 퓰리처상(Pulitzer Prize)의 다음 수상자는 AI가 될 수 있다고 상상

---

99) D. Cope, 위의 책, 640.

100) K. Pfeiffer, *Von Mozarts göttlichem Genius. Eine Kunstbetrachtung auf der Grundlage der Schopenhauserschen* Philosophie, 1.

101) A. Miiler, 김동환·최영호 번역 『아티스트 인 머신』, 33 재인용.

해 보라고 말한다.[102] 그러나 이미 이러한 상상은 현실이 되었다. 일본의 문학상 수상자, 미국의 미술 경연대회의 수상자가 AI가 되어 논란을 일으킨 바 있다.

　음악적 창의성이 과연 무엇인가? 이에 대한 하나의 답은 내놓을 수 없지만, 확실한 것은 시대에 따라 음악이 변화되면서, 창의성도 변화되었다는 점이 아닐까? 어쩌면 그렇기 때문에 인간은 창의적이라고 말할 수 있는 것 같다. 긴 시대적 변화를 추적해 보니, 한곳에 머무르지 않고 계속 앞으로 나아가고 있는 것이 인간의 창의성의 원동력이라고 느껴진다.

---

102) A. Miiler, 김동환·최영호 번역 『아티스트 인 머신』, 35.

참고문헌

김문환. "대중과 예술." 『바그너의 생애와 예술』. 서울: 느티나무, 2006.

오병남. 『미학강의』. 서울: 서울대학교 출판부, 2003.

오희숙. "모방과 창의성 사이의 테크놀로지: 코프(D. Cope)의 초기 AI 작곡 모델 에미(Emmy) 연구." 『음악이론연구』 40, 2023.

――――. 『음악과 천재: 음악적 천재미학의 역사와 담론』. 서울: 서울대학교 출판문화원, 2012.

――――. "음악시학에 대한 논의." 『음악이론연구』 3. 1999.

이순예. "천재와 창조성." 『미학대계 제2권. 미학의 문제와 방법』. 미학대계간행회 편. 서울: 서울대출판부, 2007.

Bach, C. P. E. Klein, H. G. *"Er ist Original!"*. *C. Ph. E. Bach: Sein musikalisches Werk in Autographen und Erstdrucken aus der Musikabteilung der Staatsbibliothek Preussischer Kulturbesitz Berlin*. Wiesbaden: Dr. Ludwig Reichert Verlag, 1988.

Batteux, Ch. *Les beaux arts deduits à un même principe*. Paris: 1747, 8.

Boden, M. *The Creative Mind: Myths and Mechanisms. 2nd ed*. London; New York: Routledge, 2004. 고빛샘 외 번역 『창조의 순간. 새로움은 어떻게 탄생하는가』. 파주: 21세기 북스, 2010.

Berger, J. *"Who Cares if It Listens? An Essay on Creativity. Expectations. and Computational Modeling of Listening to Music"*. *D. Cope. Computer Models of Musical Creativity*. Cambridge: MIT Press, 2001.

Cope, D. *Computer Models of Musical Creativity*. Cambridge: MIT Press, 2005.

――――. *Experiments in Musical Intelligence. Madison*. Wis.: A-R Editions, 1996.

――――. *Tinman Too. A Life Explored*. New York: iUniverse, 2012.

Dahlhaus, C. *Musikalischer Realismus*. 1967. 오희숙 번역. 『음악적 리얼리즘: 19세기 음악사의 새로운 해석』. 서울: 예솔, 1994.

Danuser, H. Einfall zum Kunstwerk: *Der Kompositionsprozeß in der Muisk des 20. Jahrhunderts*. Laaber: Laaber, 1993.

DeNora, T. *Beethoven and the construction of genius: Musical Politics in Vienna, 1792-1803*. Berkeley: University of California Press, 1995. 김원명 번역 『베토벤 천재 만들기, 1792-1803년 빈의 음악정치』. 부산: 경성대학교 출판부, 2009에서 재인용.

Einstein, J. N. *Grösse in der Musik*. München: Deutscher Taschenbuch-Verlag, 1980. 강해근 번역 『위대한 음악가. 그 위대성』. 파주: 음악세계, 2001.

Forkel, J. N. *Ueber Johann Sebastian Bachs Leben. Kunst und Kunstwerke*. Leipzig: Hoffmeister und Kühnel, 1802. 강해근 번역. 『바흐의 생애와 예술 그리고 작품』. 서울: 한양대학교출판부, 2005.

Fubini, E. *Geschichte der Musikästhetik*. Stuttgart/Weimar: Verlag J. B. Metzler, 1997.

Hilmar, E. *"Kompositionsprozeß*. in *Schubert-Lexikon*. ed. E. Hilmar. M. Jestremski. Graz: Akademische Druck- u.

Verlagsanstalt, 1997.

Hindemith, P. *Komponisten in seiner Welt*. Zürich: Atlantis, 1959.

Hinrischen, S. *"Seid Umschlungen. Millionen. Die Beethoven-Rezeption."* in Beethoven-Handbuch. hrsg. Seven Hiemke. Kassel: Bärenreiter, 2009.

Holmes, B. *"Requiem for the Soul"*. *New Scientist* 155/2094 (1997): 23-27.

J. Laas. *"Zum Begriff Chaos im künstlerischen Schaffensprozeß."* *Musik & Ästhetik* 7/26, 2003.

Mahler, G. and others. *Gustav Mahler Briefe: 1879-1911*. Edited by Herta Blaukopf. Vienna and Hamburg: Publications of the International Gustav Mahler Society, 1982.

Mann, T. *Wagner und unsere Zeit, Aufsätze, Betrachtungen, Briefe*. Frankfurt a. M.: Fischer, 1963.

Miller I, A. *"David Cope Makes Music That is 'More Bach than Bach'."* *The Artist in the Machine*. MIT Press, 2019.

Neumann, W. (ed.). *Bach-Dokumente*. Bd. 3. Kassel: Bärenreiter, 1972.

Pfeiffer, K. *Von Mozarts göttlichem Genius. Eine Kunstbetrachtung auf der Grundlage der Schopenhauerschen Philosophie*. Berlin; Boston : De Gruyter. 2020.

Révész, G. *Talent und Genie; Grundzüge einer Begabungspsychologie*. München: Leo Lehnen Verlag, 1952.

Plato. *Politeia*. 박종현 번역.『국가(政體)』. 파주: 서광사, 2005.

Riezler, W. *Beethoven*. London: Horizon Press, 1996. 나주리·신인선 번역.『베토벤』. 파주: 음악세계, 2007.

Rummenhöller, P. *"C. P. E. Bach und Ludwig van Beethoven - Zwei 'Originalgenies'."* in *Die 9 Symphonien Beethovens: Entstehung. Deutung. Wirkung. hrsg. Renate Ulm*. Munich: Deutscher Taschenbuch, 1994.

Schubart, D. *Ideen zu einer Ästhetik der Tonkunst*. Wien. 1806. Mit Vorbermerkungen und Register zum Neudruck von Fritz und Margrit Kaiser. Georg Olms Verlagsbuchhandlung: Hildesheim, 1969.

Schmidt, Ch. *Die ästhetischen Grundlagen der Instrumentalmusik F. Mendelssohn Bartholds*. M & P: Stuttgart, 1996.

────. *"Die Endzeit des Genies. Zur Problematik der ästhetischen Subjekts in der (Post-) Moderne."* Deutsche Vierteljahrsschrift für Literaturwissenschaft und Geistesgeschichte 69. 1995.

Schönberg, A. *Die Grundlagen der musikalischen Komposition*. Bd. I. Wien: Universal Edition AG, 1979.

────. *Stil und Gedanke. Aufsätze zur Musik*. ed. I. Votěch. Frankfurt a. M: S.Fischer, 1976.

Solomon, M. *Mozart: A Life*. New York: Harper Collins, 1995. P. Kivy. 이화신 번역『천재: 사로잡힌 자. 사로잡은 자』. 서울: 쌤앤파커스, 2010.

Tatarkiewicz, W. *History of Six Ideas*. The Hague : Martinus Nijhoff, 1980. 손효주 번역.『미학의 기본 개념사』. 서울: 미술문화, 1999.

Wagner, R. *Gesammelte Schriften und Dichtungen*. Bd. IV. Lepzig. 1872. 306. Dürrer에서 재인용.

────. *Mein Leben. Bd. 2*. ed. E. Middell. Bremen: Dieterich'sche Verlagsbuchhandlung, 1986.

Wolff, Ch. *Johann Sebastian Bach: the Learned Musician*. New York: W.W. Norton & Co, 2000. 변혜련 번역『요한 세바스찬 바흐 1』. 서울: 한양대 출판부, 2007.

────. *Johann Sebastian Bach: the Learned Musician*. New York: W.W. Norton & Co, 2000. 이경분 번역『요한

세바스찬 바흐 2』. 서울: 한양대학교 출판부. 2007.

Young, E. *Conjectures on original composition in a letter to the author of Sir Charles Grandison*. Doublin, 1759.

[인터넷 자료]

"KÜNSTLICHE INTELLIGENZ – BEETHOVENS 10. SYMPHONIE

URAUFGEFÜHRTKÜNSTLICH IST NICHT KÜNSTLERISCH:.

https://www.br-klassik.de/aktuell/news-kritik/kritik-urauffuehrung-beethoven-10-symphonie-kuenstliche-intelligenz-computer-bonn-100.html. 2024년 1월 4일 접속.

창의성과 철학[1]

이해완

1. 창의성, 예술, 비합리성

'창의성'이라는 표현은 그 자체가 애매모호하다. … 역할이 있는 개념이 아니라 유용한 슬로건이
다. 예술을 군대에 비유한다면 창의성은 칼이나 총이 아니라 깃발과 같다고 할 수 있다. 군대에
는 깃발도 꼭 필요하다. 의식을 치를 때는 둘론이고 때로는 전장에서도 말이다.[2]

음악을 포함하여 현대의 모든 예술을 설명하는 데 있어 'creativity'만큼 많이 동원된 용어는
없을 것이다. 우리말로는 '창의성' 혹은 '창조성'이라 할 수 있는데, 어느 용어를 택하는지에
따라 미묘한 차이가 있을 수는 있다. 하여간 '감성과 상상력을 동원한 자유로운 창조'와 같은
예술 이해는, 그렇게 생각되지 않았던 때가 있었다는 것(시와 음악과 미술이 존재했던 모든
시대에 그것들이 오늘날의 예술과 같은 취급을 받았던 것은 아니고, 그런 체계가 형성되던
서양 근대 초기에도 상상이나 창조가 예술 개념의 핵심이지는 않았다)이 믿기지 않을 만큼
현대의 우리에게는 친숙한 예술 개념이다.

플라톤은 뮤즈의 영감이 시의 근원이라고 보았는데, 이 역시 합리적으로 설명하기 어
려운 오늘날의 창의성과 같은 요소를 시의 본질로 본 견해라고 할 수 있다. 그는 자신의 철
학적 관점에서 볼 때, 합리적 통제를 벗어난 '시인의 광기(mania)'의 산물을 인간성과 이상 국
가에 해로운 것으로 평가할 수밖에 없었다. 시간이 흘러 현재 우리가 가진 것과 같은 예술
개념이 만들어지던 시기인 낭만주의 시대에는 고대인들에게 영감을 불어 넣어주던 신 뮤즈
는 인간 내부로 들어와 천재의 능력으로 대체되었다. 바로 이러한 능력, 즉 예술을 가능하게
하는 힘이지만 여전히 합리적 설명을 거부하는 신비한 능력이 창의성이라는 이름으로 크게
찬양되는 시기가 된 것이다. 비록 예술만이 창의성과 관계된다고 생각되지는 않았지만, 이

---

[1] 이 글은 별도의 출전 표시 없이 필자의 이전 글 "창의성과 가치: 결과에서 덕성으로"(『인문논총』 78/4, 2021)와 "분석미학 무
엇을 어떻게"(『미학』 84/4, 2018)의 '상상력과 창조성' 부분에서 인용하거나 발췌한 내용을 담고 있다.

[2] Wladyslaw Tatarkiewicz, *A History of Six Ideas* (Warszawa: Martius Nijhoff, 1980), 265.

후 우리에게는 예술을 창작하기 위해서는 창의성이 필요하고 예술은 인간이 얼마나 창의적일 수 있는지를 보여주는 대표 영역이라는 생각이 상식이 되었다. 창의성은 새로움 혹은 독창성을 자신의 개념적 요소로 갖는 듯 보이는데, 그러기에 이를 통해 예술이 인간의 감성과 자유를 대변한다는 사실을 알리는 '깃발'이 된 것이다.

물론 서양 예술철학에서 'creativity'는 창조성을 의미하기도 하므로 무언가를 만들어 낸다는 측면에서라면 창조가 반드시 비합리적인 근원에서 나온 것으로만 이해되었던 것은 아니다. 타타르키비츠도 이 개념이 역사적으로 변천해 왔음을 강조한다. 시에 관하여 플라톤과 대비되는 견해를 보였다는 아리스토텔레스의 『시학』은 '제작술(poietike)' 일반을 가리키며 내용상으로도 비극 창작을 위한 이론인데, 이렇게 본다면 이는 창조에 관한 합리적인 이해를 대변한다고 할 수도 있다. '빛이 있으라'로 대변되는 무로부터의 무제약적인 창조의 개념도 있지만, 목표를 가지고 재료를 동원하여 새로운 것을 만드는 창조의 개념도 명맥을 유지하고 있었다는 것이다. 이는 영국의 현대미학자 거트(Berys Gaut)의 견해인데 그는 창의성에 대한 분석미학 진영의 연구를 선도하고 있다.

이전 시대의 이해, 특히 크로체(Benedetto Croce, 1866-1952)-콜링우드(R. G. Collingwood, 1889-1943)의 표현과 예술에 관한 입장에 근거하여 창의성을 이해하자면 창의성은 수단과 목적의 관계로 묶여있지 않아야 한다. 그러나 이러한 주장은 그동안 비판의 대상이 되어 왔다. 예술에서의 창의성은 마치 언제나 장르나 매체의 관행과 전통에 반하는 것으로 보이기도 하지만 이들 기존 관행과 제도에 상대적인 것으로 이해되지 않는다면 창의성이라는 개념 자체가 성립할 수 없을 것이다. 그래서 거트는 창조란 목적을 상정해야 이해될 수 있는 개념이며, 따라서 비록 창의성이 비합리성으로 이해되는 것에 적절한 근거가 있음을 어느 정도 인정하지만, 이는 그 비합리성의 배경에 합리성이 기조로 깔려있는 소위 '계산된' 비합리성임을 주장한다.[3] 낭만주의를 거치며 현대에 이르기까지 노상 비합리성의 전통으로만 채색되어 온 현대의 예술 개념과 실천은, 만일 그런 시각을 형성하는 데 결정적으로 기여한 창의성 개념에 내재한 합리성의 요소가 주목받게 된다면 변화된 이해를 새롭게 요구하게 될 것이다.

---

3) Berys Gaut, "Creativity and Rationality," *Journal of Aesthetics and Art Criticism* 70 (2012).

2. 창의성에 관한 심리학과 철학

어찌 되었든 창의성은 현대 예술의 영역에서 백만 병력을 통솔하는 깃발이 되었지만 정작 창의성이란 무엇인가라는 질문에 답할 만큼의 창의성 그 자체에 대한 논의가 많지는 않았다. 사실 예술을 설명하는 데 있어 창의성이나 상상력은 상당 기간 우리에게 마치 '최종적으로 주어진 것'과 같은 대접을 받아왔다. 즉 예술에 대한 이론이 '예술은 상상력을 동원한 창조'라든가, '예술가는 신과 같은 창조성을 가진다'든가, '창의성이 곧 예술의 가치이자 본질'이라든가 하는 주장을 한다면, 이는 마치 모두가 잘 알고 있는 창의성의 개념을 동원하여 예술의 본질과 가치에 대해 필요한 설명하는 것인 양, 더는 나갈 수 없는 마지막 단계의 분석인 것처럼 여겨져 왔다는 것이다. 게다가 앞서 언급한 비합리성의 전통 덕분에 '더 설명될 수 없음'은 오히려 창의성의 특징이자 매력으로까지 생각되기도 했다. 그러나 이는 분명 만족할 상황이 아니며, 이제라도 창의성이란 무엇인가를 물어야 할 필요가 있다.

현대에 와서 예술적 창의성에 대한 논의가 예술 실천과 이론 모두에서 여러 변화를 겪고 있는 것을 볼 수 있다. 그 하나로, 현대로 오면서 창의성과 예술의 긴밀한 관계가, 마치 근대에 확립된 '예술은 곧 미의 추구'라는 한때의 등식이 재고되듯, 조금씩 균열을 보이는 현상을 들 수 있다. 소위 '인간이 주체로서 가지는 자유'에 대한 회의를 바탕으로 예술적 창의성이 예술과 예술가를 신비화하는 과정에서 등장한 과장된 개념이 아니었는지 반성하기도 하고, 노골적인 모방과 클리셰를 통해 의도적으로 창의성 신화를 공격하는 포스트모던적 작품이 등장하기도 한다. 물론 그러한 도전 자체가 창의적이라고 할 수 있기에 의도적인 창의성의 거부는 의도적인 미의 거부와는 달리 볼 수 있기는 하다. (극단적 상대주의를 전제하지 않고는 의도적인 미의 거부가 여전히 미의 또 다른 종류라고는 하기는 어렵다.) 또한 창의성을 억제하고 그저 친숙한 공식을 되풀이하는 대중문화 산물들에 대해 그러한 경향이 노골적일수록 예술보다는 상품으로 칭하는 경향이 건재한 것을 보면 예술과 창의성의 관계는 현대의 삶에서도 여전히 긴밀하다고도 하겠다.

그러나 창의성이 더는 예술 창작과 미학 이론만의 문제가 아니라는 시각은 현대에 와서 널리 받아들여지고 있고 이는 창의성의 본질에 관한 탐구에 영향을 끼친다. 현대에 들어와 창의성은 자유로운 인간을 대변하는 예술적 창의성이 주목받을 때와는 다른 의미에서 더 열광적으로 찬양받으며 현대인의 최고 덕목이 되어가고 있다. 새로운 과학적 발견과 발명, 산업과 제품 생산을 포함하는 삶의 모든 영역에서 '기발한 아이디어'는 신기술, '미래 먹거리,' 특허 출원, 상업적 성공 같은 실용적 가치와 직결된다. 이를 가능하게 하는 것이 창의성이라고 믿는 이들은 창의성의 본성에 대한 더 일반적이고 구체적인 이해를 요청하고 있다. 자본과 산업의 시대에 이렇게 시급하고 핵심적인 요소를 그저 더는 분석되지 않는 신비로운 예술 창조의 과정이 독차지하도록 내버려 둘 수는 없을 것이다.

심리학은 최소한 1950년대부터 이 주제를 다루어야 한다는 당위를 천명하고 다양한 관련 영역에서 실험을 통한 연구 성과들을 내고 있다. 교육에서도 창의성은 현대적 강령이 되었다. 이 영역에서의 혁신과 개선은 모두 '창의적 인재'를 길러내는 것을 목표로 해야 한다는 데에 만장일치에 가까운 동의가 있으며 이론과 실천 모두에서, 교육자이건 기업인이건, 이것의 함양 방법을 고민하지 않는 이들은 없다. 그러나 창의성에 대한 많은 경험적 연구의 설계를 들여다보면 그 기반에 있는 개념적 전제를 검토할 필요가 있는 경우도 적지 않다. 예를 들어 심리학이나 교육학에서 창의성의 측정을 다루는 연구자들은 얼마나 기발한 연상(확산적 사고)을 할 수 있는지를 창의성을 측정하는 하나의 방식으로 제안한다. 그러나 '기발함'을 어떻게 판단할지의 문제는 차치하고서라도 과연 '확산적 사고'가, 혹은 그것을 가능하게 하는 능력이 곧 창의성인지는 검토할 필요가 있는 전제이다.

일부 연구자들은 창의성을 문제 해결 능력과 동일시하기도 한다. 여기서도 영역을 특정하지 않고 그저 범용으로 사용될 수 있는 '문제 해결 능력'이라 불리는 능력이 과연 있는지 궁금하지만, 그전에 이러한 동일시 자체를 의심해 볼 수도 있다. 비록 '문제 해결'이라는 것이 이제껏 없었던 새로운 것이기에 창의성이 관여되어 있다고 할 수도 있겠지만, 어찌 되었건 이 견해를 택한다면 창의성은 주어진 문제의 해결이라는 목표를 위해 강구되는 활동, 그런 의미에서 매우 합리적이고 계산적일 수 있는 활동이기에 비합리성을 근간으로 하는 전통적인 이해와는 충돌할 것이다. 이 경우 예술의 창의성은 이런 접근 방식에 반대하는 이들을 지원하는 논거가 된다. 그들은 우리가 그동안 상찬해 온 것이 모차르트의 탁월한 문제 해결 능력이었다는 말이냐고 반문할 것이다.[4] 물론 창의성이 곧 합리적 문제 해결 능력임을 제안하는 이들은 창의성을 그런 식으로 새로 규정하자는 것일 수 있다. 또 어떤 이들은 창의성이란 영역 특정적이어서, 예를 들어 예술 분야의 창의성과 다른 과학 분야의 창의성은 문제 해결 능력과 같은 것으로 보아도 된다고 주장할 수도 있다.

과연 이러한 접근이 타당한지, 창의성과 합리성이 상호 모순인지 아닌지 등은 어느 한 방향을 전제하고 출발하기는 어려운 것으로, 바로 그러한 선택을 하기 위해 철학적으로 검토되고 논증될 필요가 있다. 실증적 연구가 철학자들의 논의 영역과 방식을 교정해 줄 수 있

---

4) 이에 관한 Jon Elster와 Jerrold Levinson 간의 논쟁이 있었다. Jerrold Levinson, "Elster on Artistic Creativity," in *The Creation of Art: New Essays in Philosophical Aesthetics*, ed. by Berys Gaut and Paisley Livingston, (Cambridge University Press, 2003).

는 것과 마찬가지로 개념적인 천착 역시 실증적 연구의 방향을 재설정하게 할 수도 있다.

철학적 검토의 필요성은 창의성에 관한 우리의 상식적인 직관들이 충돌할 때도 요청된다. 예를 들어 우리의 상식적 믿음 중 하나로 창의성은 천재성과 유사하게 '타고나야 한다'는 생각이 있다. 이는 창의성이 교육될 필요가 있다는 우리 시대의 또 다른 요청과 어긋난다. 누구건 교육을 통해 창의성이 (최소한 어느 정도라도) '계발'될 수 있다고 믿지 않는다면 '당신들을 창의적 인재로 교육시키겠다'는 슬로건은 부정직한 것 아니겠는가? 차라리 '당신들 중에 창의적 인재가 있다면 발굴해 보겠다'고 해야 할 것이다. 또한 우리가 상찬하는 타고난 천재 중 상당수가 '정신 건강'에 문제가 있었다거나, 수많은 예술가가 그들의 뛰어난 예술적 창의성으로 인해 고통받았다는 이야기가 넘쳐나는데도 불구하고 우리는 열성을 다해 창의성을 함양하겠다고 한다. 과연 창의성은 바람직한 인간 능력인가? 일견 긴장 관계로 보이는 이러한 직관이나 상식들은 더 깊은 분석을 통해 정리되고 해명될 수 있어야 한다.

창의성이라는 개념은 전적으로 심리적인 과정의 문제만은 아니며, 이미 가치를 인정받은 작가의 전기적 사실들을 사후 약방문 식으로 검토하는 것으로만 연구될 수 있는 것은 더욱 아니다. 따라서 창의성이라는 개념 자체에 대한 메타적 논의를 포함해 이 주제와 관련된 철학적·미학적 탐구가 수행해야 할 역할들이 분명히 존재한다. 이 일은 결국 개념의 분석을 주업으로 하는 영미권의 분석철학에 적절한 일로 보인다. 창의성과 같이 아직은 체계적 개념 정립 및 이론구성이 미진한 주제에 대해서 철학은 우리가 가진 현 단계의 혼동을 더 분명히 파악하고 문제의 소재를 파악하기 위해 이곳저곳을 찔러보는 탐사자의 역할을 한다.

그러나 그렇다고 이러한 연구가 철학만으로는 달성될 수 있음을 주장하는 것은 결코 아니다. 우리가 반성 없이 물려받은 '상식'을 바로 잡아주고 철학자의 관념적 이해를 보완해 줄 경험적 연구와의 상호 협업이 그 무엇보다 더 필요한 영역이 창의성이다. 현재의 연구자들 역시 철학적 주제와 영향을 주고받을 심리학적 연구 성과에 주의를 기울이고 있는 것은 분명하다. 다만 양자를 능란하게 결합한 이른의 등장에는 시간이 필요한 듯 보인다. 이러한 정신하에 21세기 들어 영미권에서 출간되고 있는 창의성 관련 철학 논문들은 단지 미학이나 예술 철학만이 아닌 인식론, 윤리학, 심리철학, 과학철학, 인지과학, 교육철학까지 동원하여 창의성 개념 그 자체 및 그와 관련된 문제들을 조망하고 있다.

3. 창의성의 본질로서의 새로움과 가치

기존의 분석미학의 주제들에 관한 학자들의 참여 방식이 그 주제와 관련된 한두 가지 핵심 쟁점에 모이는 데 비해 창의성의 철학이라 불리는 것들은 어쩌면 창의성이라는 표제어만 공유할 뿐 사방으로 방사하고 있다고 보는 것이 좋을 만큼의 다양성을 보인다. 그럴더라도 본질 혹은 개념적으로 핵심적인 요소를 찾는 것이 철학적 작업의 기본일 것이므로, 여기서 는 창의성의 개념적 정의 문제를 필자의 입장을 곁들여 간단히 살펴보자.

칸트 이래로 일반적인 공감대는 창의성이란 새로움(혹은 독창성)과 가치 있음이라는 두 가지 조건을 만족시키는 것이라는 견해이다. 창의성의 조건이 새로움이라는 것은 사소하 리만큼 당연하게 보이지만, 누구에게 어떤 식으로 새로울 것인가를 고려한다면 간단히 답할 수 있는 것은 아니다. 보든(Magaret Boden)은 심리적 창의성과 역사적 창의성을 구분하자고 제안하는데,[5] 예를 들어 전자는 떠오른 아이디어가 그 사람에게 새로운 것이었을 때를 말하 고 후자는 그 생각이 실제로 인류사에서 최초였을 때를 말한다고 한다. 그러나 필자는 이것 이 도움을 주는 구분은 아니라고 생각한다. 사실 보든의 개념들은 두 종류의 창의성이 아니 라 두 종류의 '새로움'을 구분하는 것이다. 그런 구분은 얼마든지 할 수 있지만, 그렇다고 그 것이 두 종류의 창의성이 있다고 생각할 이유를 제공하지는 않는다.

특히 역사적 창의성이라는 개념은 창의성에 관한 우리의 직관을 반영하지 않는 불필요 한 개념이라는 의심을 지울 수 없다. 우리가 미적분과 관련된 라이프니츠와 뉴턴의 사례와 같이, 독자적으로 개발된 새로운 아이디어가 비슷할 경우 그 중 어느 것이 며칠 앞섰는지 같 은 역사적 우선순위에 따라 창의성을 달리 생각하지 않을 것이기 때문이다. (쓸데없는 명예 나 특허권 분쟁에 관련된 문제일 수는 있겠지만.) 예를 들어 열 살 먹은 아이가 삼각형과 도 형의 면적에 대해 이것저것 생각해 보다가 피타고라스 정리에 해당하는 생각에 스스로 도 달했다고 가정해보자. 그것이 세계 성인 인류의 대부분이 이미 알고 있는 사실이라고 하더 라도 그 아이가 속임수를 쓰지만 않았다면 그는 완벽하게 창의적인 아이라고 해야 하지 않 겠는가?

창의성에 대한 최근 연구들이 실용적 함의가 큰 과학기술 영역에서의 창의성을 창의성 의 전형으로 삼고, 그동안 창의성을 합리성의 영역 바깥으로 내몰아 신비화시킨 주범인 '예 술적 창의성'을 오히려 파생적인 것으로 보려는 경향을 보이기는 한다. 하지만 보든의 구분

---

5) Margaret Boden, *The Creative Mind: Myths and Mechanism* 2nd (Routledge, 2004).

은 마치 '누가 처음인가'와 같은 역사적 사실이 창의성과 관련되어 있다는 식으로 읽힌다. 생각을 이러한 방향으로 이끈다는 것이 바로 과학적 창의성을 표준으로 보는 견해가 갖는 맹점이 아닌가 싶다. 창의성은 적절한 비유를 찾거나 상황에 맞는 재치 있는 말을 하는 것과도 관련될 수 있는데, 이런 경우라면 아무도 화자가 그 말을 역사적으로 처음 한 사람인지 아닌지에는 관심이 없을 것이고 그렇게 할 이유도 없을 것 같다. 그렇다면 창의성과 관련된 새로움은 그저 보든의 심리적 새로움, 즉 그 사람에게 새로움을 말한다고 하면 안 될까?

이를 흔쾌히 수용할 수 없는 이들이 있다면 그들의 이유는 아마도 창의성의 두 번째 조건인 가치의 문제와 관련이 있을 것이다. 전통적으로 창의성은 창작자의 어떤 내적 과정이나 능력을 지칭하는 것이었다. 그러나 철학적이건 심리적이건 인간의 내적 과정에 대한 분석이 소득이 없을 것으로 생각하는 사람들은 창의성을 그것이 만들어 낸 산물을 통해 이해하려 한다. 따라서 이들에게 창의성이란 그것이 산출한 산물이 독창성(새로움)과 가치를 가졌을 때 비로소 인정할 수 있는 능력이나 과정이 된다. 그때의 산출물이 가진 가치가 주관적인 것이라면 곤란하다. 즉 그들에게는 새로움이건 가치건 그것이 단지 '내가 보기엔 좋은데?'와 같은 주관적인 차원에 머무를 뿐, '진짜' 가치 있는 것이 아니라면, 이를 창의성이라 부르고 싶지 않다고 생각한다.

많은 수의 철학자, 심리학자, 과학자들이 결과물의 새로움과 가치로 창의성을 설명하려 한다. 하지만 모두가 그런 것은 아니다. 키이란(Matthew Kieran)은 가상적 뇌졸중 회복 환자의 사례로 사고실험을 구성하여, 마비를 딛고 다시 글을 쓰고자 하는 환자의 노력이 그의 의도와는 다르게 글로 읽히지는 않는 대신 다방면으로 활용가능한 아름다운 도안들로 귀결되는 예를 제시한다. 이 경우 행위의 결과로서 새롭고 가치 있는 것이 일관되게 산출되고는 있지만 우리가 이를 창의적 산물이라고 하거나 그 환자를 창의적이라고 부르지는 않을 것 같다는 것이 키이란의 생각이다.[6]

거트 역시 지적하기를 새롭고 가치 있는 결과물이 기계적인 대입이나 모든 경우의 수를 따져보는 것과 같은 방식으로 얻어진다면 우리는 그것을 창의성의 산물이라 부를 수는 없을 것이라고 한다. 이런 반례들은 창의성의 이해에 있어 산물의 가치를 앞세워 행위자의 역할이나 산물의 산출 과정을 무시하는 것은 문제가 있음을 보여준다. 한마디로, 행위자의 메타적 차원에서의 반성적 능력(의도, 평가, 발견 등)이 관여되지 않는다면 결과로서만 창의성을 판단할 수 없다는 것이다.

---

6) Matthew Kieran, "Creativity as a Virtue of Character," *The Philosophy of Creativity*, ed. Elliot Paul and Scott Kaufman, (Oxford University Press, 2014).

이와 같은 논의가 보여주는 것은, 비록 창의성이 가치와 관련 맺고 있다는 직관은 부정할 수 없다 하더라도, 그 가치를 결과물의 가치로부터 끌어오는 것이 적절한지의 문제는 쟁점화될 수 있다는 점이다. 분명한 것은 '창의적인데 가치가 없는 결과물'이라는 말이 '총각인데 결혼은 한 사람'과 같은 모순은 아니다. 달걀의 모서리를 깨뜨려 똑바로 세운 콜럼버스의 예를 창의적인데 가치 없는 것의 사례로 인정할만하다면 산물의 가치가 창의성의 의미의 일부라고 생각할 필요는 없을 것 같다.

그렇다면 창의성은 가치있다는 식의 생각은 어떻게 보존되어야 할까? 하나의 방법으로 창의성을 용기나 성실, 동정심이나 관대함, 지적 호기심이나 회복탄력성 등과 같은 하나의 인간적인 덕목, 특히 지적인 덕성(intellectual virtue)의 하나로 보는 것이다. 이들의 직관은 우리의 창의성에 대한 칭찬은 이러한 성품적 덕성에 대한 칭찬과 유사한 것으로 볼 수 있다는 것이다. 어떤 극단적인 상황에서는 정직의 결과가 나쁠 수도 있지만 그렇다고 해서 우리가 정직함을 가치로 상찬하는 일을 취소하지는 않는다. 마찬가지로 창의성의 가치는 그것이 칭찬할 만한 성격적 특성이나 성향이라는 점에 더 크게 관련된다고 볼 수도 있다.

창의성은 천재만이 가지고 있는 비범한 능력이라기보다는 일반인들도 일상생활에서 어느 정도 가지고 있는 성향으로 보아야 한다는 생각은 이러한 접근의 배경이 될 수 있다. 창의성은 특별한 사람이 가진 특별한 능력이 아니라 우리가 모두 가지고 있는 유용한 마음의 능력인 기억력이나 지각적 분별력과 유사하다는 것이다. 이런 능력이 탁월한 사람이 분명히 존재하지만, 그 비범함에 초점을 맞출 것이 아니라, 누구나 일상생활에서 발휘하는 새롭거나 다른 것을 생각할 수 있는 능력을 창의성의 본질로 간주하자는 견해도 가능해 보인다. 물론 그렇다고 해서 창의성을 기억이나 상상력 같은 하나의 독립된 모듈로 다룰 수는 없다. 오히려 창의성은 여러 심적 요소를 활용하는 다차원적이고 상당히 복잡한 어떤 것의 발현처럼 보인다. 창의성에 포함되어야 하는 반성 능력이나 판단 능력이라는 것이 창의성에만 고유한 것이아닌 일반적인 차원의 인간 능력인데다가, 아직은 정확히 어떤 차원에서 어떤 요소들이 관여하는지도 불명확한 이 과정들을 묶어 하나의 '능력'을 형성한다고 하기에는 작위적인 측면이 두드러진다. 따라서 대안으로 생각해 볼 수 있는 것이 한 사람의 지적인 덕성이나 성격적 성향이다.

창의성을 설명할 수 없는 비합리적 능력으로 신비화하지도 않고 또한 그것을 그것의 결과물, 즉 산출한 것의 가치와 연계시키는 데서 오는 이론적 작위성도 피하려 한다면 지적 덕성으로서의 창의성이라는 관점은 가능성있는 출발점을 제공할 수 있다. 물론 그러한 지적 덕성을 구성하는데 관여하는 심적 활동이나 능력들은 무엇인지, 또한 창의성이 왜 성실이나 용기처럼 사람에게 가치 있는 것, 즉 덕성으로 간주되어야 하는지에 관해서는 경험 과학의 도움을 받는 철학적 작업이 더 많이 필요할 것이다.

마지막으로 미학적 쟁점 하나를 추가하자면, 만일 창의성이 그 자체로 하나의 가치있는 덕목일 수 있다 하더라도, 과연 그것이 예술의 가치에 어떻게 기여하는지는 원점에서부터 다시 생각해 볼 수 있는 또 다른 문제일 수 있다. 앞서 언급한 대로 새롭긴 하지만 미적으로 무가치한 작품이 있을 수 있다면 독창성 혹은 창의성이 예술 그 자체의 고유한 가치임을 부정할 수도 있다. 하지만 일반적으로 미적 가치와 예술적 가치를 구분하는 입장에서 보면 예술 작품을 그 자체로 취급할 때 얻어지는 가치, 즉 도구적이지 않은 가치이면서도 미적 가치는 아닌 것의 전형적인 사례가 독창성이다. 따라서 창의성은 미적 가치로 환원되지 않는 별도의 예술적 가치의 존재를 주장할 좋은 근거가 된다. 실용성과 같은 제한된 가치 판단의 기준 내에만 머무르지 않아도 되는 것이 예술이기에, 예술의 경우에는 새로움 그 자체가 곧 예술적 가치이고 이 점에서 과학에서의 창의성과 다르다고 볼 수도 있다.

참고문헌

이해완. "창의성과 가치: 결과에서 덕성으로." 『인문논총』 78/4 (2021): 61-92.

이해완 외. "분석미학 무엇을 어떻게." 『미학』 84/4 (2018): 91-155.

임수영. "거트의 창의성 이론에 대한 비판적 이해." 『미학』 86/3 (2020): 131-168.

Boden, Margaret. *The Creative Mind: Myths and Mechanism* 2nd, Routledge, 2004.

Gaut, Berys and Paisley Livingston (ed.). *The Creation of Art: New Essays in Philosophical Aesthetics*, Cambridge University Press, 2003.

Gaut, Berys and Matthew Kieranin (ed.). *Creativity and Philosophy*, Routledge, 2018

Gaut, Berys. "The Philosophy of Creativity." *Philosophy Compass* 5/12 (2010): 1034-1046.

Kaufman, James and Robert Sternberg (ed.). *The Cambridge Handbook of Creativity* Cambridge University Press, 2010.

Krausz, Michael, Denis Dutton and Karen Bardsley (ed.). *The Idea of Creativity*, Brill, 2009.

Leddy, Thomas. "Is the Creative Process in Art a Form of Puzzle Solving?" *Journal of Aesthetic Education* 24/3 (1990): 83-97.

Paul, Elliot and Scott Kaufman (ed.). *The Philosophy of Creativity*, Oxford University Press, 2014.

Tatarkiewicz, Wladyslaw. *A History of Six Ideas: An Essay in Aesthetics*. Martius Nijhoff, 1980.

창의성의 실체를 찾아서

임수영

1. 창의성은 대체 무엇인가?

창의성을 연구한다고 나를 소개할 때 마다 가끔씩 다음과 같은 기대가 뒤따른다. 예를 들면, 저명한 창작자의 창작 에피소드나 영감을 얻기 위한 습관들에 대해서 잘 알 것이라는 기대, 혹은 어떻게 하면 사람들이 자기 삶에서 더 창의적이게 될 수 있는지, 가능한 실천의 방법들을 잘 알 것이라는 기대가 바로 그것들이다. 하지만 창의성을 연구해야겠다는 나의 결심은 '더 창의적이게 되는 방법이 무엇인지' 혹은 '저명한 창작자는 어떤 삶을 사는지'에 대한 궁금증에서 촉발된 것이기 보다는 '창의성 그 자체가 무엇인지'에 대한 의문에서 시작되었다.

　　이 책에는 음악적 창의성과 관련된 많은 논문들이 수록되어 있고, 음악 창작, 음악 교육, 즉흥 연주, 예술적 협업, 인공지능의 창의성을 논한다. 이 논문들이 창의성에 대해서 말하는 부분에서 자주 참조되는 창의성에 대한 정의가 있는데, 바로 심리학자 보든(Margaret A. Boden)의 정의이다. 보든은 창의성이란 새톱고 가치 있는 인공물을 만들거나 아이디어를 떠올리는 능력이라고 언급하는데, 이 책에 수록된 많은 논문이 보든의 창의성 정의 혹은 그와 유사한 정의를 참조한다.[1] 물론 이런 정의를 참조하지 않는 논문도 있기는 하지만, 대부분의 논문들은 심리학자들이 제시한 창의성 모델을 참조해서 음악의 창의성에 관한 세부적인 질문들로 뻗어나간다.

　　이 정도면 창의성 이해의 기원은 심리학에 있다고 말해도 좋을 것 같다. 그렇지만 나는 심리학의 창의성에 대한 정의를 볼 때마다 명쾌함보다는 혼란을 느꼈다. 이 혼란은 어디에서 오는 것일까? 심리학자들은 새롭고 가치 있는 아이디어나 산물의 형성을 위해서 인지, 동기, 성격, 감정 등 여러 심리적 요소들이 주변의 환경 요소의 영향 하에서 복합적으로 작동

---

[1] 예를 들어서 이 책에 수록된 파스퀴에(Philippe Pasquier)외 3인의 논문 "An Introduction to Musical Metacreation"에서는 보든의 정의를 참조해서 창의성을 정의한다. 그리고 즈비카우스키(Lawrence M. Zbikowski)의 논문 "Performing metaphoric creativity across modes and contexts"에서 창의성이란 새롭고 가치 있는 생각을 떠올리는 것으로 특징지어진다. 클락(Eric F. Clarke)의 논문, "Creativity in Performance"에서 창의성이단 독특하고 새로운 산물, 이론, 해결책, 아이디어 등을 떠올리는 심적 과정으로 정의된다.

하는 것이 바로 창의성이라고 이해한다.[2] 한편으로 심리학자들은 예술이나 과학 같이 전형적으로 창의성과 연관되었던 분야(예술, 과학)에서만 창의적인 수행이나 산물을 발견할 수 있는 것이 아니며 우리의 일상적인 삶에서도 이런 것들을 발견할 수 있다고 창의성의 적용 범위를 넓혀서 이야기한다.[3] 그렇다면 이 모든 영역에서 창의적인 것들의 발생을 일관적으로 설명해줄 수 있는 '심리 체계의 작동 양상'이 무엇인지 말할 수 있을까?

또한 새롭고 가치 있는 결과물의 산출도 창의성의 정의의 한 부분이라면 이 결과물이 '어떻게 새로운지', 그리고 '어떤 가치'를 갖는지 해명하는 것도 중요하다. 그렇지만 창의성의 정의에 필요한 새로움과 가치의 의미가 무엇인지에 대한 논의는 심리학자들의 주요한 논제는 아니다.[4] 그런 점에서 심리학자들이 제시하는 창의성에 대한 정의는 논의의 출발점이 될 수 있는 단단한 지지대이기보다는 논의 맥락에 따라서 그 형태를 쉽게 바꿀 수 있는 유연한 덩어리처럼 기능한다. 창의성은 여러 문헌들에서 모습을 둔갑하면서 나타나기 때문에 정의하기가 어려운 개념이라는 말도 심심찮게 들을 수 있다. 그와 동시에 창의성은 개인의 행복한 삶을 위해서, 문명의 발전을 위해서, 사회 문제의 해결을 위해서 중요한 것으로 일컬어지기도 한다. 창의성이 인간에게 그토록 중요하지만 정의가 매우 어려운 개념이라면, 그것이 어떻게 정의될 수 있는지를 학술적으로 탐구하는 작업이 필요하다. 그렇지만 이 작업에 착수하는 사람이 별로 없고 어떻게 하면 창의성을 끌어올릴 수 있는지만 이야기되는 상황이 나에게는 상당히 이상하게 느껴졌다. 이런 저런 생각 속에서 창의성이 무엇인지, 창의성이 과연 실체가 있는 것인지에 대한 의문을 가졌고, 이는 창의성에 대한 지식이 형성되기 시작한 출발점에 대한 탐구로 나를 이끌었다.

---

2) 이러한 이해는 다음의 논문들에서 찾아볼 수 있다. Teresa M. Amabile, "Componential Theory of Creativity," in *Encyclopedia of Management Theory*, ed. Eric H. Kessler, (California: Sage, 2013), 134-139. Jonathan A. Plucker , Ronald A. Beghetto & Gayle T. Dow, "Why Isn't Creativity More Important to Educational Psychologists? Potentials, Pitfalls, and Future Directions in Creativity Research," *Educational Psychologist* 39/2 (2004), 83-96.

3) 창의성이 예술, 과학에 국한되지 않으며, 우리의 일상적 수행에도 편재하다는 생각에 대해서는 다음의 논문을 참고하라. James C. Kaufman & Ronald A. Beghetto, "Beyond Big and Little: The Four C Model of Creativity," *Review of General Psychology* 13/1 (2009), 1-12.

4) 이 책에 수록된 논문들에서도 몇 번 언급된 보든의 역사적 창의성과 심리적 창의성의 구분이 새로움의 의미에 대한 거의 유일한 해명에 해당한다. 그리고 와이즈버그(Robert W. Weisberg)는 창의성을 어떻게 정의해야 하는지를 개념적인 차원에서 논하는 (내가 아는 한) 유일한 심리학자긴 하지만, 그는 가치를 배제하는 데 집중하기 때문에 창의성의 조건들이 갖는 의미를 살펴보는 것에 집중하지는 않는다. 와이즈버그의 논의는 다음을 참고하라. Robert W. Weisberg "On the Usefulness of "Value" in the Definition of Creativity," *Creativity Research Journal* 27/2 (2015), 111-124.

2. 창의성 연구의 초창기 : 1950년대 미국의 상황

창의성은 한국어 어휘 체계에서 공고하게 한 자리를 차지하고 있으며, 이 표현에 상응하는 영어 표현인 creativity또한 마찬가지이다. 하지만, creativity라는 표현이 일상 언어 체계로 편입되고 또 널리 사용된 것은 그렇게 오래되지 않았다. 문화 역사학자인 사무엘 프랭클린(Samuel W. Franklin)에 따르면, 영어권에서 creativity는 1950년대부터 급격히 많이 사용되기 시작했으며, 그 이전에는 creativity보다는 create나 creative처럼 creativity의 동사, 형용사에 해당하는 말이 더 많이 사용되었다.[5] 심지어 create나 creative는 예술작품의 창작이나 신의 창조에 비견하는 대단한 창작에 참여하는 주체를 일컫는 제한적인 의미로 사용되었기에 일상의 삶의 맥락에서 사용되는 빈도가 그렇게 높지 않았다.

하지만 오늘날에는 creativity와 그와 연관된 단어들(create, creative)이 오직 예술 창작 주체랑 엮이는 것도 아니고, '신의 창조'라는 수식어가 붙을 정도로 대단한 결과물을 만들어낸 주체하고만 연관되는 것도 아니다. 오늘날 창의성은 요리, 미술, 공예, 음악, 과학 등 다양한 영역에서, 이제 막 이 영역의 기술과 지식을 얻기 시작한 초심자부터 시작해서 취미로 이 기술을 배우는 사람, 이 영역의 전문가들에 이르는 다양한 이들의 수행과 제작물들을 통해서 나타난다고 일컬어진다. 프랭클린은 1950년대부터 이러한 확장된 의미의 창의성 개념이 등장하면서 창의성이란 단어의 사용이 급증했다고 분석한다.[6] 이 시기에 대체 무슨 일이 있었기 때문에 창의성이라는 개념이 주목을 받고, 넓은 의미를 지닌 것으로 이해될 수 있었던 것일까?

창의성이 우리의 일상 생활 언어에 포함되는 것에 큰 영향을 미친 학문은 바로 심리학이다. 심리학자들은 1950년대부터 창의성에 관한 많은 학술 연구를 진행했으며, 이를 대중들에게 전하는 창의성 구루들이 있었기 때문에, 심리학이 창의성에 대해서 사고하는 방식은 사회적으로 널리 퍼질 수 있었다. 그렇다면 심리학자들이 창의성에 대한 논의에 참여하게 된 계기는 무엇일까? 창의성에 대한 논의를 소개할 때 마다 항상 언급되는 학자는 길포드(Joy Paul Guilford)이다. 길포드가 미국 심리학회의 연례 행사에서 창의성 연구의 필요성을 역설하는 연설을 했고 그 이후 창의성에 대한 심리학 연구가 폭발적으로 증가했다는 점에서, 그는 창의성에 관한 여러 학술서에서 창의성 연구의 시원으로 종종 소환된다.

하지만 길포드의 연설이 창의성에 대한 심리학 연구의 증가에 어떤 인과적 역할을 했

---

5) Samuel W. Franklin, *The Cult of Creativity: A Surprisingly Recent History* (Chicago: Chicago University Press 2023), 5.
6) Franklin, 위의 책, 6.

을 수 있어도, 그것만으로는 어떻게 심리학에서 창의성 연구가 폭발적으로 증가했는지를 충분하게 설명할 수 없다. 길포드는 기름이 뿌려진 땅에 연설이라는 '불씨'를 던져 넣음으로써 땅이 활활 타오르게 만들었을 뿐이다. 중요한 것은 길포드의 연설이라는 불씨가 던져졌을 때, 미국 심리학계가 창의성 연구로 타오를 수 있도록 기름을 뿌린 것이 무엇이냐는 것이다. 이는 1950년대 미국사회가 처해있던 사회적, 정치적, 지성사적 배경을 구체화함으로써 알 수 있다.

　　1950년대는 소련과 미국이 세계에서 자신의 영향력을 확대하기 위해서 제3세계의 국가들을 중심으로 전쟁을 벌이고, 군사 및 과학 기술 경쟁에 돌입하던 시기였다. 미국의 심리학자들은 2차 세계 대전 때, 탁월한 지적 역량을 가진 군인들을 선발하고, 스파이를 선별하는 작업에 투입되었는데, 세계 대전의 종결과 함께 이들에게는 소련과의 기술경쟁에서 이기기 위해 필요한 자질을 발굴해야 한다는 새로운 과제가 생겼다.[7] 이때 주목받은 것이 바로 창의성이다. 미국 정부는 소련이 국가 발전을 위해서 개인을 징발하는 방식에는 문제가 있다고 비판했다. 뛰어난 역량을 지닌 사람들을 발굴해서 오직 국가 기관을 위해서만 일하게 하는 등, 개인의 자유를 억압해서 국가 발전을 이루고자 했다는 것이다. 미국 정부는 개인의 자유를 보장하면서도 개인이 국가 발전에 기여할 수 있다고 보았다. 그리고 개인이 조직의 규범에 순응하도록 강제하는 것이 아니라 틀과 규범에서 벗어나는 자유로운 사고를 장려함으로써 혁신적인 기술을 개발하고 이를 통해서 국가의 발전을 이룬다는 구상을 가졌다. 즉 미국과 소련이 대결하는 정치적인 그림 속에서 '창의적인 사람'이 부상하게 된 것이다.

　　그 외에도 미국이 소비중심의 경제 성장 전략을 세운 것 또한 창의성이 주목받게 된 사회적 계기라고 할 수 있다. 세계 2차 대전으로 인한 경제 불황의 시기가 지나고 사람들의 생존에 대한 욕구가 어느 정도 해소된 시점에서는, 생존에 필요한 소비가 아닌 다른 종류의 소비를 촉진함으로써 경제적 성장을 이루어야 했다.[8] 그런 점에서 소비 욕구를 자극할만한 새로운 상품을 개발해야 한다는 요구가 산업계에서 나타났으며, 이러한 요구에 부응하는 인재로 '창의적인 사람'이 다시 주목을 받았다. 창의적인 사람은 조직의 관습과 규칙을 철저하게 따르는 근면한 사람이기보다는 규칙을 깨는 것을 두려워하지 않는 사람이다. 이러한 사람이 상품화를 위한 아이템을 능동적으로 찾아 나서고 새로운 상품을 잘 홍보할 것으로 기대되면서[9] 산업계에서도 '창의성' 붐이 일기 시작한다.

---

7) Franklin, 위의 책, 13.
8) Franklin, 위의 책, 10.
9) Franklin, 위의 책, 11.

그 외에도 프랭클린은 심리학자들이 인간을 조건화가 가능한 기계처럼 보는 행동주의 심리학에 반감을 갖고, 인간의 본질이 무엇이냐는 철학적인 질문에 관심을 갖게 된 것 또한 창의성에 대한 연구가 증가한 지성사적 배경으로 제시한다.[10] 그렇지만 나는 상술한 정치적, 사회적 이유가 심리학의 창의성 연구에 더 많은 영향을 미쳤다고 생각한다. 정부와 기업에서 창의적인 사람을 식별하고 창의성을 개발하는 것이 중요한 과제가 되었고, 심리학자들은 정부, 군, 기업의 지원금이 투입된 과제들에 참여할 기회를 얻을 수 있었기 때문이다. 이 과제에서 심리학자들은 창의적인 사람이 갖는 심리적 특징들을 식별하고, 이 특징들을 바탕으로 한 사람이 얼마나 자기 분야에서 창의적이게 될지 예측해줄 수 있는 테스트를 개발했다. 그 결과 1950-1960년대에는 한 사람의 창의적 잠재성의 측정을 중심으로 창의성을 이해하는 다양한 연구가 나올 수 있었다.

창의성에 대한 심리학 연구의 급증에 기여한 여러 이유들을 살펴봄으로써 알 수 있는 것은, 창의성이라는 분명히 구분되는 심리적 역량에 대한 관찰을 바탕으로 창의성 연구가 시작되지 않았다는 것이다. 물론, 역사 속에서 '천재'라고 일컬어지는 사람들은 분명히 있으며, 천재까지는 못하더라도 각 분야에서 인정받는 업적을 이루었기 때문에 '좋은 평판'을 갖고 있는 사람들도 분명히 있다. 하지만 그런 사람들이 분명히 있다고 해서, 그 사람들이 천재인 이유, 혹은 그 사람들이 좋은 평판을 갖는 이유를 설명해주는 '창의성'이라는 심리적 역량을 전제해야 하는 것은 아니다. 어떤 사람이 천재라고 칭송되는 것, 혹은 좋은 평판을 얻는 것은 단지 그 사람의 심리적 특별함의 문제는 아닐 수 있기 때문이다.

게다가 심리학자들은 모든 사람들이 창의성을 어느 정도 조금씩 갖고 있으며, 훈련을 통해서 이전보다 더 창의적이게 되는 것도 가능하다고 보았다. 즉, 창의성에 해당하는 심리적 역량은 위대한 성취를 이룬 천재도 갖는 것이며, 아직은 아무것도 만들어 내거나 시도하지 않은 사람도 갖는 것이다. 이렇게 넓은 스펙트럼의 사람들이 공통으로 갖고 있는 역량은 '창의성'이라는 말로 특별하게 지칭할 필요가 없는 것, 그냥 인간이 기본적으로 갖고 있는 심리적 역량이 아닐까? 인간의 기본적인 심리적 역량에 대한 기술을 넘어서는 방식으로 창의성에 해당하는 심리적 역량에 대해서 기술하고 그것의 식별 조건을 마련할 수 있는가? 심리학의 창의성에 대한 탐구는, 창의성에 해당하는 심리적 역량이 실재하며 그 식별 조건을 마련할 수 있을 것이라는 경험적 확신을 기반으로 하지 않는다. 다만 미국의 정치적, 사회적

---

10) 인본주의 심리학자들의 창의성 연구가 이러한 동기를 바탕으로 이뤄진 연구 중 하나이다. 이들은 창의성은 인간의 자기 실현과 충만한 삶에 중요하다고 보았으며, 대부분의 심리학자들이 정부과 기업의 요청으로 사회에서 유용한 역할을 하는 창의성 연구에 집중했다는 점을 비판했다. Franklin, 위의 책, 78-101.

맥락에서 창의성이 실재한다고 상정하는 것이 더 적절했기 때문에, 창의성에 대한 탐구가 시작된 것이다.

3. 창의성은 실재하는 심리적 역량일까?

오늘날에는 창의성이 너무 당연하게 실재하는 것으로 언급된다는 점에서 창의성의 존재에 의문을 품기가 어렵다. 하지만 창의성 연구가 시작되었던 초기에는, 창의성이 별도의 심리적 역량으로 존재한다는 확신이 오늘날에 비하면 덜했기 때문에, 심리학자들은 창의성에 해당하는 심리적 역량이 존재한다는 점을 확립해야 했다.

심리학자들이 창의성의 윤곽을 그리기 위해서 가장 먼저 사용했던 방법은, 각 분야에서 동료들에 의해 '창의적이라는 평가'를 받는 사람들을 추천을 받아서 그들을 관찰하는 것이었다. IPAR(Institute for Personality Assessment and Research)에서 1957년에 수행된 연구가 바로 이 방법을 적용한 사례라고 할 수 있다.[11] 이 연구는 창의적인 사람들을 한데 모아놓고 며칠 간 이들을 대상으로 심리 검사, 인터뷰를 진행한다면, 창의적인 사람들이 어떤 성격을 갖고 있으며, 어떤 방식으로 사고하는지, 무엇을 선호하는 경향이 있는지를 파악할 수 있을 것이라는 기대에서 시작되었다. 그 결과 창의적인 사람의 윤곽은 '추상적인 이미지를 선호하는 경향'이 있으며, '의미가 분명하지 않은 모호한 자극에 대한 관용도가 높고', '새로운 아이디어를 다양하게 생각해내고' '자신감이 있고', '개인주의적인' 성격을 지닌 사람으로 그려졌다. 이 때 발견된 창의적인 사람의 심리적 특성들은 이후에 창의적 잠재성을 측정하는 테스트를 개발하는 데 활용되기도 했다.

더불어 초기의 심리학자들은 이런 관찰을 통해서 개발한 테스트가 실제 삶의 창의성을 잘 예측해준다는 점을 입증하는 것에도 많은 노력을 기울였다. 그 이유는 사람들이 테스트를 받는 환경이 시험을 치는 환경과 비슷하다는 점에서 창의성 테스트가 실제 삶에서 창의적 수행을 예측하지 못한다는 문제가 제기되었기 때문이다. 이에 토렌스(Paul E. Torrance)는 20년 전, 30년 전에 자신이 개발한 창의성 테스트를 치뤘던 학생들에게 연락해서 지금까지 자기 삶에서 이뤘던 창의적인 성취들에 대해서 보고하게 한다. 그리고 그 중 정말로 창의적인 성취의 개수와 가장 창의적이라고 보고된 성취가 얼마나 독창적인지를 평가해서 사람들

---

11) Franklin, 위의 책, 35-38.

이 창의적인 정도를 점수화한 다음, 과거의 창의성 테스트 점수와 창의성 점수 사이의 상관 관계를 분석하는 후속 연구를 시행했다.[12] 이 후속 연구에서 산출된 상관관계가 충분히 높은지에 대해서는 의견이 엇갈린다.[13] 하지만 이러한 후속 연구들은 창의성이 별도의 심리적 역량으로 실재하며, 창의성 테스트는 그 역량이 활용되는 일면을 포착하는 도구임을 보여준다고 여겨졌다. 그리고 여러 분야의 창의적인 수행과 산물을 가능하게 하는 '창의성이라는 심리적 역량'이 존재한다는 생각은 대중들 사이로 퍼지기 시작했다.

그렇다면 위의 두 연구가 창의성이 실재하는 심리적 역량이라는 점을 보여준다고 할 수 있을까? 우선 창의적인 사람들이 공유하는 심리적 특징을 발견하고자 했던 연구의 경우, 창의적인 사람의 선별 기준에 문제를 제기할 수 있다. 창의적인 사람을 추천해달라는 요청을 받은 각 분야의 전문가들은 보통 자신의 분야에서 공적으로 인정되는 성과를 이룬 사람들을 추천했는데, 연구가 이뤄졌던 1950년대는 고등교육을 받은 백인 남성들을 중심으로 사회의 전문 인력이 형성되었던 시기였다. 그렇기에 연구 대상이 되었던 '창의적인 사람들'의 풀이 특정 인종, 성별, 사회경제적 계급의 사람들로 한정되는 결과가 초래되었고, 이는 특정 사회경제적 계급이 갖는 '그림 취향'이나 특정 젠더에 '전형적인 성격 특성'이 창의성과 유관한 심리적 성질로 고착되는 문제를 낳았다. 실제로 이런 연구를 통해서 선별된 성격 특성들을 기반으로 만든 창의성 테스트의 경우[14], 남성의 테스트 점수가 여성의 테스트 점수보다 더 높게 측정되기도 했다. 즉 창의성은 이론적으로는 모든 사람들이 어느 정도 갖고 있으며 훈련을 통해서 개발도 가능한 심리적 자질로 상정되었지만, 그 자질이 무엇으로 이뤄지는지에 대한 탐구는 정작 '소수의 사람들'을 중심으로 이뤄진 것이다.

창의성 테스트가 실제 삶의 창의적인 수행을 예측한다는 점을 입증하기 위해 진행된 후속 연구들도 비슷한 문제를 갖는다. 앞서 달했듯 후속 연구들은 사람들이 현재 얼마나 창의적인지를 수치화해서 이를 과거의 창의성 테스트 점수와 비교하는데, 이때 사람들이 테스트를 치고 난 후, 20년, 30년 동안 이룬 창의적인 성취에 대한 보고를 수집하고 분석했다. 그렇지만 분석을 위해서 사용되었던 창의적인 성취의 기준 또한 공적인 영역에서 '업적'이나

---

12) Paul E. Torrance "Predictive Validity in the Torrance Tests of Creative Thinking," *Journal of Creative Behavior* 6/4 (1972), 236-262.

13) 토렌스는 각주 12번의 논문에서는 테스트 점수와 실제 삶에서의 창의성 점수 사이의 상관관계가 유의미하다고 말하지만, 다른 인터뷰에서는 이 상관관계가 자신이 기대한 것만큼 충분히 높지 않았다고 회고했다. Franklin, *The Cult of Creativity*, 157.

14) R. Keith Sawyer & Danah Henriksen, *Explaining Creativity. The Science of Human Innovation* (Oxford : Oxford University Press, 2024), 48-49.

'성과'로 여겨지는 것들을 얼마나 많이 이뤘는지 헤아리는 것에서 벗어나지 못했다. 한 사람이 직업 영역에서 많은 업적이나 성과를 이뤘다는 점은 그 사람의 성실성과 생산성 혹은 그 사람이 성과를 내는 것에 집중하는 환경에 있다는 사실을 보여줄 수 있다. 하지만 같은 지표로 그 사람이 '창의적인지' 여부도 알 수 있다고 보는 것이 타당한가? 게다가 사람들이 이룬 성과가 얼마나 독창적인지에 대한 평가는 그 성과를 직접 마주한 상태에서 이뤄진 평가가 아니라 사람의 성과에 대한 보고를 바탕으로 한다. 그런 점에서 성과의 독창성에 대한 평가를 기반으로 산출한 수치 또한 그에게 창의성이라는 심리적 역량이 있으며, 그 역량을 얼마나 잘 활용하는지 반영하는 수치인지 의문스럽다.

지금까지 소개한 심리학 연구들은 창의성에 대한 심리학 연구의 초기에 이뤄졌던 연구들로, 모든 사람들이 공유하는 창의성이라는 심리적 역량이 존재하고 이를 측정하거나 식별함으로써 창의적인 사람을 가려낼 수 있다는 전제를 갖고 있다. 하지만 이 전체를 바탕으로 수행한 연구들은, 그 실재를 경험적으로 확고한 것으로 만들지 못했다. 오히려 창의성이 정말로 구분되는 심리적 역량으로 존재하는지에 대한 회의는 점차 커졌고,[15] 이는 심리학에서 창의성을 영역 특정적인(domain-specific) 것으로 이해하는 흐름을 낳기도 했다. 창의적인 산물의 생성에 관여하는 심리적 요소들이 작동하는 방식이 분야에 따라서 다르다는 점을 인정하고, 각 분야에서 창의적인 산물의 생성을 위한 심리적 메커니즘이 어떻게 작동하는지를 다르게 설명해야 한다는 것이다.[16] 이 책에 수록된 논문들도 느슨하게 이런 전제를 갖고, '음악 창작'에서의 창의성, '음악 교육'에서의 창의성, '즉흥 연주'에서의 창의성, '메타 창작'에서의 창의성 등을 탐구하는 것처럼 보인다.

정리하면 모든 영역에서 창의적인 산물의 생성에 관여하는 특별한 심리적 역량이 존재한다는 가정은 의문스럽다. 그리고 어떤 사람들이 창의적인 사람으로 분류되는 것이 자연스럽다고 해서 그 사람들이 공유하는 심리적 역량이 있다고 전제할 이유는 없다. 특정 분야에서 창의적이라는 평가를 받는 산물이 있다면, 그것이 창의성이라는 특별한 심리적 역량을 활용한 결과물이기 때문에 창의적인 것이 아니다. 창의적인 사람 또한 그가 창의성에 해당하는 역량을 가졌기 때문에 창의적인 것이 아니다. 어떤 산물이 왜 창의적인지를 해명하는 일은, 그 산물을 만들어낸 주체의 심리적인 차원에 호소하는 것만으로 이뤄질 수 없으며, 그

---

15) 이 회의에 대해서는 다음을 참고하라. Franklin, *The Cult of Creativity*, 156-157, 159-160.

16) 다음의 논문은, 창의성에 대한 심리학의 탐구가 모든 영역의 창작에 관여하는 일반적인 심리적 역량의 정체를 해명하는 대신, 영역 특정적인 창작의 메커니즘을 밝히는 방향으로 일어나야 한다고 주장했다. John Baer, "Domain Specificity and the Limits of Creativity Theory," *The Journal of Creative Behavior* 64/1 (2012), 16-29.

산물이 어떤 국면에서 새로운지, 어떤 기능을 하는지 이해하게 해주는 맥락을 고려해서 이뤄져야 한다. 즉, 창의성의 개별 사례에 대한 설명은 항상 그 사례가 속한 분야의 맥락을 고려한다는 점에서 영역 특정적일 수밖에 없다. 그렇지만 창의성에 대한 영역 특정적 탐구에 착수하기 앞서서 물어야 하는 질문이 있다. 이것은 바로 창의성을 개념화하는 방식에 관한 질문이다.

4. 질문의 방향을 조정하기 : 창의성에 대한 개념적 작업의 필요성

글의 서두에서 언급했지만, 창의성은 천재, 상상력과 비교했을 때 비교적 최근에 인간의 어휘 체계에서 사용되기 시작했다. 물론 '창의성'이라는 표현이 20세기 중반 이후에 널리 사용되었다고 해서, 그 단어가 가리키는 '지시체'가 이전에는 존재하지 않았거나 우리의 인식 범위 밖에 있었다는 것이 뒤따르지 않는다. 과거에는 우리가 오늘날 '창의적'이라고 일컫는 것들을 가리키는 단어가 하나가 아니었을 수 있고, 그 단어가 오늘날 '창의적'이라고 일컬어지는 것들을 일괄 지칭하지 않고 부분적으로만 지칭했을 수 있다. '상상력이 풍부한'(imaginative)은 전자의 사례이고, 과학과 예술에서 뛰어난 성취를 이룬 이들을 가리켰던 '천재'(genius)가 바로 후자의 사례이다. 내가 강조하고 싶은 것은, 새로운 지시체가 발견 혹은 발명되거나 새로운 사고를 표현하기 위해서단, 특정 단어가 어휘 체계에 편입되지 않는다는 것이다. 한 단어는 이전에 다른 단어들로 지시되었던 것들을 지칭하기 위해서 혹은 다른 단어의 의미였던 것을 표현하기 위해서 도입될 수 있으며, 나는 창의성이 바로 그러한 사례라고 생각한다. 창의성은 다양한 단어로 표현되었던 사고와 지시 대상들을 '창의적인' 것으로 한데 묶어서 다루기 위해서 제안된 단어이다.

그렇다면 우리가 다뤄야 할 질문은 아주 넓은 범위에 걸쳐있는 대상들을 '창의적인 것'으로 묶어서 다루는 것의 이점이 무엇인지 여부이다. 앞서 다루었던 배경을 고려한다면, 넓은 적용 범위를 갖는 창의성 개념은 1950년대 미국 사회의 관심에 부합한다는 점에서 이점을 갖는다. 창의성은 소수의 사람이 아니라 모든 사람들이 가질 수 있는 자질이라는 점에서 소련과 대비되는 미국 국민의 지향점으로 정립될 수 있고, 미국 사회가 추구하는 가치인 자유와도 개념적으로 연결될 수 있기 때문이다. 그렇지만 이 이점이 특정한 시대적 배경 하에서만 통용된다면, 우리는 창의성이라는 단어를 더 넓게 적용할 때 발생하는 다른 이점이 무엇인지, 즉, 적용 범위가 넓어질수록 창의성의 의미를 파악하는 것이 어려워짐에도 불구하고 넓은 적용 범위를 갖는 창의성 개념을 받아들여야 하는 이유는 무엇인지 구체화해야 한다.

그리고 창의성에 해당하는 심리적 역량이 실재하는지가 불분명하다는 앞의 문제제기가 타당하다면, 한 사람이 창의적인지 여부 또한 그가 어떤 심리적 역량을 지녔는가 아니라 어떤 산물을 생성하는 활동에 참여했는지, 혹은 결과적으로 만들어낸 산물이 무엇인지를 살펴봄으로써 판단해야 한다는 입장은 받아들일 만 하다. 서두에서 말했듯이 심리학자들은 창의적인 산물을 판별하게 해주는 간편한 기준으로 '새로움'과 '가치', (때때로 '놀라움'과 '의도)를 자주 언급하지만 각각의 의미가 무엇인지는 그렇게 깊게 탐색하지 않으며, 다양한 의미를 지닐 수 있도록 열어놓는다. 그 이유는 이 질문들에 대답하는 것이 심리학자들에게는 불필요한 개념적 작업처럼 여겨지기 때문일 수 있다. 창의적인 산물이 어떤 의미에서 새롭고 어떤 가치를 갖는지를 공들여 해명하지 않더라도 각 분야에서 창의적인 산물들의 사례는 주어져 있다. 그렇다면 이것들을 경험적으로 탐구함으로써 각 분야의 창의적인 산물들에 도달하는 과정에서 어떤 심리적 요소들이 동원되는지를 탐색하는 것이 더 유익한 것이 아닌가? 이 탐색을 통해서 우리는 특정 분야에서 더 창의적인 산물을 만들려면 어떻게 해야 하는지 알 수 있을테니 말이다.[17]

하지만 창의성이란 말이 널리 사용된 지 오래되지 않았다는 점을 고려한다면, 우리에게 주어진 창의적인 산물의 사례들이 창의성에 대한 탐구의 출발점이 될 만큼 확고한 것인지 의문스럽다. 창의성이라는 말이 신생 용어라면 이 사례들이 어떤 일관된 의미 체계 속에서 창의적인 것으로 분류되었다고 볼 수 있을까? 그런 점에서 창의적이라고 일컬어지는 산물들은 각자의 이유에서 흥미로운 것, 호기심을 유발하는 것들을 묶어놓은 것에 가까워 보이기도 한다. 시, 그림, 짧은 이야기, 짧은 음악 등 예술 분야의 산물로 볼 수 있는 것은 무엇이든지 창의적인 산물이 될 수 있는가? 어떤 식으로든지 '놀라움'을 불러일으키기만 하면, 그 산물은 창의적인 산물이 될 수 있는가? '작은 부분에서 기존의 산물들과 다르다'는 점에서 새로운 것들은 창의적인 산물이 되기 위한 새로움의 요건을 충족하는가? 창의성에 대한 탐구에서 더 필요한 것은 많은 것들을 아우르도록 고안된 창의성 개념의 목적을 재정립하고, 우리에게 창의적인 것의 사례로 주어진 것들이 어떤 특징을 가졌길래 창의적인지 재고하는 일일 수 있다.

---

17) 실제로 실비아(Paul J. Silvia)는 창의성의 정의에 대한 논의 없이도 창의성에 대한 심리학적 탐구는 지금까지 잘 진행되어 왔고, 어떻게 하면 창의적이게 될 수 있는지에 대한 지식을 쌓을 수 있다고 주장한다. Paul J, Silvia, "Creativity is Undefinable, Controllable, and Everywhere," in *The Nature of Human Creativity*, ed. Robert J. Sternberg & James C. Kaufman, (Cambridge: Cambridge University Press, 2018), 293-294.

참고문헌

Amabile, Teresa M. "Componential Theory of Creativity." in *Encyclopedia of Management Theory*. ed Eric H. Kessler: 134-139, California: Sage, 2013.

Baer, John. "Domain Specificity and the Limits of Creativity Theory." *The Journal of Creative Behavior* 64/1 (2012): 16-29.

Franklin, Samuel W. *The Cult of Creativity : A Surprisingly Recent History*. Chicago : Chicago University Press, 2023.

Kaufman, James C & Beghetto, Ronald A. "Beyond Big and Little: The Four C Model of Creativity." *Review of General Psychology* 13/1 (2009): 1-12.

Plucker, Jonathan A, Beghetto, Ronald A. & Dow, Gayle T. "Why Isn't Creativity More Important to Educational Psychologists? Potentials, Pitfalls, and Future Directions in Creativity Research." *Educational Psychologist* 39/2 (2004): 83-96.

Sawyer, R. Keith & Henriksen, Danah. *Explaining Creativity : The Science of Human Innovation*. Oxford : Oxford University Press, 2024.

Silvia, Paul J. "Creativity is Undefinable, Controllable, and Everywhere." in *The Nature of Human Creativity*. ed Robert J. Sternberg & James C. Kaufman: 291-301, Cambridge: Cambridge University Press, 2018.

Torrance, Paul E. "Predictive Validity in the Torrance Tests of Creative Thinking." *Journal of Creative Behavior* 6/4 (1972): 236-262.

독창성의 미적 가치
The Aesthetic Value of Originality[1]

브루스 버마젠

권애영 옮김

1. 저자 소개

브루스 버마젠(Bruce Vermazen, 1940-)은 1961년과 1962년 각각 시카고 대학교(University of Chicago)에서 철학 학사 및 석사 학위를 취득했다. 1967년 스탠포드 대학교(Stanford University)에서 철학 박사 학위를 받은 후, 미국 캘리포니아 대학교 버클리 캠퍼스(University of California, Berkeley)의 철학과 교수로 임용되었다. 1978년에 래그타임에 관심을 가지게 된 그는 크리산더멈 래그타임 밴드(Chrysanthemum Ragtime Band)에서 코넷 연주를 시작하면서 이후 밴드의 음악 감독 겸 아나운서로도 활약했다. 음악에 대한 깊은 관심을 보인 그는 1980 년대에는 샌프란시스코 지역의 역사적인 래그타임 뮤지션인 제이 로버츠(Jay Roberts), 아서 히크먼(Arthur Hickman), 브라운 6형제(Six Brown Brothers)에 관한 기사를 발표했다. 1990년 대에는 샌프란시스코 스타라이트 오케스트라(San Francisco Starlight Orchestra)에서 코넷 연주자로 활동했다. 은퇴한 후에도 음악 활동을 멈추지 않고 힐크레스트 윈드 앙상블(Hillcrest Wind Ensemble)의 멤버로 활동했다. 2005년에는 밥 핀스커(Bob Pinsker)와 함께 헬리오트로 프 래그타임 오케스트라(Heliotrope Ragtime Orchestra)를 창단하여 공동 리더를 맡기도 했다. 저서로는 『신음하는 색소폰』(That Moaning Saxophone)과 『브라운 6형제와 음악 열풍의 시 작』(The Six Brown Brothers and the Dawning of a Musical Craze)이 있다.

2. 역자 서문

독창성과 미적 가치의 관점에서 예술 작품을 평가하는 것은 예술 이론과 비평에서 오랫동 안 논란의 중심이었다. 이 글에서 저자는 독창성이 예술 작품을 다른 것과 구별 짓는 중요한

---

1) Bruce Vermazen, "The Aesthetics Value of Originality," *Midwest Studies in Philosophy* 16 (1991).

특성임을 인정하면서도, 이것이 작품의 미적 가치에 직접적으로 기여하는가에 대해 의문을 제기한다.

18세기 에드워드 영의 "독창적 구성에 관한 추측"(Conjectures on Original Composition)에서 시작된 독창성에 관한 관심은 칸트의 『판단력 비판』(Critique of Judgment)에서 더욱 강화되었다. 특히 저자는 넬슨 굿맨의 논의를 언급하며, 독창성이 예술 작품의 속성으로서 미적 가치를 지닌다는 일반적인 신념에 도전한다. 그는 독창성이 단지 참신함이나 창의성으로만 이해될 수 없는 복잡한 개념임을 강조하며, 이러한 독창성이 미적 가치에 기여한다고 믿는 것이 혼란에서 비롯된 것이라고 주장한다.

저자에 따르면, 독창성은 단순한 '새로움' 이상의 의미를 지녀야 한다. 독창성을 미적 가치의 일환이라고 간주하는 것은 잘못된 생각이며, 독창성이 단지 새로운 것이라는 믿음은 충분하지 않다. 새로운 것이 항상 미적 가치를 갖는 것은 아니며, 새로운 속성이 반드시 작품을 더 좋게 만들지 않는다는 것이다.

글에서는 스테판 모라브스키와 존 호글룬드의 논의를 인용하여 독창성의 개념을 분석한다. 모라브스키는 '참신함'(novelty)을 통해 독창성을 정의하고, 이는 기존 작품들과의 단절을 의미한다고 주장한다. 호글룬드는 독창성을 '독특함'(uniqueness)과 '창의성'(creativity)으로 나누어 설명한다. 이들은 모두 독창성이 작품의 가치를 높인다고 주장하지만, 저자는 이러한 주장에 논리적 결함이 있음을 지적한다.

이와 함께, 쉬클로프스키와 무카르조프스키의 이론을 인용하여 독창성의 가치에 대해 논의한다. 쉬클로프스키는 예술의 목적이 사물을 낯설게 하여 인식을 지연시키는 것이라고 주장한다. 이는 독창성이 미적 가치에 기여할 수 있는 방식 중 하나이다. 그러나 저자는 시간이 지나면서 이러한 독창성이 사라질 수 있다고 지적한다. 무카르조프스키는 시적 언어가 자동화를 방지하고 독창성을 유지해야 한다고 주장하지만, 저자는 독창성이 반드시 미적 가치를 의미하지는 않는다고 반박한다.

저자의 주요한 주장 중 하나는 독창성의 미적 가치가 작품의 역사적 맥락과 연관이 있다는 것이다. 그는 작품이 처음 만들어졌을 때의 독창성이 시간이 지나면서 어떻게 변할 수 있는지를 설명하며, 독창성이 항상 긍정적인 가치로 인식되는 것은 아니라고 주장한다. 예를 들어, 어떤 예술 작품이 처음 등장했을 때는 독창적이었지만, 시간이 지나면서 그 독창성의 효과가 줄어들 수 있다는 점을 지적한다.

마지막으로, 저자는 독창성과 관련된 혼란을 피하기 위해, 독창성이 미적 가치에 기여하는 속성으로 간주되는 이유를 살펴본다. 저자는 독창성이 예술 작품의 가치 평가에서 단일한 척도가 될 수 없음을 지적하며, 다양한 예술 형식과 작품의 속성들이 어떻게 미적 가치를 형성하는지에 대한 다차원적인 접근을 제안한다.

결론적으로, 독창성이 예술 작품의 미적 가치를 높이는 필수 조건은 아니다. 저자는 독창성이 역사적 맥락에서 가치를 가질 수 있지만, 그것이 미적 가치를 보장하지는 않는다고 주장한다. 따라서 독창성을 미적 가치의 중요한 요소로 간주하는 것은 잘못된 것임을 강조한다.

저자는 처음부터 명확한 결론을 갖고 논의를 전개한다. 그는 여러 학자의 글을 인용하고 이를 비판적으로 수용하면서, 독자에게 다소 혼란을 줄 수 있는 복잡한 논의 과정을 거친다. 그러나 이 글은 독창성의 개념을 재평가하고 예술 작품의 미적 가치를 이해하는 새로운 시각을 제공한다. 저자는 독창성이 단순한 새로움이 아니라 예술 작품의 질적 특성과 깊이 있는 관련이 있음을 보여주며, 독창성의 미적 가치를 다시 한번 생각하게 한다. 이를 통해 독자들이 예술 작품의 가치를 보다 넓고 깊이 있는 시각으로 평가할 수 있기를 기대한다.

독창성의 미적 가치

1. 독창성과 참신함(Originality and Novelty)

독창성은 1759년 에드워드 영(Edward Young)의 "독창적 구성에 관한 추측"(Conjectures on original composition)이 발표된 이후, 18세기 예술 작품의 중요한 속성(property)으로 등장했다. 칸트(Immanuel Kant)는 『판단력 비판』(Critique of Judgment) 46장에서 독창성의 중요성을 명백히 지지하였고, 이러한 지지는 현재까지도 일반적으로 사용되는 모호한(shadowy) 칭찬의 용어로 남아있다. 그러나 넬슨 굿맨(Nelson Goodman)의 『예술의 언어』(Languages of Art)를 기점으로 위작(forgeries)과 구별되는 원작(originals)의 미학적 중요성에 대한 논의가 활발해지면서, 독창성 개념에 대한 혼란이 야기되었다. 원본-위조품 논의에서 나타나는 독창성의 속성과 영과 칸트가 고려한 독창성 사이에는 느슨하지만 흥미로운 연결고리가 있다. 그러나 굿맨이 의도한 독창성은 영과 칸트의 독창성과는 완전히 별개의 개념이다. 필자는 이 글에서 독창성 자체가 예술 작품의 미적 가치에 기여하는 예술 작품의 속성이 아니라고 주장할 것이다. 그럼에도 불구하고 독창성이 하나의 속성이라는 신념은 피하기 어려운 혼란(confusions)에서 비롯된 것이기에, 필자는 이것에 대해 검토하고자 한다.

필자는 '미적 가치'(aesthetic value)라는 용어를 자의적(arbitrary)이면서도 합리적인 방식으로 사용할 것이다. 이 용어를 사용하는 것은 '예술 혹은 작품으로서의 예술 작품의 가치' 즉, 회화로서의 회화의 가치, 음악 작품으로서의 음악 작품의 가치, 시로서의 시의 가치, 소네트로서의 소네트의 가치와 같이 종(種, species)에서 속(屬, genus)를 골라내기 위함이다. 'K로서의 K'의 가치에서 'K'는 예술의 종류 혹은 예술의 형태로 생각되는 일반적인 용어로 대체될 수 있다. 따라서 필자는 동등한 정당성을 가질 수 있지만 (다른 규정하에) 사람들, 자연 풍경, 혹은 수학적 법칙(theorems)의 미적 가치는 포함하지 않을 것이다. 여기에서 '예술'은 기술(skill)보다는 (공연 및 과정을 포함하는) 결과물(products)이라는 의미로 사용된다. 필자는 이미 다른 논문에서[2] 미적 가치가 그것을 소유한 작품들의 단일한 속성이 아니며, 그 가

---

2) Bruce Vermazen, "Comparing Evaluations of Works of Art," Journal of Aesthetics and Art Criticism 34 (1975), 7-14. Reprinted with important additions in Art and Philosophy. ed. W. E. Kennick. 2d. ed. (New York, 1979), 707-18.

치를 측정하는 단일한 척도가 아니라고 주장했다. 오히려 이것은 다차원적인 척도이다. 이러한 다차원적인 평가는 예술 평가자의 예술 개념이나 평가 대상이 속한 예술 유형에 대한 이해에서 비롯되며, 작품의 다양한 속성들에 대한 순위 부여(rank-designations)나 서열 측정(ordinal measures)을 포함한다. 예를 들어, 페트라르카 소네트(Petrarchan sonnet)[3] 혹은 스토리 발레(stroy ballet)[4]와 같은 종류이다. 이러한 속성에는 표현력(expressiveness), 통일성에 대한 접근 방식(approach to unity), 그리고 심오함(profundity)뿐만 아니라 멜로디의 아름다움이나 운율의 적절성과 같은 특정 유형에 특화된 속성이 포함될 수 있다.[5] 필자는 평가자마다 예술의 다른 측면을 가치 있게 여길 수 있기 때문에, 이러한 속성이 모든 평가자에게 동일하게 적용될 만큼 포괄적이라고는 생각하지 않는다. 이는 사람들이 취향에 대해 논쟁할 수 없다고 생각하는 여러 이유 중 하나에 불과하다.[6] 독창성이 작품의 미적 가치에 기여하는 속성이 아니라는 필자의 주장은 누구나 독창성을 속성 순위 목록에서 제외할 수 있는 타당한 이유가 있음을 주장하는 것이다. 이어지는 내용에서 이러한 방식으로 미적 가치에 기여하는 속성을 '미적으로 가치 있는 속성'(aesthetically valuable properties)이라고 부를 것이다.

어떤 작품을 독창적이라고 할 때, 우리는 작품의 어떤 속성을 칭송하는가? 그 속성은 가치와 어떻게 연관되는가? 독창성에 관한 철학적 논의는 혼란으로의 초대로 시작된다. 영은 이렇게 말한다. "나는 엄밀히 말해 무엇이 독창적이고, 무엇이 그렇지 않은가와 같은 호기심 어린 질문을 하지 않을 것이다. 모두가 인정해야 할 것은 어떤 작품들은 다른 작품보다 더 독창적일 수 있다는 사실이다. 그리고 나는 독창적인 작품일수록 더 좋다."(215)[7] 이어서 영은 "독창적인"이라는 표현이 무엇을 의미하며, 독창성과 가치 사이의 연관성은 무엇을 의도하는지 몇 가지 단서를 제시한다. 그러나 이러한 단서들은 서로 다른 방향을 가리키는 것처럼 보인다. "독창적인 것들은 오직 천재에게서만 나올 수 있다"(221)는 그의 주장과 천재

---

3) [역주] 이탈리아 소네트라고도 알려진 페트라르카 소네트는 이탈리아 시인 프란체스코 페트라르카(Francesco Petrarca, 1304-1374)의 이름을 딴 소네트이다. 그러나 이것은 페트라르카에 의해 발전한 것이 아니라 르네상스 시인들에 의해 발전했다. 페트라르카 소네트는 abbaabba의 운을 따르는 옥타브(octave), cdecde나 cdccdc로 변용되는 세스테(sestet) 형식을 가진다.

4) [역주] 내러티브 발레라고도 알려진 스토리 발레는 줄거리와 캐릭터가 있는 발레의 한 형태이다.

5) "예술 작품의 평가"(Comparing Evaluations of Works of Art)에서 언급된 용어에서 이러한 속성은 독립적으로 평가되는 속성이다.

6) 일부 속성이 이러한 목록에 포함되는 방법에 관한 설명은 다음을 참고하라. Bruce Vermazen, "Aesthetic Satisfaction," in Human Agency: Language, Duty, and Value, edited by Jonathan Dancy, J. M. E. Moravcsik. and C. C. W. Taylor (Stanford: Stanford University Press, 1988), 201-18.

7) The edition cited is the version of "Conjectures on Original Composition," reprinted in Criticism: Twenty Major Statements, edited by Charles Kaplan (San Francisco: Chandler Publishing Company, 1964).

적인 작품이 사실상 좋다는 생각은 작품이 독창적이라면 그러한 이유로 어느 정도 좋은 것이라고 여기는 것처럼 보인다. 따라서 이 단서는 (정확히 그 방향은 아니지만) 그가 앞서 언급한 바와 같이 작품이 더 독창적일수록 더 좋다는 방향을 가리킨다. 반면, 조너선 스위프트(Jonathan Swift)에 대해 논하면서 영은 그의 글은 좋아하지 않지만, 그의 천재성은 인정한다고 하면서 이렇게 덧붙였다. "독창적으로 틀린 것(originally wrong)을 쓰는 것보다 쉬운 것은 없다. 여기에서 독창성(Originals)은 권장되지 않지만, 나의 첫 번째 규칙, 즉 '너 자신을 알라'의 강력한 지침 아래에서는 허용된다."(229) 이 구절은 독창성이 그 자체로 가치 있는 것은 아니라는 점에서 앞서 인용된 구절과 모순되는 것으로 보인다. 영의 말을 차치하더라도 아마도 후자의 주장이 전자의 주장보다 타당할 수 있다. 왜냐하면 독창성의 모체인 천재성은 나쁜 목적을 지향하거나 단순히 오류를 범할 수도 있기 때문이다.[8]

그러나 천재성에 대한 이러한 관점은 영의 또 다른 주장과 충돌한다. 영에 따르면, "대부분 천재성이라고 하는 것은 결국 그 목적을 달성하는 데 일반적으로 필요하다고 생각되는 수단 없이 위대한 일을 이루는 능력을 의미한다." 그는 그러면서 "규정되지 않은 아름다움, 그리고 전례 없는 탁월함, 이러한 것들이 천재성의 특징이다…"(220) 라고 덧붙인다. 아마도 이러한 모순에 대한 해결책은 앞서 언급한 '대부분'을 진지하게 받아들이는 것일 것이다. 천재성은 위대한 일을 성취할 수 있는 능력이긴 하지만, 더 많은 측면이 존재한다. 마찬가지로, 우리는 천재성의 '특징'(characteristics)이 불변하는 특성이라기보다는 그 결과물의 일반적인 특성일 뿐이라고 가정할 수도 있을 것이다. 따라서 천재성은 때때로 (독창적이긴 하지만) 아름다움이나 탁월함을 결여한 형편없는 일을 해낼 수도 있다. 만약 그렇다면, 우리는 독창성의 가치에 대한 영의 주장을 특별한 시각으로 해석해야만 한다. 즉, 작품이 독창적인 측면과 동시에 그것이 우수하거나 아름다운 측면이 있어야 한다는 조건이 함께 적용되어야 한다는 것이다. 그래야만 더 많은 독창성이 더 좋은 결과물을 만들 수 있다. 그러므로 '참신함'(novelty)이라는 용어는 '독창성'만큼이나 영이 의미한 바를 이해하는데 적절해 보인다. 물론 참신함과 천재성 사이에는 독창성과 천재성('천재의 의미') 사이에 있는 것처럼 개념적이거나 인과적인 연결은 없다.

영의 주장에서 독창성을 단지 참신함만으로 이해한다면 풀리지 않는 문제가 있다. 그것은 "나의 첫 번째 규칙, 즉 '너 자신을 알라'의 강력한 지침"이 어떻게 천재성이 독창적이면서 동시에 형편없는 것의 생산을 막는지에 대한 것이다. 영은 인간의 본성을 풍자한 스위

---

8) Monroe Beardsley, Aesthetics: Problems in the Philosophy of Criticism (New York: Hackett Publishing Company, Inc., 1958). 460.

프트를 비판하면서 이의를 제기한다. "어떤 더러운 것에 네 펜을 담갔는가?"[9] (229) 스위프트 글에 담긴 인간혐오(misanthropy)와 어조가 이러한 비판을 초래한 것으로 보이며, 이것은 단순히 스위프트가 자기 자신을 더 잘 알게 된다고 해서 합리적으로 해소될 것으로 보이지 않는다. "너 자신을 알라"라는 표현에서 영이 의미하는 바는 야심에 찬 작가가 독창적인 작품을 만들 때 고전적인 모델이 아니라 자신의 능력에서 영감을 받아야 한다는 것인데, 이는 스위프트가 이미 따르고 있던 규칙이기 때문이다.

따라서 독창성은 정의되지 않은 비판적인 범주로 시작되었고, 어떠한 방식으로든 천재성 및 새로움(newness)과 연결되어 있다. 확실한 것은 이전 작가들의 모델을 따르는 것으로는 독창성을 달성할 수 없고, 많은 경우, 가치와 강하게 연관된다는 것이다. 이러한 측면에서 독창성의 상반되는 개념은 허위성(spuriousness)보다는 모방(derivativeness) 혹은 규칙 지배성(rule-governedness)이다.[10]

독창성을 단순한 새로움으로 생각하는 참신함과 동일시하는 것은 미적으로 가치 있는 속성이 되기에 그리 매력적이지 않을 수 있다. 아마도 독창성이 미적으로 가치가 있어야 한다는 확신은 일부 작가들로 하여금 독창성을 단순한 새로움과 구별하도록 이끈 것일지도 모른다. 예를 들어, 스테판 모라브스키(Stefan Morawski)는 단순한 새로움, 참신함, 독창성 사이의 차이를 제시한다. 모라브스키의 관점에 따르면, 참신한 작품은 단순히 새로운 것이 아니라 이전 작품들과의 "단절과 이탈"을 포함해야 한다.(139)[11] 참신함이 단순한 새로움보다 미적으로 가치 있는 속성으로 받아들여질 수 있는 이유는 두 가지이다. 첫째, 어떠한 것을 단절이나 이탈로 간주하는 것은 단순히 이전의 작품들과의 차이가 상당하다는 것뿐만 아니라 어떤 면에서는 그 차이가 중요하다는 것을 시사한다. 둘째, 모라브스키에 따르면, 이러한 의미에서 '참신함'을 이루는 새로움은 작품의 '구성 가치'(constituent values) 혹은 '잔존 가

---

9) [역주] 이 문구는 윌리엄 셰익스피어(William Shakespeare, 1564-1616)의 희곡 『트로일로스와 크레시다』(Troilus and Cressida)에 나온 대사로, 다른 사람이 쓴 글이나 작품을 비난할 때 사용되는 용어이다.

10) 원본-위조 작품의 구분은 원본-파생 작품의 구분을 가로지른다. 진품(즉, 전자의 의미에서 원본)이 전혀 혁신적(즉, 후자의 의미에서 원본)일 필요는 없다. 차일드 해섬(Childe Hassam)의 그림은 많은 박물관에서 그의 이름 옆에 걸려 있지만, 그의 작품을 다른 인상파 화가들의 작품과 구별하기 위해서는 라벨을 자세히 살펴봐야 하는 경우가 종종 있다. 반대로 〈히틀러의 일기〉나 판 메이헤런(Van Meegeren)의 〈베르메르〉와 같이 몇몇 혁신적인 것을 보여주는 작품에서 볼 수 있듯이, 위작이 반드시 기존 작품을 모방하려는 시도일 필요는 없다. 물론 현명한 위조범은 그럴듯하고 눈에 띄지 않으려고 혁신에서 벗어나려고 하겠지만, 위조의 본질상 규정되지 않은 아름다움이나 전례 없는 탁월함을 만들어내는 것을 막을 방법은 없다. 내가 쓴 시를 아서 림보(Arthur Rimbaud)의 아프리카 망명 시절에 쓴 시라고 소개하는 것은 그 시가 알려진 시를 뛰어넘는다는 점을 강조하는 데 도움이 될 수 있다. 왜냐하면 혁신은 그런 시인에게서 기대할 수 있는 특성이기 때문이다.

11) Stefan Morawski, "The Criteria of Aesthetic Evaluation," in *Inquiries into the Fundamentals of Aesthetics* (Cambridge MA: MIT Press, 1974), 125-155.

치'(residual values) 중 하나를 새롭게 활용해야 한다. 그는 '구성 가치'나 '잔존 가치'를 작품을 예술 작품으로 만드는 속성, 또는 특정 종류의 예술 작품으로 만드는 속성 중 하나로 본다. 이러한 속성은 예술 작품으로서의 지위나 특정 종류의 예술 작품으로서의 지위와 우연히 관련된 속성이 아니다. 예를 들어, 모라브스키는 어떤 대상이 예술 작품이 되는 것은 '감각적으로 주어진 특성들의 구조'이어야 하며(98), 상대적으로 자율적이고(105), 어떤 의미에서는 '기술'(techne) 혹은 기교(skill)에 의해 만들어진 인공물이어야 한다고 생각한다. 어떤 종류의 예술은 본질적으로 미메시스(mimesis) 혹은 기능(118)을 좀 더 수반하기도 한다. 예술 작품의 이러한 본질적인 속성들은 아마도 가치와 관련이 있다고 주장할 수 있을 것이다. 왜냐하면 만약 이러한 특성이 작품에 어느 정도라도 존재한다면, 작품은 어느 정도 가치가 있는 것으로 여겨질 것이기 때문이다. 그러한 속성들이 '구성' 그리고 '잔존'이라고 불리는 이유는 아마도 각각 작품을 예술 작품으로 구성하고, 예술 작품으로서 그 안에 존재하기 때문일 것이다. 따라서 모라브스키가 논하는 참신함은 작품의 속성 중 이미 가치가 있다고 인정된 어떤 속성이 어떤 식으로든 새롭게 나타나는 경우에만 예술 작품의 속성으로 간주한다. 예를 들어, 작품의 미메시스의 새로운 기술을 보여주거나 감각적으로 주어진 특성의 새로운 구조를 구현할 수 있는 경우를 말한다.

모라브스키의 용어에서 우리가 영의 독창성 개념의 후예로 인식할 수 있는 것은 독창성보다는 참신함이다. 모라브스키는 '독창적'이라는 용어를 작품에 사용하는데, 여기에서 작품이란 작가의 마음을 표현하는 강도와 규모가 유난히 큰 작품을 가리킨다. 모라브스키는 그것이 예술 자체의 필수 조건인지에 대해 확신하지는 못하지만, 적어도 표현은 어떤 종류의 예술의 구성 가치에 포함될 수 있다. 따라서 예술가는 표현을 통해 참신함을 얻을 수 있다. 그러나 독창성을 얻은 예술가는 표현의 일부 오래된 전략을 사용할 수 있어 참신함에 미치지 못할 수 있다. 이러한 의미에서 독창성은 '예외적으로 창의적인 개성'(113) 혹은 표현의 개인적인 독특함(uniqueness)을 의미하며, 따라서 개념적으로 참신함과는 독립적이지만 종종 그것과 결합하여 나타나기도 한다.

존 호글룬드(John Hoaglund)는 독창성어서 미적 가치를 발견하고자 하는 최근의 또 다른 학자이다. 그는 '독창성'이 진위성(authenticity)(원본-위작의 구분처럼), 독특함(uniqueness), 혹은 창의성(creativity)을 의미할 수 있다고 생각한다.[12] 이 중 첫 번째 특성인 진위성은 현재

---

12) John Hoaglund, "Originality and Aesthetic Value," British Journal of Aesthetics 16 (1976), 46-55. 우리는 진품을 독창적이라고 말하거나 더 일반적으로 원본이라고 말한다. 그러나 애매한 추정 가치 속성을 가진 작품에 대해 말하듯이 독창성을 가지고 있거나 독창성을 보여준다고 말하지는 않는 것 같다.

로서는 이 질문과 무관해 보인다. 그는 창의성을 독특함과 함께 작품 제작에 성공한 예술가의 속성으로 여기는 것 같다. 따라서 '독특함'이라는 용어를 아마도 18세기에 찬사를 받았던 독창성의 후예로 지칭하는 것으로 보인다. 호글룬드는 독특함을 '미적 특성의 독특함, 혹은 그 배열이나 강도의 독특함'(48)이라고 정의하는데, 그가 의미하는 미적 특성은 '미적 경험에 기여하는 대상의 특성'(54n)이다. 따라서 호글룬드의 독특함은 모라브스키의 참신함과 밀접한 유사성을 가지고 있다. 대상을 '독특하게' 혹은 '새롭게'(novel) 만드는 속성은 독립적인 이유로 그것을 좋게 만드는 속성과 일치하기 때문이다. 그러나 호글룬드는 모라브스키와 대립하는 자신만의 견해를 추가적으로 밝힌다. "예술 작품이 미적으로 훌륭하다고 여겨지려면 어떤 미적인 독특함을 주장해야 한다."(49) 모라브스키에게 있어서 작품은 창의적이거나 독창적이지 않아도 여러 면에서 가치가 있을 수 있지만, 호글룬드는 이후에 독특함이 미적 가치의 엄격한 필수 조건임을 명백히 밝힌다(e.g., p. 50).

독창성이 단순히 새로움과 동일하다는 견해와 모라브스키와 호글룬드의 보다 정교한 견해 사이에는 공통된 핵심이 존재한다. 즉, 어떤 것이 독창적이라면 어떤 측면에서는 반드시 새로워야 한다는 것이다(아니면 아마도 제작자가 인식하는 한에서만 새로운 것일 수도 있다. 왜냐하면 독창성의 반대 개념은 모방인데, 이전의 혁신을 의식하지 못한 채 복제하는 제작자는 엄밀히 말해 모방한 작품을 만든 것이 아니기 때문이다).[13] 이러한 견해들은 독창적인 작품에서 무엇이 새로워야 하는지, 작품의 가치에 어떠한 영향을 미치는지에 대한 차이에 의해 구체화 된다. 독창성이 단순히 새로움과 동일하다는 다소 정교하지 못한 견해에서는 작품이 어떤 방식으로라도 새롭기 때문에 독창적이라고 간주한다. 그러한 독창성에서는 작품 전체의 가치나 새로운 기능에 대한 가치와 관련하여 어떤 결론도 도출하지 못한다. 모라브스키에 따르면, 예술가가 '구성 가치'를 사용하는 것은 반드시 새로워야 하고, 새롭지 않아도 훌륭한 작품이 될 수는 있지만, 그 참신함이 작품의 가치의 차원을 더한다. 호글룬드의 관점에서는, 미적 특성, 즉 그 배열 혹은 강도가 새로워야 하며, 이 중 하나라도 새로움이 없다면 작품은 미적 가치가 있다고 할 수 없다.

이러한 다양한 견해에는 합리적인 패턴이 있는데, 이는 혼란스러운 개념을 계승하는 문제를 다루기 위한 자연스러운 전략이다. 영은 나쁘지만 독창적인 것이 가능하다고 허용

---

13) 비어즐리는 필요한 것은 완전히 새로운 것이 아니라 만든 사람이 알고 있는 한 참신함, 즉 이전에 존재하지 않았던 것이 아니라, 그 반대인 모방이라고 지적한다. 따라서 엄밀히 말하면 참신하지도 모방적이지도 않은 작품도 독창적일 수 있다. (Aesthetics, 460).

하며, 칸트 역시 '독창적 난센스'(original nonsense)[14]를 용인하지만, 어느 순간 '독창성'은 가치 있는 속성의 이름이 되었다. 이 속성의 비(非)가치적인 부분 중 가장 지속력 있는 것은 새로움, 즉 이전 것과의 차이라는 속성이었다. 그러나 누구도 최소한의 새로움(bare newness)이 어떤 대상에 가치를 부여한다고 주장하는 것을 원치 않을 것이다. 따라서 독창성 개념을 이해하기 위한 합리적인 전략은 새로움이라는 개념에서 시작하여 대상이 가치가 있기 위해 얼마나 혹은 어떤 측면에서 새로워져야 하는지 탐구하는 것이다. 모라브스키는 독창성과 가치 간의 연결을 유지하기 위해 참신함의 속성을 가정함으로써 새로움과 관련이 있는 핵심적인 특성을 창출할 수 있었다. 이것은 이미 인정된 대상의 특정 측면에 대한 새로움을 본질적으로 포함하는 것이다. 이는 다음의 질문을 제기한다. 독창성이 어떤 좋은 것에 대한 새로움, 즉 우수한 것이나 우수한 속성을 새롭게 만들어내는 것을 의미한다면, 그러한 것들이 가지는 장점 외에 독창성을 작품의 장점으로 삼아야 할 이유는 무엇인가?

필자는 호글룬드가 독창성과 가치를 너무 강하게 연결한다고 생각한다. 그가 제안한 독특함은 대부분 파생된 작품들로 이루어진 (위대하지는 않더라도) 많은 우수한 작품들을 고려할 때, 미적 가치의 필수 조건으로 보이지 않는다. 기를란다요(Domenico Ghirlandaio), 보케리니(Luigi Boccherini), 세인트 고든스(Augustus Saint-Gaudens), 스탠퍼드 화이트(Stanford White), 그리고 월터 새비지 랜더(Walter Savage Landor)는 주로 파생적인 작품들을 만들었지만 (적어도) 우수한 작품을 많이 생산했으며, 그들 작품의 우수성(goodness)은 단지 이전 작품과 동시대 작품 간의 미세한 차이뿐만 아니라 그 시대의 고급 예술과 공통으로 가지는 가치 있는 속성에 있다. 프란스 할스(Frans Hals)와 같은 화가의 작품을 생각해 보라. 그는 서로 크게 다르지 않은 수십 개의 멋진 초상화를 그렸다. 호글룬드의 주장에 따르면, 이 초상화 중 하나(연대순으로 첫 번째 작품)를 제외한 모든 초상화는 미적 가치가 없다. 혹은 첫 번째를 제외한 나머지 작품들의 가치는 대상의 차이에 내재해 있다고 할 수 있다. 그러나 두 가지 대안 모두 타당해 보이지 않는다.

영은 독창성의 가치가 독창적인 작품이 '문학계를 확장하고 그 영역에 새로운 영토를 추가하기 때문'에 생기는 것으로 본다(215). 그는 아마도 확장 그 자체가 가치 있는 것이 아니라 새로운 영토, 일종의 새로운 방식 자체가 가치 있다고 생각하는 듯하다. 만약 그것이 독창성이라는 가치의 원천이라면, 새로운 방식을 암시하는 어떤 작품도 시간 순서상 가장 먼저 나온 작품, 즉 진정으로 새롭고 독창적인 작품만큼 가치가 있어야 한다.[15] 연대기적으

---

14) Immanuel Kant, *Critique of Judgment*, Section 46.
15) 비어즐리: "다른 작곡가가 같은 범위 내에서 작업하는 것보다 독창적인 혁신으로 실내악과 교향곡의 범위를 넓히는 것은

로 처음에 나온 작품은 나중에 반복되는 작품들이 갖지 못한 역사적이고 정서적인 가치를 명확히 가지고 있다. 그러나 그 역사적 가치는 새로운 영토에 자리 잡기를 열망하는 예술가 혹은 그것을 살펴보고자 하는 관객에게 교훈적인 대상으로서의 가치와는 구별되어야 한다. 후자의 가치는 명확히 미적 가치, 즉 그 대상이 예술로서 가지는 가치나 그 예술의 종류에 속하는 사례로서 가지는 가치의 측면은 아니지만, 그것이 미적 가치인지 여부와 관계없이 독창성과는 구별되는 가치이다.

2. 도식적 분석(A Schematic Analysis)

지금까지 필자는 두 가지 주장을 제시했다. 첫째, '독창적 난센스'가 있을 수 있기 때문에 새로움 자체는 가치가 없다. 둘째, 독창성이 단순한 새로움을 넘어 다른 가치를 지니고 있다고 하더라도, 그 가치는 주로 역사적 탐구를 위한 것이다. 왜냐하면 예술의 실천과 이해를 위한 원본의 가치는 나중에 반복되는 작품에서도 존재할 수 있기 때문이다.[16] 그러나 필자는 이러한 주장을 잠시 내려놓고, 독창성의 미적 가치를 다른 방식으로 탐구하고자 한다. 이는 그 자체로 가치가 내재된 매우 도식적인 독창성 개념으로부터 시작한다. 영, 모라브스키('참신함'이라는 표현으로), 호글룬드('독특함'이라는 표현으로)와 같이 독창성을 가치로 여기는 사람들은 원본(original object)에 대한 최소한의 요건을 상정하는 것으로 보인다. 이들은 작품이 과거의 작품들과 다른 측면을 가지고 있을 때, 그 차이가 작품이 가진 우수한 특성 중 하나여야 한다고 주장하는 것 같다. 그 작품들은 새로운 속성이 나쁘거나 중요하지 않다는 (indifferent) 것은 아니지만, 그 새로움이 여전히 좋은 독창성으로 이어진다고 생각하는 것도 아니다. 따라서 분석의 합리적인 뼈대는 다음과 같을 수 있다. 어떤 작품이 속성 p에 관해 새롭다는 것은, 그 작품이 속성 p를 가지고 있으며, 그것을 만든 시점까지 제작자가 알고 있는 한, 이전에는 그 속성을 갖는 작품(또는 해당 매체에서의 작품)이 없었던 경우를 의미한다.

말하자면 우리의 미적 자원에 더 많이 기여하는 것이다. 그러나 그러한 칭찬에서 작품의 장점에 대해서는 아무것도 따르지 않는다…"(Aesthetics, 460); 모라브스키: "새로움의 기준은 새로운 내용과 새로운 형식을 만들고 인식하려는 인간의 욕구에서 비롯된다."(Inquiries. 140)

16) 이와 관련하여 비어즐리는 "중요한 것은 음악이 아니라 작곡가의 독창성이다"라고 말한다. (Aesthetics, 460) 아마도 독창적인 작곡가(또는 모든 매체의 예술가)는 여기서 논의하는 의미 중 하나에서 독창적인 작품을 만드는 사람일 것이다. 그녀가 그 후 더 이상의 혁신을 도입하지 않고 첫 번째 혁신을 활용한 작품을 여러 개 제작한다면 (우리가 그녀를 덜 일관성 있게 독창적이라고 부르겠지만) 그 역시 마찬가지로 독창적이다. 작품의 가치에서 제작자의 가치로 질문을 옮기면 독창성으로 인한 가치와 다른 특성으로 인한 가치를 쉽게 구분할 수 있다. 영은 이 두 가지 질문을 항상 분리하지 않았다.

더불어, 이 속성 p가 미적으로 가치 있는 속성이라면, 해당 작품은 독창적이라고 할 수 있다. 이 도식적인 설명에 따르면, 다른 모든 조건이 동일한 상태에서 작품이 독창적이라면, 우수하다고 평가받는 것은 당연하다. 더 나아가, 이것은 새로움에 관한 조항을 사용하지 않고도 이해할 수 있다. 이는 독창성이 어떤 측면에서는 작품의 가치 부분에 있어 새로움과 관련이 없고, 해당 측면에서의 가치나 우수성과 관련이 있을 수 있음을 시사한다. 그러나 이 제안은 증명되기에는 부족하다. 왜냐하면 독창성의 속성이 p에 대한 새로움과 p에 대한 우수성의 결합에 의존하며, 이러한 종속된 속성이 작품에 별도의 우수성을 부여할 수 있다는 가능성이 있기 때문이다.

독창성을 제외한 모든 미적으로 가치 있는 속성들이 동일한 두 작품이 있다고 가정해 보자. 여기서 미적 가치의 속성은 순위를 나타내며, 각 순위는 다른 속성과 다를 수 있지만, 전체적으로는 조화롭게 구성된다. 어떤 측면에서 그 작품 중 하나가 새로운 것이고, 다른 하나는 그렇지 않은 상황에서 어쩔 수 없이 새로운 작품이 더 좋다고 느낄 때, 그 느낌을 설명하기 위해 p에 대한 새로움과 p에 대한 우수성의 복합체를 지배하는 속성 또는 독창성을 제시할 수 있다. 그러나 이러한 조건에 만족하는 두 작품이 없다는 것은 앞서 서술한 할스의 예시에서 시사한 바이다. 실제로, 만약 필자가 할스의 성숙한 스타일(이 작품이 그림의 독창성에 해당한다고 가정하에)의 첫 번째 작품을 소유하게 된다면, 필자는 두 번째나 열한 번째 작품이 현재의 사고 실험의 조건을 충족할 경우, 즉 독창성을 제외하고 첫 번째 작품만큼 후속 작품들이 미적으로 우수하다면, 내 선호의 이유는 미적인 이유가 아니어야 할 것이다. 선호도에 대해 어떤 이야기를 하느냐에 따라 다르겠지만, 그럴듯한 이야기는 역사 속에서의 회화의 위치와 관련이 있을 것으로 보인다. 예를 들어, 할스의 스타일에 대한 교훈성과 관련이 있는 것이 아니라 그림이 역사에서 차지하는 위치와 관련이 있는 것이다.

독창성에 대한 도식적인 분석은 주로 그것이 가치 있는 속성이라고 여기는 사람들에게 (최대한) 유리하도록 의도되었지만, 이 논의는 (단정할 수는 없지만) 독창성으로 인한 미적 우수성의 부분과 작품이 독창적이라는 관점에서 비롯된 부분 사이에 구분이 없음을 보여준다. 독창적인 작품의 미적 우수성은, 다른 가치 있는 측면들을 차치하더라도, 독창성 그 자체에 기인하는 것이 아니라 독창적 속성의 우수성에 기인하는 것으로 보인다. 그것은 독창성이 새로움과 우수성의 복합체로 간주되는지 혹은 그 복합체에 종속되는 속성으로 간주되는지 여부와 관련이 없다.

3. 탈자동화와 낯설게 하기(Deautomatization and Defamiliarization)

'탈자동화'와 '낯설게 하기'라는 두 가지 개념은 최근 문학 이론에서 중요한 위치를 차지하고 있다. 이 두 가지 개념과 독창성의 연관성을 탐구하는 것은 의미 있는 제안이다. 왜냐하면 이러한 개념들이 문학 및 다른 예술 형식에서 본질적인 과제로 인식되고 있기 때문이다. 만약 이러한 주장이 사실이라면, 그리고 독창성이 어떤 방식으로든 탈자동화 또는 낯설게 하기와 밀접하게 연관되어 있다면, 독창성의 가치에 대한 나의 주장은 의심스러워질 수 있다. 그러나 예술의 본질에 관한 주장의 장점이 무엇이든 간에 독창성과의 연관성은 약할 것으로 생각한다.

빅토르 슈클로프스키(Victor Shklovsky)와 얀 무카르조프스키(Jan Mukařovský)는 두 개념을 주로 도출한 이론가들이지만, 이들이 말하는 내용은 크게 다르다. 슈클로프스키는 중요한 에세이인 "기술로서의 예술"(Art as Technique)[17]에서 문학 작품이 그 속에 표현된 대상들에 대한 우리의 인식을 탈자동화하고, 따라서 그 대상들을 낯설게 만든다는 점을 강조한다. 15년 후 슈클로프스키의 영향을 받은 무카르조프스키는 시를 창작하는 과정에서의 시인의 행위의 탈자동화를 강조한다. 무카르조프스키에 따르면, 텍스트를 읽는 것은 독자가 문자 그대로의 의미를 이해하기 위해 단어에만 관심을 기울이는 과정이 되기 쉽다. 문학가는 텍스트에 대한 독자들의 이러한 입장을 전복시키기 위해 자신의 텍스트를 구성한다. 그는 자신의 담론의 일부 구성 요소를 '전경하여'(foregrounds) 발화(utterance) 행위를 탈자동화한다. 슈클로프스키 역시 탈자동화 개념이 텍스트적 측면을 가지고 있다고 보긴 하지만, 이를 강조하지는 않는다. 이들이 매우 중요한 요소에서 다른 의견을 가지고 있기 때문에 필자는 이를 별도로 논의하고자 한다.

슈클로프스키는 낯설게 하기와 예술의 본질을 연결하며 이렇게 말한다. "예술의 목적은 사물을 알려진 대로가 아니라 지각된 그대로의 감각을 전달하는 것이다. 예술의 기술(technique)은 대상을 '낯설게' 만들고, 형태를 어렵게 만들고, 지각의 난이도와 시간을 늘리기 위한 것이다. 왜냐하면 지각의 과정 자체가 미적 목적이며 또한 반드시 지속되어야 하기 때문이다."(12) 이러한 계획(scheme)에서, 낯설게 하기와 탈자동화의 역할은 사물에 대한 우리의 일상적인 태도를 무너뜨려서 예술이 아닌 일상에서 사물을 대할 때 드러나지 않는 속성까지도 주목하도록 만드는 것이다(그리고 그런 속성을 가진 사물에 관심을 기울이도록 만

---

17) Victor Scklovsky, "Art as Technique," in Russian Formalist Criticism: Four Essays, ed. Lee T. Lemon, Marion J. Reis (Lincoln. Neb.: University of Nebraska Press, 1965), 3-24.

드는 것이다). 그러므로 그 역할과 가치는 둘 다 중요하다. 이것은 예술 애호가들이 대상에 대한 지속적인 인식에 주의를 기울이도록 하는 목표를 얼마나 잘 달성하는지에 따라 판단되어야 한다. 형태를 어렵게 만드는 것은 단지 해당 형태를 보여주는 텍스트(또는 다른 예술 작품)에 의해 표현된 대상을 낯설게 만드는 방법에 불과하다. "기술로서의 예술"에서 나타난 슈클로프스키의 예시는 모두 독자가 대상이나 행위를 탈자동화된 방식으로 볼 수 있도록 묘사하는 것에 관한 것이다. 그는 "작품은 자신의 지각이 방해받고 가능한 지각의 느림을 통해 최대한의 효과를 낼 수 있도록 '예술적으로' 만들어진다. 이러한 느림의 결과, 대상은 공간의 확장이 아니라 말하자면 연속성 속에서 인식된다"(13)고 설명한다. 때로는 (톨스토이의 경우처럼) 묘사 기법이 낯설게 하는 역할을 하고, 때로는 (푸시킨의 경우처럼) 새로운 스타일의 언어를 사용하는 것이 낯설게 하는 역할을 한다. 그러나 낯설게 되는 것은 텍스트가 아니라 표현된 대상이며, 탈자동화되는 것은 텍스트가 아니라 표현된 대상에 대한 우리의 인식(그리고 아마도 전염에 통해 우리가 현실 세계에서 유사한 대상을 인식하는 것)이다.

푸시킨(Aleksander Pushkin)에 대한 논의에서 슈클로프스키는 독창성과의 연관성에 대한 제안을 소개한다. 푸시킨의 작품은 부분적으로 구어체이고 '반(反) 시적인' 용어를 사용한 덕분에 독창적이었다. 슈클로프스키에 따르면, 이러한 기법은 동시대 독자들이 텍스트에 대한 주의를 더 오래 기울이도록 만들고(22), 그로 인해 (슈클로프스키가 이 단계를 명시적으로 하지는 않지만) 시의 주제에 대한 인식을 탈자동화하고, 언급된 것들을 낯설게 했다. 저급한 언어(low language)를 사용하는 방식은 언급되는 대상보다는 텍스트에 주의를 집중시키기 때문에, 푸시킨이 만들어낸 것은 단순한 의사소통이 아닌 예술이었다.

따라서 푸시킨은 독창적인 작품을 만듦으로써 부분적으로 예술의 목적을 달성했다. 그럼에도 작품의 독창성 자체가 미학적으로 가치가 있다고 말할 수 없는 이유는 무엇인가? 첫째, 원본 작품이 대상을 낯설게 하는 힘은 작품이 제작된 배경에 따라 달라진다. 슈클로프스키 시대에는 시에서 구어체를 사용하는 것이 익숙했기 때문에, 그는 독자들에게 "푸시킨의 동시대 작가들이 그의 표현의 저속함에 대해 경악했던 것을 기억해 달라"(22)고 호소해야 했다. 푸시킨의 스타일은 1917년 러시아 독자들에게 더 이상 탈자동화나 낯설게 하는 효과를 주지 않았지만, 여전히 독창적이었다. 따라서 독창성은 탈자동화나 낯설게 하기를 달성할 때 가치가 있으며, 그렇지 않다면 가치가 없다. 독창성은 단지 우리가 기여적 가치(contributive value)라고 말할 수 있는 것만을 가진다. 왜냐하면 때로는 소유자가 표현된 대상을 낯설게 하거나 탈자동화하는 미적으로 가치 있는 속성을 갖게 되는 경우가 있기 때문이다. 그러나 (보통 시간의 흐름에 의해 드러나는 경우) 비록 독창성이 남아있음에도, 탈자동화의 능력은 사라지는 상황들이 있다. 슈클로프스키는 바로 그러한 상황들을 논의한다. "만약 운율(rhythm)의 무질서가 관례가 된다면 언어를 거칠게 만드는 장치로서의 효과는 없어질 것이다"(24). 이 발언 뒤에는 여러 가지 결과가 따른다. 시인은 운율의 질서를 흐트려 언어를 거칠게 만들고, 언어를 거칠게 하여 독자의 주의를 연장하며, 독자의 주의를 연장함으로써 지각을 탈자동화한다. 운율의 무질서가 관습이 된 상황에서는 더 이상 언어가 거칠게 인식되지 않으며, 그 일련의 결과는 실패하게 된다. 더욱이, 그것은 관습에 따라 만들어진 작품들뿐만 아니라, 관습을 이끌어낸 원작들에도 적용되지 않는다.

둘째, 원작을 익숙하게 만드는 힘을 박탈하는 관습이 발달하지 않았더라도 작품 자체가 개별 독자나 대중에게 너무 익숙해져서 더 이상 인식을 '느리게' 할 수 없는 경우이다.

셋째, 잘 알려진 관습에 따라 제작된 작품이 여전히 표현된 대상을 낯설게 하는데 성공할지도 모른다는 것은 독창성이 낯설게 하거나 탈자동화하는 힘과는 별개임을(쉽게 보여 지지만 쉽게 간과되는 것임을) 보여준다. 슈클로프스키는 톨스토이(Lev Tolstoy)가 『수치』(Shame)라는 작품에서 당대의 교육받은 러시아인들에게 이상하게 보일 정도로 매우 자세하고 순서대로 채찍질을 묘사한 구절을 인용한다. 톨스토이의 수많은 이야기에서 동일한 기법이 사용되었으며, 그를 따르는 많은 작가를 통해 우리에게 친숙해졌다. 그러나 이 기법은 익숙하고 이제는 독창적이지 않지만, 순진한 눈으로 본 듯한 사물과 사건에 대한 묘사는 여전히 대상을 낯설게 하는 힘을 가지고 있다.

무카르조프스키의 탈자동화 개념은 표현된 대상에 주목하기보다는 텍스트나 작품에 중점을 두어 독창성과의 연관성을 더욱 강화한다. 따라서 독창성의 가치에 대한 논의는 더 어려워진다. 그의 주장은 어떤 범주의 항목이 탈자동화된 것인지 또는 '전경화'(foregrounded)된 것인지에 대한 제안이 일관적이지 않다. 무카르조프스키는 "시적 언어의 기능은 발화의 최대한을 전경화하는 데 있다. 전경화는 자동화의 반대, 즉 행위의 탈자동화이다"[18]라고 말한다. 이것이 의미하는 것은 전경화되거나 탈자동화된 것이 발화, 즉 언어적 실체(verbal entity)로서의 시이며, 동시에 행위(act), 즉 시인의 행위(performance)로서의 시라는 것을 시사한다. 그러나 그는 또 다른 주장에서 시의 '구성 요소들'로서 억양, 의미, '단어와 어휘의 관계', '텍스트의 음성 구조와의 관계'(20-21) 등이 전경화된다고 언급한다. 그리고 시적 규범, 즉 작문을 위한 일련의 규칙으로 여겨지는 시인의 일반적인 관행은 자동화된다고 말한다.(21)

---

18) Jan Mukařovský, "Standard Language and Poetic Language," in *A Prague School Reader on Esthetics, Literary Structure, and Style*, selected and translated by Paul Garvin (Washington, D.C.: Georgetown University Press, 1964), 17-30.

무카르조프스키가 혼란스러운 그림을 제시하기는 하지만, 필자는 그가 사용한 '탈자동화'와 '전경화'라는 개념이 시인이 시를 창작하는 행위(act)라는 측면에서 이해될 수 있다고 생각한다. 그 행위는 두 가지 다른 측면에서 자동적일 수 있는데, 소통의 측면과 시로 간주되는 글쓰기의 측면이다. 시인은 발화의 구성 요소를 전경화하지 않고, 따라서 전체 발화에 대한 결과적인 전경화 없이 일상적인 언어(speech)의 관행에 따라 아이디어를 표현함으로써 자동으로 의사소통을 할 수 있다. 혹은 '시'의 확립된 학파의 관행에 의해 제공되는 방식으로 사상을 표현함으로써 자동으로 '시'(즉, 무카르조프스키는 시로 간주하지 않을 수 있지만 시로 여겨지는 것)를 쓸 수 있다. 이 경우에도 마찬가지로 어떤 구성 요소도 전경화되지 않는다. 그리고 전체 발화도 마찬가지이다. 그러나 연결의 기본 시스템은 시인으로부터 시작된다. 시인은 시를 말하는 자기 행위의 어떤 부분을 전경화(즉, 독자의 주의를 환기시키는 방식으로 전개)하며, 이것은 동시에 행위의 전경화이자 탈자동화이다. 전경화되고 탈자동화된 발화의 결과물(relic)은 한때 발화되었다가 현재 보존된 일련의 단어인 언어적 실체이며, 따라서 전경화되고 탈자동화된 것이라고도 할 수 있다. '시'를 전경화하지 않고 만들 수 있는 규범(canon)은 일차적 의미에서 자동화된 것으로 볼 수 있는데, 그 규범이 자동화된 특성을 나타내거나 기본적인 의미에서 자동화된 발화를 생산하기 위한 일련의 원칙을 제시하기 때문이다. 규범은 자동화될 수 있지만, 탈자동화되거나 전경화될 수 없다. 발화의 구성 요소는 전경화될 수 있지만, 자동화되거나 탈자동화될 수 없다. 행위는 행위의 결과물과 마찬가지로 세 가지 속성을 모두 가질 수 있다.

　　무카르조프스키에 따르면, 시는 본질적으로 전경화를 포함한다. 이것은 '시적 언어의 기능'(19)이며, "전경화 없이 시는 존재할 수 없다."(22) 만일 '시'가 자동화된 규범에 따라 전적으로 이전 모델에서 파생되었다면, 그러한 이유로 그 시는 독창적이지 않고 진정한 시가 아니다. 따라서 독창성은 전경화 또는 탈자동화에 필요충분조건이며, 시를 창작하는데 필수 조건일 수 있다. 만약 그렇다면, 독창성이 그 자체로 시의 가치와 중요한 연관성을 맺어야 할 것으로 보인다. 그러나 필자는 이것이 단지 외형일 뿐이라고 주장할 것이다.

　　확실히 발화가 '시적인' 또는 의사소통적인 기준에 따라 생성되지 않은 독창적인 시인은 전경화에서 성공을 보장받는다. 규범에서 벗어나는 것이 전경화 자체이다. 따라서 그는 우수하고, 진정한 시를 만드는 한 가지 조건을 만족시킨다. (그러나 우수한 시는 역시 통일된 구조이어야 하기 때문에, 무카로프스키에게 있어 이러한 시인은 우수한 것을 만들어냈다고 확신할 수 없다) 만약 그가 다른 조건들도 만족시키면서 우수한 시를 만들어냈다면, 우리는 왜 전경화가 시의 미적으로 가치 있는 속성이라고 말하지 않아야 하고, 전경화와 독창성을 동일시하지 않아야 하는가?

문제는 독창성이 전경화에 단지 역사적으로 혹은 유전적으로만 충분할 뿐이며, 전혀 필수적이지 않다는 것이다. 특정한 역사적 맥락에서 무언가 독창적인 것을 만든다면, 내 행위의 어떤 부분, 따라서 내 행위는 전경화될 것이다. 그러나 시간이 지남에 따라, 구성 요소는 배경으로 희미해질 것이다. 워즈워스(William Wordsworth)나 푸시킨은 원래 시에서 일상어를 사용했기 때문에 텍스트 혹은 발화의 행위에 대한 주의를 환기시키는데 성공할 수 있었다. 그러나 일상어가 적어도 하나 이상의 시 종류에서 평범한 매체가 되면서, 일상어의 사용은 더 이상 그 자체로 주목을 끌지 못한다. 그것은 일부 자동화된 (또는 부분적으로 자동화된) 규범에 의해 규정된 기법이 된다. 그것은 더 이상 전경화된 것이 아니다. 이 점에서 발화의 결과물은 발화의 초기 행위와 다르다. 후자에 대한 사실(발화의 초기 행위)은 현재와 영원히(forever) 그것이 전경화되었다는 것이지만, 전자(발화의 결과물)는 잠시동안 전경화되었다가 시간이 지남에 따라 배경으로 사라질 수 있다. 무카르조프스키가 슈클로프스키를 따라 탈자동화를 주로 시인의 행위의 속성으로 보기보다는 독자의 텍스트(또는 표현된 세계)에 대한 인식의 속성으로 주장했더라면, 이러한 사실은 더 명확했을 것이다. 시인의 행위는 고정된 역사적 사건으로 변하지 않는다. 그것은 항상 독창적이며, 따라서 처음부터 그렇게 시작된다면 항상 전경이 된다. 그러나 텍스트에 대한 인식은 변한다. 한 시대, 장소에서, 또는 특정 독자에게 중요한 요소로 여겨지는 것이 다른 독자에게는 중요하지 않을 수 있다. 무카르조프스키는 논문의 말미에서 이러한 상황을 인정한다. "여기에서 말한 모든 것에도 불구하고, 표준 언어의 규범[그리고 자동화된 '시적' 표준의 규범]의 조건이 시 작품에서 그 중요성이 없다는 것은 아니다. 왜냐하면 표준 언어라는 규범은 정확히 시 작품의 구조가 투영되는 배경이고, 그 배경에 따라 왜곡으로 인식되기 때문이다. 시 작품의 구조가 일정 시간이 지나 변화된 표준 언어(또는 기준)라는 규범의 배경에 투영될 경우, 그 기원과 완전히 달라질 수 있다."(27) 무카르조프스키에게 구조는 전경화에 따라 달라진다. 여기서 말하는 구조의 변화는 독자가 전경으로 인식하는 것의 변화한 결과이다.

전경화의 가치와 시인의 행위에서 살아남은 것으로서 시의 탈자동화의 가치에 대해 우리가 어떻게 생각하든, 그것은 독창성의 가치와는 무관하다. 그 이유는 독창성의 가치와 슈클로프스키의 낯설게 하기의 가치 사이의 연관성에 대해 앞서 제기된 것과 유사하다. 첫째, 어떤 작품이 역사적으로 볼 때 독창적일 수 있지만, 그동안의 맥락을 벗어난 독자들에게는 전경화된 특성을 잃은 경우가 있다. 이는 작품 자체가 익숙해졌거나, 또는 역사적으로 전경화된 기술에 중요한 구성 요소가 익숙해진 경우에 발생할 수 있다. 둘째, 특정 구성 요소의 전경화가 독창적이지 않을 수 있다. 독창성은 전경화를 위한 충분조건이지만, 반드시 필수적인 조건은 아니다. 시인은 중세 영어의 강박 관념을 되살린 오든(W. H. Auden)처럼 오랫동안 무시되어 온 시적 관행에서 장치를 빌릴 수 있다. 그 장치가 그에게 독창적이지는 않았지만, 현대적 구절의 맥락에서는 충분히 낯설게 느껴졌기 때문에 그의 기술에 주목하고 그의 발화를 전경화하는데 기여했다.

4. 마지막 혼란(Last Confusions)

'독창성'을 미적으로 가치 있는 속성의 이름으로 사용하고 싶은 유혹의 원인 중 하나는 해당 용어가 예술 작품이나 작품의 가치 있는 특성을 일반화하는 편리한 방법을 제공한다는 점일 것이다. 마사치오(Masaccio)[19]는 인물의 모델링 분야에서 상당한 발전을 이루었고, 그의 오브제와 그 안에 포함된 각 그림은 모델링 때문에 부분적으로 가치를 지니고 있다. 쇤베르크(Arnold Schoenberg)는 음렬(tone rows) 사용에 대한 엄격한 제한을 두어 새로운 작곡 방법을 도입했고, 그의 작품과 그를 따르는 학파의 구성원은 이 음렬 작곡 방식에서 일부 가치를 얻었다. 아돌프 로스(Adolph Loos)[20]가 가정용(domestic) 건축의 근본을 다시 세운 것은 혁신적인 일이었으며, 이는 그의 미적 가치의 한 기원이다. 세 예술가의 작품에서 나타난 특징을 일반화하는 한 가지 방법은, 그 작품들이 그 자체로 독창적인 측면이 있었기 때문에 가치가 있다고 말하는 것이다. 그러나 독창성이 가치 있는 것으로 간주되는 것은 단순하지만 까다로운 과정이다. 이 까다로움은 가치의 중심이 본질적으로 독창성 자체에 있는 것이 아니라, 독창성을 가진 작품의 다른 요소 중 하나에 있다는 사실에 있다. 예를 들어, 특정한 유형의 모델링, 형식적 음악 구조의 원칙, 장식의 눈에 띄는 회피 등이다. 이는 독창성을 가치 있는 것으로 생각할 이유가 없다는 것을 보여준다. 이해에 도움이 될만한 비슷한 상황을 상상해보자. 여기에서 독창성으로 지목된 특징들이 우연히도 언급된 작품의 가장 두드러진 특징이라면 어떨까. '가장 두드러진 특징'이 미적으로 가치 있는 속성의 이름이라고 결론 내리는 것도 마찬가지로 잘못된 추론이 될 수 있다.

---

19) [역주] 회화에서 원근법을 사용하여 그림을 그린 최초의 화가. 본명은 구이디(Tommaso di Giovanni di Simone Guidi)로 15세기 르네상스 회화의 창시자로 알려져 있다.

20) [역주] 오스트리아의 건축가. 미국에서 기능주의 건축양식을 배운 후, 귀국하여 근대 합리주의에 입각한 건축물을 제작했다. 파리의 차라 저택, 프라하의 뮐러 저택 등이 그러한 작품들이다.

그럼에도 불구하고, 마사치오, 쇤베르크, 로스는 각각 물감, 음색, 거주 공간의 영역을 확장했으며, 그것은 확실히 가치 있는 작업이었다. 그러나 결과적으로 생산된 작품의 미적 가치는 새로운 탄생으로 만들어진 특성들의 우수성에 있거나, (아마도) 새로운 작업 방식을 찾는 예술가와 그 새로운 방식을 이해하려는 예술 애호가에게 있는 것이지 독창성 자체에 있는 것은 아니다. 원작의 반복도 동일한 가치를 가질 수 있다. 새로운 영역이 어떻게 획득되었는지를 알기 위한 문서(documents)나 기념물로서의 작품의 가치는 독창성이라는 사실에 달려 있지만, 그것은 미적 가치가 아니다.

여러분이 갤러리에 가서 작품들을 보고 칭찬하면서 "이 작품들은 독창적이다"라고 말하고 싶다고 가정해보자. 여기서 필자가 이야기한 내용이 그 충동을 확인하도록 이끌어야 하는가? 그렇지 않다. 왜냐하면 당신이 말하는 것은 여러 가지 방식으로 이해될 수 있기 때문이다. 당신은 화가의 스타일이 다른 화가의 스타일을 단순히 모방한 것이 아님을 말하려는 것일 수 있다. 따라서 단지 어떤 특정한 그림이 연대기적으로 새로운 스타일의 첫 번째 사례이기 때문에 좋다는 것이 아니라, 전시의 모든 작품이 새롭고 가치 있는 스타일을 지니고 있다는 것을 의미할 수 있다. 여러분이 칭찬하려는 독창성은 특정 그림의 속성이 아니라 스타일의 속성이다. 환유적으로 말하자면, 모든 그림이 독창적이라고 설명될 수 있다. 또는 추상표현주의가 성행하던 1950년대 초, 베이 형상학파(Bay Area Figurative School)[21]의 구상 화풍이 신선한 안도감을 주었던 것처럼, 그 화풍이 특별히 가치가 있다고 생각하지 않고 단순히 이전 화풍의 지배로 인해 식상해진 예술적 분위기에 신선한 바람을 불어넣어 준다고 칭찬하는 것일 수도 있다. 여기에서 칭찬의 대상은 그림이 아니라 새로운 스타일의 출현이다. 그림은 그 출현의 매개체 또는 수단이며, 다시 말해서 양식은 제대로 독창적이고 그림은 환유적으로 독창적이지만, 칭찬은 양식이나 그림 자체보다는 양식의 출현(advent) 또는 부상(emergence)에 의해 적절하게 이루어진다. 비록 '독창적'이라는 용어가 미적으로 가치 있는 속성의 목록에서 제외되더라도, 이 표현은 예술 비평의 맥락에서는 여전히 정당한 칭찬의 용어로 남아있다.

---

21) [역주] 20세기 중반 샌프란시스코 베이 지역을 중심으로 형성되었던 미술사조로, 이 학파의 예술가들은 회화의 구상으로 돌아가는 데 찬성하여 당시 추상 표현주의라는 지배적인 스타일로 작업하는 것을 포기했다.

참고문헌

Beardsley, Monrae. *Aesthetics: Problems in the Philosophy of Criticism*. New York: Hackett Publishing Company, Inc., 1958.

Vermazen, Bruce. "Comparing Evaluating of Works of Art." Journal of Aesthetics and Art Criticism 34 (1975): 7-14.

———. "Aesthetic Satisfaction." in Human Agency: Language, Duty, and Value, edited by Jonathan Dancy, J. M. E. Moravcsik. and C. C. W. Taylor. Stanford: Stanford University Press, 1988.

Hoaglund, John. "Originality and Aesthetic Value." *British Journal of Aesthetics* 16 (1976): 46-55.

Kant, Immanuel. *Critique of Judgment*.

Kennick, W. E.. *Art and Philosophy: readings in aesthetics*. New York: Palgrave Macmillan, 1979.

Morwaski, Stefan. *Inquiries into the Fundamentals of Aesthetics*. Cambridge MA: MIT Press, 1974.

Mukařovský, Jan. "Standard Language and Poetic Language." in *A Prague School Reader on Esthetics, Literary Structure, and Style*. selected and translated by Paul Garvin. Washington, D.C.: Georgetown University Press, 1964.

Young, Edward. "Conjectures on Original Composition." in *Criticism: Twenty Major Statements*. edited by Charles Kaplan. San Francisco: Chandler Publishing Company, 1964.

Shklovsky, Victor. "Art as Technique." in *Russian Formalist Criticism: Four Essays*. edited by Lee T. Lemon, Marion J. Reis. Lincoln, Neb.: University of Nebraska Press, 1965.

그로이스(B. Groys)의 창의성 미학

Das »gefährliche Vielleicht« · Die Frage nach der Geschichtlichkeit von Kreativität[1)]

로거 허이슬링

김지은 옮김

1. 저자

로거 허이슬링(Roger Häußling. 1969-)은 현재 RWTH 아헨대학교(Rheinisch-Westfälische Technische Hochschule Aachen) 사회학과 교수이다. 그는 지겐대학교와 카를스루에대학교 (Universität Siegen & Universität Karlsruhe)에서 산업공학 디플롬과 사회학 및 철학 마기스터 학위를, 2001년 카를스루에대학교에서 사회학 박사학위와 2007년 사회학 교수자격 (Habilitation)을 취득하고 2011년부터 현재까지 RWTH 아헨대학교 교수로 재직 중이다. 그는 트란스크립트 출판사(Transcript Verlag)의 디지털 사회학 시리즈 공동편집자, 샤더재단 (Schader Stiftung), 라이프니츠 사회과학 연구소 이사회(Kuratoriums der Gesis) 및 독일 네트워크 연구 협회(Deutsche Gesellschaft für Netzwerkforschung)의 회원으로 활동하고 있다.

허이슬링은 다학제적 및 혼합 방법 접근법 연구의 전문가로 혁신 연구, 인간과 기계의 상호작용, 네트워크 연구 및 관계 사회학 연구에 초점을 맞춘다. 주요 저서로는 『기술사회학』(Techniksoziologie, utb, 2019), "사회 네트워크. 독일어권 세계의 사회학"(Social Networks. Sociology in the German-Speaking World, Special Issue Soziologische Revue, 2020), "알고리즘과 소셜 프로세스 간의 인터페이스로서의 데이터 및/또는 디자인"(Daten und/oder Design als Schnittstellen zwischen algorithmischen und sozialen Prozessen, Form follows data, Brill Fink, 2023) 등이 있다. 음악 관련주요 작품으로는 논문 "음악과 해석"(Musik und Interpretation, Handlung, Kultur, Interpretation 9, 2000)과 단행본 『오늘날 창의성의 역할 : 현대 철학, 니체 사상, 현대 음악 사이의 담론에 대한 시도』(Zur Rolle von Kreativität heute: Versuch eines Diskurses zwischen Gegenwartsphilosophie, Nietzsches Denken und aktueller Musik, Königshausen & Neumann, 1999)가 있다.

---

1) Roger Häußling, "Das »gefährliche Vielleicht« ·Die Frage nach der Geschichtlichkeit von Kreativität." in *Zur Rolle von Kreativität heute: Versuch eines Diskurses zwischen Gegenwartsphilosophie, Nietzsches Denken und aktueller Musik* (Würzburg: Königshausen & Neumann, 1999), 179-197. 본 논문의 제목은 내용을 참고하여, 역자가 수정하였다.

2. 역자 서문

이 글은 니체의 철학적 사상과 현대 음악과의 관련성의 맥락에서 창의성의 진화하는 역할을 논한다. 저자는 활동적인 삶과 명상적인 삶이라는 전통적인 이분법을 넘어서 현대성이 창의성을 세계 변혁의 힘으로 재정의했다는 보리스 그로이스(Boris Groys, 1947-)의 주장을 검토한다. 그로이스에게 창의성은 언뜻 보기에는 새로운 것을 창조하는 것일 뿐이나, 더 본질적으로는 관조에 대한 의존성을 보여주는 진정한 시작에 대한 탐색이다. 하지만 이러한 탐색은 창의성의 진정한 면모인 파괴의 과정을 불러일으킨다. 그는 창의성은 이러한 관조적이고 파괴적인 노력으로 탄생하지만, 방향을 완전히 바꾸어 미래라는 목표로 선언함으로써 이를 거부한다. "가장 오래된 근본"과 "가장 먼 미래"가 창의성을 통해 화해되어야 한다는 것이다. 따라서 창의성은 시작에 대한 탐구를 통해 미래의 세계를 구상함에 있어서 진정성과 구속력을 갖춘 정당성을 부여하려는 이유를 발견하려 노력한다. 분석에서는 이러한 재정의가 노동과 창의성에 대한 이해에 어떤 영향을 미치는지 살펴보며, 이제 현대 사회는 단순히 세상에 대한 성찰을 넘어 적극적으로 변화시키는 철학적, 예술적 노력을 기대하고 있음을 시사한다. 그로이스에 의하면, 노동은 관조와 잠재적으로 연결되어 있는데, 포스트모더니즘에서 노동과 창의성은 궁극적으로 활동을 보편화하려는 근대적 노력의 징후라 볼 수 있다. 나아가 포스트모던적 창조 패러다임에 대한 비판을 다루면서 창의성과 파괴 사이의 얽힌 관계를 밝히고, 이것이 포스트모던적 맥락에서 노동과 창의성의 개념화에 미치는 영향을 논한다. 그에게 있어 창의성은 인간에게 진리에 접근할 유일한 가능성을 보장함으로써 그 파괴성을 정당화한다. 또한 이 사고는 창의성과 관조에 대한 인식의 문화적 다름으로 확장되어, 창의성을 통해 세계의 본질에 직접적으로 참여한다는 서구의 개념과 관조에 대한 보다 규율 있는 접근 방식을 우선시하는 다른 문화적 관행의 차이를 관찰한다. 현대성이 관조를 통해 즉각적인 경험을 얻을 수 있다고 믿으며, 그로이스에 따라 다른 모든 문화에서 관조는 현실에 대한 즉각적인 참조로부터 분리되는 행위를 지칭한다. 끝으로 현대 사회 및 철학적 사고 구조 내에서 창의성의 가정된 가치를 재평가할 것을 옹호한다

그로이스(B. Groys)의 창의성 미학

창의성은 역사적인 사건인가? 이 질문은 창의성의 범위를 간략히 보여준다. 창의성이 역사적 정당성을 갖는다면, 창의성의 발생에 이바지한 맥락은 창의성을 더 깊이 이해하는 데 중요한 열쇠가 될 것이다. 동시에 창의성이 세계와 자기 인식에서 가장 위대한 인식론이라는 니체(Friedrich Nietzsche, 1844-1900)의 주장에 의문이 제기될 것이다. 이러한 배경에서 이 글은 "창의성을 넘어서"(Jenseits der Kreativität)라는 인상적인 제목을 가진 그로이스(Boris Groys)의 중요한 논문을 자세히 살펴보겠다.[2]

1. 현대(Moderne)의 정신이 낳은 창의성의 탄생

그로이스는 사회 대부분이 '활동적인 삶'과 '관조적인 삶'으로 이분화 된 것이 특징이라고 본다. 현재의 사회를 제외하면, 이 이분법은 서양, 특히 그리스와 로마 고대는 물론 기독교 중세 시대에도 모든 사상의 출발점이었다. 그로이스에 따르면 관조(觀照, Kontemplation)는 항상 행동하는 [실천적] 삶보다 더 높은 지위를 누려왔다. 이러한 우선순위는 수도사들의 삶의 방식에서 볼 수 있듯, 진리에 직접 접근할 수 있다는 신념에 기반을 둔다. 이는 인간이 세상에서 다른 모든 생명체와 구별되는 우월한 지위를 가지고 있으며, 무엇보다도 세상에 완전히 동화되는 것을 막는다는 전통적인 사고를 반영한 것이다.

그로이스에 따르면 이러한 믿음은 근대(Neuzeit)에 이르러 사라졌다. 새로운 코페르니쿠스적 세계관이 등장하면서 인간에 대한 정의는 거의 갑자기 재정의되었다. 인간은 세상 전체(Weltganz)의 일부로 이해되기 시작했고, 그렇지 않은 존재(So-und-nicht-anders-Sein)는 우연성에 대한 의심에 노출된 것이다. 즉, 관점주의(Perspektivismus)[3] 견해에 따라, 관조를

---

2) 그로이스는 여전히 전통적인 의미의 창의성을 준 실체적인 '양(量)'으로 이해하고 있다. 그는 항상 이러한 의미에서 창의성에 관해 이야기한다. 본 연구에서 그의 개념이 논의될 때 창의성을 언급할 것이다. 이 연구에서 추구하는 창의성에 대한 이해는 그로이스의 이해와 일치하지 않는다.

3) [역주] 관점주의는 니체에 의해 제시된 개념으로, 세상에 보편적, 객관적, 절대적 지리가 존재하지 않는다고 본다.

통해서만 진리에 도달할 수 있다는 믿음이 사라지면서 나타난 당연한 결과였다. 결과적으로 관점주의가 대두 되면서 관조적 삶의 우위가 종식되었고, 이는 같은 현상의 양면이었다.

그로이스에게 관조는 세상을 변화시키는 활동으로 특징지어지는 창의력을 의미한다. 그는 이를 단조롭고 '낯설게하는'(entfremdete) 노동과 대조시켰다. 예술가, 특히 철학자처럼 전통적으로 관조의 영역을 담당한 모든 직업은 그 의미가 바뀌었다. 이들에게는 창의적인 업적이 기대된다. 단순히 관조에 빠지는 것만으로는 충분하지 않다. 그들 성찰의 결과는 세상을 변화시키는 것을 목표로 해야 한다. 그로이스에 따르면, 관조와 행동 사이의 전통적인 대립은 근대에 이르러 창의성과 "세상을 변화시키지 않는 [⋯] 노동"이라는 이분법으로 대체된다.[4] 모든 행동은 역사적이고, 이 역사성 자체에서 인간에게 "구원"을 기대할 수 없다. 모든 목표는 그 자체로 역사적이기 때문에, 인간은 고정된 가치를 지향하거나 즉각적인 목표를 염두에 두지 않고 행동하면 비난을 받게 된다.

그로이스는 헤겔(Georg Wilhelm Friedrich Hegel)의 절대정신 체계를 "관조와 역사적 활동을 조화시키려는"[5] 마지막 시도로 본다. 헤겔은 자신의 사유를 역사성 그 자체의 완성으로 이해했기 때문에 그럴 수 있었다.[6] 헤겔 이후의 모든 사유 운동은 더 이상 그것을 종말로 생각하지 않고 세계사의 한순간으로 여겼으며, 따라서 그 종말을 가져올 가능성으로서의 관조를 결정적으로 포기했다고 본다.[7] 그러나 동시에 이런 학파는 여전히 역사를 극복하는 것, 즉 이 목적을 달성하는 것을 지향했다. 그러나 관조적 행위로는 이러한 목적을 달성할 수 없었기 때문에, 철저하게 활동적인 역사 세계의 극복은 활동 그 자체에 의해 이루어져야만 했다. 이 활동은 역사적 과정을 더욱 촉진하는 기존 활동과 근본적으로 달라야 했다. 그것은 마르크스에게 세계 혁명을, 니체에게 초인[8]의 탄생을 상징한다.

---

4) Boris Groys, "Jenseits der Kreativität," in *Chancen einer Kultur der Arbeit·Abschied voon der Entfremdung*, hrsg. Hans Thomas (Herford: Busse Seewald, 1990), 154.

5) Groys, 위의 글, 151.

6) "헤겔에게 모든 사고는 세계사에 의해 결정되고 제한되기 대문에 절대적인 초역사적 타당성을 주장할 수 없다. 그러나 동시에 사유의 역사성을 성찰하는 철학자, 즉 헤겔은 여전히 사유의 세계사를 자기 자신의 성찰의 운동으로 이해할 수 있으며, 이런 방식으로 그는 적어도 세계 과정의 끝에서 순수한 사유의 우위를 주장할 수 있다." (Groys, 위의 글, 151.)

7) 헤겔 이후의 사상가들에 대한 이러한 특징화가 다소 조잡하다는 사실은 이 범주에 속하는 사상가들을 검토할 때, 특히 그로이스의 말을 그대로 받아들이고 오늘날 우리가 여전히 헤겔 이후의 사상 전통에 있다고 가정할 때 명료해질 수 있다, 여기에는 비트겐슈타인(Ludwig Wittgenstein), 하이데거(Martin Heidegger)와 같은 철학자뿐만 아니라 니체도 포함되는데, 이들이 전통적인 핵심 태도에 따라 역사를 극복하기 위해 노력했는지 여부는 매우 의문이다. 쇼펜하우어(Arthur Schopenhauer)와 같은 사상가들은 그로이스의 분류 방식에 따르면 전통적인 사유 패러다임에 속하는 것으로 더 구분할 수 있는데, 즉 관조를 여전히 실행 가능한 길로서 노력의 중심에 두었던 사람들이다.

8) 그로이스는 니체 사상에서 "'초인'"의 구성이 갖는 의미에 대한 질문을 완전히 우회하는데, 이것은 그런 논지를 공식화할 때 반드시 제기해야 하는 질문이다. 니체가 초인의 모습을 허구의 발명품으로 생각했고 현실에서 실현 가능성을 허용하지 않

하지만 역사는 주어진 것과 인간 자신의 완전한 변혁을 통해, 혁명을 통해, 거대한 초인적인 노력을 통해, 전례 없는 활동을 통해서만 극복될 수 있다. 세상을 극복하고 세계사를 종식시키려는 이 거대한 노력, 이것이 바로 우리 대부분이 여전히 살고 있는 헤겔 이후의 사고 패러다임의 틀 안에서 형성된 창의성이다.[9]

이러한 맥락에서 그로이스는 창의성이 헤겔 이후 시대에 역사를 극복할 수 있는 전례 없는 창조적 힘이라고 본다. 역사가 끝난 후에야 관조적인 삶이 다시 시작될 수 있다.[10] 그러므로 헤겔 이후의 사고 패러다임은 관조를 창의성에 대한 (인위적인) 종속(Abhänigkeit)에 놓는다. 창조적 행위만이 관조적 삶의 역사적 근거를 제공할 수 있다. 그러므로 오늘날의 사람들에게 요구되는 것은 적어도 처음에는 관조적이지 않더라도 가능한 한 창의적이어야 한다는 것이다.[11] 왜냐하면 현상 유지에 이바지하는 관조적 행동은 창조적 힘의 축적을 통해서만 도달할 수 있는 역사의 종말에 정면으로 대항하기 때문이다. 그로이스에 따르면, 이는 "헤겔 이후 시대"의 관조적 삶이 집단적 의지에 대한 가장 큰 반란을 나타내기 때문에, "권력에 대한 의지의 가장 급진적인 표현"[12]으로 해석될 수 있다는 역설적인 상황으로 귀결된다.[13]

근대적 창의성 개념은 관조의 중요성뿐만 아니라 '노동'에 대한 이해도 변화시켰다. 창의성은 세상을 변화시키기 위한 목적을 가진 세상 전반에 대한 작업으로 여겨졌다.[14] 이에 따라 창의성은 노동의 단순한 재생산 측면과 대비되는 긍정적인 가치를 지닌 요소였다. 그러나 이 측면은 또한 인간의 활동을 구체화하여 새로운 현대성의 포괄적인 범주가 되었다.

마지막으로, 창의성은 그 이전의 관조와 마찬가지로 세계 전체에 인간의 특별한 위치

있다는 가정에 찬성할 수 있는 것이 많이 있다. 예를 들어, 다음과 같은 구절은 이러한 해석을 지지하는 것으로 보이며, 하세 (Marie-Luise Hasse, "Der Übermensch in „Also sprach Zarathustra" und im Zarathustra-Nachlaß 1882–1885", Nietzsche-Studien 13 (1984), 228–244, 231.)는 이를 옹호한다: "'귀환'은 가르쳤다 - '나는 비참함을 잊었다.' 그의 연민은 증가한다. 그는 그 가르침이 참을 수 없는 것임을 깨닫는다. 클라이맥스: 거룩한 살인. 그는 초인의 교리를 창안했다." (Friedrich Nietzsche, KSA 10, 4[132], Sämtliche Werke. Kritische Studienausgabe in 15 Einzelbänden, hrsg. Giorgio Colli und Mazzino Montinari (München: dtv/ de Gruyter, 1988), 152.)

9) Groys, "Jenseits der Kreativität," 151.

10) 이 말은 실현 가능 여부와 상관없이 니체의 슈퍼맨 그림에는 더 이상 적용되지 않는다. 결국 니체에 따르면 초인은 활동성과 창의성의 전형이다.

11) 여기에서 활동성과 창의성을 보다 정확하게 구분한 그로이스에 관해서 설명한다.

12) Groys, 위의 글, 153.

13) 따라서 그로이스는 수도사들이 직접적인 정치적 목적과 목표를 추구하지는 않았지만, 현대 혁명에 의한 수도원 투쟁은 그 곳에 만연한 관조적 태도에서 권력에 대한 가장 높은 주장을 볼 수 있는 중요한 증거로 보고 있다.

14) Groys, 위의 글, 154.

에 대한 믿음에서 비롯된다. 물론, 그것은 더 이상 인간에게 (세계 전체의) 진리에 대한 접근 권한을 부여해야 한다는 것을 의미하는 것이 아니라, 인간이 행위를 통해 세계 자체를 변화시킬 가능성을 부여받았다는 사실을 의미한다. 그로이스에 따르면 창의성이 세계 전체를 지칭하는 한, 그것은 다른 차원의 관조를 전제해야 한다. 그것만으로도 전체에 대한 계획과 개요를 실현할 수 있다.

그런데 이러한 관조에 대한 의존은 숨겨져 있다. 눈에 보이는 것은 창의성이 관조를 부정하고 대체한다는 것뿐이다. 이는 현대 예술에서 특히 두드러진다. 그로이스에게 현대 예술가란 전 세계에 대한 비전을 만들어낼 때에만 창의적이다. 또한 이러한 비전의 존재는 결국 인간이 내적 관조에 대해 끊어지지 않는, 그러면서도 은폐된 의존성을 의미한다. 이는 더 이상 인간에게 지식을 전달하는 것이 아니라, 무엇이 되어야 하는지에 대한 '비전'을 전달한다. 그로이스에 따르면, 모더니즘은 세계 전체에 대한 예술의 이러한 비전적 관계를 진정한 것으로 분류한다. 현대 예술가는 자신의 예술적 비전을 창의적인 행동으로 해석하여 세상을 변화시키기 위한 새로운 삶의 형태와 새로운 행동 공간을 끊임없이 디자인하고 있다.[15]

그로이스에 따르면 최신 모더니즘(포스트 헤겔주의)은 창조적 잠재력을 포괄적으로 동원하고자 하는 것이 특징이다. 이는 예술을 보편화하려는 노력으로 연결된다. 또한 순수한 재현을 목표로 하는 무의미하고 '소외된' 작업을 수행하는 것이 아니라 각 개인이 창의적으로 되고자 하는 욕망으로 표현된다. 이러한 보편적 노력이 실제로 실현 가능하지 않은 이유는 현대의 자아상에서 표면적으로는 부정되지만 숨겨진 효과로 인해 더욱 격렬한 창의성과 관조 사이의 얽힘 때문이다.

---

15) 문제는 예술가에 대한 이러한 고상한 이미지가 실제로 그에게 적용되는지 문제이다. 피카소(Pablo Picasso)가 추상 미술에 반대했던 발언을 생각해 보면 알 수 있다. "예술의 관점에서 볼 때 추상적이거나 구체적인 형태는 없으며, 어느 정도 설득력 있는 거짓말인 형태만 존재한다." (Hans L.C. Jaffé, Pablo Picasso (Köln: DuMont, 1981), 8.) 여기에서도 그로이스의 전방위적 접근 방식은 지나치게 일반화되어 설득력이 떨어진다. 19세기 후반의 예술가들조차도 더 이상 이러한 그로이스식 예술가 이미지로 분류할 수 없을 것이다. 예를 들어 반 고흐(Vincent Van Gogh)의 작품에서 세계를 아우르는 환상적인 관점을 어디에서 찾을 수 있는지 물어볼 수 있다. 어쨌든 음악에서는 예술가는 선구자라는 편견에 정확히 반대하는 다른 '예술가유형'이 늦게나마 에릭 사티(Erik Satie)와 함께 예술계에 등장한다. 거의 19시간에 달하는 피아노 곡 《벡사시옹》(Vexations) 840번 연속 연주…'만 생각하면된다. 존 케이지(John Cage)가 10명의 피아니스트와 함께 이 작품을 만든 것은 우연이 아니다(초연: 뉴욕, 1963년 9월 10일). 이러한 작품은 아무리 최고의 의지가 있어도 더 이상 비전적이라고 할 수 없다. 이는 헤겔 이후의 사고 패러다임에 대한 그의 평가에서 이미 관찰할 수 있었던 그로이스 접근법의 근본적인 어려움을 드러낸다. 그는 모든 과정을 궁극적으로 거슬러 올라갈 수 있는 현대의 발전 과정을 단 하나의 운동으로만 주장하려 한다. 그가 다른 차원에서 현대성의 특징으로 인정하는 철저하게 다원화된 별자리에서 이 작업은 실현 불가능한 것으로 판명되었다. 영향을 미치는 모든 것을 하나의 움직임으로 환원하려는 그로이스의 노력은 기원에 대해 묻는 전통적인 형이상학적 접근 방식에 뿌리를 둔다. 그렇게 함으로써 그는 창조의 원리를 두 가지 차원 중 하나에 유리하게 단순화한다. 이에 대해서는 나중에 자세히 설명할 것이다.

따라서 그로이스에게 창의성은 언뜻 보기에는 새로운 것을 창조하는 것일 뿐이나, 더 본질적으로는 관조에 대한 의존성을 보여주는 진정한 시작에 대한 탐색이다. 하지만 이러한 탐색은 창의성의 진정한 면모인 파괴의 과정을 불러일으킨다.

[예술의 보편화가 실패한 이유는, 허이슬링] 일반적으로 생각하는 것처럼 창의성이 새로운 것을 창조하는 것이 아니라 오히려 소멸, 파괴, 원점으로의 회귀를 의미하기 때문이다. 이미 언급했듯이 현대의 창의성 이론은 내적 비전의 진정성, 즉 유토피아적 의미에서의 관조를 굳건히 고수한다. 그것은 외부 세계에 대한 이 비전의 즉각적인 관련성을 거부할 뿐이다. 이 이론의 틀 안에서 내면의 비전은 있는 그대로의 세계보다 더 독창적이고 오래된 것으로 간주된다. [.] 현대 이론에서 이러한 기억은 혁명의 형태를 취한다. 존재하는 모든 것을 파괴함으로써 유토피아, 즉 세상에 가려져 있던 내면의 비전을 있는 그대로 드러낸다. 따라서 창조성은 근본, 즉 자연으로 돌아가기 위해 기존의 것을 무자비하게 완전히 파괴하는 것으로 나타난다. 관조에서는 이러한 통일이 여전히 가능했다.[16]

따라서 그로이스는 파괴적인 순간을 창의성의 본질적인 움직임으로 명확하게 간주한다. 앞서 살펴본 바와 같이 리쾨르(Paul Ricœur, 1913-2005)가 창조적 차원을 위해 창조적 원리를 축소한 반면, 그로이스는 파괴적 차원을 보다 근본적인 것으로, 즉 창조성의 중심 관심사로 설정하고자 하고 있다. 지금 부터는 이러한 축소가 바로 그로이스가 (창의성을) 지속 불가능한 노력이자 역사적 실수로 규정하고 결과적으로 이를 극복하고자 하는 이유임을 보여줄 것이다. 그리고 그가 '포스트 헤겔 시대'에 더 이상 타당성을 주장할 수 없는 축약된 창의성 '개념'을 언급하고 있다는 사실(이는 창조 원리의 두 차원[17]을 모두 고려하는 니체의 창의성 '개념'을 참조하여 이 글에서 자세히 설명했다)은 창의성을 정의하려는 그로이스의 역사적 시도에 대한 비판의 중심점을 대변한다.

반면 그로이스는 파괴에 기반을 둔 창의성 개념에서 현대 프로젝트의 한계를 본다. 그 결과 예술은 그 자체를 보편화해야 하며, 더 발전하면 모든 형태의 작품이 창의적이어야 한다는 것이다. 창의성의 진정한 면모는 기존의 노동과 화해할 수 없기 때문이다. 노동은 이전에 있었던 일의 연속에 지나지 않는다. 창의성의 핵심이 이미 존재하는 것을 파괴하려는 노력이라면, 이는 곧바로 업무 가능성의 제한으로 인식되어야 한다. 이러한 제한은 창의성이

---

16) Groys, "Jenseits der Kreativität," 158.
17) [역주] 창의성의 파괴적이면서도 능동적인 힘.

파괴된 것 아래에 숨겨진 새로운 비전을 드러내지 못한다는 사실로 인해 더욱 심화한다.

따라서 그로이스에게 창의성의 본질적인 특성은 파괴적인 것으로 남아 있다. 그 이유는 창의성과 관조가 불행하게도 복잡하게 융합되어 있기 때문이다. 관조는 근대에서 외부 세계보다 더 근본적인 것으로 간주하는 '내면의 비전 진정성'이라는 유토피아적 내용을 담고 있으며, 이를 되찾기 위해 존재하고 접근을 방해하는 모든 것을 창조적 행위를 통해 파괴하기 때문이다. 더욱이 이러한 모순은 근대에 의해 정면으로 부정되고 있다. 이러한 맥락에서 그로이스는 창의성이라는 개념을 "일종의 필연적 오해"[18]로 보기까지 하는데, 이러한 상호 연관성 때문에 이 개념은 근대에 생겨날 수밖에 없었다. 창의성의 파괴적인 기본 특성은 단순히 근본(시작)으로 성찰적으로 돌아가고자 하는 충동으로 구성된 관조적 태도에서 비롯된다. 따라서 그로이스에게 관조란 시작에 대한 탐색이라고 할 수 있다. 그것은 근본적인 방식으로 진행되기 때문에 통찰을 방해하는 모든 것을 제거하여 온전히 원점으로 향하는 길을 드러낸다. 현존하는 것에 대해서는 "결정적으로 부정적인 특성"[19]을 지니고 있다.[20]

그로이스에 따르면, 창의성은 이러한 관조적이고 파괴적인 노력으로 탄생하지만, 방향을 180도 돌려 미래라는 목표로 선언함으로써 이를 거부한다. "가장 오래된 근본"과 "가장 먼 미래"[21]가 창의성을 통해 화해되어야 한다는 것이다. 따라서 창의성은 시작에 대한 탐구를 통해 미래의 세계를 구상함에 있어서 진정성과 구속력을 갖춘 정당성을 부여하려는 이유를 발견하려 노력한다. 이런 관점에서 볼 때, 그로이스에게 창의성은 미래 시나리오로 위장한 뒷문을 통해 세상에 대한 독창적이고 진정성 있고 분명한 언급에 관한 질문만을 추구하는 변장한 사색에 지나지 않는다.

창의성이라는 개념은 관조적 태도를 유지하면서 생겨났지만, 급진적 관점주의로 인해 부적절하다고 여겨졌다. 이러한 이론적 구성에서 관조는 확실히 부정적인 특성을 띠게 된다. 창조적 실천의 맥락에서 관조는 파괴를 위해 도구화된다.[22]

---

18) Groys, 위의 글, 159.
19) Groys, 위의 글, 159.
20) 파괴 자체는 어떤 형태의 비전으로도 지지가 될 수 없다. 현대의 창의성에 대한 그로이스의 개념에 따르면, 비전은 가능한 시 근본을 찾아야만 발견할 수 있으며, 따라서 이미 존재한다고 가정할 수 없다.
21) Groys, 위의 글, 159.
22) Groys, 위의 글, 159.

2. 포스트모더니즘과 창의성에 대한 모호한 관계

음악 분야에서 첸더(Hans Zender, 1936-2019)의 노력과 유사하게 그로이스도 모더니즘과 포스트모더니즘의 중간 과정을 밟고자 한다. 지금까지의 논의가 계몽주의 모더니즘에 대한 비판에 집중했다면, 이제 그는 포스트모던 이론, 특히 데리다(Jacques Derrida, 1930-2004)의 해체주의(Dekonstruktivismus)를 자세히 검토한다.

그로이스에 따르면 늦어도 하이데거 이후 철학에서는 이데올로기에 대한 포괄적인 의심이 있었고, 이는 이데올로기 비판 자체와도 관련이 있다. 처음부터 공명하는 모든 성찰에 대한 이러한 불신은 훨씬 더 급진적인 방식으로 관조에 의문을 제기한다. 마지막으로 데리다는 진정한 것으로 묘사될 수 있는 내적 비전에 도달할 수 있는 인간의 능력을 부정한다. 그렇게 함으로써 데리다는 또한 인간이 세상에 진입할 수 있는 훌륭한 방법으로서 창의성을 단호하게 부정하고 있다. 데리다는 지금까지 개인의 비전으로 묘사되어 온 것을 인간의 성찰에 완전히 닫혀 있는 "기호의 무한한 유희의 효과"[23]로 이해한다.

> 관조를 피하는 것은 외부 세계뿐 아니라 내면세계도 마찬가지이다. 이것이 바로 포스트모던 담론의 진정한 혁신이다.[24]

그로이스는 데리다의 개념에서 인간은 자신이 "초월적 기준점"[25]을 소유하고 있다는 것을 알 수도 없고, 내적 '중심'으로 물러날 수도 없다고 말한다. 즉 데리다의 개념에서는 근원, 즉 근본[시작]에 대한 접근이 빠져 있다는 것이다. 이러한 사실은 하이데거의 철학에서도[26] 이미 볼 수 있는데, "존재에 대한 기억"은 항상 존재의 원래의 [초기]! 망각에 대한 기억

---

23) Groys, 위의 글, 160.
24) Groys, 위의 글, 160.
25) Groys, 위의 글, 160.
26) 그로이스의 발언에서 그가 하이데거를 포스트모던 사상가로 간주하는지는 분명하지 않다. 그러나 그는 그러한 결론을 제시하고 있는데, 이는 하이데거의 입지를 노골적으로 축소하는 것을 의미할 수 있다. 또한 분명한 것은 데리다가 하이데거의 입장에 매우 강하게 기대고 있었다는 점이다(다만 하이데거에 대한 데리다의 해석은 별도로 평가되어야 한다). 따라서 데리다가 이 모델에서 자신을 분리하는 것은 매우 어려웠다. 또 다른 질문은 하이데거가 관조적 사상가의 대표적인 예가 아닌가 하는 것이다. 주류의 모든 일반적인 행동 패턴에 반하는 그의 생활 방식은 이를 뒷받침한다. 토드나우베르크(Todnauberg)의 작은 흑림 마을에 은둔한 것, 베를린으로 향하는 고액의 보수를 거부한 것, 그리고 그의 지적 생산성에 비해 생전에 출간한 출판물의 수가 적다는 점, 이제야 전집의 출간을 통해 그가 완전히 알려지고 있는 것만 보아도 알 수 있다. 무엇보다도 이 책은 일반적인 번잡함에 대한 급진적인 거부를 드러낸다. 예를 들어 제3제국에 대한 하이데거의 모호한 입장에 대한 질문과 같이 하이데거의 긴급한 행동을 기대했던 부분에서도 하이데거는 (계몽적인 슈피겔 인터뷰를 제외하고

일 뿐이다.[27]

　　그로이스는 전통적인 철학적 개념에 대한 이러한 급진적 거부에도 불구하고 포스트모던 이론은 여전히 비판적인 이론으로 남아 있는데, 그럼에도 불구하고 포스트모더니즘 이론이 다른 차원에서 싸우고자 하는 것과 충분히 일관되게 분리되어 있지 않다고 비판한다. 과장하자면, 포스트모더니즘 이론은 그 엄격성보다 담론의 급진성을 더 선호한다. 그런데 이러한 포스트모던적 접근의 역설은 비판이 평소처럼 관조적인 자세에서 전개되지 않는다는 사실에 있다. 오히려 그 반대이다! 그것은 "그러한 근거가 되는 관조의 원천적 결여"[28]에서 발화한다.

　　따라서 그로이스에 따르면 비판은 모든 이론적 진술에 대해 포괄적으로 이루어진다. 이는 어떤 이론적 진술도 궁극적으로 비판이 어떠한 통찰로도 정당화될 수 없다는 근본적인 문제를 드러낸다. 모든 가설적 통찰은 그것이 정당성을 제공해야 하는 이론적 구성과 동일한 방식으로 진술로 해체될 수 있는 것이다. 결과적으로 포스트모던 비평은 결코 끝나지 않기 때문에 무한대로 펼쳐지며, 정당하고 확실한 출발점(시작점)이 될 수 있는 휴식점까지 도달할 수 있다. 그러나 동시에, 이러한 근본적인 비결정성은 현대성에서 처음으로 칸트에 의해 결정적이고 모범적으로 설계된, 자아와 세계를 매개하는 기본 전략으로 개념적, 방법론적으로 설계된 비판적 실천을 악화시킬 뿐이다. 이 결정적이지 않은 비판은 포스트모더니

는) 대체로 침묵을 지킨다. 이러한 맥락에서 이러한 침묵은 하이데거의 기본적인 관상적 태도의 일관된 지속으로 해석되어야 하며 절대 죄책감을 침묵으로 인정하는 것으로 해석되어서는 안되는가?하이데거는 모든 모더니즘으로부터 가장 근본적으로 자신을 해방시키려는 사상가, 결과적으로 도시의 빠른 속도와 활동보다 시골의 목가적인 짧은 서사시를 의식적으로 선호하고, 즐거운 금욕으로 유행하는 학문 세계에서 물러나기를 원하고, 진정한 의미에서 사려 깊은 사고를 기념하고, 사고의 기술을 자급자족하고 이것을 어떤 화려한 행동보다 선호하는 사람이 아닌가? 마지막으로 시각적 측면: 하이데거가 현대적 복장 관습보다 소박한 외모를 주는 전통적인 의상을 선호했다는 사실도 이 해석에 유리하지 않은가?하이데거와 같은 사상가의 경우 순전히 우연에 의해 선택된 것이 아닌 이러한 특정 특성들을 전적으로 그의 독일성 때문이라고 한다면 하이데거를 정의롭게 평가하기 어려울 것이다.

27) 그러나 하이데거는 이것으로부터 근본에 대한 질문을 바 밖으로 던지기 위해 (그의 "정신적 사고"에 대한) 결론을 도출하지 않았다. 오히려 그 반대이다! 내용을 담고 있고 다양한 방식으로 부호화된 철학적 용어를 정의하려는 그의 어원학적 시도와 서양 사상의 시작, 특히 헤라클레이토스에 대한 관심(Martin Heidegger, *Heraklit·Der Anfang des abendländischen Denkens·Logik. Heraklits Lehre vom Logos, Gesamtausgabe Band 55, Abteilung Ⅱ, Vorlesungen 1923-1944* (Frankfurt am Main: Vittorio Klostermann, 1994).)은 그가 근본의 모습에 집중적으로 집착했음을 증언한다. 또한 하이데거의 유산에는 근본의 문제를 중심 주제로 제기하는 1941년과 1944년의 아직 출판되지 않은 두 개의 방대한 원고가 있다. 그 중요한 제목은 "근본에 관하여"[Gesamtausgabe 70으로 예정]와 "근본의 단계"[Gesamtausgabe 72로 예정]이다(참조: Verlagsnachrichten zur Gesamtausgabe: Martin Heideger·Ausgabe letzter Hand (Frankfurt am Main: Vittorio Klostermann, Sept. 1994), 18.). 이러한 집중적인 논의를 바탕으로 볼 때, 1930년대 초에 사건 개념이 원래의 존재 개념을 대신한 이후 1940년대에 하이데거의 "안내 개념"을 대표한다고 가정하고 싶은 유혹에 빠지기 쉽다.

28) Groys, "Jenseits der Kreativität," 160.

즘이 요구하는 "침투할 수 없는 힘과 기호의 무한성"[29]과 연관되어 있으며, 이는 궁극적으로 관조에 영원히 닫힌 채로 남게 될 것이다.

이와는 대조적으로, 비평으로서의 비평은 비평이 멈추는 모든 경계를 부정함으로써 다른 차원에서 부정하고자 하는 관조적 입장을 가져야 한다.

> 이런 식으로 관조는 마침내 비평적 실천으로 융해된다. 그러나 다른 한편으로, 이 실천은 궁극적으로 관조에 의해, 즉 자신의 불가능성을 고려하는 관조에 의해서만 정당화된다.[30]

포스트모던 비평과 관조 사이의 이러한 양가적 관계는 노동과 창의성의 관계를 결정짓는다는 측면에서 광범위한 결과를 가져오는데, 앞서 살펴본 바와 같이 노동은 관조와 잠재적으로 연결되어 있다. 포스트모더니즘이 무한한 시도를 통해 관조를 해체하려는 것과 마찬가지로, 이 관계에서 확립된 이분법을 무효화하기 위해 노력하며, 결과적으로 창의성을 현대적 동원(Mobilmachung)의 전략으로 해석한다는 것이다. 그렇다면 창의성은 더 이상 포스트 헤겔주의가 가정한 것처럼 '소외된 노동'에 대한 대안이 아니다. 그로이스에 따르면 포스트모더니즘에서 노동과 창의성은 궁극적으로 활동을 보편화하려는 근대적 노력의 징후이다. 이렇게 볼 때 노동과 창의성은 기존의 현대적 원칙에 부합할 뿐이다. 어쨌든 이들은 현대성 자체에 근본적인 의문을 제기하지는 않는다.

창의성은 단지 고의적으로 역사의 종말을 가져오는 힘이다. 실제로는 전적으로 역사적 이동성에 의해 특징지어지고 있다. 그러나 포스트모더니즘에서 창의성과 노동의 동조화는 노동이 순수성을 잃는다는 것을 의미하기도 한다. 이는 사회적 관행에 위협이 된다고 그로이스는 지적한다. 이러한 맥락에서 그로이스는 기술에 대한 포스트모던적 해석을 설명하는데, 이에 따르면 기술 진보 자체가 (처음에 생각했던 것처럼) 기술에 대한 반항이 아니라 기존 기술에 대한 파괴적인 위협이 된다.

> 단순한 노동은 파괴적인 차원을 띠고 종말, 복귀의 기원, 혁명과 관련이 있다. 따라서 창의성과 혁명적 실천은 완전히 불필요한 것이 된다.[31]

---

29) Groys, 위의 글, 161.
30) Groys, 위의 글, 161.
31) Groys, 위의 글, 160.

따라서 그로이스는 이전에 창조성을 위해 유보되었던 노동이 근본에 도달하기 위해 파괴로 나아간다는 것을 입증한다. 노동의 경우, 이제 파괴적인 것은 허약해진 현대성 자체에서 비롯된 것이다. 그로이스에 따르면 포스트모더니즘은 이제 노동으로 인한 종말을 피하려고 노력하고 있다. 이를 위해 포스트모더니즘은 상호관계의 복잡성과 비판적 실천 자체에 영향을 미치는 무한의 전개를 이용한다. 모든 과정의 불멸성이라는 가정은 문명을 유지하는 데 기능한다. 따라서 그것은 기존의 파괴 가능성에 반대하고, 따라서 창조적인 것 자체에 반대하며, 그로이스도 이를 오로지 파괴적인 것으로만 해석한다. 포스트모던 담론에 있어서 노동의 불편한 점은 그것이 어떤 형태로든 창조적 특성을 가지며, 따라서 '종말'을 가능하게 한다는 것이다.

그로이스의 주된 반론은 포스트모던적 사고 자체가 여전히 창의성의 패러다임 아래 있다는 사실, 즉 그 자체가 창의적이라는 사실에 초점을 맞추고 있다. 그러나 이러한 점은 종종 간과되곤 한다. 포스트모더니즘은 여전히 기본적인 사회적 설계와 해석의 개념에 너무 관심이 많아서 창의성의 기본 특성을 의심 없이 받아들인다. 이는 전체에 관심을 집중한다는 것이다. 하지만 이것은 그로이스가 이전에 표면적으로는 부정되었지만 그다지 효과적이지 않은 관조적 특성으로 특징지었던 기본 특성이다. 포스트모더니즘은 더 이상 전체를 변화시키고 혁명을 일으키기 위해 이 관조적 기본 특성을 옹호하는 것이 아니라 안정화, 즉 '종말'을 향해 표류할 수 있다는 두려움 때문에 이를 계속 유지하기 위해 이 관조적 기본 특성을 옹호한다.

그러나 그로이스에 따르면, 포스트모던 담론을 안정화하려는 이러한 시도는 전체주의적이고 총체론적인 특징과 숨겨진 관조의 기본 지향성으로 인해 포스트모던 담론이 여전히 창의성에 전념하고 있다는 사실 때문에 저지된다. 다시 말해, 포스트모던 담론은 다른 차원에서 스스로 주장하는 것에 맞서 싸우고 있다. 그것은 그 자체가 구성적으로 되풀이하는 것을 위험하다고 선언한다.

따라서 포스트모던 이론은 현대적 사유의 수단으로 성취된 현대성에 대한 비판이다.[32]

무한으로 향하는 이러한 부정은 "현대성이 취할 수 있는 마지막 가능한 입장"을 나타낸다.[33] 포스트모던 담론의 극복을 위한 노력 거부는 자신의 위치 설정에도 영향을 미치는

---

32) Groys, 위의 글, 163.
33) Groys, 위의 글, 163.

데, 포스트모던 담론은 현대성의 사유 패러다임을 떠날 수 없기 때문에 궁극적으로 현대성을 극복하지 않을 수밖에 없다. 이 담론은 모든 것을 부정하지만 그럼에도 불구하고 그것을 부정하는 방식으로 붙잡고 있다. 창의성의 경우, 이는 포스트모더니즘이 그것을 거부하지만 동시에 그것을 제쳐둘 수 없다는 것을 뜻한다. 이러한 사실 역시 그것이 열어 놓은 시간적 공간에 얽매여 있다.

　　따라서 그로이스에 따르면 포스트모더니즘은 비록 부정적이기는 하지만 여전히 이 진정성 있고 자연스럽고 즉각적인 접근 방식을 고수한다. 이는 궁극적으로 노동에 의해 초래될 수 있는 종말의 가능성에 대한 포스트모더니즘의 두려움이 반영되어 있다고 그로이스는 말한다. 포스트모더니즘의 사고 패러다임과 현대성의 사고 패러다임은 결과적으로 창의성에 동일한 지위를 부여한다. 그러나 그로이스에 따르면 후자는 창의성에 대해 철저하게 긍정적이고 긍정적인 태도를 갖고, 반면 전자의 모든 노력은 창의성과 격렬하게 싸우는 것에 해당한다. 그러나 두 학파 모두에게서 창의성의 두드러지는 지위는 분명하다.

　　　　있는 것을 극복하고 새로운 것을 창조하는 것은 현대성의 틀 안에서 [⋯] 다음과 같이 생각된다:
　　　　인간은 진리에 자연스럽게 접근할 수 있고, 현존하는 것과 모순되는 진정한 비전을 가지고 있
　　　　다.[34]

　　포스트모던 담론은 비록 진리에 대한 접근은 아니지만 이와 유사한 '자연적 접근'을 부정하지 않는다. 그러나 그로이스에 따르면, 이러한 접근 방식은 더 이상 진정으로 창조적인 힘의 축적의 산물이 아니라 모든 종류의 활동에서 가능한 결과이다. 하지만 노동과 창의성의 차이는 노동에도 이러한 자연스러운 접근이 허용되는 순간 사라진다.

3. 창의성 – 유럽의 특별한 방식? 비유럽 문화권에서의 관조 교육과 수행

그로이스의 포스트모던적 해석은 창의성이라는 형태로 위장된 현대적 관조를 계속 고수할 때만 가능하다. 현대인에게 진정한 것으로 인정받는 접근의 가능성을 제공하는 것은 바로 창의성이다. 그러나 즉각성에 대한 이러한 근대적 희망은 현대의 서양식 관조 개념과 다른

---

34) Groys, 위의 글, 164.

문화권의 다양한 관조 개념을 비교해보면 서양적 일탈로 드러난다. 그로이스는 이제 "관조적 태도의 쇠퇴와 비판적 또는 혁명적 실천으로의 변질"[35]에 책임이 있는 것이 바로 진정한 실재와의 즉각적인 조우 가능성으로서의 관조라는 서양적 관념이라고 믿는다.

현대성이 관조를 통해 즉각적인 경험을 얻을 수 있다고 믿는다면, 그로이스에 의하면 다른 모든 문화에서 관조는 현실에 대한 즉각적인 참조로부터 분리되는 행위를 뜻한다. 대부분의 이러한 분리 과정은 미적 명상 수행에 내재한다. 따라서 이러한 문화권에서 관조하기 위해서는 먼저 현실로부터 최대한 해방된 상태에서 관조할 수 있는 장을 열어주는 분리 과정이 선행되어야 한다.

여기서 관조의 출발점은 자연스러운 것이 아니다.[36]

그로이스에 따르면, 이들 문화권에는 순전히 관조에만 전념하는 사회 계층이 하나 이상 존재한다. 이들은 자연적이지 않은 다른 곳에서 세상을 바라볼 수 있는 존재로 여겨진다. 그러나 그 결과로 나온 세상에 대한 해석은 원래부터 진정성 있고 분명한 것으로 간주되지 않는다. 그것은 본래의 것이거나 자연과 연결된 것이 아니다. 오히려 그것은 관조 그 자체를 나타내는 것이 아니라 단지 관조를 가능하기 하는 관조적 삶이 선행되는 것이다. 관조 행위의 이러한 후행적 성격으로 인해, 그로이스에 따르면 이 행위는 원칙적으로 조건부 행위로 비판받을 수 있다.

이와는 대조적으로, 현대의 서구적 이해는 "개인의 관조적 비전에 대한 그러한 비판을 배제한다".[37] 이러한 배제는 현대에 시작된 관점의 평등화로 거슬러 올라갈 수 있는데, 이는 각 입장의 지평 속에서 "부분적 진리"로 나타난다. 그로이스에 따르면 세계에 대한 개별적인 해석은 상대화되고 따라서 회의주의에 따라 그 주장이 완화되나, 이는 특정한 것에 대한 면역화와 함께 진행된다. 즉, 각각의 부분적인 해석의 가치를 결정하는 일반적으로 구속력 있는 우월한 해석 개념이 존재하지 않는다는 것이다. 따라서 아무리 순진하거나 모순된 해석이라도 무조건적으로 배척할 수 있는 해석은 없다. 그리고 그것이 모순된 해석일지라도 진실을 전달할 가능성을 더 이상 배제할 수 없다.

그로이스에 따르면, 관조가 현실과 자신의 위치로부터 가장 포괄적으로 분리되는 것으

---

35) Groys, 위의 글, 165.
36) Groys, 위의 글, 165.
37) Groys, 위의 글, 166.

로 여겨지는 다른 문화권에서는 이 문제가 존재하지 않는데, 그 까닭은 관조적 가르침은 관조적 실천을 위해 채택되어야 하고, 원칙적으로 통제되고 비판될 수 있는 인위적인 관점을 전달하기 때문이다.

관조에 대한 이러한 이해에서 창의성이라는 개념은 전혀 관련이 없는 것처럼 보인다. 창의성은 근대의 관조 개념을 전제로 하며, 그로이스에 따르면 진정한 것에 대한 접근을 열어주기 위해 파괴한다는 점에서 이를 일종의 행동 모토로 전환한다.

> "관조의 관점은 자연적 세계 질서에 속하는 것이 아니라 그것을 극복함으로써 얻어지는 것이기 때문에, 그것은 혁명과 창조성 너머에 있다."[38]

따라서 그로이스에게 모든 관조적 행위는 모든 창조적 개입의 기초를 형성하며, 따라서 유형적 세계 구조(모더니즘)나 원칙적으로 경험할 수 없는 세계 맥락(포스트모더니즘)에 기초하는 것이 아니라 관조적 교리의 규칙에 기반을 둔다.

하지만 이러한 규칙을 어떻게 이해해야 할까? 그리고 아직 관조에 속하지 않지만, 분명히 현실에도 속하지 않는다면 그것들은 어디에 속할까? 이러한 질문에 답하기 위해 그로이스는 위에서 이미 소개되고 평가된 모형(Figur), 즉 '근본 모형(die Figur des Anfangs)'을 언급한다. 그러나 이제 그는 이 모형을 통해 자신의 논증을 전환한다. 첫째, 이 맥락에서 그는 자신의 입장과 양립할 수 없는 주장을 펼치기 때문에 공격의 대상이 된다. 이 모형은 현대 담론과 포스트모던 담론을 모두 대표하며, 그로이스의 범주를 받아들인다.

그로이스는 모든 관조적 행위에 앞서서 이를 가능케 하는 관조적 규칙의 결정에 시작 개념을 적용한다. 하지만 그에게 이러한 규칙은 세상과 세상을 경험할 수 있는 모든 가능성에 대한 어떠한 성찰보다 더 근본적인 것이다. 실제로 그는 이러한 법칙들이 내면의 세계에 의해 결정되는 것이 아니라고까지 주장한다.[39]

> 관조적 가르침은 본질적으로는 이 세계에 속하지 않는다. 반대로 이 세계는 관조를 통해서만 경험하고 생각할 수 있다. [⋯] 그러므로 관조의 규칙은 세계보다 더 "독창적"이다.[40]

---

38) Groys, 위의 글, 167.
39) 그렇다면 내부가 아닌 것으로서 어떻게 그것들에 대해 의미 있게 말할 수 있는지에 대한 의문이 생긴다.
40) Groys, 위의 글, 167.

따라서 그로이스는 관조를 통해 성취된 진정성의 신화를 더 근본적인 신화, 즉 근본의 신화로 대체하려 시도한다. 그의 주장은 지금까지 독창적이고 진정성 있는 것으로 여겨진 것을 더욱 근본적인 것, 즉 진정성 너머에 있는 것으로 종속시킴으로써 그 가치를 떨어뜨리는 것에 목적이 있다.[41] 그로이스는 애초에 진정성의 신화를 불러일으킨 근본 모형에 의존함으로써 이를 달성한다. 또한 그는 매우 결정적인 한 가지 점에서 서구적 사고 패러다임에 집착하고 있는데, 바로 자신의 논증을 통해 궁극적인 정당성을 확보하고자 한다는 점이다.

근본에 대한 질문은 분석하고자 하는 과정에 대한 시대를 초월한 정당성을 제공하려는 목표를 추구한다. 이 과정이 시작되는 곳에서 서양 전통은 과정의 영향을 받지 않고 시간의 범위에 걸쳐 있는 조건들을 찾는다고 가정한다. 전통적으로 이러한 조건은 예를 들어 관념이나 초월적인 것, 즉 절대적인 척도이다. 그러나 이러한 양은 결코 무조건적인 것이 아니며, 적어도 개념적으로는 분리와 소외, 또는 여기서 선택한 용어를 사용하자면 고유하면서도 차별되는 '창조'가 항상 선행되어야 한다. 그래야만 거장으로 인정받을 수 있다. 이렇게 해서 그들은 식별 가능한 동시에 어떤 종류의 환경과도 구분되는 '구성물'이 된다.

그러나 이렇게 유동적이고 고유하면서도 차별되는 '창조' 과정은 근본에 대한 질문에 접근할 가능성을 배제한다. 그것은 순전히 구성물 수준에서 이루어지고 구성을 위한 그럴듯한 해석이다. 이 과정은 그 이상이어서는 안 되며 그 이상일 수도 없다. 바로 이러한 이유로 인해 니체가 여전히 잠정적인 목표로 여기던 신체적 사건에 대한 정박은 자제되어야 한다. 오히려 이 과정에 의지하는 것은 전제 조건 없이 모든 요소를 제거하기 위한 것이다. 동일성과 차이의 생성 과정으로서의 과정조차도 결코 무조건적인 것에 근거하지 않으며, 항상 동일성과 차이의 세계, 즉 구성의 세계가 전제되어 있지 않나?

이와는 대조적으로, 그로이스는 아무런 전제 없이 생각해야 하는 규칙, 다시 말해 관조와 세계를 넘어서는 규칙을 적용해야 한다고 믿는다.

관조적 가르침과 그에 상응하는 실천이 모든 관조적 행위에 선행한다. 하나의 비전이라는 의미에서의 관조는 독창적이지 않다. 독창적인 것은 금욕적이고 관조적인 가르침과 수행이며, 이는 애초에 개인의 비전과 세계의 건설을 모두 가능케 한다.[42]

---

41) 이러한 진정성의 '결여'에도 불구하고, 그로이스의 개념어 따르면 명상적 가르침은 일반적으로 구속력이 있으며 모든 관조적 행위의 출발점을 형성한다.

42) Groys, 위의 글, 168.

'관찰자'가 이 가르침으로 돌아간다면, 그는 어떤 세계에도 '속박'되지 않을 것이다.[43] 오히려 그는 어떤 유토피아 세계도 그에게 전달할 수 없는 독립성을 얻는다. 이러한 깨달음은 창조성을 넘어서는 위치에 도달할 수 있게 한다. 그로이스가 이러한 관조적 가르침의 전제를 인식함으로써 이러한 결과를 어느 정도까지 도출할 수 있다고 믿는지 이제 몇 가지 단계로 나누어 살펴볼 것이다.

그로이스는 근대적 창의성이 - 설명한 대로 - 관조에서 비롯된다고 본다. 창의적인 과정에는 항상 관조적인 행위가 선행된다. 현대에 보편화된 형태와 달리 관조가 더 이상 진정한 경험이나 리쾨르가 요구했던 것처럼 직접적으로 살아 있는 현실로 연결되는 다리로 이해되지 않고, 반대로 세계에 대한 즉각적인 참조로부터 분리되는 과정으로 이해된다면 '관조자'는 세계로부터 매우 독립적이고 거리를 둔 자율적인 위치로 옮기게 된다. 그로이스에 따르면, 따라서 관조자는 직접적인 개입 가능성을 포기한다. 여기서 그의 관심은 구체적인 현실과 그 변화 이외의 모든 것에 집중된다. 특히 세계에 대한 직접적이고 자연스러운 접근을 전제로 하는 창의성은[44] 이러한 방식으로 관조적 행위에서 배제된다. 그것이 선행되어야만 한다.

그러나 일반적으로 창의성은 결코 세계에 직접 개입하는 것이 아니고, 항상 관조를 통해, 즉 (당분간) 모든 활동을 포기하는 방식으로 바뀌어야 한다고 본다. 그러나 그로이스는 이러한 사실 때문에 원점으로 돌아가는 질문을 의미하는 창의성 프로그램은 그다지 설득력이 없는 것으로 이해한다.

> 그러나 동시에 이러한 깨달음은 현대의 창의성 개념을 넘어서는 위치를 되찾을 것을 뜻한다. 창조성은 모더니즘이 가정하는 것처럼 세계에 대한 즉각적인 탐구가 아니라, 그것이 수행된 관조적 교리의 관점에서 면밀히 검토할 수 있는 관조적 행위에 기초한다 [...][45]

그로이스에 따르면 현대에 있어서 숨겨진 관조적 태도로부터 얻은 비전은 "진리에 대한 즉각적인 경험, 즉 '증거'"였다.[46] 따라서 현대 담론에서는 이러한 비전이 관조적 교리의 전통에서 비롯된 것인지, 그렇다면 어떻게 비롯된 것인지에 대한 성찰이 없다. 게다가 그로

---

43) Groys, 위의 글, 167. 이러한 명칭에는 - 전통에 따라 - 그로이스가 청각보다 시각을 우선시한다는 의미가 내포된다.
44) 그로이스에 따르면, 현대에 들어와 이러한 가정은 사실상 "인간이 자연에 예속되는" 결과를 낳았다(Groys, 위의 글, 168).
45) Groys, 위의 글, 168.
46) Groys, 위의 글, 169.

이스는 현대성은 진실의 타당성에서만 진정한 준거의 가능성을 보았다. 그러나 이러한 관조와 진정성의 혼동은 사실문제와 오해를 불러일으킬 수 있다. 왜냐하면 그것은 결코 분명하지 않고 오히려 현대 이후 서구 사상이 걸어온 특별한 길을 설명했기 때문이다. 그것은 아포리아(Aporien) 속에서 지쳐 결국 관조를 완전히 거부하는 데까지 이르렀다. 대신 관조는 인간에게 진정한 것을 전달하지 못한다고 주장해야 한다. 그것은 그를 세상과 모든 활동으로부터 가능한 한 멀리 떨어뜨린다. 관조는 "세상 안에서 객관적이지도 주관적이지도 않은"[47] 관조적 가르침이 선행되어야 한다.

따라서 관조는 두 측면에서 매개된다. 사회적 실천으로 나아가 새로운 무언가가 출현할 수 있는 것은 바로 멀리서부터 이다. 그러나 이 과정을 창의성과 혼동해서는 안 되는데, 그로이스에게 창의성은 문화 외적인 자연적 힘과 접촉한다는 개념과 불가분의 관계에 있다.

4 창의성을 넘어선 새로운 것

창의성이라는 패러다임이 아니라면 부정할 수 없는 새로운 것의 사실적 산물을 어떻게 해석할 수 있을까? 그로이스는 이 질문에 답하기 위해 『새로운 것에 대하여·문화 경제에 대한 시도』(Über das Neue·Versuch einer Kulturökonomie)라는 제목의 책을 썼는데, 여기서 흥미 있는 질문에 대해 간략히 살펴보겠다.

이 연구에서 그로이스는 이전에 일반적으로 통용되던 창의성의 개념을 혁신의 개념으로 대체하여 새로운 것을 끊임없이 생산하는 현상을 설명하려고 시도한다.[48] 니체를 인용하여 그는 가치의 재평가를 혁신의 일반적인 형태로 정의하고, 두 번째 단계에서는 이를 경제적 교환 작업으로 정의한다.[49] 그는 경제를 차이 없이 생각할 수 있고 인간 생활의 모든 영역에 스며들어 있는 포괄적인 현상으로 이해한다. 따라서 인간은 경제에서 벗어날 수 없다.

그로이스에 따르면 새로운 것은 (창의성을 통해) 무조건적인 것을 발견함으로써 만들어지는 것이 아니라 이미 존재하는 것을 바탕으로 만들어진다. 이 지점에서 그로이스는 그가 반복적으로 언급하고 생각의 출발점이 되는 동시대의 시각 예술계와 관련하여 기록보관

---

47) Groys, 위의 글, 169.
48) 그로이스에 의해 창의성이라는 개념이 거부된 이유는 그것이 문화 외적인 차원을 지칭하는 것으로 여겨지기 때문이다 (Groys, 위의 글, 66.). 이미 여러 차례 언급했듯이 이러한 언급은 본 저자에게는 타당하지 않다.
49) Boris Groys, *Über das Neue·Versuch einer Kulturökonomie* (München: Fischer Taschenbuch, 1992), 14.

소(Archiv)의 개념을 소개한다. 기록보관소 시설의 존재를 통해 사회에는 가치에 대한 문화적 위계가 확립된다. 그에게 기록보관소는 무엇보다도 "물질화된 문화적 기억"[50]이다. 또한 기록보관소는 특별한 문화적 가치가 있고 이에 보호할 가치가 있는 것으로 여겨지는 것만 소장하고 있다. 이 "가치평가"[51]는 어떤 물품의 사회적 유통을 차단하고 상대적인 영원성을 부여하지만, 이는 취소 불가능한 것은 아니다.

그는 기록보관소의 환경, 즉 사회적 관행을 '불경한 공간'이라고 부른다. 그에게 있어 이 공간에 있는 모든 사물은 "시간의 파괴적 노동"[52]에 노출되어 있으며, 따라서 원칙적으로 시간의 제약을 받는다. 이제 불경한 공간의 파괴적 역학으로부터 자신을 보호하기 위해 시간 경쟁에서 승리하고 할당된 시간 안에 기록보관소 안으로 뛰어드는 것이 문제이다. 동시에 불경한 공간은 기록보관소에 "잠재적으로 새로운 문화적 가치의 저장소"로서의 기능을 한다.[53] 따라서 새로운 것은 아직 보관된 것이 아니라 기록보관소를 촉구하는 것이다. 그러나 새로운 것은 현실을 '가치 있는 공간'과 '불경스러운 공간'으로 구분하는 기록보관소의 설치로 인한 긴장감에서 혁신적인 힘의 형태로 그 추진력을 얻게 된다.

그로이스는 리쾨르가 은유를 이해한 방식과 유사한 방식으로, 즉 새로운 해석과 맥락화라는 특이한 비교 방식으로 새로운 것을 이해한다.[54] 그러나 새로운 것은 이미 가능한, 혹은 적어도 의도된 '가치화'를 염두에 두고 구상된 것이다. 따라서 그것은 불경의 가치 코드를 넘어서는 해석 또는 혁신으로서의 가치에 대한 요구를 나타낸다. 그럼에도 불구하고, 그것은 더 이상의 고뇌 없이 '가치 있는 공간'으로 진입하지 못한다. 따라서 그로이스에게 그것은 처음에는 기존의 이분법적 질서와 상충된다. 한편으로는 불경한 공간에 등장하지만, 다른 한편으로는 그 공간에 흡수되지 않고 '가치화'를 위해 노력한다. 따라서 그로이스는 새로운 것에 관하여 '가치 있는 타자'에 대해 이야기한다.

따라서 그로이스에게 있어 한 사회가 보호할 가치가 있다고 인정하는 모든 위대한 것들은 어떤 형태로든 보관된다. 이제 혁신은 가치화되고 문화적인 공간의 경계를 변화시킬 것을 요구한다.[55] 이를 위해 새로운 것은 보호할 가치가 있는 것으로 간주되는 기록보관소의

---

50) Groys, 위의 글, 55.

51) Groys, 위의 글, 100.

52) Groys, 위의 글, 23.

53) Groys, 위의 글, 56.

54) Groys, 위의 글, 52.

55) 이 개념을 통해 그로이스는 뒤샹(Marcel Duchamp)의 기성품 미학을 매우 일관성 있게 해석하는 데 성공했다. 그의 예술 작품에서는 기성품이 '불경한 공간'의 대상을 아무런 개입 없이 '가치 있는 공간'으로 바꾸는 두 가지 수준의 가치가 명확하게 드러나기 때문이다. 새로운 맥락화와 비교를 수반하는 이러한 재평가를 통해 이 오브제는 예술 작품, 즉 확립되고 보관할

위대한 것들 사이에 포함되도록 요청해야 한다. 이를 위해 새로운 것은 다른 모든 불경한 가치와 구별되는 독자적인 가치를 지칭한다. 따라서 그로이스에게 혁신은 문화적 전통에 대한 반란이 아니다. 오히려 혁신은 전통에 대한 긍정적이고 부정적인 적응이다.

'가치화'는 궁극적으로 재평가 또는 해석의 과정이다.[56] 어떤 사물이 불경한 공간에 있는 한, 그 사물은 특정한 가치를 지니게 된다 '가치화'를 통해 대상은 낯선 맥락에 놓이게 되고, 따라서 새로운 상황, 즉 가치화된 공간의 다른 맥락과 낯선 체계 조건에 상응하는 다른 가치를 부여받게 된다. 결과적으로 재평가는 해당 대상에 의해 의도된 것일 뿐만 아니라 가치의 위계를 더욱 초월하기 위해 가치화된 문화적 전통 자체에 의해 가속화된다. 그로이스에게 이 과정은 개방, 즉 완료될 수 없는 것으로, 이전의 혁신에 따라 자신을 구별하는 경계가 매번 새로워지기 때문에 가치화를 위해 노력하는 새로운 무언가가 항상 존재하게 된다.

그로이스에 따르면 혁신이 수행되는 가치화 과정과 새로운 것이 기존의 문화적 전통에 새겨지는 과정은 교환의 형태를 취한다. 그에 따르면, 이것이 바로 새로운 것 또는 혁신에 대한 논의가 경제학 분야로 옮겨지는 방식이다. 여기서 펼쳐지는 과정은 독립된 문화-경제 논리를 따른다. 예를 들어, 그로스이는 근대의 사고 혁신을 교환 전략에서 확인할 수 있다고 믿는다. 이전에 가치가 있었던 것은 무가치한 것을 가치 있게 평가함으로써 평가절하된다.[57]

그로이스는 니체를 예로 들어 이 논제를 심화시키려 한다. 니체는 지금까지 확립된 사고를 삶과 교환한다.[58] 이는 니체가 사유의 이질성과 이질적 구성으로 인한 사유의 근본적 한계를 깨달은 데서 비롯된다.[59] 이와는 대조적으로, 니체는 지금까지 무시되어 왔으며 '큰 이성'으로서의 정신을 대신하여 '작은 이성'으로만 가능해야 하는 삶의 동질성을 주장한다.

그로이스는 경제의 긴장 영역에 서 있는 혁신을 창의성에 대한 대체 개념으로 간주하는데, 그의 관점에서 볼 때 창의성은 이제 "전체 혁신의 경제"의 한 측면에 불과하다.[60] 그러나 그로이스에게 창의성은 그 주장의 기저에 깔린 경제적 과정을 논외로 치워버림으로써

수 있는 가치가 있는 작품이된다. 동시에, 궁극적으로 매우 특정한 불경한 맥락과 연관된 대상은 변하지 않기 때문에 불경한 것은 여전히 존재한다. 뒤샹의 예술적 전문성과 일반적인 설치 방식에서 벗어난 거치대 덕분에《풍텐》(Fountain)이라는 작품으로 재탄생한 뒤샹의 소변기를 생각해보라. 참고로 단토는 뒤샹의 풍텐을 예술 작품으로 보는 것과 동일한 문제를 다루며 다소 해석주의적인 해석을 제시했다(Arthur C. Danto, *Die Verklärung des Gewöhnlichen·Eine Philosophie der Kunst* (Frankfurt am Main: Suhrkamp, 1996), 23, 146.). 어쨌든 그로이스는 레오나르도의(Leonardo da Vinci)《모나리자》(Mona Lisa)를 포함한 모든 예술 작품은 기성품에 지나지 않는다고 믿는다(Groys, *Über das Neue·Versuch einer Kulturökonomie*, 73.).

56) Groys, 위의 글, 100.
57) Groys, 위의 글, 146.
58) Groys, 위의 글, 148.
59) 참고로, 그로이스에 따르면 니체의 가장 큰 장점은 바로 이러한 깨달음에 있다(Groys, 위의 글.).
60) Groys, 위의 글, 70.

이를 은폐된다. 창의성은 인간에게 자연에 대한 자연스러운 접근을 약속하나, 경제 논리에 따르면 실제로는 인간이 구성한 세계에만 접근할 수 있다. 혁신은 이를 숨기지 않고 교환 과정에 기반한 사회 전체의 접근 불가능성을 공개적으로 인정한다. 혁신은 사회의 역동성을 풀어놓음으로써 이 과정을 특별한 교환 과정으로 엮는다.

5 "위험한 가능성" 해체하기. 그로이스의 문화–경제적 접근에 대한 비판적 고찰

"창의성을 넘어서"라는 그로이스의 주장은 이제 충분하다! 그의 접근 방식을 어떻게 비판적으로 평가해야 할까?

여기에서 [그가] 주장하는 입장에 따르자면, 그로이스의 접근 방식의 근본적인 문제는 그가 교환(Tausch)을 차이 없이 폭넓게 생각한다는 사실에서 찾을 수 있다. 따라서 그는 그로이스 자신이 스스로 약속한 규칙에 따라 결정되지 않은 단계를 밟는다. 교환은 교환할 수 없다. 여기서 사용하는 말의 방식으로 말하자면, 그로이스는 우선 '신', '진리', '자연', '사고', '존재' 등의 전통적인 보편적 정체성처럼 '측정할 수 없고 상상할 수 없는' '단순한 정체성 사고'를 위해 정체성과 차이 사고를 위조한다. - '측정할 수 없고 상상할 수 없다.' 이런 식으로 생각한 무측정 원리는 여전히 난해하고 형이상학적으로 남는다. 궁극적으로 교환이라는 개념은 교환이 변화를 요구한다는 점에서, 즉 자기 자신에 대한 교환을 요구한다는 점에서 모든 자체 규정과 모순된다. 모든 것을 포괄하는 전체 개념으로서 원칙적 교환 성격이 없는 교환은 모순을 형성한다.

또한 그의 개념은 가능한 해석의 범위를 아주 작게 열어준다. 엄밀히 말하면, 그것은 불경한 것과 문화적으로 가치 있는 것만을 인정한다. 게다가 이 구분은 늦어도 파르메니데스 이래 서양에 만연했던 기본적인 형이상학적 이분법(존재-비존재, 진리-거짓, 신성한 것(fanum)과 속된 것, 신-피조물 등의 영역으로 구분되는 신성한 것)에 여전히 집착한다.

여기서만 다룰 수 있는 이러한 근본적인 반론 외에도 창의성에 대한 그로이스의 부정적 평가는 비판적으로 인식되어야 한다. 이러한 평가는 또한 창의성이 역사적 사건인지에 대한 초기 질문에 대한 예비적 설명으로 이어질 것이다.

위에서 설명한 바와 같이, 그로이스의 핵심 관심사는 창의성이라는 개념을 근대정신에 뿌리를 둔 '이데올로기적' 노력으로 치부하는 것이다. 그로이스에 따르면, 창의성은 인간이 갈망하는 진정성과 증거에 대한 욕망을 상징하며, 두 가지 모두 현실에 대한 숨김없는 직접적인 접근의 가능성을 약속한다. 그러나 그로이스에 따르면, 증거 또는 (살아있는) 진실에 이르는 길을 제공한다는 것은 실제 근본적인 특성, 즉 파괴적인 특성을 드러낸다. 그로이스에 따르면, 인간의 구성 세계를 관통하는 길을 열려면 그 길을 가로막는 모든 것, 그것을 위장하고 부적절한 인간의 설계와 구성으로 드러내는 모든 것을 제거해야 한다. 창의성에 의해 드러날 원본 증거의 지평 내에서 이러한 설계와 구성은 다른 어떤 방식으로도 부적절한 것으로 입증될 수 없기 때문이다.

그러나 창의성은 인간에게 진리에 접근할 유일한 가능성을 보장함으로써 그 파괴성을 정당화한다.[61] 창의성 이면의 무언의 약속에 따르자면, 오직 이것과의 만남, 존재하는 모든 것에 대한 급진적 파괴가 선행되어야만 하는 시작을 따라잡는 것만이, 인간에게 비록 지금은 증거적 근거에 있으나 반전의 과정에서 자신의 현실을 재개념화하고 재구성화하려는 충동을 줄 수 있다. 창의성이 아직 그 명백하고 당연한 근거를 발견하지 못하는 한, 창의성은 자신의 정당화 서사에 따라 일관되게 인간의 도움을 받아 파괴의 작업을 계속해야만 한다.

그로이스에 따르면, 이러한 방식으로 동원된 힘은 인간의 사고 구조 중 하나를 해체 효과, 즉 그러한 접근 가능성이 전혀 존재하지 않는다는 신념으로부터 보호한다. 그로이스에 따르면 창의성은 이러한 믿음을 필요로 하는데, 이러한 믿음은 그 역학에 통합될 수 없고 항상 너무 늦게 나타나기 때문에 궁극적으로 형이상학적으로 고정된 개념으로 자신을 스스로 불신하게 된다는 것이다. 이제 문제는 그로이스가 그리는 창의성에 대한 그림이 인간의 창의적 프로그램으로 기능할 수 있을 만큼 현상에 대한 충분한 특성화를 제공하는지이다. 특히 그로이스에 따르면 창의성을 절대화하는 '포스트 헤겔' 시대의 특징인 창의성이 과연 진정으로 현대적인 현상일까? 이에 대해 논의하기 위해 그로이스의 논지(These)를 두 가지 하위 논지(Zwie Teilthese)로 나누어 살펴본다.

1) 창의성은 역사적 사건이며 특히 최근의 현대성의 출현과 함께 등장한다.

슈베르트(Franz Schubert, 1797-1828)의 《겨울 나그네》(Winterreise)가 분명하게 보여주듯이, 최근의 모더니즘은 실제로 창의성과 그 자체의 관계 및 창의성에 대한 구체적인 이해가 있다. 이 연가곡의 시인 빌헬름 뮐러(Wilhelm Müller, 1794-1827, 1824)는 이미 이에 대한 명확한 개념을 제공했다. 이 연시는 "신의 죽음"(Tod Gottes)이라는 사건이 특징적이다("신은 이 땅에 없을 것인가 […]" 노래 〈용기〉(Mut)!). 이 사건의 결과로 인간은 필연적으로 자신에게로 되

---

61) Groys, "Jenseits der Kreativität," 158.

돌아간다. 행동할 수 있는 능력을 유지하기 위해서는 자신만의 삶의 개념을 개발해야 하는데, 이 개념은 더 이상 인간의 시간대를 벗어난 어떤 기준점도 인정하지 않는다. 무언가를 무언가로 만드는 것은 항상 그의 능동적 개입뿐 아니라 수동적 개입이기 때문에 이제 그에게 인식되는 모든 것은 독특한 방식으로 준비된 것으로 나타나야 한다. 동시에, "신의 죽음"을 통해 인간(자신을 포함하여)과 관련된 모든 변수는 강하게 상대화된다. 모든 것이 진리라고 주장하는 데에는 한계가 있으므로 정당화할 수 있는 반박 불가한 이유는 없다.

"신"이라는 기준점을 상실함으로써 인간은 내세를 향한 방향성도 결정적으로 잃어버렸고, 이 세상은 단지 과도기일 뿐이며 이제부터는 이 세상만 존재한다. 그리고 삶의 성취와 행동 가능성의 우발성으로 인해 그는 자신이 성취한 것에 결코 만족할 수 없다. 한편으로는 상대적이며 다른 한편으로는 더 나은 도움이 될 다른 가능성을 배제한다. 이 자리에서 창의성은 세상과 소통하는 훌륭한 방법으로 승리의 행진을 시작한다. 이 자리는 사람들에게 주어진 우연성과 그 무한함을 (일시적으로) 받아들일 기회를 약속한다. 그 지평에서 창조와 자유 안팎의 자율적인 시간 형성이 최고의 가치가 된다.

또 다른 질문은 그로이스가 주장하는 것처럼 '창의성'이 진정으로 근대적인 현상인지에 대한 여부이다. 물론 이런 특정한 형태에서는 그러하다! 그러나 창의성의 개념은 다른 시대에도 적용되어야 하며, 다른 시대에는 완전히 다른 패러다임이 적용되기 때문에 다르게 이해되어야 한다는 것을 잘 알고 있다. 바로 이러한 의미에서 창의성에 대한 이전의 이해와는 달리 정의되는 '창의적 과정'이 로마 성 베드로 대성당의 미켈란젤로(Michelangelo Buonarroti)의 《피에타》(Pietà)를 만들거나 호머(Homer)의 『오디세이』(Odyssee)를 집필하는 데 결정적인 역할을 했다고 가정하는 것이 타당하다고 할 수 있다.[62] 시대마다 창의성에 대한 이해가 각기 다르게 공식화되어 있으며, 이는 쉽게 옮겨올 수 없지만 그럼에도 인간과 세계 사이의 매우 구체적인 건설적 관계를 반영한다는 점에서 공통점이 있다고 가정하는 것이 더 마땅하다.

근대 초기에 창의성의 문제가 관심의 중심으로 옮겨졌다는 데에는 의심의 여지가 없다. 근대에서야 비로소 매우 구체적이고 개념적인 내용이 형성되었고, 지금은 이 용어가 늘 공감을 얻는다.[63] 이러한 점에서 그로이스처럼 현대성에 있어서 창의성의 승리에 대한 근본

---

62) 이 용어(창의성)를 다른 문화(여러 시대)에 적용하려면 더 난해해진다. 예를 들어 아부 심벨(Abu Simp[b]el)의 사원 단지의 경우 창의성에 대해 말하는 것이 실제로 타당한지에 대한 결정은 별도의 조사가 필요하며, 여기서는 수행할 수 없다. 어쨌든 여기저기서 '창의성'으로 개념화되는 것에 대한 비교 분석으로 구성되어야 할 것이다.

63) 그러나 이 사실은 창조성에 대해 현대성과 관련해서만 이야기하는 것이 합리적이라는 반론에 찬성하지 않는다. 이 역 결론에 따르면, 예를 들어 인간에 대한 이해의 근본적인 변화 때문에 현대인의 맥락에서만 인간에 대해 이야기해야 한다고

적인 동기를 논의하는 것은 참으로 유익한 일이다. 니체는 기존의 보조적 구성을 우회하여 관찰된(구성된) 현실을 형성하는 데 작용한 의지를 이런 식으로, 그리고 다른 어떤 방식으로도 찾지 않는 그러한 탐구 방식을 분해적-계보학적(dekompositorisch-genealogisch)이라 불렀다.

그러나 다른 모든 시대의 창의성을 완전히 부정하기 위해 창의성에 대한 근대적 자기 이해를 절대적인 것으로 설정할 수 없으므로 그로이스의 답변은 수정되어야 한다. 이러한 입장은 여기에서 설명한 바와 같이 설득력 있게 입증될 수 없다.

2) 창의성은 진정으로 파괴적이다.

창의성이 특별히 강조되기 때문에 그로이스는 이 개념에 대한 '정의'를 택하는데, 여기서 선택한 관점에서는 매우 문제가 있는 것으로 나타났다. 자세히 들여다보면, 이 '정의'는 그로이스가 헤겔 이후 단계라고 부르는 역사적 단계에도 적용되지 않으며, 그가 제안하는 버전, 즉 창의성의 기본 특성이 파괴적이라고 가정하는 창의성에 완전히 전념했다고 가정하는 단계에도 적용되지 않는다. 어쨌든 마르크스(Karl Heinrich Marx), 딜타이(Wilhelm Dilthey), 니체, 프로이트(Sigmund Freud)와 같은 헤겔 이후의 사상가들은 이를 이렇게 보았다고 한다.

4장에서는 창조적 원리에 대한 '포스트헤겔적' 이해를 자세히 논의했는데, 그 결과 니체의 창조적 개념이 결코 파괴적인 것만을 강조한 것으로 볼 수 없는 결론을 얻었다. 그는 항상 창조적인 것을 파괴적인 것과 본질적으로 동등한 능동적인 힘으로 간주했다. 이러한 배경에서 볼 때, 니체의 창조적 원리를 결정하기에는 그로이스의 창조적 정의가 불충분한 것으로 드러났으며, 그로이스는 헤겔 이후의 창조성 개념에 이를 명시적으로 포함했다.

그로이스는 헤겔 이후 버전의 '창의성'을 단순화해야만 자신이 추구하는 비평에 도달할 수 있다. 그러나 그렇게 함으로써 그는 필연적으로 비판의 대상에 대한 정의를 내리는 데 실패한다. 다시 말해, 그로이스는 1800년경의 시대적 전환기 이후 근대의 창의성에 대한 이해를 전제로 하고 있으며, 이는 필연적으로 아포리아에 얽혀 있을 수밖에 없다고 가정한다. 따라서 그로이스는 그의 반대가 창의성에 대한 부적절한 '개념'에 근거하는 한, 헤겔 이후의 이론과 그 이후의 현대적(포스트모던적) 접근법을 해체하는 데 성공할 수 없다.

이제 창의성의 역사성 문제가 잠정적으로 밝혀졌으므로 창의성이 시작에 대한 탐색인

주장해야 할 것이다. 반면에 각 시대에 특정한 어휘로 다른 시대의 문제를 협상하는 것이 극도로 어렵다는 것이 입증되더라도 그러한 요구는 터무니없다.

지에 관한 질문을 결론에서 살펴볼 것이다. 이 질문은 이미 그로이스의 모델을 비판적으로 검토하는 과정에서 어느 정도 암묵적으로 답한 바 있다.

그로이스처럼 창의성을 파괴적인 차원으로 축소하면 '창의성'은 가능한 시작을 찾는 것으로 드러난다. 그러나 이러한 해석은 너무 일방적인 것으로 밝혀졌다. 대신 파괴적인 것의 두 번째 차원, 즉 창조적인 차원을 추가해야 한다. 이는 같은 기본 방식으로 생각되어야 한다. 그리고 그것은 또한 인간이 시작에 대한 탐구를 피할 기회를 부여하여 "신의 죽음" 이후 시작되지 않은 것으로서 그에게 열린 심연의 소용돌이에 휩쓸리지 않도록 하는 것이기도 하다. 대신 창조의 지평 안에서 인간은 자신과 세계에 대해 중요하지만, 항상 잠정적이고 구축된 매개체에 의존할 수 있다. 그렇다면 이 (새로운) 맥락에서 '궁극적으로' 창의성이란 무엇일까? 이 마지막이자 시작 질문에 대한 가능한 대답은 결국 동시대 음악으로 돌아가 실험적인 방식으로 스케치할 것이다.

음악적 창의성이란 무엇인가? : 플라톤에서 AI까지 음악적 창조에 대한 미적 담론

참고문헌

Danto, Arthur C. *Die Verklärung des Gewöhnlichen·Eine Philosophie der Kunst*. Frankfurt am Main: Suhrkamp, 1996.

Groys, Boris. "Jenseits der Kreativität." In *Chancen einer Kultur der Arbeit·Abschied voon der Entfremdung*. Hrsg. Hans Thomas. Herford: Busse Seewald, 1990: 148-179.

--------. *Über das Neue·Versuch einer Kulturökonomie*. München: Fischer Taschenbuch, 1992.

Hasse, Marie-Luise. "Der Übermensch in „Also sprach Zarathustra" und im Zarathustra-Nachlaß 1882–1885." *Nietzsche-Studien* 13 (1984): 228–244.

Heidegger, Martin. *Heraklit·Der Anfang des abendländischen Denkens·Logik. Heraklits Lehre vom Logos, Gesamtausgabe Band 55, Abteilung II, Vorlesungen 1923-1944*. Frankfurt am Main: Vittorio Klostermann, 1994.

Jaffé, Hans L.C. *Pablo Picasso*. Köln: DuMont, 1981

Nietzsche, Friedrich. KSA 10, 4[132], *Sämtliche Werke. Kritische Studienausgabe in 15 Einzelbänden*. Hrsg. Giorgio Colli und Mazzino Montinari. München: dtv/de Gruyter, 1988.

Verlagsnachrichten zur Gesamtausgabe: Martin Heidegger·Ausgabe letzter Hand. Frankfurt am Main: Vittorio Klostermann, Sept. 1994.

창작과 연주 실제에서의 창의성

음악, 은유, 창의성
Music, metaphor, and creativity[1]

로렌스 즈비코우스키

김주희 옮김

1. 저자 소개

로렌스 즈비코우스키(Lawrence M. Zbikowski)는 시카고 대학교(University of Chicago)의 음악 및 인문학의 '애디 클락 하딩 교수'(Addie Clark Harding Professor)이며, 음악학과의 학과장을 맡고 있다. 1991년에 예일 대학교에서 "대규모 리듬과 그룹화 체계(Large scale rhythm and systems of grouping)"로 박사 학위를 받았으며, 시카고 대학교에서 18세기와 19세기 음악에 초점을 맞추어 다양한 음악을 다루는 분석 과정을 가르치고 있다. 즈비코우스키의 주요 연구 관심사는 음악인지과학에 있다. 특히 인지 언어학자와 인지 심리학자들의 최근 인지 과학의 성과를 음악학자들이 직면한 문제에 적용하는 것이며, 음악 이론 및 분석에 중점을 두고 있다. 그의 저서 『음악적 문법의 기초』(Foundations of Musical Grammar, 2017)는 인간 소통의 기본적인 측면에 대한 연구를 기반으로, 의미 있는 음악적 발화를 구성하는 기초에 대해 탐구한다. 또한 그는 음악과 기억, 음악과 주체성과 관련된 주제들로 음악과 관련된 확장 인지 이론의 적용을 탐구한다. 그의 최근 연구는 "음악적 영웅을 위한 디자인 원리(Design Principles for the Musical Heroic, in The Heroic in Music, 2022)", "음악, 은유, 창의성(Music, metaphor, and creativity. Performing metaphoric creativity across modes and contexts, 2020)", "인지적 확장과 음악적 의식(Cognitive Extension and Musical Consciousness, 2019)" 등이 있다.

---

1) L. M. Zbikowski, "Music, metaphor, and creativity," *Performing metaphoric creativity across modes and contexts*, 2020, 43-70.

2. 역자 서문

이 글은 음악적 발화가 의미 구성에 기여하는 방식을 유추, 은유, 환유의 관점에서 논의한다. 저자는 음악이 제공하는 의미 구성을 위한 재료와 음악적 소통이 어떻게 창의성을 예시하는지 탐구하는데, 이를 위해 하이든(Franz Joseph Haydn, 1732-1809) 오라토리오 〈천지창조〉(*The Creation*)의 두 개의 짧은 구절을 예시로 제시한다. 이 과정에서 인지 과정인 유추적 사고를 통해 어떻게 음악적 소리가 비음악적인 현상과 상관관계가 이뤄지고 있는가에 대해 다룬다. 이를 위해 저자는 18세기 클래식 음악 어법에 익숙한 청자와 하이든의 음악 어법에 익숙한 청자의 두 유형으로 나누고, 두 유형 모두에서 청자의 사고 과정이 음악적 소리 조직에 영향을 받음을 확인한다. 이어 저자는 유추와는 구별되는 인지과정인 '은유'에 대해 논하며, 음악적 의미에 관한 연구로 대표되는 은유적 지식에 대한 두 가지의 접근 방식인 토픽 이론과 개념적 은유 이론을 살펴본다. 이를 통해 비언어적인(음악적) 시퀀스를 구체적인 이미지와 감각으로 인식하는 것은 창의적인 행위임을 말한다. 그러나 〈천지창조〉의 예와 같이 실제 자연에서 나는 소리와 하이든의 오케스트라 모방은 유사한 소리를 보여주지 않는다. 즉 자연의 소리를 음악적 소리로 모방했다는 설명으로는 충분하지 않은 것이다. 필자는 이 현상의 근거를 '유추'에서 찾는다. 소리가 없는 현상과 소리 시퀀스를 연관시키는 능력은 유추적 사고를 위한 인간의 인지적 능력에 달려있다고 말하며, 이는 인간에게 완전한 형태로 나타나는 고유한 것으로 창의성을 특징짓는 사고와 관련이 있다고 말한다. 또한 앞서 다룬 이론적 틀을 음악적 환유로 확장하여 논하면서 베토벤(Ludwig van Beethoven, 1770-1827)의 〈전원 교향곡〉(*Symphonie No.6 'Pastorale'*)을 예시로 든다. 결국, 저자는 이 글을 통해 음악적 커뮤니케이션은 언어적인 것과 구별된다는 점을 강조하면서, 교차 영역 매핑[2]을 통해 의미를 구성하는 방식이 인간의 창의성을 탐구하는 데 중요한 역할을 한다고 주장한다.

---

2) [역주] 교차 영역 매핑은 근원 영역(source domain)과 목표 영역(target domain) 사이에서 실행되며, 근원 영역을 통해 목표 영역을 이해하고자 한다. 예컨데 '시간은 돈이다'라는 문장에서 시간은 목표 영역이고, 돈은 근원 영역이 된다. 따라서 돈의 절약과 낭비의 개념이 목표 영역인 시간에 매핑된다.

음악, 은유, 창의성

1. 서론

1.1 음악적 동물 우화집

음악, 은유, 창의성을 둘러싼 몇 가지 주요 쟁점을 설명할 수 있는 음악적인 예시로 글을 시작하고자 한다. 〈악보1〉의 짧은 음악 구절은 하이든의 오라토리오 〈천지창조〉 (1798년 4월에 초연된 작품) 21번의 중후반부에 나오는 지점이다. 오라토리오의 가사는 고트프리트 판 슈비텐(Gottfried van Swieten, 1733~1803) 남작이 〈창세기〉(*Genesis*)와 〈시편〉(*Psalms*)의 일부에서 발췌했으며, 밀턴의 『실낙원』을 재구성한 가사가 포함되어 있다. 하이든의 오라토리오 〈천지창조〉 21번은 하나님이 세상을 생명으로 채우는 광경에 초점을 맞추고 있다. 하이든은 21번이 시작되기 전에, 하나님의 일하심에 대한 숭고한 경이로움을 되새기는 대합창(19번)을 통해 분위기를 고조시켰고, 이어 라파엘 천사가 하나님의 명령으로 땅이 모든 종류의 피조물로 가득 차게 되는 과정을 설명하는 짧은 레치타티보(20번)로 무대를 전개하였다. 이제 21번에서 라파엘은 그 결과를 설명한다. 악장의 도입부에서는 음악 반주를 통해 명확해진 각 동물(사자, 호랑이, 사슴)의 성격이 소개된다. 도입부에서의 사건은 하나의 흐름으로 이어지지 않았다. 전체적인 템포는 '매우 빠르게(presto)'로 표시되어 있지만, 하이든의 전략은 사자의 포효, 호랑이의 도약, 사슴의 껑충거림과 같이 우선 동물을 청각적으로 묘사한 후, 이 장면을 언어적 묘사로 채우는 짧은 레치타티보로 설명하는 것이다. 음악은 1분이 조금 넘는 시간 동안 B♭장조로 시작하여 D♭장조로 바뀌었다가 다시 D♭장조로 바뀌었다. 이 시점에서 〈악보1〉의 음악이 진행된다. 템포는 프레스토에서 긴장이 이완된 '안단테'로, 조성은 A장조(화성적으로 D♭장조와는 다소 멀리)로 변화되었다. 사자의 포효나 사슴의 껑충거림은 플루트가 연주하는 6/8박자의 경쾌한 멜로디로 바뀌었다. 그렇다면 이 부분은 어떤 동물일까?

이 질문에 대해 두 유형의 청취자가 어떻게 반응할지 추측해 보고자 한다. 첫 번째 청취자는 하이든의 음악에 대해서는 잘 모르지만, 현재 우리가 '고전(classical)'이라고 부르는 음악(바로크 또는 '낭만'이라고 부르는 음악과는 구별됨)을 산출한 18세기 후반 유럽의 음악 관행에 대해서는 조금 알고 있는 사람들이다. 이 청취자는 상당히 질서정연한 음악을 접할 것

악보1. 하이든, 〈천지창조〉(*The Creation*) 21번 (레치타티보), "Gleich öffnet sich der Erde Schoß" ("Immediately the earth opens her womb") 마디40–43.

이다. 이 음악의 반주는 규칙적인 리듬 패턴을 제공하고, 예측 가능한 화성 진행과 쉬운 멜로디 수준으로 진행된다. 악보를 보면, 마디41은 마디40을 기반으로 확장되고, 마디42와 마디43은 우아하게 마무리되는 만족스러운 응답을 구성한다. 이 순서가 표현되는 음의 재료와 관련하여, 플루트의 부드럽고 맑은 음색과 피치카토 현이 만들어내는 미묘한 박 사이에는 기분 좋은 대조가 있다. 〈악보1〉의 음악은 전체적으로 위험하고 극적이라기보다는, 안전과 안정에 부합하는 비교적 편안하고 사색적인 음악을 조성한다. 따라서 가상의 청취자는 이 음악이 일종의 가축류를 표현하기 위한 음악이라는 것을 이해할 수 있을 것이다.

두 번째 가상의 청취자 유형은 하이든과 그의 동료들의 음악 어법에 더욱 익숙한 사람들이다. 이 청취자는 시칠리아나(siciliana)가 17세기에 춤의 한 종류로 처음 등장하여 18세기 말에는 전원적 풍경(pastoral scenes)의 전설과 신화에 연관된 음악 유형이 되었고, 하이든이 그 음악 예시를 우리에게 보여줬다는 사실을 확실하게 인지할 것이다. 이 청취자에게 떠올려지는 동물은 의심할 여지가 없다. 이들에게는 소, 양과 같은 목초지의 동물이 상상될 것이며, 라파엘의 다음 가사에 의해 그 추측이 입증된다.[3] 따라서 두 청자 모두 하이든(그리고 판 슈비텐)이 사자나 호랑이, 수사슴과 같이 스릴 넘치고 위험한 동물이 아닌, 차분한(placid) 동물로 전환되었다는 것을 알 수 있지만, 두 번째 유형의 청취자만이 어떤 종류의 동물이 묘사되고 있는지에 대해 확실하게 인지할 수 있을 것이다.

어떤 청취자에게는 대략적인 것으로, 또 다른 청취자에게는 보다 정확한 의미로 다가올 수 있는 〈악보1〉의 음악이 만들어내는 다양한 종류의 의미는 음악적 소리의 시퀀스가 이해를 형성하는 방식을 암시한다. 첫 번째 유형은 소리가 구성하는 음정, 시간에 따른 음정의 배열(즉 리듬적 배치), 사용되는 악기와 같은 소리 자체의 물질적 특성에 주도되는 반면, 두 번째 유형은 대체로 관습적이다. 필자는 두 경우 모두, 청취자의 사고 과정이 음악적 소리가 어떻게 조직되는지에 따라 형성된다는 것을 제안하고자 한다. 다시 말해, 음악에 의해 유도되는 사고방식(〈악보1〉과 같은 음악적 구절에서 활성화된 개념적 은유를 포함)은 패턴화된 비언어적 소리의 시퀀스가 어떻게 음악적 발화(musical utterances)로 형성되는지를 반영한다.

물론 이 제안을 구체화하려면 약간의 기초 작업이 필요하다. 개념적 은유에 대한 대부분의 연구는 언어에 중점을 두고 있다. 음악의 묘사에서 개념적 은유가 어떻게 나타나는지에 대한 연구가 있긴 하지만[4], 은유적 사고의 기초로 음악적 발화에 중점을 둔 연구는 상대적으로 적다. 특히 글로 이를 증명하기 위해서는 언어와 근본적으로 독립적인 의사소통 방식을 설명하기 위해 언어를 사용해야 한다. 이러한 설명이 어떤 것을 제공하고, 무엇을 포착하지 못할지 파악하기 위해 음악이 아닌 음성 인식에 대한 연구 과정에서 개발된 소리 재료를 사용하여 대략적인 예시를 제시하고자 한다.

1.2 사인파 음성(Sine-wave) 및 음악에 관한 단어

인간 언어의 이해에 필수적인 특징이 무엇인지 탐구하기 위해, 1980년대 초 로버트 레메즈와(Robert Remez)와 그의 동료들은 정상적인 언어 흐름에서의 소량의 정보만 포착하는 형태의 음성인, 인공적으로 손상된 '사인파 음성'을 개발하였다.[5] 이를 위해, 그들은 정상적인 담화의 녹음을 분석한 다음, 처음 세 형태의 포먼트(formant)[6]의 중심 주파주와 진폭을 일치시

---

3) [역주] 영어 가사: On green meadows the cattle are already grazing, divide into herds.

4) L. M. Zbikowski, "Metaphor and music," in *The Cambridge handbook of metaphor and thought*. ed. R. Gibbs, Jr (Cambridge: Cambridge University Press, 2008), 502-524.

5) R. E. Remez, et al, "Speech perception without traditional speech cues," *Science* 212/4497 (1981), 947-950.

6) [역주] 포먼트(formant)는 사람이 말할 때 생성되는 특정 주파수를 뜻한다. 구강의 크기 등에 따라 개인간 차이로 주파수가 다르게 생성된다.

키기 위해 시간에 따라 변화하는 사인 곡선(sinusoid)을 생성하였다. 이 과정으로 인해 원본 발화의 핵심 특징을 복제하는 것은 성공했지만, 일반적으로 음성을 구별하는 세부적인 특징은 제외되었다. 이 조작의 결과로, 공상 과학 영화에서나 들을 수 있는 휘파람과 삐 소리가 무작위로 연속적으로 들리게 되었다.[7]

대부분의 청취자는 사인파 음성을 처음 접했을 때 거의 알아들을 수 없다고 말한다. 그러나 주목할 만한 것은 원래의 발화를 듣고 난 후에 발생하는 일이다.[8] 이를 들은 후 사인파 버전의 발화로 돌아온 청취자는 일반적으로 그 발화가 이해하기 쉬워졌다는 것을 알게 된다. 그 이유는 무작위로 들리던 소리가 의미 있는 언어의 단위로 정돈되었기 때문이다. 대부분의 청취자는 무작위적인 휘파람 소리와 삐 소리가 연속적으로 들리는 사인파 복제품의 두드러지는 특징을 설명하기 어려울 것이다. 그러나 이 청취자가 원본의 발화를 듣고 나면, 사인파 복제품에 일관된 구조가 존재한다는 것을 알게 된다(그리고 이는 우리가 언어적 발화를 이해하는 능력을 통해 밝혀진다). 따라서 사인파 음성에 의해 제시된 상황은 음악적 발화를 이해하려는 과제와 근사하며, (마치 사인파 음성의 예제를 위해 할 수 있는 것과 같이) 이를 통해 인내를 가지고 음악적 발화의 중요한 특징 중 일부를 설명할 수 있을지도 모른다. 그러나 그러한 설명은 실제로 발화를 이해하는 경험에는 훨씬 미치지 못할 것이다.

다시 언급하자면, (그 소리들이 언어와 관련이 있든 음악과 관련이 있든) 위의 예시는 익숙하지 않은 소리의 시퀀스를 이해하는 어려움을 보여주는 예로 제시하였다. 다음은 다양한 음악적 발화의 두드러진 특징을 정확히 설명하고, 그것들이 은유적 사고의 기초로 어떻게 기능할 수 있을지 설명하고자 한다. 사인다 음성의 언어적 설명과 마찬가지로, 이러한 설명은 필자의 관심 대상인 음악적 발화와 관련된 특징에 대한 대략적인 안내서에 불과할 것이다. 그러나 사인파 음성의 예시와 마찬가지로, 발화 자체에 익숙해지며 많은 것을 배울 수 있을 것이다.

1.3 은유(Metaphor), 유추(Analogy), 환유(Metonymy)

음악적 발화에 대한 설명의 근거로 삼기 위해 사용할 전략 중 하나는 은유와 관련 있지만 다른 과정으로 구별되는 '유추'의 관점에서 의미 구성에 대한 자원에 접근하는 것이다. 기존 문헌에서 유추와 은유의 경계가 모호한 경우가 있다. 은유에 대한 연구자들은 종종 유추

---

7) 이 시점에서 독자들은 각주의 사이트를 방문하여 사인파 음성을 직접 체험해보기를 바란다. https://www.mrc-cbu.cam.ac.uk/people/matt.davis/sine-wave-speech/

8) 매트 데이비드(Matt Davis)의 웹 페이지(위의 링크)에서 확성기 아이콘을 클릭하면 들을 수 있다.

를 무시하고, 유추에 대한 연구자들은 은유를 단순히 유추의 한 종류로 간주하는 경향이 있다. 그러나 최근 음악적 문법(musical grammar)을 연구하면서 유추와 은유를 구별하는 것이 생산적이라는 것을 알게 되었다. 그 이유는 유추는 언어와 무관한 의미 구성 과정에 대해 생각할 수 있는 유용한 방법을 제공하기 때문이다. 따라서 〈악보1〉의 예시와 같이 소리의 시퀀스와 평화로운 동물(또는 단순히 평화로운 상황) 이미지 사이의 연결은 소리와 다른 형상 간에 유추적 연결을 만드는 능력에 의존한다. 필자는 이 능력이 개념적 은유를 통해 접근되고 창의적 사고와 깊이 연결된 지식의 복잡망(complex networks) 내에서 자원으로 활용될 수 있다고 믿는다.

이러한 측면은 은유와 환유의 관계와도 관련이 있다. 간단히 말해, 환유는 한 부분이 더 큰 전체에 대한 접근을 제공하는 내부 영역 매핑(intra-domain mapping) 과정으로 생각될 수 있다.[9] 그러나 자세히 살펴보면, 부분과 전체 사이의 관계가 놀랍도록 복잡해질 수 있는 특징 때문에 환유는 의사소통을 위한 추가적인 자원을 제공한다.[10] 부분과 전체의 관계는 실제로 음악적 관행에 풍부하게 존재한다. 하나의 예로 (18세기와 19세기 서양 음악에서 일반적인 형식인) 주제와 변주곡 형식을 들 수 있으며, 이것은 개별 변주 형식이 주제와 작품 전체를 가리키는 것이다. 또 다른 예는 재즈 음악가들의 악기 연주에서 나타난다. 이들은 종종 즉흥적으로 연주하는 주요 곡의 두드러진 특징일 뿐만 아니라 다른 작품에서도 특징적인 단편을 인용하는 경우가 많다. 즉 음악적 발화는 흥미롭고 독특한 환유의 용법을 제공하며, 의미 구성에 있어서 부분과 전체 관계의 기본 현상에 대한 사고를 유도한다.

1.4 음악, 은유, 창의성

앞으로 언급되겠지만, 필자는 음악의 생산과 수용을 본질적으로 창의적인 행위로 간주한다. 즉 참신하고 가치 있는 사고를 창출하는 행위로 본다는 것이다. 그 이유는 음악적 발화를 이해하려면 패턴화된 비언어적 소리에 즉각적이고 일시적인 의미를 부여하는 상상력을 발휘하는 것이 필요하기 때문이다. 물론 모든 음악적 발화에 동일한 새로움이나 가치가 있는 것은 아니다. 이 글은 이러한 특징을 평가하기 위한 지표를 개발하는 것보다, 음악적 재료가 어떻게 배열되어 은유적 및 환유적 사고와 연결되는 의미 구성의 가능성을 창출하는지에 대한 설명을 전개하는 것에 중점을 두고 있다.

이어지는 본론의 첫 번째 부분에서는 유추에 대한 연구를 간략하게 소개하고, 음악적

---

9) Zoltan Kövecses, Gunter Radden, "Metonymy: Developing a cognitive linguistic view," *Cognitive Linguistics* 9/1 (1998), 33-77.
10) R. W. Langacker, *Grammar and conceptualization* (Berlin: Mouton de Gruyter, 1999), 62-67, 198-200.

발화를 이해하는 데 있어 유추적 사고가 어떤 역할을 하는지에 대해 다루고자 한다. 두 번째 부분에서는 유추와 은유의 관계를 탐구하고, 음악적 발화가 어떻게 개념적 은유의 기초를 제공할 수 있는지 살펴볼 것이다. 마지막으로 세 번째 부분에서는 음악적 환유에 대해 다루고, 결론적으로 음악, 은유 그리고 창의성에 대한 몇 가지 생각을 제시하고자 한다.

2. 유추적 사고와 음악적 이해

2.1 동물 우화집의 또 다른 동물

관심을 가질 문제를 보다 명확하게 제시하기 위한 예로 하이든 〈천지창조〉 21번의 또 다른 구절이 있다. 〈악보2〉의 음악은 서론에서 다뤘던 예시(악보1)보다 앞서 등장한 부분이며, 사자가 소개된 직후에 등장한다(낮은 영역의 트릴로 사자의 울부짖음을 흉내 낸다). 하이든은 〈악보2〉의 부분에서 호랑이(반 스위텐의 동굴도감에서 호랑이는 사자 다음에 등장하는 동물이)의 도약을 불러낸다. 이 부분은 선율의 형태를 띠지 않는다. A♭아르페지오(상성부 현에서 A♭3에서 마디14의 E♭4까지, 그리고 C4에서 마디15의 A♭4까지, 마지막으로 E♭4에서 마디16의 C5까지)를 보여주는 날카로운 상행 스트로크의 시퀀스로 구성되어 있다. 또한 이 특징은 마디16에서 제1바이올린에 의해 압축된 형태로 반복된다. 리듬의 특징도 다양하지 않다. 각 마디의 강박에 의해 힘차게 이끌려지지만, 다디16의 규칙적인 4분음표 화음에서만 리듬 진행이 확실해진다. 또한 화성의 측면에서, 단순히 A♭화음을 지속하기 때문에 화음의 움직임도 정적이다.

이와 같은 구절에 대해 음악학자들은 '그림음악(tone painting)'이라는 개념을 활용하여 설명한다. 그림음악은 음악적인 소리의 시퀀스가 강렬한 시각적인 이미지를 나타내거나 그린다. 따라서 〈악보2〉의 음악은 호랑이의 그림을 그리는 것으로 간주될 것이다. 이러한 음악 외적 효과는 '참신함(novelty)'으로 오랜 기간동안 인정받아 왔지만, 뛰어난 예술가들에게는 가치가 없는 일종의 '트롱페 르 오레유(tromper-l'oreille)[11]'로 여겨졌다. 실제로 하이든도 1801년에 자신의 후기 오라토리오 〈사계〉(The seasons)에 나타나는 유사한 효과에 대해 언급하면서, 이런 종류의 효과를 '프랑스화된 쓰레기'라고 표현하였다.[12] 그럼에도 불구하고 〈악보

---

11) [역주] 트롱페 르 오레유(tromper-l'oreille)는 '귀를 속이다'라는 뜻으로, 청각적인 착시를 일으키는 것을 뜻한다.

12) H. C. Landon, Joseph Haydn, *The collected correspondence and London notebooks of Joseph Haydn* (London: Barrie and Rockliff, 1959), 197.

악보2. 하이든, 〈천지창조〉(*The Creation*), 21번, 마디 14-18. 가사 번역: "여기 유연한 호랑이가 위로 뛰어 오릅니다."

2)에 나타난 소리의 시퀀스를 호랑이의 갑작스럽고 에너지 넘치는 움직임과 연관시키는 것은 자연스러워 보인다(또한 하이든 또는 혹자가 이러한 그림음악에 대해 어떻게 말했든 간에, 이에 대한 성공이 인정받았다는 것은 주목할 가치가 있다). 그러나 왜 이와 같은 현상이 발생하는지 설명하는 것은 어려운 문제이다. 실제 자연 세계에서 갑작스럽고 에너지 넘치는 움직임이 일반적으로 하이든의 오케스트라에서 나오는 것과 유사한 소리를 발생시키지 않는다. 실제로 대부분 성공적인 포식자들의 도약은 소리 나는 움직임이 아니다. 자연에서 들을 수 있는 소리를 음악적 소리로 모방[13]했다는 18세기의 일반적인 설명으로는 부족하다. 보다 나은 설명은 유추에 관한 연구에서 찾을 수 있다. 이 연구에 따르면 소리가 없는 현상과

---

13) A. Dubos, *Critical reflections on poetry, painting and music: With an inquiry into the rise and progress of the theatrical entertainments of the ancients* (T. Nugent, Trans) (5th ed., revised, corrected and enlarged, Vol.1) (London: Printed for J. Nourse, 1748), 360-361.

소리 시퀀스를 연관시키는 인간의 능력은 유추적 사고를 위한 인지적 능력에 의존한다. 또한 이 능력은 인간종에게만 완전한 형태로 나타나는 고유한 것으로 보이며, 이는 창의성을 특징짓는 새롭고 가치 있는 사고와 관련이 있다.[14]

2.2 유추에 관한 연구

유추에 관한 대부분의 논의는 유사성(similarity)에서 시작한다. 그 이유는 한 사물이 또 다른 사물과 유사하다는 것이 유추의 기초가 되기 때문이다. 예컨대 펜과 연필은 표면에 남기는 흔적(영구적이거나 영구적이지 않은, 비교적 일정한 색조 또는 그라데이션)은 다르지만, 외관과 기능 모두 서로 유사하다. 유추는 보다 추상적인 종류의 유사성 판단을 논의의 기점으로 삼는다. 그 예로 손가락은 뾰족하게 끝나는 대략적인 원통 구조이기 때문에 펜과 유사하다. 그러나 손가락은 펜이나 연필과는 달리 표면에 뚜렷한 흔적을 남기지 못하며, '원통'은 손이라는 더 큰 구조에 단단히 결합된다. 따라서 펜과 손가락 간의 유추를 만드는 것은 둘 사이의 구조적 상관관계를 도출하는 것을 포함한다. 펜의 원통형 모양이 손가락의 모양과 연관되고, 펜의 끝부분이 손가락의 끝과 연관된다. 이러한 유추를 통해, 손가락으로 '쓰기'를 하거나 펜을 손의 확장으로 상상할 수 있다. 일반적으로 유추는 근원 영역(source domain)에서 목표 영역(target domain)으로 혹은 어떤 경우에서는 목표 영역에서 근원 영역으로 돌아가도록 지식을 확장하기 위해, 근원 영역(예: 글쓰기 도구를 포함하는 영역)과 목표 영역(예: 신체적 부속물을 포함하는 영역)간의 체계적인 구조적 관계를 매핑하는 것을 포함한다.[15]

　　유추는 단순히 한 영역의 요소를 다른 영역의 요소와 연관시키는 것이 아니라 영역 간의 '관계'를 매핑하는 것이다. 따라서 유추는 관계 간의 관계(또는 '2차' 관계)와 연관된 것으로 설명된다. 예컨대 펜과 손가락 사이의 유추에서 '펜'과 '잉크 전달을 위한 정교한 끝부분을 갖춘 장치(도구의 작업 부분을 의미한다)'의 관계는 '손가락'과 '의사소통을 유도하는 가늘어지는 부속물'의 관계와 연관된다.[16] 인간 외의 다른 종이 정교한 유사성 판단을 내릴 수도

---

14) D. R. Hofstadter, E. Sander, *Surfaces and essences: Analogy as the fuel and fire of thinking* (New York: Basic Books, 2013).

15) D. Gentner, "Structure-mapping: A theoretical framework for analogy," *Cognitive Science* 7/2 (1983), 155-170; D. Gentner and K. J. Kenneth, "Relations, objects, and the composition of analogies," *Cognitive Science* 30/4 (2006), 609-642; K. J. Holyoak, P. Thagard, *Mental leaps: Analogy in creative thought* (Cambridge, Massachusetts: MIT Press, 1995), Chapter 2; K. J. Holyoak, "Analogy." in *The Cambridge hand-book of thinking and reasoning*, ed. K. Holyoak, & R. G. Morrison (Cambridge: Cambridge University Press, 2005), 117-142.

16) 손가락이 "의사소통을 유도하기 위한 끝이 가늘어지는" 역할을 한다는 개념은 마이클 토마셀로(M. Tomasello)와 다른 연구자들이 인간 의사소통에서 손가락으로 가리키는 역할에 대한 연구를 반영한 것이다. 토마셀로의 두 글을 참고하시오. M. Tomasello, "Why don't apes point?," in *Roots of human sociality: Culture, cognition and interaction*, ed. N. J. Enfield, & S. C.

있다. 침팬지가 유추에 기초한 2차 관계를 이해할 수 있다는 연구가 있으며(특히 공간적 추론에 대한 것[17]), 병코돌고래(bottle-nosed dolphins)가 신체 맵핑(body-mapping) 유추를 정교하게 수행할 수 있다는 연구도 존재한다.[18] 그러나 현재의 증거에 따르면 인간만큼의 속도와 능력으로 유추를 만들거나 사용할 수 있는 다른 종은 없는 것으로 나타난다.[19] 인간의 의사소통과 추론에서 동등한 중요성을 가지는 이 능력은 매우 어린 나이부터 사용 가능한 것으로 보이며, 10개월이 된 어린이들도 이미 유추를 사용하여 문제를 해결할 수 있고, 3세에는 유추 능력이 상당히 견고해진다.[20]

2.3 유추적 사고와 그림음악

따라서 우리가 반 스위텐(van Swieten)의 호랑이 도약 소리를 듣는 것은 우연이 아니라 소리 시퀀스와 움직임 사이의 유추를 이끌어내는 능력(또는 더 일반적으로는 서로 다른 영역 사이의 유추를 이끌어내는 능력) 때문이라고 제안하고자 한다. 하이든은 에너지 넘치는 동물의 행동에 대한 소리의 유사체를 만들어내기 위해, 행동 특징과 연관성 있는 요소를 제공하도록 그의 음악적 재료를 신중하게 구성하였다. 현의 빠른 상행 스트로크는 도약의 연속적인 움직임과 상관관계가 있으며, 음역의 상승과 상행 스트로크에 의한 간격의 확장(마디 13-14의 완전5도에서 마디16-17의 옥타브까지)은 더욱 크고, 에너제틱한 도약의 연속과 관련이 있다. 또한 악보에 표시된 쉼표에 의한 침묵은 도약 사이에 발생하는 휴식의 순간과 연결되며, 포르테(f) 악상 기호와 여러 성부의 현악기들에 의한 소리는 동물의 거대함과 힘에 연

Levinson (New York: Berg, 2006), 506-524; *Origins of human communication* (Cambridge, Massachusetts: MIT Press, 2008).

17) D. L. Oden, R. K. R. Thompson, D. Premack, "Can an ape reason analogically?: Comprehension and production of analogical problems by Sarah, a chimpanzee (Pan troglodytes)," in *The analogical mind: Perspectives from cognitive science*, Edited by D. Gentner, K. J. Holyoak, & B. N. Kokinov (Cambridge, Massachusetts: MIT Press, 2002), 471-497; J. Call and M. Tomasello. "Reasoning and thinking in nonhuman primates," in *The Cambridge handbook of thinking and reasoning*. Edited by In K. Holyoak & R. G. Morrison (Cambridge: Cambridge University Press, 2005), 607-632.

18) L. M. Herman, "Exploring the cognitive world of the bottlenosed dolphin," in *The cognitive animal: Empirical and theoretical perspectives on animal cognition*, ed. M. Bekoff, C. Allen, & G. M. Burghardt (Cambridge, Massachusetts: MIT Press, 2002), 275-283.

19) D. Gentner, "Structure-mapping: A theoretical framework for analogy," *Cognitive Science* 7/2 (1983), 155-170; K. J. Holyoak, P. Thagard, *Mental leaps: Analogy in creative thought* (Cambridge, Massachusetts: MIT Press, 1995), Chapter 3.

20) U. Goswami, *Analogical reasoning in children*. Essays in developmental psychology. Hillsdale, (New Jersey: Lawrence Erlbaum Associates, 1992).; U. Goswami, "Analogical reasoning in children," in *The analogical mind: Perspectives from cognitive science*, ed. D. Gentner, K. J. Holyoak, & B. N. Kokinov (Cambridge, Massachusetts: MIT Press, 2001), 437-470; D. Gentner, "Why we're so smart," in *Language in mind: Advances in the study of language and thought*, ed. D. Gentner, & S. Goldin-Meadow (Cambridge, Massachusetts: MIT Press, 2003), 195-235.

관된다. 정적인 화성 진행과 다른 특징들의 결합이 암시하는 활동은 위험한 동물과 갑자기 마주쳤을 때 우리가 느낄 수 있는 신체적인 긴장(도망가고 싶은 욕망과 낯선 것에 대한 매혹 사이에서 얼어붙는)과 상관관계가 있다.[21] 따라서 〈악보2〉의 음악은 복잡한 현상을 중요한 소리 요소 없이 기술적으로 재현한 것이며, 창조와 수용 모두에서 상상력이 풍부한 부분이다. 즉 하이든은 호랑이의 도약을 소환하기 위해 음악적 재료를 창의적으로 사용해야 했고(위의 예시와 같이 에너제틱한 행동을 표현하는 정해진 관습이 없었기 때문에), 청중은 다소 이례적인 음악적 사건의 연속을 놀라운 짐승의 활동과 연관시키기 위해 창의적이어야 했다.

　　그림음악에 대한 이전 논의는 일반적으로 음악에 의해 불러일으켜지는 다소 간결한 이미지에 중점을 두었다. 이것은 〈악보2〉의 음악과 같이 호랑이의 이미지이거나, 음악학자들이 즐겨 찾는 예시인 슈베르트(Franz Schubert, 1797-1828)의 작품 〈물레 잣는 그레첸〉(Gretchen am Spinnrade D. 118)의 피아노 반주가 '물레'를 떠올리게 하는 것과 같다. 그러나 그림음악은 하이든 〈천지창조〉의 호랑이의 도약이나 슈베르트 〈물레 잣는 그레첸〉의 물레의 움직임과 같이 음악이 정적인 이미지보다는 역동적인 과정을 연상시킨다고 보는 것이 정확하다.[22] 추가적인 논의에서 밝혀진 바에 의하면 그림음악은 항상 역동적인 과정과 음악적 사건의 시퀀스(즉 시간에 따라 분포되고, 대개 변수의 변화에 의해 특징되는 현상의 시퀀스)의 유추적 상관관계를 포함한다는 것을 토여준다. 실제로 필자는 또 다른 연구에서 역동적인 과정을 위한 소리의 유사체가 음악적 발화의 기본이며, 예외적이거나 흔치 않은 현상을 묘사할 때뿐만 아니라 감정, 제스처, 춤의 패턴화된 움직임을 나타내는 데에도 사용된다고 제안한 바 있다.[23] 언어적 표현은 의성어나 운율을 통해 소리의 유사체를 활용할 수 있지만, 음악적 발화에서 소리의 유사체의 빈번한 사용은 언어가 의존하는 방식과는 상당히 다르다고 할 수 있다.

---

21) 〈악보2〉 음악의 또 다른 측면은 연주를 통해 표현되는 물리적 동작, 즉 현악기 연주자의 연이은 활 스트로크이다. 이와 같은 동작이 어느 정도로 음악적인 소리에 부호화되어 있는지에 대한 증거가 있다. M. Leman, Embodied music cognition and mediation technology (Cambridge, Massachusetts: MIT Press, 2008); R. I. Godøy, "Gestural affordances of musical sound," in Musical gestures: Sound, movement, and meaning, ed. R. I. Godøy, & M. Leman (New York: Routledge, 2010), 103-125.

22) 또한 음악적 재료가 한 가지 이상의 상상적 해석을 가질 수 있다. 슈베르트의 〈물레 잣는 그레첸〉의 경우, 반주에서 16분음표의 아르페지오가 반복적으로 구성되며 화성 진행을 코여주고 있는데, 이는 그레첸의 심리적 격동과 특히 파우스트에 대한 그녀의 집착을 나타내는 것으로 이해할 수 있다. 자세한 논의는 즈비코우스키의 2009년 글을 참고하시오. L. M. Zbikowski, "Music, language, and multimodal metaphor," in Multimodal metaphor, ed. C. Forceville, & E. Urios-Aparisi (Berlin: Mouton de Gruyter, 2009), 355-377.

23) L. M. Zbikowski, Foundations of musical grammar (New York: Oxford University Press, 2017).

유추적 사고와 음악적 이해와의 관계에 대해 강조해야 할 두 가지가 있다. 첫째, 유추는 맥락적 틀 안에서 이루어진다는 것이다. 예컨대 펜과 손가락 사이에는 여러 유사성이 있다. 두 가지 모두 구체적인 사물이며, 가정에서 볼 수 있고, 다양한 색상으로 존재한다. 그러나 본론 2.2에서 제시한 예시에서는 인간의 의사소통 과정과 관련된 특징에만 초점을 맞추었다. 따라서 유추를 특징짓는 특성과 구조의 정렬은 엄밀한 의미의 유추 과정과는 구별되는 맥락적 목표에 의해 제한된다.[24] 따라서 독일어를 이해하지 못하거나 〈천지창조〉의 줄거리를 따라갈 수 없는 청취자는 〈악보2〉의 음악과 에너제틱한 동물의 움직임을 연결 짓지 못할 것이다. 둘째, 첫 번째와 관련된 필자의 전반적인 주장의 요점이며, 주어진 음악적 사건의 시퀀스가 유추적 해석에 가하는 제약에 대한 것이다. 가상의 청취차가 〈악보2〉에 표시된 음악의 구조적 특징, 즉 현악기의 거친 상행 타격, 최소한의 멜로디 정보 등 여러 가지를 고려함에도 불구하고 호랑이의 도약을 상상하지 못할 수 있다. 그러나 청취자가 〈악보2〉의 음악을 자장가나 전원적인 풍경을 연상시키기 위한 것이라고 상상할 가능성은 낮다. 성공적인 유추는 음악인 것이든 아니든, 서로 다른 두 영역 간의 관계와 요소의 상관관계에 기반한다. 따라서 주어진 음악적 사건의 시퀀스가 다양한 유추적 해석을 가능하게 할 수 있지만, 가장 성공적인 해석은 음악적 영역과 비음악적 영역의 관계와 요소 간의 광범위한 매핑을 기반으로 할 것이다.

이제 다시 〈악보1〉의 음악과 이 구절을 어떻게 이해할 수 있는지에 대한 논의에서 언급된 두 종류의 청중에 대한 이야기로 돌아오고자 한다. 첫 번째 유형의 청취자는 고전(classic) 음악에 대해 어느 정도 알고 있었지만, 하이든이 레퍼토리에 기여한 바는 알지 못하였다(이 청취자는 18세기 후반이나 21세기 초반에 살았던 사람일 수 있지만, 전자의 경우에 이 음악을 '고전(classic)'이라고 부르지 않았을 것이다). 이 청취자는 〈천지창조〉 21번에 나타나는 그림음악에 대한 전반적인 맥락을 이해했고, 이미 하이든으로부터 사자, 호랑이, 사슴, 말과 관련된 행동이 짧은 음악 구절에서 어떻게 유추될 수 있는지 배웠을 것이다. 청취자는 유추적 사고 능력(그리고 약간의 상상력)을 통해 〈악보1〉의 음악(그리고 갑작스러운 조성의 변화)은 하이든이 지금까지 소개된 동물과는 전혀 다른 동물, 즉 평화로운 환경에 어울리는 우아한 느낌의 동물을 떠올려지고자 한다는 것을 추론할 수 있다. 다음으로 18세기의 음악적 관습에 대해 잘 알고 있는 두 번째 청취자가 악절을 이해하는 특징에 대해 전개하는 것은 복잡하다. 한편으로, 하이든이 다양한 동물의 행동을 표현한 수단이 특정한 음악적 관습

---

24) K. J. Holyoak, P. Thagard, *Mental leaps: Analogy in creative thought* (Cambridge, Massachusetts: MIT Press, 1995), Chapter 1.; D. L. Medin, R. L. Goldstone, and D. Gentner, "Respects for similarity," *Psychological Review* 100/2 (1993), 254-278.

을 이용하지 않았다는 점을 고려하면, 〈악보2〉 음악 이전의 대부분의 그림음악에 대한 이해는 첫 번째 청취자 유형과 동일할 것이다(한 가지 가능한 예외는 말의 표현이다. 이 표현은 정확하게 관습적이지는 않지만 다른 작곡가들이 사용한 표현과 상당히 유사하다. 이에 대한 논의는 각주를 참고하시오).[25] 반면에 두 번째 유형의 청취자가 〈악보1〉의 음악을 '시칠리아나(siciliana)'로 인식하여 전원적 토픽으로 언급하는 것은, 하이든이 이전까지 사용한 유추적 표현에 의해 설정되는 것을 능가하는 훨씬 더 풍부한 연결망을 열어 놓는다. 이와 같은 네트워크의 활성화는 청취자의 이해를 유추의 영역에서 개념적 은유의 영역으로 이동시킬 수 있는 잠재력이 있다고 제안하고자 한다. 이어지는 부분에서 살펴볼 것처럼, 개념적 은유 영역의 대부분은 언어의 속성이다. 그러나 하이든이 〈천지창조〉에서 전원적인 풍경을 연상시키는 것은, 특히 작곡가가 배치한 일련의 음악적 재료가 다양한 역동적인 과정(dynamic processes)을 간결하고 즉각적인 형태로 표현하는 방법을 제공한다는 점에서 음악이 개념적 이해에 기여할 수 있다는 것을 보여준다고 믿는다.

3. 음악적 유추에서 음악적 은유까지

3.1 유추와 은유

앞서 언급한 바와 같이, 유추에 대한 연구자들은 은유를 유추의 특정한 종류로 보는 경향이 있다.[26] 젠트너(Dedre Gentner)는 이 관점에 더해 가장 설득력 있는 설명을 내세웠는데, 유추가 주로 관계 구조에 중점을 둔 반면, 은유는 주로 속성에 중점을 둔다고 제안하였다.[27] 따라서 타이어와 운동화를 비교할 때 유추는 타이어를 자동차에, 운동화는 사람에 해당하는 관계로 연관 짓는다. 더불어 "타이어는 운동화와 같다"와 같은 은유(혹은 더 정확하게는 직유(simile))는 속성에 초점을 맞춘 것이다. 운동화는 불확실한 표면에서 마찰력을 제공하고, 고르지 못한 도로에서 쿠션 역할을 한다. 또한 이동 속도를 촉진하고, 마모되기도 하는 것이

---

25) R. Monelle, *The sense of music: Semiotic essays* (New Jersey: Princeton University Press, 2000), 45-73.

26) D. Gentner, et al, "Metaphor is like analogy," in *The analogical mind: Perspectives from cognitive science*, ed. D. Gentner, K. J. Holyoak, & B. N. Kokinov (Cambridge, Massachusetts: MIT Press, 2001), 199-253; K. J. Holyoak, "Analogy and relational reasoning," in *The Oxford handbook of thinking and reasoning*, ed. K. J. Holyoak, & R. G. Morrison (New York: Oxford University Press, 2012), 234-259.

27) D. Gentner, "Structure-mapping: A theoretical framework for analogy," *Cognitive Science* 7/2 (1983), 155-170; D. Gentner and A. B. Markman, "Structure mapping in analogy and similarity," *American Psychologist* 52/1 (1997), 45-56.

(약간의 상상력으로) 타이어에도 적용될 수 있는 속성이다. 이 접근법에 대해 많은 이야기가 있지만(이것은 계산 모형에 유용한 틀을 제공함), 필자는 은유가 풍부한 지식 네트워크를 활성화하는 것으로 보는 것을 선호한다. 따라서 "타이어는 운동화와 같다"는 촉각적인 지식(운동화나 타이어를 통해 '도로를 느끼는' 것), 이동의 종류에 대한 아이디어(달리기는 경쟁적인 활동이며, 운전도 해당될 수 있다), 그리고 주체성(운전자는 자동차를 통제하고, 달리기하는 사람은 몸을 통제함)을 활성화하는 이 모든 것은, 더 넓은 맥락에서 의미 구성의 과정을 포함한다.

유추와 은유를 명확하게 구분하는 것은, 음악적 발화가 의미 구성에 기여하는 방식을 탐구하는 데 두 가지의 이점이 있다. 첫째, 유추에 의해 제공된 추론을 위한 재료는 〈악보1〉에 나타나는 소리의 시퀀스가 큰 가축의 행동 및 환경과 어떻게 관련될 수 있는지 설명하는 원칙적인 방법을 제공한다. 그러나 음악이 이것보다 더 구체적인 설명을 할 수 있을 것이라는 기대는 접게 된다. 달리 말해, 하이든이 전원적 풍경을 환기시키기 위해 사용한 음악은 다른 목적, 즉 전원에 대한 생각이 뒷전이 된 경우에도 활용될 수 있다. 결국 이 음악은 편안하고 진정이되는 음악이며, 심지어 종교적 맥락에서 모든 선한 것의 근원으로서 전능한 하나님에 대한 사랑을 표현하는 데 사용될 수 있다.[28] 둘째, 은유가 풍부한 지식 네트워크를 활성화하고 활용한다고 생각하는 것은 이러한 네트워크가 어떻게 조직되어 있는지, 그리고 음악과 같은 비언어적 의사소통 형태가 어떻게 그들의 분기 구조를 통해 우리가 가는 길을 안내할 수 있는지에 대한 고찰을 유도한다. 다음은 음악적 의미에 대한 연구로 대표되는 은유적 지식에 대한 두 가지의 접근 방식을 살펴볼 것이다. 먼저 기호학 분야와 관련이 있는 일반적으로 토픽 이론(topic theory)이라고 불리는 것이고, 둘째는 개념적 은유 이론이다.

3.2 음악적 토픽과 음악적 의미

음악적 토픽 이론은 음악학자 레너드 래트너(Leonard Ratner, 1916-2011)의 연구[29]에서 현대적 기원을 찾을 수 있다. 래트너는 18세기 후반의 작곡가들이 널리 공유되고 비교적 구체적인 음악적 형태의 집합을 활용하여 그들의 작곡적 담론, 즉 음악적 토픽들을 형성했다고 제안하였다. 레트너의 주장은 다수의 학자들에게 설득력이 있었다. 그 이유는 하이든, 모차르

---

28) 바흐(J. S. Bach)의 칸타타 "Ich Iiege den Hochsten von ganzem Gemute," BWV 174의 2악장에서 그러했듯, 자세한 예는 논문을 참고하시오. H. Jung, *Die Pastorale: Studien zur Geschichte eines musikalischen Topos.* (Neue Heidel-berger Studien zur Musikwissenschaft), (Bern: Francke, 1980). 201-205 참고
29) L. G. Ratner, *Classic music: Expression, form, and style* (New York: Schirmer Books, 1980).

트 및 동시대 작곡가들의 음악에서 명확하게 드러나는 다양한 영향들(음악이 사용된 다양한 용도 뿐만 아니라 국가적 양식까지의 영향들)을 한데 모을 수 있는 방법과, 이를 통해 명료한 음악적 의미가 어떻게 형성되었는지 설명할 수 있는 방법을 제공했기 때문이다.[30] 토픽 이론가들에 의해 발전된 조건에 의하면, 토픽의 어휘는 작곡가와 청중 모두에게 공유되었고, 조성과 박의 원칙을 넘어 음악적 소통의 기반을 형성하였다. 또한 토픽의 특징은 하나의 토픽을 다른 토픽과 구별하는 음정과 리듬의 구성에만 국한되지 않고, 각 토픽에 의해 활성화되는 문화적 연관성의 네트워크로 확장되었다.

래트너가 식별한 토픽 중 하나는 '전원적(Pastoral)'[31] 토픽이다. 전원에 대한 그의 간략한 설명은 백파이프 소리와 연관된 전원풍의 음악으로 특징 짓는다.[32] 언어 및 기호학 이론을 음악에 적용하는 것을 주도했던 레이몬드 모넬(Raymond Monelle)은 래트너의 이론이 음악적 의미 이론을 개발하는 데 안정된 틀을 제공한 반면 그의 많은 토픽 특징들이 간략하게 다뤄졌으며, 18세기 음악에 대한 작가들에 의해 제한적으로 지지받았다는 점을 지적하였다. 이는 레트너의 '전원'에 대한 간결한 설명에서 명백히 드러난다. 이를 해결하기 위해, 모넬은 각 음악적 토픽은 그 의미의 범위와 깊이를 포착하기 위해 문화적 연구가 필요하다고 제안하였다. 후에 그는 세 가지 토픽에 대한 문화적 연구를 제시하였는데, 그중 하나는 '전원적' 토픽이다.[33] 모넬은 테오크리토스(Theocritus)와 버질(Virgil)의 글에서 전원의 환기를 시작으로 약 90페이지에 달하는 논의에서, 그는 전원의 광범위한 문화적 유산의 개요를 제시하고, 이를 통해 목자의 시골 생활뿐만 아니라 신화와 전설 속 인물들이 사는 천상의 세계를 불러 일으키기 위해 노력하였다. 이 풍부한 지식 네트워크는 전원적 맥락과 관련된 악기들의 사용(예: 백파이프나 플루트)과 단순함과 직접성을 강조하는 일련의 작곡 전략을 통해 음악적으로 접근되었다. 적어도 근대 초기 이후에 이러한 전략 중 가장 일반적인 것은 〈악보1〉에 예시된 것과 같이 시칠리아나의 리듬적 형상과 매우 단순한 화성 진행, 그리고 규칙적으로 구조화되고 부르기 쉬운 멜로디를 포함한다. 따라서 모넬의 관점에 의하면, 이와 같은 특징들은 전원을 상징했으며, 하이든의 청취자들을 단순히 소와 양이 초목에서 먹이를 뜯는 이미지뿐만 아니라, 인간이 자연과 깊은 조화를 이루던 잃어버린 황금기에 대한 생각으로 이

---

30) Representative work includes Agawu, 1991, 2009; Hatten. 1994, 2004; and Monelle, 2000, 2006. See also the contributions gathered together in Mirka (ed.) 2014.

31) [역주] 이 글에서 'pastoral'은 '전원'으로 번역하였다.

32) L. G. Ratner, *Classic music: Expression, form, and style*, 21.

33) L. Monelle, *The musical topic: Hunt, military and pastoral. Musical meaning and interpretation* (Bloomington: Indiana University Press, 2006).

끌었다.[34)]

모넬이 제공한 토픽 이론에 따른 음악적 의미에 대한 설명은 하이든의 〈천지창조〉에서 전원의 환기를 파악할 수 있는 방법을 제시한다. 즉 고대로 거슬러 올라가는 촘촘한 지식의 그물망 안에서 기능하는 기표의 사용으로 설명할 수 있다. 이러한 지식 네트워크에 대한 인식은 음악적 토픽에 대한 우리의 이해를 돕는 풍부한 잠재력이 있지만, 동시에 음악적 커뮤니케이션의 특징인, 직접성(immediacy)에서 멀어지게 할 수도 있다. 다시 말해, 이 네트워크의 다양한 분기를 따라가기 시작하면, 원래의 음악적 발화의 중요성은 희미해지고, 우리의 생각은 음악이 아닌 언어에 의해 인도된다. 즉 음악을 설명하기 위해 우리가 사용할 수 있는 은유적인 표현은 토픽과 관련된 지식의 망에서 얻어질 것이다.

여기서 제시한 간략한 설명은 음악적 발화가 의미를 구성하는 방법에 대한 우리의 이해에 토픽 이론이 제공할 수 있는 단면을 제시할 수 있지만, 이것은 하이든의 전원적 요소의 환기가 위치한 더 넓은 맥락을 이해하는 데 도움을 줄 것이다. 이러한 맥락을 바라보는 또 다른 방법(그리고 언어의 내부와 외부에서 음악적 발화가 의미 구성에 기여하는 바에 대해 조금 다른 관점을 얻는 방법)은 개념적 은유 이론의 시각에서 바라보는 것이며, 특히 우리의 사고 과정을 형성하는데 있어 체화된 지식의 역할에 주목한다.

3.3 개념적 은유 이론 그리고 음악

3.3.1 전원의 은유

개념적 은유 이론의 기본 주장 중 하나는 일관된 사고 패턴(즉, 개념적 은유)이 언어적 표현과 다른 의사소통 방식의 생산에 영향을 미친다는 것이다. 그러나 전원과 관련해서, 목초지에 먹이를 뜯는 양떼나 목자에 대한 아이디어를 기반으로 하는 언어적 표현은 산업화 이후의 선진 국가에는 흔하지 않다는 점을 인정해야 한다. "매우 유리한 상황에 있다(I'm in clover)"나 "양처럼 순하다(gentle as a lamb)"와 같은 관용구를 접할 수 있지만, 전원을 연상시키는 표현은 상대적으로 드물다. 그럼에도 불구하고 푸르른 들판과 평화로운 동물의 이미지는 의미 구성을 위한 즉각적인 기반을 제공할 만큼 친숙하다. 예컨대 킹 제임스(King James) 성경에 나오는 '시편 23'의 처음 두 절을 생각해보자("여호와는 나의 목자시니 내게 부족함이 없으리로다. 그가 나를 푸른 초목에 눕게 하시며 쉴 만한 물가로 인도하시는도다."). 이 구절을 읽은 대부분의 사람들은(물론 전원적 풍경이 중요한 역할을 했던 먼 세계를 반영하는

---

34) L. Monelle, Chapter 12.

구절이다) 신이 실제로 목자가 아니며, 기술된 초원과 물은 보호되고 편안한 환경의 비유적인 환기로 볼 것이다. 따라서 우리는 전원적인 환경은 안전과 안정의 장소라는 개념적 은유를 할 수 있다.

　이 개념적 은유의 기저에 있는 사고 패턴은 모델이 개괄한 전원적 토픽의 설명에서 중요한 역할을 하지 않는다는 것을 언급할 가치가 있다. 비록 안전과 안정의 개념이 분명 존재하지만(현대의 삶에서 멀어진 이상향을 나타내는 전원과 관련하여), 이것은 토픽 주변에 구축된 복잡한 아이디어의 기질을 형성하는 더 그쳤다. 그러나 하이든이 〈천지창조〉에서 전원적 토픽을 사용한 경우, 전원적인 환경은 안전하고 안정된 장소라는 것을 활성화하는 것이 중요한 고려 사항이었다는 것을 시사한다. 〈악보1〉의 음악은 스릴 넘치고 위험한 동물을 연상시키는 소리의 유사체의 시퀀스가 이어지다가 조성, 템포, 오케스트레이션, 리듬 구성의 갑작스러운 변화를 통해 소동의 장면이 사라진다. 극적인 음악에 휩싸였던 청취자는 소와 양이 안전하게 풀을 뜯을 수 있는 영역에 자리하게 된다. 이 영역은 청취자를 전원의 목자와 느긋한 반신이 등장하는 서사시와 확실히 연결할 수 있지만, 주된 효과는 단순히 안전과 안정의 소리의 환기로 청취자를 둘러싸는 것이다.

　하이든의 음악은 전원적 맥락과 관련된 다양한 언어적 발화를 위한 틀을 제공할 수 있는 개념적 은유를 활성화한다고 주장할 수 있다. 그러나 더 중요한 것은 하이든의 음악이 그러한 맥락에 놓였을 때 불러일으켜지는 감정에 대한 소리의 유사체를 제공한다는 것이다. 이러한 감정이 활성화되면, 전원적 설정은 안전하고 안정된 장소라는 개념적 은유가 완전히 체화된 경우일 것이다. 따라서 은유의 특정 예시화에 기반이 되는 언어적 발화는 음악적 소리에 의해 활성화된 체화된 지식에 의해 정보를 얻게 될 것이다.[35] 이 가능성은 음악의 주된 초점이 체화된 경험에 대한 깊고, 즉각적인 연관성이 있는 역동적인 과정에 주된 초점을 두고 있다는 것에서, 음악이 의미 구성에 기여하는 바가 언어와는 다르다는 것을 시사한다. 따라서 음악적 소리의 시퀀스에 의해 생성된 소리의 유사체에 의해 활성화된 개념적 은유들은 단순히 체화된 지식에 근거하는 것이 아니라, 그 지식에 철저하게 스며들어 있다.

3.3.2 음악 그리고 개념적 은유들

음악적 발화가 개념적 은유에 기여하는 방식을 구체적으로 이해하기 위해 문화적, 역사적

---

35) 음악이 실제로 감정을 유발할 수 있다는 것을 보여주는 연구는 많지만, 이것이 발생하는 정확한 방법과 유발되는 감정의 본질은 논쟁의 대상이다. 음악과 감정에 대한 연구 요약과 감정이 어떻게 유발될 수 있는지에 대한 한 가지 설명은 다음의 글을 참고하시오. Zbikowski, Lawrence Michael, "Music, emotion, analysis," *Music Analysis*, 29/i-iii (2010), 39-48.

맥락을 18세기 후반 유럽에서 21세기 초 인도와 영국으로 전환하고자 한다. 약 15년전, 민족음악학자 마틴 클레이튼(Martin Clayton)은 남아시아 라가(안도 음악의 전통적인 선율 양식) 공연으로 인한 음악적 커뮤니케이션을 고찰하던 중에, 크얄(Khyal) 가수인 비나 사하스라부데(Veena Sahasrabuddhe)가 쉬리 라가(Shree raga)를 부르는 녹음을 사용한 비공식 실험을 진행하였다.[36] 이 공연 전통에서 전형적이듯, 쉬리 라가는 뚜렷한 특성을 갖고 있다고 여겨지는데, 그것은 강하고, 차분하며, 강력한 성격을 갖추고 있다는 것이다(비록 클레이튼은 이 단순한 형용사 순서가 암시하는 것보다 연상되는 범위가 더 넓다고 말한다). 쉬리 라가와 연관된 특징이 음악적 수단을 통해 전달될 수 있는 실질적인 근거가 있는지 알아보기 위해, 클레이튼은 봄베이 인도 공과 대학(IITB; 이들 중 일부는 사하스라부데의 제자)과 캠브리지 대학교 음악학부 학생들을 포함한 다양한 청중을 대상으로 사하스라부데의 공연에서 발췌한 약 7분가량의 음악을 들려주었다. 그는 청중들에게 빈 종이를 제공하여 그 곳에 떠오르는 생각, 감정, 이미지 또는 연상을 적절한 단어와 그림으로 표현하도록 요청하였다. 예상대로, 청취자의 반응은 다양하였다. 인도 공과 대학(IIBT)의 한 청취자는 '태양이 떠오르는 느낌을 준다'고 하였고, 다른 청취자는 '조용한 저녁; 평화와 안식이 내려오는 느낌'이라고 응답하였다. 캠브리지의 한 청취자는 '해질녘 덥고 습한 날씨에 강을 천천히 항해하는 느낌'이라 하였으며, 또 다른 청취자는 '불안감이나 다른 감정을 표출하지 않고 내면에 억누르고 있는 것 같다'고 응답하였다.[37] 클레이튼이 발견한 놀라운 점은, 청취자의 응답 간에 상당한 차이가 있음에도 불구하고 쉬리 라가와 연관된 일반적인 특성과 전반적으로 부합한다는 것이다(쉬라 가라 전통에 대한 지식이 없었던 일부 청취자도). 클레이튼은 그의 요약에서 다음과 같이 말하였다. "모든 응답에는 분노, 질투, 두려움, 의심, 실망, 제어되지 않은 기쁨, 빠르고 기계적이거나 우아하지 않은 움직임, 춤, 또는 어떤 종류의 사회적 만남이나 관계에 대한 언급이 없다."[38]

다시 언급하자면, 클레이튼은 라가 연주를 통해 이루어지는 음악적 소통을 입증하기 위해 이 비공식 연구를 제안하였다. 그의 연구는 음악이 개념적 은유에 두 가지 기여를 할 수 있음을 보여준다. 첫째, 음악은 개념적 은유를 위한 기반을 마련한다는 것이다. 사하스라부데의 공연은 청취자가 태양, 저녁, 흐르는 강, 제약 등과 연결되는 개념과 감정을 활성화시

---

36) M. Clayton, "Communication in Indian raga performance," in *Musical communication*, ed. D. Miell, R. MacDonald, & D. J. Hargreaves (Oxford: Oxford University Press, 2005), 365-372.

37) M. Clayton, 위의 글, 370-371.

38) M. Clayton, 위의 글, 372.

켰으며, 이러한 개념과 감정은 각각 특정 거념적 은유와 연결될 수 있다. 둘째, 해가 떠오르고, 평화와 안식이 내려오고, 강을 따라 항해하고, 감정을 억제하는 등 모든 이미지는 체화된 경험과 관련된 역동적인 요소를 가졌다는 것이다. 그러나 여기에 두 가지의 주의 사항이 있다. 첫째, 음악은 청취자의 사고 고정을 안내하였다. 클레이튼이 기록했듯, 특정 아이디어는 청취자의 응답에 나타나지 않았지만, 실험 결과에 나온 것들은 다양하였다. 따라서 음악에 의해 유통되는 아이디어에 대한 설명은 단순한 이야기의 서술에 의해 촉발되는 것보다 시에 의해 촉발될 수 있는 아이디어에 더 가까워 보인다. 둘째, 음악에 의해 활성화된 개념을 청취자가 어떻게 활용하는지에 대한 이해가 부족하다. 예를 들어, 태양이나 저녁이 청취자의 사고과정을 이끄는 개념적 은유의 핵심이 되었는지, 혹은 이러한 개념들이 사하스라부데의 공연에 의해 촉발된 아이디어의 흐름에서 중요한 역할을 하지 않은 부수적인 개념이었는지에 대한 것이다. 이러한 주의 사항이 있음에도 불구하고, 클레이튼의 연구는 사하스라부데의 쉬리 라가 연주에 의해 음악적 소통이 실제로 이루어졌으며, 청취자가 음악적 소리의 시퀀스를 은유적인 요소가 강한 의미 구성의 기반으로써 사용할 수 있었음을 시사한다.

3.3.3 요약

하이든의 〈천지창조〉에서 발견된 그림음악의 예시부터 클레이튼이 음악 커뮤니케이션 연구에서 제시한 일화까지, 일련의 음악적 소리의 시퀀스가 인간의 사고를 이끄는 개념적 은유에 상당한 기여를 할 수 있다는 증거들을 제시하였다. 이러한 기여는 일반적인 유형으로 (선명한 개념보다는 풍부하고 체화된 이미지를 포함하는), 구체성(specificity)이 부족한 부분은 즉시성(immediacy)이 보완[39]하였다.

비언어적인 시퀀스가 호랑이의 도약, 전원적 풍경, 떠오르는 태양 이미지, 강물에 떠내려가는 느낌 등 무언가를 나타내는 것으로 듣는 것은 고도의 상상력을 요하는 행위임이 분명하다. 필자는 이러한 행위가 창의적이라는 것을 제안하고자 한다. 소리의 시퀀스는 자연 소리의 단순하거나 직접적인 모방이 아니며, 소리를 비교적 구체적인 이미지와 감각으로 인식하는 것은 인간에게 특별한 가치를 지니기 때문이다(우리가 알고 있는 모든 인간 문화에는 음악과 같은 것이 있다). 그렇지만 필자는 음악적 소리의 사용이 의사소통의 목표에 의해서도 형성된다고 믿기에, 음악가가 〈악보1〉의 음악이 사납고 위협적인 동물을 적절하게 표현했다고 제안한다면, 그는 음악가가 틀렸다고 주장할 것이다. 그 이유는 음악이 만들어내

---

39) [역주] 음악이 구체적인 내용을 전달하는 것이 부족하더라도, 듣는 이에게 즉각적인 반응을 일으킨다고 해석할 수 있다.

는 소리의 유추는 사납고 위협적인 동물의 특징과 충분한(또는 실제로 전혀) 대응 관계를 가지고 있지 않기 때문이다. 따라서 우리의 창의적 상상력은 소리의 시퀀스가 어떻게 조직되냐에 따라 제약을 받으며, 이 제한은 청취자가 사하스라부데의 쉬리 라가(Shree raga)[40] 공연과 연관 짓지 않은 특성에서 분명히 드러난다. 따라서 비언어적 패턴에서 소리의 시퀀스를 듣는 경험은 창의적인 행위의 기회가 될 수 있지만, 그 소리가 어떻게 구성되는지, 그리고 그 시퀀스가 의도된 맥락에 따라 우리의 창의성은 제한될 것이다. 즉 창의적 기회는 광범위할 수 있지만, 무한한 것은 아니다.

4. 음악 그리고 환유

서론에서 언급한 바와 같이, 부분(part)과 전체(whole)의 관계는 음악에서 흔히 있다. 이는 반복을 통해 전체적 또는 부분적으로 강화되는 특징으로 음악적 발화가 통합된 전체를 구성한다. 대중음악이 적절한 예이다. 이 음악은 일반적으로 반복으로 가득 차 있으며, 우리가 여러 번 들었던 노래의 경우, 반복된 하나의 단편을 독립적으로 들어도 전체 노래를 상기시킬 만한 충분한 자극으로 작용한다.[41] 따라서 이러한 단편들은 음악의 '환유어' 역할을 한다. 또 하나의 예로 인기 있는 앨범(예를 들어, 우리가 따르는 가수 중 즐겨듣는 앨범의 일부인 경우)에 속한 음악인 경우, 전체 앨범의 환유어 역할을 할 수 있다.

　　음악적 발화에서 부분과 전체 관계가 흔함에도 불구하고(그리고 음악학자들의 개념적 은유에 대한 광범위한 관심에도 불구하고), 인지 언어학 연구가 제공하는 관점에서 이 현상을 다룬 연구는 두 편의 박사 학위 논문[42]에 불과한 것으로 알고 있다. 그 이유는 음악에서 부분과 전체의 관계가 주목될 만한 것이 아니기 때문이 아니라, 환유와 관련된 개념적 맥락

---

40) [역주] 북인도 전통의 라가 음악은 여러 해석과 참여가 가능한 열린 의미를 갖고 있다. 그 의미는 청중에게 제공되는 가능성에서 비롯된다. 이러한 가능성 중 많은 부분이 움직임의 패턴, 특히 인간 몸의 움직임과 관련된 것으로 보인다. 이러한 패턴은 시간, 공간, 행동에 명확한 함축을 갖는다. 청중이 음악에 몰입하는 것은 소리를 내기 위해 필요한 움직임, 특히 가수의 제스처와 자세를 이해하는 것, 그리고 상상 속 움직임의 유사체(예컨대, 음높이가 올라가는 멜로디를 새가 하늘로 나는 이미지와 연관시키는 경우)에 달려 있다. (M. Clayton, "Communication in Indian raga performance", p2.)

41) 음악에서 반복의 역할에 대한 자세한 논의는 다음의 글을 참고하시오. E. M. Margulis, *On repeat: How music plays the mind* (Oxford: Oxford University Press, 2014).

42) D. Kemler, "Music and embodied imagining: Metaphor and metonymy in Western art music," (Ph.D. Diss., Philadelphia: University of Pennsylvania, 2001).; G. Chuck, "Musical meaning and cognitive operations of the embodied mind," (Ph.D. Diss., The University of Rochester, Eastman School of Music, 2004).

에서 이와 같은 관계를 연구할 때 얻을 수 있는 이점에 대해 충분히 인식하지 못했기 때문일 것이다.

음악에서 환유 관계의 문제는 범주화 과정의 관점에서 접근할 수 있으며,[43] 이는 음악적 발화 내에서 그리고 음악적 발화가 다른 영역과 연결될 때 모두 작동하는 것으로 볼 수 있다. 전자의 경우, 특정한 음악적 모티브는 경우에 따라 더 큰 음악적 재료의 복합체를 불러올 수 있다. 가장 친숙한 예시 중 하나는 베토벤 〈교향곡 5번〉의 시작 부분이다. 이 작품이 시작될 때 연주되는 우리에게 친숙한 '따다다단'은 즉각적으로 교향곡 1악장 내의 유사한 동기의 범주와 전체 주제를 불러일으킨다.[44] 따라서 베토벤 교향곡의 도입 구절은 더 큰 전체와의 연결을 통해 이해를 안내하는 부분으로 작용한다(그것이 속한 동기의 범주, 전체 주제, 그리고 마지막으로 제1악장 전체의 상우 범주). 다른 영역과 관련된 음악적 발화에 대해서는 하이든의 〈천지창조〉 21번 구절을 예시로 들 수 있다. 하이든이 불러일으킨 평화로운 소리의 영역은 모넬이 그의 포괄적인 연구에서 제시한 전원적 개념의 환유적인 부분으로 볼 수 있기 때문에, 이 영역은 전원으로 파악되는 더 큰 범주의 일부로 이해될 수 있다.

음악적 환유는 더욱 복잡할 수 있으며, 이는 뒤에 다루어질 음악 구절에서 확인할 수 있다. 서양 클래식 음악 레퍼토리에서 전원적 토픽과 관련된 작품으로 가장 유명한 예시 중 하나는, 베토벤의 〈교향곡 5번〉과 같은 연주회에서 초연된 〈전원 교향곡〉(전통적으로 작품번호를 매기기로는 여섯 번째 교향곡)이다. 베토벤은 이 교향곡에 상징적인 표제를 붙였을 뿐만 아니라 교향곡의 다섯 악장에 모두 짧은 제목을 부여하였다. 1악장은 '시골에 도착했을 때의 유쾌한 감정', 2악장은 '냇가의 정경', 3악장은 '농부들의 즐거운 모임', 4악장은 '폭풍우', 5악장은 '폭풍우 뒤의 기쁨과 감사의 기분'이다. 베토벤의 음악이 전원을 연상시키는 다양한 방법에 대한 광범위한 논의가 있으며[45], 이들 각각은 (하이든의 경우처럼) 전원의 환유로 볼 수 있다. 이어 필자는 음악적 맥락에서 환유가 어떻게 기능할 수 있는지에 대해 자세히 살펴볼 수 있는 두 번째 악장 끝의 순간에 주목해 보고자 한다.

이 순간은 베토벤이 악장을 마무리하는 지점(코다라고 알려진 부분)의 직전이다. 그가

---

43) G. Lakoff, *Women, fire, and dangerous things: What categories reveal about the mind* (Chicago: University of Chicago Press, 1987), Chapter 4.

44) 동기는 하나의 구성 요소이다. 범주화 과정이 〈교향곡 5번〉의 오프닝에 대한 우리의 이해를 어떻게 안내할 수 있는지에 대한 자세한 논의는 논문을 참고하시오. L. M. Zbikowski, *Conceptualizing music: Cognitive structure, theory, and analysis* (New York: Oxford University Press, 2002), 34-49.

45) D. W. Jones, *Beethoven, Pastoral symphony* (Cambridge: Cambridge University Press, 1995); R. Will, *The characteristic symphony in the age of Haydn and Beethoven* (Cambridge: Cambridge University Press, 2002), Chapter 4.; R. Monelle, *The musical topic: Hunt, military and pastoral. Musical meaning and interpretation* (Bloomington: Indiana University Press, 2006), 242-245.

조성과 주제, 동기적 재료를 모두 설명한 후, 갑작스럽게 세 가지의 새로운 재료를 도입한다. 악장의 해당 부분은 피아노 포핸즈로 편곡된 〈악보3〉이다. 베토벤은 이를 나이팅게일(플루트 독주), 메추라기(오보에 독주), 뻐꾸기(클라리넷 2중주)를 나타내는 것으로 지칭하였다. 이들의 환유적 측면을 고려하기 전에 두 가지를 주목해야 한다. 첫째, 이 목관악기들은 각 새소리를 합리적으로 흉내 내지만, 청취자가 듣는 것은 새소리의 정확한 모방이 아니라 예술적인 표현이라는 것이다. 둘째, (데이비드 윈 존스가 지적했듯) 2악장 끝에 목관악기가 등장하는 것은 악장 초기에 그들이 연주했던 독주 역할에 의해 어느 정도 준비되어 있었지만[46], 이때는 새소리의 모방이 존재하지 않았다는 것이다.

환유와 관련하여(그리고 베토벤의 표제에서 시사된 바와 같이) 목관악기가 연주하는 소리는 랑가커(Langacker)의 용어로 탄도체(trajectors)[47]로, 쾨베체스(Kövecses)와 라덴(Radden)의 용어로 운반체(vehicles)[48] 역할을 하며, 그 소리는 그들이 연관된 새를 향해 생각을 이끈다. 베토벤의 음악에 의해 환기되는 것은 한 마리가 아닌 세 마리의 새이기 때문에, 이 소리의 상호작용은 새들이 모두 동일한 물리적 공간에 있음을 암시한다. 각 새들의 울음소리가 의도적으로 설정되어 있고, 변화 없이 반복되기 때문에 상상 속에 존재하는 새들이 둥지를 틀고 있거나 적어도 상대적으로 움직이지 않고 있다는 느낌을 받게 한다. 이러한 가능성은 음악적 발화에서 주목할 만한 점들 중 하나를 가리키는데, 다양한 음악적 소리의 층이 상호작용을 통해 풍부하고 역동적인 개념적 표상을 불러일으킬 수 있는 잠재력을 가지고 있다는 것이다.

---

46) D. W. Jones, *Beethoven, Pastoral symphony* (Cambridge: Cambridge University Press, 1995), 66-67.

47) [역주] '탄도체'는 게쉬탈트 심리학에서 유래되었고, 랑가커는 인지 문법의 핵심 개념중 하나로 다음과 같이 정의한다. "탄도체는 관계적 구조에서 중심 역할을 하는 인물로 설명된다. 반면 관계적 서술에서 이 중심 인물과 관련된 다른 개체를 지표(Landmarks)라고 한다." 윤재성(2003)에 따르면, "The chopper flew over the mountains." 문장에서 '헬리콥터'와 '산맥'이 관계를 이루고 있다. 이 두 개의 개체는 현저성에 따라 탄도체와 지표로 나뉘는데, 중심적 행위자인 헬리콥터는 탄도체이며, 탄도체의 위치를 결정하는 역할을 하는 산맥은 지표가 된다. (윤재성, "영어 전치사 through의 분석" 2003).

48) [역주] 운반체(vehicles)는 브라이텐베르크(V. Braitenberg, 이탈리아 출신 신경과학자)가 그의 책 『매개체: 합성 심리학 실험』 (Vehicles: Experiments in Synthetic Psychology Paperback)에서 다룬 개념이다. '운반체'는 간단한 감각 운동 연결을 사용하여 인지적 행동처럼 보이는 것을 만들어내는 매우 단순한 이동 기계이며, 이 기계가 어떻게 지능적이거나 목적지향적인 행동을 하는지 탐구한다. 즉 단순한 원리를 통해 복잡한 행동을 이해하려는 연구이다.

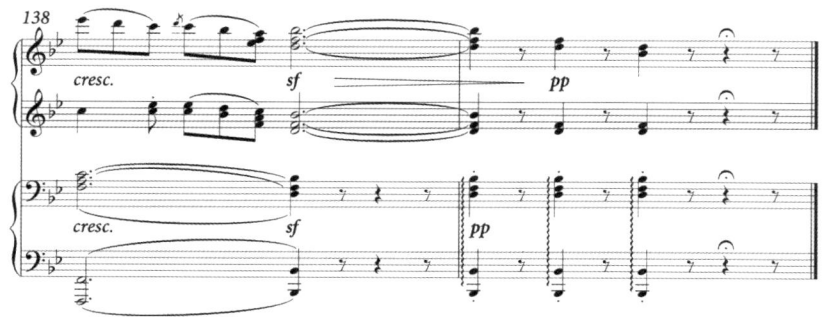

악보3. 베토벤, 〈전원 교향곡〉 2악장의 피아노 포핸즈로 편곡, 마디128-139

서로 다른 새소리에 대한 소리 유사체는 전원적 토픽과도 연결된다(베토벤 교향곡의 맥락에서 보면 자연스러운 것이다). 이는 모넬이 새소리를 전원적 장르의 하위 주제로 간주할 정도로 일반적이다.[49] 그러나 이러한 연관성이 상대적으로 미약하다는 주장이 제기될 수 있다. 그 이유는 음악으로 새소리를 모방하는 오랜 전통이 있는데[50], 완전한 전원적 시나리오라기 보다는 단순히 어떤 종류의 자연적인 장면과 연결될 수 있기 때문이다.

〈전원 교향곡〉 2악장 끝에 새소리를 삽입함으로써 형성된 가장 흥미로운 환유적 연결은 기술적인 맥락에서 작동한다. 18세기 말과 19세기 초 유럽의 기악 음악 관행에서 악장의 마지막 순간에 새로운 소재를 도입하는 것은 이례적이며, 베토벤도 작곡 과정 중 후반에 이르러서야 새소리를 악장에 도입하였다.[51] 갑작스럽게 등장하는 새소리는 교향곡의 질서 정연한 세계 바깥에 존재하는 소리 현상의 세계를 소환하는, 즉 음악 외적인 소리의 환유어로 들릴 수 있다.

이전 관찰에서 알 수 있듯 부분과 전체의 관계에 주목하기 위해 작곡 전략을 어떻게 사용하냐에 따라 많은 것이 달려있기 때문에, 음악적 환유에 대해 더 많은 것을 논할 수 있다. 환유에 대한 연구에 있어서 중요하지만 음악적 구성의 복잡성에 익숙하지 않은 학자들에게는 상당한 장벽 될 수 있는 점은, 음악에서 실현되는 환유적 관계가 음악적 재료만 포함하기 때문에 언어는 어색한 침입자가 되는 영역에 위치한다는 것이다. 결과적으로 이러한 영역에

---

49) R. Monelle, *The musical topic: Hunt, military and pastoral*, 235-236.

50) E. E. Leach, *Sung birds: Music, nature, and poetry in the later Middle Ages* (Ithaca: Cornell University Press, 2007), Chapter 3.

51) D. W. Jones, *Beethoven, Pastoral symphony* (Cambridge: Cambridge University Press, 1995), 67.

서 창의성에 대한 우리의 평가는, 언어가 제공하는 개념적 자원과 거의 무관한 방식으로 진행되면서 의미를 상상하고 포착하는 능력의 한계까지 확장될 수 있다.

5. 음악적 발화를 둘러싼 창의성

이 글의 서두에서 음악 속에서(in music) 생각하는 것이 음악에 대해(about music) 생각하는 것과는 별개의 활동이라고 말했다. 후자는 일반적으로 언어를 통해 촉진되는 과정인 반면, 전자는 언어가 제공하는 자원으로는 포착하기 어려운 과정이다. 필자는 음악 속에서 사고할 수 있는 능력을 사인파 음성으로 변환된 문장을 즉각적으로 이해할 수 있는 능력에 비유하였다. 두 경우 모두, 어떤 청취자에게는 무작위한 소리의 연속이었던 것이 또 다른 청취자에게는 완전히 이해 가능하고 유의미한 발화토 인식되었다. 음악의 경우, 이러한 상황이 발생한 이유는 음악은 대체로 특정 의미의 단위와 연관된 표준 규칙에 의존하지 않고, 다양한 종류의 역동적 과정에 대한 소리 유사체를 제공했기 때문이라고 제안하였다.[52] 그 결과, 음악적 의미 구성은 본질적으로 창의적인 작업이며, 음악적 구절은 다른 음악적 구절뿐만 아니라 광범위한 음악 외적 현상과도 연결되는 과정에서 이루어진다.

이 관점에 따르면, 우리가 음악을 들으며 만들어내는 의미는 항상 어느 정도의 참신함이 있다.[53] 또한 음악적 상호작용은 작곡가, 연주자, 즉흥 연주자, 청중이 모두 참여하는 사회적 상호작용이라는 점을 언급할 필요가 있다.(다른 사람과 격리된 채로 녹음된 음악을 듣는 관행이 이러한 사회적 상호작용의 개념어 도전하는 것이라 할지라도, 필자는 그것이 여전히 음악적 의미에 대한 이해의 틀을 구성하고 조건화한다고 주장한다.) 최근 창의성에 대한 고찰에서 토니 빌(Tony Veale), 커트 페이어츠(Kurt Feyaerts), 그리고 샤를 포스빌(Charles Forceville)은 창의적 맥락에서 의미 구성을 의한 사회적 상호작용의 중요성에 대해 주목하였다.

우리는 청중 앞에서 혼자 일하는 개인이 아니라 상호 이해의 공유된 상태에 도달하기 위해 함께 협력하는 협업자이다. 따라서 사회적 맥락에서의 모든 성공적인 정신적 민첩성 행위는 의도한

---

52) 이러한 관점은 즈비코우스키의 2017년 글에서 더욱 자세히 다루어졌다. L. M. Zbikowski, *Foundations of musical grammar* (New York: Oxford University Press, 2017).

53) 이러한 청취가 가치를 가졌는지는 또 다른 문제이다(이 책에서 추구하는 창의성 개념의 또 다른 구성 요소).

청중에 의해 상응하는 민첩한 반응을 필요로 한다. 이런 점에서 사회적 상호작용을 춤(dance)으로 비유하는 것이 도움이 되며, 우리의 일상적인 상호작용은 고도로 안무화된 것으로 여겨질 수 있다.[54]

여기서 핵심 단어는 '성공적(successful)'이다. 앞서 언급했듯, 어떤 경우에는 음악적 발화가 목적을 달성하지 못할 수 있다. 그 발화를 해석하는 데 여전히 참신함이 있을 수 있지만, 청중이 '그에 상응하는 민첩한 반응'으로 응답하지 못한다면 그 가치는 낮아질 것이다.

추가적으로 청취자에게 요구되는 것은 상상력의 양과 유형일 것이다. 베토벤이 숲속의 새를 연상시키는 것처럼, 어떤 경우에는 소리 유사체가 참조하는 대상을 직접적으로 나타내기 때문에 노력 없이 해석이 이루어질 수 있다. 반면 하이든이 〈천지창조〉 21번에서 전원적 토픽을 사용한 경우와 같이, 소리 유사체를 완전히 해석하려면 음악적 토픽 이론이 가정하는 추가적인 지식을 필요로 할 수 있다. 후자의 경우, 모넬이 전원에 대한 논고에서 탐구한 바와 같이 음악적 청취를 풍부한 의미망과 연결할 수 있으며, 이는 음악적 구절에 의해 활성화된 은유적 지식에 영향을 미칠 것이다. 한편으로 새소리에 대한 베토벤의 소리 유사체의 직접성은 청취자로 하여금 음악의 영역에 좀 더 머무를 수 있게 하며, 음악적 소리의 시퀀스는 체화된 동적 과정과 더 직접적으로 연결된 개념적 은유를 가능하게 한다.

다른 이들이 지적했듯, 한 영역에서 다른 영역으로 지식을 매핑하는 과정(유추, 은유, 환유에서 볼 수 있는 과정)은 인간 사고의 독특한 측면이며, 인간의 창의성을 특징짓는 정신적 민첩성에 크게 기여한다는 연구 결과가 있다. 음악적 실천이 인간의 고유한 활동이라는 점에서, 교차 영역 매핑은 이러한 실천을 안내하는 사고 과정을 형성하고, 패턴화된 비언어적 소리의 시퀀스를 창의적으로 사용하는 데 활용될 수 있을 것이다. 또한 음악적 소통이 언어적 소통과 다르다는 점에서(즉 사고의 표현을 위한 고유한 자원을 제공한다는 점에서), 음악이 의미 구성을 위해 교차 영역 매핑 과정이 어떻게 활용되는지, 그리고 음악이 인간의 창의성에 어떻게 기여하는지 알 수 있으리라 기대하는 바이다.

---

54) T. Veale, K. Feyaerts, C. Forceville, "Creativity and the agile mind," in *Creativity and the agile mind: A multi-disciplinary study of a multi-faceted phenomenon*, ed. T. Veale, K. Feyaerts, & C. J. Forceville (Berlin: De Gruyter Mouton, 2013), 27.

참고문헌

Agawu, V. Kofi. *Playing with signs: A semiotic interpretation of classical music*. Princeton: Princeton University Press, 1991.

——————. *Music as discourse: Semiotic adventures in romantic music*. New York: Oxford University Press, 2009.

Call, Josep, and Michael Tomasello. "Reasoning and thinking in nonhuman primates". In *The Cambridge handbook of thinking and reasoning*. Edited by In K. Holyoak & R. G. Morrison: 607-632, Cambridge: Cambridge University Press, 2005.

Chuck, Gavin. "Musical meaning and cognitive operations of the embodied mind." Ph.D. Diss., The University of Rochester, Eastman School of Music, 2004.

Clayton, Martin. "Communication in Indian raga performance." In *Musical communication*. Edited by D. Miell, R. MacDonald, & D. J. Hargreaves: 361-381, Oxford: Oxford University Press, 2005.

Dubos, Abb. *Critical reflections on poetry, painting and music: With an inquiry into the rise and progress of the theatrical entertainments of the ancients*. Translated by Nugent, 5th ed., Vol. 1. London: Printed for J. Nourse, 1748.

Gentner, Dedre, et al. "Metaphor is like analogy." In *The analogical mind: Perspectives from cognitive science*. Edited by D. Gentner, K. J. Holyoak, & B. N. Kokinov: 199-253, Cambridge, Massachusetts: MIT Press, 2001.

Gentner, Dedre, and Kenneth J. Kurtz. "Relations, objects, and the composition of analogies." *Cognitive Science* 30/4 (2006): 609-642.

Gentner, Dedre, and Arthur B. Markman. "Structure mapping in analogy and similarity." *American Psychologist* 52/1 (1997): 45-56.

Gentner, Dedre. "Structure-mapping: A theoretical framework for analogy." *Cognitive Science* 7/2 (1983): 155-170.

——————. "Why we're so smart." In *Language in mind: Advances in the study of language and thought* Edited by D. Gentner, & S. Goldin-Meadow: 195-235, Cambridge, Massachusetts: MIT Press, 2003.

Godøy, Rolf Inge. "Gestural affordances of musical sound." In *Musical gestures: Sound, movement, and meaning* Edited by R. I. Godøy, & M. Leman: 103-125, New York: Routledge, 2010.

Goswami, Usha. *Analogical reasoning in children*. Essays in developmental psychology. Hillsdale, New Jersey: Lawrence Erlbaum Associates, 1992.

——————. "*Analogical reasoning in children*." In *The analogical mind: Perspectives from cognitive science*. Edited by D. Gentner, K. J. Holyoak, & B. N. Kokinov: 437-470, Cambridge, Massachusetts: MIT Press, 2001.

Hatten, Robert. *Musical meaning in Beethoven: Markedness, correlation, and interpretation. Advances in semiotics*. Bloomington: Indiana University Press, 1994.

──────────. *Interpreting musical gestures, topics, and tropes: Mozart, Beethoven, Schubert. Musical meaning and interpretation*. Bloomington: Indiana University Press. 2004.

Landon, Howard Chandler, Joseph Haydn. *The collected correspondence and London notebooks of Joseph Haydn. London*: Barrie and Rockliff, 1959.

Herman, L. M. "Exploring the cognitive world of the bottlenosed dolphin." In *The cognitive animal: Empirical and theoretical perspectives on animal cognition*. Edited by M. Bekoff, C. Allen, & G. M. Burghardt: 275-283, Cambridge, Massachusetts: MIT Press, 2002.

Hofstadter, Douglas R, Emmanuel Sander. *Surfaces and essences: Analogy as the fuel and fire of thinking*. New York: Basic Books, 2013.

Holyoak, Keith J, Paul Thagard. Mental leaps: *Analogy in creative thought*. Cambridge, Massachusetts: MIT Press, 1995.

Holyoak, Keith J. "Analogy". In *The Cambridge hand-book of thinking and reasoning* Edited by K. Holyoak, & R. G. Morrison: 117-142, Cambridge: Cambridge University Press, 2005.

──────────. Analogy and relational reasoning. In *The Oxford handbook of thinking and reasoning*. Edited by K. J. Holyoak, & R. G. Morrison: 234-259. New York: Oxford University Press, 2012.

Jones, David Wyn. *Beethoven, Pastoral symphony*. Cambridge: Cambridge University Press, 1995.

Jung, Hermann. Die Pastorale: Studien zur Geschichte eines musikalischen Topos. Neue Heidel-berger Studien zur Musikwissenschaft, Bern: Francke, 1980.

Kemler, Deanna. "Music and embodied imagining: Metaphor and metonymy in Western art music." Ph.D. Diss., Philadelphia: University of Pennsylvania, 2001.

Kövecses, Zoltan, Radden, Gunter. "Metonymy: Developing a cognitive linguistic view." *Cognitive Linguistics*, 9/1 (1998): 33-77.

Lakoff, George. *Women, fire, and dangerous things: What categories reveal about the mind*. Chicago: University of Chicago Press, 1987.

Langacker, W. Langacker. *Grammar and conceptualization*. Berlin: Mouton de Gruyter, 1999.

Leach, Elizabeth Eve. *Sung birds: Music, nature, and poetry in the later Middle Ages*. Ithaca: Cornell University Press, 2007.

Leman, Marc. *Embodied music cognition and mediation technology*. Cambridge, Massachusetts: MIT Press, 2008.

Margulis, Elizabeth Hellmuth. *On repeat: How music plays the mind*. Oxford: Oxford University Press, 2014.

Medin, Douglas L., Robert L. Goldstone, and Dedre Gentner. "Respects for similarity." *Psychological Review*, 100/2 (1993): 254-278.

Mirka, Danuta, Ed. *The Oxford handbook of topic theory*. New York: Oxford University Press, 2014.

──────────. Ed. "Introduction." In *The Oxford handbook of topic theory* Edited by D. Mirka: 1-57, New York: Oxford University Press, 2014.

Monelle, Raymond. *Linguistics and semiotics in music* Switzerland: Harwood Academic, 1992.

—————. *The sense of music: Semiotic essays*. New Jersey: Princeton University Press, 2000.

—————. *The musical topic: Hunt, military and pastoral. Musical meaning and interpretation*. Bloomington: Indiana University Press, 2006.

Oden, David L, Roger KR Thompson, David Premack. "Can an ape reason analogically?: Comprehension and production of analogical problems by Sarah, a chimpanzee (Pan troglodytes)." In *The analogical mind: Perspectives from cognitive science*. Edited by D. Gentner, K. J. Holyoak, & B. N. Kokinov: 471-497, Cambridge, Massachusetts: MIT Press, 2002.

Ratner, Leonard Gilbert. "Classic music: Expression, form, and style." In *Speech perception without traditional speech cues*. Edited by Remez, R. E., Rubin, P. E., Pisoni, D. B., & Carrell, T. D: 947-950, New York: Schirmer Books, 1980.

Tomasello, Michael. "Why don't apes point?." In *Roots of human sociality: Culture, cognition and interaction*. Edited by N. J. Enfield, & S. C. Levinson: 506-524, New York, NY: Berg, 2006.

—————. *Origins of human communication*. Cambridge, Massachusetts: MIT Press, 2008.

Veale, Tony, Kurt Feyaerts, Charles Forceville. "Creativity and the agile mind." In *Creativity and the agile mind: A multi-disciplinary study of a multi-faceted phenomenon*. Edited by T. Veale, K. Feyaerts, & C. J. Forceville: 15-36, Berlin: De Gruyter Mouton, 2013.

Will, Richard. *The characteristic symphony in the age of Haydn and Beethoven*. Cambridge: Cambridge University Press, 2002.

Zbikowski, Lawrence Michael. *Conceptualizing music: Cognitive structure, theory, and analysis*. New York: Oxford University Press, 2002

—————. "Metaphor and music." In *The Cambridge handbook of metaphor and thought*. Edited by R. Gibbs, Jr: 502-524, Cambridge: Cambridge University Press, 2008.

—————. "Music, language, and multimodal metaphor." In *Multimodal metaphor*. Edited by C. Forceville, & E. Urios-Aparisi: 355-377, Berlin: Mouton de Gruyter, 2009.

—————. "Music, emotion, analysis." *Music Analysis*, 29/i-iii (2010: 37-60.

—————. *Foundations of musical grammar*. New York: Oxford University Press, 2017.

작가, 음악가, 작곡가: 창작자? - 16세기에서 17세기로의 전환기에 '음악적 창의성'은 인쇄 매체에서 어떻게 표현되었는가?

Author, Musician, Composer: Creator? Figuring Musical Creativity in Print at the Turn of the Seventeenth Century[1]

커스틴 깁슨 지음

조민경 옮김

1. 저자

커스틴 깁슨은 현재 영국의 뉴캐슬대학교에서 '근세(early modern) 음악과 문화' 분야의 교수로 재직 중이다. 깁습은 로열 홀로웨이 대학의 교수 스테븐 로즈(Stephen Rose)가 주도하는 AHRC(Arts and Humanities Research Council) 지원 '음악, 유산, 장소' 프로젝트의 공동 연구자이다. 이 프로젝트의 목표는 영국 전 지역 아카이브에 보관된 음악 필사본과 음악 관련 인쇄물을 발굴하고 연구하는 것이다.

깁슨의 연구는 근세 음악을 문화적, 사회적, 정치적 맥락에서 조명한다. 특히 류트 연주자 겸 작곡가 존 다울랜드(John Dowland, 1563-1626)에 관한 여러 논문을 발표했다. 깁슨은 다울랜드가 인쇄 매체를 통해 저작자로서의 정체성을 형성했음에 주목했으며, 그의 류트 곡에 담긴 사회적, 정치적 함의를 포착하는 데에 집중했다. 또 다른 관심사로는 근세 초 음악에 관한 논쟁, 성별 및 사회계급과 영국음악의 관계, 16세기에서 18세기에 걸쳐 음악 인쇄본이 판매 및 유통된 역사, 여가 음악의 사회적·지리적 확산, 토착 음악 문화, 근세 초기 북동부 영국의 음악 문화에 대한 증거 복원 등이 있다. 연구 방법론으로는 문헌 연구, 1차 자료에 대한 면밀한 분석, 문학 연구·성별 연구·서적과 인쇄에 대한 역사 분야에서 비롯된 접근 방식을 광범위하게 활용한다.

최근 깁슨의 연구는 근세 영국의 음악 서적(인쇄본과 필사본)에 초점을 맞추고 있으며, 특히 '서적의 제작과 저작권'에 관한 기존의 연구에서 '독서의 역사' 자체로 연구의 방향을

---

1) Kirsten Gibson, "Author, Musician, Composer: Creator? Figuring Musical Creativity in Print at the Turn of the Seventeenth Century," in *Concepts of creativity in seventeenth-century England*, ed. Rebecca Herissone and Alan Howard (Suffolk : Boydell & Brewer, 2013): 63-86.

전환하고 있다. 또한, 아마추어 음악가들이 사회적 정체성을 형성하는 데에 음악 서적이 어떠한 기능을 했는가를 탐구하고 있다.

2. 역자 서문

이 논문은 16세기 후반에서 17세기 초 영국에서 출판된 음악 인쇄물에서 작곡가가 어떻게 '저작자'로서의 위치를 구축했는지를 다룬다. 이 시기는 인쇄술의 발전과 더불어 문학과 음악 분야에서 창작물에 대한 저작권 개념이 서서히 형성되기 시작한 시점이었다. 저자는 이러한 변화 속에서, 당시 작곡가들이 인쇄 매체를 통해 자신의 음악적 기량과 저작자로서의 권위를 어떻게 표현했는지에 초점을 맞춘다.

저자는 1575년에서 1610년 사이 영국에서 출판된 다성 음악 서적 중 약 75%가 단일 작곡가의 작품 모음집이었다는 점에 주목한다. 그리고 이것이 당시 작곡가들이 인쇄 매체를 통해 자신의 작품을 널리 알리고, 저작자로서의 정체성을 확립하고자 했음을 시사한다고 주장한다. 특히 토마스 몰리, 존 다울랜드, 윌리엄 버드, 토마스 탈리스 등 근세 영국 작곡가들의 음악을 담은 인쇄본의 서문과 표제지에 나타난 홍보 기법 및 수사학적 장치들을 면밀하게 살펴보며, 작곡가의 창의성과 저작자로서의 권위가 서면에서 묘사되고 강조된 방식을 탐구한다. 또한, 작곡가들이 인쇄 매체에 진출한 목적이 사회적, 문화적, 심지어 정치적인 명성을 쌓는 것에서부터 작품에 대한 소유권을 주장하고, 자신의 창작물을 홍보하려는 등 매우 다양했음을 밝힌다.

종합적으로 이 논문은 인쇄 매체가 작곡가의 창의성과 저작자로서의 권위를 표현하고 강화하는 데 어떻게 기여했는지를 심도 있게 분석하며, 당시 음악가들이 후원자 내지는 고용주의 요구에 부응하는 것과 별개로 자신의 창작물에 대한 명확한 주인 의식 또한 지니고 있었음을 보여준다. 논문의 독자들은 오늘날에 익숙한 '작품의 주인'으로서의 작곡가 개념이 어떠한 역사적 과정을 거쳐 탄생하게 되었는지를 더욱 깊게 이해할 수 있을 것이다.

작가, 음악가, 작곡가: 창작자? - 16세기에서 17세기로의 전환기에 '음악적 창의성'은 인쇄 매체에서 어떻게 표현되었는가?

1. 서문[2]

지난 25년 동안 근세(近世)의 문학을 연구한 학자들은 창의성과 저작자의 개념, 그리고 인쇄 기술의 발전이 문학에 어떤 영향을 미쳤는지 활발히 논의했다.[3] 영국 시인 에드먼드 스펜서(Edmund Spenser, 1552-1599)가 인쇄 매체에 진출한 것은 '텍스트 자체를 기념비화하는 것'(act of textual self-monumentalization)로 묘사되었다.[4] 조셉 로윈스타인(Joseph Lowensteins)의 표현을 빌리자면, 1616년 극작가 겸 시인 벤 존슨(Ben Johnson)의 『전집』(Workes)이 출판된 것은 '서지적 자아'(bibliographic ego)[5]의 역사에서 매우 중요한 사건이었다.[6] 윌리엄 버드(William Byrd, 1543-1623), 토마스 몰리(Thomas Morley, 1557-1602), 존 다울랜드(John Dowland, 1563-1626) 등 17세기 초의 영국 작곡가들도 본인의 작품만을 수록한 '단독 작가 인쇄본'(single-author printed books)'을 출판하기 위해 적극적으로 나섰다. 이런 종류의 책에

---

2) 이 논문의 초기 버전은 2008년 런던의 음악 연구소(the Institute for Musical Research)에서 발표되었다. 유용한 질문과 의견을 남겨주신 청중에게 감사드린다. 또한 초안을 읽고 의견을 주신 보니 블랙번(Bonnie Blackburn), 이안 비들(Ian Biddle), 리처드 위스트라이히(Richard Wistreich)에게도 감사의 말씀을 전한다.

3) Louis Adrian Montrose, "The Elizabethan Subject and the Spenserian Text," in *Literary Theory/Renaissance Texts*, eds. Patricia Parker and David Quint (Baltimore and London: Johns Hopkins University Press, 1986), 303–40; Joseph Loewenstein, "The Script in the Marketplace," in *Representing the English Renaissance*, ed. Stephen Greenblatt (Berkeley: University of California Press, 1988), 265–78; Stanley Fish, "Author–Readers: Jonson's Community of the Same," 위의 책, 231–63; R. C. Newton, "Jonson and the (Re)-Invention of the Book," in *Classic and Cavalier: Essays on Jonson and the Sons of Ben*, eds. Claude J. Summers and Ted-Larry Pebworth (Pittsburgh: University of Pittsburgh Press, and London: Feffer and Simons, 1982), 31–55; Richard Helgerson, *Self-Crowned Laureates: Spenser, Jonson, Milton and the Literary System* (Berkeley and London: University of California Press, 1983); Arthur F. Marotti, *Manuscript, Print, and the English Renaissance Lyric* (Ithaca and London: Cornell University Press, 1995); Alan Sinfield, "Poetaster: The Author, and the Perils of Cultural Production," in *Material London, ca. 1600, New Cultural Studies*, ed. Lena Cowen Orlin (Philadelphia: University of Pennsylvania Press, 2000), 75–89를 참조하라.

4) Louis Adrian Montrose, "Spenser's Domestic Domain: Poetry, Property, and the Early Modern Subject," in *Subject and Object in Renaissance Culture*, eds. Margreta de Grazia, Maureen Quilligan and Peter Stallybrass, Cambridge Studies in Renaissance Literature and Culture, 8 (Cambridge and New York: Cambridge University Press, 1996), 83–130 중 83.

5) [역주] 이 맥락에서 '서지적 자아'는 저작자, 혹은 작가로서의 뚜렷한 자기 인식을 의미하는 것으로 보인다.

6) Loewenstein, "The Script in the Marketplace," 265.

작곡가의 이름은 '작가'(author)[7]로서 소개도 었는데, 이렇게 하여 작곡가들은 음악적 기량과 명성을 널리 알릴 수 있었다. 근세 영국의 인쇄물에서 저작자가 표현된 방식(figuration of authorship)을 해석하는 연구가 주로 문학적 측면을 다룸에도 불구하고,[8] 16세기의 후반에서 17세기 초의 인쇄 환경은 일부 작곡가들이 작품에 대한 지적 재산권을 주장할 수 있는 여건을 조성했다(이는 문학에서 작가들이 그랬던 것과 유사하다. 작곡가들은 이러한 환경 속에서 자신만의 '서지적 자아'를 주장할 수 있었는데, 이는 문학사에서 저작권에 관한 '랜드마크'가 된 사건(즉, 위에서 언급한 1616년 벤 존슨의 『전집』 출간: 옮긴이)보다 앞선 것이었다.[9]

제레미 스미스(Jeremy L. Smith)는 특히 윌리엄 버드가 자신의 작품집인 『시편, 소네트, 노래들』(Psalmes, Sonets and Songs, 1588)의 여러 판본 인쇄 과정에서 편집에 긴밀히 관여한 사실을 근거로 그가 작품에 대한 소유권을 주장했다고 보았다.[10] 궁정 음악가 버드는 런던의 인쇄업자 토마스 이스트(Thomas East, 1540-1608)와 협력 관계를 맺었는데, 이는 1575년 엘리자베스 여왕이 버드와 토마스 탈리스(Thomas Tallis, 1505-1585)에게 부여한 음악 인쇄 독점권이 1598년 토마스 몰리에게 넘어간 독특한 상황에서 시작되었다.[11] 이 독점권을 인쇄업자가 아닌 음악가가 쥐게 된 것은 영국에서 독특한 상황을 초래했다. 독점권을 지닌 작곡가들은 자신의 작품을 출판할 때 편집을 통제할 수 있는 권리를 갖게 되었으며, 다른 음악가들의 출판물에서도 이익을 얻을 가능성이 있었고, '서적 출판업 조합'(Worshipful Company of

---

7) [역주] 원문에서 'author'가 사용될 경우, 그것이 작곡가를 의미하는 맥락일지라도 전부 '작가'로 통일하여 번역하였다.

8) 예외적으로 다음과 같은 연구가 있다. Jeremy L. Smith, "Print Culture and the Elizabethan Composer," *Fontes Artis Musicae* 48 (2001), 156–72; Susanne Rupp, "John Dowland's Strategic Melancholy and the Rise of the Composer in Early Modern England," *Shakespeare Jahrbuch* 139 (2003), 116–29; 그리고 Kirsten Gibson, "'How Hard an Enterprise it is': Authorial Self-Fashioning in John Dowland's Printed Books," Early Music History 26 (2007), 43–89.

9) Jeremy L. Smith, 'From "Rights to Copy" to the "Bibliographic Ego": A New Look at the Last Early Edition of Byrd's "Psalmes, Sonets & Songs"', *Music & Letters* 80 (1999), 511–530 중 527를 참조하라. 또한 Jeremy L. Smith, *Thomas East and Music Publishing in Renaissance England* (Oxford and New York: Oxford University Press, 2003)를 참조하라.

10) 6. J. L. Smith, 'From "Rights to Copy"', 527–30를 참조하라. 같은 주제에 대한 또 다른 문헌으로는 Philip Brett, 'Text, Context, and the Early Music Editor', in *Authenticity and Early Music*, ed. Nicholas Kenyon (Oxford: Oxford University Press, 1988), 83–114; 그리고 H. K. Andrews, "Printed Sources of William Byrd's "Psalmes, Sonets and Songs"", *Music & Letters* 44 (1963), 1–20 를 참조하라. 대륙 작곡가들의 음악 인쇄에 편집자가 관여한 사례는 Jane A. Bernstein, "Financial Arrangements and the Role of the Printer and Composer in Sixteenth-Century Italian Music Printing," *Acta Musicologica* 63 (1991), 39–56 중 54–55를 참조하라.

11) 잘 알려진 바와 같이, 탈리스-버드 독점권은 21년간 지속되었으며, '영어, 라틴어, 프랑스어, 이탈리아어 또는 기타 모든 언어로 된 일련의 노래와 그 파트, 그리고 교회나 실내에서 사용되거나 악기로 연주될 수 있는' 음악의 인쇄와 그에 따른 수입을 포함했다. 이 독점권에 대한 전체 인용문은 Donald W. Krummel, *English Music Printing 1553–1700*, Bibliographical Society Publications, 1971 (London: Bibliographical Society, 1975), 15에 수록되어 있다. Robert Steele, *The Earliest English Music Printing: A Description and Bibliography of English Printed Music to the Close of the Sixteenth Century*, Illustrated Monographs, 11 (London: Bibliographical Society, 1903) 또한 참조하라.

Stationers)[12] 회원들의 음악 인쇄 활동을 규제할 수 있는 권한을 가지게 되었다. 이런 현상은 당시 영국의 문학 분야에서는 찾아볼 수 없었던 특이한 현상이었다.

음악가들이 인쇄업에 직접 관여한 기간은 비록 짧았지만, 이는 당시 음악의 인쇄 방식에 큰 영향을 끼쳤을 뿐만 아니라, '작곡가가 인증한'(self-authorized) 단일 작곡가 작품집(single-author musical collections)에 대한 선호도를 높였을 가능성이 있다. 실제로 1575년에서 1610년 사이 영국에서 출판된 다성 음악 인쇄본 중 약 75%가 단일 작곡가의 음악만을 수록하고 있었다.[13] 1602년 몰리가 사망한 후 음악 인쇄업이 음악가들의 손을 떠났음에도 불구하고, 16세기 말과 17세기의 첫 10년간은 여전히 단일 작곡가 작품집이 여러 작곡가의 곡들을 엮은 작품집보다 훨씬 더 많았다. 이 책의 4장에 수록된 스테파니 카터(Stephanie Carter)의 연구[14]에 따르면, 이러한 추세는 17세기 후반 존 플레이포드(John Playford, 1623-1686)가 현대적 의미의 음악 출판업을 도입하면서 반전되었다. 17세기 초 작곡가들은 음악 출판으로 금전적 이익을 거의 얻지 못했지만,[15] 사회적, 문화적으로 잠재적인 이익을 얻을 수 있었기에 인쇄 시장에 적극적으로 진출했다. 구체적인 목적은 매우 다양했는데, 1) 자신의 이름으로 작품을 알리기 위해, 2) 음악이 출판되는 방식과 보급되는 과정에 관해 어느 정도 통제권을 갖기 위해, 3) 후원 제도에서 우대받기 위해, 4) 악보를 구매하는 대중에게 자신의 명성과 지위를 알리기 위해, 5) 아마추어 음악 시장에서 잠재적 고용주에게 음악적 기술을 홍보하기 위해, 6) 음악의 사회·문화적 가치를 높이기 위해, 7) 몇몇 주목할 만한 경우에는 독특한 작가적 정체성을 구축하기 위해서 등이 있다.[16]

---

12) [역주] 서적 출판업 조합(Worshipful Company of Stationers)은 영국 런던에 기반을 둔 무역 조합이다. 1403년에 설립되어, 1557년 엘리자베스 1세 여왕으로부터 왕립 헌장을 받았다. 이 조합은 종이, 벨럼(양피지), 잉크를 판매하는 상인들과 서적 및 기타 인쇄물을 제조하고 판매하는 사람들로 구성되었다. 출판과 인쇄에 대한 규제를 담당하며 저작권 보호와 관련된 역할을 맡기도 했다.

13) 소수의 작품집에는 몇몇 작가들의 마드리갈 모음집, 영구 및 대륙의 류트 노래집, 버드와 탈리스의 1575년 『칸티오네스 사크레』와 같은 두 작가의 책, 화성화된 시편 세팅(harmonized psalm settings)의 판본 및 여러 악기 지도서가 포함되어 있다.

14) [역주] 이 논문이 포함된 책 『17세기 영국에서의 창의성 개념』(Concepts of Creativity in Seventeenth-Century England, 2013)의 4장 "출판된 음악적 변형과 창의성: 존 플레이포드의 편집자 역할에 대한 개요"(Published Musical Variants and Creativity: An Overview of John Playford's Role as Editor)를 의미한다.

15) 작곡가가 원고를 인쇄업자나 출판업자에게 판매한 후에는, 그는 헌정을 위한 보상의 경우를 제외하고는 추가적 이익을 얻을 권리를 포기했다. 버드, 탈리스, 몰리처럼 독점권을 지닌 음악가들조차도, 스미스가 지적하듯, 평균적인 출판업자 이상의 권리를 넘어서지 못했다. '책을 서적 출판업 조합'(Stationers' Company)에 등록함으로써 추가 판본을 인쇄할 권리를 작곡가도, 출판업자도, 독점권자도 아닌 인쇄업자가 지니게 된 것이다. 이에 관해서는 J. L. Smith, 'From "Rights to Copy'", 41. 그리고 Gibson, '"How Hard an Enterprise it is"', 46–50을 참조하라.

16) 예를 들어, 다울랜드에 관한 깁슨의 연구인 '"How Hard an Enterprise it is'"와 Rupp, "John Dowland's Strategic Melancholy"을 참고하라.

물론, 작가의 형상(figure)은 르네상스 시대의 시작이나 인쇄 문화의 확립과 함께 갑자기 나타난 것은 아니었다. 미셸 푸코(Michel Foucault)의 연구와 최근 로저 샤르티에(Loger Chartier)의 연구가 보여주듯, '작가 기능'(author function)의 다양한 표현은 더 오래된 텍스트 관행에서도 찾아볼 수 있다.[17] 음악학 분야에서도 인쇄 문화의 발달 전 작가의 형상(figure of author)이 어떻게 나타났는지 연구한 사례가 있는데, 예를 들어 기욤 드 마쇼(Guillaume de Machaut, 1300-1377)가 작가적 자기 인식으로 주목을 받은 바 있다.[18] 롭 웨그먼(Rob Wegman)은 1500년대 전후 수십 년간 음악의 저작자와 그 전문가적 정체성에 관한 생각이 표명되었으며, 작품이라는 '대상'과 즉흥 연주라는 '실천'을 구분하는 표현이 나타나기 시작했다고 보았다.[19] 그러나 과거의 전통과 담론에서 음악적 '작가 기능' 혹은 지적 창작과 '저작자'를 연결하는 실마리를 찾을 수 있다 하더라도, 이에 관해 역사적으로 접근할 때는 신중할 필요가 있다. 천재로 칭송받던 조스캥 데 프레(Josquin des Prez, 1450 /1455-1521)가 최근 음악학계에서 어떻게 수용되는지를 연구한 폴라 히긴스(Paula Higgins)가 보여준 것처럼, '저작자'나 '작곡가', '천재'와 같은 개념은 시대를 초월하는 것이 아니다.[20] 이러한 개념이 과거에도 존재했던 것처럼 느껴질 수 있지만, 우리는 이 개념들이 형성되고 특정한 의미를 얻게 된 역사적, 사회적, 물질적, 용어적 맥락을 세심히 살펴봐야 한다.

17세기 초 영국의 인쇄물에서 작가가 형상화(figuration)된 방식은 일정하지도, 보편적이지도 않았다. 이 시기에는 인쇄는 물론 '작가' 개념 자체도 문학이나 음악 텍스트를 보증하는 유일한 수단으로 여겨지지 않았다.[21] 근세 영국의 인쇄 문화와 저작자 개념을 다룬 최근 연

---

17) Michel Foucault, 'What is an Author?', in *Language, Counter- Memory, Practice: Selected Essays and Interviews*, ed. Donald F. Bouchard (Ithaca: Cornell University Press, 1977), 113–38; 그리고 Roger Chartier, *The Order of Books: Readers, Authors, and Libraries in Europe between the Fourteenth and Eighteenth Centuries*, trans. Lydia G. Cochrane (Stanford, CA: Stanford University Press, 1994), 25–59. '작가 기능'(author function)의 다양한 표명에 대한 푸코의 예시는 본서 5장을 참조할 것.

18) Sarah Williams, 'An Author's Role in Fourteenth-Century French Book Production: Guillaume de Machaut's "Livre ou je met toutes mes choses"', *Romania* (France) 90 (1969), 433–54; Sarah Williams, "Machaut's Self-Awareness as Author and Producer", *Annals of the New York Academy of Sciences* 314 (1973), 189–97; Kevin Brownlee, "The Poetic Oeuvre of Guillaume de Machaut: The Identity of Discourse and the Discourse of Identity", *Annals of the New York Academy of Sciences* 314 (1978), 219–33; 그리고 Lawrence Earp, "Machaut's Role in the Production of Manuscripts of his Work," *Journal of the American Musicological Society* 42 (1989), 461–503을 참조하라.

19) Rob C. Wegman, "From Maker to Composer: Improvisation and Musical Authorship in the Low Countries, 1450–1500," *Journal of the American Musicological Society* 49 (1996), 409–79중 477.

20) Paula Higgins, "The Apotheosis of Josquin des Prez and other Mythologies of Musical Genius," *Journal of the American Musicological Society* 57 (2004), 443–510.

21) Wendy Wall, *The Imprint of Gender: Authorship and Publication in the English Renaissance* (Ithaca and London: Cornell University Press, 1993), 20을 참조하라. 월(Wall)이 지적한 것처럼, "작가"의 출현은 텍스트를 보증하는 여러 가능성 중 하나에 불과한 것으로 밝혀졌다.

구를 살펴보면, 당시 다양한 장르들이 사회적, 물질적으로 경쟁적인 위치에 놓인 매개 방식들을 통해 나타났고, 여기에 결부된 사회적·문화적 권위에 영향을 받았음을 알 수 있다. 필사본, 연극이나 음악 연주, 구두 문화(oral culture) 등이 그러한 매개 방식들에 해당한다. 예를 들어 더글러스 브룩스(Douglas A. Brooks)는 17세기 초에 '극작(劇作, dramatic authorship)의 두 가지 개념'이 존재했다는 것을 입증했다.[22] 하나는 작품을 인쇄물로 배포하고자 하는 개인화된 작가 지향적 모델이고, 다른 하나는 실제 극장에서의 공연에 집중하는 회사 지향적 극작가를 나타내는 익명 모델이다.

선더스(J. W. Saunders)는 '인쇄물의 오명'(stigma of print)이라는 개념을 제시하면서, 이러한 오명이 특히 서정시의 창작을 둘러싼 사회적 상황에서 발생했다고 언급했다.[23] 당시 주로 서정시를 쓰던 사람들은 전문 작가가 아닌 신사 아마추어들이었다. 필사본 체계에서 유통되던 서정시는 가변적(malleable)이었으며, 그 정체성은 대개 사회적 배타성, 공동 소유권 및 문화적으로 내재된 특수성에 기반을 두었다.[24] 16세기와 17세기를 거치며 서정시는 점차 인쇄본으로 유통되기 시작했는데, 아서 마로티(Arthur E. Marotti)는 이것이 '전반적인 사고방식의 변화'를 요구했다고 말했다. 즉, "서정시인들이 일정 수준의 문학적, 문화적 권위를 인정받고, 사회적 엘리트층에 속한 교육받은 독자들이 인쇄 매체를 서정시에 적합한 것으로 여겨야 했다"는 것이다.[25] 웬디 월(Wendy Wall)은 문학 분야에서 작가의 형상(figure)이 인쇄물에 등장하게 된 상황을 "한 편으로는 필사본과 인쇄 관행의 충돌 속에서, 다른 한편으로는 귀족적 아마추어리즘과 시장의 충돌 속에서" 이해해야 한다고 말하기도 했다.[26]

이처럼 근세의 음악 인쇄 문화는 다양한 텍스트적 정체성을 포괄했다. 이 안에는 사회

---

22) Douglas A. Brooks, "Dramatic Authorship and Publication in Early Modern England," *Medieval and Renaissance Drama in England*, 15 (2002), 77–97중 78.

23) J. W. Saunders, 'The Stigma of Print: A Note on the Social Basis of Tudor Poetry', *Essays in Criticism*, 1 (1951), 139–64. 스티븐 메이(Steven W. May)는 선더스의 주장에 대한 반론을 제기한다: 'Tudor Aristocrats and the Mythical "Stigma of Print"', *Renaissance Papers*, 10 (1980), 11–18. 메이(May)의 논문은 귀족들이 자신의 작품을 인쇄 매체로 발표했던 실제 관행을 고려하고, '인쇄의 오명'을 '시(Verse)의 오명'이라는 개념으로 대체해야 한다고 제안한다. 그럼에도 불구하고 마로티(Marotti), 월(Wall), 해롤드 러브(Harold Love), 마이클 생어(Michael Saenger)와 같은 학자들의 최근 연구는 인쇄물이 통속적이라고 인식되는 것을 극복하기 위해 다양한 전략이 취해졌다는 것을 보여준다. Marotti, *Manuscript, Print, and the English Renaissance Lyric*; Wall, *The Imprint of Gender*; Michael Saenger, *The Commodification of Textual Engagements in the English Renaissance* (Aldershot: Ashgate, 2006); 그리고 Harold Love, *The Culture and Commerce of Texts: Scribal Publication in Seventeenth-Century England*, new edition (Amherst: University of Massachusetts Press, 1998; first published Oxford: Clarendon, 1993)를 참조하라.

24) Marotti, *Manuscript, Print, and the English Renaissance Lyric*, 135–208. Love, *The Culture and Commerce of Texts*도 참조하라.

25) Marotti, 위의 책, 210.

26) Wall, *The Imprint of Gender*, 3.

적, 종교적 혹은 정치적 논평을 토대로 시의성을 얻어 사회문화적 정당성을 확보한 익명의 발라드, 성서와 개신교의 종교 정치권이 허가한 운문 시편집, 작곡가의 신원을 홍보 수단으로 활용한 종교적, 세속적 다성 음악 등이 포함되었다. 스미스에 따르면, 독점권을 지닌 작곡가가 다성 음악의 인쇄를 적극적으로 주도하고 감독할 수 있었다는 사실은 '놀랍도록 현대적인' 함의를 지닌다. 특히 이것은 셰익스피어 연구자들에게 '이례적으로' 보일 것인데, "당시 연극 텍스트에서는 이런 관행이 드물었기" 때문이다.[27] 17세기의 전환기에 독점권을 보유하지 않은 음악가들의 단독 작품집이 급증한 것은 이들이 인쇄를 자신의 작품과 명성을 시장에 알리는 수단으로 여겼음을 의미한다. 따라서 이 장에서는 16세기 후반부터 17세기 초에 인쇄된 다성 음악을 중심으로, 인쇄술이 낳은 조건이 어떻게 음악의 원작자에 관한 특정한 개념을 표현하고, 반영하며, 형성했는지 살펴볼 것이다. 토마스 캄피온(Tomas Campion)의 말을 빌리자면, 필자는 '찰나의 음을 인쇄된 기호로 포착하는 것'[28]이 17세기 초의 음악적 창의성 개념에 어떠한 영향을 미쳤는지 알아보고자 한다.

2. 인쇄본 '읽어내기'

인쇄 매체를 통한 음악의 유통이 당대의 원작자 개념을 반영하고 형성하는 데에 어떻게 영향을 미쳤는지 살펴볼 수 있는 중요한 자료는 인쇄본의 서문(prefatory)이다. 서문에는 제목, 헌정 서신, 독자에게 보내는 글, 추천사 등이 포함되어 있다. 겉보기에는 주변적이고 부수적인 이 텍스트 공간에서 음악가, 인쇄업자, 출판사, 후원자, 추천사 작가와 독자 사이의 관계가 협의되고, 구축되며, 표현되었다. 마이클 생어(Michael saenger)가 지적했듯이, '주변 텍스트'는 "더이상 주변적이지 않았다."[29] 점점 더 많은 학자가 한때는 간과되고 겉보기에 진부해 보였던 서문 페이지에 주목하며 이를 '텍스트와 세계 사이의 연결고리'[30] 또는 '물질적인 것과 상징적인 것, 역사적인 것과 텍스트적인 것 사이의 교차점'으로 바라보고 있다.[31] 게다가 서문은 본래 '독자들이 책을 구매하도록 설득하기 위해 특별히 마련된' 광고의 기능을 지니

---

27) J. L. Smith, Thomas East, 129.
28) Thomas Campion, printed in John Dowland, The First Booke of Songes or Ayres (London, 1597), sig. A1. 아래의 75쪽도 참조하라.
29) Saenger, The Commodification of Textual Engagements, 13.
30) 위의 책, 3.
31) Wall, The Imprint of Gender, 5.

고 있었다.[32] 이러한 점에서 서문은 엘리자베스 시대와 자코비 시대(Jacobean era)의 영국에서 '상품' 개념이 점점 더 중요해졌음을 나타내는 지표이다. 인쇄된 책을 광고하는 방식에서 예술적인 특징을 찾아볼 수 있는데, 근대 초에 더 일반적인 홍보 수단이었던 구두 광고와는 달리, 상품 자체가 자체적인 홍보 전략을 포함하고 있다는 것이다.

근세에 인쇄된 책 서문의 '주변적' 특성, 다시 말해 책의 일부임과 동시에 본문에 부속된다는 특성과 그 상업적인 성격은 책 자체와 작가를 홍보하는 데에 참여한 여러 사람의 협업 방식을 두루 고려하는 독해 전략을 요구한다. 서문에서는 다양한 수사적 장치가 여러 목적으로 사용되었다. 잠재적 독자가 책을 구매하도록 유도하기 위해, 후원 시스템 내에서 (작곡가, 또는 출판인의) 발전을 도모하기 위해, 작가(또는 인쇄업자, 출판인, 번역가)의 이름, 기술 및 명성을 알리기 위해, 책에 담긴 예술적, 기술적 노력에 문화적 가치를 부여하기 위해, 인쇄의 상업성을 은폐하기 위해 등이 그것이다. '작가와 출판사, 예술과 상업, 진실과 허구'[33]가 혼재함에 더해, 서문에 공존하는 기여자, 의제 및 기능의 집합체는 간단하게 분리될 수 없다. 이 맥락에서 저작자와 창의성 개념은 다기능적이며(polyvalent) 다층적인 것으로 이해되어야 한다.

근세에 인쇄된 책 서문에 대한 비평적 관심은 대부분 문학 텍스트에 관한 것이었는데, 최근 생어는 "그간 많은 관심을 받았던 소수의 '문학' 서적을 넘어 서문의 패턴(tropes)에 대하여 더욱 광범위한 맥락화"가 필요함을 주장했다.[34] 그러나 인쇄된 음악 서적의 서문 자료가 (음악적) 전문성을 요구한다는 인식 때문에, 이 분야의 연구는 학제 간 협업으로 나아가지 못하는 경향이 있었다. 하지만 이 자료에서 찾아볼 수 있는 홍보 기법과 수사학은 서적의 제작에 참여한 사람들이 인쇄, 음악적 창의성, 저작자 및 원작에 대한 개념을 어떠한 서사로 엮어냈는지 탐구하는 데에 필요한 자료를 풍부하게 제공한다. 이러한 연구는 17세기 초 영국의 인쇄 문화에서 음악 저작자 개념이 어떻게 형성되었는지 이해하는 데 도움을 줄 것이며, 근세 인쇄 문화의 주변부, 특히 문학 연구의 주변부에 대한 더 광범위한 문화사적 탐구를 가능하게 할 것이다.

---

32) Paul J. Voss, "Books for Sale: Advertising and Patronage in Late Elizabethan England," *Sixteenth Century Journal* 29 (1998), 733–56중 734.

33) Saenger, *The Commodification of Textual Engagements*, 20.

34) 위의 책, 30.

3. 인쇄본 승인

16세기 말과 17세기 초 영국에서 전문 음악가들은 자신의 음악을 필사본이나 인쇄본으로 배포할 수 있었다.[35] 많은 경우 두 방식을 모두 이용했는데, 둘 사이에는 많은 공통점과 교류 및 상호 작용이 있었다. 전문 음악가와 아마추어 음악가 모두에게 이 두 가지 방식은 음악을 기록된 형태로 보존 및 유통하고, 악보를 통해 연주를 가능하게 하는 중요한 기능을 했다. 그러나 인쇄본과 필사본은 근세 영국에서 음악을 포함한 특정 텍스트 형식에 관계된 사회적, 문화적 의미를 지니기도 했다. 예를 들어 류트 독주곡이나 바이올린 반주곡 같은 특정 종류의 음악 텍스트는 주로 필사본으로 전해졌지만, 가곡이나 마드리갈 같은 음악 장르는 인쇄물로 전해지는 경우가 많았다. 작가는 필사본을 통해 저작물을 선택된 사람들에게만 제한적으로 배포할 수 있었다. 이는 종종 작가 중심적이거나 '집단적으로 생산된' 다양한 장르에서 사회적, 문화적, 심지어는 정치적 배타성을 내포했다.[36] 그러나 필사본은 텍스트의 각색, 변경 및 필사자의 오류에 취약한, 잠재적으로 가변적이고 유동성이 높은 유통 형태였다.[37] 반면 인쇄본은 자신의 저작물에 관한 작가의 사회적, 문화적, 지적 소유권과 이에 따른 권한을 상실하게 만들 위험이 있었다. 식자공(typesetter)의 작업이 정확하지 않을 위험, 텍스트의 모양과 표현 방식의 변화, 출판사나 인쇄업자가 작가의 승인 없이 부정확한 버전을 만들 가능성, 구매 여력이 있는 모든 사람, 실제로는 전례 없는 규모의 사람들이 인쇄본을 접할 수 있다는 점 등이 그것이다.[38] 이러한 의미에서, 비교적 새로우면서도 본질적으로 상업적인 인쇄 매체는 여러 작가와 음악가에게 불안의 원천이 될 수 있었다. 그럼에도 특정 종류의 텍스트에서, 인쇄는 저자가 텍스트를 지배할 수 있도록 하는, 안정적이거나 '고정된' 형태로 인식되는 경우가 많았다. 월의 말처럼 말이다.

> 사실상, '닫힌' 인쇄물과 '열린' 필사본의 공통된 특징은 당대에 사회적으로 형성되고 유지되던 특정한 텍스트 해석에 대한 서술(description)이다. 인쇄 문화와 필사 문화가 공존하던 이 불안정한

---

35) 필사본과 인쇄물의 관계에 관해서는 David McKitterick, *Print, Manuscript and the Search for Order, 1450–1830* (Cambridge: Cambridge University Press, 2003)을 참조하라. 맥키테릭(McKitterick)은 (10쪽에서) "최근 활발한 연구들에도 불구하고, 역사학자들은 여전히 마음속으로 필사본과 인쇄물을 너무 많이 구분하고 있다"고 주장한다.

36) Love, *The Culture and Commerce of Texts*, 183을 참조하라.

37) 위의 책을 참조하라.

38) 이에 대한 자세한 내용은 Roger Chartier, "Afterword," in *Music and the Cultures of Print, Critical and Cultural Musicology*, 1, ed. Kate Van Orden (New York and London: Garland, 2000), 325–41중 326–30을 참조하라.

시기에 작가, 인쇄업자, 후원자들은 출판물의 특정한 표현을 통해 서로 경쟁하는 텍스트적, 문화적 '권위'를 협상하고 구축했다.[39)]

이 시기 영국에서 출판된 단일 작곡가 다성 음악 작품집의 서문에서 인쇄 매체는 반복적으로 '권위 있으며', '안정적이고', '오래 가는' 것으로 묘사되었고, 전문적으로 '존경할 만한 것'과 '명성'의 상징으로 여겨졌다. 이 맥락에서 인쇄물의 '권위'를 강조하는 것은 부분적으로 인쇄물의 사회적·문화적 지위에 대한 불안감, 또는 적어도 그런 우려에 관한 관습적 표현의 징후였다. 이런 표현은 음악 인쇄업에 종사하는 사람들이 자기지시적(self-referentially)으로 영속화한 것이며, 인쇄물에 대한 우려를 불식시키고 음악의 유통에서 인쇄술을 정당화하려는 시도였다. 이와 동시에 음악, 특히 작곡 기술과 관련된 당대의 이상과 가치를 형성하는 데에 기여하기도 했다.

예를 들어서 몰리는 『실용음악을 위한 단순하고 쉬운 개론』(*A Plaine and Easie Introduction to Practicall Musicke*, 1597)에서 병행 5도와 8도를 논의하는 가운데, 만약 독자가 영국 또는 대륙 작곡가의 작품 필사본에서 이러한 요소를 발견하면 이렇게 반응할 것이라고 말했다.

> 독자는 이를 필사자의 실수로 여길 것이다. 필사본이 손에서 손으로 전달될 때 첫 번째 사람의 실수는 두 번째 사람 때문에 더 악화될 것이며, 세 번째 사람은 단어와 음표를 막론하고 더 많은 것을 바꾸게 될 가능성이 높다. 이는 그가 최선이라고 생각하는 방식일 수 있으나, (하나님이 아시다시피) 그것은 작가의 본래 의도와는 거리가 멀 것이다. 따라서 필사본은 손에서 손으로 전달되며 오류가 쉽게 생길 수 있지만, 인쇄된 작품에서는 그런 오류를 발견할 수 없다고 자신 있게 말할 수 있다.[40)]

몰리에 따르면, 음악을 유통하는 과정에서 인쇄본은 작가의 의도를 정확히 재현할 수 있기에 필사본보다 더 신뢰할 만한 매체이다. 이로부터 약 10년 전 버드도 비슷한 주장을 했다. 그는 "필사자의 부주의함 때문에 내 음악에 오류가 생긴 것을 보고, 정확한 곡을 출판사

---

39) Wall, *The Imprint of Gender*, 9. 데이비드 메키터릭(David McKitterick)도 마찬가지로 "16세기와 17세기 초 영국의 많은 작가가 두 매체의 차이에 대한 예리한 인식을 보여주었다"며, 인쇄물이 "더 광범위한 유통"을 가능케 하는 것으로 인식되었을 뿐만 아니라 "모든 사람을 위한 것은 아니었어도 누군가에게는 권위를 확립하기 위해 사용되었다"고 언급한다. McKitterick, *Print, Manuscript and the Search for Order*, 27을 참조하라.

40) Thomas Morley, *A Plaine and Easie Introduction to Practicall Musicke* (London, 1597), 151.

(press)에 보내기로 결심했다"라고 썼다.[41] 몰리와 버드 모두 충분한 이유를 근거로 인쇄를 음악 유통에 더 적합하며 신뢰할 수 있는 매체로 장려했다는 점에 주목할 필요가 있다. 버드는 1589년 『5성부를 위한 성가곡집 1권』(*Liber primus sacrarum cantionum quinque vocum*)을 출판할 때 음악 인쇄 독점권을 가지고 있었고, 몰리는 1597년 『실용음악을 위한 단순하고 쉬운 개론』을 출판할 때 자신의 이름으로 만료된 독점권을 갱신하려 했다. 그러나 이 두 사례에서 중요한 것은 인쇄 매체의 안정성뿐만 아니라 '작가의 뜻'을 정확하게 전달하는 것의 중요성 역시 강조된다는 점이다. 서면에 객관적으로 나타나는 작가의 의도와 음악 기술은 주의 깊게 따라야 할 대상이며, 필사자 '자신의 판단'에 의한 오해나 변형, 해석이 발생해서는 안 된다.

인쇄본과 필사본의 구분만이 인쇄물의 본질에 대한 담론에서 나타난 유일한 차이점은 아니었다. 검증되지 않은 인쇄물의 부정확성에 대한 우려도 음악 인쇄술에 관한 수사학의 일부를 이뤘다. 이런 우려는 음악 인쇄 독점권과 무관한 음악가들에게서도 나타났다. 이들은 작곡가 본인이 검증한 단독 작가 인쇄물(self-authorized, single-author printing)을 작품이 무분별하게 퍼지는 것을 막는 수단으로 여긴 것으로 보인다. 1596년 윌리엄 발리(William Barley)의 『타블라투어의 새로운 책』(*A New Booke of Tabliture*)에 안토니 홀본(Antony holborne)과 존 다울랜드(John dowland)의 작품이 포함되자, 두 작곡가는 이듬해 자신들이 출판한 책에서 이 점을 언급했다. 홀본은 "내가 인쇄물로 내 노력을 공개한 이유는 나와 전혀 관련 없는 사람이 내 작업의 부정확한 복사본을 공개했기 때문"이라고 밝혔다.[42] 다울랜드도 그의 『노래 또는 에어 제1권』(*First Booke of Songes or Ayres*)에서 "최근 내가 모르는 사이 내 류트 레슨이 잘못되고 불완전하게 인쇄됐다"라고 불평했다.[43] 이런 서술은 인쇄물의 상업적 성격을 모면하기 위한 여러 가지 수사적 전략 중 하나로, 작곡가가 공개적으로 인쇄 매체에 진출하는 것을 변명하거나 설명하는 동시에, 작곡가의 승인을 받은 출판물이 그가 의도한 대로 음악을 전달하는 '권위 있는' 매체라는 시각을 강화했다. 작가의 의도를 충실히 재현하는 것의 중요성을 강조함으로써, 작곡가들은 자신의 전문적인 음악 기술과 개별 창작물의 문화적 가치 및 지위를 동시에 주장했다.

작곡가들은 음악이 무단으로 인쇄되어 유포되는 것에 불만을 품었지만, 작품이 널리

---

41) William Byrd, *Liber primus sacrarum cantionum quinque vocum* (London, 1589), sig. A1v; 번역은 다음에 수록되어 있다. William Byrd, *Cantiones sacrae* I (1589), ed. Alan Brown, The Byrd Edition, 2 (London: Stainer and Bell, 1988), xxi.

42) Antony Holborne, *The Cittharn Schoole* (London, 1597), 'To the proficient Scholler or louer of the Cittharn', sig. A3.

43) John Dowland, *The First Booke of Songes*, 'To the courtecus Reader', sig. a2v. 다울랜드의 인쇄물 보급에 관해서는 Gibson, "How Hard an Enterprise it is'", 그리고 Rupp, 'John Dowland's Strategic Melancholy'을 참조하라.

퍼짐으로써 명성이 유지될 수 있다는 점을 알고 있기도 했다. 다울랜드는 1604년에 "외국에서 내 이름이나 허가 없이 나의 류트 곡들이 출판된 것을 알게 되었다"[44]고 불평했지만, 한편으로는 이것이 대륙에서의 그의 명성을 보여주는 것임을 인정했다. 1612년 출판한 『순례자의 위안』(*Pilgrimes Solace*)에서 다울랜드는 자신의 음악이 "바다 너머의 가장 유명한 8개 도시에서 출판되었다"고 언급하며, 독자 또는 잠재적 구매자에게 이 책에 수록된 음악이 전 유럽적 명성을 지닌 작곡가의 것임을 알리고자 했다.[45] 작곡가들만이 인쇄와 명성의 관계를 논한 것은 아니다. 헨리 피첨(Henry Peacham, 1578-1644)은 '모방하고 따라야 할 최고의 작곡가'에 대해 말하면서, 작곡가의 숙련도와 명성을 그들 작품의 출판량과 질에 결부시켰다.[46] 그는 오를란도 디 라소(Orlando di Lasso, 1532-1594)가 "매우 드물고 뛰어난 작곡가이며 … 프랑스어 뿐만 아니라 라틴어로도 많은 모음집을 출판했다"고 썼고, 또 다른 작곡가 루카 마렌치오(Luca Marenzio, 1553-1599)에 대해서는 "맛깔나는 에어, 달콤한 마드리갈에서 누구보다도 뛰어나며, 다른 작곡가들보다 더 많은 모음집을 출판했다"고 평했다.[47] 피첨은 버드의 음악 인쇄물(printed music)에 관해서도 구체적인 찬사를 표명했다. "모테트를 위해, 경건하고 헌신적인 음악을 위해, 우리 민족의 명예는 물론 이 남자의 공적을 위해, 나는 어떤 이보다도 우리의 불사조, 윌리엄 버드 경을 높이 평가한다. 그의 『칸티오네스 사크레』(Cantiones Sacrae)와 『그라두알리아』(Gradualia)는 전적으로 천사와 같으며 신성하다. 이 분야에서 버드를 당해낼 수 있는 이는 없을 것이다."[48] 인쇄와 명성을 연관 짓는 것이 17세기 초에 이미 일반적인 문화적 현상이 되었음은 1618년 체사레 리파(Cesare Ripa, 1555-1622)의 『도상학』(*Iconologia*)에서도 확인할 수 있다. 상징적 이미지의 개론서로 널리 알려진 이 책에서 '스탬파'(Stampa, 인쇄를 의미함)가 의인화되는 방식에 주목할 필요가 있다. 그림 속에서 스탬파는 오른손에 '모토 유비크'(motto Ubique)가 새겨진 트럼펫을 들고 있는데, 그림과 함께 실린 글

44) John Dowland, Lachrimae, *Or Seaven Teares* (London, [1604]), 'To the reader', sig. A2v.

45) John Dowland, *A Pilgrimes Solace* (London, 1612), 'To the Reader', sig. A2v. 여덟 개의 도시는 '파리, 안트베르펜, 콜린, 뉘른베르크, 프랑크푸르트, 라이프치히, 암스테르담, 함부르크'로 표기되어 있다. 다이애나 풀턴(Diana Poulton)에 따르면, 시간과 장소의 조건을 충족하는 출판물은 다음과 같다: Antoine Francisque, *Le Trésor d'Orphée* (Paris, 1600), 다울랜드에게 속하지 않는 '파이퍼스 갈리어드'(Piper's Galliared)의 편곡이 포함되어 있음; J. B. Besardus, *Thesaurus harmonicus* (Cologne, 1603); Valentin Haussman, *Rest von Polnischen und andern Tänzen* (Neuremburg, 1603); Thomas Simpson, *Opusculum* (Frankfurt, 1610); 그리고 Zacharias Füllsack, *Auserlesener und Galliarden* (Hamburg, 1607). 풀턴은 1612년 이전에 안트베르펜, 암스테르담 또는 라이프치히에서 발행된 출판물에서 다울랜드의 작품이 포함된 경우를 찾을 수 없었다. Diana Poulton, *John Dowland*, 2nd edition (London: Faber, 1982), 289를 참조하라.

46) Henry Peacham, The Compleat Gentleman (London, 1622), 100–1.

47) Henry Peacham, 위의 책, 101.

48) Henry Peacham, 위의 책, 100

에는 이것이 '인쇄가 작가의 명성을 보여주며, 그들의 작품을 어디에서나 전시할 수 있게 함을 나타내는 것'이라고 설명되어 있다.[49]

1575년에 버드와 탈리스에게 음악 인쇄 독점권이 부여된 후, 인쇄물 서문의 수사에서 국가적인 음악적 명성과 영국 최고 작곡가들의 기량을 홍보하는 것은 '인쇄'에 관한 의미 부여와 불가분의 관계에 놓이게 되었다. 버드와 탈리스의 첫 번째 출판물인 『칸티오네스 사크레』의 서문에서 이 점이 특히 명확히 드러난다.[50] 페르디난도 리처드슨(Ferdinando Richardson, 1558-1618)이 탈리스와 버드를 극찬한 시에서 음악은 여성으로 의인화된다. 그녀는 라소, 곰버트, 클레멘스(Lasso, Gombert, Clemens)와 같은 유럽 대륙의 작곡가들 덕에 자신이 '명성의 최고봉'에 올랐다고 믿었지만, '인쇄본에 영어로 된 이름이 하나도 없었기 때문에, 거의 이성을 잃고 영국 작곡가들이 자신의 선물을 받을 자격이 없다고 비난하기 시작했다.[51] 이 시에서 탈리스와 버드는 영웅으로 묘사되는데, 이는 "그들의 곡을 인쇄하여 … 다른 사람들이 볼 수 있도록 함으로써", 그들의 곡이 "신성한 펜에서 흘러나왔으며, 전 세계에 출판될 가치가 있음을 밝히고, 이로써 영국이 그들을 그녀(음악)의 시민으로 선언할 수 있도록" 했기 때문이다.[52]

이런 수사법은 17세기 초까지 계속되었다. 토마스 캄피온(Thomas Campion)은 영국 작곡가 알폰소 페라보스코(Alfonso Ferrabosco)를 찬양하는 시 '훌륭한 작가에게'에서 페라보스코가 인쇄 매체에 진출한 것을 아래와 같이 축하했다.

> 그대가 모은 그 아름다운 꽃들을,
> 영국 땅 곳곳에 흩뿌려라.
> 그대의 명성에 자유로운 날개를 달아,
> 노력의 결실을 맺으라.
> 우리는 당신을 칭찬하기 위해 사랑하는 이들이지만,
> 그대 자신의 공로를 넘어서 그대를 높일 수는 없다오.[53]

---

49) Cesare Ripa, *Nuova iconologia ampliata* (Padua, 1618); Nicoletta Guidobaldi, "Images of Music in Cesare Ripa's Iconologia," *Imago Musicae: International Yearbook of Musical Iconography* 7 (1990), 41–68중 53의 논의와 번역 참고.

50) 『칸티오네스 사크레』에서 읽어낼 수 있는 왕실 찬사 담론에 대해서는 J. L. Smith, 위의 책, 164–7을 참조하라.

51) Ferdinando Richardson, "In Eandem Thomae Tallisii, et Gvilielmi Birdi Mvsicam," in William Byrd and Thomas Tallis, *Cantiones, quae ab argumento sacrae vocantur* (London, 1575), sig. A3ᵛ; trans. William Byrd, *Cantiones sacrae* (1575), ed. Craig Monson, The Byrd Edition, 1 (London: Stainer and Bell, 1977), xxvi–xxvii.

52) Richardson in Byrd and Tallis, *Cantiones sacrae*, sig. A3v, translated by Monson in Byrd, *Cantiones sacrae* (1575), xxvi–xxvii.

53) Thomas Campion, "To The Worthy Avthor," in Alfonso Ferrabosco, *Ayres* (London, 1609), sig. A1v.

페라보스코는 자신의 '아름다운 꽃'(음악)을 인쇄된 모음집으로 '영국 땅 곳곳에 흩뿌림으로써', 즉 전국에 배포함으로써 자신의 음악이 마땅히 받아야 할 명성, 인정, 그리고 명예를 얻을 수 있을 것이다("그대의 명성에 자유로운 날개를 달아 / 네 노력의 공로를 얻으려 하라"). 그러나 캠피온은 잠재적 구매자·독자에게 그 어떠한 찬사도 페라보스코 본인이 지니는 위대한 가치를 대체할 수는 없다고 말한다. 같은 모음집에서 벤 존슨도 페라보스코에 대한 찬사를 보내기 위해 비슷한 전략을 택한다. 그는 음악의 힘에 대해 길게 찬양한 뒤, 다음과 같은 결론을 내린다.

> 나는 아직 그대를 위해 아무것도 말하지 않았으니
> 예술에 대한 찬사만 있었을 뿐.
> 그러나 내가 말했듯, 이 모든 것의 증거는
> 그대의 음악에 퍼져있다. 이것은 사실이지만, 그대에 비하면 부족하도다.[54]

페라보스코의 음악이 자아내는 효과가 음악의 강력한 힘을 입증하는 것은 사실이지만, 이는 페라보스크 자신이 (이 시의 제목에서 알 수 있듯이) '탁월한 친구'로서 받은 찬사나, 제목 페이지에 작가로 명명되어 작곡가 겸 작가로서 받은 찬사에는 미치지 못한다.

인쇄와 명성을 연관 짓는 것은 흔히 인쇄물 서문의 수사에서 '후손'이라는 비유를 통해 나타나기도 했다. 예를 들어, 시인 제프리 휘트니(Geffrey Whitney)는 그의 엠블럼(emblem) '글은 남는다'(Scripta manent)에서 이런 생각을 보여줬는데, 이 엠블럼에 동반되는 시의 첫 구절은 이렇다.

> 만약 강철과 청동의 문을 가진 위대한 트로이가,
> 도둑과도 같은 시간의 흐름 때문에 마모되었다면.
> 만약 카르타고가 무너졌다면; 만약 테베스가 풀로 뒤덮였다면.
> 만약 구름까지 올랐던 바벨탑이 굽어졌다면.
> 만약 아테네와 누만티아가 파괴되었다면.
> 만약 이집트의 첨탑들이 땅과 같아졌다면.
> 그렇다면, 시간이 앗아가지 않는 것은 무엇이 있을까,

---

54) Ben Jonson, "To My Excellent Friend/ Alfonso Ferrabosco," 위의 책에서 재인용.

우리가 보듯이, 이 기념물들이 사라졌으니.

아무것도 없다, 시간은 모든 것을 초월한다.

시간은 철을 먹고, 대리석을 닳게 한다.

그러나 글은 그것이 할 수 있는 것을 하더라도 지속된다.

글은 세상이 시작된 이래 보존되어왔다.

글은 세상이 지속되는 동안 계속될 것이며,

삼천 년 전에 무슨 일이 있었고, 어떤 전사들이 이 무대 위를 걸었는지 선언하고,

미래에 전할 것이다.

작가들이 책에 그들의 행위를 기록하지 않았다면,

그 명성은 그들의 죽음을 따라 함께 무덤으로 갔을 것이다.[55]

한때 위대했던 고대 도시와 문명의 유적은 시간이 지나며 썩고 무너지지만, 글은 그대로 남아 기억을 영원하게 만들며 옛 영웅의 덕성을 보존한다. 글쓰기 행위와 후세를 연결 짓는 것은 인쇄에 관한 담론에서 새롭게 나타나거나 독점적이었던 것은 아니었다.[56] 다만 필사본의 전파가 과거의 인물과 사건들을 기록함으로써 그들의 명성을 영구히 보존할 수 있는 수단이었다면, 인쇄본은 보통 이 가능성을 확장하는 것으로 여겨졌다. 인쇄술의 발달은 이전보다 훨씬 더 많은 사람이 글을 즉시 접할 수 있게 함으로써 새로운 종류의 '영속성'이나 '고정성'을 제공하는 것처럼 보였다. 다울랜드의 『노래와 에어의 첫 번째 모음집』에서, 캄피온은 다울랜드의 첫 단독 저작 인쇄물 출판을 축하하며 라틴어로 된 짧은 시를 썼다.

후세가 오르페우스에게 부여한 명성,

다울랜드의 음악은 그 자체로 이러한 명성을 얻는다.

찰나의 음을 인쇄된 기호로 붙잡아

우리 눈앞에 분명히 드러내어

귀로 들었던 즐거움을 시각적으로 보여준다.[57]

---

55) Geffrey Whitney, *A Choice of Emblemes* (Leyden, 1586), 131.

56) 일시성과 영속성의 개념, 서면에 기술된 문자, 보급 기술, 그리고 책 문화에 대해서는 McKitterick, *Print, Manuscript and the Search for Order*, 20–7을 참조하라.

57) 현재 저자에 의한 번역은 저자 자신의 저서 "'How Hard an Enterprise it is'", 78에 처음 등장한다.

다울랜드의 책 서문에 실린 캄피온의 시는 다음 세 가지 명시적인 기능을 가진다. 첫째, 다울랜드의 음악적 기량과 힘을 신화 속 오르페우스의 능력과 연결시켜 그의 음악적 업적을 찬양하기 위함이다. 둘째, 작곡가로서 다울랜드에 대한 경외심을 표하기 위함이다. 셋째, 다울랜드의 음악 전파에 가장 적합한 매체로써 인쇄 매체를 지지하기 위함이다. 덧없고 무형적인 '찰나의 음'은 단지 기보된 것이 아니라, 가장 현대적이고 기술적인 보존 방식인 '인쇄된 기호'에 '붙잡힌' 것이다. 이로써 다울랜드의 음악은 인쇄된 형태로 조용히 포착되어 작곡가의 기량을 보여주는 영구적인 증거가 된다.[58]

'찰나의 음을 인쇄된 기호로 붙잡아', '귀'로 들었던 즐거움을 '시각적으로' 분명히 보여준다는 사고방식은, 소리 나는 음악적 사건과 조용한 인쇄물 사이, 나아가 연주 행위와 악보에 기록된 음악 작품 사이의 관계에 주목하게 만든다. '작곡'과 '표현'(expresseion)이라는 용어는 17세기 초 음악 인쇄 담론에서 이 두 존재 방식을 구별하기 위해 널리 사용되었다. 예를 들어, 1610년 윌리엄 코르키네(William Corkine)는 그의 에어에 대한 서문에서 "표현하기 위한, 혹은 작곡하기 위한 … 탁월한 기술들"을 언급했으며,[59] 버드는 독자들에게 "내가 작곡 및 교정에 세심한 주의를 기울인 것처럼, 내 곡들이 잘 표현되는지를 듣는 데에 주의를 기울여달라"고 당부했다.[60] 16세기 후반에서 17세기 초의 영국에서는 연주와 작곡 사이의 구분이 후대에 비하면 명확하지 않았다. 대부분의 전문 음악가들은 작곡가보다는 악기 연주자나 성악가로 활동했으며, 작곡가로서 명성을 쌓은 몇몇 음악가들은 비르투오소 악기 연주자로도 인정받았다. 그러나 이러한 수사 방식은, 한편으로는 연주를 통한 일시적인 음악적 사건과, 다른 한편으로는 세심하게 만들어지고 기록되어 조용히 대상화된 음악 사이의 차이를 구분함으로써, '뛰어난' 작곡 행위에 결부된 특정 유형의 가치를 강화했다. 근대 초기에 인쇄

---

58) 근대 초 작가들이 당대의 음악가 및 작곡가와 신화적인 음악가를 연결지었고, 여기에 기억과 보존의 개념이 얽혀 있었다는 점은 Linda Phyllis Austern in "Nature, Culture, Myth, and the Musician in Early Modern England," *Journal of the American Musicological Society* 51 (1998), 1–47에서 논의된다. 프란시스 메러스(Francis Meres)와 같은 평론가가 신화적, 역사적, 그리고 현대적 음악가를 혼합하는 것에 대해 논하며 오스턴은 이렇게 쓴다. "메러스같은 작가에게 미적 판단을 내리는 능력은 중요치 않다. 중요한 것은 어제나 오늘 같은, 인간 기억의 위대함을 보고하는 것이다. 여기에 함축된 의미는 명백하다. 태버너(Taverner), 타이(Tye), 탈리스(Tallis) 또는 버드(Byrd)와 같은 작곡가들의 음악을 기록하여 영원하게 만듦으로써, 현대의 연주자나 청중은 과거의 음악적 기적에 참여하고, 평범한 자연을 뛰어넘을 수 있다. … 이러한 작가들이 시사하는 바에 따르면, 음악가들은 주로 후원과 그에 따른 특권을 통해 때로 궁정 이상의 지위에 오르게 된 근대 초의 장인들 중 하나로 꼽혔다. 이들 중 일부는 문자적인 것과 상징적인 것, 과거와 현재, 평범한 것과 천상의 것 사이의 연결을 끊임없이 추구하는 문화적 상상력을 통해 불멸을 얻었다." 위의 글, 44.

59) William Corkine, *Ayres to Sing and Play to the Lute and Basse Violl* (London, 1610), dedicatory epistle, sig. A1v.

60) William Byrd, *Psalmes, Songs, and Sonnets: Some Solemne, Others Ioyfull* (London, 1611), 'To all true louers of Musicke', sig. A2v; italics reversed.

된 서적의 전문에서 이 아이디어는 뛰어난 작곡 능력을 전시하고 기념하기 위한 매체로서 인쇄의 '영속성'과 정당성에 대한 관념과 얽혀 있었다.

작곡으로 불멸의 명성을 얻을 수 있다는 생각은 새로운 것은 아니었지만,[61] 이런 생각은 음악 인쇄물의 수사학에서 크게 강화되었다. 리처드슨이 버드와 탈리스에게 바치는 시 '칸티오네스 사크라에'(Cantiones sacrae)에서 라소는 '신성한 목소리로 조화롭게 노래하고 무궁한 후손을 위해 작품을 작곡하는' 인물로 그려진다.[62] 로버트 존스는 1607년 첫 번째 마드리갈 모음집에서 자신의 후원자에게 말하기를, 자신의 의도는 '이 노래들을 (내 애정의 증표로서) 모든 후손에게 공개하는 것'이라고 주장한다.[63] 헌정 서신(dedicatory epistle)의 맥락에서 볼 때, 존스는 자신의 출판 행위를 후원자에 대한 애정을 영속화하는 수단으로 삼고 있다. 그러나 자신의 이름을 작가로 올려 인쇄한 음악 서적은 인정받는 작곡가로서의 그의 명성을 의심의 여지 없이 보존할 것이다.

4. 작곡가의 형상화

16세기 후반에서 17세기 초의 영국에서 인쇄된 음악 서적에 작곡가의 이름을 명시하는 것은 주된 홍보 방법 중 하나였다. 이 시기 영국에서 인쇄된 다성 음악 서적 표지 대부분에는 작곡가나 편집자의 이름이 적혀있다.

이 관행은 16세기 초부터 시작된, 음악 저작자의 중요성과 가치를 인정하는 새로운 경향의 일부로 해석될 수 있다.[64] 16세기 중반 마사 펠드먼(Martha Feldman)은 "우리는 작곡가와 인쇄업자 모두 대체로 익명이 아닌 작품을 선호했다고 가정할 수 있는데…그것이 작곡가의 경력에 도움이 되었고, 인쇄업자에게는 상업적으로 더 유리했기 때문"이라고 말했다.[65] 1600년, 다울랜드의 두 번째 가곡집인 『노래 혹은 에어 제2권』(*Second Booke of Songs or Ayres*)의 출판인이었던 조지 이스트랜드(George Eastland)는 잠재적 구매자에게 "다울랜

---

61) Wegman, 'From Maker to Composer', 461–2를 참조하라.

62) Byrd and Tallis, *Cantiones sacrae*, sig. A3v, translated by Monson in Byrd, *Cantiones sacrae* (1575), xxvi.

63) Robert Jones, *The First Set of Madrigals, of 3. 4. 5. 6. 7. 8. Parts, for Viols and Voices* (London, 1607), dedicatory epistle, sig. A2v.

64) 웨그먼(Wegman)은 'From Maker to Composer', 467–8에서 조스캥과 관련해 이 점을 언급한다. 위에서 말했듯이, 음악적 작가 의식의 다양한 표명에 관한 더 이전의 사례가 있었지만, 웨그먼은 이러한 생각이 다성 음악의 맥락에서 구체화 되었으며, 이 시기부터 대중의 의식 속에서도 분명해지기 시작했다고 주장한다. 같은 책, 477 참고.

65) Martha Feldman, "Authors and Anonyms: Recovering the Anonymous Subject in Cinquecento Vernacular Objects," in *Music and the Cultures of Print*, ed. Van Orden, 163–99중 167.

드의…이름 자체가 이 책에 관한 찬사를 담고 있는 서문"임을 상기시켰다.[66] 다수의 작곡가가 참여한 모음집에서도 각 작곡가는 음악 작품과 함께 책의 전문이나 본문에서 식별될 수 있었다. 예를 들어, 토마스 이스트(Thomas East)의 『여러 작가가 편집한 4성부 시편 전집』에는 특정 시편 세팅의 칸투스와 알투스 파트 상단에 각 기여자에 대한 정보가 기재되어 있으며,[67] 니콜라스 영(Nicholas Yonge)의 『무지카 트란살피나』(Musica Transalpina)에서는 각 노래의 시작 부분, 각 파트북의 끝에 있는 목차에 작곡가들의 이름이 기재되어 있다.[68] 하지만 마케팅 측면에서 특히 주목할 만한 점은 니콜라스 영의 책 표지에 이름이 언급된 유일한 인물이 당시 음악 특허를 보유하고 있던 가장 유명한 영국 작곡가, 윌리엄 버드이며, 유럽대륙의 작곡가들은 단지 '여러 훌륭한 작가들'로 간략하게만 언급되었다는 것이다.

　　표지에 작곡가의 이름을 명시하는 것은 작곡가, 인쇄업자, 출판사(publishers), 그리고 아마 후원자들에게도 상호 이익이 되는 일이었다. 우리는 작곡가를 광고하기 위해 어떠한 표현 방식이 사용되었는지 살펴봄으로써 당시 작곡 기술에 부여되었던 가치와 음악가-작곡가의 사회적 지위에 대해 많은 것을 알 수 있다. 당대의 음악 출판물에서는 작곡가의 이름 뒤에 학력이나 소속 음악 기관을 기재하는 것이 일반적이었다. 예를 들어, 탈리스와 버드의 1575년 첫 출판물의 표제지에는 그들이 '영국 작가 Thoma Tallisio & Guilielmo Birdo Anglis, Serenis-, 가장 평온하신 여왕 폐하의 개인 예배당에서 일하는 신하이자 오르가니스트, 특권과 함께[69]라고 소개되어 있다. 또 다른 예로 몰리는 1597년 본인의 논문에 자신의 신원을 '토마스 몰리, 음악 학사, 왕립 예배당의 신사 중 한 명[70]이라고 기록하였다. 다울랜드의 『노래 또는 아리아 제1권』(First Booke of Songes or Ayres)의 제목 표제지에는 책에 수록된 음악이 '류트 연주자이자 두 대학의 음악 학사인 존 다울랜드에 의해 작곡된 것[71]으로 설명되어 있다. 여기서도 다울랜드의 학력은 그의 이름 옆에 기재되었다. 1600년에 출판된 『노래 또는 아리아 제2권』(The Second Booke of Songs)의 표제지에는 다울랜드가 덴마크 왕실의 류트 연주자가 되어 직업적·사회적으로 더 높은 지위에 올랐다는 점이 반영되어 있는데, 여기에는 '음악 학사이자 덴마크 왕실의 류트 연주자 존 다울랜드에 의해 작곡됨'이라고 적혀있

---

66) John Dowland, *The Second Booke of Songs or Ayres* (London, 1600), 'Address to the curteous reader', sig. A2v.

67) The Whole Booke of Psalmes with their Wonted Tunes … Composed into Foure Parts … Compiled by Sondry Authors (London, 1592).

68) Nicholas Yonge, *Mvsica Transalpina: Madrigales Translated of Foure, Fiue and Six Partes, Chosen out of Diuers Excellent Authors* (London, 1588); 예를 들어 sig. H3v–H4 of the Cantus part-book을 참고하라.

69) Byrd and Tallis, *Cantiones sacrae*, sig. A3v, translated by Monson in Byrd, *Cantiones sacrae* (1575), xxv.

70) Morley, *A Plaine and Easie Introduction*, title page; italics reversed.

71) Dowland, *The First Booke of Songes*, title page.

다.[72] 비슷한 스타일로 작품 모음집의 표제지에 소개된 작곡가로는 토마스 윌크스(Thomas Weelkes)와 올랜도 기번스(Orlando Gibbons)가 있다. 윌크스는 1600년에 출판된 마드리갈 모음집에서 '윈체스터 대학의 오르가니스트, 토마스 윌크스가 만들고 새롭게 출판함'[73]으로, 기번스는 1612년에 출판된 마드리갈과 모테트 모음집에서 '폐하의 명예로운 예배당의 오르가니스트이자 음악 학사인 올랜도 기번스가 새롭게 작곡함'으로 소개되었었는데, 이것이 곧 광고의 일환이었다.[74]

음악가가 근무하는 기관이나 후원자의 명성은 음악가의 문화적·사회적 지위를 높이는 데에 확실한 도움이 되었으며, 표제지와 서문의 수사에서 유용한 광고 전략이 되었다. 저명한 후원자에게 인쇄본을 헌정하는 것도 도움이 되었을 것이다. 버드와 탈리스가 『칸티오네스 사크레』(Cantiones Sacrae)를 엘리자베스 여왕에게 헌정한 것을 두고 스미스가 관찰한 바와 같이, 여기에는 "엘리자베스 시대의 찬양적 수사를 반영하는 '왕실과 가깝게 지낸다'는 명성, 음악의 미적 가치, 문화적 공헌에 대한 개인적인 욕구가 얽혀 있었다. 이는 분명 두 작곡가의 위상을 높이는 데 매우 긍정적인 영향을 주었다."[75] 또한, 음악 인쇄본의 표제지에서 작곡가의 학력을 강조하는 것은 17세기 초 영국에서 작곡가의 직업적 정체성에 있어 기술 및 전문성을 중요시하던 인식을 반영한다. 로저 브레이(Roger Bray)가 보여준 것처럼, 16세기 초 이후 영국에서는 음악 학위를 취득할 수 있는 능력이 작곡가를 다른 예술가들 사이에서 작곡가를 돋보이게 만드는 중요한 요소였다.

> 1500년에 이르러 학위를 취득하고 학문적 존경을 받을 수 있는 길이 열린 것은 화가 등 다른 예술가에게는 주어지지 않았던 매력적인 기회였다. 작곡가들은 학문적으로 존경받았으며, 그들만이 알고 있는 복잡한, 개인적인 기술을 개발했고, 소리의 물리학을 보완하는 이론적 기반과 음악을 다른 예술들과 구분 짓는 구체적인 근거들을 만들어냈다.[76]

이 학위를 소지함으로써 음악가는 작곡 분야에서 능숙하다는 것을 인정받았으며, 단순히 연주에 능숙한 사람과 차별화되었다. 음악가들은 보통 음악 학위를 얻기 위해 작품을 제출했고, 이는 주로 무지카 프락티카(musica practica)와 연결되었지만, 캠브리지나 옥스퍼드에

---

72) Dowland, *The Second Booke of Songs*, title page.

73) Thomas Weelkes, *Madrigals of 5. and 6*. Parts, Apt for the Viols and Voices (London, 1600), title page; italics reversed.

74) Orlando Gibbons, *The First Set of Madrigals and Mottets of 5*. Parts: Apt for Viols and Voyces (London, 1612), title page.

75) J. L. Smith, 'Print Culture', 166.

76) Roger Bray, "Music and the Quadrivium in Early Tudor England," *Music & Letters* 76 (1995), 1–18중 9.

서 음악 학위를 취득하는 과정은 무지카 프라티카(musica practica)와 무지카 스페쿨라티바(musica speculativa)의 간극을 메우기 위해 노력했다.[77]

확실히, 일반적인 연주자와 대학에서 교육을 받아 이론적 지식에 기반을 두고 작곡에 능한 음악가를 구분하는 시각은 인쇄물을 통해 자신을 소개하는 몇몇 음악가들에게서 나타났다. 이 구분의 중요성은 아마도 다울랜드가 『순례자의 위안』에서 보여준 공개적 비난에서 그 윤곽을 드러냈을 것이다. 그는 '음악가라는 칭호로 자신을 숨기는 사람들', 특히 '단순한 칸토르나 가수들, 그들 자신의 순진한 분할-만들기(Division-making)에서는 뛰어나 보이지만, 음악의 기본 요소나 헥사코드 변형의 순서에는 무지한' 사람들을 공격했다.[78] 이러한 논리를 전개함으로써 다울랜드는 대학 학력을 내세우기를 주저하지 않고 자신을 '진정한 음악가'로서, 노래는 부르지만 음악 이론을 이해하지 못하는 사람들과 대립하는 위치에 놓았다. 다울랜드가 인쇄본에서 작가적 자아를 형성하는 방식에서 눈에 띄는 점은 한편으로 음악 창작자로서의 페르소나를 보여주는 전근대적 자의식이며, 다른 한편으로 자신의 주장을 정당화하기 위해 중세의 음악가 개념, 특히 무지쿠스(musicus) 개념에 기대고 있다는 점이다.[79]

수잔 루프(Susanne Rupp)가 주장한 것처럼 17세기 초는 영국 음악가들이 무지쿠스에서 '작곡가'로 전환하는 시기였으며, 이 시기 작곡가의 사회문화적 위치와 역할이 변화하는 동안 "중세에서 르네상스로 이어진 음악 직종의 변화는 비일관성과 특이성을 보이는 용어 관행에 반영되었다."[80] 음악 창작 행위는 '만들다'(make)와 '작곡하다'(compose)라는 동사를 통해 제목 페이지 수사학에서 가장 일반적으로 설명되었지만, 현대적 관점에서 '작곡가'로 알려지게 된 인물은 대부분 제목 페이지에 '작곡가'(composer)가 아닌 '작가'(author)로 명시되어 있었다. 옥스퍼드 영어 사전에 따르면, 음악과 관련하여 '작곡가'와 '작곡하다'를 영어로 최초로 언급한 문헌은 1597년 몰리의 논문이다.[81] 음악적 의미로 '작곡하다'가 사용된 이전의 예

---

77) 위의 글, 5를 참조하라. [보에티우스의] 사변에 관한 언급은 겉보기에 양립할 수 없는 두 가지 음악 유형, 즉 무지카 스페쿨라티바(musica speculativa)와 무지카 프라티카(musica practica) 사이의 차이를 명확히 해준다. 그는 사변으로 판단하는 무지쿠스(musicus)가 단순히 작곡을 하는 사람들과 완전히 구별된다고 암시하지만, 중세 영국 대학의 거장들은 작곡가에서 무지쿠스로 나아가는 길을 정의하고, 이 길의 경로를 제공함으로써 둘 사이의 관계를 명확히 하려고 노력했다. 이 과정은 지원자가 자신의 학문적 능력을 보이기 위해 실제 음악을 작곡하도록 함으로써 사변적 음악과 실용적 음악을 조화시켰다. 보에티우스가 서로 양립할 수 없다고 주장한 세 종류의 음악가, 즉 연주자, 작곡가, 학자와 무지카 스페쿨라티바, 무지카 프라티카가 화해할 수 있는 계기가 마련된 것은 영국이 유일했다.

78) Dowland, *A Pilgrimes Solace*, 'To the Reader', sig. A2v.

79) 작가로서 다울랜드의 자기 인식에 관한 연구로는 Gibson, '"How Hard an Enterprise it is"'와 Rupp, 'John Dowland's Strategic Melancholy'를 참조하라.

80) Rupp, 'John Dowland's Strategic Melancholy', 116–17.

81) 'Composer, n. §3', and 'Compose, v. §6', in Oxford English Dictionary, at www.oed.com.

는 분명 존재하지만, 이 용어가 영어에서 음악에 구체적으로 널리 쓰이게 된 것은 점진적으로 이루어졌다. 당시의 영어 사전에서 '작곡하다'와 관련 단어는 '만들거나 구성하는 행위'의 언저리에서 정의되어 있지만, 특별히 음악에 연관되어 있지는 않다. 예를 들어, 1616년의 영어 사전에서 존 불로카(John Bullokar)는 '작곡하다'를 '틀을 짜다 또는 함께 배열하다'로, '작곡'을 '구성하거나 조합하는 것'으로, '작곡가'를 '어떤 것을 구성하거나 정리하는 자'로 정의했다.[82] 약 50년 후, 토마스 블라운트(Thomas Blount)도 그의 용어집(Glossopraphia)에서 '작곡가'(compositor)에 대한 설명에 앞서 살펴본 것과 비슷한 비음악적 정의, 즉 대상을 구성하거나, 결합하거나, 한 데 조합하는 사람'이라는 정의를 포함시켰다.[83]

16세기 초 북해 연안의 유럽 저지대 국가들에서 작곡에 관련된 용어와 명칭이 어떻게 발전했는지 연구한 웨그만(Wegman)은 중세 네덜란드어의 동사 'componeren'이 1540년대에 특히 음악적 의미로 사용되기 시작했으며, 이후 약 75년 동안 특히 (성악) 다성 음악의 작곡가가 전문화되며 문화적 지위를 얻게 됨에 따라 이 용어의 사용량이 증가했다고 말했다. 웨그만은 이러한 변화가 자신에게 이 단어를 적용한 사람들(즉, 작곡가)의 시선뿐만 아니라 대중의 의식 속에서도 일어났다고 보했다.[84] 16세기 말~17세기 초 영국에서는 '음악의 제작'을 지칭하기 위해 (더 예전부터 사용되어온) '만들다'(make)라는 용어와 '작곡하다'(compose)라는 용어가 혼용되었다.[85] '작곡가'와 달리 '저작자'(maker)라는 단어는, 웨그만이 지적한 것처럼, "후대의 미학에서 다른 함의를 갖게 되지는 않았으며, 한때 작곡가와 동의어였던 수공예 솜씨(craftsmanship, 음악에 국한되지 않음)의 기본적인 의미를 유지했다."[86] 음악적 창의성과 그 권위에 대한 새로운 생각이 영국 작곡가들과 작품을 인쇄물로 출판하는 사람들 사이에서 생겨나면서도 17세기 초 음악 인쇄물의 수사학에서 여전히 두 용어가 모두 사용되었다는 사실은, 이 용어들이 여전히 계몽주의와 계몽주의 이후의 작곡가 및 음악적 창의성 개념과 거리가 다소 있었으며, 과거로부터 이어져온 '공예', '기술' 및 '전문경영인 지식'과의 연관성을 유지하고 있었음을 보여준다.

그럼에도 불구하고, 16세기와 17세기에 일어난 사회적, 종교적, 정치적, 기술적 변화는

---

82) J[ohn] B[ullokar], An English Expositor: Teaching the Interpretation of the Hardest Words Vsed in our Language (London, 1616), sig. D8v.

83) Thomas Blount, Glossographia: Or A Dictionary Interpreting the Hard Words of Whatsoever Language, Now Used in our Refined English Tongue (London, 1661), sig. K6v.

84) Wegman, 'From Maker to Composer', 411.

85) 웨그먼(Wegman)의 설명에 따르면, 15세기 후반 영국에서 '만들다'(make)라는 용어는 음악의 창작을 지칭하는 데에 사용되었다. 위의 글, 441–2를 참조하라.

86) 위의 글, 442.

현대적 의미에서의 작곡가가 등장하는 서막을 열었다. 종교계에서 음악가들의 일자리가 줄어듦과 동시에, 사회적 엘리트들의 음악 활동(music-making)이 전례 없이 증가했다. 그리고 엘리트의 사회적 지위를 모방하고자 했던 중산층이 성장함에 따라, 그들의 가정에서 성악 및 기악 교사, 작곡가, 편곡자, 연주자 등 음악가들을 고용하려는 수요가 늘어났다.[87] 이런 종류의 수익성 있는 직업을 얻기 위해 음악가들은 가능한 한 많은 대중에게 자신과 자신의 음악 기술을 홍보할 수 있는 효율적인 방법을 찾아야 했다. 인쇄술의 보급은 그 기회가 되었다. 토마스 와이손(Thomas Whythorne)은 16세기 후반에 쓴 자서전에서 이 점을 인정했다.

> 나는 여러 가지 방식의 삶을 살고자 시도해봤지만, 음악 교육자만큼 안정적이고 확실했던 직업이 없었다. 그 이후 나는 나 자신을 이 직업에 완전히 바치고 다른 것에는 전념하지 않기로 했다. 그리고 더 많은 이익을 얻기 위해서, 가능한 짧은 시간 안에 나를 더 많은 사람에게 알리는 방법을 생각했다. 가장 좋은 방법은 내 음악을 인쇄하여 출판하는 것이었다. 나는 과거에 3성, 4성, 5성 또는 인성(人聲)을 위해 작곡한 음악들을 떠올렸고(버지널[88]과 류트에서 연주될 곡들도 포함해서), 이것을 출판하기로 결심했다.[89]

인쇄술은 급성장하는 상업 시장에서 음악가들이 자신의 상품과 기술, 음악적 전문성을 홍보할 수 있는 플랫폼을 제공했다. 보스(Voss)에 따르면 근세의 영국에서 '전문성'은 '그 자체로 가치 있는 상품, 다른 사람에게 홍보하고 판매할 수 있는 상품'이 되었으며, '그러한 공개 방식 중 가장 효율적인 형태로 등장한 것이 인쇄본'이었다.[90] 여전히 확고한 후원 체계 안에 있던 음악가들이 인쇄술에 관심을 두고 관여하게 된 계기는 주로 더 많은 일거리를 얻고, 인기를 끌기 위해서였을 가능성이 크다. 특히 17세기 초의 인쇄 관행(print convention)은 왕실이나 귀족 계층에서 상업적 독자로 후원층이 차츰 변화하기 시작한 것을 의미하며, 개인 가정에서의 고용 가능성이 그 규모와 사회적 범주에 걸쳐 다양해진 점과 동일선상에 있다.[91] 그러나 작곡가, 인쇄업자, 출판업자, 추천사 작가(commendatory-verse writers)가 함께 만들어

---

87) Rupp, 'John Dowland's Strategic Melancholy', 119를 참조하라.

88) [역주] 버지널은 16세기~17세기 유럽에서 인기를 끌었던 건반악기 종류이다.

89) Thomas Whythorne, *The Autobiography of Thomas Whythorne*, ed. James M. Osborn (Oxford, 1961), 173–4. Osborn의 Whythorne 자서전 판에서 인용된 이 구절과 다른 구절들에서, 읽기 쉽도록 문자 thorn이 'th'로 대체되었다.

90) Voss, 'Books for Sale', 747.

91) 귀족 후원자에서 독자로의 전환에 관하여는 Marotti, Manuscript, Print, and the English Renaissance Lyric, 292; Cecile M. Jagodzinski, *Privacy and Print: Reading and Writing in Seventeenth-Century England* (Charlottesville and London: University Press of Virginia, 1999), 8–9; 그리고 Chartier, The Order of Books, 48를 참조하라.

낸 인쇄물의 출판 관행을 통해, 근세의 음악 작가는 이제 '작곡가'로서 윤곽을 드러내기 시작했다.

5. 창작자로서의 작곡가: 원작(Origination)의 개념

작곡가들은 책의 표제지에 자신의 이름을 넣는 것 외에도 작품에 대한 지적 소유권, 창작자로서의 소유권을 강조하며 수록곡을 '자식', '자손', '결실' 또는 '노동'(labours)으로 묘사하는 경우가 많았다. 근세에 출판된 인쇄본에서, 수록곡을 세상에 홀로 내보낸 자식이나 '대중의 시선' 앞에 조심스레 내보이는 '결실'로 형상화하는 것은[92] 인쇄의 상업성에 가해질 잠재적 비판의 위험을 낮추기 위해 사용된 수사적 전략 중 하나였다.[93] 이와 같은 상징 자체, 그리고 상징을 중심으로 정교하게 구성된 내러티브는 여러 가지 음악 외적 목적을 달성했는데, 이 점이 음악의 창작자인 작곡가의 지위를 공고히 해주었다.

작곡가들은 작품이 인쇄물로 전파될 때 작품의 헌정자에게서 작품을 보호하고자 여성의 출산 경험에 관한 비유와 친부·친자 관계에 관한 비유를 자주 사용했다.[94] 예를 들어, 존스(Robert Jones)는 1600년 로버트 시드니 경(Sir Robert Sidney)에게 자신의 곡을 '나의 부끄러운 음악적 노동'이라 소개하며 아래와 같이 말했다.

> 그리고 제 곡의 약점을 고려하자면, 아마도 시기상조로 태어났기 때문에 장성할 가능성이 낮아 보일 수도 있습니다. 그러나 당신이 그들을 보살핀다면, 그들이 부드럽게 보호받아 더 강해질수 있을 것이라는 점을 의심치 않습니다. 혹은, 유산하게 되더라도, 더 나은 것을 탄생시키기 위한 저의 노력을 격려할 수 있을 것입니다.[95]

---

92) Dowland, *The First Booke of Songes*, 'To the courteous Reader', sig. A2v.

93) Saenger, *The Commodification of Textual Engagements*, 32를 참조하라.

94) 창의력을 모성에 비유하는 것에 대한 자세한 내용은 Linda Phyllis Austern, '"My Mother Musicke": Music and Early Modern Fantasies of Embodiment', in Naomi J. Miller and Naomi Yavneh (eds), *Maternal Measures: Figuring Caregiving in the Early Modern Period, Women and Gender in Early Modern England, 1500–1750* (Aldershot and Brookfield, VT : Ashgate, 2000), 239–81. 창조성과 성별에 관한 문학적 형상화에 관한 추가적 논의는 Katharine Eisaman Maus, 'A Womb of his Own: Male Renaissance Poets in the Female Body', in James Grantham Turner (ed.), *Sexuality and Gender in Early Modern Europe: Institutions, Texts, Images, new edition* (Cambridge and New York: Cambridge University Press, 1995; first published 1993), 266–88을 참조하라.

95) Robert Jones, *The First Booke of Songes & Ayres of Foure Parts with Tableture for the Lute* (London, 1600), sig. A2.

존스는 마치 유아와 같은 이 곡들을 잉태했지만, 인쇄라는 매체를 통해 좀 더 이르게 태어난 후에는 생존하고 장성하기 위해 후원자인 시드니의 보살핌이(일종의 유모 역할처럼) 필요하다. 두 경우 모두에서, 작곡가와 후원자는 노래의 창작, 홍보, 보호에 있어 여성적이고 모성적인 역할을 맡고 있다고 묘사된다. 이듬해 존스는 헨리 레오나드 경(Sir Henry Leonard)에게 헌정하는 곡에서 다시 어린이에 대한 은유를 사용했다.

존경하는 분이시며, 나의 명예로운 친구여. 이 아이를 당신에게 드리니, 부디 이 아이를 길러주십시오. 저는 가난한 사람이기에 이 아이를 부양할 수 없기 때문입니다. 이 아이는 제 이름 아래 많은 역경을 겪을 수 있습니다. 당신의 부가 이 아이의 운을 바꾸고 행복하게 만들 것입니다. 이 아이의 아버지가 살아있지만, 저는 그를 고아라고 부를지니, 가난한 이의 아이는 태어날 때부터 고아이며, 나라를 위하여 아버지를 바꾼 자보다 더 불쌍히 여겨질 것이기 때문입니다. 그런 자들은 때가 되면 스스로 자립할 수 있습니다.[96]

여기서 존스는 '친부'로서 자신의 '자녀'(책)를 일종의 양부인 후원자에게 맡긴다. 이러한 은유는, 특히 헌정 서신에서 후원과 선물 문화의 언어, 인쇄에 대한 불안의 수사학, 공공 및 전문적 비평에 노출될 것에 대한 두려움에 관련된 수사학을 두루 엮어냈다. 한편으로 이 은유는 창작물의 기원과 그 소유권을 강조하는 역할도 했다. 후원자는 '보호자' 또는 '양아버지'로 제시되지만, 이 내러티브에서 '친부'의 정체성에 대해서는 의심의 여지가 없다.

이러한 서술은 작곡가와 작품 사이의 소유권적 관계를 공고히 하는 것뿐만 아니라, 적어도 추상적인 수준에서 창작과정에 대한 당대의 이해 방식을 보여주며, 여기에 결부된 명백한 성별 연관성을 드러낸다. 위더손(Whythorne)은 자서전에서 자신의 곡을 출판하기 위해 준비하는 과정을 이렇게 썼다.

내 음악이 담긴 책들을 내 자녀처럼 여겨야 한다고 생각했다. 왜냐하면 여기에는 내 머리가 낳은 것들이 담겨있기 때문이다(아이들의 탄생에서 가장 중요한 물질은 머리와 뇌에서 온다고 한다). 또한 이들이 내 이름을 지녀야 하기 때문에, 나는 이 책에 아버지로서 나의 사진이나 모조품을 넣어, 내 아이들을 사용할 이들에게 부모의 존재를 알려주고 호의를 나타내는 것 이상을 할 수는 없었다. 마치 그것들을 음악을 사랑하는 모든 이들에게 선의로 제공한 것처럼 말이다.[97]

---

96) Robert Jones, *The Second Booke of Songs and Ayres, Set out to the Lute, the Base Violl the Playne Way* (London, 1601), sig. A2.
97) Whythorne, *Autobiography*, 211.

출산 과정에서의 '가장 위대한' 물질은 남성의 뇌에서 나오지만 실제 아이는 자궁에서 태어나는 것처럼, 와이손에게 음악의 작곡은 뇌의 문제이다. 남성의 창의성과 여성의 출산, 정신과 자궁 사이의 연관성은 새로운 것이 아니었지만, 인쇄 문화의 맥락에서 음악가와 작가 모두 창작 과정을 설명하기 위해 이 비유를 점점 더 많이 사용했다. 히긴스(P. Higgins)는 이렇게 말하기도 했다.

> 생물학적 친자 관계와 남성의 생식력에 대한 비유는 음악적 사고와 형식적 담론에 깊숙이 스며들어 있다. 모든 장르에는 마스터(Master)와 아버지가 존재하며, 그들의 창작 과정은 대개 창의적인 '자손'을 낳는 '임신'과 '노동'의 기간으로 묘사된다.[98]

이에 더불어 음악 담론에서 생물학적인 아버지-아들 관계를 음악적 스승-제자 관계로 대체하는 경우가 점점 더 흔해졌으며, 이는 약 150년에 걸쳐 진정한 "창조적 가부장제 담론"이 되었다. 이는 즉, 남성 스승이 남성 제자에게 음악 지식과 기술을 마치 유산(inheritance)처럼 전수하는 일종의 혈통 제도이다.[99] 남성 작곡가들은 당대의 작가들처럼 여성의 신체적, 생리적 경험을 은유적으로 전유하여 창작 행위와 작품의 지적 기원을 설명하는 동시에 실제 여성을 창작 과정에서 배제했다.[100] 출산에서 남성과 여성의 역할을 완벽하게 자급자족하는 남성 창작자로 통합한 것은 창의성의 남성화를 노골적으로 표현한 것이다.

친자 관계와 보호에 관한 내러티브는, 그것이 상상이든 현실이든 작곡가들이 '자신의 노동을 대중에게 보여주는 것'에 관해 느끼는 불안을 표현하는 방식 중 하나에 불과했다.[101] 작곡가들이 자신의 음악이 인쇄된 것을 설명하거나 정당화하기 위해 사용한 전략에는 친구나 후원자의 요청 때문에 작품집을 출판했다고 주장하는 것도 포함되었다. 예를 들어 몰리는 류트 에어를 출판한 것이 '친구들의 요청 때문이었다'[102]고 말했다. 또한, 이전 출판물이 성공하여 대중들이 또 다른 출판물을 요청한다거나, 단지 작곡가나 편집자가 '진정한 음악 애호가'[103]들을 위해 작품집을 출판했다는 주장도 하나의 전략이었다. 어떤 이들은 훨씬

---

98) Paula Higgins, 'Musical "Parents" and Their "Progeny": The Discourse of Creative Patriarchy in Early Modern Europe', in Jessie Ann Owens and Anthony M. Cummings (eds), *Music in Renaissance Cities and Courts: Studies in Honor of Lewis Lockwood, Detroit Monographs in Musicology/Studies in Music*, 18 (Warren, MI: Harmonie Park Press, 1997), 169–86중 185.

99) 위의 책, 171.

100) Maus, 'A Womb of his Own', 274를 참조하라.

101) Dowland, *The First Booke of Songes*, 'To the courteous Reader', sig. A2v.

102) Thomas Morley, *The First Booke of Ayres. Or Little Short Songs* (London, 1600), 'To the Reader', sig. A2v.

103) Dowland, *The First Booke of Songes*, 'To the courteous Reader', sig. A2v.

더 정교한 내러티브를 제시했다. 로버트 존스(Robert Jones)는 1605년 『마지막 작별』(*Ultimum Vale*)을 출간한 후, 1609년에 『음악적 꿈』(*A Musicall Dreame*) 또는 『에어 제4권』(*The Fourth Booke of Ayres*)를 출간한 것을 이렇게 정당화했다.

> 얼마 전, 나는 다시는 같은 성격과 스타일의 작품을 출판하지 않겠다고 마음 속으로 다짐하며 마지막 작별을 고했다. 그 후 나는 편안한 베개에 누워 잠에 들었고, 모르페우스(Morpheus)[104]가 내 감각을 책임졌다. 나는 음악적 꿈에 빠져서 다양한 성격과 상황에 대한 여러 가지 생각과 화려한 유머, 소박한 웃음, 애정 어린 사랑, 가장 신성한 묵상을 경험했다. 수면 중에 생겨난 환상이나 마음의 허깨비가 일으키는 꿈을 반드시 모두 누설할 필요는 없겠지만, 나는 이 모든 것이 귀나 마음에 불쾌감을 줄 것이라고는 생각하지 않는다.[105]

존스는 자신의 출판물의 전체 내용을 '꿈'으로 제시함으로써 『에어 제4권』의 '예상치 못한' 출판을 옹호하고 변명할 뿐만 아니라, 저술작업(authorship)과 음악 창작에 대한 대안적인 내러티브를 제시한다. 즉, 새로운 출판본이 작가가 단지 '우연히' 발견한 꿈의 세계에 대한 음악적 상상의 산물이라는 것이다. 저술 작업에 관한 작곡가들의 설명에는 신성한 영감도 포함되는데, 버드는 1607년 "나의 영혼은 모든 것을 창조주에게 돌리며 후세에 어떤 식으로든 감사의 마음을 전하는 공개적인 간증을 남기기를 갈망한다"[106]라고 말했다. 이 외에도 후원자의 영감과 영향력도 대안적 내러티브 중 하나이다.

그러나 일부 작곡가들은 저자로서의 독창성(authorial origination)과 음악적 기량을 표현하기를 그다지 주저하지 않았다. 예를 들어, 1605년 토비아스 흄(Tobias Hume)은 '이해력 있는 독자'에게 보내는 글에서 영어로 번역된 이탈리아 마드리갈 모음집과 달리 자신의 책에 수록된 작품들이 다음과 같다는 점을 강조했다. "내 곡은 굽실거리는 모방과는 거리가 멀고, 다른 사람의 발상을 도용하지 않으며, 영어 가곡에 이탈리아 음을 붙이거나 내 책을 채우기 위해 노래의 단편을 짜깁기하지 않았다. 이것들은 내 천재성에 의해 표현된 나의 상상력이다."[107] 물론 흄이 '천재'라는 용어를 사용한 것은 이 개념 자체의 변화나 후대의 낭만주의적

---

104) [역주] 모르페우스는 그리스 신화에 등장하는 꿈의 신이다.

105) Robert Jones, *A Musicall Dreame. Or The Fovrth Booke of Ayres* (London, 1609), sig. A2.

106) William Byrd, *Gradualia: seu cantionum sacrarum … Liber secundus* (London, 1607), sig.A2; trans. William Byrd, *Gradualia II* (1607) Christmas to Easter, ed. Philip Brett, *The Byrd Edition*, 7a (London: Stainer and Bell, 1997), xxviii.

107) Tobias Hume, *The First Part of Ayres, French, Polish, and others* (London, 1605), 'To the vnderstanding Reader', sig. B2; italics reversed. This address is repeated verbatim in Tobias Hume, *Captaine Humes Poeticall Musicke* (London, 1607), 'Alwaies thus

개념을 암시하지는 않는다. 오히려 흄이 사용한 '천재'는 블라운트(T. Blount)가 출판한 어휘집(Glossographia)에서 발견되는 정의인 '선하거나 악한 천사, 인간의 영혼, 자연 그 자체, 자연적 성향'에 가깝다.[108] 그러나 작품을 '내 상상력이 나의 고유한 천재성으로 표현된 것'이라고 설명함으로써, 흄은 자신의 음악 창작 행위에 '천부적 성향'(natural inclination)과 음악적 재능이라는 속성을 불어넣었다. 1614년 토마스 레이븐크로프트(Thomas ravenscroft) 또한 존 베넷의 곡을 설명하면서 비슷하게 서술하기를, '그는 예술 이상의 어떤 것, 즉 어떤 자연적 본능이나 더 나은 영감을 지녔는데, 그의 모든 작품에서 그 정열의 생명은 마치 그가 자신의 영혼으로만 그것을 측정하고 다른 어떤 화성도 만들어내지 않은 것처럼 드러났고, 그 애정 안에서 분별력 있는 느낌이 그 자신에게 주어졌다'고 썼다.[109] 흄이나 레이븐스크로프트의 묘사와는 달리, 로빈슨의 교습서는 다른 사람과 자신의 작품을 모두 포함하고 있다. 여기서 로빈슨은 여전히 '발명가'로서 뿐만 아니라 '창의적인 설정자'(inventive setter) 또는 편집자로서 자신의 기술을 강조하려 했는데, 이 강조점은 그의 음악적 능력의 또 다른 면을 나타내는 것으로 묘사된다.

6. 결론

다성 음악의 인쇄본을 출판한 작곡가들을 포함해 음악 인쇄에 관여한 이들은 작품에 관한 수사적 표현에서 종종 '작가의 뜻'(the meaning of the author)을 강조했으며, 존중받아 마땅한 전문성, 장인 정신, 명성, 평판, 전문 지식, 원작, 타고난 재능과 창작 능력 등의 가치를 기보(記譜)된 작곡 활동[110]에 부여했다. 작곡가들은 이와 같은 음악적 작가의 형상화를 적극적으로 지속하였다. 그러나 근본적으로 출판업 자체가 협력적으로 작동한다는 점을 간과해서는 안 된다. 즉, 인쇄업자, 출판업자, 음악 해설자, 추천사 작가 등 모두가 이러한 형상화에 기여했다고 볼 수 있다. 17세기 초 인쇄 및 출판된 음악 서적에서 소위 '서지적 자아'는 역사의 흐

---

to the Reader', sig. C1v.

108) Blount, Glossographia, sig. S6. 변화하는 음악적 천재 개념에 관해서는 Edward E. Lowinsky, 'Musical Genius – Evolution and Origins of a Concept', *The Musical Quarterly*, 50 (1964), 321–40을 참조하라. 로윈스키의 주장에 대한 비평에 관해서는 P. Higgins, 'Musical "Parents"', and P. Higgins, 'The Apotheosis of Josquin des Prez', 특히 482–3을 참조하라.

109) Thomas Ravenscroft, *A Briefe Discovrse of the True (But Neglected) Vse of Charact'ring the Degrees* (London, 1614), 'The Preface', sig. A2v; italics original.

110) [역주] 필사본과 대비되는 의미에서의 인쇄본을 의미하는 것으로 보인다.

름에 따라 변화하는, 협력적으로 구성된 인물이며, 텍스트의 수사적 기능을 투영한 것이었다. 그럼에도 불구하고 서지적 자아는 음악적 '권위'의 몇몇 요소를 드러내며, 음악적 창의성에 관한 문화사적 궤적의 일부가 되었고, 결국에는 개인의 창의성, '작품'(the work), '천재', 창작 과정의 남성화 같은 개념들과 결합하게 되었다.

음악 인쇄 독점권을 지녔던 이들을 제외하고, 인쇄 매체를 통해 음악을 보급하기로 선택한 음악가들은 대부분 작품이 인쇄업자나 출판사에 판매된 이후에는 인쇄 과정이나 음악 인쇄물의 형식 또는 디자인에 대해 거의 직접적으로 개입하지 못했을 것이다.[111] 그러나 이것이 자신의 음악을 널리 알리고, 직업적 정체성과 작곡 기술을 형성하는 국면에서 작곡가들이 발휘했던 주체성을 부정할 이유가 되지는 않는다. 현대적인 저작권 개념이 확립되기 훨씬 전, 그리고 저작자가 자신의 출판물에 대한 직접적인 금전적 보상을 거의 또는 전혀 기대할 수 없었던 시대에, 17세기 초 영국 작곡가들은 자신의 음악적 '발명품'을 알리기 위해 급성장하는 인쇄업에 적극적으로 뛰어들었다. 그들은 그렇게 창작물에 대한 지적 소유권과 자신의 이름을 대중에게 각인시켰다.[112]

---

111) Thomas Robinson, *The Schoole of Musicke* (London, 1603), 'To the Reader'. sig. A2v.

112) 음악 인쇄 과정의 역학 관계에 대한 통찰을 얻기 위해서는 Margaret Dowling, 'The Printing of John Dowland's Second Booke of Songs or Ayres', *The Library Series* 4/12 (1932), 365–80에서 존 다울랜드의 Booke of Songs or Ayres 제2권의 인쇄업자와 출판사 사이에서 발생한 법정 소송에 대한 논의를 참고하라.

참고문헌

Andrews, Herbert K. "Printed Sources of William Byrd's 'Psalmes, Sonets and Songs'." *Music & Letters* 44 (1963): 1–20.

Austern, Linda Phyllis. "Nature, Culture, Myth, and the Musician in Early Modern England." *Journal of the American Musicological Society* 51 (1998): 1–47.

_____. "'My Mother Musicke': Music and Early Modern Fantasies of Embodiment." In *Maternal Measures: Figuring Caregiving in the Early Modern Period, Women and Gender in Early Modern England 1500–1750,* edited by Naomi J. Miller and Naomi Yavneh, 239–81. Aldershot and Brookfield, VT: Ashgate, 2000.

Bernstein, Jane A. "Financial Arrangements and the Role of the Printer and Composer in Sixteenth-Century Italian Music Printing." *Acta Musicologica* 63 (1991): 39–56.

Besardus, J. B. *Thesaurus harmonicus. Cologne*, 1603.

Blount, Thomas. *Glossographia: Or A Dictionary Interpreting the Hard Words of Whatsoever Language, Now Used in our Refined English Tongue*. London, 1661.

Brett, Philip. "Text, Context, and the Early Music Editor." In *Authenticity and Early Music*, edited by Nicholas Kenyon, 83-114. Oxford: Oxford University Press, 1988.

Brooks, Douglas A. "Dramatic Authorship and Publication in Early Modern England." *Medieval and Renaissance Drama in England* 15 (2002): 77–97.

Brownlee, Kevin. "The Poetic Oeuvre of Guillaume de Machaut: The Identity of Discourse and the Discourse of Identity." *Annals of the New York Academy of Sciences* 314 (1978): 219–33.

Bullokar, John. *An English Expositor: Teaching the Interpretation of the Hardest Words Used in our Language*. London, 1616.

Byrd, William. *Liber primus sacrarum cantionum quinque vocum*. London, 1589.

_____. *Gradualia: seu cantionum sacrarum ··· Liber secundus*. London, 1607.

_____. *Psalmes, Songs, and Sonnets: Some Solemne, Others Ioyfull*. London, 1611.

_____. *Cantiones sacrae* (1575). Edited by Craig Monson. The Byrd Edition 1. London: Stainer and Bell, 1977.

_____. *Cantiones sacrae I* (1589). Edited by Alan Brown. The Byrd Edition 2. London: Stainer and Bell, 1988.

_____. *Gradualia II (1607) Christmas to Easter*. Edited by Philip Brett. The Byrd Edition, 7a. London: Stainer and Bell, 1997.

Chartier, Roger. *The Order of Books: Readers, Authors, and Libraries in Europe between the Fourteenth and Eighteenth Centuries*. Translated by Lydia G. Cochrane. Stanford, CA: Stanford University Press, 1994.

_____. "Afterword." *In Music and the Cultures of Print, Critical and Cultural Musicology 1*, edited by Kate Van Orden, 325–41. New York and London: Garland, 2000.

"Composer, n. §3" and "Compose, v. §6." In *Oxford English Dictionary*. Accessed at www.oed.com.

Corkine, William. *Ayres to Sing and Play to the Lute and Basse Violl*. London, 1610.

Dowland, John. *The First Booke of Songes or Ayres*. London, 1597.

_____. *The Second Booke of Songs or Ayres*. London, 1600.

_____. *Lachrimae, Or Seaven Teares*. London, [1604].

_____. *A Pilgrimes Solace*. London, 1612.

Dowling, Margaret. "The Printing of John Dowland's Second Booke of Songs or Ayres." *The Library* 4/12 (1932): 365–80.

Earp, Lawrence. "Machaut's Role in the Production of Manuscripts of his Work." *Journal of the American Musicological Society* 42 (1989): 461–503.

East, Thomas. *The Whole Booke of Psalmes with their Wonted Tunes ⋯ Composed into Foure Parts ⋯ Compiled by Sondry Authors*. London, 1592.

Feldman, Martha. "Authors and Anonyms: Recovering the Anonymous Subject in Cinquecento Vernacular Objects." In *Music and the Cultures of Print, Critical and Cultural Musicology*, edited by Kate Van Orden, 163-99. New York and London: Garland, 2000.

Ferrabosco, Alfonso. *Ayres*. London, 1609.

Fish, Stanley. "Author–Readers: Jonson's Community of the Same." In *Representing the English Renaissance*, edited by Stephen Greenblatt, 231-63. Berkeley: University of California Press, 1988.

Foucault, Michel. "What is an Author?" In *Language, Counter-Memory, Practice: Selected Essays and Interviews*, edited by Donald F. Bouchard, 113-38. Ithaca: Cornell University Press, 1977.

Francisque, Antoine. *Le Trésor d'Orphée*. Paris, 1600.

Füllsack, Zacharias. *Auserlesener und Galliarden*. Hamburg, 1607.

Gibson, Kirsten. "'How Hard an Enterprise it is': Authorial Self-Fashioning in John Dowland's Printed Books." *Early Music History* 26 (2007): 43–89.

Guidobaldi, Nicoletta. "Images of Music in Cesare Ripa's Iconologia." *Imago Musicae: International Yearbook of Musical Iconography* 7 (1990): 41–68.

Haussman, Valentin. *Rest von Polnischen und andern Tänzen*. Neuremburg, 1603.

Helgerson, Richard. *Self-Crowned Laureates: Spenser, Jonson, Milton and the Literary System*. Berkeley and London: University of California Press, 1983.

Higgins, Paula. "Musical 'Parents' and Their 'Progeny': The Discourse of Creative Patriarchy in Early Modern Europe." In *Music in Renaissance Cities and Courts: Studies in Honor of Lewis Lockwood*, edited by Jessie Ann Owens and Anthony M. Cummings, 169-86. Warren, MI: Harmonie Park Press, 1997.

_____. "The Apotheosis of Josquin des Prez and other Mythologies of Musical Genius." *Journal of the American Musicological Society* 57 (2004): 443–510.

Holborne, Antony. *The Cittharn Schoole*. London, 1597.

Hume, Tobias. *The First Part of Ayres, French, Polish, and others*. London, 1605.

Jagodzinski, Cecile M. *Privacy and Print: Reading and Writing in Seventeenth-Century England*. Charlottesville and London: University Press of Virginia, 1999.

Jones, Robert. *The First Booke of Songes & Ayres of Foure Parts with Tableture for the Lute*. London, 1600.

_____. *The Second Booke of Songs and Ayres, Set out to the Lute, the Base Violl the Playne Way*. London, 1601.

_____. *The First Set of Madrigals, of 3. 4. 5. 6. 7. 8. Parts, for Viols and Voices*. London, 1607.

_____. *A Musicall Dreame. Or The Fovrth Booke of Ayres*. London, 1609.

Krummel, Donald W. *English Music Printing, 1553–1700*. London: Bibliographical Society, 1975.

Loewenstein, Joseph. "The Script in the Marketplace." In *Representing the English Renaissance*, edited by Stephen Greenblatt, 265–78. Berkeley: University of California Press, 1988.

Love, Harold. *The Culture and Commerce of Texts: Scribal Publication in Seventeenth-Century England*. New ed. Amherst: University of Massachusetts Press, 1998.

Lowinsky, Edward E. "Musical Genius – Evolution and Origins of a Concept." *The Musical Quarterly* 50 (1964): 321–40.

Marotti, Arthur F. *Manuscript, Print, and the English Renaissance Lyric*. Ithaca and London: Cornell University Press, 1995.

Maus, Katharine Eisaman. "A Womb of his Own: Male Renaissance Poets in the Female Body." In *Sexuality and Gender in Early Modern Europe: Institutions Texts, Images*, New edition, Edited by James Grantham Turner, 266-88. Cambridge and New York: Cambridge University Press, 1995.

May, Steven W. "Tudor Aristocrats and the Mythical 'Stigma of Print'." *Renaissance Papers* 10 (1980): 11–18.

McKitterick, David. *Print, Manuscript and the Search for Order*, 1450–1830. Cambridge: Cambridge University Press, 2003.

Montrose, Louis Adrian. "The Elizabethan Subject and the Spenserian Text." In *Literary Theory/Renaissance Texts*, edited by Patricia Parker and David Quint, 303-40. Baltimore and London: Johns Hopkins University Press, 1986.

_____. "Spenser's Domestic Domain: Poetry, Property, and the Early Modern Subject." In *Subject and Object in Renaissance Culture*, edited by Margreta de Grazia, Maureen Quilligan and Peter Stallybrass, 83-130. Cambridge and New York: Cambridge University Press, 1996.

Morley, Thomas. *A Plaine and Easie Introduction to Practicall Musicke*. London, 1597.

_____. *The First Booke of Ayres. Or Little Short Songs*. London, 1600.

Newton, R. C. "Jonson and the (Re)-Invention of the Book." In *Classic and Cavalier: Essays on Jonson and the Sons of Ben*, edited by Claude J. Summers and Ted-Larry Pebworth, 31-55. Pittsburgh: University of Pittsburgh Press, and London: Feffer and Simons, 1982.

Paterculus, Velleius. *Velleius Paterculus his Romane Historie: in Two Bookes ⋯ Rendred English by Sr. Robert le Grys Knt*. London, 1632.

Peacham, Henry. *The Compleat Gentleman*. London, 1622.

Poulton, Diana. *John Dowland*. 2nd ed. London: Faber. 1982.

Ravenscroft, Thomas. *A Briefe Discourse of the True (But Neglected) Use of Charact'ring the Degrees*. London, 1614.

Ripa, Cesare. *Nuova iconologia ampliata*. Padua, 1618.

Robinson, Thomas. *The Schoole of Musicke*. London, 1603.

Rupp, Susanne. "John Dowland's Strategic Melancholy and the Rise of the Composer in Early Modern England." *Shakespeare Jahrbuch* 139 (2003): 116–29.

Saenger, Michael. *The Commodification of Textual Engagements in the English Renaissance*. Aldershot: Ashgate, 2006.

Saunders, J. W. "The Stigma of Print: A Note on the Social Basis of Tudor Poetry." *Essays in Criticism* 1 (1951): 139–64.

Simpson, Thomas. *Opusculum*. Frankfurt, 1610.

Sinfield, Alan. "Poetaster: The Author, and the Perils of Cultural Production." In *Material London, ca. 1600, New Cultural Studies*, edited by Lena Cowen Orlin, 75–89. Philadelphia: University of Pennsylvania Press, 2000.

Smith, Jeremy L. "From "Rights to Copy' to the 'Bibliographic Ego': A New Look at the Last Early Edition of Byrd's 'Psalmes, Sonets & Songs'." *Music & Letters* 80 (1999): 511–30.

_____. "Print Culture and the Elizabethan Composer." *Fontes Artis Musicae* 48 (2001): 156–72.

_____. *Thomas East and Music Publishing in Renaissance England*. Oxford and New York: Oxford University Press, 2003.

Steele, Robert. *The Earliest English Music Printing: A Description and Bibliography of English Printed Music to the Close of the Sixteenth Century*. Illustrated Monographs, no. 11. London: Bibliographical Society, 1903.

Voss, Paul J. "Books for Sale: Advertising and Patronage in Late Elizabethan England." *Sixteenth Century Journal* 29 (1998): 733–56.

Wall, Wendy. *The Imprint of Gender: Authorship and Publication in the English Renaissance*. Ithaca and London: Cornell University Press, 1993.

Wegman, Rob C. "From Maker to Composer: Improvisation and Musical Authorship in the Low Countries, 1450–1500." *Journal of the American Musicological Society* 49 (1996): 409–79.

Whythorne, Thomas. The Autobiography of Thomas Whythorne. Edited by James M. Osborn. Oxford: Oxford University Press, 1961.

Williams, Sarah. "An Author's Role in Fourteenth-Century French Book Production: Guillaume de Machaut's 'Livre ou je met toutes mes choses'." *Romania* 90 (1969): 433–54.

_____. "Machaut's Self-Awareness as Author and Producer." *Annals of the New York Academy of Sciences* 314 (1978): 189–97.

Yonge, Nicholas. *Mvsica Transalpina: Madrigales Translated of Foure, Fiue and Six Partes, Chosen out of Diuers Excellent Authors*. London, 1588.

현대 음악의 작곡 과정에서 나타나는 창의성

Creativity in contemporary art music composition[1]

리처드 윌고스

조수현 옮김

1. 저자 소개

리처드 윌고스는 로봇공학, 창의성, 독창성 그리고 알고리즘 및 형식 체계의 문제를 다루며 메카트로닉스를 통한 인공지능과 지능형 기계를 연구하는 학자의 길을 걸어왔다. 호주 뉴사 우스웨일 대학교(University of New South Wales)의 전임 교수직에서 은퇴한 후에도 창의성 주제에 관한 관심을 기울이고 계속해서 발전시켰으며, 특히 현대 음악과 작곡 과정 그리고 연주에 중점을 둔 연구를 진행했다. 과학 학사(BSc) 및 박사(PhD), 호주 공학 연맹(FEAust.), 기술자 및 기술 분야 전문가 연합(MIET) 등 이공계에 뿌리를 두고 있던 그는 음악 학사 (BMus), 철학 학사(BA) 그리고 현대 음악의 작곡 과정에서 나타나는 창의성에 관한 음악 철학 박사(PhD)학위를 취득함으로써 해당 연구에 관한 관심과 역량을 강화했다. 그는 음악을 작곡하고 바이올린과 비올라 연주 활동을 지속했으며, 이와 동시에 현악기 제작자(luthier)가 되었다. 그의 최근 연구 주제는 바이올린의 소리를 과학적이고 미학적인 관점에서 분석하여 두 가지 정보를 상호 연관시키고 양립 가능한 방법을 모색하는 것이다.

2. 역자 서문

눈에 보이지 않는 '창의성'은 실재하는가? 만약 실재한다면 어디에서 찾아볼 수 있는가? 그리고 이 개념은 어떻게 정의할 수 있을까? 창의성을 탐구하려는 욕망은 어디에서 그리고 왜 시작된 걸까? 이 글은 이러한 문제의식에서 출발하여, 현대 음악의 '작곡 과정'이라는 특정한 맥락에서 창의성을 연구했다.

    저자 윌고스는 창의성에 대해 실체가 없기에 단일한 개념으로 규정할 수 없는 개념이

---

1) 출처: Willgoss, Richard. "Creativity in contemporary art music composition." International Review of the Aesthetics and Sociology of Music (2012), 423-437.

라고 논한다. 그래서일까? 다면적이고 예측할 수 없으며 비선형적인 특성을 가진 '창의성'은 다양한 학문 분야에서 연구 주제로 채택되고 있다. 역자는 이토록 다양한 학문적 연구와 접근 방법이 창의성에 대한 종합적인 이해의 문을 열어주며, 단일한 학문적 틀에 갇히지 않게 한다고 생각한다. 창의성에 대한 기존의 이론과 방법론이 가진 한계를 인식한 저자는 연구를 통해 현대 음악의 작곡 과정을 바탕으로 두 가지 체계를 제시하며 창의성을 이해하는 또 다른 접근 방법을 제안한다. 이공 공학 박사인 저자는 음악에도 관심이 많아 음악 학위를 취득했고, 악기 연주뿐만 아니라 직접 악기를 제작까지 했다. 이처럼 그는 이론적 연구를 뛰어넘어 연구자가 몸소 경험한 것을 바탕으로 실제적인 연구에 힘을 썼다. 이 연구의 흥미로운 점은 저자가 수년간 이어온 자신의 연구를 개인적인 관심사인 음악에 적용했다는 점이며, 이를 통해 한 가지 방식으로 정의할 수 없는 창의성을 밀도 높은 학제 간 연구로 발전시켰다는 것이다.

이 글에서 저자는 창의성이 비이성적이고 말로 표현할 수 없는 측면이 있으므로, 이성적으로만 접근하는 것은 혼란을 초래한다고 주장한다. 창의성을 탐구하기 위해 앞장섰던 헤겔, 쇼펜하우어, 칙센트미하이, 들뢰즈, 보든의 이론 등에서 철학적, 인지심리학적 창의성의 이론적 선례와 계보를 찾았다. 예술 작품의 '과정' 또는 '결과물'에 창의성이 실재한다고 보았고, 연구 범위를 창의적 활동으로 일컬어지는 예술 활동 중 '작곡 과정'으로 한정했으며 작곡할 때 발현되거나 작품에 현현하는 작곡가의 자아에 내재한 창의성을 중심으로 탐구했다.

저자에 의해 제시된 창의성에 관한 두 가지 이론적 체계(framework)는 창의성에 대한 근거를 제공하고 작곡 과정에서 발생하는 창의성의 역할을 추적한다. 첫 번째 체계는 보편적으로 사용 중인 어휘에 기반한 의미망 형태를 갖춘 것으로, 세 가지 순환 주기를 가지고 다양한 측면 간 이루어지는 상호작용 과정을 통해 어떠한 형태로든 존재하고 무한한 속성을 가진 창의성의 실재를 증명한다. 두 번째 체계에서는 '셉츄얼'(ceptual)이라는 용어를 어근으로 사용한 용어들을 활용하였다. '셉츄얼'이라는 용어는 변화, 변형을 암시하는 용어로 창의성의 특성을 보여주는 직관적인 용어다. 저자는 두 번째 체계를 통해 광범위한 인식론적 영역에 걸쳐 창의성이 실재하는 증거를 탐구하였다. 이를 통해 저자는 작곡가가 형언할 수 없는 것을 표현하려고 할 때 창의성이 발생하는 것을 입증했으며, 이러한 지점이 예술로 승화되었을 때 예술적 가치가 높게 평가된다고 언급했다. 다시 말해 작곡 과정은 창의적 활동이고, 형언할 수 없는 지점에 창의성이 실재한다.

저자는 연구에서 다면적·다층적 특성을 갖는 창의성에 대한 개념을 명확하게 정의하지는 않았다. 단일한 개념이나 정의에 의존하는 대신 여러 가지 접근법과 체계들을 제시했다.

더 나아가 형언할 수 없고 때로는 역설적이고 비논리적인 요소를 포함하는 창의성을 이해하기 위해서는 논리와 이성의 단절을 인정하기를 제안한다. 역자는 저자의 연구를 통해 음악이 왜 아름다운가? 에 대한 근거 중 하나로 '창의성'을 꼽아본다. 형언할 수 없는 무언가가 창작자의 창의성을 통해 실체를 갖춘 결과물이 되는 과정은 생성자와 수용자 모두에게 무한한 상상력을 제공한다. 이는 음악을 포함하여 예술 작품이 독창성, 고유성 그리고 아름다움을 가질 수 있는 이유이기도 하다.

이번 프로젝트를 위해 본문 번역 허가부터 시작해서 열렬한 지지와 적극적인 도움을 주었던 저자 윌고스는 2024년 4월 15일 갑작스럽게 영면에 들었다.

현대 음악의 작곡 과정에서 나타나는 창의성

1. 서론

> "어린아이의 손에 망치를 쥐여주면, 아이는 세상을 못으로 보게 된다."
> (When the only tool you have is a hammer, you tend to see every problem as a nail.)
> – 위르겐 하버마스 (Jürgen Habermas)

> "자신이 가진 유일한 도구가 망치라면, 모든 문제를 못으로 보게 된다."
> (Give a child a hammer, and the world becomes a nail.)
> – 아브라함 매슬로 (Abraham Maslow)

서양 사상에서 '창작 욕구' 또는 '영감을 받고자 하는 욕구(to be inspired)'를 표현하는 창의성 개념의 기원은 뮤즈(muses, 詩想)와 다이몬(daemons)[2]에 근간을 두고 있다. 이후 18세기 계몽주의 시대가 이성을 강조하며 새로운 이해의 방식들을 제시했지만, 창의성을 합리적인 이성만 가지고 정의를 내리는 데에는 난항이 거듭되었다. 이러한 어려움에도 불구하고, 창의성을 정의하는 합리적이고 맥락에 부합하는 다양한 용어들이 지속적으로 사용되고 있다.

　　오늘날 창의성은 첫째, 정의조차 모호한 보편적인 용어로, 주로 개인적으로 성취한 모든 노력에 대한 긍정적인 가치판단을 내리는 데 널리 사용된다. 둘째, 창의성은 어느 정도의 독립성, 독창성 및 효율성을 달성하는 방법을 발견하는 것을 의미하는 체계적으로 연구된 과학 용어이다. [창의성에 대해 보편적인 용어 사용과 과학적인 용어 사용의] 그 어느 쪽에서 창의성의 근거가 존재한다고 주장하는 것은 마치 원자가 어떤 방식으로든 인식 가능하다고 믿는 것과 본질적으로 같다. 우리가 세상을 이해하는 방식은 어떤 근거를 어떻게 파악하고 해석하는지에 따라 크게 달라지므로, 이 글에서는 현대 음악의 '작곡 과정'이라는 특정한 맥락에서 창의성을 이해하는 데 도움이 되는 근거를 탐구할 것이다. 여기서 다른 무엇보

---

2) [역주] 다이몬(daemon, daimon, daimonion)은 고대 그리스 신화에서 초자연적인 존재 또는 신을 묘사하는 용어이다.

다 최우선시되는 사안은 창의에 대한 우리의 이해와 창의성의 용어 사용이 어떻게 타당해지는가이다.

창의성을 철학적으로 탐구하려는 시도들은 수많은 이정표를 남기며 그 맥을 이어왔다. 예를 들어, 종합(the synthesis)을 창의적 단계(the creative step)라고 보는 헤겔[3]의 정반합(thesis-antithesis-synthesis, 正反合)의 변증법[4], 예술이 [자연미보다] 우위를 점한다는 쇼펜하우어[5]의 '맹목적 의지'(blind cosmic will) 개념, 권력 의지를 통해 아폴론적인 것을 극복하는 니체[6]의 디오니소스적 태도, 창의성을 최적화하는 칙센트마하이(M. Csikszentmihalyi)[7]의 '몰입'(flow), 창의성을 매우 중요시하는 들뢰즈(Gilles Deleuz)의 실천 철학 등을 생각해 볼 수 있다.[8] 창의성은 주로 인지심리학적인 관점에서 연구됐다. 예를 들어 보든(Margaret A. Boden)[9]은 창의성의 과학적 설명을 위해 여러 카테고리를 만들었다. 그중 그녀의 'P-창의성'과 'H-창의성'[10]은 현재 시점에서 특별히 새로운 것 없는 심리적 창의성(psychological creativity)과 역사적으로 새롭게 등장한 아이디어를 바탕으로 하는 역사적 창의성(historical creativity)을 구분하는 데 도움이 된다. 보든의 최근 연구는 특히 개념적 공간들(conceptual spaces)에 관한

---

3) Georg F. W. Hegel, The Phenomenology of Spirit, translated by A. Millar (Oxford University Press, 1977).

4) 변증법(Dialectic)의 형용사 격인 '변증법적(Dialectical)'은 물질이 의식보다 우위에 있다는 마르크스와 엥겔스의 변증법적 유물론과 같은 용도로 사용된다. 명사격의 변증법(Dialectic)은 소크라테스의 문답법(question-answer procedure, 問答法)처럼 우리가 절차에 따라 종합적으로 이해하는 사고방식을 설명하는 명사로 사용된다. 이 글에서는 명사격의 변증법에 대해 논하고 있으며 긍정적 변증법과 부정적 변증법의 사용에 대해 논한다.
   [역주] 저자는 '변증법'이라는 용어를 두 가지 다른 방식으로 사용한다고 설명하고 있다. 첫째는 형용사로 사용될 때이고 두 번째는 명사로 사용될 때이다. 이 글에서 저자는 명사로써의 변증법을 채택하여 긍정적 또는 부정적 변증법을 함께 사용하며 우리가 어떻게 정보나 지식을 통합하고 조합하는지에 대한 두 가지 다른 접근 방식을 설명한다. 이는 사고와 이해의 과정에서 긍정적인 측면과 부정적인 측면이 상호 작용하고 있다는 저자의 견해를 담고 있다.

5) Arthur Schopenhauer, The World as Will and Idea, ed. D. Berman, trans. J. Bermen (London: Everyman, J. M. Dent, 1995).

6) Friedrich Nietzsche, The Birth of Tragedy: Out of the Spirit of Music, trans. I. Johnson (Arling ton, USA: Richer Resources Publications, 2009).

7) Mihaly Csikszentmihalyi, Creativity: Flow and the Psychology of Discovery and Invention, (NewYork: Harper Collins, 1996).

8) Gilles Deleuze, Essays Critical and Clinical, translated by D. Smith & M. Greco (Minneapolis, USA: University of Minnesota Press, 1997). 들뢰즈의 해당 저서 135쪽에는 다음과 같은 문장이 있다. "창작 활동은 판단 없이 이루어져야 한다는 점. 아마도 이곳에 비밀이 있을지도 모른다. 만약 판단하는 것이 너무 꺼려진다면, 그것은 모든 [예술이나 창작물에 대한 가치에 관한] 것을 동등하게 평가해야 한다는 사실 때문이 아니라 오히려 가치 있는 것을 판단하거나 구별해야만 한다는 사실 때문이다. [그렇다면] 예술 작품에 대한 전문가적인 판단이 앞으로 세상에 나올 작품에 어떠한 영향을 미칠 수 있을 것인가?"

9) Margaret Boden, The Creative Mind: Myths and Mechanisms, 2nd ed. (London, UK: Routledge, 2004).

10) [역주] 마거릿 A. 보든은 창의성을 구분하기 위해 P-창의성(psychological creativity)과 H-창의성(historical creativity) 개념을 내놓았다. 그녀의 주장에 따르면 P-창의성은 이전의 누군가에 의해 떠올려진 아이디어라 할지라도 나 자신에게는 이전에 없던 새롭고, 놀라운 아이디어를 내놓는 능력을 말한다. 또한 H-창의성은 우리가 알고 있는 역사적 범주 내에서 이전에 아무도 떠올리지 못했던, 즉 인류 역사상 처음으로 등장한 아이디어를 내놓는 능력을 말한다. 참고 출처: 마거릿 A. 보든 『창조의 순간: 새로움은 어떻게 탄생하는가』고빛샘 외 옮김, 파주: 21세기북스, p.12-13 (2010).

것으로, 그녀의 관심사와 연관이 있는 예술 분야에 중점을 두고 있다.[11] 그녀는 자신의 저서를 통해 창의성을 조합적(combinatory), 탐색적(exploratory), 변형적(transformational) 형태로 분류한다. 또한 부제에서 강조된 것처럼, 세 가지 창의성 범주에서 각각 드러나는 놀라움의 요소를 구체적으로 설명한다.[12] 그녀는 책에서 몇 가지 음악적 맥락에 대해 언급하지만, 현대 음악의 작곡 과정에서 나타나는 창의성이나 이를 이해하는 데 따르는 어려움에 대해서는 언급하지 않고 있다. [보든의 책을 통해 제시된] 놀라움의 요소는 예상하지 못한 방식으로 그녀가 주장하는 세 가지 창의성 범주와 연결되는 지점을 갖고 있으며, 이러한 지점은 이 글이 제시하는 관점이나 견해와 일부 일치한다.

예술에서 창의성을 이성적인 사고방식이나 접근법을 사용한다면 개념, 구조, 표현, 이론 및 정의와 같은 용어 사용과 관련하여 다음과 같은 어려움이 발생한다. 첫째로 예술, 특히 그 중 음악은 이성에 기반한 본질적인 개념에 반기를 들지만, 역설적으로 이성이 없다면 애초에 예술은 상상할 수 없다.[13] 예술은 개념을 뒤엎어서 개념적이지 않은 것조차도 말할 수 있게 한다.[14] 둘째, 이성은 새로운 것을 억압하고 포섭하기 위해 구조화되지만, 예술은 불변적이고 새로운 것에 관한 것이기 때문에 이는 이성으로 환원될 수 없다. '저항'(revolts)을 일으키는 예술적 활동으로 여겨지는 창의성의 힘과 '전복'(subsumes)하는 획일적이고 구조화된 시대정신(Zeitgeist) 사이에는 항상 역동적인 긴장이 존재한다.[15] 셋째, 예술은 표현할 수 없는 것을 표현하는 것으로 예술 작품은 표현할 수 없거나 신비로운 것 사이에서 자체적으로 일관성을 만들어낸다.[16] 넷째, 특히 예술 중 음악 이론은 창의성의 흐름을 방해하거나 제한한다.[17] 다시 말해 많은 예술 중 단연코 창의적인 것으로 꼽히는 음악은 이론적 측면을 따르려 하지 않는다. 다섯째, 창의성을 정의하려는 시도는 정의 자체가 창의성의 경계를 연역

---

11) M. Boden, Creativity and Conceptual Art, in P. Goldie & E. Schellekens, Philosophy and Conceptual Art (Oxford University Press, 2007).

12) M. Boden, Creativity in Art: Three Roads to Surprise (Oxford University Press, 2010).

13) Max Paddison, Adorno's Aesthetics of Music (Cambridge University Press, 1993), 11.

14) Lydia Goehr, The Imaginary Museum of Musical Works: An Essay in the Philosophy of Music, revised edition (Oxford University Press, 2007). 무개념적 음악(music without concepts)에 대한 설명은 xliv 쪽과 더불어 매디슨의 저서 Adorno's Aesthetics of Music의 15쪽도 참고하라.

15) [역주] 해당 문단에서 저자가 언급한 것처럼, 예술은 본질적인 '이성(reason)' 개념에 대한 도전으로 간주된다. 보편적인 규칙과 원칙을 가지고 새로운 것을 구조하려는 경향이 있는 이성과는 달리 예술은 새롭고, 창의적인 것에 근간을 두기 때문에 이성과 대항(revolts)한다. 즉, 예술은 이성의 경계를 넘어서 새로운 표현의 자유를 추구하기 때문에 이성과의 충돌은 필수이며, 이러한 과정에서 '반란(revolts)'이라는 개념이 도출된다.

16) L. Goeher, The Quest for Voice (Berkeley: University of California Press, 1998), 4.

17) Nicholas Cook, "Playing God: Creativity, analysis and aesthetic inclusion," in Musical Creativity: Multidisciplinary Research in Theory and Practice, eds., I. Deliège & G. A. Wiggins (New York: Psychology Press, 2006), 20.

적으로 설정하기 때문에 그 정의의 중요성을 상실하게 만든다. [창의성에 대해] 어떠한 정의를 내릴 때 설명할 수 없는 현상이나 개념적인 부분은 항상 남아 있고, 계속해서 설명 자체가 불가한 부분도 남아 있다. [창작자의 특정한 주제나 개념에 대한] 이해를 거부하는 행위는 창의적인 활동에서 중요하며, [창의성의] `형언불가능성'(ineffability)을 인식하고 그것을 어떻게든 표현하려고 하는 [창작자의] 시도 그 자체는 창의적 활동으로 볼 수 있다. [창의성의] 형언불가능성은 필연적으로 창의성의 중요한 요인 중 하나인 상상력 세포를 자극한다.

따라서 예술에서 나타나는 창의성을 다룰 때 이성적인 관점으로 접근한다면 오히려 모순적인 혼란만 발생한다. 보편주의와 구성주의는 이성에 기반을 두고 있지만, [창의성의] 형언할 수 없는 부분을 아직 이해되지 않고 범주화 되지 않은 사전 지식(나중에 이해되고 분류될 지식)으로 간주한다.[18] [창의성을 설명하기 위해 사용하는] 보편주의 또는 구성주의의 용어들은 형언불가능성과 창의성 간 본질을 설명하기는커녕 어떠한 연결고리를 찾지 못한 채 이성에 맞지 않는 엉뚱한 방식으로 창의성을 설명하려 한다. 덧붙여, 예술의 창의성을 논하는 맥락에서 어떤 보편적인 개념(일반적인 원리)을 찾으려는 시도는 헛된 희망이다. 음악을 단일한 실체로 정의하기 어려운 이유는 문화적 및 민족적 차이가 너무 커서 서로 비교할 수 없는 과정과 결과물을 보여주기 때문이다. 즉, 음악은 각기 다른 문화와 사회 별로 다른 양상을 띠기 때문에, 음악을 하나의 보편적인(일반적) 개념으로 규정하기 어렵다. 예를 들어, 음악 복제는 어떤 사회에서는 음악적 모방으로써 존경받지만 다른 사회에서는 표절로 비난받는다. 더불어 어떤 사회에서는 음악적 독창성이 높게 평가되지만 다른 사회에서는 전통을 벗어나 독창적인 음악을 만드는 것이 그들의 전통과 문화를 무시하는 모욕적인 것으로 여겨진다.

예술 분야 중 특히 음악의 창의성을 이해하는 것은 일반적인 분야의 창의성을 이해하는 것보다 훨씬 어렵다. 기악 음악은 말(word), 더 일반적으로는 언어적 유형의 의사 표현을 사용하지 않고도 소통하는 예술이기 때문이다. 음악이 무엇을 말하고 어떠한 것을 전달하려고 하는지에 대한 여부의 답은 언제나 열려 있다. 음악은 본질적으로 추상적인 존재로 시작되며, 그 후 생성자나 수용자를 통해 사회적 구성물로서 의미를 갖게 된다.[19] [다음 두 가지

---

18) [역주] 저자는 보편주의(universalism)와 구성주의(constructionism)가 철학적 이성에 기반을 두고 있음에도 불구하고, 두 철학적 접근법은 창의성의 형언할 수 없는 부분(복잡한 부분)을 충분히 설명하지 못하고 있음을 지적하고 있다. 저자는 창의성의 본질적인 부분을 놓치고 있다는 점을 시사하며, 지금 설명하지 않고 나중에 해결할 문제로 남겨두고 있음을 비판한다.

19) [역주] 이 문장에서 저자가 언급하는 생성자(the generator)는 음악을 만들어내는 작곡가나 연주자를 의미하고, 수신자(the receiver)는 청중이나 음악을 경험하는 사람을 의미한다. 저자는 생성자와 수신자가 추상적인 형태로 시작하는 음악을 어떻게

음악의] 언어학적인 논쟁은 여전히 역설의 굴레에서 벗어나지 못하고 있다. (1) 음악은 언어다.[20] 음악에는 종종 [음악적] 문법, 즉 표기법이 있다. (2) 음악은 언어가 아니다. 음악은 음성 언어를 사용하지 않고 말하는 방식이다.

21세기 현대 음악은 광범위한 음악적 환경 속에서 상대적으로 작은 위치를 차지하고 있다. [다양한 장르와 스타일이 공존하는] 음악의 다원주의(pluralism)적 특성으로 인해 서로 다른 장르 간 비교나 평가가 어렵다. 장르 간 유사성 또는 차이점 비교를 위해 비교 기준을 설정하는 것이나 심리-측정 기준을 설정하는 것이 인식론적 접근 방식에 있어 필수적이라면, 그 방법은 [음악의 다원주의적 특성 때문에] 실패를 맛보게 될 것이다.[21] [음악의] 다원주의적 특성은 때때로 [청중이 다양한 음악 장르와 스타일을] 이해하고 감상하는 방식에 있어 큰 차이를 발생시키기도 하지만, 동시에 이러한 특성은 [창작자가] 창의성을 발휘할 수 있도록 돕는다. 다원주의는 기존의 사고 패턴이나 관행을 벗어나는 새로운 개념이나 아이디어를 '타자(他者)'에게 제시하거나 전달할 수 있으며, 다원주의적인 사고방식은 그 자체로 창의성을 촉진하는 요인이 될 수 있다.

현대 음악의 작곡 과정에서 나타나는 창의성을 이해하는 데 도움이 될 수 있는 몇 가지 합리적인 형태의 분류는 심리측정학의 파라미터 방법(parametrization)으로, 예를 들어 MBTI 성격 유형 지표(Myers-Briggs)[22] 또는 데이비드 커시(Kiersey)[23]의 기질 테스트를 생각해보라. 그들은 [성격 또는 기질에 따른] 분류체계를 통해 작곡가에게 보편적으로 관찰력이 뛰어난 장인 예술가 성향으로 여겨지는 ISFP(내향성-감각-감성-지각) 성향을 부여한다. 이러한 분류체계의 틀을 기반으로 했을 때 현대 음악은 광범위한 음악 장르 중 하나의 장르로 분류될 수 있다. 그러나 [이처럼 성격과 기질 유형을 기반으로 하는] 분류체계를 따랐을 때 현대 음악을 다른 장르와 구분하는 것에 있어 혼란과 어려움이 야기될 수 있다. 구분이 어려운 이유는 현대 음악 작곡가들은 그 자체로 매우 독특하여 명확하게 범주화하기 어렵고, [작곡된] 음악과 [그 음악을 만든] 작곡가는 서로 분리되지 않는 독특한 존재(entity)이기 때문이다. 음

이해하고 해석하는지에 따라 음악의 의미가 결정된다는 것을 논한다. 즉, 음악은 자체적으로 명확한 의미가 있지 않고, 사회적 맥락에서 생성자와 수신자의 해석에 따라 그 의미가 형성된다.

20) Aniruddh D. Patel, " Language, music syntax and the brain", Nature Neuroscience, 6 (2003): 674-81.

21) [역주] 저자는 인식론적 방법((the epistemic method)이 현대 음악의 복잡성과 다양성 즉, 다원주의적 성격을 충분히 이해하고 분석하기에는 적절하지 않다고 주장한다.

22) I. Myers, M. McCaulley, N. Quenk & A. Hammer, MBTI Manual (Mountain View, CA: CPP Inc, 1998). 이자벨 마이어스(I. B. Myers)와 캐서린 브릭(K. C. Briggs)은 사람들이 세상을 인식하는 주요 방식과 선호도를 파악할 수 있는 능력을 갖추길 원했다. '작곡가'는 마이어스-브릭스 성격 유형 지표의 설문지를 통해 파악될 수 있는 16가지 일반적인 성격 유형 중 하나이다.

23) 커시의 네 가지 기질 테스트는 다음 사이트를 참고하라. http://www.keirsey.com/aboutkts2.aspx

악학, 인지과학 그리고 심리학 분야의 방대한 연구에도 불구하고 인식론적 구조가 본질적으로 존재하지 않을 수 있으므로 이러한 분류는 문제를 일으킬 수 있으며, 과학적인 방법[24]을 사용하여 다른 결론을 주장할 수 있다. 현대 음악의 작곡 과정에서 나타나는 창의성은 이따금 음악이 창작자나 연주자 또는 청중에게 중요한 혁신과 가치를 지니는 것으로 보인다. 여기서 주목해야 할 점은 작곡가와 연주자는 종종 창의성과 같은 맥락을 가진 용어로 여겨지는 '효과적인 설득'(effective persuasion)을 사용하여 다른 사람들이 자기 작품을 이해할 수 있도록 해야 한다는 것이다. [음악에] '효과적인 설득'이 존재하면 이를 통해 작곡가들은 [음악을 듣는] 사회 집단으로부터 영향력과 인정을 얻는 데 도움이 된다. 음악 정전(musical canon)의 수용과 [이를 토대로 만들어진 음악들이] 후속 세대에 어떠한 영향을 미치고 이를 통해 어떤 방향으로 발전하는지에 대한 과정은 차과 희곡 등의 형태로 된 문학의 정전에서도 찾아볼 수 있다. 그러나 이에 대한 논의는 연구 범위를 벗어나므로 이 글에서는 이러한 주제에 대한 논의를 다루지 않을 것이다.[25]

창의성이 논리적이나 이성적인 접근과 연관되어 있다고 할지라도 이상하거나 독특한 것은 아니다.[26] 창의성은 기존에 이미 존재해온 예술 혹은 음악과 미약하게나마 연결이 되어있을 수 있다. 동시에 창의성은 기존 예술 혹은 음악의 규칙에서 벗어나고자 하는 노력 즉, 새로운 아이디어를 만들어낼 때 탄생한다. 그러므로 창의성은 종종 '과정'(in the process) 또는 '결과물'(in the product)에 실재하는 것으로 간주한다. 기술이나 기술의 사용은 이따금 창의적인 행동(the action of being creative)과 연관되어 있다. 행동의 창의성(creativity in behaviour)을 그 예로 볼 수 있다. 기존의 지식 또는 출처 등과 합리적인 연관성을 유지할 수

---

24) 과학적인 방법(Scientistic)이란, 말 그대로 과학을 통한 설명 외에는 가능한 설명이 없다는 것을 의미한다. '과학적인'(scientific)이라는 의미의 단어와 구별되는 '과학적 방법'(scientistic)은 인식론적 결론을 도출하기 위해 과학적인 '방법'을 선택하는 것이다.

25) [역주] 저자는 작곡가와 연주자가 청중이 음악을 이해할 수 있도록 '효과적인 설득'을 사용하는 것이 중요하다고 주장한다. 효과적인 설득이 작품 내에 존재한다면 작곡가들은 사회 구성원들로부터 인정과 명성을 얻을 수 있다고 논한다. 즉, 효과적인 설득은 청중에게 음악의 수용을 증가시키는 데 도움이 되며, 이러한 수용과 인정이 음악의 정전 형상에 영향을 미칠 수 있음을 시사한다. 또한 저자는 음악의 정전 형성, 후속 세대에 미치는 영향 그리고 어떤 방향으로 발전하는지를 이해하는 것이 중요하며 이러한 과정은 문학에서의 정전과 유사하게 발생한다고 논한다. 그러나 저자는 이러한 주제에 대한 논의가 연구 범위를 벗어나기 때문에 해당 주제를 다루지 않을 것이라고 명시한다. 따라서 저자가 설정한 이 연구의 범위와 한계는 음악의 정전과 그 영향에 초점을 맞추지만, 문학의 정전과의 관련성에 대한 논의는 연구 범위를 벗어나기에 논하지 않을 것이라고 명시한다.

26) E. Paul Torrance, "The Nature of Creativity as Manifest in Testing," in The Nature of Creativity: Contemporary Psychological Perspectives, ed. Robert J. Sternberg (Cambridge University Press, 1998), 43-75.
　　[역주] 저자의 주장에 따르면 창의성은 논리적인 사고와 조화되어 발현되기도 하는데 이러한 상황이 일반적으로 발생할 수 있다. 저자는 폴 토렌스의 글을 인용하여 창의성과 논리적이고 이성적인 사고가 상호 보완적인 요소임을 시사한다.

있는 일반적인 창의성과 달리 현대 음악의 작곡 과정에서 나타나는 창의성은 과거에 만들어진 어떠한 음악적 요소들과 연관되어 있거나 그것들에 의존하지 않으려는 경향이 있다.[27] 만약 우리가 예상하거나 이해하기 어려운 것[28]이 이미 [당시 사회나 사회 구성원들로부터] 인정되고 수용되어 있다면, 이해하기 어려운 것이라 하더라도 보편적인 것으로 통용될 수 있다. 따라서 모든 다른 방법을 배제하고 과학적 방법만을 사용하여 현대 음악 작곡 과정의 창의성을 이해해야 한다는 선험적인 가정을 설정하는 것은 옳지 않다. 과학적인 구조(체계)는 [공식적으로 승인된 것이라 할지라도] 현대 음악의 작곡 과정에서 나타나는 창의성을 이해하는 접근 방법으로 적합하지 않을 수 있다. [창의성을 증명하기 위해 이에 대한 증거나 사실을 분석할 때] 과학, 사회과학, 인지심리학 및 분석음악학 등의 방법을 활용했는데도 충분하지 않다면, 이것은 적합하지 않은 분석 방법을 선택한 것일 수 있다. 음악의 창의성을 이해하는 과정에서 [작곡가의 감정, 경험, 영감 등과 같이 주관적인 측면과 같은] 인간의 내재적(human immanence)인 측면을 충분히 고려하지 않으면 분석의 부족함이 발생할 수 있다.

현대 음악의 작곡 과정에서 나타나는 창의성에 타당하게 접근하기 위해서는 객관적인 과학적 분석뿐만 아니라 필수적으로 [창작자의] 내재적인 측면도 고려해야 한다.[29] 앞서 언급된 어려움들을 모두 수용하면서 이를 실현할 수 있다. 창의성을 이해하는 것은 작곡가들의 개성을 비롯하여 그들의 독창적인 표현, 음악적 어법을 이해하는 것을 의미한다. 이를 통해 창의성을 이해하기 위해서는 이성적이고 논리적인 측정 기준뿐만 아니라 역설, 형언불가능성과 같은 개념들도 함께 고려되어야 하며 형식적인 정의에 대한 의존을 낮춰야 한다는 것을 강력히 시사한다. 어떤 관점에서 보면, 창의성을 이해하는 데 있어 일반적인 맥락이나 형식적인 방법을 사용해서 그 의미를 규정지을 수 없다. 어떤 방법으로든 객관성을 확보하기 위해 관찰자를 지식의 기반, 즉 이론, 주장 또는 가정을 뒷받침하는 근거나 증거로부터 분리한다고 가정해 보자. 이때 연역적 반증(deductive refutation)을 시도한다면, 그 방법 자체로는 창의성의 중요한 측면을 깊이 이해하는 데 충분하지 않을 수 있다. 나아가 그 방법의

---

27) [역주] 저자는 현대 음악의 작곡 과정에서 나타나는 창의성에 관해 관습적으로 전해져 내려오는 규칙이나 기술에 구속받지 않고 창작자가 독자적으로 자유롭게 발전할 수 있음을 시사한다.

28) [역주] 역자는 저자가 사용한 bizarre(이상함, 독특함, 기괴함)를 문장의 자연스러운 흐름을 위해 우리가 예상하거나 이해하기 어려운 것으로 의역했음을 밝힌다.

29) 이중성(duality)에 대한 설명은 인간의 본성에 대한 불신을 기반으로 하는 미국의 철학자이자 음악학자인 리디아 고어(L. Goeher)의 저서 The Quest for Voice의 28-29쪽을 참조하라.
   [역주] 저자는 복잡한 측면을 가지고 있는 예술 중 작곡 과정에 나타나는 창작자의 창의성을 이해하기 위해서 내재적인 관점과 과학적인 관점 모두를 고려해야 한다고 논하며, 주장을 뒷받침하기 위해 고어의 이원론을 인용하였다.

음악적 창의성이란 무엇인가? : 플라톤에서 AI까지 음악적 창조에 대한 미적 담론

'본질적인 이유'(raison d'être)만으로도 창의성을 온전히 설명하기에는 어느 정도 한계를 가질 뿐만 아니라 창의성을 제한할 우려도 있다.

2. 체계화된 지식의 분류

창의성에 대한 접근 방식의 한계와 어려움을 인식함과 동시에 현대 음악의 작곡 과정에서 나타나는 창의성을 어떻게 효과적으로 정의 내릴 수 있는지에 대한 초기 연구가 이루어졌다. 이 연구에서는 창의성을 이해하고 규정하기 위해 음악학적, 철학적, 과학적 연구를 복합적으로 수행하였으며, 서로 다른 세 학문적 접근 방식이 나머지 두 학문에서 제시하는 주장을 중요하게 수렴하며 진행되었다. 창의성어 대해 논함에 있어 내재적인 측면에서 설득력 있는 주장과 객관적인 과학 이론이 어떤 기준으로 선택되었는지, 그리고 이를 어떻게 검증하고 평가하는지에 대한 연구가 진행되었다.

초기 연구를 통해 현대 음악의 작곡 과정에서 나타나는 창의성의 증거를 포괄할 수 있는 두 개의 체계가 완성되었다. 이 두 가지 체계는 현대 음악의 작곡 과정에서 나타나는 창의성을 이해하는 데 적절한 접근 방식을 제공하고, 다양한 관점을 수용하면서도 제한되거나 [특정한 방법에] 제약받지 않는 것을 보여준다. 물론, 처음에는 일반적인 방법론으로 시작되었지만, 점차 개방적이고 유연한 인식론적 접근 방식을 취하게 되었다.

첫 번째 체계는 커뮤니케이션의 의미론에서 접근하였고, 두 번째 체계는 용어의 정의적(definitional) 문제에서 접근했다. 종합적으로 두 개의 체계 모두 그 내용이 이전 접근 방식과 필연적으로 다른 이유에 대해 살펴보고자 한다. 현대 음악의 작곡 과정을 창의적으로 인식하는 것이 무엇을 의미하는지 탐구하는 더 제안된 두 개의 체계에 내재된 원칙들은 테오도르 W. 아도르노(T. W. Adorno, 1903-1969)의 작업을 포함한 일부 비판 이론과 어떤 식으로든 연관성을 가지고 있다. 20세기 음악 철학 비평가이자 쇤베르크, 베베른, 베르그와 함께 제2 빈악파에 속한 아도르노는 비평 이론을 처음으로 음악에 적용한 바 있다.

앞서 언급했듯이 현대 음악의 작곡 과정에서 나타나는 창의성에 대한 공식적 정의를 내리기 어렵다면, 비교 기준을 설정하는 것 또는 심리-측정적인 사고 외에도 [아도르노의 의미에서] 성좌적 사유(thinking constellationally)가 필요하다. 여기서 '성좌적 사유(별자리적 사고)'란 사전적 정의에서도 찾아볼 수 있듯이 매우 이질적인 개체, 아이디어, 개념 및 관점을 하나로 결합하는 것을 의미한다. 천문학자들은 '별자리'를 자유롭게 사용하여 다른 세계나 우주에서 생명체가 존재할 수 있는 여지나 가능성을 반추하며, 이를 통해 인간이 의존하는 모든 원칙이 불확실하게 여겨지거나 사라질 가능성에 대해 상상하게 한다. 패디슨(M. Paddison)의 글에 따르면 아도르노는 성좌(별자리)에 대해 특정하게 명시되지 않은 [아이디어나 개념들의 집합에 대한] 중심으로부터 동일한 거리에 있는 각각의 아이디어나 개념들의 성좌의 일부로 제시하는 개념으로 서술했다. 아도르노의 글은 어쩌면 다양성을 이해하는 한 가지 방법으로 볼 수도 있다.[30] 비슷한 방식으로 패디슨[31]은 아도르노의 '개체들의 성좌'(constellation of entities)에 대한 개념을 체계적인 접근이나 체계적인 용어에서 벗어난 것, 즉, 이성적 논리 체계(logico-reasonable system)에서 벗어난 것으로 간주한다. 패디슨은 아도르노의 사상을 '개념들의 성좌'(constellation of ideas)라는 관념을 통해 [작곡가가 자신의 감정과 경험을 솔직하게 표현하는] 진정성과 더불어 [작곡가의] 어떠한 것과 타협하지 않은 기술적 일관성이라는 상반된 이중성을 만들어내는 사고로 확장한다. 이러한 이중성의 개념을 가지고 두 가지 다른 접근 방식 간 비교를 가능하게 하는데, 두 가지 다른 접근 방식은 경험(연구)으로부터 얻은 증거를 통해 [주관적이거나 왜곡되지 않은] 진정한 정보로 인식하는 것과 일반적인 측정 기준을 통해 일관된 해석을 구축하는 것을 말한다. 작품 내의 진정성과 작품의 기술적 일관성은 [음악을 평가하거나 이해하는 과정에서 도달하고자 하는] 만족스러운 통찰력을 위해 어떤 방식으로든 공존해야 하며, 이는 음악 비평의 근간이 되는 기준점이기도 하다.

흔히 형식적 체계라고도 불리는 엄격한 기준을 바탕으로 하는 이성적 논리 체계와는 달리, 음악에서는 역설 또는 역설적인 현상을 긍정적으로 받아들여야 한다. 작곡은 [음악적] 신호, 잡음, 침묵을 포함하는 커뮤니케이션 양식들의 산물이라고 볼 수 있으며, 이러한 양식들의 요소를 구별하는 것은 작곡가, 연주자 그리고 청중 모두에게 창작 과정의 일부이면서

---

30) M. Paddison, Adorno's Aesthetics of Music, 21. 또한, 이 내용은 미셸 푸코(M. FOUCAULT)가 1967년에 한 강의 'Of Other Spaces(다른 세계들)'와 1984년 프랑스 저널 Architecture/Mouvement/ Continuité을 통해 출판된 'Des Espace Autres'에서도 찾아볼 수 있다. 프랑스어로 쓰인 이 글을 Jay Miskowiec가 2012년에 영어로 번역하였다. 푸코의 헤테로토피아 적 '공간들'은 '성좌'의 개념과 유사한 개념이다. 푸코의 이론은 새로운 아이디어나 관점을 탐구하는 데 사용할 수 있는 다양한 도구들(toolbox)를 제공하고 선택의 자유를 부여한다. 푸코는 "우리의 시대는 우리가 공간을 이해하는 방식이 장소(site) 간 관계 형태로 나타나는 시대"라고 말했는데, 이는 아도르노의 저술이 지닌 성좌적 성격을 명확하게 반영하는 주장이다.

[역주] 저자는 창의성을 탐구하는 데 있어 푸코의 이론이 다양한 개념, 이론, 논리로써 활용될 수 있음을 시사하고, 이 도구들을 사용하여 사람들은 자신만의 방식으로 탐구 결과에 도달할 수 있다고 논한다. 마지막으로 저자는 아도르노의 성좌개념을 설명하기 위해 푸코의 주장을 덧붙였는데 추후 본론에서 다루는 창의성을 이루는 요소 간 네트워크에 관한 주장에 뒷받침하는 근거가 된다.

31) M. Paddison, Adorno, Modernism and Mass Culture: Essays on Critical Theory and Music (London: Kahn & Averill, 1996), 78쪽의 '성좌개념(constellation of ideas)'을 참고하라.

역설적이다. 양식들의 요소들을 구별하는 것은 [음악 창작 과정에서 중요한 역할을 하지만 동시에 명확한 구분이 어렵기 때문에] 역설적인 모습의 전형적인 예로 볼 수 있다. 음악에서 대인적 경험(interpersonal experience) 즉, 사람들 간의 경험을 비교하거나 [음악적] 신호, 잡음, 침묵의 범주를 구분하는 것은 음악의 신호, 잡음, 침묵을 서로 다르게 인식하고 해석하기 때문에 그 자체로 어려운 일이다. 어떤 이에게는 소음으로 들리는 것이 다른 누군가에게는 또 다른 [음악적] 신호로 받아들여질 수 있다. 침묵이 반드시 음악이 들리지 않는다는 의미일 필요는 없지만 [음악적] 신호가 들리지 않는다는 것을 의미할 수도 있다.[32] 이러한 역설적인 증거에 의존하는 것이 타당한지 의문을 제기할 때, 게티어(E. Gettier)[33] 사례는 여기서 중요하게 여겨진다. 역설은 더 이상 음악적인 이해를 방해하는 문제가 아니다. 초기에는 추상적으로만 여겨졌던 음악은 게티어의 사례를 통해 수용되고, 오히려 환영받는 해결책이 되었다. 왜냐하면 이러한 수용은 창작자와 수용자 모두 예술 작품을 창의적으로 사유하는 힘과 해석의 폭을 넓히기 때문이다.

긍정적 변증법은 논리-실증주의적 입장을 자연스럽게 발전시킨 것이다. 이는 포퍼(K. Popper)가 주장한 과학에서 반박할 수 있는 구조와 모델을 통한 정당화를 뒷받침한다.[34] 더 나아가 긍정적 변증법은 구조를 통해 용어와 분석에 대한 합의를 촉진한다. 이 두 가지 이유로 인해 인식론적 탐구의 주요한 근거를 형성해왔다. 이러한 방식으로 정의된 긍정적 변증법은 예술, 특히 음악 문제를 다루기에는 부적절하다는 인식 때문에 한동안 면밀하게 검토받아왔다. 이러한 [긍정적 변증법의] 부적절함에 대응하기 위해 부정변증법(Negative Dialectics)은 1920년대부터 아도르노의 신조[35] 중 하나가 되었으며, 예술 비평가는 경계를 넘어서기 위해 부정변증법을 채택했다. 패디슨[36]은 아도르노를 고전주의적 모더니스트로 칭하며, 아도르노의 부정변증은 이율배반(antinomy)적 성격에 기인한다고 주장한다. 인우드(M.

---

32) [역주] 저자는 음악에서의 침묵은 단순히 소리가 없다는 것을 의미하는 것이 아니라 때로는 소리가 없는 상태일 때도 음악적인 의미가 있을 수 있다는 것을 시사한다. 마찬가지로 음악적 신호가 들리지 않는다는 것도 단순히 소리가 없다는 것이 아니라 소리의 부재를 나타내는 것일 수 있다고 논한다.

33) Edmund Gettier, "Is Justified True Belief Knowledge?," Analysis 23 (1963), 121-23. 게티어의 사례, 더 엄밀히 말하자면 문제들은 정당한 참된 믿음(justified true belief)의 실증을 중심으로 전개된다. 현재 영미권의 철학 분석에서 사용되는 게티어 분류의 주요 문제점은 구조적인 방향성을 가지고 있다는 점이며, 마치 좋은 분석이라는 것이 '문제'를 해결할 수 있는 것이라고 여겨질 수도 있을 것이다. 그러나 좋은 분석이란 결코 이러한 목표를 달성하지 못할 수도 있고, 올바른 지식 이론으로도 인정되지 않을 수도 있다.

34) Karl Popper, The Logic of Scientific Discovery, translated of Logik der Forschung (Routledge, 2002).

35) Theodor Adorno, Negative Dialectics, trans. E. Ashton (Routledge, 1990).

36) M. Paddison, Adorno's Aesthetics of Music, 12-13.

Inwood[37]는 아도르노의 부정변증법의 목표에 대해 "(…) 개념적 형태(conceptual forms)가 현실에 대한 우리의 시각을 왜곡하거나 실질적인 참여를 방해하는 개념으로 굳어지기 전에 그 개념을 깨뜨려야 한다. (중략) 개념이 (현실을 설명하거나 해석하는데) 실패할 때 예술은 우리를 도와준다. (중략) 예술, 특히 음악은, (…) 자유를 요구하고 사회에 대한 비판을 나타낸다"라고 논한다.[38] 캠벨(E. Campbell)은 불레즈(P. Boulez)의 음악을 이해하는 방식에 있어 그의 음악에 변증법적인 방식으로 채택된 부정적 사유(negational thinking)가 일부 포함되어 있다고 보았는데, 그 당시 [불레즈의 음악에는] 상반되는 이분법적인 개념[39]들이 많이 포함되어 있다고 논한다. 다음은 루스[40]의 논문 초록에서 발췌한 글이다.

(…) 부정변증법은 끝없는 부정의 과정을 통해 [개개인의] 의식과 더 나아가 학습에 내재되어 있는 물화(reification, 物化, Versachlichung)의 역설적 본질 즉, 물화에 함축된 중요한 진리를 이해하는 데 탁월한 방법이다. [사회나 문화적인 맥락을 바탕으로 형성된] 물화의 불가피함을 깨달음으로써 극단적으로 [현실을 왜곡하거나 변형시키는] 주관적인 견해나 신념을 피할 수 있고, 지식 혹은 그 본질적 의미를 객관적으로 완벽하게 이해하거나 파악할 수 있다. [이를 통해 개개인은 사회나 문화적으로 형성된] 물화의 순환을 끊을 수 없다는 것을 알게 된다.

따라서 부정변증법은 [본질을 깊이 이해하고 파악하는 데 도움을 주는] 통찰력과 [개념의 한계나 제약을] 초월할 수 있도록 돕는다. 루스가 논의 끝에서 제시한 의견을 요약하면 내재성(immanence, 內在性)이란 반대되는 이분법적인 측면 즉, 주관적 측면과 객관적 측면이 함께 결합하는 방식이다.[41]

---

37) Michael Inwood, 'Adorno' in The Oxford Companion to Philosophy (Oxford University Press, 1995), 8.

38) [역주] 저자는 인우드의 주장을 인용하여 부정변증법의 개념적 접근과 예술 특히, 음악이 현실을 이해하고 해석하는 데 어떤 역할을 하는지에 대한 관련성을 강조한다. 우리가 사물을 이해하고 해석하는 데 사용하는 개념이나 이론이 현실을 충분히 설명하지 못하거나 예측하지 못할 때, 음악은 개념적 한계를 벗어나 우리에게 새로운 시각을 제공하거나 현실을 더 깊이 이해할 기회를 제공한다고 논한다.

39) [역주] 저자가 서술한 '상반되는 이분법적인 개념들'이란 음악에서 높은음과 낮은음, 빠른 리듬과 느린 리듬 등 음악에서 나타나는 대립하는 개념들을 그 예로 들 수 있다. 저자가 인용한 캠벨의 주장에 따르면 불레즈의 음악적 접근은 이분법적인 개념에 근거한 부정적 사유에 영향을 받았을 것이다.

40) Joseph Louth, Music, Metaphor, and Ideology: Toward a Critical Theory of Forms in Music Education, Doctoral dissertation (University of Western Ontario, 2008), 초록을 참고하라.

41) 이 글에서는 일반적으로 예술을 설명하기 위해 상반되는 이분법적 개념 또는 이원적인 개념들을 사용하는 것에 대해 언급한다. 이중성·이원론(duality)은 상반되는 개념 간 대립과 상호작용이 목적론(teleology)적 관점을 사용하여 선형적 진보를 보여주는 체계화된 방법론으로서 모더니즘과 연결됐다. 예를 들어 데이비드 베넷(D. Bennett)의 Sounding Postmodern. Sampling Australian Composers, Sound Artists and Music Critics (Sydney: Australian Music Centre, 2008), 79를 참고하라. 또한 변

마지막으로 창의성의 체계들에 대한 본론에 들어가기에 앞서, 이미 형언불가능성 (ineffability)과 그것이 창의성의 증거가 될 수 있는지에 대한 언급이 있었다. 언뜻 보기에 형언불가능성은 정의상 '[개념이나 경험이] 이해되지 않거나 설명되지 않은 것 [또는 그러한 상태]'이며, 이는 [생산자의] 더 큰 노력과 능력을 통해 [수용자에게] 이해될 수 있는 것으로 보일 수 있다. 그러나 이러한 입장은 모든 것을 포용할 수 없는 인간과 심지어 인류 전체의 논리의 한계를 인정하지 않는 것이다. '형언불가능성'이라는 단어에는 이해하기 어렵거나 해결하기 어려울 수 있다는 개념이 내포되어 있다. 만약 형언할 수 없는 순간을 [창작자의] 창의성이 발휘되는 순간으로 인정하지 않는다면, 창의성에 대한 증거는 어디에서도 찾지 '못할 것'이다.

3. 창의성의 체계들

앞서 언급한 대로 현대 음악의 작곡 과정에서 나타나는 창의성이 어디서, 어떻게 그리고 어떠한 역할을 하는지 더 깊이 이해하기 위해 창의성에 관한 두 가지 이론적 체계들을 제시하고자 한다. 이 체계들은 창의성의 근거를 판단하는 근간이 될 수 있을 것이다. 첫 번째 체계(그림 1)는 이미 사용되고 있는 어휘들을 기반으로 하여 의미망(semantic net)[42] 형태를 취한다. 두 번째 체계(그림 2)는 '셉츄얼 유형'(ceptual-type)의 용어를 중심으로 창의성의 존재에 대한 근거가 어디에서 비롯될 수 있는지를 구분하는 데 중점을 둔 것이다. 첫 번째 체계(그림 1)와 두 번째 체계(그림 2)는 마치 인식론적 정신이론(cognitive theory of mind)에 기반하여 정립된 것처럼 보일 수 있지만, 두 가지 체계는 [인식론적 정신 이론과 같은] 특정 이론이나 개념을 설명하는 것을 목적으로 하지 않는다. 이 글의 목적은 인문학적인 접근 방식으로 해당 담론에 접근할 때 특정 용어와 체계가 왜 선택되어야 하는지에 대한 이유를 논하는 데 있으며, 이는 예술, 특히 현대 음악의 창의성에 대해 논의되고 있는 다른 담론들과 구별을 할 수 있게 한다.

기본적으로 의미망의 형태를 띤 첫 번째 체계(그림 1)는 음악에서 창의성을 창작 과정

증법, 부정 그리고 상반되는 이분법에 관해서는 E. Campbell의 저서 Boulez, Music and Philosophy의 3장을 참고하라. 캠벨은 변증법으로써 이분법적 개념을 많은 20세기 작곡가들의 작품을 설명하는 데 사용했다.

42) [역주] 의미망(semantic network, 意味網): 지식 표현법의 일종으로 어떤 개념과 다른 개념 사이의 상관관계나 계층 관계를 그려 놓은 도표를 도식화한 것이다. [출처: 국립국어원]

의 현현(manifestation, 顯顯)으로 볼 때 어떤 것이 발견될 수 있는지를 보여준다. 두 가지 유형의 기호학적 표현이 사용되는데, 하나는 '다공성'(porous)[43] 점선의 경계 안에 과정의 현현을 도식화했다. 다른 하나는 방향 화살표와 함께 쓰인 전형적인 '교류'(transaction)를 나타내기 위해 사용되었다. 서로 다른 학문 분야에서 동일하게 사용되는 용어의 선택에 대해 학문 분야 간 견해 차이로 인한 논쟁의 여지가 있을 수 있다. 이 글에서도 서로 다른 학문 분야에서 동일하게 사용되고 있는 용어가 사용되나 글의 간결성을 위해 설명에서는 첫 번째 용어만 인용했다.

첫 번째 체계(그림 1)는 [창의성의 다양한 측면 간 지속적으로 이루어지는 상호작용이나 소통의 과정을 묘사하는] 커뮤니케이션의 세 가지 순환적 루프(three cyclic loop of communication)[44]가 동시에 활성화될 가능성을 보여준다. 이러한 각 루프 간 순환 과정을 통해 창의성은 어떠한 형태로든 현현될 것으로 예상된다. 첫째, 우리 안에서 의식과 무의식 간에 대화가 이루어진다. 이때 좋은 기술과 재주를 갖추고 있다면 영감이 떠오를 수 있는 비옥한 토양이 만들어진다. 시상(the muse, 詩想)이 사라지고 영감이 떠오르지 않더라도, 좋은 기술과 재주는 영감이 다시 떠오를 때까지 예술 활동을 지속 가능케 한다. 자아에 내재된 창의성(Creativity embodied in the self)에서는 우리가 [의식적으로] 창의성 중 일부를 통제할 수 있지만 창의성 너머 존재하는 다양한 측면을 직접 통제할 수 없는 방식을 묘사하고 있으며, [영감, 통찰력, 본능, 직감을 포함하고 있는] 무의식은 자체적으로 자기 조절 및 유지를 하며 개인의 정신적인 기능을 책임지고 있는 것으로 간주된다. 둘째로 우리가 살고 있는 더 넓은 세계 측면에서 우리의 음악적 표현은 우리 내부의 이야기를 우리와 관계를 맺고 있는 외부 세계로 표출하며 그 세계와 상호소통을 한다. 음악이라는 예술품을 만들어내고 표현하려는 우리의 의식적인 노력은 작품을 경험하는 '타자'(co-respondent)의 피드백과 상호작용을 통해 작품이 그들에게 어떻게 전달되고 받아들여지는 과정을 탐험하기 위함이다. 세 번째는 아마도 가장 논쟁의 여지가 많을 것으로 예상되는 부분으로, 창작자는 자신의 자아와 육체적인 한계를 완전히 뛰어넘는 어떤 존재 간 상호작용을 통해 예술 창작 과정에서 더욱 깊은 차원

---

43) [역주] 다공성(porous, 多孔性): 재료 내분에 매우 많은 구멍이 존재하는 성질 [출처: 대한건축학회 건축 용어사전] 저자는 글에서 이 용어를 경계나 구분이 모호하고 상호작용이 자유로운 상태를 나타내는 의미로 사용했다.

44) [역주] 저자는 작곡가의 창의성이 발현될 때 활성화되는 의식과 무의식 간 커뮤니케이션의 세 가지 주기(three cyclic loops)들을 다루고 있다. 이 주기들은 서로 순환적인 양상을 띠고 있으며, 첫째, 작곡가 자신의 내부적인 대화 즉, 자아의 의식과 무의식 간에 일어나는 상호작용에 대해 논하고 있다. 둘째로는 작곡가와 외부 세계 또는 타자 간의 소통에 대해 논하고 있다. 마지막으로 세 번째로는 창작물이 작곡가의 육체적 한계와 물리적인 형태를 뛰어넘어 영적, 신비적 또는 초월적 차원에서 소통하는 것에 대해 논하고 있다.

의 경험과 상호작용을 탐험하게 된다. 이러한 경험을 추구하고자 하는 창작자의 예술적 아이디어(suggestion)나 열망은 창작자의 창작 활동의 동기 또는 의도가 되며, 이는 창작자가 플라톤적, 영적 또는 패러다임적[45]인 상태에서 예술 작품의 최적화(optimization)[46]를 추구함으로써 이루어진다. 그 과정에서 예술가의 자아는 종종 신성하거나 영적이거나 신비로운 것을 탐험하려고 노력하게 되고, 이 과정에서 말로 표현하기 어렵지만 [직관적으로 느껴지는 동시에] 모순적으로 인식되는 소통이 이루어질 수 있다.

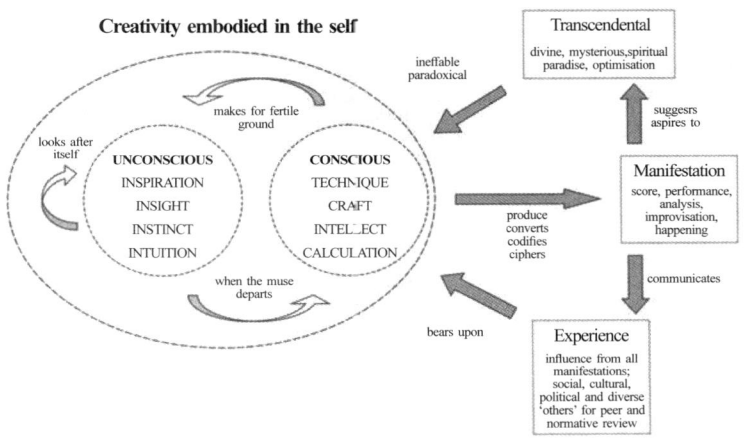

그림 1. 작곡 과정에서 나타나는 창의성: 어휘 분류 및 의미망

첫 번째 체계(그림 1)와 같이 통해 [창작자의 자아에 내재된 창의성의 범주에 있는] 커뮤니케이션의 세 가지 순환 주기(cycles)를 통해 상호작용을 하거나 영향을 주고받을 수 있는데 즉, 한 주기가 다른 두 주기보다 우위를 차지하거나 개입하는 것이 자유롭게 일어날 수 있다고 이해할 수 있다. 다공성(porous)의 형태로 도식화될 수 있으며 이러한 이유로 각 경계는 점선으로 묘사되어있다. 커뮤니케이션의 세 가지 주기는 개인 내적(intra-personal), 사람

---

45) [역주] 패러다임적(paradigmic): '패러다임'은 어떤 분야에서 전반적인 체계나 방법을 의미하는 단어로 가정, 규범, 판단 기준, 연구 방법 등을 전반적으로 포괄한다. 저자가 쓴 '패러다임적 상태에서의 최적화를 추구'라는 표현은 어떤 분야 또는 학문에서 공유는 특정한 체계나 관념적인 틀에 기초한 상태에서 최적의 상태나 성취를 찾으려는 노력을 의미한다.

46) [역주] 저자가 말하는 '최적화'란 창작자가 아이디어와 열망을 효율적으로 활용하여 높은 수준과 완성도를 가진 음악을 창작하는 과정을 의미하는 것으로 볼 수 있다. 이 부분에서 저자는 예술 장작 과정에서 미지의 영역을 탐험하고 이해하려는 예술가의 노력에 대해 논하고 있다.

간(inter-personal), 초개인적(super-personal)인 커뮤니케이션의 순환 주기(들)를 설명하고 있으며, 이 과정에서 창작자가 [창의성의] 증거를 생성하는 주체가 된다는 것을 알 수 있다. 용어의 의미나 관련성을 고려하였을 때, 일부 용어는 음악적 의도를 가지고 있지만 이는 다른 예술 학문과 관련된 용어로도 대체될 수 있다. 첫 번째 체계(그림 1)는 다양한 형태와 방식으로 발산되는 한 개인의 창의성에 대해 해석할 다양한 가능성을 보여주기도 하지만 그와 동시에 커뮤니케이션의 순환 주기(들)에 해당되는 정보가 잘못 해석될 가능성이 높다는 것도 의미한다. 또한 커뮤니케이션의 순환 주기(들)에는 창의성의 근원지가 될 가능성이 높은 '특정한 지점들'(hot spots)이 존재할 수 있으며, 이 구역에서는 창의성이 다른 지역보다 더 자주 발생할 가능성이 있다. 첫 번째 체계(그림 1)는 특히 예술과 작곡의 창의성과 관련이 있으며, 과학적 증거의 관점에서는 통상적으로 배제되는 초월적(transcendental)이거나 초개인적(super-personal)인 창의적 순환 주기를 명백히 포함하고 있다.

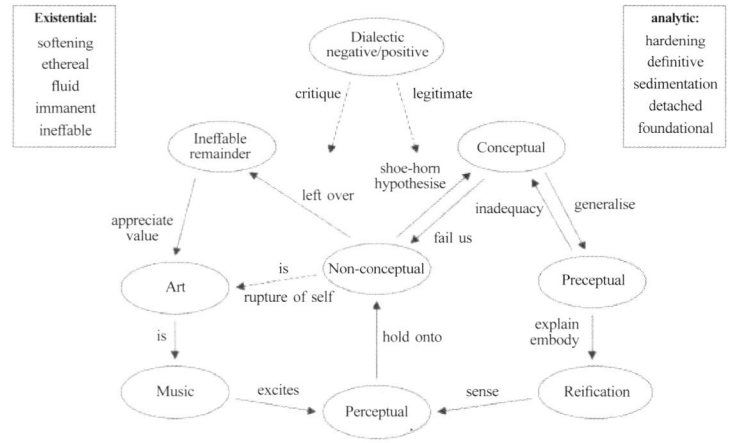

그림 2. 음악적 인지 마인드맵의 역설

두 번째 체계(그림 2)는 음악에 대한 여러 정의-지향적 관점들(definition-orientated viewpoints)을 셉츄얼(ceptual)[47] 용어를 사용하여 상호 보완적으로 정리한 것이다. 명확한 의

---

47) 지각(percept), 개념(concept), 교훈(precept) 등의 어원을 두고 있는 셉츄얼 아트(Ceptual art)의 개념은 아직 발생 초기 단계에 머무르고 있으며 퍼포먼스 그룹의 이름을 붙이는 것 외에는 해당 예술 형태나 분야는 찾아보기 힘들다. 라틴어 어근에서 '셉트(cept)'는 [개념이나 사고의 이해 과정에서 정보를 교환하고 전달하는] 거래의 핵심을 의미하는 단어이며, 또한 [개념의

음악적 창의성이란 무엇인가? : 플라톤에서 AI까지 음악적 창조에 대한 미적 담론

미에서 '셉츄얼-유형'(ceptual-type) 용어는 일반적으로 서술적 방법[48]이나 계산주의적 속성[49]과 같은 '추론'(reasoning)의 맥락에서 사용됐다. 그러나 두 번째 체계(그림 2)의 모든 용어 간 이동은 일차적으로 해석할 때, 마치 인과적인 단계인 것처럼 창의적으로 조합되고 배열된 것으로 볼 수 있다. 두 번째 체계(그림 2)에서 '셉츄얼' 용어를 어근으로 사용하면 광범위한 인식론적 영역에 걸쳐 다양한 개념을 포괄할 수 있다. 현재로서는 여기서 사용된 용어들이 어떠한 신경학적 또는 인지적 연구 결과와 일치하는지에 대한 여부는 중요하지 않지만, 사용된 용어들은 뇌 기능의 좌·우측에 대한 또 다른 이론이나 접근 방식의 표현일 수 있다. 두 번째 체계(그림 2)에서 용어 간 관련성은 대칭적인 형태로 나타나는데, 이 형태는 연구의 중요한 결과 중 하나이다.

우리가 세상을 가장 처음 경험[인식]할 때 우리의 지각은 많은 정보나 내용을 별다른 해석 없이 받아들인다. 그러나 이와 동시에 우리가 인지한 것을 이해하려는 시도가 일어난다. 세상을 이해하려는 노력이 계속되는 동안 우리는 인지한 것을 토대로 가설을 세우거나 제한적으로 이해하려는 경향이 있다. 그러나 [이렇게 계속되는 노력에도 불구하고] 항상 설명되지 않거나 설명되지 않는 부분이 존재한다. 이 불완전한 입장에 대해서는 '개념'(concept)을 세상을 이해하는 도구로써 사용하면서 현실적으로 '현재로서는 충분하다'라고 [즉, 현재 상황에서는 완전하지 않은 개념으로도 충분하다고 인식하고] 받아들여야 한다. 만약 개념들이 발생했다면, 일반적으로 서로 관련된 [개념들을 조합하여] 선례들(precepts)이 형성될 수 있다. 선례들은 과학적인 방법론에서 세상에 적용(구체화)[50]되어 우리가 그것들을 행동으로 구현해내고 다른 이들에게 설명할 때 그것이 얼마나 일반적으로 적용될 수 있는지 그 가능성을 확인하는 과정이다. 만약 선례가 [우리의 경험을 설명하는데] 부족하다면, 우리는 다시 선례를 적용하기 전에 역으로 거슬러 올라가 선례들의 기본 개념(또는 개념들 그 자체)을 재검토하고 수정한 후, 다시 한번 선례를 적용해야 세상과 소통하는 데 더욱 자신감을 가질 수 있게 된다.

두 번째 체계(그림 2) 우측 부분의 설명은 '개념'(concept)을 통해 우리가 세상을 이해하는 과정을 상세히 설명하는 것으로, 이러한 주장은 빈번히 제기되고 있다.[51] 그러나 이러한

정보에 따라서 접사의] 변화나 변형을 암시하고 있다. '셉트(cept)'는 자체적으로는 라틴어 어휘적 정체성을 가지고 있지 않지만, '셉트(cept)' 음운을 기반으로 하는 라틴어 단어는 많다.

48) Peter Gardenfors, Conceptual Spaces: The Geometry of Thought (MIT Press, 2000).

49) M. Boden, Mind as Machine (Clarendon Press, 2006).

50) M. Boden, Mind as Machine (Clarendon Press, 2006).

51) J. Forth, G. Wiggins & A. McLean, "Unifying Conceptual Spaces: Concept Formation in Musical Creative Systems," Minds &

주장은 [작곡가] 예술 음악을 만들고 이해하는 과정을 설명하는데 적절하지 않을 수 있다는 가능성으로 인해 약화된다. 아도르노는 '개념 없는 인식'(begriffslose Erkenntnis)을 기반으로 '비개념적인 것이 예술이다'[52]라고 말한다. 그렇다면 어떻게 개념과 직접적으로 관련되지 않아도 되는 [즉, 개념 없이도 경험하고 이해할 수 있는] 실존하는 실재적 세계를 이해할 수 있을까? 그리고 이를 통해 어떻게 예술의 창의성을 이해할 수 있을까?

예술에서는 사고나 아이디어의 강력한 불연속성 [즉, 갑자기 끊기거나 단절되는 현상]이 종종 발생한다는 점을 인식하는 것이 중요하다. 우측 부분의 인과적인 피드백 흐름은 일반적인 논리적 흐름을 따르지 않고 끊기거나 방해받았지만, 여전히 나타나고 변형되는, 즉 마음속의 비개념에서 시작해서 구체화 된 예술로의 전환이 일어난다. 그러나 왜 그런 일이 발생했는지에 대한 논리적 설명은 찾을 수 없다. 이러한 논리의 불연속성을 '자아와 형식들의 파열'(rupture of self and forms)[53]이라고 부르는데, 이는 개념이 없는 것을 비형식적으로 구현하거나 현실화하는 것과 유사하다.[54] [예술가의] 예술적 창작 과정이나 경험을 설명하는데 있어 파열 또는 단절이라는 개념이 가장 이상적이며, 이는 두 번째 체계(그림 2)의 좌측 부분에서 찾아볼 수 있다. 비논리적인 주장은 '무작위로' 발생한 것이 아니다. 이에 관한 타당성은 괴델(K. Gödel)의 불완전성 정리(Incompleteness Theorems)[55]를 예술적 맥락으로 이해하고 해석함으로써 얻어진다. 괴델의 정리는 [수학적 증명 또는 추론이나] 형식적인 설명의 모든 방법에는 초기에 신뢰해야 하는 몇 가지 공리(axioms)가 존재하며, 이러한 공리는 이후의 모든 추론이나 논리를 뒷받침한다. '신뢰한다(On trust)'라는 것은 주장의 진리 가치를 공식적으로 입증할 수 있는 방법이 없다는 뜻이다. 이러한 논의를 바탕으로 만약 우리가 개념을 사용하여 설명하는 것이 [필수적이라고] 공리적(axiomatically)으로 단언한다면, 그것은 개념을 사용하는 설명이든 사용하지 않는 설명이든 그 타당성에는 차이가 없다. 논리적 실증주의자는 우리가 충분히 노력하지 않았거나 다음 논리적 돌파구를 마련할 만큼 아직 충분한 정보를 얻지 못했다고 말할 것이다. 그러나 다시 말하지만, 이러한 주장은 사실 확인이 되지 않은 단순한 믿음에 기반한 진술과 마찬가지로 '논리적'으로 완벽한 주장이 아니다.

Machines 20 (2010): 503-32.

52) M. Paddison, Adorno's Aesthetics of Music, 15.

53) M. Paddison, Adorno's Aesthetics of Music, 21-23 그리고30-31.

54) [역주] 저자는 해당 문장을 통해 예술가 예술 작품을 통해 개인적인 아이디어 정체성을 표현하고 현실화하는 과정을 시사한다.

55) http://math.stanford.edu/~feferman/papers/Godel-IAS.pdf 해당 주소는 비전문가도 이해하기 쉽게 설명된 괴델의 불완전성 정리에 대해 찾아볼 수 있다.

우측 부분에 도식화된 일부 선례들을 억지로 꿰맞춘 개념은 좌측 부분에서 불연속성이 예술의 창의성을 이해하고 평가하는 데 본질적으로 중요한 부분임을 인식함으로써 [우측 부분의 개념은 좌측 부분으로] 쉽게 대체될 수 있다. 이후 이에 관한 입장은 작곡가들이 만든 많은 음악은 불연속성과 비논리성으로 가득 차 있는 것처럼 느껴지기 때문에 현대 음악의 작곡 과정에서 나타나는 [작곡가의] 창의성을 찾는 것은 무엇보다 중요하다. 게다가 비논리성은 논리적 불연속성을 불러일으키는 자연스러운 결과이다. [예술 작품 속에서 느껴지는 감정이나 감정의 표현의] 이성적인 이해가 더 이상 진행되지 않는 지점 즉, 형언불가능한 지점은 이성적인 해석으로 완전히 설명되거나 범주화될 수 없다. 이러한 표현할 수 없는 지점이 예술 작품 내 [창작자의] 창의성이 존재한다는 증거가 될 수 있음을 주장하는 바이다.

두 번째 체계(그림 2)를 참고해서 이제는 최소 세 가지 추론적인 접근 방법을 따라 현대 음악의 작곡 과정에서 나타나는 창의성을 이해할 수 있다. 첫째, 가운데 대칭축을 기점으로 반 접었을 때 표면적으로는 마치 하나의 인지 회로만 작동하는 것처럼 보이기도 하지만, 좌측 부분에서는 우측 부분과는 달리 인지 회로가 한 방향으로 진행하는 것을 볼 수 있다. 우측 부분은 긍정적 변증법을 채택하고 좌측 부분은 부정변증법을 채택하고 있다는 점에서 양측 부분은 [별도의 인지 회로가 작동하고 있으므로] 근본적으로 다르며, 현재 두 가지 변증법이 동시에 작동하고 있다. 긍정적 변증법은 구성주의(constructionism) 관점에서 발견된 지식을 구조화하고 행위 주체(agent)로부터 독립적으로 성립시키려고 시도한다. 부정변증법은 항상 어떤 평가에 관한 내용과 방법에 대한 타당성을 비판하지만, 이러한 지식은 행위 주체의 일부이며 이 둘은 불가분의 관계다. 두 가지 유형의 변증법이 동시에 작동할 수 있고, 또한 서로 어떤 방식으로든 상호 작용할 가능성이 있다. 이에 따라 철학적 접근 방식의 역할과 중요성이 잘못 해석될 가능성이 매우 높다. 둘째, 앞서 언급한 대칭축을 설명하기 위해 뇌의 기능을 좌측과 우측으로 구분하는 인기 있던 전통적인 접근법을 사용할 수 있다.[56] 셋째, 대칭축은 인지론에서 잘 알려진 좌우 구분을 다시 한번 강조하는데, 우측 부분의 원칙을 따르는 영미권 분석가들과 좌측 부분의 원칙을 따르는 유럽의 실존주의자들(existentialists)의 철학적 관점을 바탕으로 변증법적 접근 방식을 다시 한번 부각한다.

두 번째 체계(그림 2)에서 강조된 창의성의 체계는 이제 우리가 현대 음악의 창의성을 이해하고 창작하는 방식에 근본적인 영향을 미칠 수 있다. 가장 큰 영향으로는 제일 먼저 두

---

56) 다음 링크를 참고하라. http://www.dailytelegraph.com.au/news/weird/the-right-brain-vs-left brain/story-e6frev20-1111114577583. 대뇌의 좌우 반구 내에서 뇌 기능이 반드시 분리되어 있다는 증거는 없다. 뇌의 기능에 대한 기여도는 [어떤 일을 수행하는데] 좌우 반구의 기여가 다를 수 있다.

번째 체계(그림 2)에서 직관적으로 보이는 우측 부분의 긍정적 변증법을 통해 알 수 있듯, 현재 작곡되고 있는 음악이 '이전의 음악적 관행에 따라'(in-precedent) 구조화되어 있다는 것이다. 이러한 접근 방법은 기본적으로 과학적인 체계로 음악을 이해하는 것임을 시사한다. 둘째, 그러나 작곡가들은 끊임없이 남들과 다르게 표현하려고 하고 자신만의 목소리를 내며 그들의 음악이 과거 음악 작품들로부터 영향을 받지 않고 자유롭게 창작될 수 있기를 추구한다. 작곡가의 창의성과 음악을 별개로 구분 지을 수 없다는 것은 두 번째 체계 좌측 부분의 부정변증법과 [작곡가의] 내재성에 근거하는데, 이러한 입장은 우리가 음악을 변함없이 창의적인 예술이라고 부를 수 있는 근거이다. 이러한 [작곡가들의] 행보는 강압적인 권력에 저항하고 과거의 규칙이나 관습적인 것과 의도적으로 단절을 유발하는 움직임으로도 볼수 있다. 사람들은 형언불가적이고 역설적인 현상이 예술로 승화되었을 때 그 자체로 더욱 열광한다. 따라서 [음악 작곡 과정에서 나타나는 창의성에는] 사고의 이중성·이원론 또는 이분법으로서 서로 대립하는 두 가지 변증법이 동시에 활성화되어 있으며, [두 가지 변증법은] 서로서로 부정하려는 듯 보이지만 결국에는 시간과 공간을 뛰어넘어 상보적인 관계에 있다.

4. 결론

이 글에서는 현대 음악의 작곡 과정에서 나타나는 창의성을 이해하는 다양한 접근 방법을 시도했다. [그러나] 창의성에 대한 접근 방법 자체가 창의성을 특정한 시각이나 측면에서만 이해하려고 하는 가능성을 갖고 있고, 이러한 제약은 창의성에 대한 [포괄적이고 깊이 있는] 성공적인 인식론적 결과를 보장할 수 없게 만든다. 본론에서 제시한 창의적 체계들은 음악의 작곡 과정에서 나타나는 창의성에 대한 증거가 적절하지 않은 해석 방법으로 인해 오해를 살 수 있음을 보여준다. 여기서 필자의 입장은 작곡 과정에서 창의성을 인식론적 접근 방식으로 분석할 수 없다는 사실을 인지하는 것이다. [창의성의 특성 중 하나인] 무한함 (unboundedness)은 창의성을 본질적으로 다른 개념과 차별화되는 하나의 특성이다. 이러한 창의성의 속성은 논리적 추론에 국한되지 않은 비현실적인 세계로 들어갈 수 있도록 설득하는 능력을 갖추는 것이다. 이러한 맥락에서 본론 중 인식론적 접근 방식에서는 '형언불가능성의 역설'(paradox ineffability)과 함께 공감할 수 있는 점철된 아이디어가 있으면 창의성에 대한 이해가 더 넓어지는 것으로 확인되었다. 또한 창의성은 자기 내적(intra-personal), 상호적(inter-personal), 초월적(super-personal)인 커뮤니케이션의 세 가지 순환 주기(들) 전반에 걸쳐 존재하는 것으로 나타났다. '개념'은 언어적 수단으로써 필수적으로 사용되지 않았는데, 특히 음악과 같은 예술을 개념적 범주로 가두지 않고 [작곡가의] 인지(지각)과 직접적으로 연결하는 가능성을 열어준다. [작곡가는 창작할 때] 개념적 사고를 배제함으로써 보다 창의적인 결과물에 도달할 수 있는데, 논리와 이성의 불연속성[단절]은 예술적 창의성의 일부라는 것으로 증명되었다. [작곡가의] 음악 작곡 과정 중 초기 추상적 단계에서 발생하는 논리와 이성의 불연속성은 그 자체로 창의성의 증거가 된다. 창의성은 특정한 속성뿐만 아니라 분산된 속성으로도 볼 수 있을 정도로 다양한 측면에서 나타난다. 그러나, 이와 동시에 음악을 분석할 때 형식과 구조를 파악하는 데는 여전히 이성과 논리가 존재하고 있다.

참고문헌

Adorno, Theodor. *Negative Dialectics*, translated by E. Ashton, Routledge, 1990.

Boden, Margarnet. Creativity and Conceptual Art, in P. GOLDIE & E. SCHELLEKENS, *Philosophy and Conceptual Art*. Oxford University Press, 2007.

_____. *Creativity in Art: Three Roads to Surprise*. Oxford University Press, 2010.

_____. *The Creative Mind: Myths and Mechanisms*, 2nd ed. London, UK: Routledge, 2004.

_____. *Mind as Machine*. Clarendon Press, 2006.

Csikszentmihalyi, Mihaly. *Creativity: Flow and the Psychology of Discovery and Invention*. NewYork: Harper Collins, 1996.

Cook, Nicholas. "Playing God: Creativity, analysis and aesthetic inclusion," in *Musical Creativity: Multidisciplinary Research in Theory and Practice*, eds., I. DELIÈGE & G. A. WIGGINS, New York: Psychology Press, 2006, 20.

Deleuze, Gilles. Essays Critical and Clinical, translated by D. Smith & M. Greco, Minneapolis, USA: University of Minnesota Press, 1997.

Forth, J., Wiggins, G. & McLean, A. "Unifying Conceptual Spaces: Concept Formation in Musical Creative Systems", *Minds & Machines 20* (2010): 503-32.

Gardenfors, Peter. *Conceptual Spaces: The Geometry of Thought*. MIT Press, 2000.

Gettier, Edmund. "Is Justified True Belief Knowledge?", *Analysis* 23 (1963): 121-23.

Goehr, Lydia. *The Imaginary Museum of Musical Works: An Essay in the Philosophy of Music*, revised edition. Oxford University Press, 2007.

Goehr, Lydia. *The Quest for Voice*. Berkeley: University of California Press, 1998.

Hegel, Georg F. W. *The Phenomenology of Spirit*, translated by A. Millar. Oxford University Press, 1977.

Inwood, Michael. 'Adorno' in *The Oxford Companion to Philosophy*. Oxford University Press, 1995.

Louth, Joseph. "*Music, Metaphor, and Ideology: Toward a Critical Theory of Forms*." ph.D. Diss., University of Western Ontario, 2008.

Myers, McCaulley, Quenk & A. Hammer, *MBTI Manual*. Mountain View, CA: CPP Inc, 1998.

Nietzsche, Friedrich.The Birth of Tragedy: Out of the Spirit of Music, translated by I. Johnson. Arling ton, USA: Richer Resources Publications, 2009.

Paddison, Max. *Adorno's Aesthetics of Music*. Cambridge University Press, 1993.

_____. *Adorno's Aesthetics of Music*, 12-13.

_____. *Adorno's Aesthetics of Music*, 15.

_____. *Adorno's Aesthetics of Music*, 21-23.

_____. *Adorno's Aesthetics of Music*, 30-31.

_____. *Adorno, Modernism and Mass Culture: Essays on Critical Theory and Music*. London: Kahn & Averill, 1996.

Patel, Aniruddh D. "Language, music syntax and the brain." *Nature Neuroscience*, 6 (2003): 674-81.

Popper, Karl. *The Logic of Scientific Discovery*, translated of Logik der Forschung. Routledge, 2002.

Schopenhauer, Arthur. *The World as Will and Idea*, edition Berman, translated by J. Bermen. London: Everyman, J. M. Dent, 1995.

Torrance, E. Paul. "The Nature of Creativity as Manifest in Testing," in *The Nature of Creativity: Contemporary Psychological Perspectives*, ed. Robert J. Sternberg: 3-75. Cambridge University Press, 1998.

[인터넷 자료]

http://www.keirsey.com/aboutkts2.aspx

http://math.stanford.edu/~feferman/papers/Godel-IAS.pdf

http://www.dailytelegraph.com.au/news/weird/the-right-brain-vs-left brain/story-e6frev20-1111114577583.

연주에서의 창의성
Creativity in Performance[1]

에릭 클락

손민경 옮김

1. 저자

현재 영국 옥스퍼드 대학교 음악과 명예교수인 에릭 클락은 영국 서섹스 대학교(University of Sussex)에서 신경생물학과 음악학을 공부하였고, 음악 석사 학위를 받은 후, 엑서터 대학(University of Exeter)에서 심리학 박사학위를 받았다. 1981년 런던 시티대학(City University in London)에서 음악 강사로 재직했으며, 1993년 셰필드 음악과(James Rossiter Hoyle Professor of Music at Sheffield) 교수를 거쳐, 2007년 10월 옥스퍼드 대학교 음악과 교수진에 임용되었다. 클락은 『음악과 인지』(Music Perception) 및 『음악 과학』(Musicae Scientiae) 저널의 부편집장이며, 『경험 음악학 리뷰 저널』(Empirical Musicology Review), 『래디컬 음악학 저널』(Radical Musicology) 등의 편집위원이다. 음악심리학의 컨설팅 편집자이기도 하다. 그는 2004년부터 2007년까지 예술 및 인문학 연구위원회의 녹음 음악의 역사 및 분석 연구센터(Council´s Research Centre for the History and Analysis of Recorded Music)의 부소장을 역임하였고, AHRC 창작 실천으로서의 음악 연주를 위한 연구센터(Centre for Musical Performance as Creative Practice)의 부소장을 역임했다. 2009년 유럽학술원(Academia Europaea)의 회원으로 선출되었으며, 2010년에 영국 학사원(British Academy)의 펠로우로 근무한 바 있다.

그의 연구 분야는 음악심리학, 음악이론, 음악미학/기호학의 다양한 영역을 포괄한다. 그는 연주에서의 표현, 리듬의 인식과 생성, 음악적 의미, 음악과 언어의 관계, 대중음악의 분석, 녹음 음악의 역사와 미학, 음악과 신체 등의 주제에 관한 논문과 단행본을 폭넓게 출판해 왔다. 게다가, 청취와 관련하여 『듣는 방법, 음악적 의미 인식에 대한 생태학적 접근』(Ways of Listening. An Ecological Approach to the Perception of Musical Meaning, OUP, 2005)을 저술했다.

---

[1] Eric F. Clarke, "Creativity in Performance," in *Musical Imaginations: Multidisciplinary perspectives on creativity, performance and perception*, ed. David Hargreaves, Dorothy Miell, and Raymond MacDonald (Oxford: Oxford Academic online edn, 2012).

2. 역자 서문

이 글은 연주가 창의적이라고 말할 수 있는 원인과 다양한 가능성을 검토하고 이러한 창의성의 가치와 중요성을 논의한다. 이를 위해 연주에서 발견할 수 있는 창의성의 다양한 표현을 탐구한다. 그는 악보의 지시를 넘어서 표현적으로 음악을 연주하는 것이 일종의 창의성이라고 주장하는 것에 문제를 제기하면서, 다양한 음악적 전통이 고려됨에 따라 '일종의 규범의 변형 또는 일탈'에 대해 점점 더 철저한 조사가 필요함을 기술한다. 저자는 창의성과 표현성에 대한 개념적 탐색을 시도하고, 독창성과 유일성과 창의성과의 관계를 탐구한다. 연주가 개성을 지닌다는 것은 그 주체성을 넘어서 시대적으로 문화적으로 영향을 받을 여지가 있다는 것을 강조한다. 이 문화는 인지와 연결되며 역사적으로 계속 변화되어왔다. 저자는 이러한 변화가 향유하는 사람들의 가치판단에 영향을 받아왔다고 제시한다. 즉, '새로움'이라는 개념은 인류 역사와 개인의 삶의 역사와 밀접하게 관련되어 있으며, 여기서 새롭고 놀라운 것의 '가치'는 사회적으로만 정의될 수 있었다.

창의성과 직접적으로 관련된 즉흥연주에 대한 논의에서, 기존 문헌들이 실시간 음악창작의 인지적 측면에 초점을 둔 것과는 달리, 저자는 사회적이고 맥락적인 양상에 초점을 두어 논의를 전개한다. 저자는 이러한 사회적 맥락이 즉흥연주의 과정과 결과에 어떠한 영향을 미치는지를 탐구한다. 가령, 즉흥연주 중에서도 독주를 통한 개성적 표현도 중요하지만, 대부분의 즉흥 연주는 연주자와 청중 사이의 상호작용을 넘어서 때로는 복잡한 사회적 상호작용을 포함하는 명시적인 사회적 활동을 내포한다는 것이다. 즉 우리가 창의성이라 부르는 것은 생산자와 청중의 상호작용을 통해 구현되는 현상이라 할 수 있기에, 창의성은 개인의 산물이 아닌, 개인의 산물을 판단하는 사회 시스템의 산물이라 할 수 있다. 더 나아가 즉흥연주를 하는 피아니스트의 경우, 건반과 손의 상호작용이 두뇌만큼이나 즉흥연주 지식의 저장소 역할을 한다는 것이다. 즉, 손은 연주자의 의도에 따라 스스로 어디로 갈지를 결정하고 선택하며 표현한다는 것이다. 결국, 저자는 연주에서의 창의성이 사회적으로 형성된 음악 재료, 연주 관행, 인간의 신체와 상호작용하는 악기의 가능성과 제약, 감각과 운동, 인지능력 사이의 접점에서 발생한다고 주장한다.

연주에서의 창의성

1. 도입

차핀(Roger Chaffin), 르미유(Anthony Lemieux), 그리고 첸(Collen Chen)의 논문에서 피아니스트 길레스(Emil Gilels, 1916-1985)가 "연주할 때마다 다르다"라고 말한 것이 다른 논문에 종종 인용된다.[2] 모든 음악 연주는 충분히 세밀하게 분석된다면 어떤 방식으로든 어딘가에서 다른 모든 연주와 다를 수밖에 없다는 점에서 필연적으로 "창의적"이다. 그러나 그러한 진술은 '창의적'이라는 용어가 상당히 다른 방식으로 이해될 수 있음을 암시한다. 이는 이 용어가 때때로 잔여분으로서(residually) 사용될 뿐이며, 단지 다른 연주에서 발견되지 않은 특징을 가리킬 뿐임을 시사한다. 또는 창의성은 연주의 각 요소들이 완전히 새로운 것은 아니지만 그 배열이 이전에 접하지 않는 배열로 나타나는 것으로서 조합적으로(combinatorially) 참신하다는 것을 의미한다. 좀 더 급진적인 의미에서 '창의성'은 예기치 않게 등장하는 놀라운 혁신을 의미하기도 한다. 30년 전 셰퍼(Henry Shaffer)는 다음의 글에서 비슷한 특징을 지적했다.

> 능숙한 연주는 두 가지 차원에서 창의적이다: 첫째, 촘스키(Noam Chomsky)가 언어에 대해 연구한 바처럼 연주에서도 유사한 규칙 집합을 사용하여 무한히 다양한 문장(순서, 패턴)을 구성할 수 있는 생성 문법을 기반으로 한다는 점이다. 둘째, 시간이 지남에 따라 문법의 일부를 확장하거나 수정한 결과를 탐색할 수 있다는 점이다.[3]

이 장에서 나는 연주가 창의적이라고 말할 수 있는 다양한 방식을 검토하고, 이러한 여러 종류의 창의성의 중요성을 논의하고, 연주에서 발견할 수 있는 창의성의 다양한 표현을 탐구한다.

---

2) Elyse Mach, "Great Contemporary Pianists Speak For Themselves Volume I," in *Great Contemporary Pianists Speak for Themselves* (United States: Dover Publications, 1991), 123.

3) L.H. Shaffer, "Creativity in Skilled Performance," Paper presented at NATO Conference on Adaptive Control of Ill- Defined Systems (Moretonhampstead, UK, 1981), 1.

첫째, 모든 음악 연주가 어떤 형태로든 창의성을 목표로 삼는 것은 아니라는 점을 인정해야 한다. 서양 클래식 연주 전통에서 창의성에 관한 당대의 강조는 특정한 미학적 관점과 특별한 상업적 압력에 기인한다. 다양한 음악 전통에서, 그리고 다른 시대에, 연주자들의 주된 목표는 창의성을 추구하는 것보다 변하지 않는 정체성을 유지하는 것일 수 있다. 이 진술은 음악이 예술적인 측면을 넘어 다양한 역할을 간과하지 않는 것의 중요성을 강조한다. 고들로비치(Stanley Godlovitch)는 '행동 공예'(Action Craft)로서 음악의 개념을 소개하고[4], 음악이 다양한 사회적 기능에 관여할 수 있음을 강조한다. 특히 음악이 의식(ritual), 신체 활동 조정 또는 음악 치료에서 마음을 안정시키는 인사 노래(greeting song)로 사용될 때 기발한 창의성이나 새로움을 피할 수 있다. 오히려 음악이 제공하는 사회적 또는 심리적 기능을 유지하기 위해 불변의 복제를 달성하는 데 초점을 둘 수 있다는 것이다.[5]

그렇다면, 서구권 클래식 공연이 연주에서 창의성을 그토록 강조하는 이유는 무엇이며, 이것이 어느 정도까지 문화의 영구적이고 편재적인 특징인가? 현대 상황, 특히 녹음 산업과 방송 매체는 단순한 상업적 이유와 미적, 문학적 '진본성(authenticity)' 이데올로기의 일부로 연주자의 차별성을 크게 강조한다. 압도적인 다수의 공연, 음반, 방송이 다소 정적인 음악 레퍼토리를 다루기 때문에, 청중의 관심을 끌거나 음반을 판매하는 주요 방법은 연주자 개인의 정체성과 창의적인 특성에 초점을 맞추는 것이다. 연주에서 창의성을 강조하는 것은 18세기 중반 유럽에서 등장한 공공 연주의 제도와 여전히 지배문화에서 중심 역할을 하는 낭만주의 및 후기낭만주의 음악 전통과 밀접하게 연관되어 있다.

생산의 관점에서 혁신과 미적 가치의 문제를 직접적으로 다루는 연주 심리학에 관한 참고 문헌은 거의 없다. 하지만 동전의 반대편에서, 심리학자 렙(Bruno Repp)은 청취자가 다소 규범적인 연주에 어떻게 반응하는지를 조사했다.[6] 이를 위해 그는 얼굴 인식에 대한 연구를 인용한다. 렙은 참가자들이 얼굴 사진들 모음 중 평균으로 (디지털 이미지 처리에 의해) 구성된 얼굴 사진에 가장 높은 아름다움의 점수를 주었으며, 이러한 선호도는 평균이 만

4) Stan Godlovitch, Musical Performance: A Philosophical Study London: Routledge, 1998).

5) 블랙풋 미국 인디언 (Blackfoot Native American Indians)의 노래들은 문서화된 경우다. 위트머(Robert Witmer)는 청각적으로 전달되는 전통 안에서 다른 연주자들에 의해 만들어졌음에도 불구하고, 거의 60년 동안 떨어져 있는 같은 노래의 두 개의 녹음이 어떻게 '가장 작은 세부 사항까지 거의 동일하다'는 것을 보여준다. Robert Witmer, "Stability in Blackfoot Songs, 1909–1968," in Ethnomusicology and Modern Music History, edited by S. Blum, P.V. Bohlman, & D.M. Neuman (Urbana and Chicago, IL: University of Illinois Press, 1993), 243. 헌정 밴드의 연주는 문자 그대로의 정체성의 가까운 것의 보존이 프리미엄이 되는 또 다른 맥락을 보여준다.

6) Bruno Repp, "The aesthetic quality of a quantitatively average music performance: two preliminary experiments," Music Perception 14 (1997), 419–44.

들어지는 개별 얼굴들이 많을수록 증가했다고 밝혔다. 즉, 평균에 가까운 얼굴, 즉, 참가자들은 가장 규범적인, 즉 원형적인 얼굴을 선호했다. 이 연구에서 시사하는 바는 (렙의 '최소 거리' 가설이라고 함) 다음과 같다. 1) 개개의 얼굴들로 이루어진 커다란 집합체로부터의 평균적인 얼굴은 원형의 얼굴에 가깝다. 2) 원형은 미적 기준의 역할을 한다. 3) 어떤 관람자들은 평균적으로 수렴하는 원형의 얼굴보다 개별적인 얼굴 중 하나를 선호할 수 있다. 하지만 관람자 집단의 일반적인 반응은 이 평균적인 얼굴이 미적으로 가장 만족스럽다는 판단을 보인 것이다.

이와 동일한 아이디어를 음악에 적용하여, 렙은 학생과 국제적으로 인정받은 전문 연주자의 각각의 연주와 관련하여 산술 평균 연주가 어떻게 평가되는지 탐구했다. 슈만과 쇼팽의 피아노 음악을 사용한 두 가지 실험에서, 렙은 평균 연주가 실제로 매우 높은 선호도 등급을 받았다는 사실을 보여주었다. 그는 한편으로는 청중과 의사소통해야 할 필요성(일반적으로 공유되는 관습을 준수해야 함)과 다른 한편으로는 연주 정체성을 주장해야 할 필요성 (창조적 변형 또는 그러한 관습을 위반해야 함) 사이의 갈등이라는 관점에서 결과를 해석했다. 비록 이 연구는 실험의 맥락에서 참가자들의 모의 피아노 대회로 제시되었지만, 특정 연주자가 개성을 투영하는 것보다 친숙성과 '접근성'이 더 선호될 수 있으므로 평균 연주에 대해 보편적인 선호가 나타난다. 대조적으로, 매우 단순한 음악적 재료 (매우 전통적인 무반주 음조 멜로디)를 사용한 연구에서 음악을 전공한 학생들은 구조적으로 가장 소통적이지 않은 (모호하고 난해한) 멜로디 연주를 가장 선호하는 것으로 판단했다.[7] 지나치게 단순한 음악에는 청취자의 관심과 선호를 끌기 위해 좀 더 특이하거나 구조적으로 모호한 연주가 필요할 수 있다.

2. 표현과 창의성

연주에서 가장 집중적으로 연구되는 분야 중 창의성과 밀접한 관련이 있는 것은 표현이다. 표현적으로 음악을 연주하는 것이 일종의 창의성이라고 주장하는 것은 타당한 것처럼 들리지만, 그러한 주장을 뒷받침할 연주 표현의 정의에 동의하는 데는 상당한 어려움이 있다. 한때 연주 표현에 대한 정당한 설명으로 간주되었던 '정확한 것으로부터의 이탈' 혹은 '악보로

---

7) Eric F. Clarke, and W. Luke Windsor, "Real and Simulated Expression: A Listening Study," Music Perception 17/3 (2000), 277–313.

부터의 이탈[8]은 다양한 음악적 전통이 고려됨에 따라 점점 더 철저한 조사에 직면해왔다. 이러한 재평가는 음악에서 악보를 파악할 때 문자 그대로 따르지 않는 태도를 인정하면서[9], 역사적 녹음에 대한 연구에서 시간이 지남에 따라 표현의 개념을 발전시켜왔다.[10] 그럼에도 불구하고, 표현이 일종의 규범의 변형 또는 이탈이라는 생각은 여전히 기본적인 배경적 가설로 널리 퍼져있다.[11]

그렇다면, 이러한 변형이나 일탈은 어느 정도까지 창의성의 발현으로 간주될 수 있는 가? 창의성 자체는 정의하기가 매우 어렵다. 그러나 대부분의 정의는 우연적인 현상이나 완전히 결정된 현상을 포함하는 것을 거부한다. 예를 들어, 존슨래이드(Philip N. Johnson-Laird)는 창의성을 "독특하고 참신한 해결책, 아이디어, 개념화, 예술적 형식, 이론 또는 제품으로 이어지는 '정신적 과정'"으로 정의한다.[12] 반면 보덴(Margaret A. Boden)은 "창의성은 새롭고 놀랍고 가치 있는 아이디어나 인공물을 생각해 내는 능력"이다 라고 밝힌다.[13]

이러한 정의는 연주 표현에 어떠한 영향을 미치는가? 첫째, (근본적인 인지 과정의 무의식적 증상으로 간주될 수 있는) 연주의 표현적인 특징과 의도적인 해석의 결과인 표현적 특징을 구별할 수 있다. 운율 구조와 표현적 의사소통 사이의 관계를 탐구한 연구에서 슬로보다(John A. Sloboda)는 피아노 연주자들에게 박절 표기만 다른 두 가지 버전의 선율 (하나는 첫 다운비트에서 시작하고, 다른 하나는 마디의 위치가 이동하면서 업비트가 된 것)을 연주해 보라고 요청했다.[14] 피아니스트들은 그 누구도 박절의 변화뿐이고 두 음고의 순서가 동일하다는 사실을 알아차리지 못한 채, 이 둘을 박절로 차별화하는 표현적인 특질들로 두 멜로디를 연주했다. 이는 측정 가능한 연주 특징들에서 분명했고, 나중에 그 연주를 들은 청취자들의 지각적인 판단에 의해 확인되었다. 이 연구는 이러한 표현적 특징들이 연주자들에

---

8) 예를 들어 Carl E. Seashore, *Psychology of Music* (McGraw-Hill. (Reprinted 1967) New York: Dover Publications, 1938).

9) Eric F. Clarke, "Understanding the psychology of performance" in *Musical Performance. A Guide to Understanding*, edited by J. Rink (Cambridge: Cambridge University Press, 2002), 59-72.

10) Daniel Leech-Wilkinson, "The Changing Sound of Music: Approaches to Studying Recorded Musical Performance," (London: CHARM, 2009). Available at: http://www.charm.rhul.ac.uk/studies/chapters/intro.html.

11) 검토를 위해 Alf Gabrielsson, *"The Performance of Music,"* in The Psychology of Music (2nd Ed.) (New York: Academic Press, 1999), 501-602 참조.

12) Philip N. Johnson-Laird, "Freedom and constraint in creativity," in *The Nature of Creativity: Contemporary Psychological Perspectives*, edited by R.J. Sternberg (Cambridge: Cambridge University Press, 1988), 202–19; Philip N. Johnson-Laird, "How jazz musicians improvise." Music Perception 19 (2002), 415–42.

13) Margaret A. Boden, *The Creative Mind: Myths and Mechanisms* (London: Routledge. 2004), 1.

14) John A. Sloboda, "The communication of musical metre in piano performance," *Quarterly Journal of Experimental Psychology* 35A (1983), 377–96.

의해 의식적으로 인식되지는 않지만 여전히 연주의 표현적 구성요소로 간주된다는 것을 시사한다. 이러한 표현은 반드시 의도적인 선택이라기보다는 연주자들의 음악적 구조 분석에 따른 해석의 무의식적이고 아마도 비자발적 결과로 보이기 때문이다. 의식적인 인식이 부족함에도 불구하고 연주의 타이밍, 다이내믹, 아티큘레이션을 포함한 이러한 특성은 박절 구조에 대한 연주자의 이해를 반영하고 표현한다.

대조적으로, 클락(Eric F. Clarke)에서 논의된 쇼팽(Frédéric Chopin, 1810-1849)《프렐류드 op. 28, 4번 e단조》의 연주를 고려해보자.[15] 이 연주에서 피아니스트는 약 한 시간 동안 프렐류드를 여섯 번 연주했으며, 그중 두 번을 이 장에서 분석했다. 이 연주자는 의도적으로 다른 해석을 시도하라는 요청을 전혀 받지 않았고 단일한 견해만 고수하라는 요청도 받지 않았다. 그의 연주는 자유롭게 표현되었으며 명백히 자발적인 결정으로 이루어졌다. 두 공연을 분석한 결과, 음악 구조의 서로 다른 측면을 우선시하는 것처럼 보이는 음악에 대한 해석에 상당한 차이가 나타났다. 이 경우, 연주자가 이러한 다양한 해석을 명료하게 표현하려고 노력하는 것을 의식했다는 증거가 없었음에도 불구하고 이러한 구별이 연주에서 표현의 창의적인 사용을 구성한다는 것이 오히려 더 설득력 있어 보인다.[16]

이 장의 서문에서 언급하고 있는 차핀(Roger Chaffin), 르미유(Anthony F. Lemieux), 그리고 첸(Colleen Chen)의 연구에서는 다양한 연주가 실행되는 방식에는 연주자들이 이러한 차이를 의식적으로 인식하지 못하더라도 일관된 차이가 있음을 보여준다. 전문 피아니스트인 연주자는 광고 녹음을 위해 바흐(Johann Sebastian Bach, 1685-1750)의 《이탈리아 협주곡》(Italian Concerto)을 준비하는 데 수개월을 보냈고, 그 기간이 끝날 무렵에는 자신의 연습 스튜디오에서 혼자 마지막 악장의 7개 전곡 연주를 비디오로 녹화했다. 청중의 부재와 녹음 목적으로 고정되고 안정적인 작업 개념에 도달하려는 목표를 고려할 때 이러한 조건은 연주 변형을 일으킬 가능성이 가장 적은 것처럼 보이지만 이 논문은 한 연주에서 다른 연주로의 무작위적이지 않고 구조적으로 관련된 변화를 보여준다. 연주자 자신은 모든 연주가 아주 유사하다고 판단했으며 단지 아주 작은 기술적인 문제와 얼마나 '신중한' 소리만 달랐는

---

15) Eric F. Clarke, "Expression in performance: generativity, perception and semiosis," in *The Practice of Performance*, edited by J. Rink (Cambridge: Cambridge University Press, 1995), 21-54.

16) 이는 창의성과 의식적 인식 사이의 유동적 관계에 대한 다른 증거와 완전히 일치하며, 이는 창의적인 해결책이 종종 무의식적 과정의 결과일 수 있음을 보여준다. 잘 알려진 예는 케쿨레(August Kekulé)가 벤젠 분자 구조를 발견한 것이다. 그는 문제에 대해 며칠 동안 고민한 후 잠이 들었고, 뱀이 자기 꼬리를 물고 있는 꿈을 꾸었다. 그리고 깨어나자마자 분자구조가 고리임에 틀림없다는 것을 깨달았다. Robert W. Weisberg, "Problem solving and creativity," in *The Nature of Creativity: Contemporary Psychological Perspectives*, ed. R.J. Sternberg (Cambridge: Cambridge University Press, 1988), 148-76.

지에 차이가 있었다. 녹음에서 연주 변화의 체계적인 특성을 입증한 차핀 연구진들은 "반복 연주 사이의 음악적으로 의미 있는 차이는 음악 연주와 관련된 심리적 과정의 피할 수 없는 부산물"이라고 결론 내렸다.[17] 이러한 종류의 창의성은 의도하지 않았으며 불가피하지만 의미가 있다는 놀라운 의미를 담고 있다. 던스비(Jonathan Dunsby)는 작품의 세 번째 연주는 종종 "마법처럼 모든 것이 하나로 합쳐지는 것처럼 보이는" 순간이라고 제안했다.[18] 이러한 '마법'은 동화라는 의식적 과정과 무의식적 과정의 누적 효과뿐만 아니라 다양한 구성요소 간의 대화적 관계에 기인한다. 이는 단일한 시간적으로 확장된 '메타 연주'로 볼 수 있다.[19]

레버(Arthur S. Reber)가 창의성의 속성을 정의하는 참신함과 독특함은 여전히 우리 문화를 지배하고 있는 강력한 낭만주의 창의성 개념의 핵심적 요소다. 창의성은 분명 갑자기 나타난 근본적으로 새로운 것의 신비한 출현으로 묘사된다. 창의성에 대한 개념은 최근에 들어오면서 그러한 정의에서 이제 새롭게 재정의될 준비가 되어있으며, 이것은 연주에 있어서 창의성과 흥미로운 관계를 보인다. 여러 연구에서 렙(Bruno H. Repp)은 해석의 공통성과 특이성 사이의 상관관계를 탐구하기 위해 동일한 작품이 녹음된 방대한 연주 자료들을 조사했다. 그 예로는 슈만(Robert Schumann, 1810-1856)의 《트로이메라이》(Träumerei)의 28개 연주를 조사한 연구가 있다.[20] 그 연구 결과는 20세기의 유명한 피아니스트들의 현저하게 다른 연주들 사이에서도 근본적인 유사성이 종종 더 높은, 세계적인 연주 수준에서 발견되는 경향이 있음을 보여준다. (이러한 세계적인 수준은 전반적인 음악 구조, 표현 또는 일반적인 특성을 포함할 수 있다) 반대로, 분석이 더 구체적이고 상세한 측면들, 즉 종종 더 낮은 계층적(hierarchical) 수준들로 언급될 때 더 큰 다양성이 있었다. (이는 뉘앙스들, 아티큘레이션, 장식, 또는 연주의 다른 세부적인 요소들의 변화를 포함할 수 있다) 이는 연주를 필연적으로 규제하는 뿌리 깊은 일반적인 인지적 제약을 반영하거나 연주 실천에 대한 매우 일반적인 (임의적이지만) 문화적 관행의 표현으로 이해될 수 있다. 이 두 종류의 설명의 차이는 널리 퍼져있지만 그럼에도 불구하고 의문의 여지가 있다. 문화와 무관한 인지적 제약이 전문가의 연주에서 직접적으로 표현될 수 있다는 생각은 얼마나 타당한가? 반대로 연주 관습이 완전

---

17) Roger Chaffin, Anthony F. Lemieux, and Colleen Chen, "'It Is Different Each Time I Play": Variability in Highly Prepared Musical Performance," *Music Perception* 24/5 (2007), 467.

18) Johnathan Dunsby, *Performing Music: Shared Concerns* (Oxford: Clarendon Press, 1995), 10.

19) 이러한 방식으로 일련의 연주는 그 자체의 '미시적 역사'를 형성하며, 모든 연주가 얽혀있다고 주장할 수 있는 더 넓은 관계와 영향의 그물망을 반영한다.

20) Bruno H. Repp, "Diversity and commonality in music performance: an analysis of timing microstructure in Schumann's "Träumerei," *Journal of the Acoustical Society of America* 92 (1992), 2546–68.

히 임의적일 수 있는 가능성은 얼마나 되는가? 창의성 자체가 (우연적이든 고의적이든) 참신함과 천천히 진화하는 규범 및 전통의 결합에서 발생하는 것과 마찬가지로, 연주의 규범은 반드시 인간 생물학의 제약을 받아야 할 뿐만 아니라 일반적인 문화적 관행의 저장소가 되어야 한다.[21]

새로움과 수용성 사이의 관계는 연주의 객관적인 속성과 마찬가지로 청취자의 가치와 감성에 크게 좌우되는 복잡한 이슈 중 하나다. 그러나 무엇이 공연을 놀랍도록 독창적이라고 평가하게 만드는지에 관한 질문이나 이와 관련된 질문을 다룬 연구는 거의 없다. 간단한 접근 방식은 참신함과 미적 선호 사이의 관계가 복잡성과 각성 (여키스-도슨(Yerkes-Dodson) 법칙[22]에서와 같이) 사이 또는 복잡성과 미적 선호 사이의 관계와 동일한 종류의 역U함수를 보인다고 제안할 수 있다. 벨린(Gordon Berlyne)의 이론[23]에서와 같이 연주에 대한 사람들의 선호도는 어떤 최적의 새로움 수준에서 정점을 찍는다.[24] 벨린과 다른 연구자들은 역U자형의 최고점 위치가 전문 지식에 따라 달라진다고 주장하며, 더 정교한 청취자들이 더 미숙한 청취자들보다 더 높은 수준의 복잡성에서 선호도가 최고점에 도달한다고 주장한다.[25] 따라서 더 정교한 청취자들은 더 특이한 (참신하거나 창의적인) 연주를 선호할 것으로 예상할 수 있다.

비록 각성 이론은 단순성과 일반성 측면에서 매력적이지만, 연주와 같이 문화적으로 깊이 내재된 현상에 적용했을 때 문제가 있다. 예를 들어, 피아니스트 글렌 굴드(Glenn Gould, 1932-1982)의 연주와 그의 녹음이 그 대표적 예다. 굴드는 독특하고 기이한 사람으로 유명했으며 그의 녹음 중 일부는 이러한 평판을 뒷받침하는 것 같다. 모차르트(Wolfgang Amadeus Mozart, 1756-1791) 《피아노 소나타 A장조 (K. 331)》의 도입부 주제와 변주곡에 대

---

21) 크람페(Krampe)와 에릭슨(Ericsson)은 '뛰어난' 연주자를 '주어진 악기나 레퍼토리에 대해 알려진 가능성을 되돌릴 수 없이 변경하고 확장하는 사람으로 정의한다. Ralf Th, Krampe, and K. Anders Ericsson, "Deliberate Practice and Elite Musical Performance," in *The Practice of Performance* (Cambridge University Press, 1995), 97. 그것은 '단순한 기술과 해석 기술의 습득을 넘어선' 것이며, 그러한 성취가 어떻게 설명될 수 있는지(혹은 심지어)에 대한 중대한 질문을 제기한다.

22) [역주] 이 법칙은 1908년 심리학자 로버트 여키스(Robert M. Yerkes)와 존 도슨(John Dillingham Dodson)이 처음 개발한 압력과 성과 간의 경험적 관계다. 이 법칙은 생리적 또는 정신적 각성에 따라 수행 능력이 향상되지만 어느 정도까지만 증가한다고 규정한다. 각성의 수준이 너무 높아지면 성능이 저하된다는 것을 보여준다. 이 과정은 종종 각성 수준이 높을수록 증가했다가 감소하는 종 모양의 곡선 그래프로 설명된다.

23) [역주] 심리학자 벨린은 예술 감상의 맥락에서 복잡성과 쾌락 자극 사이의 역함수 관계를 제안했다. 이 가설은 자극에 대한 최적의 복잡성 수준이 있으며, 이 최적 지점에서 어느 방향(너무 단순하거나 너무 복잡하거나)으로 벗어나면 쾌락 자극 반응이 감소할 수 있음을 시사한다. 그는 미학과 예술 감상 영역에서 개인이 중간 정도의 복잡성을 지닌 자극을 선호한다고 제안한다. 이 최적의 복잡성 범위에 속하는 예술 작품은 즐겁고 흥미로운 것으로 인식될 가능성이 높다고 할 수 있다.

24) D. Berlyne, *Aesthetics and Psychobiology* (New York: Appleton-Century-Crofts, 1971).

25) W. Jay, Dowling, and Dane L. Harwood, *Music Cognition* (Orlando: Academic Press, 1986).

한 그의 녹음은 거의 모든 다른 연주자 녹음의 절반 속도 (분당 20개의 점선 박자)로 주제를 의도적으로 표현한다. 이 아티큘레이션은 매우 특이하다. 벨린의 모델의 변형에서 우리는 고도로 세련되거나 전문적인 청취자들만이 이와 같은 연주를 선호한다는 것을 발견할 수 있을 것으로 예상할 수 있다. 하지만 음악사학자 타루스킨은 굴드의 연주가 (가령 호로비츠의 연주와는 대조적으로) 뛰어난 혁신이나 특이성 때문이 아니라, 구조와 '완전성(integrity)'에 대한 특정 개념에 초점을 맞춘 '근대적인(modernist)' 연주로 특징되었기 때문이라고 주장한다.[26] 중요하게도, 바자나(Kevin Bazzana)는 《K.331》의 첫 악장에서 분명히 이해할 수 없는 굴드의 초기 템포가 통합과 통일의 의도적인 전략의 일부라고 주장한다.[27] 이 전략에서 주제의 요소들은 점점 더 빠르고 커지는 후속 변주에 걸쳐 점진적으로 결합된다. 굴드를 우습게 보는 관점과는 달리, 타루스킨은 굴드의 연주가 문화적으로 선호하는 미적 규범을 고수한 결과이며, 이에 따라 그의 음반이 지지를 받는 것이라고 논리적으로 설명한다.

이러한 예는 규범적인 것, 창의적인 것, 이해 불가능한 것 사이의 유연한 경계를 강조하며, 그들의 위치와 평가의 중요성은 변화하는 문화적, 역사적 맥락에서 내려지는 판단의 함수라 할 수 있다. 인지적 접근 방식은 '자연적' 과정과 '문화적' 과정 사이의 모호한 구분을 영속시키면서 보편적이라고 추정되는 기본 원리(여키스-도슨 법칙이 그중 하나)에 초점을 맞춤으로써 이러한 문제를 해결하는 경향이 있었다. 특히 음악에 대한 보다 건설적인 접근 방식은 문화와 인지 사이의 복잡한 관계를 인정하고 이러한 관계 네트워크에서 다양한 구성요소를 분리하고 식별하려고 노력하는 것이다. 저슬린(Patrik N. Juslin), 프라이버그(Anders Friberg), 브레신(Roberto Bresin)이 제안한 GERM모델은 이전에 다소 이질적인 방식으로 연구된 연주 표현 내의 네 가지 요소들을 식별하는 시도 중 하나이며, 이들의 상호작용이 경험적으로 어떻게 조사될 수 있는지를 제안하는 방식으로 서로 관련되어 있다.[28] 실제로, 이러한 증가하는 문화적 민감성의 징후는 저슬틴이 네 요인 GERM 모델 (G = 생성(generative); E = 감정(emotional); R = 무작위(random); M = 동작(motion))이었던 것을 '양식적 불예측성'이라는 문화별 요소(S)를 명시적으로 통합한 다섯 요인 GERMS 모델로 수정한 것이다.[29]

---

26) Richard Taruskin, *Text and Act: Essays on Music and Performance* (New York: Oxford University Press, 1995).

27) Kevin Bazzana, *Glenn Gould: The Performer in the Work*. A Study in Performance Practice (Oxford: Oxford University Press, 1997).

28) Patrik N. Juslin, Anders Friberg, and Roberto Bresin, "Toward a Computational Model of Expression in Music Performance: The GERM Model," *Musicae Scientiae* 5 (2001), 63–122.

29) Patrik N. Juslin, "Five Facets of Musical Expression: A Psychologist's Perspective on Music Performance," *Psychology of Music* 31/3 (2003), 273–302.

문화와 인지의 결합을 시도하는 다소 다른 방법은 심리적 요소를 통합한 역사적 기록에 대한 연구로 대표된다.[30] 역사적 녹음은 한 세기 이상의 녹음 역사 동안 연주에 대한 태도와 접근 방식이 어떻게 변화했는지 강력하게 보여준다. 한때 표현적 연주에 대한 '영원한' 규범으로 보이던 것이 역사적으로 훨씬 구체적인 것으로 밝혀져, 아마도 근본적인 심리적 원인의 상태에 대한 도전적인 질문을 제기한다. 예를 들어, 쿡(Nicholas Cook)은 쇼팽의 《마주르카》 녹음을 분석하면서[31] 토드(Neil P. McAngus Todd)가 연주 표현의 기본 원리로 제시한 조화로운 루바토와 다이내믹의 원리가 러시아인의 녹음이나 제2차 세계대전 이후 러시아에서 훈련받은 연주자의 녹음에서만 상당부분 발견된다는 사실을 보여주었다.[32] 이는 클래식 피아노 연주의 '보편적'인 것으로 너무 쉽게 묘사될 수 있는 문화적, 역사적 우연성(contingency)을 보여준다. 비슷하게, 리히-빌킨슨(Daniel Leech-Wilkinson)은 제2차 세계대전 이후 클래식 성악가의 녹음에서 이전에는 대부분의 성악가의 표현 스타일에서 널리 퍼져있던 특징인 포르타멘토(음표에서 표현적인 음고가 위로 또는 음표에서 멀어지는 현상)가 사라지는 것에 대해 논의했다.[33] 그는 이렇게 눈에 띄는 표현적 특징이 상대적으로 갑자기 사라지는 것은 발전적으로 근본적이고 보편적인 인간 목소리 현상('motherese[34] - 즉 리히-빌킨슨이 주장하는 포르타멘토(portamento)의 표현적 효과의 근거)의 심리적 영향과 제2차대전의 결과였던 심오한 문화적 변화. '신념의 상실' 사이의 복잡한 상호작용으로 이해될 수 있다고 주장한다. 이전에는 '자연스럽'고 '마음이 담긴' 것처럼 보였던 표현적 접근법이 홀로코스트 이후 갑자기 당황스러울 만큼 순진하고 무비판적으로 보이게 된 것이다.

녹음에 대한 연구는 표현과 창의성에 대한 이전 연구에서 주로 간과되었던 측면, 즉 '영향력'이 연주자의 창의성이나 개성에 미치는 영향을 주목하게 한다. 다른 연주는 항상 영향을 미칠 수 있는 잠재력을 가지고 있었지만, 녹음 및 방송 산업의 출현과 광범위한 영향력은

---

30) 예를 들어 Nicholas Cook, "Performance analysis and Chopin's Mazurkas," *Musicae Scientiae* 11 (2007), 183–207; Nicholas Cook, "Squaring the circle: phrase arching in recordings of Chopin's Mazurkas," *Musica Humana* 1 (2009), 5–28; Nicholas Cook, "The ghost in the machine: towards a musicology of recordings," *Musicae Scientiae* 14 (2010), 3–21; Daniel Leech-Wilkinson, "Portamento and musical meaning," *Journal of Musicological Research* 25 (2006), 233–61. Daniel Leech-Wilkinson, "The Changing Sound of Music: Approaches to Studying Recorded Musical Performance," (London: CHARM, 2009).

31) Nicholas Cook, "Squaring the circle: phrase arching in recordings of Chopin's Mazurkas," *Musica Humana* 1 (2009), 5–28.

32) Neil P. McAngus Todd, "THE DYNAMICS OF DYNAMICS - A MODEL OF MUSICAL EXPRESSION." *The Journal of the Acoustical Society of America* 91/6 (1992), 3540–50.

33) Daniel Leech-Wilkinson, "Portamento and musical meaning." Journal of Musicological Research 25 (2006), 233–61.

34) 역주) 부모 또는 유아 주도적인 말로 알려진 이 용어는 부모 또는 양육자가 유아와 어린아이들에게 말하는 방식이다. 이는 아기의 언어 능력을 발달시키는 데 기여하며, 성인들이 그들의 초기 언어 습득을 용이하게 하기 위해 아기들과 상호작용하는 자연스럽고 본능적인 방식이라 할 수 있다.

다른 연주자의 해석에 대한 노출을 기하급수적으로 증가시켰다. (이러한 광범위한 노출은 연주자가 자신의 창의적인 표현과 독창성에 대한 다른 예술가의 해석의 압도적인 영향력과 씨름할 수 있기 때문에 잠재적으로 도전을 제기할 수 있다.) 블룸(Harold Bloom)은 시(1973)에서 '영향의 불안'이라고 분석한 중요한 연구에서, 시는 자립적인 실체가 아니며 시인은 잠재적으로 마비되는 과거의 영향을 받는다그 주장한다. 스트라우스(Joseph N. Straus)도 20세기 작곡과 관련하여 채택한 이러한 접근 방식을 사용한다.[35] 훨씬 더 침투(porous) 가능하며 잠정적인(provisional) 현상으로서 음악 연주는 이러한 상호텍스트적 과정에 더 많이 영향을 받는 것처럼 보이지만, 자신의 연주가 다른 연주에서 어느 정도 영향을 받거나 직접적으로 모방할 수 있는가에 대해서는 현재까지 연구가 거의 없는 실정이다. 의도적으로 다른 연주를 모방하는 연주자의 능력에 대한 연구는 목표하는 연주의 표현 프로필이 음악의 프레이즈 구조와 전통적인 관계를 유지할 때, 그리고 목표로 하는 연주가 모방자의 음악에 대한 자발적인 표현 프로필과 명확하게 구별될 때 모방이 더 정확하고 안정적이라는 것이 밝혀졌다.[36] 이는 연주자가 자신만의 독특한 '목소리'를 개발하려 할 때 어떻게 노력하는지, 그리고 다른 사람의 영향과 함께 작업하거나 저항하는 방법에 대한 전체 질문에 대한 예비적인 시도였다.

압도적인 영향력의 유입은 연주자들에게 파괴적인 영향을 끼칠 수 있다. 그러나 그러한 심각한 경고는 종종 연주를 오로지 개인적인 영감으로 간주하는 관점에서 비롯된다. 음악원 시스템이 발전하기 전에는 교사/견습생 관계가 거의 유일한 악기 학습 모델이자 전 세계의 음악 전통을 유지하고 있는 방식이었다. 이는 영향력과 창의성이 결코 양립할 수 없는 것으로 볼 수 있는 한 가지 방식을 제공한다. 녹음 역시 풍부하고 이질적인 자원, 또는 발전하는 전통으로 이해될 수 있으며, 이를 통하 새로운 해석이 형성되고, 유발되고, 영감을 받을 수 있다.[37] 녹음의 파괴적이고 균질화적인 결과에 대한 선언에도 불구하고[38], 이것이 실제로

---

35) Joseph N. Straus, "The "Anxiety of Influence in Twentieth-Century Music," *The Journal of Musicology* (St. Joseph, Mich.) 9/4 (1991), 430–47.

36) Eric F. Clarke, "Imitating and evaluating real and transformed musical performances," *Music Perception* 10 (1993), 317–41; Bruno H. Repp, "Pattern typicality and dimensional interactions in pianists' imitation of expressive timing and dynamics," *Music Perception* 18 (2000): 173–211; Tânia Lisboa, Aaron Williamon, Massimo Zicari, and Hubert Eiholzer, "Mastery through Imitation: A Preliminary Study," *Musicae Scientiae* 9/1 (2005), 75–110.

37) 힐(Peter Hill)은 연주자 자신의 아이디어가 아직 구체화되지 않은 상황에서, '녹음을 공부하는 것의 가장 큰 가치는… 한 사람이 독립적인 비판적 평가를 하기에 더 나은 위치에 있을 때, 나중 단계로 유지되어야 한다.'고 이야기 한다. Peter Hill, "From Score to Sound," in *Musical Performance* (Cambridge University Press, 2002), 143 fn.4.

38) Robert Philip, *Performing Music in the Age of Recording* (Hew Haven, CT: Yale University Press, 2004).

입증되는지에 대한 체계적인 증거는 거의 없으며 쿡의 마주르카 연구[39]는 사실상 그 반대를 보여주는 것으로 보인다. 100년 이상의 녹음물을 이용할 수 있고, 기술의 급속한 발전이 녹음물의 영속과 권위에 대한 태도에 영향을 미치면서, 이 논쟁적인 문제를 철저히 조사할 수 있는 매혹적인 기회가 있다.

켈러(Hans Keller)는 연주를 '작곡의 즉흥적 마지노선'으로 묘사했으며, 연주 표현에 관한 문헌은 연주의 즉흥적 유연성이 조직되고 달성되는 몇 가지 방식을 보여주었다.[40] 그럼에도 불구하고, 즉흥연주는 오늘날의 악보 기반 연주와는 다른 수준의 자발적인 혁신을 허용하므로 이 장의 후반부에서는 즉흥 연주 (연주에서 창의성을 가장 눈에 띄게 보여주는 주제)를 다루고자 한다.

3. 즉흥연주

소위 '자유 즉흥연주'의 유명한 대표자인 베일리(Derek Bailey)는 "즉흥연주는 모든 음악 활동 중에서 가장 광범위하게 실행되고 가장 적게 음악으로 인정되고 이해되는 특이한 특징을 즐긴다"는 말로 이야기를 시작한다. 그는 계속해서 다음과 같이 말한다. '진행하면서 만들어 내기'에서 '즉석 작곡'에 이르기까지 일련의 캐치프레이즈 중 하나로 정의되는 즉흥연주는 일반적으로 음악적 마술, 의심스러운 임시방편 또는 심지어 저속한 습관으로 간주되어 왔다.[41] 12년 후 책의 두 번째 판에 대한 서문을 쓰면서, 베일리는 자신이 이러한 견해를 수정할 이유가 없으며 일반적인 동시대 음악씬에 큰 변화가 있음에도 불구하고 "즉흥연주에 대한 시각은 이전과 거의 차이가 없는 것 같다"고 말했다.[42]

즉흥에 대한 심리학적 연구는 구조화되어 있지만 예측할 수 없는 창의성의 발현이 이해될 수 있는 방식에 대한 인지 모델을 제안하는 것에 주로 주목해왔다.[43] 존슨래이드의 계

---

39) Nicholas Cook, "Squaring the circle: phrase arching in recordings of Chopin's Mazurkas," *Musica Humana* 1 (2009), 5–28.

40) Hans Keller, "The gramophone record," in *The Keller Column. Essays by Hans Keller*, edited by R. Matthew- Walker (London: Alfred Lengnick & Co., 1990), 22-5.

41) Derek Bailey, "Improvisation Its nature and practice in music. London," The British Library National Sound Arhive, 1992.:ix.

42) Ibid, xiii.

43) 가령, Eric. F. Clarke, "Generative principles in music performance," in *Generative Processes in Music*, ed. J.A. Sloboda (Oxford: Clarendon Press, 1988), 1–26; Philip N. Johnson-Laird, "Freedom and constraint in creativity," in *The Nature of Creativity: Contemporary Psychological Perspectives*, edited by R.J. Sternberg (Cambridge: Cambridge University Press, 1988), 202–19; Philip N. Johnson-Laird, "How jazz musicians improvise," *Music Perception* 19 (2002): 415–42; Jeff Pressing, "Improvisation: methods

산적 접근 방식은 진화 메커니즘의 은유를 기반으로 창의성, 신다윈주의, 신라마르크주의 및 '혼합'에 대한 세 가지 가능한 모델을 제시한다. 신다윈주의 모델에서는, 음악 자료를 무작위로 생성한 후 단 한 명의 '승자'가 남을 때까지 '경쟁자'를 제거하는 선택 프로세스가 이어진다. 존슨래이드가 지적하기를, 이 모델의 장점은 예측할 수 없는 참신함(자료 생성이 완전히 제한되지 않음)의 잠재력이지만, 비효율성으로 인해 즉흥연주의 실시간 창의성에 대한 경쟁자가 될 가능성이 거의 없다. 신라마르크 모델에서, 자료의 생성 자체는 시스템의 이전 역사(가령, 경험 혹은 의미 기억)에서 파생된 기준에 의해 제어되므로 훨씬 적은 수의 출력[44] 중 하나가 원래 제약 조건을 충족할 수 있다. 둘 이상의 출력이 있는 경우 무작위 프로세스가 임의로 하나를 선택한다.[45] 혼합 모델에서는, 두 프로세스의 일부 버전이 결합되어 상속된 제약 조건에 따라 합리적으로 작고 부분적으로 미리 선택된 경쟁자 모집이 생성된 다음 두 번째 (비무작위) 선택 단계가 이어진다. 신라마르크 모델은 시간이 오래 걸리는 선택 과정이 필요하지 않기 때문에, 즉흥연주의 신속한 창의성에 잘 부합한다. 한편, 혼합 모델은 일부 상속된 특성의 더 큰 연속성과 안정성을 갖춘 선택이 뒤따르는 잠재적인 예측 불가능성을 통합하므로, 작곡 모델로 더 적절해 보인다.

존슨래이드는 루이 암스트롱에서 찰리 파커와 그의 후계자들에 이르는 시대적인 특징인 재즈 즉흥연주 유형을 신라마르크주의와 혼합 모델 프로세스의 조합으로 보아야 한다고 주장한다. 재즈 즉흥연주의 속도는 즉각적인 선율 구성요소 (리듬과 음조)가 신라마르크식 프로세스, 즉 작업 기억에 대한 요구를 최소화하는 엄격하게 제한된 생성 프로세스에 의해 창출되어야 함을 시사한다. 그는 이러한 구성요소를 모두 생성할 수 있는 간단한 유한 상태의 문법을 설명하고, 이러한 문법이 대규모 또는 복잡한 구조의 멜로디를 생성할 수 없다는 반대 의견에 대해 더 거대한 규모의 복잡성은 재즈의 별도 작곡의 구성요소에서 발생한다고 제안한다. 비실시간으로 진행되는 재즈 작곡에서는(예를 들어 발라드나 블루스 기반의 대규모 구조의 정교화, 주로 화성으로 정의됨) 음악적인 '환경'이 만들어진다. 그러고 나서 선율 즉흥연주의 소규모 요소들은 이 환경에 적응하고, 이 지역적인 요소들이 누적적으로 더 큰 구조를 만들어 낸다. 이 주장은 모래 언덕 표면을 횡단하는 개미의 겉보기에 복잡한 경로가 개미 내부의 복잡한 과정으로 설명되는 것이 아니라 개미의 단순한 프로그램(고

---

and models," in *Generative Processes in Music*, edited by J.A. Sloboda (Oxford: Clarendon Press, 1998), 129-78.

44) 숫자의 크기는 제약 조건의 제한성에 따라 달라진다. 제약 조건이 엄격할수록 이를 충족하는 출력 수가 줄어든다.

45) 그러므로 신다윈주의 모델과 신라마르크주의 모델 사이에는 상호보완적인 관계가 있다. 하나는 무작위 생성이고 다른 하나는 무작위 선택이다. 하나는 제약 기반 선택이고 다른 하나는 제약 기반 생성이다.

정된 목표를 향해 이동)이 복잡한 환경(모래 언덕 표면의 모래의 예측할 수 없는 미끄러짐)과 상호작용하는 결과라는 시몬(Herbert Simon)의 관찰을 연상시킨다.[46]

존슨래이드의 모델은 음조와 리듬에 견고하게 초점 두어 있으며, 프레싱(Jeff Pressing)도 계산적인 접근 방식을 채택하여 즉흥연주와 관련된 프로세스에 대해 보다 광범위한 설명을 제공하며 이는 생성 프로세스 자체에 더 많은 복잡성을 구축한다.[47] 그의 모델은 음향 및 구조적 특징, 물리적 움직임, 작업 기억에 있는 이전 사건의 영향뿐만 아니라, 즉흥연주자의 목표의 영향, 공동 연주자와의 상호작용 및 연주자가 작업하는 자료의 문화적 참조를 포함한 광범위한 구성요소를 통합한다. 이 모델은 즉흥연주를 생성하는 데 포함될 수 있는 상당히 추상적인 프로세스와 종류의 '데이터'를 상당히 많이 식별하지만, 도식적 표현의 형식성에도 불구하고 실제로는 테스트 가능한 작업 시스템으로 구현될 만큼 충분히 형식적이지 않다. 즉흥연주에 포함될 수 있는 구성요소를 가능한 한 많이 식별하고 조정하는 것은 칭찬할 만한 시도이지만(그리고 프레싱의 모델에서 제공되는 다소 일반적인 컬렉션에 동의하지 않는 것은 어려울 것이다) 이러한 다소 추상적인 구성요소가 특정 경우에 실제로 어떻게 작동하는지에 대한 감각은 거의 없다.

네틀(Bruno Nettl)과 러셀(Melinda Russell), 그리고 소여(Keith Sawyer)가 편집한 모음집[48]과 아이어(Vijay Iyer)[49]의 많은 논문[50]이 인정하는 것처럼, 즉흥연주는 프레싱의 제안보다 훨씬 더 물리적이고 구체적이며 사회적으로 내재된 종류의 음악 만들기(music-making)라 할

---

46) Herbert A. Simon, *The Sciences of the Artificial* (Cambridge, MA: MIT Press, 1969).

47) 이 접근법의 많은 동일한 요소에 대한 논의는 프레싱(Jeff Pressing)의 논문 "Improvisation: methods and models"을 참조하라. 그러나 그는 전문성 이론의 관점에서 설명한다.

48) Bruno Nettl and Melinda Russell, *In the Course of Performance: Studies in the World of Musical Improvisation* (Chicago: University of Chicago Press, 1988); Keith Sawyer, R. (Ed.) *Creativity in Performance* (Greenwich, CT: Ablex Publishing Corporation, 1997).; Keith Sawyer, R, *Group Creativity: Music, Theater, Collaboration.* (Mahwah, NJ: Lawrence Erlbaum, 2003).

49) [역주] 아이어(Vijay Iyer)는 미국의 작곡가, 재즈 피아니스트, 밴드 리더, 프로듀서 및 작가이면서 하버드 대학 교수로 재직중이다. 그는 인도 클래식 음악, 힙합, 전자음악, 실험음악 등 다양한 장르의 요소를 혼합하여 재즈 음악에 대한 혁신적인 접근 방식으로 알려져 있다. 그는 음악 연주, 작곡 뿐만 아니라 음악적 창의성에 대한 학문적 담론에도 참여해왔다. 이와 관련한 최근 논문 "Improvisation, Action, Understanding, and Music Cognition with and without Bodies"에 의하면, 즉흥연주의 다각적인 특성을 탐구하고 신체 동작, 이해 및 음악 인지와의 교차점을 조사한다. 주요 논제는 즉흥연주가 단순한 음악적 행위가 아니라 신체적 행동과 인지적 참여를 모두 포함하는 총체적으로 체현된 과정이라는 생각을 중심으로 전개된다. 게다가 즉흥연주를 창조하는 데 있어 사회적 문화적 맥락의 역할을 탐구하고, 즉흥연주가 집단 경험, 전통 및 사회 정치적 역학에 큰 영향을 받음을 그는 강조한다. 이는 즉흥연주의 구체화된 맥락적 특성을 부각하여 음악적 표현뿐만 아니라 인지, 주체 및 문화적 의미의 중요성을 제시한 것이다. 즉흥연주는 복잡한 현상이 얽혀있지만, 그의 논의는 몸, 마음, 문화 사의의 전통적인 경계를 초월한 음악의 창의성을 탐구하는 데에 의의가 있다.

50) Vijay Iyer, "Embodied mind, situated cognition, and expressive microtiming in African-American music," *Music Perception* 19 (2002), 387–414.

수 있다. 베일리(John Baily)는 음악 연주와 창의성에서 물리적 요소의 중요성을 강조했다. 그는 현악기의 물리적 특성에 대한 이해가 한 문화(및 악기 세트)에서 다른 문화로 전달될 때 음악 양식의 변화에 대한 통찰력을 제공할 수 있음을 보여준다. 예를 들어 기타와 같은 악기의 공간 배치가 록 음악과 같은 장르에서 사용되는 화성적인 동형진행에 어떻게 영향을 미치는지를 탐구한다. 이 관점은 다양한 음악 전통에서 악기의 물리적인 특성과 창의적 표현 사이의 복잡한 관계를 강조한다.[51] 좀 더 개성적이고 현상학적 맥락에서, 수드나우(David Sudnow)의 저서 『손의 방식』(Ways of the Hand, 2001)은 피아노 즉흥연주를 배우는 자신의 신체 경험의 물리적 특성을 기록하고 있으며, 건반과 손의 관계에서 구현되는 감각운동 인식의 발달에 중점을 두고 있다. 수드나우는 머리에 있는 중앙 컨트롤러가 신체에 어디로 가야 할지, 무엇을 해야 할지 '말하는' 하향식 접근 방식을 거부하고, 어디에 어떤 형태로 즉흥적인 앎이 존재하는지에 대한 훨씬 더 분산된 이해를 지지한다. 즉흥연주를 하는 피아니스트에게는 건반과 손의 상호작용(뿐만 아니라 몸 전체의 보다 광범위한 참여)[52]이 두뇌만큼이나 즉흥연주 지식의 저장소 역할을 한다. "나는 손이 의식적인 자아가 하는 만큼 어디로 가야 할지를 선택하는 의사결정에서 어떻게 체계적이고 이성적으로 표현할 수 있는지에 대한 표시를 제공한다. 손은 음악하기, 식사하기, 직조하기, 조각하기, 요리하기, 그림그리기, 글쓰기, 수술하기, 전화걸기, 타이핑하기, 서명하기 등 어디든 이 손은 '나'의 의지만큼 어디로 갈지를 스스로 선택한다."[53]

손이든 몸 전체이든 연주의 신체 동작은 인체공학에서 안무까지 연속체에 있다고 생각할 수 있다. 인체공학적인 측면에서 연주자들은 쉽고 편안하게 느껴지는 움직임을 통해 소리를 내고자 한다. 악기 연주의 핑거링 패턴은 인체공학적 요소가 주목하는 영역 중 하나이며 판컷(Richard Parncutt)은 전적으로 인체공학적인 고려 사항(손가락의 강도와 폭, 손 위치, 흑백 건반의 배치, 엄지 손가락 회전 등)에 기초한 피아니스트의 핑거링 선택 모델을 제시한다.[54] 고도로 연습된 연주에서는 다른 요소(가령 양식과 표현)가 의심할 여지 없이 최종 손가

---

51) John Bailey, "Music structure and human movement," in *Musical Structure and Cognition*, edited by Peter Howell, Ian Cross and Robert West (London: Academic Press, 1985), 237-258; John Bailey, "Some Cognitive Aspects of Motor Planning in Musical Performance," Psychologica Belgica 31/2 (1991), 147–62; John Baily and Peter Driver, "Spatio-Motor Thinking in Playing Folk Blues Guitar," World of Music 34/3 (1992), 57–71.

52) 수드나우(Sudnow)가 재즈 연주를 배우는 중요한 순간은 그가 피아니스트 롤스(Jimmy Rowles)의 연주를 들으러 갔을 때다. 수드나우의 전체적인 접근 방식에 결정적인 영향을 미치는 것은 악기를 연주하는 롤스의 몸 전체를 보는 것이다.

53) David Sudnow, *Ways of the Hand: The Organisation of Improvised Conduct. A Rewritten Account*, (Cambridge, MA: MIT Press, 2001), 2.

54) Richard Parncutt, John A. Sloboda, Eric F. Clarke, Matti Raekallio, and Peter Desain, "An Ergonomic Model of Keyboard

락 선택에 영향을 미치지만, 인체공학적 모델은 숙련된 피아니스트가 초견을 할 때 본질적으로 즉흥적으로 손가락 번호를 선택하는 데 놀라울 정도로 성공적이었다. 음악 연주가 신체/악기 관계의 인체공학적 제약 내에서 연주하거나 이를 가지고(with) 연주하는 경우 즉흥 연주자의 창의성이 쉽게 느껴지거나 기분이 좋아지는 것과 일치한다는 사실은 놀라운 일이 아니다. 이는 존슨래어드가 보다 추상적이고 계산적인 용어로 제시한 것[55]과 유사한 원리에 대한 더 체현된/구체화된(embodied) 관점을 소개한다: 즉흥적인 창의성의 속도는 의사결정이 거의 필요하지 않거나 전혀 필요하지 않은 연주/환경 상호작용에 의해서만 충족될 수 있는 요구를 부과하고 작업 기억에 거의 영향을 주지 않는다는 것이다.

스펙트럼의 반대편에서, 연주자의 동작 안무는 청중과 소통할 수 있는 잠재적으로 강력하고 설득력 있는 방법을 나타낸다. 데이빗슨(Jane Davidson)은 팝 음악가 레녹스(Annie Lennox), 윌리암스(Robbie Williams)의 연주 영상 녹화에서 그러한 모습들을 분석했다.[56] 엘스던(Peter Elsdon)은 키스 자렛(Keith Jarrett)의 재즈 연주와 관련하여 같은 연구를 수행했고[57] 쿡(Nicholas Cook)은 쇼팽을 연주하는 많은 피아니스트들의 영상 녹화와 비슷한 접근법을 제공한다.[58] 이러한 종류의 안무가 얼마나 의식적이고 계획적이며, 어느 정도까지 리허설이 되거나 연주 과정에서 만들어지는지는 조사해야 할 질문이다.

무엇보다 방법론적인 이유로, 즉흥연주에 대한 연구의 압도적인 대다수는 단일 연주자에 초점을 맞추고 있지만, (교회 오르간 연주자부터 자유 즉흥연주자에 이르기까지), 단독 즉흥의 중요한 전통이 있는 반면, 음악 즉흥의 대다수는 연주자와 청중 사이뿐만 아니라 때때로 복잡한 상호작용을 포함하는 명시적인 사회적 활동을 내포한다. 음악 심리학의 주된 인지적 방향성 때문에, 연주의 이러한 측면은 최근에서야 조사되기 시작했고, 안타깝게도 즉흥연주의 가장 제한적인 범위에 그쳤다.[59] 종족 음악학자들은 몬슨(Ingrid Monson)이 분명히 밝혔듯이, 사회적 차원에 대해 더 예리하게 인식해왔다.[60]:

Fingering for Melodic Fragments," *Music Perception* 14/4 (1997), 341–82.

55) P.N. Johnson Laird, "How jazz musicians improvise," *Music Perception* 19 (2002), 415–42.

56) Jane W. Davidson, "'She's the One': Multiple Functions of Body Movement in a Stage Performance by Robbie Williams," in *Music and Gesture*, 1st ed., (Routledge. 2016), 208–26.

57) Peter Elsdon, "Listening in the Gaze: The Body in Keith Jarrett's Solo Piano Improvisations," in *Music and Gesture*, 1st ed., (Routledge, 2016), 192–207.

58) Nicholas Cook, "The ghost in the machine: towards a musicology of recordings," *Musicae Scientiae* 14 (2010), 3–21.

59) Keith Sawyer, R, *Group Creativity: Music, Theater, Collaboration*, (Mahwah, NJ: Lawrence Erlbaum, 2003).

60) Ingrid T. Monson, *Saying Something :jazz Improvisation and Interaction* (Chicago: University of Chicago Press, 1996).

구조는 기초적이거나 맥락에서 분리될 수 있는 것으로 생각되기보다는 사회적 맥락의 구성을 핵심 기능 중 하나로 간주한다. 즉, 구조와 맥락 사이에는 자율성보다는 상호정의적인 관계(mutually defining relationship)가 존재한다. 문제는 여러 방향으로 의미를 전달하는 청각 기호의 능력, 즉 의사소통 담론을 통해 인간관계의 구조와 더 넓은 영역을 동시에 구성하는 능력이다.[61]

음악적 재료는 인지적 관점이 내포하는 것보다 훨씬 사회적인 '실체/물질(substance)'로서, 즉흥연주는 종종 음악적 문제 해결의 특별한 경우인 것처럼 제시되는 경우가 많다. 즉흥연주의 사회적 성격은 심리학 연구 분야에서 탐색해야 할 것이 여전히 많다.[62] 즉흥연주, 특히 소위 자유 즉흥연주는 음악 재료 및 프로세스와 관련된 것인 만큼 대인 관계의 역동성을 탐구하고 협상하는 데에도 관심이 있다. 자유로운 즉흥연주는 매우 예측할 수 없고 극단적인 사회적 역동성을 발전시킬 기회를 제공하며, 이러한 상황에서 만들어진 음악은 주로 특정 사회적 맥락의 산물인 것처럼 보인다. 이 점에서 작곡과 즉흥연주 사이에는 흥미로운 보완성이 있다. 작곡은 결과적으로 특정 종류의 사회적 맥락과 (아마도 일시적인) 대인 관계를 구성하는 음악 구조를 규정하는 방법으로 볼 수 있다. 현악 4중주를 위한 작곡은 교향곡이나 큰 밴드의 작품을 연주하는 데 필요한 것과는 확연히 다른 연주자 간의 특정 종류의 사회적 관계와 상호작용을 요구한다. 그 반대로 자유 즉흥연주에서는 종종 다음의 사항처럼 보인다. 특정한 사회적 맥락이 설정되거나 조작될 수 있고 (음악적인 재료를 지정하지 않고 즉흥적인 그룹이 특정한 종류의 상호작용을 규정하는 것은 드문 일이 아니다) 그리고 그 결과로 만들어진 음악은 이러한 사회적 관계 본질의 결과로 작용한다. 여기에는 잠재적 문제가 있다. 즉, 음악가들을 그들 자신의 '최소한의 저항선' 또는 친숙한 사회적 (따라서 음악적) 상호작용에서 끌어낼 다른 요소가 없다면 이러한 사회적 관계에서 정형화된 음악적 결과로 이어질 위험성이 있다. 그러나 현재까지 잠재적으로 매혹적인 영역을 탐구하려고 시도한 심리학적 연구는 거의 없다.

창의성이 담긴 연주에 대해 현재 존재하는 다소 이질적인 자료를 심리학적인 접근 방식으로 어떻게 통합할 수 있는가? 모든 영역의 창의성은 복잡한 물리적, 문화적 환경 속에서 발생하며, 이러한 맥락은 창의성이 자라날 수 있는 기반을 제공할 뿐만 아니라 성장하

---

61) Ibid, 186.
62) 이 사회적 구성요소의 중요한 부분은 재즈와 팝 음악가들이 자신의 창의성을 배우는 방식인데, 이는 클래식 음악가보다 더 청각적이고 비공식적인 경향이 있고, 레크레이션과 창조 사이의 다른 관계를 얻는 것이다. Lucy Green, *How Popular Musicians Learn: A Way Ahead For Music Education* (Aldershot: Ashgate Press, 2001).

는 것이 창의적인 것으로 간주하는지를 결정하는 기준이기도 하다. 칙센트미하이(Mihaly Csikszentmihalyi)와 리히(G.J Rich)는 다음과 같이 주장한다[63]:

> 아이디어나 제품이 창의적인 것으로 판단되는지는 그것이 노출된 다른 사람들에게 미칠 수 있는 효과에 따라 달라진다. 그러므로 우리가 창의성이라 부르는 것은 생산자와 청중의 상호작용을 통해 구현되는 현상이라고 할 수 있다. 창의성은 개인의 산물이 아니라, 개인의 산물을 판단하는 사회 시스템의 산물이다.

비슷한 맥락에서 창의성을 '새롭고, 놀랍고, 가치 있는'(위 참조) 보덴의 정의[64]에서 무언가의 '새로움'은 개인의 삶의 역사와 관련하여 척도의 한쪽 끝에서 측정될 수 있고, 인류 역사와 관련하여 다른 쪽 끝에서 측정될 수 있다.[65] 여기서 새롭고 놀라운 것의 '가치'는 사회적으로만 정의될 수 있다. 정의상(by definition) 창의성은 새로움뿐만 아니라 가치도 포함하고 있으며 여기에서 가치는 매우 다양하므로 창의성에 대한 많은 주장은 '가치'에 대한 불일치에 뿌리를 두고 있다.[66]

다시 한번, 이것은 개인주의적인 용어로 너무 쉽게 볼 수 있는 사회적 요소를 강조하며, 창조자의 머릿속에 창의성을 확고히 두는 경향은 심리학 이론에서 다루는 주요 문제 중 하나다. 인지 과정의 역할을 완전히 무시하는 것은 명백히 잘못된 일이지만, 그것이 표현되는 신체적 장치(신체와 악기)와 문화적 실체와 맥락(양식적으로 구성된 음악적 재료와 연주 환경)을 참조하지 않고 연주의 창의성과 같은 실용적이고 구체적인 현상을 설명하려고 시도하는 것은 별 의미가 없다. 복잡한 현상을 완전히 정의하는 방식으로 복잡한 현상을 연구하는 실용적인 방법을 찾기는 어렵지만, 지속해서 발전하는 연주 분석을 위한 정량적 방법과 참여자 관찰을 통해 문화적으로 내재한 통찰력을 결합하는 방법이 있다. 연주의 '로우 데이터'(raw data)는 필연적으로 연주자가 무엇을 달성하려고 했는지에 대한 매우 일부의 이야기

---

63) Mihaly Csikszentmihalyi, & Rich, G.J. "Musical improvisation: a systems approach," in *Creativity in Performance*, edited by K. Sawyer (Greenwich, CT: Ablex Publishing Corporation, 1997), 45-6.

64) Margaret A. Boden, *The Creative Mind: Myths and Mechanisms* (London: Routledge. 2004).

65) 십 대의 첫 즉흥연주 시도는 첫 번째 의미에서는 창의적일 수 있지만 두 번째 의미에서는 창의적일 가능성이 적다. 마찬가지로 젊은 피아니스트가 슈만의 《트로이메라이》를 연주하려는 초기 시도는 표현적으로 창의적일 수 있지만, 그 작품의 오랜 표현적인 연주들의 긴 역사를 고려할 때 두 번째 의미에서는 그렇지 않을 수도 있다. 이 모든 것은 우리가 두 번째, 국제적인 의미에서, 특히 연주로서 일시적이고 일회적으로 배포되는 무언가가 창의적이라고 확신할 수 있는지에 대한 의문을 제기한다.

66) Margaret A. Boden, 위의 논문, 10, 원문 강조.

만 전달할 수 있다. 연주자와 작곡가에 대한 직접적인 접근이 가능한 상황에서는 데이터가 제공할 수 있는 매우 다양한 종류의 정보를 활용하는 것이 합리적이다.[67]

　　연주의 창의성은 사회적으로 구성된 음악 재료와 연주 관행, 상호작용하는 신체와 악기의 가능성과 제약, 연주자 개인의 지각, 운동 및 인지 능력 사이의 인터페이스에서 발생한다. 음악심리학은 이 복잡한 현상을 연구하는데, 특히 이렇게 높이 평가되는 행동의 기초가 되는 인지 과정을 이해하는 데 어느 정도 진전을 이루었다. 그럼에도 불구하고 부분적으로 탈사회화되고 다소 탈신체화된 연구의 방식으로 인해 여전히 연주의 많은 것들이 잘 이해되지 않고 있다. 사회적 요인(연주 전통, 사회적으로 구성된 '혁신' 개념, 허용할 수 있는 급진주의의 한계, 좁게 정의된 음악적 과정과 연주의 사회적 맥락 사이의 상호작용) 및 물리적 요인 모두와 인지 과정의 참여는 음악 심리에 대한 상당한 도전을 나타내지만, 이미 다양한 방식으로 해결되고 있는 도전 과제이다. 클락(Andy Clark)의 『수퍼사이징 더 마인드』 (Supersizing the Mind)에서 도구, 상징, 기술, 사회구조, 그리고 인간의 신체와 그 행동이 모두 우리의 사고와 창조에 중요한 역할을 하는 정신(mind)에 대한 확장되고 분산된 개념을 설득력 있게 주장한다.[68] '뇌, 신체, 세계를 포괄하는 복잡한 인지 경제'- 이 흥미진진한 개념을 관리할 수 있는 연구 프로그램으로 바꾸는 사소한 문제를 남긴다.[69]

---

67) 예를 들어, Eric Clarke, Nicholas Cook, Bryn Harrison, and Philip Thomas, "Interpretation and Performance in Bryn Harrison's être-Temps," *Musicae Scientiae* 9/1 (2005), 31–74; Fabrice Fitch, and Neil Heyde, "'Recercar' – The Collaborative Process as Invention," *Twentieth-Century Music* 4/1 (2007), 71–95; Amanda Bayley, "Multiple takes: Using recordings to document creative process," in *Recorded Music: Performance, Culture and Technology*, edited Amanda Bayley (Cambridge: Cambridge University Press, 2010), 206–24.

68) Andy Clark, *Supersizing the Mind. Embodiment, Action, and Cognitive Extension* (Oxford: Oxford University Press, 2008).

69) Andy Clark, 위의 글, 217.

참고문헌

Bailey, Derek. "Improvisation Its nature and practice in music. London." *The British Library National Sound Arhive*, 1992.

Bailey, John. "Music structure and human movement." In Musical Structure and Cognition. Edited by Peter Howell, Ian Cross and Robert West: 237-258. London: Academic Press, 1985.

Baily, J. "Some Cognitive Aspects of Motor Planning in Musical Performance." Psychologica Belgica 31/2 (1991): 147–62.

Baily, John, and Peter Driver. "Spatio-Motor Thinking in Playing Folk Blues Guitar." World of Music 34/3 (1992): 57–71.

Bayley, Amanda. "Multiple takes: Using recordings to document creative process." In Recorded Music: Performance, Culture and Technology. Edited Amanda Bayley: 206–24, Cambridge: Cambridge University Press, 2010.

Bazzana, Kevin. Glenn Gould: The Performer in the Work. A Study in Performance Practice. Oxford: Oxford University Press, 1997.

Berlyne, D. Aesthetics and Psychobiology. New York: Appleton-Century-Crofts, 1971.

Bloom, Harold. The Anxiety of Influence: A Theory of Poetry. New York: Oxford University Press, 1973.

Boden, Margaret A. The Creative Mind: Myths and Mechanisms. London: Routledge. 2004.

Chaffin, Roger, Anthony F. Lemieux, and Colleen Chen. ""It Is Different Each Time I Play": Variability in Highly Prepared Musical Performance." Music Perception 24/5 (2007): 455–72.

Clark, Andy. Supersizing the Mind. Embodiment, Action, and Cognitive Extension. Oxford: Oxford University Press, 2008.

Clarke, Eric. F. "Generative principles in music performance." In Generative Processes in Music. Edited by J.A. Sloboda: 1–26, Oxford: Clarendon Press, 1988.

_____. "Imitating and evaluating real and transformed musical performances." Music Perception 10 (1993): 317–41.

_____. "Expression in performance: generativity, perception and semiosis." In The Practice of Performance. Edited by J. Rink: 21– 54, Cambridge: Cambridge University Press, 1995.

_____. "Understanding the psychology of performance." In Musical Performance. A Guide to Understanding. Edited by J. Rink: 59-72, Cambridge: Cambridge University Press, 2002.

Clarke, Eric, Nicholas Cook, Bryn Harrison, and Philip Thomas. "Interpretation and Performance in Bryn Harrison's être-Temps." Musicae Scientiae 9/1 (2005): 31–74.

Clarke, Eric, Richard Parncutt, Matti Raekallio, and John Sloboda. "Talking Fingers: An Interview Study of Pianists' Views on Fingering." Musicae Scientiae 1/1 (1997): 87–107.

Clarke, Eric F., and W. Luke Windsor. "Real and Simulated Expression: A Listening Study." Music Perception

17/3 (2000): 277–313.

Cook, Nicholas. "Performance analysis and Chopin's Mazurkas." Musicae Scientiae, 11 (2007): 183–207.

_____. "Squaring the circle: phrase arching in recordings of Chopin's Mazurkas." Musica Humana 1 (2009): 5–28.

_____. "The ghost in the machine: towards a musicology of recordings." Musicae Scientiae 14 (2010): 3–21.

Csikszentmihalyi, Mihaly. & Rich, G.J. "Musical improvisation: a systems approach." In Creativity in Performance. Edited by K. Sawyer: 43–66. Greenwich, CT: Ablex Publishing Corporation, 1997.

Davidson, Jane W. "The Role of the Body in the Production and Perception of Solo Vocal Performance: A Case Study of Annie Lennox." Musicae Scientiae 5/2 (2001): 235–56.

Davidson, Jane W. "'She's the One': Multiple Functions of Body Movement in a Stage Performance by Robbie Williams." In Music and Gesture, 1st ed., 208–26. Routledge. 2016.

Dowling, W. Jay, and Dane L. Harwood. Music Cognition. Orlando: Academic Press, 1986.

Dunsby, Johathan. Performing Music: Shared Concerns. Oxford: Clarendon Press, 1995.

Elsdon, Peter. "Listening in the Gaze: The Body in Keith Jarrett's Solo Piano Improvisations." In Music and Gesture, 1st ed., 192–207. Routledge, 2016.

Fitch, Fabrice, and Neil Heyde. "'Recercar' – The Collaborative Process as Invention." Twentieth-Century Music 4/1 (2007): 71–95.

Gabrielsson, Alf. "The Performance of Music." In The Psychology of Music (2nd Ed.), 501-602, New York: Academic Press, 1999.

Godlovitch, Stan. Musical Performance: A Philosophical Study. London: Routledge, 1998.

Green, Lucy. How Popular Musicians Learn: A Way Ahead For Music Education. Aldershot: Ashgate Press, 2001.

Hill, Peter. "From Score to Sound." In Musical Performance, 129–43. Cambridge University Press, 2002.

Iyer, Vijay. "Embodied mind, situated cognition, and expressive microtiming in African-American music." Music Perception 19 (2002): 387–414.

Johnson-Laird, Philip N. "Freedom and constraint in creativity." In The Nature of Creativity. Contemporary Psychological Perspectives. Edited by R.J. Sternberg: 202–19, Cambridge: Cambridge University Press, 1988.

_____. "How jazz musicians improvise." Music Perception 19 (2002): 415–42.

Juslin, Patrik N. "Five Facets of Musical Expression: A Psychologist's Perspective on Music Performance." Psychology of Music 31/3 (2003): 273–302.

Juslin, Patrik N., Anders Friberg, and Roberto Bresin. "Toward a Computational Model of Expression in Music Performance: The GERM Model." Musicae Scientae 5 (2001): 63–122.

Keller, Hans. "The gramophone record." In The Keller Column. Essays by Hans Keller. Edited by R. Matthew-Walker: 22-5, London: Alfred Lengnick & Co., 1990.

Krampe, Ralf Th, and K. Anders Ericsson. "Deliberate Practice and Elite Musical Performance." In The

Practice of Performance, 84–102. Cambridge University Press, 1995.

Leech-Wilkinson, Daniel. "Portamento and musical meaning." Journal of Musicological Research 25 (2006): 233–61.

_____. "The Changing Sound of Music: Approaches to Studying Recorded Musical Performance." London: CHARM, 2009. Available at: http://www.charm.rhul.ac.uk/ studies/chapters/intro.html.

Lisboa, Tânia, Aaron Williamon, Massimo Zicari, and Hubert Eiholzer. "Mastery through Imitation: A Preliminary Study." Musicae Scientiae 9/1 (2005): 75–110.

Mach, Elyse. "Great Contemporary Pianists Speak For Themselves Volume I." In Great Contemporary Pianists Speak for Themselves. United States: Dover Publications, 1991.

Monson, Ingrid T. Saying Something :jazz Improvisation and Interaction. Chicago: University of Chicago Press, 1996.

Nettl, Bruno, and Melinda. Russell. In the Course of Performance : Studies in the World of Musical Improvisation. Chicago: University of Chicago Press, 1988.

Parncutt, Richard, John A. Sloboda, Eric F. Clarke, Matti Raekallio, and Peter Desain. "An Ergonomic Model of Keyboard Fingering for Melodic Fragments." Music Perception 14/4 (1997): 341–82.

Philip, Robert. Performing Music in the Age of Recording. Hew Haven, CT: Yale University Press, 2004.

Pressing, Jeff. "Improvisation: methods and models." In Generative Processes in Music. Edited by J.A. Sloboda: 129-78, Oxford: Clarendon Press, 1998.

Repp, Bruno H. "Diversity and commonality in music performance: an analysis of timing microstructure in Schumann's "Träumerei." Journal of the Acoustical Society of America 92 (1992): 2546–68.

_____. "The aesthetic quality of a quantitatively average music performance: two preliminary experiments." Music Perception 14 (1997): 419–44.

_____. "Pattern typicality and dimensional interactions in pianists' imitation of expressive timing and dynamics." Music Perception 18 (2000): 173–211.

Sawyer, R. Keith. (Ed.) Creativity in Performance. Greenwich, CT: Ablex Publishing Corporation, 1997.

_____. Group Creativity: Music, Theater, Collaboration. Mahwah, NJ: Lawrence Erlbaum, 2003.

Seashore, Carl E. Psychology of Music. McGraw-Hill. (Reprinted 1967) New York: Dover Publications, 1938.

Shaffer, L.H. "Creativity in Skilled Performance." Paper presented at NATO Conference on Adaptive Control of Ill- Defined Systems. Moretonhampstead, UK, 1981.

Simon, Herbert A. The Sciences of the Artificial. Cambridge, MA: MIT Press, 1969.

Sloboda, John A. "The communication of musical metre in piano performance." Quarterly Journal of Experimental Psychology 35A (1983): 377–96.

Straus, Joseph N. "The "Anxiety of Influence" in Twentieth-Century Music." The Journal of Musicology (St. Joseph, Mich.) 9/4 (1991): 430–47.

Sudnow, David. Ways of the Hand: The Organisation of Improvised Conduct. A Rewritten Account. Cambridge, MA: MIT Press, 2001.

Taruskin, Richard. *Text and Act: Essays on Music and Performance*. New York: Oxford University Press, 1995.

Todd, Neil P. McAngus. "THE DYNAMICS OF DYNAMICS - A MODEL OF MUSICAL EXPRESSION." *The Journal of the Acoustical Society of America* 91/6 (1992): 3540–50.

Weisberg, Robert W. *Problem solving and creativity. In The Nature of Creativity. Contemporary Psychological Perspectives*. Edited by R.J. Sternberg: 148-76, Cambridge: Cambridge University Press, 1988.

Witmer, Robert, "Stability in Blackfoot Songs, 1909–1968." *In Ethnomusicology and Modern Music History*. Edited by S. Blum, P.V. Bohlman, & D.M. Neuman (Eds.): 242–53, Urbana and Chicago, IL: University of Illinois Press, 1993.

즉흥 연주: 실험적 고찰, 결과, 그리고 향후 방향
Improvisation: Experimental Consideration, Results, and Future Direction[70]

말린다 맥퍼슨 & 찰스 림브

임혜숙

1. 저자

말린다 맥퍼슨(Malinda J. McPherson)은 현재 퍼듀 대학교(Purdue University) 조교수이다. 미국 존스 홉킨스 대학에서 인지과학을 공부하였고, 처칠 학자로서 케임브리지 대학(University of Cambridge) 음악 과학 센터에서 철학과 석사과정을 수료했다. 하버드/MIT 대학원 음성과 청각 생명과학 및 기술 프로그램에서 박사학위를 받았다. 그는 현재 청취자들이 소리, 특히 언어와 음악을 어떻게 인식하고 기억하는지에 대한 연구를 하고 있으며, 경험, 훈련, 문화의 개인차가 청각 인식을 어떻게 변화시키는지 설명하기 위해 연구하고 있다. 2022년 포브스 과학 부문 "30세 미만의 30인" 목록에 이름을 올린바 있다.

찰스 림브(Charles J. Limb)는 캘리포니아 대학교 샌프란시스코 캠퍼스(UCSF)의 외과의사, 신경과학자, 음악가이다. 이비인후과 의사로서, 그는 귀 장애 치료를 전문으로 하고 있다. 재즈 밴드를 지휘했던 하버드 대학교에서 학사학위를 받았고, 예일 대학교 의과대학을 졸업하였으며, 일반 외과에서 외과 인턴쉽을, 이비인후과의 두경부 외과에서 레지던트 과정을, 그리고 볼티모어의 존스 홉킨스 병원 신경학 센터에서 전문 연구원 과정을 마쳤다. 또한 청각 뇌간의 발달을 조사했던 존스 홉킨스의 청력 과학 센터에서 데이비드 류고(David Ryugo) 박사와 함께 박사 후 연구원 과정을 마쳤고, 재즈 음악가들이 즉흥적으로 음악을 연주할 때의 뇌 활동을 이미지화하기 위해 기능적자기공명영상(fMRI) 장치를 사용했던 국립 보건원(National Institutes of Health)에서 두 번째 연구원 과정을 마쳤다. 그는 음악적 창의성의 신경적 기반과 청각 장애가 있는 사람들의 음악 인식에 인공 달팽이관 삽입물의 영향에 대한 연구를 수행하였다.

---

70) McPherson, Malinda J. & Limb, Charles J. "Improvisation: Experimental Consideration, Results, and Future Direction," in Foundations in *Music Psychology: Theory and Research*. ed. Rentfrow Peter J. & Levitin, Daniel J (Cambridge, Massachusetts: The MIT Press, 2019)

2. 역자 서문

음악에서 즉흥 연주는 여러 장르에서 필수적인 구성 요소이다. 음악에서 지난 세기, 특히 18세기 이전의 악보들, 콘서트 리뷰들과 같은 역사적인 연구에 기초한 작품에 대한 해석들은 많은 자유로운 제안들이 포함되어 있다. 특히 모차르트의 피아노 작품들의 경우 연주자가 거장다운 장식들로 즉흥적으로 연주할 것을 기대하고 있고, 즉흥 연주를 기반으로 한 18세기의 연주 관행은 당시 청중들의 마음을 사로잡았으며, 소나타와 같은 여러 음악 형식들을 창조해 내었다. 당시 악보는 그 작품의 구조에 대한 일반적인 윤곽의 역할만 했다. 이와 같이 음악에서 즉흥 연주는 연주자들과 작곡가들의 창의성을 기반으로 하는 중요한 음악적 능력이고, 최근 이러한 즉흥 연주는 인간의 독특한 능력으로서 음악학을 비롯한 다양한 분야의 학자들에게 중요하게 연구되고 있다. 특히 즉흥 연주는 창의성과 깊은 연관이 있기에 뇌신경과학 분야에서연구로서도 그 중요성이 커지고 있다.

인간의 창작 행위를 연구하기 위해서는 신경 영상 장비 및 시설 비용으로 인해 짧은 시간 내에 실험이 이루어져야 하는데, 소설을 쓰거나 교향곡을 작곡하는 등 장기간에 걸쳐 진행되는 창작 행위는 이러한 과학적인 방법으로는 쉽게 관찰하기 어려웠다. 그런데 즉흥 연주는 소설, 교향곡 작곡 등 여러 활동 중에서 가장 짧은 시간 안에 완성되는 창의적인 행동이기에 인간의 창의성을 연구하기 위한 대표적인 활동으로 연구되어 왔다. 음악적 즉흥 연주는 인간의 다양한 생각을 짧은 시간 안에 여러 형태로 표현하고, 선율적, 화성적, 또는 리듬적으로 제한될 수 있어서 인간의 창의성을 과학적으로 연구하기에 적합하였다. 즉 음악적 즉흥 연주는 연주자의 창의적 능력을 제거하지 않으면서 실험적 통제를 증가시킬 수 있게 한다. 그러나 즉흥 연주와 같은 창의적인 행동을 연구하는 데 있어서 근본적인 예측 불가능성을 고려할 때, 연구를 수행하기에 수많은 어려움이 내재되어 있다. 즉흥 연주를 연구하는 것은 인간의 창의성을 보다 더 효과적으로 연구하기 위한 과학적인 접근법의 발달에도 영향을 미쳤다.

저자는 이 글에서 즉흥 연주를 연구하는데 있어서 어려움들이 무엇인지 조사하고, 과학자들이 이러한 문제들을 극복하기 위해 사용해 온 방법들을 검토한다. 또한 즉흥 연주와 관련한 뇌신경과학적인 발견들이 음악가, 예술가, 그리고 과학자들에게 미치는 영향과 미래의 가능성을 탐구한다. 창의성이 뇌에서 어떻게 일어나는지 이해하는 것은 과학적으로도 중요한 일이기에, 단기간에 완성되는 창의적 활동인 즉흥 연주를 하는 동안 뇌에서 어떠한 변화가 일어나는지 관찰하는 것은 창의성이 뇌의 어느 부분들과 관련이 있는지 검증할 수 있

는 중요한 연구이다. 따라서 이 글에 수록된 다양한 즉흥 연주 유형들과 뇌신경학적인 관련
성에 대한 여러 연구 결과들은 AI 시대 미래사회의 중요한 능력인 창의성을 구체적으로 이
해하는 기반이 된다.

즉흥 연주는 빠른 시간 안에 이루어지는 즉흥적인 행동이지만 이 글에 소개된 연구들
의 결과들에서 음악적 즉흥 연주는 학습이 기반이 되어야 가능한 창조적 행동이라고 밝히
고 있다. AI 시대 사회는 초단위로 급변하고 있고, 앞으로 우리는 예측하기 어려운 문제들도
무수히 맞이하게 될 것이다. 여러 학자들과 사전들에서 창의성이란 기존에 있던 생각이나
개념을 조합하여 새로운 것을 만들어 내는 능력이라고 정의하고 있고, 기존의 경험에 의존
하지 않고 새로운 방법으로 문제를 해결하는 능력이라고도 말하고 있다. 즉 창의성은 다양
한 문제와 어려움을 극복하는 중요한 능력이라고 할 수 있다. 그런데 그동안 창의성이 중요
하다고 강조되어 왔고 다양한 정의를 내리기 위한 연구는 많이 이루어졌지만, 구체적인 창
의적 행동들에 대한 연구가 부족한 현실이다. 이 글은 앞으로 창의성을 구체적인 행동을 통
해 연구하는 중요한 기초가 될 것이고, 교육을 통해 창의성을 어떻게 키울 수 있는지 효과적
인 방법을 설계하는 데에 기여할 수 있을 것이다.

즉흥 연주: 실험적 고찰, 결과, 그리고 향후 방향

1. 즉흥 연주: 정의

많은 음악 장르에서 음악적 즉흥 연주는 필수 요소이다. 최근 몇 년 동안 즉흥 연주는 점점 더 과학적인 관심과 연구의 대상이 되어왔다. 즉흥 연주는 '연주 과정에서 음악을 창조하는 것(Nettl & Russell, 1998)'으로 정의할 수 있으며, 더 구체적으로는 '장르의 음악적 규범과 일치하는 방식으로 시간, 음높이, 화음, 음색 및 소리의 강도와 같은 요소들을 자발적으로 조합 및 조작하는 것이다'라고 정의될 수 있다(Pressing, 1988). 즉흥 연주에 대한 이러한 정의는 창의성에 대한 보다 일반적인 정의와 유사하다; 창의성은 주어진 상황에 대해 참신하고 적절한 것을 생성하는 것이다(Sternberg, 1999) 프레싱(F. Pressing)에 의하면 즉흥 연주는 창의적이어야 하지만, 모든 창의성이 즉흥 연주를 수반하는 것은 아니다. 일부 형태의 예술적 창의성은 지속적인 관심과 노력이 필요하지만 음악적 즉흥 연주는 일반적으로 구체적인 계획 없이 빠른 시간 안에 일어난다. 즉흥 연주는 즉흥적이라는 사실에 의해 음악 작곡과 같은 유형의 창의성과는 다르다. 그러나 즉흥 연주가 구조화되지 않은 것이라고는 볼 수 없다. 즉흥 연주 능력은 대개 강도 높은 훈련을 필요로 한다. 예를 들어, 음악적 즉흥 연주가 '주어진 맥락에 적합'하거나 '장르의 음악적 규범과 일치'하려면 음악가는 자신이 선택한 음악 장르를 마스터하고 즉흥 연주에 필요한 기술을 확립해야 한다. 또한 즉흥 연주와 해석을 구분하는 것이 중요하다. 서양 고전 음악의 대부분은 인쇄된 악보를 암기하거나 읽는다. 선율과 화음의 즉흥 연주는 바로크 음악에서 흔히 볼 수 있는 암기 또는 독보의 맥락에서 발생할 수 있지만(Cyr, 1992), 학습된 곡에서 대부분의 편차는 시간, 음색, 음량 및 기타 요소의 약간의 변화를 포함하며 그리 크지 않다. 즉흥 연주는 음악적 특징(예: 프리 재즈)의 보다 복잡한 재조합을 포함한다(Berliner, 1994). 학습된 음악 작품의 해석이 즉흥성을 구성하는 한계점은 여전히 잘 정의되지 않은 채로 남아 있다.

　즉흥 연주와 같은 창의적 행동은 근본적으로 예측 불가능성이 있기에 연구하는 데 많은 어려움이 있다. 이러한 점은 즉흥 연주를 연구하는 데 사용되는 과학적 접근 방식에 영향을 미쳤다. 이 글에서는 이러한 어려움이 무엇인지 조사하고, 과학자들이 즉흥 연주를 연구하고 이러한 문제를 극복하기 위해 사용한 방법을 검토하며, 즉흥 연주에 대한 신경과학적 발견이 음악가, 예술가 및 과학자에게 미치는 영향과 미래 가능성에 대해 탐구해보고자 한다.

2. 우리는 즉흥 연주를 어떻게 그리고 왜 공부하는가?

즉흥 연주와 창의성에 대한 과학적 연구는 일반적으로 몇 가지 복잡한 문제를 제기한다. 과학은 반증 가능한 가설의 개발, 관찰과 실험을 기반으로 하는 그러한 가설들의 체계적인 검증, 이러한 가설들의 업데이트를 특징으로 한다. 이 과정은 일반적으로 새로운 발견의 진실을 확립하기 위해 많은 반복을 요구하며, 이는 대체로 즉흥 연주의 주요 특징인 참신함과 충돌하기도 한다. 창의성의 형태는 쉽게 관찰할 수 있지만, 창조적 행위는 직접적인 실험 목적을 위해 체계적으로 반복하기 어렵다. 그러나 과학 연구에서 재현 가능한 결과를 얻으려면 관찰 가능한 동작이 실험 조건 전반에 걸쳐 대체로 일관되도록 통제 조건을 적용해야 하는 경우가 많다. 따라서 창의성을 연구할 때 가장 중요한 문제는 과학적 실험 통제의 요구와 실제적 창의적 행동에 참여할 수 있는 참여자의 능력 간에 균형을 맞추는 것이다.

일부 유형의 창의성은 다른 유형보다 연구하기 더 쉽다. 창의성은 다양한 과제, 시간 및 기술적 제한에 따라 여러 형태로 나타난다. 연구할 창의성의 형태를 선택할 때 이러한 차이가 중요해진다. 예를 들어, 과학 연구(특히 신경 영상 연구)는 기술적 한계, 연구 주제의 불편함, 신경 영상 장비 및 시설 비용으로 인해 짧은 시간 내에 이루어져야 하는 경우가 많다. 따라서 소설을 쓰거나 교향곡을 작곡하는 등 장기간에 걸쳐 진행되는 창작 행위는 이러한 방법으로는 쉽게 관찰될 수 없다. 하지만 음악, 특히 재즈 즉흥 연주는 높은 수준의 창의성을 연구할 수 있는 확실한 수단인데, 그 이유 중 하나는 짧은 시간 안에 이루어질 수 있어서 과학적인 연구가 가능하기 때문이다. 또한 음악적 즉흥 연주는 선율적, 화성적, 또는 리듬적으로 제한될 수 있다. 이러한 제한은 연주자의 창의적 능력을 제거하지 않으면서 실험적 통제를 증가시킬 수 있게 한다(McPherson & Limb, 2013).

음악적 즉흥 연주는 예술적 창의성에서 가장 깊게 연구된 영역이자 가장 많이 연구된 실제 창의적 과제 중 하나가 되었다. 혁신, 문제 해결, 다양한 양식(춤, 음악, 연설, 시각 형태 등)을 통해 아이디어를 표현하는 능력은 인간으로서의 핵심적인 특징이고, 뇌에서 창조가 어떻게 일어나는지 이해하는 것은 과학적으로 중요한 과제이다.

3. 즉흥 연주에 대한 음악가들의 견해

과학자들이 음악적 즉흥 연주의 문제에 접근하기 위해 즉흥 연주자들의 도움과 의견을 얻는 것은 중요하다. 이것은 실제적인 수준에서 실험을 더 현실적으로 또는 '생태학적으로 타당하게' 만드는 데 도움이 될 수 있다. 재즈 더블 베이스 연주자 론 카터(Ron Carter)는 "우리 음악가들은 악기를 연습하는 것이 연주를 위해 매우 중요하다는 것을 배워야 하지만, 우리가 원할 때만 연주할 수 있는 여유가 생기게 된다. 그것은 우리가 보다 더 창의적일 수 있다는 것을 의미한다. 만약 우리가 매일 밤 창의적이길 강요받는다면, 그 결과는 항상 좋을 수 없다" (Taylor,1993, p. 56). 이 말은 특정 상황이 다른 상황보다 즉흥 연주에 더 도움이 될 수 있다는 것을 강조한다. 즉흥 연주자가 참여하는 실험을 수행할 때는 실험 설계 단계에서 음악가와 대화를 나눌 필요가 있다. 특히 신경 영상 연구는 제한적이고 부자연스러운 환경을 포함할 수 있다. 음악가들의 우려와 의견에 응답함으로써 실험의 과학적 무결성을 유지하면서 참여자들이 현실적이고 편안하게 느껴지는 패러다임을 설계할 수 있다(McPherson & Limb, 2013).

또한 음악가들의 직관과 성찰은 연구 문제를 개발할 때 귀중한 자산이 된다. 예를 들어, 재즈 트럼펫 연주자 윈턴 마살리스(Wynton Marsalis)는 다음과 같이 말했다. "재즈에서, 즉흥 연주는 그저 오래된 것을 만들어 내는 것의 문제가 아니다. 재즈는 다른 언어와 마찬가지로, 고유의 문법과 어휘를 가지고 있다. 옳고 그름은 없으며, 단지 다른 것들보다 더 나은 선택들이 있을 뿐이다."(Burns & Ward, 2000). 즉흥 연주는 무작위적이라고 생각될 수 없다. 그것은 반드시 주어진 장르의 '문법과 어휘' 안에 속해야 한다. 즉흥 연주를 하기 위해 어떤 지식이 필요한가? 음악가들은 어떻게 이 '문법과 어휘'를 배우는가? 재즈 색소폰 연주자 스탠 게츠(Stan Getz)는 "재즈를 연주하는 한, 대화 이외의 다른 어떤 예술 형식들도 즉흥적인 상호작용의 만족을 줄 수 없다"라고 말했다. 서로 귀를 기울이는 좋은 [재즈] 4중주는 친구들 사이에 서로의 생각을 상호작용하는 좋은 대화와 같다(Martin, 1986). 재즈 즉흥 연주의 사회적인 측면은 무엇인가? 많은 재즈 음악가들은 공연 중 그루브(groove)에 또는 몰입 상태(zone)에 있는 느낌에 대해 언급했다. 재즈 트럼펫 연주자 마일즈 데이비스(Miles Davis)는 나흐-모노비치(Nach-Monovitch)의 말을 인용하여 다음과 같이 말했다. "실수를 두려워하지 마세요. 실수란 존재하지 않습니다"(Nach-manovitch. 1991, p. 88). 또한 밴드 리더이자 피아니스트인 허비 한콕(Herbie Hancock)은 "재즈는 순간에 있고, 그것은 판단적이지 않습니다; 여러분이 무대에서 연주할 때, 여러분은 다른 음악가가 무엇을 연주하는지를 판단하는 것이 아닙니다"라고 말했다(Shopova & Doubleday, 2012). 행동적 또는 신경적 수준에서 실수를 두려워하지 않으면서 '그루브에 있다'는 것은 무엇을 의미하는가? 음악 즉흥 연주에 대한 과학적 연구에서 즉흥 연주자들은 대개 연구 문제들을 안내하고 실험적인 패러다임을 개발하는 것을 도와왔다(Berliner, 1994; Norgaard, 2011, McPherson & Limb,2013; Pressing,1987).

4. 즉흥 연주의 행동 연구

음악 인지에 대한 연구의 대부분이 음악 지각에 집중되는 동안, 즉흥 연주를 포함한 음악 공연에 대한 연구가 증가하였다(Sloboda, 1988). fMRI와 같은 현대 신경 영상 기술이 출현하기 전에 과학자들은 다양한 계산적 그리고 심리적 접근법을 사용하여 즉흥 연주의 기초가 되는 인지 과정을 정확하게 정의하고 이해하려고 시도하였다.

이 분야의 중심적인 노력 중 하나는 음악가가 즉흥 연주를 성공적으로 하기 위해 갖추어야 하는 지식에 대한 이해를 발전시키는 것이었다. 즉흥 연주는 준비 과정을 필요로 하지만, 어떤 준비가 필요한지는 당장은 분명하지 않다(Ashley, 2009; Pressing, 1988). 음악가들이 기본적인 화성 구조에 의존하여 음 단위로 즉흥 연주를 생성하거나, 또는 미리 학습된 부분을 기반으로 즉흥 연주를 생성하는 것이 가능하다. 재즈 즉흥 연주에 대한 음 단위 분석은 음 단위에서 더 특징적인 음들(예를 들어, 조성의 으뜸음)이 종종 더 강한 박자의 위치에 놓이는 것으로 나타났다(Jarvinen & Toiviainen, 2000). 다른 과학자들은 음 단위의 즉흥성을 조사하기보다 재즈 즉흥 연주를 2-3초 음악 패턴으로 나누기 위한 중간 수준의 분석 방법을 개발했다. 이러한 중간 수준의 분석은 재즈 음악가들이 즉흥 연주를 구성하기 위해 미리 연습된 패턴을 사용한다는 증거를 제공하는데, 더 작은 부분들이 더 크고 응집력 있는 구조로 함께 연결된다(Frieler, Pfleideer, Zadach, & Abeßer, 2016). 다른 접근법은 즉흥 연주 내에서의 생성 과정이 맥락에 따라 변할 수 있음을 보여준다; 음악가들이 덜 친숙한 맥락에서는 더 많은 음(음계 음)에 의존하여 더 예측 가능한 즉흥곡을 만들 수 있는 반면, 더 편안한 맥락에서는 즉흥 연주가 더 예측 불가능해지고 잠재적으로 더 긴 미리 연습된 패턴에 의존할 수 있다(Goldman, 2013). 이러한 유형의 행동 연구는 음악가들이 즉흥 연주를 하기 위해 사용하는 과정과 지식의 유형을 제한하고 특성화하는 데 도움이 된다. 다른 맥락에서는 또 다른 즉흥 연주 전략이 사용될 가능성이 있다.

녹음된 즉흥곡의 형식적 분석 외에도, 과학자들은 즉흥곡의 몇 가지 생성적 계산 모델을 개발했다. 1995년 연구에 따르면 신경망은 음악적 체계(bebop)를 학습하고 이 규칙을 새로운 맥락에 적용할 수 있었다(Toivianen, 1995). 이 네트워크는 하위 수준의 화음 규칙을 성공적으로 학습할 수 있었지만 전체 프레이즈를 모방할 수는 없었다(Toivianen, 1995). 이후 모델들은 재즈 즉흥 연주를 모델화하기 위해 마르코프 체인(Markov chains)[1]을 사용했다(Norgard, Spencer & Montiel, 2013; Pachet, 2012). 이러한 모델은 대개 미리 학습된 조각(부분)들 대신 음 단위로 즉흥곡을 생성한다. 이는 즉흥 연주에 대한 중간 수준의 분석을 사용하는 연구와 구별되며, 즉흥곡이 음 단위로 구성된다는 가설을 뒷받침한다.

즉흥 연주에 대한 심리학 연구의 중요한 하위 분야는 감정적인 음악적 즉흥 연주를 조사한다. 과학자들은 음악에서 음악가들이 다양한 감정을 표현하기 위해 사용하는 음악적 특징들을 살펴보았다(Camuri, Mazzarino, Richetti, Timmers, & Volpe, 2004; Gabrielsson & Juslin, 1996; Juslin, 2000; Laukka & Gabrielsson, 2000; McPherson, Lopez-Gonzalez, Rankin, & Limb, 2014; Timmers & Ashley, 2007). 이러한 연구들 중 많은 것들은 음악가들이 특정한 감정을 표현하기 위해 기억된 선율 또는 리듬을 변경하도록 요구했다(Camuri et al., 2004; Gabrielsson & Juslin, 1996; Juslin, 2000; Lauka & Gabrielsson, 2000; Timmers & Ashley, 2007). 이러한 설계들은 음악가들이 변경할 수 있는 음악적 특징을 제한하였는데, 템포, 아티큘레이션, 음량, 음색과 같은 요소들은 자유롭게 변경할 수 있었지만, 선율과 화음은 그렇지 못했다. 이러한 연구 결과 특정한 음악적 특징들이 다양한 감정을 표현하기 위해 지속적으로 사용된다는 것이 밝혀졌다. 예를 들어, 템포와 음량은 행복한 음악 동안 증가하고 슬픈 음악 동안 감소하는 경향이 있다. 짧고 분리된 음들로 구성된 스타카토 아티큘레이션은 대체로 행복을 표현하기 위해 사용되는 반면, 분리되지 않은 부드러운 레가토 음들은 슬픔을 표현하기 위해 자주 사용되었다. 정서적 그리고 비정서적 즉흥 연주에 대한 행동 연구들은 음악가들의 자기 성찰과 엄격하게 통제된 신경 영상 연구 간에 중요한 연결고리를 제공할 수 있는데, 이는 대체로 제한된 생태학적 타당성으로 인해 어려움을 겪을 수 있다(Gabrielsson & Juslin, 1996; Juslin, 2000; Lauka & Gabrielsson, 2000; McPherson et al., 2014).

---

1) 각 새로운 이벤트의 확률은 이전 이벤트에 의존하는 모델

5. 기능적 MRI 접근

지난 수십 년 동안, 즉흥 연주의 기초가 되는 행동 및 신경학적 과정을 특성화하려는 시도는 빠르게 가속화되었다. 즉흥 연주에 대한 신경과학적 연구의 대부분은 기능적자기공명영상(fMRI)[2]을 사용했다. 뇌의 한 영역이 활성화되면 산소 사용과 혈류에 국소적인 변화가 일어난다. 산소화된 헤모글로빈과 탈산소화된 헤모글로빈[3]은 다른 자기적 특성을 가지며, 탈산소화된 혈액에 대해 산소화된 비율은 자기공명영상을 사용하여 감지할 수 있다(Logothetis, Pauls, Augath, Trinath, & Oeltermann, 2001). 이러한 방식으로 휴식 상태 또는 관심 있는 작업 상태의 기준선을 비교하여 뇌의 어느 영역이 더 많은 산소('활성화') 또는 더 적은 산소('비활성화')를 사용하고 있는지 결정할 수 있다. 이러한 혈류의 국소적인 변화를 혈액 산소-수준 의존(BOLD)[4] 신호라고 한다. BOLD 신호는 시간적으로 지연되어 fMRI의 시간적 분석이 느려진다(초 단위의 명령). 정확한 시간적 분석이 부족함에도 불구하고 fMRI는 높은 공간 분석력을 가지고 있으므로 BOLD 반응이 일어나는 동안 뇌의 어디에서 변화가 일어나고 있는지 확인할 수 있다(Logothetis, 2008).

　　fMRI 자료를 활용하여 해석 가능한 결과를 얻기 위해서는 적합한 통제 조건을 갖추어야 한다. fMRI의 BOLD 반응은 따로는 완전히 이해할 수 없는 경우가 많다; 한 조건에서의 BOLD 반응과 두 번째 조건에서의 BOLD 반응을 비교할 필요가 있다(Logothetis & Puffer, 2004). 즉흥 연주를 연구할 때, 수많은 적합한 통제 조건들을 생각해 볼 수 있다. 예를 들어, 리듬 즉흥 연주를 선율 즉흥 연주와 비교하거나, 리듬 즉흥 연주를 잘 알려진 리듬을 독보하는 것과 비교하고, 또는 기억된 음악을 즉흥 연주된 음악과 비교하기 위한 것과 같은 BOLD 반응을 조사하는 것이 있다. 통제 조건의 선택은 과학자들이 다룰 수 있는 질문의 유형을 변화시키며, 즉흥 연주를 연구할 때 다양한 접근 방법으로 사용되었다.

　　가장 일반적인 접근 방식은 암기하여 연주한 음악과 즉흥 연주 음악을 대조하는 것이었다(Bengtsson, Cíkszentmihályi, & Ullén, 2007; Limb & Braun, 2008; Liu et al., 2012). 이러한 선행 연구들은 암기한 음악과 비교하여 즉흥 연주 동안 활성화와 비활성화의 일관된 패턴을 제시하였다. 통제 조건에 비교하여 증가된 BOLD 신호에 의해 평가된 결과에 의하면 즉흥 연주 동안(재즈 피아노 즉흥 연주[Bengtsson et al., 2007; Limb & Braun, 2008]) 그리고 프리스

---

2) functional magnetic resonance image
3) 혈액 내 산소 결합 분자
4) blood oxygen-level dependent

타일 랩에서(Liu et al., 2012), 언어 영역, 청각 피질, 전운동영역(PMA), 그리고 보조운동영역 (SMA)이 관여한다. 암기한 음악 연주와 비교했을 때, 즉흥 연주는 청각-운동 공동작용과 운동 계획을 담당하는 뇌의 영역, 특히 보조운동 영역을 움직이는 것으로 나타났다. 뿐만 아니라, 활성화는 언어 생성을 일반적으로 담당하는 영역에서 관찰된다. 이는 즉흥 연주, 그리고 잠재적으로 음악은 더 일반적으로, 언어 생성과 같이 유사한 신경 자원을 활용한다는 것을 시사한다.

암기한 연주와 즉흥적인 연주를 비교한 연구들 내에서 일부 결과들이 일관된 반면, 현저한 차이들도 있었다. 리우 외(Liu et al. 2012)와 림과 브라운(Limb and Braun, 2008)은 즉흥 연주 동안 배외측 전전두피질(DLPFC)[5] 전반에서 비활성화와 내측 전전두피질(medial prefrontal cortex)에서 활성화를 발견했다. 반대로, 벵트슨 등(Bengtsson et al. 2007)은 내측 전전두피질과 DLPFC에서 활성화를 발견했다. 이러한 연구들의 상이한 과제 설계, 대상 집단 (음악가의 유형), 그리고 분석 방법이 다양한 연구 결과에 기여했을 수 있다. 기억 통제 조건의 경우, 림과 브라운(Limb and Braun, 2008)과 리우 등(Liu et al., 2012)은 재즈 및 프리스타일 아티스트가 스캔되기 전에 짧은 음악 또는 랩 구절을 암기하도록 했다. 대조적으로, 기억 통제 동안 벵트슨 등(Bengtsson et al., 2007)은 클래식 음악가들이 실험 세션 동안 스캐너에서 수행한 즉흥 연주를 기억하도록 했다. 이러한 각각의 연구는 일반적으로 복잡한 계획, 의사 결정 및 고차적 기능을 담당하는 영역인 전전두피질에서 다양한 관찰된 반응을 얻었다, 다양한 통제와 실험 조건들로 인해, 이러한 상이한 결과들은 어떤 인지적(신경 특징의) 통제가 즉흥성을 위해 어느 정도 중요한지에 대해 시사하는 바가 무엇인지 불분명하다. 즉흥 연주 동안 전전두피질에서의 비활성화가 자기 모니터링의 감소를 나타낼 가능성이 있다.

다양한 통제 조건 외에도, 실험 중에 즉흥 연주가 어떻게 제한되어야 하는지에 대한 다양한 견해들이 존재해왔다. 연구자들은 리듬 및 선율 즉흥 연주와 같은 여러 유형의 즉흥 연주를 관찰하려고 시도했다(Bengtsson & Ullén, 2006; Berkowitz &Ansari, 2008; de Manzano &Ullén, 2012a, 2012b). 이러한 연구들은 즉흥 연주의 유형(무작위적 움직임과 비교하여 선율 대 리듬)이 신경 활성화 패턴에 어떻게 영향을 미치는지를 보여준다. 일반적으로, 선율 즉흥 연주 동안에는 리듬 즉흥 연주 중에 더 활발한 전 보조운동영역(pre-SMA)에 비해 일차 운동 영역(PMA)[6]이 더 활성화되는 것으로 관찰되었다. 이러한 발견은 선율과 리듬을 즉흥적으로 연주하는 데 필요한 운동 생성이 다른 운동 계획 시스템을 통해 매개될 수 있음을 시사한다.

---

5) dorsolateral prefrontal cortex

6) primary motor area

다른 맥락에서 또는 다양한 과제 제한에서의 즉흥 연주를 알아보기 위해 여러 다른 접근법이 사용되었다. 예를 들어, 일부 연구는 언어적 창의성을 음악적 창의성과 비교하거나 (Brown, Martinez, & Parsons, 2006), 프리스타일 랩의 맥락에서 언어적 창의성을 알아보았다 (Liu et al., 2012). 브라운 등(Brown et al.)의 2006년 연구는 PET(양전자 방출 단층 촬영) 스캐닝[7]을 사용하여 즉흥 연주를 연구한 유일한 연구였다. 언어적 즉흥 연주에 대한 이 두 연구의 결과는 언어 생성 작업 동안 실비안열(perisylvian) 주변 언어 영역이 활성화되었음을 보여주었다.[8] 브라운 등(Brown et al., 2006)은 선율 생성과 문장 생성을 담당하는 언어 영역 간에 유의미한 중복이 있음을 발견했으며, 이는 음악과 언어 생성을 위해 공유된 자원이 있다는 것을 시사한다. 리우 등(Liu et al., 2012)은 두 작업 모두 언어적 생산과 관련되어 있음에도 불구하고 랩을 외워서 하는 것에 비해 즉흥 연주를 하는 동안 실비안열 주변 언어 영역에서 더 큰 활성화를 발견했다. 두 연구 모두 즉흥 연주 조건에서 전 보조운동영역에서 활성화를 보고하였다. 전체적으로 볼 때, 이 연구들은 언어적 및 음악적 즉흥 연주가 운동 및 언어 처리 자원을 공유한다는 것을 나타낸다.

일부 연구들은 음악적 상호작용 동안과 음악을 통해 감정을 표현하는 동안과 같은 더 복잡한 작업들을 포함하는 즉흥 연주를 조사하기 시작했다. 도나이, 랭킨, 로페즈-곤잘레스, 지라드봉, 그리고 림(Donnay, Rankin, Lopez-Gonzalez, Jiradejvong, and Limb, 2014)은 피아니스트들이 스캐너 외부의 음악가와 '4마디 주고받기(traded fours)'연주를 하는 것을 관찰했다. '4마디 주고받기'는 재즈 음악가들이 음악적 아이디어를 네 개의 마디로 교환하며 일어난다. 한 명의 연주자가 곡 전체의 구조를 즉흥 연주하는 것이 아닌, 한 명의 연주자가 연주를 시작하고, 네 마디 후에 다른 연주자가 네 마디를 즉흥 연주하는데, 대게 이전 연주자가 연주한 것을 기반으로 즉흥 연주를 이어간다. 이것은 한 쌍의 연주자들 사이에서, 또는 전체 합주단 사이에서 발생할 수도 있고, 다른 조합에 의해서도 이루어질 수 있다. 연주자들은 또한 2마디, 8마디, 또는 다른 양의 즉흥 연주를 교환한다. 도나이 등(Donnay et al., 2014)은 암기한 음악을 교환할 때와 비교하면, 4마디 즉흥 연주를 교환할 때 언어 생산과 이해에 관련된 영

---

[7] PET 스캐닝은 뇌의 산소 사용량을 측정하기 위해 방사성 염료를 사용한다. PET 연구의 피험자들은 방사성 추적자를 주입해야 하기 때문에 침습적인 신경 영상 방법으로 간주된다(Kameyama, Murakami, & Masahiro, 2016)

[8] 실비안 주변 언어 영역은 뇌의 측두엽과 전두엽을 분리하는 실비안 열(Sylvian fissure)의 경계 근처에 있다. 여기에는 일반적으로 언어 생성을 담당하는 것으로 여겨지는 브로카 영역(Broca's area)과 언어 이해를 담당하는 것으로 여겨지는 베르니케 영역(Wernicke's area)이 포함된다(Catani & Jones, 2005).

역인 좌측 하전두이랑(IFG)[9]과 상측두이랑(STG)[10]의 후두부 부분의 활성화가 증가한다는 것을 발견하였다. 음악 즉흥 연주 동안 언어 영역의 활성화를 나타낸 경우와 마찬가지로, 이러한 결과는 재즈 즉흥 연주가, 특히 사회적 맥락 내에서 언어적 의사소통과 유사한 뇌 회로에 의존한다는 것을 시사한다. 특히, 이러한 활성화는 의미 인지에 또는 단어의 의미 이해에 관여하는 것으로 간주되는 뇌의 다기능 영역인 모이랑(angular gynus)의 중요한 비활성화를 동반했다(Seghier, Fagan, & Price, 2010; Seghier, 2013). 이러한 청각적 의사소통의 음악적 형태에 의미 인지의 관여가 없다는 것은 언어와 음악 시스템의 근본적인 차이이며, 이러한 인지 기능이 뇌에서 실행되는 방식의 주요 특징을 강조할 수 있겠다(Donnaly et al., 2014).

뇌의 언어 영역의 활성화는 음악을 통한 감정 표현을 조사한 신경영상 연구 (McPherson, et al., 2016)에서도 발견되었다. 이 실험에서 전문 재즈 음악가들은 행복하거나, 슬프거나, 모호한 감정을 표현하는 여배우의 이미지에 반응하여 즉흥적으로 작곡을 하도록 요청 받았다. 언어의 운동 생산에 관여하는 브로카 영역(Broca's area)[11]의 활성화는 모든 감정 상태의 즉흥 연주 동안 관찰되었다. 음악적 및 언어적 즉흥 연주에 대한 선행 연구들과 일관되게 이 연구는 보조운동영역(SMA)에서 활성화를 발견했는데, 행복한 즉흥 연주보다 슬픈 즉흥 연주 동안에 더 활발했다. 이 연구는 또한 이러한 다양한 감정 조건 동안 감정을 처리하는 것으로 알려진 영역들에서 독특한 활성화를 발견했다. 예를 들어, 섬엽(Insula)에서의 활성화는 행복한 즉흥 연주보다 슬픈 즉흥 연주 동안 관찰되었다. 섬엽은 대체로 혐오감 처리 및 다른 부정적인 감정과 관련되어 있다(Simmons, Matthews, Stein, & Paulus, 2004). 그러나 섬엽과 도파민성 보상 시스템(dopaminergic reward system)의 허브인 흑질(substantia nigra)을 포함한 중뇌 영역 사이에서 증가된 기능적 연결성도 관찰되었다. 이러한 유형의 연결성은 행복한 즉흥 연주에 비해 슬픈 즉흥 연주 동안 증가된 본능적인 경험과 보상 느낌을 나타낼 수 있다(Critchley, Wiens, Rotshtein, Oh̄man, &Dolan, 2004). 즉흥 연주는 감정과 같은 다른 작업 제한 아래에서 동일한 방식으로 일어나지 않을 수 있다.

즉흥 연주의 신경적 기초가 작업 제한에 의해 조절되는 정도는 논쟁의 원인이 되었다. 즉흥 연주에 대한 기존의 연구들은 실험자에 의해 또는 기술적인 한계에 의해 결정된 제한을 부과했다. 엄격하게 통제된 연구들, 또는 뇌 스캔 세션 동안 비현실적인 악기들을 사용

---

9) inferior frontal gynus

10) superior temporal gynus

11) 브로카 영역은 해당 영역의 세포 구조를 기반으로 뇌의 영역을 정의하는 수단이다(세포 구조로 알려져 있음). 일반적으로 다른 세포 구조를 가진 뇌의 영역은 다른 기능을 한다고 여겨진다(Amunts &Zilles, 2015).

하는 연구들은 일반적으로 더 생태학적으로 유효한 악기들과 실험적인 설정으로 제한되지 않은 즉흥 연주를 허용하는 연구들과는 다른 결과 패턴들을 보여주었다. 일부 실험들은 피아노를 대체하여 5개의 버튼 응답 상자를 사용했다(Berkowitz & Ansari, 2008, 2010). 다른 실험들은 12개의 건반에서부터(Bengtsson et al., 2007; de Manzano & Ullén, 2012b; Pinho, de Manzano, de Manzano, 2014; Pinho, Ullén, Castelo-Branco, Fransson, & de Manzano, 2015) 35개의 건반으로 구성된 축소된 키보드를 사용했다(Donnay et al., 2014; Limb & Brown, 2008; McPherson et al., 2016). 이 연구들 중 일부는 전문 재즈 음악가나 즉흥 연주 훈련이 된 바로크 연주자들을 실험하였고, 다른 연구들은 클래식 피아니스트들을 실험하였다. 클래식 피아니스트들은 고도로 훈련되었지만, 그들의 훈련은 일반적으로 즉흥에 초점을 맞추지 않는다 (Dolan, Sloboda, Jensen, Cruts, & Feygelson, 2013). 이러한 피아니스트들은 즉흥 연주 작업에 덜 편안하거나 낮은 전문성을 지녔을 가능성이 있으며, 이러한 불편함은 실험 결과에 영향을 미쳤을 수 있다.

즉흥 연주 연구의 신경적 결과에서 핵심적인 부분은 전전두엽 피질에서 관찰된 반응에 있다. 일반적으로 더 엄격하게 제한된 연구들은 즉흥 연주 동안 전전두엽 피질에서의 활성화를 관찰한 반면, 더 느슨하게 통제된 연구들은 즉흥 연주 동안 전전두엽 피질에서의 비활성화를 관찰했다. 한 연구는 작업 제한의 효과를 구체적으로 조사했다: 핀호(A. L. Pinho)와 동료들은 음높이-통제된 즉흥 연주 조건(피험자들은 즉흥 연주 동안 특정 음 집합만을 사용하도록 허용됨)과 비교하여 자유로운 즉흥 연주 조건을 연구하였다(Pinho et al., 2015). 자유로운 즉흥 연주 작업은 더 엄격하게 제한된 즉흥 연주 작업에 비해 DLPFC에서 더 광범위한 비활성화를 초래했다.

마찬가지로 훈련은 음악 즉흥 연주 동안 관찰된 신경 반응에 영향을 미친다. 핀호와 동료들(2014)의 초기 연구는 피아노 즉흥 연주 동안 신경 활동에 대한 훈련 수준과 실험적 제한의 효과를 조사했다. 이 연구를 통해 총 즉흥 연주 훈련 시간이 즉흥 연주 동안 전전두피질(prefrontal cortex) 활동의 감소와 상관관계가 있다는 것을 발견했다. 더 고도로 훈련된 즉흥 연주 연주자들에서, 훈련 시간이 적은 즉흥 연주 연주자들보다 양측 DLPFC, 전운동 피질(premotor cortices), 그리고 전 보조운동영역(pre-SMA)들 간에 증가된 기능적 연결성이 관찰되었다. 저자들은 즉흥 연주 훈련이 관찰된 더 낮은 전전두피질 활동과 DLPFC와 전운동 영역 간에 더 효율적인 연결의 결과인 즉흥 연주 과정의 자동화를 이끌어 낼 수 있다고 보았다. 주요한 발견은 이러한 결과가 클래식 음악 훈련의 시간과 독립적이라는 것이다. 관찰된 기능적 연결성과 활성화의 변화는 단순히 그들의 악기를 연주하거나 연습하는 것이 아니라, 음악가들의 즉흥 연주 경험과 상관관계가 있었다. 이러한 결과는 음악을 연주하는 데 필요한 신체적 기술과 즉흥 연주에 필요한 기술 간에 신경 해리가 있음을 시사하며, 이는 다시 즉흥 연주가 음악적 테크닉으로서 독립적으로 연습되어야 하는 기술이라는 가능성(음악가들에게 잘 알려진)을 강조한다.

　　즉흥 연주에서 DLPFC의 역할은 논란의 여지가 있으며, 더 느슨하게 제한된 연구에서 관찰되는 비활성화와 더 엄격하게 통제된 연구에서 관찰되는 활성화의 구별은 높은 각성과 초점의 집중 상태인 몰입 상태 동안 DLPFC가 제안한 억압과 관련이 있을 수 있다(Chskszentmihalyi, 1988). 즉흥 연주 동안, 음악가들은 '홈 안에', '순간' 또는 '구역 안에' 있는 것으로 묘사되는 몰입 상태에 들어갈 수 있다. 몰입 상태는 다양한 집중된 활동 (읽기, 운동 등)동안 달성될 수 있다. DLPFC는 직접적인 감각 입력을 받지 않으며 하향식 모니터링과 의사 결정을 관리하는 것으로 간주된다. 이 영역의 조용함은 몰입의 느낌과 관련이 있는 것으로 보인다. 더 엄격하게 제한된 실험에서 자기 모니터링과 비판의 필요성이 있을 수 있으며, 이것은 즉흥 연주에 대한 연구의 하위 집합에서 관찰된 DLPFC의 활성화를 설명할 수 있다. 반대로, 더 느슨하게 제한된 연구는 연주자들이 더 깊은 몰입 상태에 들어갈 수 있도록 할 수 있으며, 이는 DLPFC에서 더 광범위한 비활성화의 결과를 설명할 수 있다. 다양한 유형의 창의성이(가령 음악 내에서) 몰입 상태에 들어가는 능력을 필요로 할 수 있는 반면(예를 들어, 즉흥 연주), 어떤 유형의 창의성은 집중된 관심과 인지적 노력(예를 들어, 편곡 또는 작곡)을 필요로 할 수 있다(Dietrich, 2015).

6. 구조적 MRI 접근

구조적 MRI는 음악 또는 즉흥 연주 훈련이 뇌의 전반적인 해부학적 변화와 상관관계가 있는지 연구하는 데 사용되어 왔다. 2016년 한 연구는 구조적 MRI를 사용하여 '음악적으로 창의적인 사람들'의 뇌를 비음악적으로 창의적인 사람들의 뇌와 비교하였다(Bashwiner, Wertz, Flores, & Jung, 2016). 이 연구는 창의적이라고 자칭한 음악가가 그렇지 않은 음악가에 비해 뇌보조운동영역(SMA), 등쪽 전운동영역(dorsal PMA) 및 전전두피질의 영역(area of the prefrontal cortex)에서 표면 부피가 증가한 것이 나타났음을 시사했다. 핀호와 공동 연구자들의 연구 결과(Pinho et al., 2014)와 마찬가지로, 이 결과는 전문가 수준에서 음악을 창조하는 능력이 즉흥 연주와 같이 음악을 통한 창의적인 능력과 직접적인 관련성을 가지거나 보완적일 수 있다는 것을 시사한다.

일련의 연구들은 음악적 훈련이 뇌의 다양한 영역들에서 전반적인 해부학적 변화와 관련이 있다는 것을 보여주었다. 예를 들어, 원래 운동 조정에서 역할을 하는 것으로 알려져 있고 감정에서 역할을 하도록 위치되어 있는 소뇌(Schma-mann, 1997)가 비음악가들에 비해 음악가들에서 더 큰 것으로 나타났다(Hutchinson, Lee, Gaab, & Schlaug, 2003). 이러한 결과들은 음악가들의 삶의 과정에서의 연습 강도와 상관관계가 있었으며, 연구 대상들 중 남성 음악가들에게서만 관찰되었다. 다른 연구들은 음악가들과 비음악가들의 주요 운동 영역(primary motor area) 간에 구조적인 차이를 보여주었다. 대체로 이러한 변화들은 주요 청각 기관 피질(primary auditory cortex)의 차이와 상관관계가 있다. 예를 들어, 가서와 슈로그(Gaser & Schlaug)의 2003년 연구는 아마추어와 비음악가에 비해 전문 음악가의 1차 운동(primary motor), 1차 체성 감각(primary somatosensory), 전운동(premotor) 및 1차 청각 영역(primary auditory areas)에서 회백질 부피(gray matter volume)가 증가한다는 사실을 발견했다(Gaser &Schlaug, 2003a). 뇌의 청각과 운동 영역 사이의 해부학적 연결은 비음악가보다 음악가에서 더 강하다(Bangert et al., 2006; Baumann et al., 2007; Lahav, Boulanger, Schlaug, &Saltzman, 2005; Zatorre, Chen, &Penhune, 2007). 이것은 음악 연주를 위해 필요한 청각 운동 동기화[12]와 관련이 있을 수 있다.

고도로 훈련된 예술가와 비예술가 간의 해부학적 차이를 조사하는 연구의 결과를 해석하는 것은 어려운 일이다. 관찰된 차이가 훈련의 결과인지, 아니면 특정 사람들의 예술적 숙련도에 영향을 주는 선천적인 차이의 결과인지를 결정하는 방법은 명확하지 않다. 특정 해부학적 변화와 연습 시간 간에는 강한 상관관계가 있으며(Gaser & Schlaug, 2003b; Hutchinson et al., 2003), 이는 관찰된 변화 중 많은 것이 반복적인 사용의 결과임을 시사한다(Gaser &Schlaug, 2003b; Hutchinson et al., 2003). 또한 해부학적 차이가 전문가와 비전문가 간의 지각 또는 행동 차이와 어떻게 일치하는지도 불분명하다. 예를 들어, 비음악가와 비교할 때, 음악가는 음악적 과제와 비음악적 과제 모두에서 음높이 인식 역치가 향상되었다(Boebinger et al., 2015; Chartrand & Belin, 2006; Kishon-Rabin, Amir, Vexler, & Zaltz, 2001; Marques, Moreno, Castro, & Besson, 2007; Tervaniemi, Just, Koelsch, Widmann, & Schröger, 2005). 그러나 이러한 증가된 지각 능력은 음악가의 청각 피질에서 증가된 회백질 부피에 반드시 의존하는 것은 아니다(Pantev et al., 1998; Schneider et al., 2002).

---

12) auditory-motor synchronization

7. 즉흥 연주의 뇌신경 연구에 대한 요약

실험실 환경에서 즉흥 연주를 연구하는 수많은 도전에도 불구하고, 몇 가지 주요 결과들이 발견되었다. 즉흥 연주는 언어 생성 및 운동-계획 영역(특히 SMA)에서의 활동 증가와 관련이 있다. 즉흥 연주는 또한 전전두피질, 특히 DLPFC에서의 비활성화와 상관이 있다. 이 비활성화는 즉흥 연주 동안 몰입의 느낌에 연결되어 있는 것과 같다. 창의성에 대한 더 많은 연구가 수행됨에 따라 연구자들이 그들의 연구 방법과 접근 방식을 계속 평가하는 것이 중요하다. 이러한 경계의 필요성은 실험 과제 제약이 즉흥 연주 동안 관찰된 신경 활동의 패턴을 바꿀 수 있음을 나타내는 신경 영상 연구의 다양한 (그리고 때로는 모순되는) 결과에 의해 나타난다. 다양한 실험 방법들을 사용함으로써 발생하는 문제들 때문에, 즉흥 연주를 더 작은 구성 요소들(리듬 즉흥 연주, 선율 즉흥 연주, 감정 즉흥 연주, 사회적 즉흥 연주)로 나누는 것은 언제나 즉흥 연주와 창의성에 대한 폭넓은 이론들을 알려주지 않을 수도 있다. 즉흥 연주는 부분들의 합보다 더 큰 활동일 수도 있고, 환원주의적 접근이 계몽보다는 혼란스러울 수도 있다. 그럼에도 불구하고, 해석 가능한 결과들을 위해 필요한 복제성과 통제로 인하여 높은 수준의 즉흥 연주를 연구하는 것의 어려움을 과소평가하지 않는 것이 중요하다. 즉흥 연주에 대한 더 명확한 이해를 제공하기 위해 하향식 접근과 상향식 접근이 모두 필요할 것이다.

8. 신경과학 및 심리학 연구가 음악가와 음악 치료사들에게 어떻게 영향을 미칠 수 있을까?

재즈 음악가들이 즉흥 연주에 대한 연구를 알릴 수 있는 것처럼 즉흥 연주에 대한 과학적인 연구는 음악가들과 예술가들을 알릴 수 있다. 즉흥 연주는 복잡하고 다면적인 행동이며, 연구들은 그것이 사회적 맥락(Donnay et al., 2014), 감정 상태(McPherson et al., 2016), 그리고 과제 제약(Pinho et al., 2015)에 의해 영향을 받는다는 것을 보여주었다. 이러한 발견은 창의성을 위한 다양한 맥락이 즉흥 연주와 관련된 뇌신경 상태를 크게 바꿀 수 있다는 것을 강조한다. 예를 들어, 슬픈 즉흥 연주에 비해 행복한 즉흥 연주 동안 DLPFC에서 광범위한 비활성화가 있다(McPherson et al., 2016). 이것은 특정 감정 상태가 즉흥 연주 동안 더 깊은 몰입 상태로 이어질 수 있다는 것을 시사할 것이다. 예를 들어 음악가들이 즉흥 연주의 감정 내용을 변경하는 경우 몰입과 관련하여 다른 종류의 즉흥 연주 경험을 가질 수 있다.

　　또한 즉흥 연주 기반 음악적 연습과 전문성이 기술적 연습과 전문성과는 뇌신경학적으로 다르다는 신경 증거가 늘어나고 있다(Bashwiner et al., 2016; Pinho et al., 2014). 음악을 연주하는 신체적 능력과 즉흥 연주를 위해 필요한 기술 간에는 분리가 가능하다. 성공적인 즉흥 연주를 위해서는 두 가지 측면이 모두 필요한데, 즉흥 연주자가 자신의 생각을 표현할 수 있도록 테크닉 기술이 숙달되어야 한다. 그러나 이러한 발견은 창의성(또는 적어도 즉흥 연주)은 학습되고 연습되어야 하며 그러한 연습은 잠재적으로 훈련에 상응하는 신경 처리에서의 변화로 이어질 수 있다는 것을 시사한다. 추가적인 연구가 필요하지만, 교수법적 접근은 특정 즉흥 연주 연습에 대한 이러한 필요성을 교육 지침과 관습에 포함시킴으로써 유익할 수 있다.

　　즉흥 연주는 40년 이상 동안 음악 치료에 사용되어 왔다(Priestley, 1975; Wigram, 2004). 즉흥 연주는 반추 및 감정 처리를 담당하는 영역을 포함하여 뇌에 광범위한 변화를 일으킨다(McPherson et al., 2016). 즉흥 연주 중에 관찰되는 많은 비활성화는 내부적으로 집중된 주의가 필요한 행동 또는 사람이 휴식을 취할 때 자주 활성화되는 뇌 영역 네트워크인 결핍 모드 네트워크에서 일어난다(Buckner & Carroll, 2007; Donnay et al., 2014; Limb &Brown, 2008; McPherson et al., 2016; Pinho et al., 2014). 결핍 모드 네트워크와 피질 중간선 영역은 대개 우울한 개인에서 과활성화되는 것으로 보인다(Nejad, Fossati, & Lemogne, 2013). 따라서 뇌신경 영상에서의 발견은 음악 치료 도구로서 즉흥 연주를 활용할 때 잠재적인 정보를 줄 수 있다(Tomaino, 2013). 현재 이러한 영역에서 추가 연구가 진행 중이다(Tomaino, 2013).

9. 미래 방향

지난 20년 동안 즉흥 연주에 대한 연구가 급속하게 확장되었지만, 성장과 통합이 필요한 몇 가지 영역이 있다. 근본적으로 많은 우려들이 즉흥 연주의 질을 특징짓는 것의 어려움과 관련이 있다. 음악적 즉흥 연주를 평가할 수 있는 객관적인 척도가 현재는 없다. 게다가, 그러한 평가를 위한 척도의 선택을 안내하는 것은 거의 없다. 예를 들어, 음의 밀도(초당 재생되는 음의 수), 조성 변화의 수, 그리고 리듬의 복잡성(즉흥 연주 동안 리듬 반복의 유무, 미리 설정된 동시적 리듬으로부터의 이탈 등 다양한 방식으로 정의될 수 있는)과 같은 여러 차원들에서 자유로운 즉흥 연주를 평가하는 것이 가능할 수 있다. 그러나 이러한 지표들 중 어느 것도 즉흥 연주의 전반적인 질을 효과적으로 포착하지 못한다. 즉흥 연주를 정량화하기 위한 지표들은 즉흥 연주의 중요한 기준인 새로움과 적절성을 반영해야 한다. 참신함이 표준 선율이나 반복 악절 사용을 인정하는 다른 전문 즉흥 연주자들에 의해 평가되는 것은 가능할 수 있겠다. 적절성은 사용된 실험 패러다임의 부산물일 수 있기에, 따라서 실험들 간에 바뀌어 적용될 수 있다. 현재 상태로, 실험실 맥락에서 만들어진 즉흥 연주의 질을 평가하는 체계적인 수단은 없으며, 이것은 다른 접근법을 사용하는 연구들 간의 비교를 어렵게 하거나 불가능하게 만들 수 있다.

평가의 문제와 함께 탁월한 연주자들의 문제도 있다. 기록된 역사를 통틀어 음악 천재로 여겨지는 사람들의 예는 오래 전부터 있었다. 음악으로 바위까지도 매료시킨다고 여겨졌던 고대 그리스의 반신반인 오르페우스부터, 바흐를 비롯하여 마일스 데이비스(Miles Davis), 찰리 파커(Charlie Parker), 그리고 텔로니어스 몽크(Thelonious Monk)와 같은 현대 재즈 거장들에 이르기까지, 즉흥 연주의 대가들은 그들의 탁월한 기술로 인정을 받아왔다. 통계적으로 유의미한 결과를 발견하는 것, 특히 기능적인 뇌신경 영상을 사용하는 것은 대체로 대규모 대상 풀에 의존한다. 유일하게 '천재' 연주자들로 이루어진 대규모 연구대상을 갖는 것은 가능하지 않다. 예술적인 천재에 대한 기준점을 결정하는 것은 별개의 도전을 제기하지만, 주요 문제는 남아 있다. 뇌신경 영상은 현재 이상치(outlier)들을 처리할 수 있도록 잘 갖춰져 있지 않다. 즉흥 연주와 같은 기술에서 이상치(outlier)들에 대한 정보는 결정적으로 유익할 수 있다.

특별히 재능이 있거나 타고난 즉흥 연주자들을 연구하는 것이 가능하다고 해도, 음악가들이 진정으로 표현력이 있다고 느끼는 순간들이 뇌 스캐너를 사용하거나 실험실 내에서 포착될 수 있다는 보장은 전혀 없다. 재즈 음악가들이 특별히 즉흥 연주를 하기 위해 훈련하고 연습하는 동안, 음악가가 어느 정도 창의적이라고 느끼는 순간들이 발생한다. 즉, 창의성과 즉흥 연주의 수준이 다양할 가능성이 있다. 분해하여 더 통제된 즉흥 연주부터 영감이 떠오르는 순간들까지, 창의성의 범위를 어떻게 판단하거나 구별해야 할지는 바로 명확하지 않다. 기존의 연구들이 보여주었듯이, 즉흥 연즈동안 연주자들에게 놓여지는 제한들을 검토하는 것은 중요하다. 재해석부터 자유로운 형식의 즉흥 연주에 이르기까지 즉흥 연주의 범위가 있을 수 있으며, 이러한 다양한 작업은 뇌에서 다르게 표현될 것이다.

게다가, 즉흥 연주에 대한 모든 연구들을 통해, 즉흥 연주와 창의성에 대해 확립된 정의들을 비판적으로 평가할 필요가 있다. 많은 음악 문화들에서 즉흥 연주는 음악과 동의어로 여겨질 수 있다. 일부 전통들에서, 음악은 결코 재창조되지 않는다; 음악은 오직 자발적으로 창조된다(Shehan, 1990) 그럼에도 불구하고, 대부분의 문화들 내에서, 잘 정의된 매개 변수들은 음악적으로 간주되는 것을 제한하고, 즉흥 연주는 특정한 음악 장르의 규범과 일치해야 한다. 비교 문화적으로 즉흥 연주를 연구하는 것은, 특히 대부분의 음악이 즉흥 연주되는 문화들과 음악이 항상 또는 거의 항상 연습되는 문화들 간의 연구는, 즉흥 연주의 뇌신경 기관들이 어디까지 보편적인지에 대한 통찰력을 기르게 할 수 있다.

　　음악 연주자들의 뇌를 영상화하는 것과 관련된 기술적인 장애들이 극복되더라도, 음악 즉흥 연주가 다른 유형의 창조적인 행동들을 대표하는 것으로 생각될 수 있는 정도에 대해서는 많은 해결되지 못한 문제들이 남아 있다. 음악 즉흥 연주는 그림, 춤, 요리, 소설 쓰기와 같은 다른 유형의 창조적인 것과 유사한가? 아니면 즉흥 연주는 독특한가? 이 주제에 대한 문헌은 빠르게 확장되고 있다. 그러나 이 연구가 더 폭넓게 영향을 미치기 위해서는 결과들이 체계적으로 정리되고, 방법들이 표준화되고, 평가 기준들이 더 명확하게 정의될 필요가 있다. 음악 즉흥 연주에 대한 지속적인 연구의 범위와 필요성은 넓다.

참고문헌

Amunts, Katrin, and Karl Zilles. "Architectonic Mapping of the Human Brain beyond Brodmann." *Neuron* 88/6 (2015): 1086-1107.

Bangert, Marc, Thomas Peschel, Gottfried Schlaug, Michael Rotte, Dieter Drescher, Hermann Hinrichs, Hans-Jochen Heinze, and Eckart Altenmüller. "Shared Networks for Auditory and Motor Processing in Professional Pianists: Evidence from fMRI Conjunction." *Neuroimage* 30/3 (2006): 917-926.

Bashwiner, David M., Christopher J. Wertz, Ranee A. Flores, and Rex E. Jung. "Musical Creativity 'Revealed' in Brain Structure: Interplay between Motor, Default Mode, and Limbic Networks.." *Scientific Reports* 6 (2016): 20482.

Baumann, Simon, Susan Koeneke, Conny F. Schmidt, Martin Meyer, Kai Lutz, and Lutz Jancke. "A Network for Audio-Motor Coordination in Skilled Pianists and Non-Musicians.." *Brain Research* 1161/1 (2007): 65-78.

Bengtsson, Sara L., Mihaly Csíkszentmihályi, and Fredrik Ullén. "Cortical Regions Involved in the Generation of Musical Structures during Improvisation in Pianists.." *Journal of Cognitive Neuroscience* 19/5 (2007): 830-842.

Bengtsson, Sara L., and Fredrik Ullén. "Dissociation between Melodic and Rhythmic Processing during Piano Performance from Musical Scores.." *NeuroImage* 30/1 (2006): 272-284.

Berkowitz, Aaron L., and Daniel Ansari. "Generation of Novel Motor Sequences: The Neural Correlates of Musical Improvisation.." *NeuroImage* 41/2 (2008): 535-543.

Berkowitz, Aaron L., and Daniel Ansari. "Expertise-Related Deactivation of the Right Temporoparietal Junction during Musical Improvisation.." *NeuroImage* 49/1 (2010): 712-719.

Berliner, Paul. Thinking in Jazz: The Infinite Art of Improvisation. Chicago: University of Chicago Press, 1994.

Boebinger, Dana, Sophie Evans, Stuart Rosen, César F. Lima, Tom Manly, and Sophie K. Scott. "Musicians and Non-Musicians Are Equally Adept at Perceiving Masked Speech.." *Journal of the Acoustical Society of America* 137/1 (2015): 378-387.

Brown, Steven, Michael J. Martinez, and Lawrence M. Parsons. "Music and Language Side by Side in the Brain: A PET Study of the Generation of Melodies and Sentences.." *European Journal of Neuroscience* 23/10 (2006): 2791-2803.

Buckner, Randy L., and Daniel C. Carroll. "Self-Projection and the Brain.." *Trends in Cognitive Sciences* 11/2 (2007): 49-57.

Burns, Ken, and Geoffrey C. Ward. *Ken Burns' Jazz: The Story of America's Music.* New York: Sony Music Entertainment, 2000.

Camurri, Antonio, Barbara Mazzarino, Matteo Ricchetti, Renee Timmers, and Gualtiero Volpe. "Multimodal Analysis of Expressive Gesture in Music and Dance Performances.." In *International Gesture Workshop,*

20-39. Berlin: Springer, 2003.

Catani, Marco, and Derek K. Jones. "Perisylvian Language Networks of the Human Brain.." *Annals of Neurology* 57/1 (2005): 8-16.

Chartrand, Jean-Pierre, and Pascal Belin. "Superior Voice Timbre Processing in Musicians.." *Neuroscience Letters* 405/3 (2006): 164-167.

Critchley, Hugo D., Stefan Wiens, Pia Rotshtein, Arne Ohman, and Raymond J. Dolan. "Neural Systems Supporting Interoceptive Awareness.." *Nature Neuroscience* 7/2 (2004): 189-195.

Csikszentmihalyi, Mihaly. "The Flow Experience and Its Significance for Human Psychology." In *Optimal Experience: Psychological Studies of Flow in Consciousness*. Edited by Mihaly Csikszentmihalyi, Isabella Selega Csikszentmihalyi, 15-35. New York: Cambridge University Press, 1988.

Cyr, Mary. Performing Baroque Music. Portland, OR: Amadeus Press, 1992.

de Manzano, Örjan, and Fredrik Ullén. "Activation and Connectivity Patterns of the Presupplementary and Dorsal Premotor Areas during Free Improvisation of Melodies and Rhythms." *NeuroImage* 63/1 (2012): 272-280.

_____. "Goal-Independent Mechanisms for Free Response Generation: Creative and Pseudo-Random Performance Share Neural Substrates." *NeuroImage* 59/1 (2012): 772-780.

Dietrich, Arne. *How Creativity Happens in the Brain*. New York: Palgrave Macmillan, 2015.

Dolan, David, John A. Sloboda, Henrik Jeldtoft Jensen, Björn Crüts, and Eugene Feygelson. "The Improvisatory Approach to Classical Music Performance: An Empirical Investigation into Its Characteristics and Impact." *Music Performance Research* 6 (2013): 1-38.

Donnay, Gabriel F., Summer K. Rankin, Monica Lopez-Gonzalez, Patpong Jiradejvong, and Charles J. Limb. "Neural Substrates of Interactive Musical Improvisation: An fMRI Study of 'Trading Fours' in Jazz." *PLOS ONE* 9/2 (2014): e88665.

Frieler, Klaus, Martin Pfleiderer, Wolf-Georg Zaddach, and Jakob Abeßer. "Midlevel Analysis of Monophonic Jazz Solos: A New Approach to the Study of Improvisation." *Musicae Scientiae* 20/2 (2016): 143-162.

Gabrielsson, Alf, and Patrik N. Juslin. "Emotional Expression in Music Performance: Between the Performer's Intention and the Listener's Experience." *Psychology of Music* 24/1 (1996): 68-91.

Gaser, Christian, and Gottfried Schlaug. "Brain Structures Differ between Musicians and Non-Musicians." *Journal of Neuroscience: The Official Journal of the Society for Neuroscience* 23/27 (2003): 9240-9245.

Gaser, Christian, and Gottfried Schlaug. "Gray Matter Differences between Musicians and Nonmusicians." *Annals of the New York Academy of Sciences* 999/1 (2003): 514-517.

Goldman, Andrew. "Towards a Cognitive-Scientific Research Program for Improvisation: Theory and an Experiment." *Psychomusicology: Music, Mind, and Brain* 23/4 (2013): 210.

Hutchinson, Siobhan, Leslie H. L. Lee, Nadine Gaab, and Gottfried Schlaug. "Cerebellar Volume of Musicians." *Cerebral Cortex* 13/9 (2003): 943-949.

Juslin, Patrik N. "Cue Utilization in Communication of Emotion in Music Performance: Relating Performance to

Perception." *Journal of Experimental Psychology: Human Perception and Performance* 26/6 (2000): 1797-813.

Kameyama, Masashi, Kiyoshi Murakami, and Jinpo Masahiro. "Comparison of [15O] H2O Positron Emission Tomography and Functional Magnetic Resonance Imaging in Activation Studies." *World Journal of Nuclear Medicine* 15/1 (2016): 3-6.

Kishon-Rabin, Liat, Ofer Amir, Yael Vexler, and Yael Zaltz. "Pitch Discrimination: Are Professional Musicians Better than Non-Musicians?" *Journal of Basic and Clinical Physiology and Pharmacology* 12/2 Suppl (2001): 125-143.

Lahav, Amir, Adam Boulanger, Gottfried Schlaug, and Elliot Saltzman. "The Power of Listening: Auditory-Motor Interactions in Musical Training." *Annals of the New York Academy of Sciences* 1060/1 (2005): 189-194.

Laukka, Petri, and Alf Gabrielsson. "Emotional Expression in Drumming Performance." *Psychology of Music* 28/2 (2000): 181-189.

Limb, Charles J., and Allen R. Braun. "Neural Substrates of Spontaneous Musical Performance: An fMRI Study of Jazz Improvisation." *PLOS ONE* 3/2 (2008): e1679.

Liu, Siyuan, Ho Ming Chow, Yisheng Xu, Michael G. Erkkinen, Katherine E. Swett, Michael W. Eagle, Daniel A. Rizik-Baer, and Allen R. Braun. "Neural Correlates of Lyrical Improvisation: An fMRI Study of Freestyle Rap." *Scientific Reports* 2 (2012): 834.

Logothetis, Nikos K. "What We Can Do and What We Cannot Do with fMRI." *Nature* 453/7197 (2008): 869-878.

Logothetis, Nikos K., Jon Pauls, Mark Augath, Torsten Trinath, and Axel Oeltermann. "Neurophysiological Investigation of the Basis of the fMRI Signal." *Nature* 412/6843 (2001): 150-157.

Logothetis, Nikos K., and Josef Pfeuffer. "On the Nature of the BOLD fMRI Contrast Mechanism." *Magnetic Resonance Imaging* 22/10 (2004): 1517-1531.

Marques, Carlos, Sylvain Moreno, São Luís Castro, and Mireille Besson. "Musicians Detect Pitch Violation in a Foreign Language Better than Nonmusicians Behavioral and Electrophysiological Evidence." *Journal of Cognitive Neuroscience* 19/9 (2007): 1453-1463

Martin, Mel. "Stan Getz Interviewed by Mel Martin." *Saxophone Journal* 10/4 (1986).

McPherson, Malinda J., Frederick S. Barrett, Monica Lopez-Gonzalez, Patpong Jiradejvong, and Charles J. Limb. "Emotional Intent Modulates the Neural Substrates of Creativity: An fMRI Study of Emotionally Targeted Improvisation in Jazz Musicians." *Scientific Reports* 6 (2016).

McPherson, Malinda J., and Charles J. Limb. "Difficulties in the Neuroscience of Creativity: Jazz Improvisation and the Scientific Method." *Annals of the New York Academy of Sciences* 1303/1 (2013): 80-83.

McPherson, Malinda J., Monica Lopez-Gonzalez, Summer K. Rankin, and Charles J. Limb. "The Role of Emotion in Musical Improvisation: An Analysis of Structural Features." *PLOS ONE* 9/8 (2014): e105144.

Nachmanovitch, Stephen. Free Play: Improvisation in Life and Art. New York: Penguin, 1991.

Nejad, Amir Babak, Philippe Fossati, and Cédric Lemogne. "Self-Referential Processing, Rumination, and Cortical Midline Structures in Major Depression." *Frontiers in Human Neuroscience* 7 (2013): 666.

Nettl, Bruno, and Melinda Russell. *In the Course of Performance: Studies in the World of Musical Improvisation*. Chicago: University of Chicago Press, 1998.

Norgaard, Martin. "Descriptions of Improvisational Thinking by Artist-Level Jazz Musicians." *Journal of Research in Music Education* 59/2 (2011): 109-127.

Norgaard, Martin, Jesper Spencer, and Mariana Montiel. "Testing Cognitive Theories by Creating a Pattern-Based Probabilistic Algorithm for Melody and Rhythm in Jazz Improvisation." *Psychomusicology: Music, Mind, and Brain* 23/4 (2013): 243.

Pantev, Christo, Robert Oostenveld, Almut Engelien, Bernhard Ross, Larry E. Roberts, and Manfried Hoke. "Increased Auditory Cortical Representation in Musicians." *Nature* 392/6678 (1998): 811-814.

Pinho, Ana Luísa, Örjan de Manzano, Peter Fransson, Helene Eriksson, and Fredrik Ullén. "Connecting to Create: Expertise in Musical Improvisation Is Associated with Increased Functional Connectivity between Premotor and Prefrontal Areas." *Journal of Neuroscience: The Official Journal of the Society for Neuroscience* 34/18 (2014): 6156-6163.

Pinho, Ana Luísa, Fredrik Ullén, Miguel Castelo-Branco, Peter Fransson, and Örjan de Manzano. "Addressing a Paradox: Dual Strategies for Creative Performance in Introspective and Extrospective Networks." *Cerebral Cortex* 26/7 (2015): 3052-3063.

Pressing, Jeff. "Music Improvisation and Creative Systems." In *Generative Processes in Music*. Edited by John A. Sloboda, 129-178. Oxford: Oxford University Press, 1988.

Priestley, Mary. *Music Therapy in Action*. New York: St. Martin's Press, 1975.

Schneider, Peter, Michael Scherg, H. Günter Dosch, Hans J. Specht, Alexander Gutschalk, and André Rupp. "Morphology of Heschl's Gyrus Reflects Enhanced Activation in the Auditory Cortex of Musicians." *Nature Neuroscience* 5/7 (2002): 688-694.

Seghier, Mohamed L. "The Angular Gyrus: Multiple Functions and Multiple Subdivisions." *Neuroscientist: A Review Journal Bringing Neurobiology, Neurology and Psychiatry* 19/1 (2013): 43-61.

Seghier, Mohamed L., Elizabeth Fagan, and Cathy J. Price. "Functional Subdivisions in the Left Angular Gyrus Where the Semantic System Meets and Diverges from the Default Network." *Journal of Neuroscience: The Official Journal of the Society for Neuroscience* 30/50 (2010): 16809-16817.

Simmons, Alan N., Scott C. Matthews, Murray B. Stein, and Martin P. Paulus. "Anticipation of Emotionally Aversive Visual Stimuli Activates Right Insula." *NeuroReport* 15/14 (2004): 2261-2265.

Sloboda, John A. *Generative Processes in Music: The Psychology of Performance, Improvisation, and Composition*. Oxford: Oxford University Press, 1988.

Šopova, Jasmina, and Guy Doubleday. "Interview with Herbie Hancock: The Roots of Jazz Are in Humanity." *World Heritage Review* 64 (2012).

Retrieved from http://www.unesco.org/new/en/media-services/single-view/news/interview_with_herbie_

hancock_the_roots_of jazz_are_in_huma/.

Sternberg, Robert J. *Handbook of Creativity*. Vol.1. Cambridge: Cambridge University Press, 1999.

Taylor, Arthur. Notes on Tones: Musician-to-Musician Interviews. New York: Da Capo Press, 1993.

Tervaniemi, Mari, Viola Just, Stefan Koelsch, Andreas Widmann, and Erich Schröger. "Pitch Discrimination Accuracy in Musicians vs. Nonmusicians: An Event-Related Potential and Behavioral Study." *Experimental Brain Research* 161/1 (2005): 1-10.

Timmers, Renee, and Richard Ashley. "Emotional Ornamentation in Performances of a Handel Sonata." *Music Perception: An Interdisciplinary Journal* 25/2 (2007): 117-134.

Tomaino, Concetta M. "Creativity and Improvisation as Therapeutic Tools within Music Therapy." *Annals of the New York Academy of Sciences* 1303/1 (2013): 84-86.

Wigram, Tony. Improvisation: *Methods and Techniques for Music Therapy Clinicians, Educators, and Students*. London: J. Kingsley Publishers, 2004.

Zatorre, Robert J., Joyce L. Chen, and Virginia B. Penhune. "When the Brain Plays Music: Auditory-Motor Interactions in Music Perception and Production." *Nature Reviews Neuroscience* 8/7 (2007): 547-558.

예술적 협업의 상호학제성과 상호문화성

Interdisciplinary and Intercultural Artistic Collaboration[13]

낸시 라오

배묘정 옮김

1. 저자 소개

낸시 라오는 국립대만사범대학교(National Taiwan Normal University)에서 음악 연주(Music Performance) 과정 학사학위를 취득하고, 美 미시간 대학교(University of Michigan)에서 음악 이론 전공으로 석사·박사학위를 취득하였다. 주된 연구 분야는 젠더와 음악, 음악적 모더니즘, 음악에서의 문화적 융합, 중국계 미국인 작곡가들의 역사, 중국 오페라 등이다. 음악학자로서 낸시 라오는 중국과 서구문명이 교차되는 지점을 문화적 혼종성(cultural hybridity)을 중심으로 글로벌한 관점에서 연구해 왔다. 음악이론협회(Society for Music Theory)에서 다양성 위원회(Diversity Committee)의 의장으로 재직한 바 있으며, 2024년에는 재미(在美) 중국계 오페라 예술인들에 관한 연구의 공로를 인정받아, 1780년에 창설된 유서 깊은 학술단체인 미국 예술 과학 아카데미(American Academy of Arts and Sciences)의 회원으로 선출되었다. 현재 미국 럿거스(Rutgers) 대학 산하의 메이슨 그로스 예술학교(Mason Gross School of the Arts)에서 음악학과 학과장으로 재직하고 있다. 대표 저서로는 Chinatown Opera Theater in North America (University of Illinois Press, 2017), Human Flourishing in Music (Oxford University Press, 2023), The Cambridge Companion to Serialism (Cambridge University Press, 2023)이 있으며, 주요 논문으로는 "Materiality of Sonic Imagery: On Analysis of Contemporary Chinese Compositions." (2023), "Anti-Asian Hate and the Transpacific History of American Music; Or, Why Is "Chinatown, My Chinatown" Still Played?" (2022), "Inside Chinese Theatre: Cantonese Opera in Canada." (2020), "Inner Liason and Dialogue in Asia: Chou Wen-chung and Korean Gayageum" (2019) 등이 있다.

---

13) Nancy Yunhwa Rao, "Interdisciplinary and Intercultural Artistic Collaboration," *Music and Human Flourishing*, edited by Anna Harwell Celenza (Oxford University Press, 2023), 137-159.

2. 논문 개요

이 글은 공연예술 및 시각예술의 분야에서 인류가 문화와 예술의 번영을 이끌어 낼 수 있는 두 가지 종류의 협업, 즉 학제간 및 문화간 협업의 기술에 관해 검토하는 것을 주요한 내용으로 한다. 이를 위해 낸시 라오는 상호학제성(interdisciplinarity)과 상호문화성(interculturality)의 개념을 살펴본 뒤, 예술 분야의 협업이 사회과학이나 자연과학과 같은 다른 학제에서의 협업과 구별되는 지점에 대해 검토한다. 이에 대해 저자는 "예술에 있어서 학제간 협업이란 확장(stretch)하고 유희(play)하는 과정"으로 정의내리고 있다. 또 문화적·인종적으로 다양한 사람들 간의 예술적 상호작용에 대해 분석함으로써 상호문화적 협업이 문화적 풍요로움을 산출하는 중요한 토대라는 점에 대해 지적하고 있다. 이 대목에서 아시아의 내적 연결성(inter-Asian connection)이라는 개념은 주요하게 다뤄지고 있다. 한편 이러한 개념적·이론적 탐색은 두 개의 사례 분석 - 메이슨 그로스 학제간 세미나(Mason Gross Interdisciplinary Seminar)와 작곡가 추웬충(Chou Wen-chung)의 작품《Eternal Pine》- 에 대한 분석으로 뒷받침되고 있는데, 이는 상호학제적·상호문화적 협업이 지니는 잠재성이라는 논문의 핵심적인 주장으로 이어진다. 저자가 역설하는 그 첫 번째 잠재성이란 새로운 창의성(new creativity)인데, 그것은 예술 분야에서 여러 창작자들이 협업할 때 비로소 촉발되는 것이며 음악이란 바로 그 본질에 의해 타자들과의 연대로부터 존재하는 예술 양식을 의미한다. 특히 음악가의 경우, 시각예술가, 작곡가, 무용가, 드라마투르기 작가, 배우들과 함께 작업하는 예술적 협업을 통해 인류 전체의 예술적 번영을 성취할 수 있게 된다. 그리고 둘째로, 이처럼 새로운 창의성이 인간 전체의 행복과 복지라는 인류애적인 차원으로 확장되는 지점이야말로 문화적·예술적 협업에 내재된 최고의 잠재성이라 할 수 있다. 예술 분야의 학제간, 문화간 협력의 중요성이란 혁신적이고 상상력이 풍부한 예술을 창조하여 인간의 번영을 추구하는 바로 그 지점에 있다는 것이 저자가 전달하고자 하는 궁극적인 메시지이다.

예술적 협업의 상호학제성과 상호문화성

1. 상호학제성(interdisciplinarity)

시각예술과 공연예술에 있어서 상호학제적 협업은 다른 분야와는 상당한 다른 독특한 차별성을 지닌다. 상호학제적 방법론을 수행하는 연구자들이 지적해 왔듯이, 사회과학이나 자연과학 연구 분야에서 학제간의 협력은 아젠다의 차원에서부터 반드시 복잡한 상황에 처하게 된다. 예컨대, 연구 과정과 방식에서의 차이, 연구 주제와 문제의 정의에 있어서의 차이, 학문적인 시각의 차이로부터 오는 문제들, 서로 다른 이해당사자들 간의 이해관계라는 문제, 연구자의 지위로부터 발생하는 문제, 경우에 따라서는 국가의 정책, 연구의 신뢰성, 연구 결과에 대한 예측과 기대, 그리고 과제와 그에 대한 해결책에 이르기까지, 학제간 연구는 실로 다양한 문제점들을 내포하고 있다.[1] 이러한 분야에서, 학문분과라는 관념은 일반적으로 해당 학제의 방법론, 개념, 그리고 학문적 훈련에 관한 엄밀성에 대하여 천착하지 않을 수 없는 것이다. 그러나 그러한 학문적 엄밀성은 학제간 협업이라는 개념 그 자체에 의해 도전을 받게 된다. 학제간 연구에서는 각 학제의 경계가 위협받으며 바로 이 지점에서부터 갈등이 발생하게 된다. 경쟁과 갈등은 참여 학자들 사이에 일반적인 것이 되고, 학문의 탈경계화 내지는 영역적 경계의 침투로 인하여 학문 분야의 엄밀성이 침식된다는 긴장감이 보편적으로 상존하게 된다.

반면에 공연예술 및 시각예술의 영역에서 각 분야 간의 상호 협업은 그 상황이 사뭇 다르다. 예술적 창작은 일반적으로 사회과학 및 자연과학 분야와 대척점에 있으며, 예컨대 공동 제작/예술/공연 작품, 하나의 극단적인 병치로서의 예술적 실험, 멀티미디어 또는 인터미디어(intermedia) 퍼포먼스, 또는 탐구로서의 그리고 실천으로서의 창의적인 예술 창작의 과정 등이 그것이다. 예술적 프로젝트는 창의적인 협업의 과정에서 더욱 풍부한 영감을 획득하게 되는데, 정확히 말하자면, 서로 다른 예술적 접근 방식들을 접목하고 각각의 예술 분야의 경계를 넘나드는 과정에서 그러하다. 의미심장하게도, 예술에서의 학제간 협업은 오히

---

1) Regina Bendix, Kilian Bizer and Dorothy Noyes. Sustaining Interdisciplinary *Collaboration: A Guide for the Academy* (Urbana: University of Illinois Press, 2017)

려 더욱 뛰어난 예술적 혁신을 이끌어내는 것이다. 특히 예술에서의 상호학제간 협업을 통해, 예술가는 특정 예술 분야의 정형화된 인습 내지는 의례로부터 일탈할 수 있는 영감을 얻게 되며, '이미 결정된', 그리고 예측 가능한 예술적 결과물을 산출하는 일반적인 과정으로부터 벗어날 수 있게 된다. 즉, 특정 예술 분야의 엄밀성에 천착하는 대신, 이와 같은 협업을 통해 참여 예술가들로 하여금 자신들이 친숙하지 않은 예술 분야에서 창의적 작업에 참여할 것을 요구하며, 창작 과정의 템포를 늦춤으로써 다양한 예술 분야 간의 협력적인 창의성과 혁신이 자발적으로 발생하여 그 창작의 과정을 창의적으로 이끌어나가게 하는 효과가 있는 것이다. 이러한 과정에서는 특정 예술 분야의 장르적 엄밀성을 준수하였을 때 나타나는 결과물과는 모종의 대안이 탄생하게 된다. 이러한 예술 분야 간의 협업은 서로 다른 예술적 훈련과 전통을 보유한 집단들 간에 건설적인 상호 이해를 요구하며, 또한 새롭게 창작되는 작품에 필수적인 기법과 관점들에 있어서 다양성을 이끌어낸다. 이 책의 다른 저자들의 표현을 빌자면, 예술에 있어서 학제간 협업은 '확장'(stretch)하고 '유희'(play)하는 과정이다.

상호학제성에 주목하는 학자들은 상호학제적 협력에 있어 광범위하고 다양한 접근 방법을 연구해 왔다. 줄리 클라인(Julie Thompson Klein)은 상호학제성에 관하여 약 십여 가지 이상의 분류 체계를 제시한 바 있다. 이러한 학제간 연구의 개념적 분류는 연결짓기(bridging)로부터 재구축화(restructuring)에 이르기까지 다양하다. 상호학제성의 경향은 지식의 체계적 통합과 새로운 탈경계적인 이론적 패러다임을 창출하는 것으로부터, 지식의 구조적인 재구축과 함께 각각의 학문 영역이 독립적으로 다루는 대상이 되는 분야를 아울러 포섭하는 작업, 그리고 상호-영역에서의 간학제적 문제 해결에까지 이르고 있다.[2] 그러나 예술에 있어서 학제간 통합은 그 중요성에도 불구하고 학계에서 충분한 주목을 받지 못하고 있다. 공연예술학자 타냐 아우크스부르그(Tanya Augsburg)는 한 짧은 논문에서 예술에 있어서 분야 간의 협업에 대한 학문적 연구의 희소성을 지적하면서, 그것을 다섯 가지 카테고리로 분류한 바 있는데, 이는 다음과 같다. [① 통합된 융합 예술, 예컨대 리하르트 바그너(R. Wagner)의 종합예술작품(Gesamtkunstwerk) 등, ② 극단적으로 병치된, 전위적 예술 작품들의 예술적 유산, ③ 제2차 세계대전 이후의 실험적 예술, ④ 디지털 예술에서의 예술과 과학기술 간의 상호작용, ⑤ 연구·조사·실천으로서의 공연예술 프로젝트]. 아우크스부르그는 예술 분야 간 협업에 관해 연구하는 학술적 프로그램들이 오늘날 얼마나 희소한지에 대해서도

---

2) Julie Thompson Klein, "A. Taxonomy of Interdisciplinarity," in The Oxford Handbook of Interdisciplinarity, edited by Robert Frodeman, J. T. Klein, and C. Mitcham (Oxford: Oxford University Press, 2010), 15-30.

짤막하게 소개하고 있다.[3]

음악 연구와 관련해 조지나 본(Georgina Born)은 세 종류의 학제간 연구 방식에 대해 규명한 바 있는데, 이는 [① 통합적-종합적 방식, ② 종속적-기여적 방식, 그리고 ③ 논쟁적-적대적 방식] 등의 세 가지이다.[4] 그 가운데 통합적-종합적 방식은, 서로 다른 '선행되는 학문 분야들'의 지식과 실천들에 있어서 상대적으로 균형 잡힌 방식의 통합을 가리킨다. 이러한 작업에서 하나의 통합을 이루기 위해서는 상당히 다양한 준거들이 도입되어야 할 것이다. 다음으로 종속적-기여적 방식에서는, 서로 다른 학문 영역들이 하나의 주된 학문 분야를 보조하기 위하여 한 데 모인다. 이와 같은 방식은 결과적으로 주된 학문 분야의 안정성과 함께, 그 인식적 기초에 대한 본질적 변화의 결여라는 한계를 낳는다. 마지막으로 논쟁적-적대적 방식에서는, 기존에 존재하는 특정 학문 분야의 지식은 '선행되는 학문 분야'를 초월하기 위한 상호학제적 실천을 통해 비판받고 또한 도전받게 된다. 그러므로 이러한 접근 방식은 가장 극단적인 변화 내지는 혁신적인 접근 방법들을 산출할 수 있다는 잠재성을 지닌다. 집단적으로 창의적 활동을 하는 과정에서는, 보통 이 가운데 한 가지 방식에 완전히 천착하기 보다는 이들 세 가지 실천양식들 가운데에서 가장 정합적인 것들을 찾아나가고 또 적용하는 과정을 거치게 되므로, 이들 방식들은 학제간 협업 과정 가운데에서 선택적으로 전환되거나 상호 병합을 거쳐 작용되는 등 유동적이고 역동적인 것이라고 생각하는 편이 옳다. 또한 특정한 종류의 협업은 다른 방식들보다 더욱 상호의존적일 수 있으며, 동시에 특정한 장르의 무대예술 작업은 불가피하게도 한 분야를 더 지배적인 것으로 다룰 수밖에 없는 것이기도 하다. 그럼에도 불구하고 전술한 조지나 본의 분류 방식은 공연예술과 시각예술의 측면에서 상호학제성의 핵심적 성격에 관하여 상당히 유용한 시각을 제시하고 있음을 부정할 수 없다.

2. 상호문화성(Interculturality), 상호아시아(Inter-Asia)

20세기 중반 이후부터 현대 사회에서의 문화적 복수성이 중요하게 부상하면서, 학자와 교

---

3) Tanya Augsburg, "Interdisciplinary Arts," in *Oxford Handbook of Interdisciplinarity*, 2nd edition, edited by Robert Frodeman (Oxford: Oxford University Press, 2017), 132-140.

4) Georgina Born, "For a Related Musicology: Music and Interdisciplinarity, Beyond the Practice Turn." *Journal of the Royal Musical Association*, 132/2 (2010), 205-243.

육자들, 정책 입안자들과 기업 경영인에 이르는 다양한 주체들은 '상호학제성'의 뚜렷한 현상과 그 경향성에 대하여 크로스컬처(crcss-cultural), 트랜스컬처(transcultural), 멀티컬처(multicultural)와 코스모폴리탄(cosmopolitan) 등의 수식어를 사용하지 않을 수 없게 되었다. 그러나 시간이 지남에 따라 많은 사람들은 이와 같은 기존의 용어들이 상당히 불만족스럽다고 느끼게 되었다. 첫째로는 이들 용어들이 문화적 정체성을 구체화하거나 유지하는 경향성이 어떠한지에 대한 불만이었고, 다른 한편으로는 이것들이 '타자들과의 무해한 공존'이라는 의미를 함축하고 있다는 점에서였다. 지난 이십여 년 동안 인문사회과학 분야의 다양한 용어들이 교체되면서, 상호문화성(interculturality)이라는 표현이 새로 등장하게 되었다. 일찍이 사용되던 용어들과는 달리, 상호문화성의 개념은 "문화는 변화되고 수정될 수 있는 잠재력을 가지며 한 사회 속에서 끊임없이 진화한다"는 관념을 내포하게 되었다.[5] 예술 분야에 있어서 창작자들 간의 상호작용과 연대를 통한 탈경계적인 협업의 사례들을 탐구한 바, 필자는 상호문화성의 개념을 차용하여 문화적 인종적으로 다양한 사람들 간의 상호작용을 분석하고자 한다. 상호문화적인 협업은 다양한 문화적 배경을 지닌 예술가들로 하여금 어떠한 창작의 기회, 예술적인 시각, 또는 단순하게 하나의 공간을 제공하면서 서로 상호작용하고 배울 수 있도록 한다. 이러한 과정을 통해 이들은 상호 간에 각자의 예술적 전통과 실천들을 풍부하게 하고 또 변화시키면서, 새로운 예술을 창조해 나가는 것이다. 상호문화적인 예술 프로젝트에서 협업을 수행하기 위해, 참가자들에게는 다양한 목소리와 예술적 관념들을 이해할 수 있도록 능동적이고 예민하며 상호존중적인 청취와 대화의 기술이 필요하다. 상호문화적인 협업은 참가자들로 하여금 각각의 예술적 전통과 다중심주의적 시각, 그리고 의사소통의 방식에 대해 심화된 학습을 가능케 하는 것이다.

　　오늘날 상호문화성이라는 용어의 용례는 다양한 집단들 간의 상호작용을 의미하기도 하는데, 이는 "문화의 분야에서만이 아니라, 인종, 언어, 종교적 정체성 및 국적"에까지도 이르는 것이다.[6] 상호문화성의 개념은, 문화의 정적인 관념과 표상을 변화시키고 그것의 정의를 '집합적인 자원들과 상징적인 해석'으로 변화시킨다. 이와 같은 관념은 그러므로 본질적으로 개인적인 동시에 상호작용적인 문화간 접촉의 속성을 강조하는 것이며, 또한 비-정적이면서(non-static) 끊임없이 진화하는 문화의 속성과, 상호문화적인 협업 가운데 그것이 표

---

5) Robert Aman, "Impossible Interculturality?: Education and the Colonial Difference in a Multicultural World," (Ph.D. Diss., Linköping University, 2014), 23.
6) Gunther Dietz, "Interculturality," in *The International Encyclopedia of Anthropology*, edited by Hilary Callan (chief editor). https://doi.org/10.1002/9781118924396.wbieal629. [2022년 10월 4일 접속].

상되고 경쟁되는 방식에 대해서 서술하고 있는 것이다.

　문제를 더욱 복잡하게 만들고 있는 것은 상호문화적인 협업에 있어 또 다른 층위를 이루고 있는 부분인데, 말하자면 참가자들 간에 언어와 문화의 출발점에 있어서의 다양한 차이 또는 거리(distance)이다. 이러한 관점에서 우리는 상호문화성이 '상대적인' 현상이라고 판단내릴 수 있는데, 이는 그것이 참여자들의 언어와 문화의 거리의 정도에 달려 있기 때문이다. 우리가 상호-아시아(inter-asia)의 상호문화성을 언급할 때에 이는 특히 더 유용한데, 문화와 언어의 유사성 문제는 특히 상호-아시아의 상호문화적인 상호작용에 있어서, 그리고 그 상호작용을 전개해 나감에 있어서 더욱 명확히 두드러지는 것이기 때문이다. 문화라는 관념은, 이러한 상황에서 이 같은 협업의 형태를 만들어내는 일종의 정적인 틀로 기능하고 있는 것이 아니라, 협력적인 과정이 진행되어 나가는 과정에서 실현되는 현상이며, 또한 그것은 상호작용적이며 상호개인적인 속성을 지니게 되는 것이다. 높은 정도의 유사성을 지닌 문화 그룹들 간의 상호문화적인 예술적 협업은 그 참여자들에게 그들 스스로의 예술적인 실천이라는 것을 일반적이지 않은 방식으로 반추하게 해 준다. 그러한 경험들은 익숙한 미학 내지는 예술적 실천을 새롭게 바라보는 독특한 시각을 제공하는 것이다. 앞으로 살펴볼 사례 연구에서, 이 부분에 대해 다시 살펴볼 것이다. 상호문화성의 미묘한 뉘앙스와 함의, 그리고 지금까지 논의된 상호작용에 참여한 참가자들의 기관에 대한 설명은, 독자들로 하여금 이러한 협업에 대한 문화적 (오)해석 내지는 그릇된 차용에 빠지지 않도록 할 것이다. 오늘날 문화적 (오)해석 내지는 그릇된 차용이라는 비판은 다른 문화권에 속한 자들에 의해 특정 문화권의 요소가 임의로 차용되는 상황에 적용될 수 있으며, 그러한 부적절한 차용으로 인해 해당 문화의 요소는 그 자신의 본래적인 문화적 맥락으로부터 유리되어 버리는 것이다. 문화는 결코 정적이거나 고정된 것이 아니며, 오히려 언제나 진화하고 변화하며 경계를 초월한다는 사실은 되풀이하여 설명할 필요가 있다. 문화라는 것을 타문화로부터 깔끔하게 분리하여 존재하도록 유지하는 것은 더 이상 실현 가능한 선택지가 아니며, 바람직하지도 않은 것이다. 이는 오늘날의 사회에서 단지 상호문화성이 부흥하고 있기 때문만이 아니라, 에드워드 사이드(Edward Said, 1935~2003)가 언급한 바처럼, "모든 문화의 역사는 문화적 차용의 역사이며, 문화란 침투 불가능한 것이 아닌 것"이라는 특성 때문에 그러한 것이다.[7] 하나의 근거가 되는 틀로서, 그러므로 문화적 (오)해석에 대한 비판은 불행하게도 문화간의 경계를 공고히 하게 되는 경향이 있으며, 동시에 본의 아니게도 문화의 반역사적이며 정적인 관념을

---

7) Edward Said, *Culture and Imperialism* (New York: Vintage, 1994), 216.

영속화하는 데 기여하기도 한다. 스테레오타입을 밝혀내거나 탈신화화하는 것이 아니라, 오히려 이를 지지하게 되는 것이다. 다문화교육학자인 프레드 더빈(Fred Dervin)은 상호문화성에 대해 "유동적 접근"이라는 개념을 제안하였다. 유동적 접근이란, "지식, 사회, 그리고 주체성은 모두 역동적이며 맥락적인 현상으로서, 서로 다른 (실제 그리고 상상된) 관점들 간의 대화라는 표현으로 이론화될 수 있다"는 개념이다.[8] 이번 장에서, 필자는 참가자들이 지닌 타인들의 문화적 신념과 가치·미학 그리고 예술적 전통에 대한 진지한 관심이, 상호문화적인 예술 협업의 주요한 요소가 된다는 점에 대해 말하고 싶다. 이러한 상호문화적 협업은 창의와 혁신을 낳아, 서로 다른 문화 그룹들 모두에게 문화적 풍요로움을 가져다주는 것이다.

3. 핵심적 성격

창의와 혁신을 향한 움직임으로서, 공연예술과 시각예술에서 장르적 경계를 넘는 상호문화적 협업은 독특한 창의적인 실천에 영감을 불어넣는다. 이들 양자는 공히 더 큰 커뮤니티의 일원이라는 맥락에서 개인의 자아실현에 기여하고 있다. 이러한 협업은 특정한 핵심적인 성격을 공유하는 것인데, 이 특성들은 완전하게 유일무이한 것은 아닐지라도 일정 부분은 예술적 협업에서 발생되는 특수성을 지니는 것이다. 여기서 이러한 특징들에 대해 서술하는 이유는, 이러한 성격들이 상호문화적인 예술적 협업이 가져오는 충만감과 유쾌함의 감각에 있어 필수불가결한 것으로 보이기 때문이다.

1. 협업적 예술 창작에 필요한 기술들은 개별적으로 고립되어 있는 것이 아니라 여러 갈래로 나뉘어 협업의 네트워크 가운데 내재하는 것이다. 달리 말하면, 협업하는 예술가들은 창작의 과정 전체에서 타인들과 소통하려 노력한다는 것이다. 다른 종류의 예술 양식을 지속적으로 염두에 두고 예술작품을 창작한다는 것은 그러한 협업의 주요한 특질이다. 그 과정에서 각 문화 내지는 예술 영역 사이에서는, 대칭적이거나 위계적 관계가 존재할 수도 있고 그렇지 않을 수도 있다.

2. 예술적 협업 과정에서 나타나는 영감은 계획될 수도 예측될 수도 없는 것이므로, 여

---

8) Fred Dervin, "A Plea for Change in Research on Intercultural Discourses: A 'Liquid' Approach to the Study of the Acculturation of Chinese Students," *Journal of Multicultural Discourses* 6/1 (2011), 37-52.

기에는 분명 유동적이고 우연적인 측면이 존재한다. 협업은 특정한 개인의 예술 분야 내에 있는 특정한 위계적 구조를 반드시 따르는 것이 아니며, 오히려 그것은 그때그때의 맥락이나 예술적 우연성과 불측의 조우로부터 형성되는 경우가 많다. 이것은 예술적 가능성에 대한 더욱 심화된 탐험을 가능하게 하나. 이러한 기존의 법칙들(방법론 내지는 미학적 관념들)을 '선행 분과' 내에서 경쟁하게 함으로써, 그러한 예술적 협업은 다양한 종류의 경계를 초월하게 된다.

3. 협업 과정에서 서로 다른 예술에 대한 시각이라는 복잡성과 함께 심화된 연대라는 것은 다른 예술 양식에 대한 학습 내지는 숙달을 의미한다. 공연예술·시각예술은 흔히 복잡 미묘하게 연관되어 있기 때문에, 그처럼 익숙하지는 않지만 또 완전히 다르지도 않은 예술 양식으로의 경계-넘기는 자신의 전문 예술 분야에 대한 새로운 시각을 제공해 주는 것이다.

4. 그러한 협업 프로젝트는 개인들로 하여금 자신들의 목표나 역사를 옆으로 잠시 비켜놓게 만드는 것이다. 그들의 재능을 공동의 예술적 협업에 집중하도록 하면서, 상호 간에 익숙해지는 과정을 필요로 하는 것이다. 이처럼 협업이란 그 형태에 있어서도 방향성에 있어서도 이질적인 것일 수밖에 없다. 서로 간에 익숙해지는 과정은 집단적인 창의성의 모멘텀(momentum)을 제공하며, 개인의 통찰과 아이디어를 다양한 분야들이 결합한 예술 프로젝트로 주조해 내도록 한다.

5. 대다수의 예술 프로젝트는 다른 분야의 예술과 결부되는 것을 피할 수 없으므로, 일반적으로는 그것에 대해서 함축적인 방법으로나마 언급할 수밖에 없다. 그 사례는 풍부한데, 예컨대 시각적 이미지를 암시하는 음악적이거나 음향적인 요소들과의 연관성을 바탕으로 신체적 제스처를 만드는 무용, 리드미컬한 몸짓을 통해 강조되거나 강화된 연극 등이 그것이다. 이러한 은유적 접근에는 암시, 은유, 배경음악 또는 배경이 되는 시각적 이미지들, 신체적 표현 등이 있다. 그렇다면 중요한 점은 상호학제적 협업은 은유적으로 표현된 예술적 차원들을 가시적으로 드러내는 동시에 그것들을 충분히 탐색되고 시험될 수 있도록 한다는 것이다. 이 과정을 통해 예술적 프로젝트는 협업을 바탕으로 생산되며, 은유적 또는 상상적으로 표명되는 예술은 점점 더 그 범위가 줄어들게 된다.

6. 상호학제적이고 상호문화적인 집단적 과정은 '자신의 노래를 낯선 곳에서 부르 는'(singing your song in a foreign land) 일의 중요성을 부각시킨다. 이 과정은 문화간 의 차이를 강화할 뿐만 아니라, 그 구성 요소를 통해 협업하는 창작자들에게 서로 다 른, 혁신적인 방법으로 소통하도록 한다. 그러한 가운데 구성원이 되는 참가자들은 그들 자신의 예술을 더 훌륭하게 심상화할 수 있게 되며, 자신의 예술 영역의 실천을 또 다른 시각으로 바라볼 수 있게 된다. 이처럼 협업은 다른 방식으로는 얻기 어려운 통찰을 가져다주는 것이다.

7. 점점 더 많은 과감한 타협과 협력이 필요해지고 있다. "매일 같이 범주들(categories) 은 해체되거나 반전된다. 규범적인 절차들은 변형되고 가시화되어 도전을 받는다… 창조성과 파괴는 함께 발생되는 것인지도 모른다." 그리고, "사회에서 상호작용하는 복수의 인간들은 예술적 프로젝트의 예측가능성과 광범위한 안정성에 대해 극단적 인 제한을 두는 것이다"[9] 참가자들이 지도에 더 가까이 가려고 애쓸수록, 경치는 그 들의 시야에서 점점 멀어져 가는 것이다. 그러므로 자신의 예술분야에 몰두한 참여 자들이 그 프로젝트에 대해 아무리 촌력을 기울여 자신의 지식과 창의력을 투자한다 고 할지라도, 협력적 네트워크에 있는 타자들의 전문성에 의해 보충되어야만 한다.

이러한 특징들이 예술적 창작의 상호학제적이며 상호문화적인 협업에 있어서 중요한 요소인 것이다. 그중에서 일부는 성취하기 어려워 보일 수 있으나, 그것들은 동시에 변화의 중요한 변곡점(momentum)이 된다. 이것은 학제간 협업의 핵심적인 성격으로, 만일 그 협력 과정에서 잘 고양되기만 한다면, 개인적인 그리고 집단적으로 발전될 가능성이 있는 상당 히 유의미한 지점을 창조해내는 것이다. 이러한 창의적인 협업은 인간의 정신을 풍요롭게 하고, 서로 다른 예술적 시각에 대한 존중을 고양시키며, 예술적 커뮤니티 안에서 의미 있는 개인 간의 관계들을 형성하게끔 한다.

---

9) Regina Bendix, Kilian Bizer and Dorothy Noyes. *Sustaining Interdisciplinary Collaboration: A Guide for the Academy* (Urbana: University of Illinois Press, 2017), 37.

4. 신뢰, 의혹, 그리고 고정관념들

신뢰(trust)는 문화와 예술 분과들 사이의 창조적 협력을 통해 얻어질 수 있는 긍정적인 결과물이다. 예술적 협업은 참여자들로 하여금 신뢰를 구축하고 서로 다른 생각들을 존중하도록 한다. 중요한 것은, 위험을 두려워하지 않고 자기 자신과 타인들의 예술적 정체성과 신념을 위협하기도 하는 실험적이며 대담한 접근법을 적극적으로 취하라는 것이다. 그러나 모두의 예술적 정체성이 도전받고, 각각의 예술 분야의 위계구조와 경계가 재배치되는 상황에 처하면, 참여자들 간에 신뢰를 구축하는 것은 더욱 중요해진다. 참여자들은 창의적인 창작자들이며, 그들 스스로의 창의적인 기법에 이미 익숙해져 있기 때문이다. 달리 말하자면, '창의적이고 혁신적으로 사고하기'라는 자유로운 인식적 자원을 보장하기 위해, 참여자 상호 간의 신뢰를 구축하는 것은 필수불가결하다. 협업하는 창작자들은 상호 신뢰를 심화하는 법을 배워야 하는데, 모종의 불안감은 예술적 집중을 방해하는 요인일 따름이며, 또 그것은 예술적 협업을 통한 창조에 도움이 되지 않기 때문이다.

나아가 신뢰를 쌓는다는 것은 참여자들 사이에 안정적인 기대치를 확보한다는 것을 의미하기도 하며, 자유로운 사유의 공간은 그러므로 이러한 상호학제적·상호분야적 협업에 있어 반드시 필요한 요소인 것이다. 그러한 환경을 만들어낼 수 있는 능력은 모든 참여자들에 의해서 인식되며, 또한 그것은 예술적인 프로젝트와 그 결과물에만 의미 있는 것이 아니라 참가자 개인들의 만족감과 인간적인 발전에도 유의미한 것이다. 공연예술과 시각예술의 협업에서, 그러한 신뢰는 상호학제적 환경과 개별 예술 분야 전체에서 새로운 창의성을 창출하도록 한다. 특히 그 효과는 장기적인 것이 될 것이며, 그것은 개인들 상호 간의 관계에서 신뢰의 습관(habit of trusting)을 창출할 수 있게 된다. 이는 창작자의 예술적 시각, 자기 이미지, 그리고 개인적인 성취의 측면에서 성장과 발전의 기회가 되는 것이다.

이와 같은 협업적 환경에서의 신뢰-쌓기는 가장 작은 것으로부터 시작되는 것이다. 예컨대 참여에 대한 책임감 있는 약속과 프로젝트에 대한 기여로부터, 동료들과의 협력에 대한 신뢰, 나아가 내면화된 신뢰의 감각, 즉 더욱 깊은 신뢰라고 묘사될 수 있는 것까지, 참가자들은 그들과 협업하고 있는 동료 예술가가 최대한의 노력으로 함께 프로젝트를 진행하고 있다는 가정 하에서 작업을 진행하게 된다. 그들은 예술 창작 프로젝트를 함께 진행하는 것이고, 그것은 누구 한 사람의 예술적인 목표만을 위한 것이 아니며, 서로 다른 창작자들이 각각 제공하고 있는 창의적인 노력을 함께 이해하기 위해 상호 간에 노력하는 과정에 있는 것이다. 이러한 '공동의 창의적 프로젝트'(collective creative project)를 맡고 있다는 감각은,

그들의 협력을 견인하고, 예술적 창작과 관련된 부정적인 측면들 -예컨대 자기 의심, 불안감, 고립감- 등으로부터 창작자를 고양시키는 효과가 있다.

그러나 역시 그만큼이나 중요한 것은, 협업하는 사람들 간의 신뢰가 모종의 '구별하기'(label)를 넘어 자신과 다른 예술 분야의 사람들에게 집중하고 배울 수 있는 기회를 제공한다는 것이다. 일군의 예술가들이 분야 간 협력을 시도할 때, 새롭고 익숙하지 않은 분야의 협업자들을 평가할 때, 그들이 표상하는 어떤 분야를 구별짓거나(label) 혹은 유형화하는(type) 데 의존하기 쉽다. 그리고 상호 간 이해의 부족에 의해, 그러한 구별은 손쉽게 하나의 고정관념(stereotype)이 되곤 한다. 협업의 과정은 참여자들로 하여금 그러한 고정관념을 넘어서, 그들 간의 차이점보다는 유사성에 깊은 관심을 기울이게끔 한다. 특히, 예술적 협업은 참여자들로 하여금 공동의 프로젝트를 수행함에 있어 타자의 부족한 부분들을 보충할 수 있는 방법을 찾게끔 독려하는 것이다. 이것은 특히나 중요한데, 어떠한 고정관념은 인종적 소수자들에게 참여의 기회를 감소시키는 방식으로, 현존하고 있는 불평등을 영속화하는 기제로서 작동되기 때문이다. 고정관념은 많은 인구와 지배적 권력을 가진 인종의 언어와 관념에 더 많은 무게를 부여하기도 하며, 그러므로 그것은 다수자와 소수자들 사이의 격차를 심화시키기도 한다. 결국 그러한 과정은 배제의 메커니즘(mechanism of exclusion)이 된다. 반대로 신뢰를 구축하는 일은 참여자에게 그러한 고정관념을 넘어설 수 있게 하며, 스테레오타입의 파괴적인 힘을 붕괴시키고, 구별짓기를 넘어서 새로운 것을 배울 수 있게끔 한다.

5. 두 개의 사례 연구

아래에 제시된 두 가지 사례 연구는, 필자에게 예술 분야의 학제간 협력의 문화적 본질과 그것이 인류문화의 발전에 기여할 지점에 대해 더 깊이 탐구하도록 영감을 주었다. 이 사례들은 매우 다른 상황을 내포하고 있다. 이 사례들이 지니는 함의에 대해 생각하면서 필자는 그러한 예술적 협력의 고유성에 대해 눈뜨게 되었고, 이는 결국 이 챕터 전체에 걸쳐 필자가 관찰한 내용에 영향을 미쳤다. 첫 번째 사례는 뉴저지 주의 뉴브런즈윅(New Brunswick)에 있는 럿거스 대학(Rutgers University)의 메이슨 그로스 예술학교(Mason Gross School of the Arts)에서 학제간 협력 과정을 만들기 위해 1년 동안(2017-2018) 노력한 것과 관련이 있다. 이 학교는 4개 학과(음악, 무용, 연극, 미술·디자인)와 영화제작센터로 구성되어 있다. 이 과정의 목표는 다양한 수준의 학생들을 위해 예술 분야 간 협력을 장려하고 이를 유지하는 효과적인 방법을 확립하는 것이었다. 메이슨 그로스 예술학교에서 그러한 프로그램이나 강좌를 만들겠다는 아이디어는 학생과 교직원 모두로부터 강력한 지지를 받았다. 이 과정 이전에 많은 학생들이 이미 몇 가지 예술 학제간 협력 프로젝트를 주도하기도 했지만, 아무런 인프라가 갖춰져 있지 않았고 기관으로부터의 지원이 부족한 상황이었다. 이번의 사례 연구에서는 이러한 독특한 유형의 예술 학제간 협력과 예술적 성취와의 관계를 조사한다.

두 번째 사례 연구는 한국의 전통음악 앙상블인 한국현대음악앙상블(Contemporary Music Ensemble of Korea, CMEK)과 중국계 미국인 작곡가 추웬청(Chou Wen-chung, 1923~2019)의 작품《Eternal Pine》을 통해 아시아의 문화 협력을 설명한다. 이는 한국의 정악(正樂)을 연주하는 전통음악 앙상블과, 대부분의 삶을 미국에서 보냈으나 문인(文人, literati) 전통과 관련해 오랫동안 명성을 쌓아온 중국계 작곡가의 훌륭한 협업 사례이다. 그는 작곡가 에드가르 바레즈(Edgard Varèse, 1883~1965)의 제자로, 20세기 중반에 미국의 음악계에 처음 등장했으며, 콜롬비아 대학에서 작곡과 교수 및 동 대학 학장을 역임했다. 그는 미중 양국 예술에 대한 상호 이해를 촉진하기 위해 미중예술교류센터(The Center for U.S.-China Arts Exchange)를 설립했다. 이 센터는 1978년의 개관 이후, 예술교육·음악·문학·연극·무용·회화·조각 등 다양한 예술 분과의 프로젝트를 진행해 왔다. 반세기가 넘는 기간 동안, 추웬청은 현대음악의 문화 융합 개념을 끊임없이 옹호한 바 있다. 그러나 그는《Eternal Pine》으로 이어진 CMEK와의 협업 이전까지, 약 60년의 작곡 경력에서 한 번도 동양의 악기를 위한 곡을 쓴 적이 없었다. 그의 독특한 사례는 문화간, 아시아 간 예술적 협력의 위력을 드러내고 있다. 필자는 그러한 협업이, 예술가로 하여금 자신의 창조적 자아를 해방시키고 예술적 추구를 가능하게 하는 힘을 가지고 있다고 주장하고 싶다.

이들 두 사례 모두, 서로 다른 예술적 형식에 대한 깊은 이해와 참여, 학습이 필요한 예술 분야 간의 협업이, 다른 방법으로는 얻을 수 없는 특별한 성취감과 고양감 그리고 신선한 자극을 얻을 수 있는 기회를 어떻게 제공하는지에 대한 창을 제공하고 있다.

6. Mason Gross 학제간 연구 세미나

메이슨 그로스(Mason Gross) 예술학부는 럿거스 대학(Rutgers University)의 대표적인 공공예술 콘서바토리(public arts conservatory)다. 여기에 소속된 4개 학과(음악, 무용, 연극, 미술·디자인)와 영화제작 센터는 지난 10년 이상 매우 성공적으로 운영되었다. 이 기관의 사명

음악적 창의성이란 무엇인가? : 플라톤에서 AI까지 음악적 창조에 대한 미적 담론

은 "창의적인 인재를 육성하며, 미래 세대의 예술 전문가가 창의적이고 학문적인 세계에 기여하는 데 필요한 통찰력과 기술을 가르치는 것"이다.[10] 이 학교의 학생회에는 학부생 815명, 대학원생 329명, 교직원 260명이 소속되어 있다. 동 대학은 문학사(BA), 음악학사(BM), 미술학사(BFA), 예술석사(MFA), 음악석사(AD), 음악박사(DMA), 및 문학박사(PhD) 학위를 수여하고 있다. 전체적으로 메이슨 그로스는 댄서, 영화 프로듀서, 음악가, 연극인, 시각 예술가 및 디자이너 등 공부하는 예술가들의 커뮤니티이다. 이들은 가르치고, 창조하고, 공연하고, 전시하는 활동을 지속적으로 수행하고 있다

메이슨 그로스의 활발한 학생 커뮤니티를 고려할 때, 학교가 이들 예술 분야에서의 협업을 위한 정규 과정이나 정기적인 코스를 마련하지 않았다는 것은 상당히 의아한 일이다. 거기에는 복잡한 이유가 있겠지만, 예술원의 각 분야에서 학생과 교수진의 전적인 헌신을 요구하는 엄격한 교육 방식과 관련이 있을 것이다. 예술 분야들 사이의 학제간 협력은 원칙적으로 바람직한 것으로서 대학 캠퍼스 전체에서 추구되고 있으나, 메이슨 그로스의 커뮤니티에서는 강력한 추진력을 얻지 못하여 행정 당국과 교수진 및 학생 모두에게 실망을 안겨준 바 있다. 혁신적인 예술 공동체 속에서의 엄청난 자원과 재능을 고려할 때, 예술 분야 간 프로그램을 만들 필요성은 모든 사람에게 분명한 것이었다.

그러나 예술에서의 학제간 협력은 생각보다 복잡한 일이다. 단순히 서로 다른 분야를 병치시키거나, 서로 다른 예술 장르가 하나의 동일한 분야로 수렴하는 것은, 유사학제간 연구(pseudo-interdisciplinarity)에 불과한 것이 된다. 그러한 단순한 병치에는 상호 작용 그리고 통합 및 연결이 부족하기 때문이다. 따라서 진정한 창의적 환경을 조성하기 위해서는 개별 예술 분야에 대한 명확한 집중과 혼화(blending)를 보장하는 인프라가 필수불가결한 것이다. 즉, 성공적인 창작 인프라의 개발은 고차원적인 수준의 상호 작용과 예술 창작 인터페이스를 보장하는 데 있어 핵심적인 요소이다. 하나의 예술 분야에서 다른 예술 분야로 자신의 콘텐츠를 이전하는 것이 필요한 것이다. 이러한 혼화의 과정에서 궁극적인 목표는, 모든 참여자들의 예술적 접근 방식을 최대한 통합하는 것이다.[11]

이처럼 다양한 예술 분야의 학제간 커리큘럼이 개발되는 동안, 위에서 열거한 핵심적인 특성을 강화하고 그것을 강의 과정 설계, 플랫폼 형성, 참여 방식 개선 등을 통해 구체화

---

10) 아래의 내용은 Mason Grow의 홈페이지에 2019년 기준으로 공개되어 있는 2017년 가을 학기의 기록을 바탕으로 한 것이다.

https://www.artandeducation.net/directory/79377/mason-gross-school-of-the-arts-at-rutgers-university.

11) Julie Thompson Klein, "A. Taxonomy of Interdisciplinarity," in *The Oxford Handbook of Interdisciplinarity*, ed. Robert Frodeman, J. T. Klein, and C. Mitcham. (Oxford: Oxford University Press, 2010), 15-30.

할 수 있는 인프라를 구축하는 것이 주요 과제임은 분명한 일이었다. 바로 이 같은 노력을 통해 예술적 협업은 진정한 발전을 이룰 수 있는 것이다. 그리고 그 과정에서 메이슨 그로스의 공동체는 다양한 분야에 걸친 상호 협력을 통해 창의성이 촉발될 수 있는 진정한 예술 공동체가 될 수 있었을 것이었다.

그러나 벤치마크 설문조사 결과는 다소 의외였다. 학제간 과정에 대한 커리큘럼 지원이 부족한 것은 비단 메이슨 그로스의 일만이 아니다. 대규모 대학의 일부로서 또는 독립된 기관으로서 수많은 예술학교가 있지만, 학제간 협력을 장려하거나 예술 분야 간의 협업에 대해 학생들을 교육하고 안내하는 과정을 제공하는 학교는 거의 없다. 대학의 캠퍼스에서 공연 예술 분야의 다양한 분야에 걸친 협업은, 주로 개별적인 활동이나 특별한 프로그램의 목적으로 만들어진 일회적인 이벤트로 남아 있다. 그러나 런던 트리니티 라반 콘서바토리(Trinity Laban Conservatory)에서 진행하는 창의-혁신 공동연구(Creative-Innovation CoLaB) 프로그램은 매우 중요한 예외이다. 해당 대학의 홈페이지에는 상기 프로그램의 목표가 다음과 같이 명시되어 있다.

> 매년 2주 동안, 창의-혁신 공동연구 프로젝트(CoLab)는 학교의 풍부한 지원 하에서, 예술적 도전을 감수하고 창의력을 발휘하며 실험을 수행할 수 있는 기회를 제공한다. 댄스 및 음악 학부 소속의 900명 이상의 학생들이 함께 모여 다른 학습 활동이나 공연에 방해받지 않고 프로젝트를 만들고, 발전시키고, 반복한다.[12]

매년 2주 동안, 학생들은 전문적인 멘토의 지도를 받아, 장르·분야·세대·문화를 뛰어넘는 다른 예술가·공연자들과 예술적 관계를 구축하며, 혁신적인 프로젝트를 창작하고 수행한다. 학생들은 자신의 전공 분야를 뛰어넘어 다른 사람들과 협력하는 방법뿐만 아니라 문화적·국가적·세대적 격차를 넘어 대만·홍콩·캘리포니아 및 기타 지역사회 조직의 예술가들과 협력하는 방법을 배운다. 그 과정에서 협업 그룹은 함께 협력하여, 예컨대 기억·움직임·놀이·여행·언어 등과 같은 근본적인 문제들에 대한 재정의를 시도한다. 이러한 기회는 학생들이 새로운 장르를 개발하고, 예술적 도전을 감수하며, 자신이 예측하지 못한 점들을 받아들이고, 상호 간의 이해를 구축하도록 영감을 준다. 이러한 과정을 통해 학생들은 공동의 목표를 달성하고 함께 새로운 것을 만들어가게 된다. 예술 교육 모델로서 트리니티 라반 콘서

---

12) https://www.youtube.com/watch?v=viqRxAVmY2Q [2022년 10월 4일 접속].

바토리의 창의-혁신 공동연구(Creative-Innovation CoLaB) 과정은 매우 성공적인 것이었으며, 학생들이 예술 분야 간 협업을 위한 몰입형 프로젝트를 개발하도록 영감을 주었다. 이러한 비전과 새로운 인프라는 그들의 성공에 크게 기여했다.

그러나 트리니티 라반 콘서바토리와 달리, 메이슨 그로스는 주립 대학의 일부로, 학제 간 협력에 투자하기 위해 학사 일정에서 2주의 기간을 할애할 수 있는 행정적 유연성이 없으며, 충분한 예산도 확보하지 못했다. 그렇다고 해서 메이슨 그로스의 예술 전공 학생들에게 학제간 교육 기회의 필요성이 더 적다고는 결코 말할 수 없을 것이다. 다양한 커리큘럼 상의 제약과 예산상의 제한 및 기타 제반 여건을 고려한 결과, 선택형 세미나 형식을 따르는 것이 가장 실용적이고 교육 목적을 충족한다고 메이슨 그로스는 결정을 내렸다. 이러한 방식을 바탕으로, 메이슨 그로스 학제간 세미나(Mason Gross Interdisciplinary Seminar) 과정 개요는 대학의 커리큘럼 위원회에 제출되어 공식적으로 승인되었으며 곧이어 실행 단계에 들어섰다. 아래 [표 8.1]부터 [표 8.3]은, 메이슨 그로스 학제간 세미나의 사명·목표·구상을 보여주고 있다.

이번 세미나가 학교 전체에서 선택 세미나 과목으로 시행되고, 학생들에게 연구 주제 제시 및 조언자의 역할을 함으로써, 참여하는 교직원들에게 장려금을 제공하고 보상할 수 있는 자금이 확보될 수 있기를 기대한다.

왜 학제간 협력인가?

◆ 다양한 예술적 전문 지식과 동기, 전문 분야를 가진 참가자들 사이에 지적·창의적·사회적 유대감을 형성하도록 한다.

◆ 예술 전공 학생들은 학제간 협력 환경에서 교수진과 긴밀히 협력한다.

◆ 자신의 예술 분야에서 핵심 커리큘럼을 보완한다.

◆ 미래의 예술을 위한 기법과 비전을 개발한다.

[표 8.1] 학제간 세미나의 사명

공연예술과 시각예술의 협업

새로운 계획의 목표

◆ 높은 가시성의 확보

◆ 차별화된 예술교육 문화 조성

◆ MGSA(Mason Gross School of the Arts)에서 필수적인 분야로 구축

◆ 예술 학습 경험을 다양화

[표 8.2] 학제간 세미나의 목표

---

7. Eternal Pine

작곡가 추웬청(Chou Wen-chung)의 작품《Eternal Pine》은 한국현대음악앙상블(CMEK)의 의뢰로 제작된 곡이다. 이 작품은 한국의 전통악기인 가야금과 대금, 피리, 생황, 장구의 앙상블을 위해 작곡되었다. 추웬청은 가야금 명인 이지영의 촉탁으로 이 작품을 작곡했다. 이 작품은 2008년, 음악학자 이혜구 교수의 100번째 탄생일을 맞아 헌정된 작품이기도 하다.

서울대 음악대학 국악과 교수이자 가야금 연주자인 이지영 명인은 2007년 현대 가야금 작품 연주회를 개최하는 과정에서 지인의 소개로 작곡가 추웬청 선생의 작품을 알게 되어 서로 연락을 주고받게 되었다고 술회하고 있다. 이지영은 국제적 명성을 얻은 가야금 연주자로서 약 40여 장이 넘는 앨범을 녹음했으며 그 중 4장은 독주 음반이다.

그녀는 한국에서는 처음으로 가야금 연주 박사 학위를 취득했다. 이지영은 전통음악뿐만 아니라 가야금의 현대음악 분야에 있어서 선구자이기도 하다. 근래에는『연주자와 작곡가를 위한 현대가야금기보법』을 출간하여 큰 호평을 받은 바 있다. 약 400 페이지에 달하는 이 책은 가야금의 역사와 가장 대중적인 악곡 장르 및 형식에 대한 소개 외에도, 현대 가야금 곡을 작곡하는 데 필수적인 기법에 대한 자세한 설명과 삽화를 제공하고 있다. 이 책에 대한 그녀의 바람은 "가야금의 아름다움을 글을 통해 예술적으로 표현하는 것", 그리고 "가야금 연주 기법의 세계를 설명하는 데 도움이 되는 것"이다.[13]

---

13) Jiyoung Yi, *Contemporary Gayageum Notation for Performers and Composers* (Seoul: National Seoul University, 2012), 7.

작곡가 추웬청은 중국의 전통적인 지식인 가문에서 성장하여, 문인의 기질을 키웠으면서도, 서구문명의 학문적 성과에 대하여도 깊이 있는 독서를 통해 학습한 바 있다. 미국에서의 그의 경력은 그가 동서양의 예술계 모두에서 뛰어난 인정을 받았음을 보여 주고 있다. 그의 작곡인 《The Willows Are New》(1957)와 《Yuko》(1956)는 모두 중국의 금(琴) 연주곡을 기반으로 한 것으로 유명세를 얻었으나, 실제로 연주 자체는 중국 악기가 아닌 서양 악기만으로 이루어졌는데, 전자의 경우 피아노가, 후자의 경우 피아노·바이올린·타악기 및 다섯 가지의 관악기로 연주된 바 있다. 이러한 작품에서 그는 다양한 동양적 음향을 활용하고, 멜로디적인 흐름에서는 단일한 톤의 옥타브 더블링을 활용하고, 멜로디의 주 음역대의 빈번한 이동을 통하여 곡의 복잡한 질감과 중국적인 미학을 반영하는 선율적 변조를 달성했다. 서양 악기에 이처럼 확장된 음색적 효과를 사용하는 것은, 중국식 고금(古琴)의 고요하고 미묘한 아름다움을 불러일으키는데, 추웬청은 특히 송대(宋代) 고금의 대가 마오민종(毛敏仲)이 작곡한 악보에서 멜로디를 취하였다. 그는 또한 중국의 주역(周易, Iching)의 점성술을 학습하여, 주역의 64괘에 음표를 대응시키는 음악적 기법을 창안하였다. 64괘와 그에 대응된 선법(mode)의 변화를 통하여 음악은 스스로 변형되는데, "하나의 톤으로부터 다른 톤으로, 예컨대 5음음계(pentatonic)에서 반음계(chromatic)로 변화"될 수 있는 것이다(Wen-chung, iv). 1950년대 이후 그의 예술적 성과는 존 케이지(Jchn Cage, 1912~1992), 헨리 코웰(Henry Cowell, 1897~1965), 콜린 맥피(Colin McPhee, 1900~1964), 해리 파치(Hary Partch, 1901~1974) 및 윤이상(尹伊桑, 1917-1995)과 같은 다른 저명한 작곡가들과 함께 거론되고 있다.[14] 그러나 슈톡하우젠(Stockhausen, 1928~2007)의 《Telemusik》(1966)혹은 필립 글래스(Philip Glass, 1937~)와 라비 샹카르(Ravi Shankar, 1920~2012)의 공동 작업과는 달리, 추웬청은 자신의 작곡에 비서구권의 악기를 편성하지 않았다. 이러한 점은 그가 오랫동안 아시아의 문화가 서구 관객들의 음악적 경험을 풍부하게 하는 데 많은 것을 제공할 수 있음을 밝혀 왔고, 동서양 음악 문화의 통합을 강력히 옹호하는 '문화 융합'의 견해를 강력하게 피력해 왔다는 점을 고려하면 더욱이 의아함으로 남는다.(추웬청, "아시아와 서양음악: 영향인가 합류인가?" 60-66; "음악에서의 재-융합을 향하여").

앞서 언급한 바와 같이, 2008년 작곡된 《Eternal Pine》은 추웬청이 처음으로 동아시아의

---

14) 추웬청의 작품들에 관하여는 아래와 같은 다양한 학술적 결과물들이 발표되어 있다. Peter Chang, *Chou Wen-chung: The Life and Work of a Contemporary Chinese-Born American Composer* (Oxford: The Scarecrow Press, 2006); Eric Chiu Kong Lai, The Music of Chou Wen-chung (Aidershot, UK: Ashgate, 2009); *Polycultural Synthesis in the Music of Chou Wen-chung*, edited by Mary I. Arlin and Mark A. Radice Arlin (New York: Routledge, 2018)

전통악기를 편성하여 작곡한 작품이다. 작곡 과정에서 그는 한국의 전통악기와 서양의 고전악기를 결합해달라는 요청을 받았으나, 이를 거절하고 오직 한국악기에 의한 앙상블만을 고집했다. 이 작품 《Eternal Pine》은 한국의 전통음악인 정악(正樂)의 정신을 바탕으로 작곡되었다고 한다. 작곡가는 다음과 같이 쓰고 있다.

> "나는 오랫동안 가야금 및 다른 한국 전통악기의 표현력을 동경해 왔기 때문에, 한국악기를 위한 작곡이라는 아이디어에 매료되었다. 그러나 이러한 역사적 유산을 지닌 악기를 그들 고유의 미학적 정신을 바탕으로 작곡하는 것은 어려운 일이었다. 작곡가로서 나는 동아시아 음악의 유산에 깊이 공감하고 있다. 《Eternal Pine》을 작곡하면서 나는 나의 동료들처럼 동아시아의 전통적인 이상주의로부터 영감을 받았다. 소나무는 동아시아 문화에서 장수와 함께 자연의 영원함을 상징한다. 제1악장 〈영원에 대한 명상〉(Meditation on Eternity)은 동아시아의 근본적인 미학적 원리인 천지의 영원성에 대한 성찰로서, 한자·중국어로는 천지인(天地人, tian di ren)으로 표현하며, 이는 하늘과 땅 가운데의 인간을 의미한다. 우주의 영원무궁함과 함께 지상의 유한한 존재로서의 인간을 설명하는 것이다. 이어지는 악장인 〈드높은 산정〉(Lofty Peaks)과 〈심원한 협곡〉(Profound Gorges)은 이들 두 축의 깊이를 암시한다. 이번 작업에서는 단순히 한국 음악의 몸짓을 변형하거나 그것에 현대적 관행을 접목시키는 것이 아니라, 그 유산을 이어가려는 의도에 따라 한국 음악의 문화적 유산과 기법적 전통의 정신을 고수하려고 노력했다.[15]

    문화간 융합으로 저명한 인물인 추웬청은 중국과 한국 문화의 미학적 공통성에 대해 성찰하는 기회를 가지고 모종의 깨달음을 얻은 바 있다. 여기서 중요한 두 가지 특징은 이 작품에서 그의 독특한 표현력을 보여주며, 이는 한국 음악 전통과의 강력한 상호 작용과 직결되는 것이다. 첫 번째는 악기 사용과 연주 기술에 관한 것이다. 한국 전통악기 앙상블에서 추웬청은 현대적인 16현 가야금을 선택하여, E플랫으로 시작되는 독특한 온음계적 조율을 고안했으며, 중국의 거문고 연주를 모사하는 기법을 차용했다. 가야금과 대금, 피리, 장구의 결합은 한국의 전통 음악 앙상블에서 흔히 볼 수 있는 것으로서, 이들 악기들은 모두 중국에서 기원한 것이지만 분명히 한국의 정체성을 확립하고 있다. 더욱 특이한 점은 추웬청이 생황(취부악기, E플랫으로 조율)이라는 희귀한 악기를 포함시키고 있다는 것이다. 생황은 긴 관으로 이루어진 취부악기인 중국의 생(笙, sheng)에서 파생된 것으로 외관과 기능이 매우

---

15) 추웬청의 공식 홈페이지 https://chouwenchung.org/composition/eternal-pine [2019년 8월 15일 접속].

흡사하다. 이러한 악기 선택은 그의 연주 프로그램(segue)을 범-아시아적인 음향으로 이끌어 냈다. 생(笙)의 독특한 모양과 음색은 당대(唐代) 말기 어느 시인의 시에 잘 나타나 있다.

길고 짧은 대나무 관은

봉황이 날개를 편 듯하고,

그 음률은,

달빛이 내린 천막 위로 돌아간다,

용이 우는 울음보다도

애수가 가득하구나.

- 루오 예, "셍을 찬미하며"

筠管參差排鳳翅、月堂淒切勝龍吟

- 唐 · 羅鄴《題笙》

이러한 시의 구절과 시각적 이미지는 생황의 강력한 음향을 적절하게 표현하며, 특유의 음색은 추웬청의 《Eternal Pine》에 큰 효과를 주었다. 악기와 연주자, 그리고 한국과 중국의 독특한 음향을 차용하여, 추웬청은 작품의 독특한 음향적 세계를 형성하는 음색과 공명의 장엄한 조화를 만들어 냈다. 이론가인 야요이 우노 에버렛(Yayoi Uno Everett)은 이러한 놀라운 결과를 다음과 같이 요약했다. "추웬청은 악기의 독특한 특색들을 선보임으로써 기품 있는 우아함과 함께 제의적 성격을 융합하여 집어넣었다."[16]

두 번째 요소는 한국의 전통 장단이다. 장단은 한국 전통음악의 가장 중요한 특징 중하나이다. 음악학자 이병원은 다음과 같이 지적한 바 있다. "한국 전통음악의 대부분의 리듬은 3박자 내지는 3박자 그룹을 기반으로 하고 있다. 한국식 3박자의 특징적인 디테일은, 세번째 박자가 강조되거나 강세를 띠고 있다는 점인데, 이는 첫 번째 박자보다 더 주목을 끌고 있다".[17] 가야금의 대가인 황병기(黃秉冀, 1936~2018)는 또한 장단(문자 그대로, '길고 짧음') 을 한국 전통음악의 기본으로 묘사하고 있다.[18] 장단은 다양한 리듬을 포괄하며 각각의 복

---

16) Yayoi Uno Everett, "Chou Wen-chung: Eternal Pine," CD liner note for Chou Wen-chung, *Eternal Pine*, Contemporary Music Ensemble of Korea; Boston Musica Viva; Yi Ji-young and Kim Woong-sik; Taipei Chinese Orchestra (New York: New World Records 8077-2, 2015).

17) Jiyoung Yi, *Contemporary Gayageum Notation for Performers and Composers* (Seoul: National Seoul University, 2012), 62.

18) Byung-ki Hwang, "Philosophy and Aesthetics in Korea," *Garland Encyclopedia of World Music, East Asia: China, Japan, and*

잡한 리듬적인 패턴과 템포가 특징인데, 그것은 한국의 다양한 전통음악 장르에서 공유되고 있다.

《Eternal Pine》에서 추웬청은 한국식 '장단'을 채택하여, 한국음악과 유사한 3박자의 리듬 패턴과 순환을 만들어냈다. 그는 독창적인 방식을 통해 중국 음악의 미학에 더 익숙한 리듬의 결과를 달성했다. 그러나 강력한 리듬 체계는 중국 문인 음악의 중심적인 특징은 아니다. 아래 [그림 8.4]는 이 작품의 악보의 첫 번째 페이지에 해당한다. 장구가 한국의 전통 장단 패턴으로 시작된다는 점에 유의할 필요가 있다. 3박자 계통의 9/4박자에서는, 3마디의 세 번째 박자에 강한 강세를 주어 긴장감을 더하고 있다.[19]

한국 전통음악 연주자들과의 협력을 통해 추웬청은 아시아의 악기를 사용한 창의적인 작업에 영감을 받아 음색의 새로운 세계를 발굴하는 미학적 목표를 달성했다. 그는 "《Eternal Pine》을 작곡하는 것은 나에게 훌륭한 학습 과정이었다"고 말했다.[20] 그는 한국 전통음악에서 영감을 얻은 것이 무엇인지 분명히 밝혔다. "정악은 자연 현상에서 영감을 받은 것이지만, 평온함과 존엄성이 투영된 인간 감정의 표현에 전념하고 있다. 그것은 수 세기 동안 동아시아 사람들의 마음에 영감을 준 심상을 불러일으킨다".[21]

아시아의 내적 연결성(inter-Asian connection)이 이번 문화간 협업이 크게 성공할 수 있었던 핵심적인 요소라 할 수 있다. 이러한 상호문화성의 참여 속에서 중국의 문인-미학적 전통과 함께 한국 궁중음악, 전통음악의 긴밀한 연결은 심도 깊은 상호학습을 가능하게 했다. 한국음악은 그가 중국사회의 문인 전통을 성찰하는 프리즘이 되었다. 그는 한국 음악의 전통과 한국 악기의 특징을 학습하는 데 오랜 시간을 보냈고, 가야금 명인 이지영은 추웬청이 한국 악기에서 발견하여 이 작품에 녹여 낸 난해한 의미와 중국적 미학을 배우는 데 많은 노력을 들였다. 달리 말하면, 그가 자신의 중국 미학적 사고를 아시아의 악기로 표현하는 열쇠를 풀고 이지영을 아시아 음향적 상상력의 다른 영역으로 이끌어 간 데에 도움이 된 것은, 두 아시아 전통의 유사성과 차이점이라 할 것이다. 문화간, 학제간 협업은 하나의 분야만으로는 불가능했던 창의적 프로젝트를 가능하게 했다. 특히 한국과 중국의 아시아 내적 연결성은 그가 다른 방법으로는 달성할 수 없었던 것, 즉 동양의 악기를 통해 중국적 미학과 감수성을 표현하는 것을 가능하게 했다.

Korea, ed. Robert Provine, Yoshihiko Tokumaru, and J. Lawrence Witzleben (New York: Routledge, 2002), 813-816.

19) 작품에 대한 더욱 상세한 논의는, 낸시 라오의 "Inner"를 참조할 것. Rao, Inner: 31-42.

20) Mark A. Radice, "A Biographical Essay," *Polycultural Synthesis in the Music of Chou Wen-chung*, ed. Mary I. Arlin and Mark A. Radice. Abingdon (UK: Routledge, 2018), 65-66.

21) Chou Wen-chung. *Ode to Eternal Pine* (New York: C. F. Peters, 2009), [iv].

[그림 8.4] 추웬청, 《Eternal Pine》.
Courtesy of Paul Sacher Foundation, Basel, Chou Wen-chung Collection. [P.155]

예술적 성취를 위한 문화간, 학제간 협력의 힘은 엄청난 것이다. 추웬청은 봉인된 것을 해제하는 힘에 대한 일종의 증언으로서, 소나무 시리즈(pine series)의 작품들을 지속적으로 창작해왔다. 그는 독주 가야금과 장구를 위한 또 다른 작품, 다양한 중국 악기 앙상블을 위한 두 가지 작품, 서양 고전악기 앙상블을 우한 작품 등을 추가로 작곡했다. 그와 CMEK의 아시아 내적 협력은 그에게 놀라운 통찰을 가져오는 창의적인 과정임이 입증되었다. 인터뷰에서 《Eternal Pine》이 다른 현대 가야금 작곡과는 다르다고 밝힌 공동 작업자 이지영에게도 그것은 만족스러운 일이었다.

특별히 기교적이라거나 기술적으로 어려운 것은 아니었다. 그러나 이 작품을 위해 가야금의 경우 상당히 특이한 조율 방식이 필요했고, 중국의 고쟁(古箏)에서는 일반적이지만 가야금에서는 흔치 않은 연주 기법도 필요했다. 그러나 나는 현대 가야금 작품의 작곡에 익숙하기 때문에 그리 어려운 일은 아니었다··· 사실 숙달하기에 어려웠던 점은 철학적이고 추상적인 감성, 그리고 (작품의) 심오한 정신적 깊이였다.[22]

이지영이 작품의 의미를 진정으로 이해하고 《Eternal Pine》의 심오한 깊이에 스스로 만족하기까지는 2008년의 초연 이후 거의 10년의 세월이 소요된 셈이다.

8. 결론

필자는 두 가지 사례 연구를 소개하고 그 근저에 놓인 문제를 탐구함으로써, 혁신적이고 상상력이 풍부한 예술을 창조하여 인간의 번영을 추구한다는 측면에서 예술 분야의 학제간, 문화간 협력의 중요성을 보여주고자 했다. 필자는 학제간 그리고 문화간 협업을 예술 및 예술 교육에 있어서 가장 중요한 노력 중 하나로 생각한다. 예술 분야의 학제간, 문화간 협업이 점차 보편화되고 있음에도 불구하고, 불행하게도 현재 커리큘럼의 설계는 아직 다음 세대의 예술가를 교육시킨다는 과제를 완수하지 못하고 있다. 예술 분야의 학생들은 예술의 개념과 그것이 개인의 관점에서 어떻게 도출되는지 이해하는 방법을 배우고, 다양한 분야의 경계를 초월하기 위해 학제간 교육과정을 통한 도움을 받아야 할 것이다. 여기서 작곡가 추 웬청과 가야금 명인 이지영의 작품은 상호 협력이 어떻게 공동의 창의적인 목표를 달성하는 데 도움이 되는지 강력하게 상기시켜 주고 있다.

대런 맥마혼(Darrin M. McMahon)은 행복의 세계사(global history of happiness)를 연구하면서 "진정한 행복을 위해서는 도(道), 즉 자기를 초월하는 우주의 진정한 질서와 조화에 대한 헌신이 필요하다"는 것이 중국 도가 철학자들의 믿음이라고 지적했다. 이러한 전통적인 지혜에 대한 설명은 기원전 천 년 경의 기록에 기인하지만, 그럼에도 불구하고 인류에게 지속적인 정신적 가치를 제공하는 원천이 된다. 위에서 논의한 시각예술 및 공연예술 분야의 학제간, 문화간 협업의 주요한 특징은 예술적 프로젝트의 창의적 협력에 대한 이러한 헌신이 행복과 인간의 번영에 필수적이라는 것을 보여주고 있다. 맥마혼은 계속해서 다음과

---

22) Nancy Yunhwa Rao, Personal interview with Yi Jiyoung, Seoul, Korea, (July 2018).

같이 말한다. "그러나 인간의 번영에는 인간의 탁월한 성품과 정신의 함양이 필요하다는 통찰은, 그것을 설명하는 데 어떠한 단어가 사용되었든, 행복을 이해하기 위한 공통된 가정이었다."[23)]

　　이러한 가치관은 일반적으로 인간의 훌륭한 품성 함양을 전적인 목표로 하는 창의적인 프로젝트에 특히 중요한 것이다. 학제간, 또는 문화간 협력은 개인과 집단 공동체의 복지에 기여한다. 이와 관련하여 진정한 행복은 자신의 예술적 훈련과 방식을 '초월'하여, 다른 유형의 창의적 전통에 적극적으로 참여하고 상호 작용하며, 자신의 창의성과 성과를 조명하는 새로운 관점을 배양하는 것이다. 두 말할 필요도 없이, 이러한 유형의 성공적인 협업은 신뢰와 존중에 크게 좌우되며, 이러한 요소가 존재할 때 예술 공동체는 번영한다. 학제간, 문화간 협력으로 이어지는 중요한 특성들에 대해 파악함으로써 이러한 프로젝트에 대한 이해와 발전, 그리고 이를 통해 인간적인 번영을 높여 나가는 데 기여할 수 있기를 바란다.

23) Darrin M. McMahon, "From the Paleolithic to the Present: Three Revolutions in the Global History of Happiness," *Handbook of Well-Being*, ed. Ed Diener, Shigehiro Oishi, and Louis Tay (Salt Lake City: DEF Publishers, 2018), 5.

참고문헌

Aman, Robert. "Impossible Interculturality?: Education and the Colonial Difference in a Multicultural World." Ph.D. Diss., Department of Behavioural Sciences and Learning, Education and Adult Learning. Linköping University, 2014.

Arlin, Mary I., and Mark A. Radice, editors. *Polycultural Synthesis in the Music of Chou Wen-chung*. Abingdon, UK: Routledge, 2018.

Augsburg, Tanya. "Interdisciplinary Arts." *Oxford Handbook of Interdisciplinarity*, 2nd edition, edited by Robert Frodeman. Oxford: Oxford University Press, 2017, 132-140.

Bendix, Regina, Kilian Bizer, and Dorothy Noyes. Sustaining Interdisciplinary Collaboration: A Guide for the Academy. Urbana: University of Illinois Press, 2017.

Born, Georgina. "For a Related Musicology: Music and Interdisciplinarity, Beyond the Practice Turn." *Journal of the Royal Musical Association*, 132/2 (2010): 205-243.

Chang, Peter. *Chou Wen-chung: The Life and Work of a Contemporary Chinese-Born American Composer*. The Scarecrow Press, 2006.

Chou Wen-chung. "Asian and Western Music: Influence or Confluence?." *Asian Culture Quarterly* (1977): 60-66.

────────. Ode to Eternal Pine. New York: C. F. Peters, 2009.

────────. Official webpage, https://chouwenchung.org/composition/eternal- pine/. 2019년 8월 15일 접속.

────────. "Toward a Re-Merger in Music." *Contemporary Composers on Contemporary Music*, edited by Elliot Schwartz and Barney Childs. New York: Da Capo Press, 1987, 308-315.

Dervin, Fred. "A Plea for Change in Research on Intercultural Discourses: A 'Liquid' Approach to the Study of the Acculturation of Chinese Students." *Journal of Multicultural Discourses*, 6/1 (2011): 37-52.

Dietz, Gunther. "Interculturality." *The International Encyclopedia of Anthropology*, edited by Hilary Callan (chief editor). https://doi.org/10.1002/9781118924396.wbieal629. 2022년 10월 4일 접속.

Everett, Yayoi Uno. "Chou Wen-chung: Eternal Pine." CD liner note for Chou Wen- chung, *Eternal Pine*, Contemporary Music Ensemble of Korea; Boston Musica Viva; Yi Ji-young and Kim Woong-sik; Taipei Chinese Orchestra (New York: New World Records 8077-2, 2015).

Hwang, Byung-ki. "Philosophy and Aesthetics in Korea." *Garland Encyclopedia of World Music, East Asia: China, Japan, and Korea*, Edited by Robert Provine, Yoshihiko Tokumaru, and J. Lawrence Witzleben. New York: Routledge, 2002, 813-816.

Klein, Julie Thompson. "A. Taxonomy of Interdisciplinarity." *The Oxford Handbook of Interdisciplinarity*, Edited by Robert Frodeman, J. T. Klein, and C. Mitcham. Oxford: Oxford University Press, 2010, 15-30.

Lai, Eric Chiu Kong. *The Music of Chou Wen-chung*, Aldershot, UK:Ashgate, 2009.

Lee, Byongwon. *Style and Esthetics in Korean Traditional Music*. Seoul: National Center for Korean Traditional

Performing Arts, 1997.

McMahon, Darrin M. "From the Paleolithic to the Present: Three Revolutions in the Global History of Happiness" *Handbook of Well-Being*, Edited by Ed Diener, Shigehiro Oishi, and Louis Tay, 1-10. Salt Lake City: DEF Publishers, 2018.

Radice, Mark A. "A Biographical Essay." *Polycultural Synthesis in the Music of Chou Wen-chung*, Edited by Mary I. Arlin and Mark A. Radice, 65-66. Abingdon, UK: Routledge, 2018.

Rao, Nancy Yunhwa. "Inner Liason and Dialogue in Asia: Chou Wen-chung and Korean Gayageum." (亞洲內部連結與對話: 周文中與伽倻琴) *The Art of Music: Journal of the Shanghai Conservatory of Music*, 156 (2019): 31-42.

Rao, Nancy Yunhwa. Personal interview with Yi Jiyoung, Seoul, Korea, July 2018.

Said, Edward. *Culture and Imperialism*. New York: Vintage, 1994, 216.

Yi, Jiyoung. Contemporary Gayageum Notation for Performers and Composers. Seoul: National Seoul University, 2012.

3.

현대 테크놀로지 & AI 예술의 창의성 논쟁

음악적 메타창의성에 대하여

An Introduction to Musical Metacreation[1]

필립 파스퀴에

최미설 옮김

1. 저자 소개

필립 파스퀴에(Philippe Pasquier)는 캐나다 사이먼 프레이저 대학(Simon Fraser University)의 인터랙티브 예술과 기술 학부(Interactive Arts and Technology)의 교수로, 창의적 인공지능을 위한 메타창의성(metacreation) 연구실을 이끌고 있다.   프랑스 낭트 과학 대학(Nantes Science Faculty)에서 응용 수학 및 컴퓨터과학으로 학사 학위(DEUG MIAS (B.Sc.))를, 벨기에 루벵 카톨릭 대학 UCL(Louvain-la-Neuve Catholic University)에서 컴퓨터과학(B.Sc. Erasmus), 컴퓨터 그래픽스 전공으로 우등 학사 학위를 취득하고, 프랑스 낭트 과학 대학(Nantes Science University)에서 계산언어학 전공으로 프랑스 석사 학위(Maitr-se)를 받은 후, 항공우주 연구소(SUPAERO)폴 사바티에 대학(UPS)과 국립 전기전자정보통신공학 학교(ENSEEIHT)에서 인공지능으로 석사(DEA)를 수료하였다. 그 후 캐나다 퀘벡 라발 대학교(Laval University) 컴퓨터과학 및 소프트웨어 공학부의 박사학위를 받았다.

그는 인공지능에 특화된 과학자, 소프트웨어 디자이너, 다학제적 미디어 아티스트이자 교육자 및 공동체 구축자(community builder)라고 볼 수 있다. 다학제적인 연구·창작 프로그램을 추구하면서 생성 시스템, 기계 학습, 감성 컴퓨팅 및 컴퓨터 지원 창작에 대한 근본적인 연구, 창작 소프트웨어 산업에 대한 응용 연구, 상호 작용 및 생성 예술까지 연구하고 있다.

"음악 메타창의성에 대한 소개"(An introduction to musical metacreation), "음악 에이전트: 음악 메타창의성의 유형체계와 최신 기술"(Musical agents: A typology and state of the art towards musical metacreation)[2] 등 메타창의성과 관련된 200개 이상의 피어 리뷰 논문을 공동

---

1) Kivanç Tatar and Philippe Pasquier, "Musical agents: A typology and state of the art towards Musical Metacreation," *Journal of New Music Research* 48/1 (2019), 56–105.

2) Kivanç Tatar and Philippe Pasquier, "Musical agents: A typology and state of the art towards Musical Metacreation," *Journal of New Music Research* 48/1 (2019), 56–105.

저술했으며, 창의적 인공지능 커뮤니티를 더욱 발전시키기 위해 음악 메타 창의성(Musical Metacreation) 국제 워크숍과 콘서트 시리즈를 주최했으며 이는 AI 음악 창작에 관한 합동 컨퍼런스의 창설로 이어졌다.

2. 역자 서문

음악 메타창의성(Musical Metacreation, 이후 본문에서는 MuMe로 표기함)은 인공지능과 음악 창작의 교차 영역으로, AI 및 컴퓨터 기법을 사용하여 음악을 생성하거나 생성을 지원하는 것을 포함한다. 가락, 화음, 리듬 생성 또는 조곡, 해석, 즉흥 연주, 반주, 믹싱 등과 같은 모든 창조적인 음악 작업을 예로 들 수 있다. 저자는 MuMe를 음악의 계산적 창의성(computational creativity)의 하위 영역이자, 하나의 연구 분야이면서 시스템으로 보고 있다.

MuMe는 순수 예술적 방법부터 과학적 방법에 이르기까지 모든 차원을 아우르며, 컴퓨터를 활용한 음악 창작 시스템의 이론과 실제 및 이와 관련된 인문학적 논의도 다룬다. MuMe 시스템은 순수한 생성적 시스템[3]부터 컴퓨터를 활용한 작곡 및 사운드 디자인과 같은 상호작용 시스템[4]까지 다양하다. MuMe의 연구원과 개발자들은 AI 알고리즘이 음악 표현, 창의성 및 협업의 새로운 형태를 가능하게 하는 방법을 탐구한다.

이 글에서는 다학제적 분야의 복잡성을 이해하고 MuMe와 컴퓨터 음악 연구가 어떻게 중복되고 차이가 나타나는지 등 그 관계를 파악하기 위한 일반적인 개요를 다룬다. 즉, MuMe 연구자 및 개발자들이 하고 있는 연구 및 시스템의 범위와 다루는 문제, MuMe 시스템 평가의 중요성 및 어려움 등 이 분야의 전반적인 동향과 앞으로의 전망에 대해 고찰한다.

음악 메타창의성(MuMe)에 대한 이 글에서의 서술이 다소 추상적인 면이 있지만, 저자는 컴퓨터의 창의성이라는 개념을 음악 메타창의성이라는 개념으로 접근하고 있으며, 현대 음악학 및 음악교육 연구분야에서 주목해 볼 만 하다. 또한 저자의 다른 논문을 통해 MuMe에 대한 다양한 논의를 살펴볼 수 있을 것이다.

---

3) [역주] 생성적 시스템(generative systems)은 음악을 처음부터 생성하는 시스템을 말한다.
4) [역주] 상호작용 시스템(interactive systems)은 사용자가 컴퓨터와 협업할 수 있는 시스템을 말한다.

음악적 메타창의성에 대하여

1. 서론

1960년, 허버트 사이먼(Herbert Simon)은 인공지능(Artificial Intelligence, AI)을 "인간이 인지능력을 사용해서 해결해야하는 문제를 기계가 해결하는 과학"으로 정의했다[5]. 그 이후로 AI는 합리적인 문제 해결에서 놀라운 성과를 거두었다. 우리는 예로부터 비행기 비행, 원자로 운영, 전기 회로 설계, 협상 자동화, 질병 진단 및 체스, 바둑, 고(Go)[6], 혹은 제퍼디 게임(Jeopardy)[7]과 같은 추상적이고 구체적인 문제에 대한 최선의 혹은 차선의 해답을 찾기 위해 점점 복잡한 공간을 탐색하는 다양한 알고리즘을 개발하고 연구해 왔다. AI 시스템이 인간수준의 경쟁력을 갖추고 처리하는 것들은 꾸준히 늘어나고 있지만, 일부 사람들은 근본적인 질문에 더 주목하고 있다. '과연 기계는 창의적일 수 있는가?'

2. 계산적 창의성

계산적 창의성 또는 메타창의성은 창의성의 본질이나 가능성 및 창의적 프로세스의 자동화를 탐구하여 기계에 창의성을 부여하고자 하는 분야이며, 최근 빠르게 성장하고 있다. 이 분야는 다음과 같은 측면을 연구한다.

— 창의성의 본질(Creativity as It Is): 먼저 인간의 창의성을 이해하고 모방하려고 노력

---

5) Herbert A. Simon, The New Science of Decision Making (New York: Harper and Row, 1960).

6) [역주] 고(Go)는 중국에서 2500년 전부터 존재한 전략 보드 게임이다. 두 명의 플레이어가 번갈아 가며 그리드 보드에 검은색과 흰색 돌을 놓고 영토를 지배하는 것이 목표이며, 이 게임의 심오하고 미묘한 전략으로 인해 세계에서 가장 어려운 보드 게임 중 하나로 간주된다.

7) [역주] 제퍼디 게임(Jeopardy)은 미국의 인기 장수 퀴즈쇼로, 1964년부터 현재까지 방영되고 있다. 퀴즈는 일반적인 지식 단서를 답변 형식으로 제시하고, 참가자들이 자신의 응답을 질문 형식으로 표현해야 한다. 이 쇼는 독특한 형식을 갖고 있으며, 미국 문화의 상징적인 부분으로 자리매김했다.

한다. 창의성이란 무엇인가? 이 복잡한 개념을 이해할 수 있다면, 우리는 창의성을 시뮬레이션할 수 있는가? 이와 같은 관점에서 선택한 인지 모델링 접근 방식은 인지 과학의 한 부분이기도 하다.

— 창의성의 가능성(Creativity as It Could Be): 이 분야는 인간만이 할 수 있다고 알려진 프로세스를 탐구하기 위해 노력하고 있다. 이러한 인공 프로세스의 결과물은 비록 인간의 능력이 아니더라도 창의적으로 간주될 수 있다.

1) 컴퓨터의 계산적 창의성(Computational Creativity)은 전통적인 인공지능(Traditional AI)과 어떻게 다른가?

계산적 창의성은 컴퓨터가 만들어낸 창의성을 지칭하는 것으로, 해답의 최적성 개념-주어진 조건 또는 제약 사항 하에서 문제를 가장 효율적으로 해결하는 것-이 명확하게 정의되지 않은 문제들을 다룬다는 점에서 전통적인 AI와 다르다. 앞서 언급한 문제들은 명확한 "예" 또는 "아니오"의 답이 없는 문제, 정확한 승패가 없는 문제, 명확한 목표 상태가 없는 문제, 파레토(Pareto) 우월성이 명확하게 정의되지 않은 문제[8], 명확하고 완전한 목표 함수 혹은 유틸리티 함수가 없는 문제, 그리고 부정확하게 정의된 선호 관계 문제 등이다. 다시 말해, 계산적 창의성은 일반적인 가이드나 해결 방법을 찾는 과정이 명확하게 정의되지 않은 문제 범주를 다룬다.

계산적 창의성은 최적의 안무, 작곡 또는 음악의 해석을 정의할 수 없는 것처럼 명확한 최적의 결과나 최선의 해결책이 없는 창의적인 작업을 중심으로 정의한다. 우리는 최고의 그림, 회화, 서사, 시, 농담, 요리법 또는 비디오 게임 레벨에 대한 선호도를 명시할 수 있지만, 이상적인 해답을 객관적으로 결정할 방법은 없다. 유한한 영역에 대한 객관적인 답변을 결정하는 방법은 없으며, 이러한 종류의 작업은 합리적 문제 해결 패러다임에 속하지 않은 다양한 영역에서 다루어진다. 간단히 말해, 계산적 창의성은 기계가 창의적인 작업을 다루는 과학이다.

---

8) [역주] 경제학과 게임 이론에서 파레토(Pareto) 우월성은 한 대안이 다른 대안보다 모든 측면에서 적어도 동등하게 좋거나, 적어도 하나의 측면에서는 엄밀히 더 나은 경우에 발생한다. 만약 명확한 파레토 우월성이 없다면 이는 서로 다른 기준이나 차원 간의 교환 관계가 있고, 모든 면에서 한 대안이 엄격하게 다른 대안보다 더 좋다고 정의할 수 없기 때문에 파레토 최적화에 따라 대안을 순위매기는 것이 불가능하다는 것을 의미한다.

2) 계산적 창의성이 중요한 이유는 무엇인가?

이 분야에서의 연구와 발전이 중요한 이유는 여러 가지이다. 먼저, 이것은 창의성과 창조적 과정에 대한 근본적인 연구이다. '지능'과 마찬가지로 '창의성'의 본질은 여전히 많은 논쟁의 주제이지만, 수천 년 동안 학자들이 이해하고 정의하려고 노력해온 인류의 필수적인 특성 중 하나이다. 창의성은 복잡한 현상이기 때문에 이에 대한 이상적인 탐구방법은 다양한 이론과 모델을 계산적으로 구현하고 시뮬레이션하는 것이다. 가령 날씨, 신경계, 자본 시장과 같이 복잡한 현상을 모델링하고 테스트하며 최종적으로 검증하는 효과적인 방법이 계산적 시뮬레이션인 것처럼 말이다.

둘째, 우리는 이제 합리적인 문제 해결[9]에만 컴퓨터를 사용하지 않는다. 컴퓨터는 개인적인 커뮤니케이션, 엔터테인먼트, 예술 및 문화의 영역에서 널리 활용되고 있다. 선진국에서는 사회의 컴퓨터화로 인해 점점 더 많은 사람들이 창의적 프로세스에 둘러싸여 있다. 메시지 작성, 사진 및 영화 편집, 그래픽 디자인, 컴퓨터 엔터테인먼트뿐만 아니라 전통적인 미술에서도 창의적인 작업에 컴퓨터를 사용한다. 이러한 창의적 작업의 증가량은 창의적인 프로세스와 이에 대한 자동화에 더 많은 관심을 기울일 필요가 있음을 시사한다.

셋째, 창의성, 문화적 가치, 예술적 표현 등을 중시하며 경제적인 가치를 창출하는 데 기여하는 창의적 산업[10]에서 생성형 시스템이 필요하다. 선형에서 비선형 미디어로의 전환으로 인해 과거의 단순하고 순차적인 미디어에서 벗어나 상호작용 및 선택지가 다양한 비선형적인 형태의 미디어가 많이 나오면서 다양한 자산이 필요해졌다. 예를 들면 특수 애니메이션 영화에서는 영화의 매 순간을 창작자가 세심하게 편집한다. 그러나 온라인 멀티플레이어 컴퓨터 게임의 경우 영화와 달리 게임 내 요소들은 고정되어 있지 않고 가장 작은 물체부터 전체 세계에 이르기까지 상황에 맞는 고유한 소리와 음악이 필요하다. 수백만 플레이어가 주당 수 시간씩 플레이하는 요구를 충족하기 위한 것이다. 이것은 현재 비디오 게임 산업이 직면한 문제이지만, 이는 점차 비선형적인, 즉 다양한 경로와 선택지가 있는 창의적 작업인 창의 응용 프로그램에서도 나타날 문제이다.

---

9) "시스템이 올바른 일을 한다면, 그것은 합리적이다."라는 개념은 잘 정의된 문제가 있으며, 정확하고 최적 또는 차선의 해결책이 있는 경우를 가정한다(Russell and Norvig, 2009). 합리적인 문제는 매우 중요하며 기본적인 대수 계산부터 바둑을 두는 것, 전자 회로를 설계하는 것과 같은 다양한 작업을 포함한다. Stuart Russell and Peter Norvig, Artificial Intelligence: A Modern Approach(third edition) (United States: Prentice-Hall, 2009).

10) [역주] 창의적 산업이란 창의성, 문화적 가치, 예술적 표현 등을 중시하며 경제적인 가치를 창출하는 데 기여하는 예술, 디자인, 출판, 영화, 음악, 광고, 패션, 소프트웨어, 비디오 게임 및 기타 분야를 포함하는 산업적 부문을 가리킨다.

마지막으로 현재의 창의적 소프트웨어는 사용자의 창의성을 촉구하거나 개선하는 데 있어 움직임이 부족하거나 한정적이다. 인공지능과 기계 학습 기술은 창의적인 소프트웨어 산업에 적용되거나 보편화 되지 않았다. 이는 창의적 소프트웨어 분야에서 혁신적인 기술이 아직 충분히 보급되지 않았다는 것을 의미한다. 소프트웨어는 종종 창의적인 처리를 제한적으로 다룰 수 있고, 유연한 상호작용형 탐색을 제공하지 못하기 때문에 소프트웨어가 사용자들에게 창의적인 접근을 하기 어렵게 할 수 있는 제약이 있다. 소프트웨어는 사용자에게 유사한 프로세스를 완료하기 위해 동일한 버튼을 클릭하고 동일한 메뉴 항목을 선택하며 동일한 일상적인 작업을 순차적으로 반복하도록 할 것이다. 이러한 일련의 작업은 종종 과거의 유사한 작업에서 수행된 프로세스들과 작용하여 예술적 흐름을 방해할 수 있다. 이에 창의적 소프트웨어에 자동화 및 인공지능을 통합하여 자율적이고 학습된 행동을 통해 창의적인 제안을 제공하며, 이러한 기술을 도입함으로써 소프트웨어의 창의성과 유연성을 증진시키는 것이 계산적 창의성의 중요한 목표이다.

3) 창의성의 정의

철학자, 심리학자, 인지 과학자, 교육자들의 최선의 노력에도 불구하고 창의성에 대한 명확한 정의는 아직 없다.[11] 상대적으로 논란이 적은 관점은 창의성 철학자 마가렛 보덴(Margaret Boden)[12]이 제안하였다. 보덴은 창의성을 새로운 것이며 가치 있는 아이디어나 작품을 내놓는 능력으로 정의한다. 이러한 아이디어나 작품은 어떠한 방식으로든 새롭고 가치 있는 것이어야 하며, 여기에서 가치는 금전적인 것일 수도 있고 다른 방식으로도 구체화 될 수 있다.

보덴은 먼저 두 가지 유형으로 창의성을 구분한다:

P-창의성 (P-creativity)	심리적 창의성(개인에게 새롭고 가치있는 것), 일상적인 창의성
H-창의성 (H-creativity)	역사적 창의성(그룹, 즉 인류에게 새롭고 가치있는 것), 저명한 창의성

11) Peter Meusburger, "Milieus of creativity: The role of places, environments, and spatial contexts", in *Milieus of Creativity*, (Germany: Springer Netherlands, 2009), 97-153.

12) Margaret Boden, *The Creative Mind: Myths and Mechanisms* (UK: Psychology Press, 2004).

다른 차원에서 보덴은 아래의 세 가지 유형으로 창의성을 구분한다.

탐구적 창의성 (Exploratory Creativity)	이미 존재하는 창의적 영역에서 새롭고 가치 있는 사례를 생성하는 것 예) 헤비메탈 음악의 모든 부분에서 새롭고 흥미로운 사운드를 찾을 수 있는가?
조합적 창의성 (Combinatorial Creativity)	창의적인 영역을 새로운 방식으로 결합시키는 것 예) 카메라 기능을 갖춘 휴대전화, 개념적 융합과 은유
변형적 창의성 (Transformational Creativity)	창의적인 영역 자체가 수정되는 경우에 발생 예) 새로운 예술, 음악, 패션 스타일을 만드는 것과 같이 이전에 상상하지 못한 　 창의적인 영역을 만드는 것

전자의 두 개념은 계산적인 방법을 통해 자동화될 수 있었으며, 많은 예시가 존재한다. 세 번째 유형은 복잡하고 드물며, 변형적 창의성이 발현되거나 인식되기 위한 조건은 현재의 계산적 창의성 개념을 벗어난다.

이 외에도 생성적 창의성(Generative Creativity)과 적응적 창의성(Adaptive Creativity)으로 대안적인 구분[13]을 할 수 있다. 생성적 창의성은 실제로 인간의 행동 범위를 크게 넘어서며, 새로운 것이 탄생하는 어떠한 과정이든 포함한다. 예를 들어, 자연 진화는 근본적으로 창조적인 힘이지만 그 본질은 생성적이다. 적응적 창의성은 더 일반적인 의미로, 의도적인 인지적 행동으로 행위자의 상황을 개선하는 창의성을 말한다. 즉, 이는 개인이 특정 상황에서 문제를 해결하거나 목표를 달성하기 위해 창의적으로 행동하는 것을 의미한다. 한편, 생성적 창의성은 전체적으로 창의적 제품에 명확한 가치가 없는 예술이나 음악의 움직임과 같이 사회적 수준에서 발생하는 인간적 과정을 지칭하는데, 이러한 과정에서는 창조물의 전체적 가치가 명확하게 드러나지 않는 경우가 많다. 예를 들어 예술이나 음악 분야에서 전체적으로 창의적 결과물에 대한 가치가 없는 경우가 많은데, 이러한 것들은 생성적이라고 한다. 따라서 창의적인 결과물은 생성적 및 적응적 창의 과정의 조합으로 간주될 수 있다.

3. 음악적 메타창의성의 정의

이러한 기본 개념이 마련되면, 음악 관련 창조적 작업을 다루는 계산적 창의성의 하위 분야로서 음악적 메타창의성을 정의할 수 있다. (앞으로의 내용에서 '음악'은 음향 디자인, 음향

---

13) Oliver Bown, "Generative and adaptive creativity: A unified approach to creativity in nature, humans and machines", *Computers and Creativity*, (Germany: Springer, Berlin, 2012), 361-381.

합성 및 소리 관련 개념을 포함한 조직된 소리의 포괄적인 의미로 서술한다.)

컴퓨터 음악 및 관련 분야는 음악과 관련된 다양한 문제를 다루며 음악 지각, 음악 인식, 음악 분류, 음악 표현 및 음악 인지를 포함한다. 그러나 MuMe는 그만의 구체적인 차원을 가지고 있으며 이는 다음 하위 섹션에서 제시된다.

1) 시스템의 영역과 다루는 문제

음악은 구조화된 성격 때문에 소리 디자인, 스리 합성 및 소리와 관련된 다양한 개념을 포함한 포괄적인 의미에서 사용된다[14].

음악적 메타창의성은 이러한 기본 개념을 바탕으로 음악과 관련된 창의적 작업을 다루는 계산적 창의성의 하위 분야로 정의할 수 있다. 컴퓨터 음악 및 관련 분야는 음악 지각, 음악 인식, 음악 분류, 음악 표현 및 음악 인지와 관련된 다양한 문제를 다루지만 MuMe는 다음 하 위 섹션에서 제시된 특정한 차원을 갖고 있다. MuMe시스템이 다루는 문제의 다양성은 이 글에서 모두 다루기에는 너무 많지만 일반적인, 전통적 문제들을 중심으로 그룹화할 수 있으며 그 내용은 다음과 같다:

작곡(Composition), 해석(Interpretation), 즉흥 연주(Improvisation), 반주(Accompaniment)

— 작곡: 시스템은 알고리즘 수단을 통해 또는 기존 작곡 자료에서 파생된 지식을 사용하여 새로운 음악 작곡을 생성해야 한다. 결과물은 MIDI 형식이나 다른 기보법으로 표현된 악보일 수 있으며 패턴, 부분, 작품 또는 음악 작품 모음 등이 될 수 있다.

— 해석: 주어진 작품을 해석하는 것은 작품을 음원으로 재현하는 것이다. 연주자나 오케스트라가 악보를 통해 공연하는 경우를 일반적인 예로 들 수 있다.

— 즉흥 연주: 새로운 음악 소재를 창조하고 실시간으로 연주하는 것은 그룹 안에서 다양한 정도로, 주로 순간적으로 이루어진다. 물론 이것이 미리 준비되거나 리허설이

---

14) David Damschroder and David Williams, *Music Theory from Zarlino to Schenker: A Bibliography and Guide (No. 4)* (United States: Pendragon Press, 1990); Stephen A. Hedges, "Dice music in the eighteenth century", *Music & Letters* (1978), 180-187; John Sloboda, Generative Processes in Music: The Psychology of Performance, Improvisation, and Composition (UK : Clarendon Press, 1988); Giuseppe Englert, "Automated composition and composer automation", The Music Machine, C. Roads (Ed.), (United States: MIT Press, Cambridge, MA, 1989), 131-142; Alan Dorin, "Generative processes and the electronic arts", *Organised Sound 6/1*, (2001): 47-53; Gerhard Nierhaus, *Algorithmic Composition: Paradigms of Automated Music Generation* (Germany: Springer Science & Business Media, 2009); Michael Edwards, "Algorithmic composition: computational thinking in music," *Communications of the ACM* 54/7 (2011), 58-67.

이루어질 수도 있지만, 즉흥 연주가 실시간으로 이루어진다고 가정한다.

— 반주: 하나 이상의 음악 부분(예: 가락, 화성 진행, 리듬 반주)이 주어지며, 다른 부분은 작곡되거나 해석되어야 한다.

또한 MuMe 커뮤니티에서는 이러한 전통적인 음악 작업 외에도 특정 작업과 문제가 개발되었다. 이러한 작업 또는 하위 문제의 예로는 스타일 모방(style imitation)이 있다.[15] 스타일 모방은 주어진 스타일 S를 대표하는 코퍼스 C(corpus C)= {C1, ⋯ Cn}가 주어졌을 때 중립적인 관찰자가 새로운 사례를 S에 속한다고 분류할 것으로 예상되는 것을 생성하는 작업이다. 즉, 특정 음악 스타일을 대표하는 데이터 집합이 주어졌을 때 중립적인 관찰자가(일반적으로 여러 사람들) 새로운 인스턴스를 해당 스타일에 속한다고 분류할 수 있도록 생성하는 작업이자, 주어진 음악 스타일을 잘 대표하는 새로운 음악을 만들어내는 과정이다. 또 다른 예는 파쳇의 스타일 모방 작업을 통해 제시된 연속성이다. 이는 음악가가 연주하거나 즉흥 연주를 하면, 음악가가 멈춘 후 시스템이 이를 이어받아 연주를 계속하는 것을 말한다.[16]

위에서 소개한 기본 문제와 작업은 여러 하위 문제와 하위 도메인으로 세분화할 수 있으며, 각 MuMe 시스템에는 고유한 도메인과 작업이 있다. 예를 들어 시스템은 다음의 생성을 제어할 수 있다:

화성 진행(Harmonic progressions)[17], 리듬 생성(Rhythm generation)[18],

가락 생성(Melodic generation)[19], 오케스트레이션(Orchestration)[20],

15) Sholmo Dubnov, Gerard Assayag, Olivier Lartillot, and Gill Bejerano, "Using machine-learning methods for musical style modeling", *Computer* 36/10 (2003), 73-80.

16) François Pachet, "The continuator: Musical interaction with style," Journal of New Music Research 32/3 (2003), 333-341.

17) 예: Arne Eigenfeldt and Philippe Pasquier, "Realtime generation of harmonic progressions using controlled Markov selection", In Proceedings of ICCC-X-Computational Creativity Conference (Portugal, 2010), 16-25. Raymond Whorley, Geraint Wiggins, Christophe Rhodes, and Marcus Pearce, "Development of techniques for the computational modelling of harmony," in Proceedings of the 1st International Conference on Computational Creativity, (Portugal, 2010).

18) 예: Arne Eigenfeldt, "Emergent rhythms through multi-agency in max/msp," Computer Music Modeling and Retrieval – Sense of Sounds, (Germany: Springer Berlin, 2008): 368-379. Parag Chordia and Alex Rae, "Tabla gyan: An artificial tabla Improviser," In Proceedings of the 1st International Conference on Computational Creativity, (2010).

19) 예: Greg Mickerman, Sam Bosley, Peter Swire, and Robert Keller, "Learning to create jazz melodies using deep belief nets," In Proceedings of the 1st International Conference on Computational Creativity. (Portugal, 2010). Avneesh Sarwate and Rebecca Fiebrink, "Expansion on description-based design of melodies," In Proceedings of the 9th Artificial Intelligence and Interactive Digital Entertainment Conference. (2013).

20) 예: Eliot Handelman, Andie Sigler, and David Donna, "Automatic orchestration for automatic composition," In Pro- ceedings of

화성화(Harmonization)[21], 정동적 해석(Affective interpretation)[22],
정동적 작곡(Affective composition)[23], 자동 혼합(Automatic mixing)[24],
사운드스케이프 작곡(Soundscape composition)[25]

이렇게 함으로써 어떤 시스템은 단순한 패턴, 프레이즈 또는 시퀀스를 생성하고, 다른 시스템은 음악 구성 요소의 모든 측면을 포함하여 완전한 작품을 생성한다. 이러한 시스템 중 일부는 음악 작업 뿐만 아니라 영화, 설치 예술[26], 게임[27]을 위한 음악을 생성하는 다학제 또는 멀티미디어적 성격을 띨 수 있다.

　　MuMe 시스템의 지속적인 문제 중 하나는 음악가나 사용자와 시스템 간의 창조적 상호작용을 명시하는 문제이다. 메타창의적 음악 인터페이스에 대한 연구는 NIME(New Interfaces for Musical Expression) 커뮤니티 내에서의 음악 인터페이스 연구를 기반으로 한다. 시스템의 자율성에 관한 질문 및 그 중 상호작용과 관련된 부분은 아래에서 논의할 것이다.

---

the AIIDE 2012 Workshop on Musical Metacreation (2012), 43-48.

21) 예: François Pachet and Pierre Roy, "Musical harmonization with constraints: A survey," Constraints 6/1 (2001), 7-19. François Pachet and Pierre Roy, "Non-conformant harmonization: The real book in the style of take 6," In Proceedings of the International Conference on Computational Creativity (2014).

22) 예: Alexis Kirke and Eduardo Miranda, "A survey of computer systems for expressive music performance," ACM Computing Surveys, 42/1 (2009), 3.

23) 예: David Birchfield, "Generative model for the creation of musical emotion, meaning, and form," In Proceedings of the 2003 ACM SIGMM Workshop on Experiential Telepresence (2003), 99-104. Isaac Wallis, Todd Ingalls, Ellen Campana, and Janel Goodman, "A rule-based generative music system controlled by desired valence and arousal," In Proceedings of 8th International Sound and Music Computing Conference, (2011).

24) 예: Joshua Reiss and Enrique Perez Gonzalez, "An automatic maximum gain normalization technique with applications to audio mixing," In Proceedings of the Audio Engineering Society Convention 124, Audio Engineering Society, (2008). Joshua Reiss, "Intelligent systems for mixing multichannel audio," In Proceedings of the 17th International Conference on Digital Signal Processing(DSP) (2011), 1-6.

25) 예: Arne Eigenfeldt and Philippe Pasquier, "Negotiated content: Generative soundscape composition by autonomous musical agents in coming together: Freesound," In Proceedings of the 2nd International Conference on Computational Creativity (Mexico, 2011), 27-32; Miles Thorogood, Philippe Pasquier, and Arne Eigenfeldt, "Audio metaphor: Audio information retrieval for soundscape composition," Sound and Music Computing Conference, Copenhagen. Barry Truax (1980); "The inverse relation between generality and strength in computer music programs," Journal of New Music Research 9/1, (2012), 49-57.

26) 예: Margaret Schedel, Alison Rootberg, "Generative techniques in hypermedia performance," Contemporary Music 28 (2009); Arne Eigenfeldt, Miles Thorogood, Jim Bizzocchi, and Philippe Pasquier, "MediaScape: Towards a video, music, and sound metacreation," CITAR Journal 6/1, Review 28/1 (2014), 57-73.

27) Karen Collins, *Game Sound: An Introduction to the History, Theory and Practice of Video Game Music and Sound Design* (United States: MIT Press, 2008); Daniel Brown, "Mezzo: An adaptive, real-time composition program for game soundtracks," in *Proceedings of the AIIDE 2012 Workshop on Musical Metacreation* (2012), 68-72.

2) 시스템의 자율성 수준

MuMe 소프트웨어는 자율성이 없는 시스템에서 완전히 자율적인 시스템까지 두 극단 사이에서 연속적으로 분류될 수 있다. 스펙트럼의 한쪽 끝에는 자동화나 자율성이 없거나 매우 적은 시스템이 있으며, 디지털 오디오 워크스테이션(DAW)을 예로 들 수 있다. 전형적인 DAW는 역사적으로 음악 작업을 위한 시스템이며, 인간의 개입이 필요했다. 그러나 현대의 DAW 중 일부는 사용자를 위해 몇 가지 작업을 자동화하여 사용자가 창작하는 것을 돕는 기능도 포함하고 있으며, 이러한 작업에는 자동 리듬 정렬이나 오디오 전사와 같은 작업이 포함된다.

다른 한편, 완전히 생성적인 시스템도 있다. 사용자는 시스템을 실행하고(필요한 경우 구성도 가능), 그 시스템이 특정한 음악 작업을 자동으로 수행하게 한다. 예를 들어, 에미(EMI)[28]와 같은 시스템이 있다. 또한 순수하게 생성적인 시스템이어도 상호 작용을 할 수 있다. 보야저(Voyager)[29]와 같은 시스템이 이에 해당한다. 이러한 연속체 사이에는 컴퓨터 지원 창의성 도구와 같은 다양한 중간 단계도 있으며, 이러한 도구들은 컴퓨터 지원 작곡 도구[30]와 같은 창의성을 지원한다.

시스템의 자율성[31]은 자체적으로 작업을 수행하는 능력과 자기 주도적으로 방향을 설정하는 능력, 즉 자기주도성의 수준에 따라 정의되며, 이러한 차원 사이의 균형은 MuMe 시스템의 다양성의 주요 이유 중 하나이다. MuMe 시스템을 이러한 차원에 따라 완전한 분류 체계로 나누기 위한 분류법은 아직 확립되지 않았지만, 일부 제안도 이미 존재한다.[32]

이러한 문제는 계산적 창의성 커뮤니티에서도 논의되며, 일부는 단순히 생성적인 시

---

28) David Cope, "Experiments in Musical Intelligence," *Madison*, 12, (United States: WI, AR editions, 1996).

29) George Lewis, "Too many notes: Computers, complexity and culture in voyager," *Leonardo Music Journal* 10 (2000), 33-39.

30) 예: Barry Truax, "The PODX system: Interactive compositional software for the DMX-1000," *Computer Music Journal* (1985), 29-38; David Cope, "The composer underscoring environment: Cue," Computer Music Journal 21/3 (1997), 20-37; Gérard Assayag, Camilo Rueda, Mikael Laurson, Carlos Agon, and Olivier Delerue, "Computer-assisted composition at IRCAM: From patchwork to openmusic," *Computer Music Journal* 23/3 (1999), 59-72; James B. Maxwell, Arne Eigenfeldt, and Philippe Pasquier, "MANUSCORE: Music notation-based computer-assisted composition," in *Proceedings of the International Computer Music Conference* (2012), 357-364.

31) Jeffrey Bradshaw, Robert Hoffman, David Woods, and Matthew Johnson, "The seven deadly myths of "autonomous systems"," *IEEE Intelligent Systems* 3 (2013), 54-61.

32) Arne Eigenfeldt, Oliver Bown, Philippe Pasquier, and Aengus Martin, "Towards a taxonomy of musical metacreation: Reflections on the first musical metacreation weekend," in *Proceedings of the Artificial Intelligence and Interactive Digital Entertainment (AIIDE'13) Conference*, (United States: Boston, MA, 2013).

스템, 피드백이 있는 생성적인 시스템 및 생성적이고 반성적인 시스템을 구분하기도 한다.[33)] 이와 관련하여 AI 커뮤니티에서도 다양한 자율성 및 지능 차원을 고려하여 반응형 에이전트에서 인지형 에이전트까지 다양한 유형의 에이전트를 정의하는 데 관한 논의가 여전히 진행 중이다.[34)]

3) 시스템 속 '지식'의 출처

초기 알고리즘 작곡 시스템[35)]은 음악 생성 전에 사용자가 다양한 매개변수에 값을 할당해야 했으며, 따라서 사용자의 음악적 지식 또는 미학적 판단에 의존했다. 최신 시스템[36)]은 음악 작품이나 제공된 음악작품, 혹은 발췌 자료에서 이러한 지식을 추출했다. 따라서 우리는 음악적 정보를 입력으로 받지 않고, 음악 작품이나 음악 발췌본에 노출되지 않은 상태에서 출력을 생성하는 비문헌 기반 시스템과 음악 정보를 이미 가지고 있으며 이를 기호 표기나 오디오 데이터를 통해 획득한 문헌 기반 시스템 사이에 구분을 두게 된다. 문헌 기반 시스템은 음악에 노출된 데이터를 활용하여 작곡을 하거나 음악을 생성한다.

4) 시스템 입·출력의 특성

이러한 입력과 출력은 다양한 유형을 가지고 있다.

— 기호형(Symbolic): 대부분의 MuMe 시스템은 이산적이고 상징적인 형태의 입·출력을 사용한다. 이러한 형태로는 악보, 미디(MIDI), 혹은 미디 파일 등이 있다. 예를 들면 코프(David Cope)의 에미(EMI; 미디 파일 입력 및 출력), 루이스(George Lewis)의 보이저(Voyager; 미디 입력 및 출력) 및 키네틱 엔진(Kinetic Engine; 입력 없음, 미디 출력)[37)] 등이 있다.

— 오디오형(Audio): 일부 시스템은 오디오 신호를 입력으로 사용하거나 직접 오디오를 생성한다. 예를 들면 영(Michael Young)의 piano_prosthesis 및 oboe_

33) Kat Agres, Jamie Forth, and Geraint Wiggins, "Evaluation of musical creativity and musical metacreation systems," *ACM Computers Comput. In Entertainment, Special Issue: Musical Metacreation*, 14/2 (2016).

34) Michael Wooldridge, *An Introduction to Multiagent Systems* (United States: Wiley, 2009).

35) 예: Gottfried Koenig, "Aesthetic integration of computer-composed scores," *Computer Music Journal* 7/4 (1983), 27-32

36) David Cope. "Experiments in Musical Intelligence," *Madison* 12, (United States: WI, AR editions, 1996).

37) Arne Eigenfeldt, "Emergent rhythms through multi-agency in max/msp. Computer Music Modeling and Retrieval – Sense of Sounds," (Germany: Springer Berlin, 2008), 368-379.

prosthesis(2008)[38)39)] 또는 Audio Metaphor 사운드스케이프 생성 시스템[40)41)] 등이 있다.

— 혼합형(Hybrid): 일부 시스템은 두 종류의 입력과 출력을 모두 사용한다. 예를 들면 소니(Sony)의 Continuator[42)43)] 및 UCSD/IRCAM의 Audio Oracle[44)45)] 등이 있다. 또한 이러한 입·출력은 직접적으로 음악적인 표현이 아닌 특정한 표현일 수 있음에 유의해야 한다. 예를 들어, 악기용 프리셋 또는 사운드 제작 프로그램을 생성하거나[46)], 신디사이저 구조[47)]를 생성하는 시스템도 있다.

---

38) [역주] piano_prosthesis와 oboe_prosthesis는 피아노와 오보에와 같은 악기에 통합된 보조 장치를 사용하여 음악가가 신체적 한계를 넘어 연주할 수 있게 해주며, 음악가의 능력을 보완하고 확장하기 위해 고안된 시스템이다. 이 보조 장치는 더 복잡하거나 일반적으로 연주할 수 없는 곡을 연주할 수 있게 하여, 음악가가 악기와 상호작용하는 능력을 효과적으로 향상시킬 수 있다.

39) Michael Young, "NN music: Improvising with a 'living' computer. Computer Music Modeling and Retrieval - Sense of Sounds," (Germany: Springer Berlin, 2008), 337-350.

40) [역주] Audio Metaphor 사운드스케이프 생성 시스템은 은유적 설명을 기반으로 몰입형 사운드스케이프를 만드는 시스템이다. 이 시스템은 소리 데이터베이스와 설명적 용어(은유)를 해당 오디오 요소에 매핑하는 알고리즘을 사용한다. 사용자가 제공한 은유적 언어를 해석하여 시스템은 가상 현실, 게임, 멀티미디어 제작 등 분야에서 경험을 향상시키는 적절한 사운드스케이프를 생성한다.

41) Miles Thorogood, Philippe Pasquier, and Arne Eigenfeldt, "Audio metaphor: Audio information retrieval for sound scape composition," *Sound and Music Computing Conference* (Denmark: Copenhagen, 2012).

42) [역주] Continuator는 스타일 모방과 자동 반주를 목표로 하는 음악 생성 시스템이다. 이 시스템은 사용자가 연주하거나 즉흥 연주를 하면, 그 스타일을 학습하여 사용자와 유사한 방식으로 연주를 계속한다. Continuator는 실시간으로 반주를 생성하며, 음악가와의 상호작용을 통해 창의적인 음악 창작 과정을 돕는다.

43) François Pachet, "The continuator: Musical interaction with style," *Journal of New Music Research* 32/3 (2003), 333-341.

44) [역주] Audio Oracle은 음악 구조 분석과 생성에 사용되는 알고리즘이다. 이 시스템은 음악적 데이터의 패턴을 학습하고, 이러한 패턴을 기반으로 새로운 음악적 자료를 생성할 수 있다. 음악 데이터베이스를 탐색하고, 특정 음악 스타일이나 구조를 기반으로 한 새로운 음악을 만들어내는 데 사용되며, 음악 분석 및 생성 도구로서 음악 연구 및 창작 과정에서 유용하게 활용 가능하다.

45) Sholmo Dubnov, Gerard Assayag, Oliver Lartillot, and Gill Bejerano, "Using machine-learning methods for musical style modeling," Computer 36/10 (2003), 73-80.

46) Ricardo A. Garcia. "Automatic Generation of Sound Synthesis Techniques," (Ph.D Diss., United States: MIT, 2001); Matthieu Macret and Philippe Pasquier, "Automatic design of sound synthesizers as pure data patches using coevolutionary mixed-typed Cartesian genetic programming," in *Proceedings of the Conference in Genetic and Evolutionary Computation (GECCO-2014)* (Canada: ACM Press, 2014), 309-316.

47) Matthew J. Yee-King, "Automatic sound synthesizer programming: Techniques and applications," (Ph.D Diss., University of Sussex, 2011).

5) 시스템과 시간의 관계

MuMe 시스템은 시간에 따라, 그리고 작동하는 방식에 따라 구분된다.

— 온라인 방식(Online): 음악은 공연 중에 실시간으로 생성된다. 이러한 시스템은 실시간 입력에 반응하거나 어떤 방식으로 상호 작용할 수 있으며, 순수하게 생성적일 수도 있다.

— 오프라인 방식(Offline): 생성 자체는 실제 시간보다 빠르거나 느릴 수 있지만, 실제 생성은 실시간으로 이루어지지 않는다. 온라인이며 입력 및 출력을 모두 사용하는 시스템의 한 유형은 음악 에이전트이다. 음악 에이전트의 분야는 매우 동적이며, 단일 및 다중 에이전트 구조의 다양한 탐색이 진행되고 있다.[48]

6) 시스템의 일반성

MuMe 시스템의 성격과 관련하여 고려해야 할 다른 측면은 특수성과 일반성 사이의 연속성이다. 많은 MuMe 시스템은 음악가나 작곡가에 의해 만들어지며 예술적 목적을 가지고 있으므로, 어떤 수준에서는 의도적이든 그렇지 않든 디자이너의 미적 감각을 어느 정도 반영할 것이다. 이러한 시스템은 주로 동일한 작품의 다양한 변형을 생성하는 데 중점을 두며, 각 실행마다 완전히 새로운 결과물을 생성하는 대신 동일한 작품을 변형하는 경향이 있다. 이러한 특수성은 특별한 경우에 음악의 성공을 촉진할 수 있는데, 이 맥락에서는 일반성보다 특수성이 늘어나는 것이 적절할 수 있다.[49] 반면 일부 시스템은 일반적이다. 예를 들어, 문헌

---

48) 예: Rodolfo Wulfhorst, Luciano Flores, Lauro Nakayama, Cecilia Flores, Luis Otavio, Campos Alvares, and Rosa Viccari, "An open architecture for a musical multi-agent system," in *Proceedings of Brazilian Symposium on Computer Music* (2001); Palle Dahlstedt, Peter McBurney, "Musical agents: Toward computer-aided music composition using autonomous software agents," *Leonardo* 39/5, (2006), 469-470; David Murray-Rust, Alan Smaill, and Michael Edwards. "MAMA: An architecture for interactive musical agents," *Frontiers in Artificial Intelligence and Applications* 141/36 (2006); Peter Beyls, "Interaction and self-organisation in a society of musical agents," in *Proceedings of ECAL 2007 Workshop on Music and Artificial Life* (MusicAL 2007); Arne Eigenfeldt, "Emergent rhythms through multi-agency in max/msp. Computer Music Modeling and Retrieval – Sense of Sounds," (Germany: Springer Berlin, 2008), 368-379; Nick Collins, "Reinforcement learning for live musical agents," in *Proceedings of the International Computer Music Conference*, Belfast (2008a); Ian Whalley, "Software agents in music and sound research/creative work," *Organised Sound* 14 (2009), 156-167; Arne Eigenfeldt, Philippe Pasquier, "Negotiated content: Generative soundscape composition by autonomous musical agents in coming together: Freesound,.", in *Proceedings of the 2nd International Conference on Computational Creativity (Mexico City)* (2011), 27-32; Aengus Martin, Craig Jin, and Oliver Bown, "A toolkit for designing interactive musical agents…," in *Proceedings of the 23rd Australian Computer-Human Interaction Conference* (2011), 194-197.

49) Barry Truax, "The inverse relation between generality and strength in computer music programs," *Journal of New Music Research* 9/1, (1980), 49-57.

기반 스타일 모방 시스템(corpus based style-imitation systems)[50]-코퍼스(문서 집합)를 활용하여 새로운 음악을 생성하거나 특정 스타일의 음악을 모방하는 시스템-은 코퍼스 안에 있는 음악 정보만을 활용하여 새로운 음악을 생성하며, 이로써 미학적 중립성을 가질 수 있는 잠재력을 갖게 된다. 이러한 연속체 상에서 다양한 수준에서 적용될 수 있는 일반성을 가지게 되며, 특정 음악 지식을 다양한 수준의 상세한 특징 또는 세분화된 정보로 인코딩하거나 휴리스틱(heuristic)[51]을 사용하는 시스템도 있다.

　　일반성의 이러한 연속성은 순수한 예술 작품에서 순수한 과학적 작품까지 가능한 혼합과 조합을 거치며, MuMe 커뮤니티에도 반영되고 있다.

7) 시스템의 내부 작동

위에서 언급한 접근 방식의 다양성으로 인해, 시스템의 내부 동작은 휴리스틱 및 임시 접근법과 알고리즘으로 가득한 어수선한 구어체 코드에서부터 재현 가능하고 잘 설명된 알고리즘을 적용하는 것까지 다양하다. 니어하우스(Gerhard Nierhaus)에 의하면 음악 작곡에 대한 주요 알고리즘 접근 방식을 단순히 나열하기 위해서는 전체 책 한 권이 필요하다.[52] 일반적으로 음악 작업을 위해 생각할 수 있는 모든 프로세스나 알고리즘은 인공지능, 기계 학습, 인공 생명[53], 패턴 인식, 최적화, 또는 일반적인 컴퓨터 과학과 알고리즘 분야 등 다양한 분야에서 시도되었다. MuMe 연구자, 실무자와 애호가들이 전 세계적으로 간단한 무작위성과 기본 확률 이론부터 가장 복잡한 딥 러닝 알고리즘이나 인지 에이전트 구조까지 다양한 방법을 탐구하거나 탐색하고 있다.

---

50) 예: Darrell Conklin, "Music generation from statistical models," in *Proceedings of the AISB 2003 Symposium on Artificial Intelligence and Creativity in the Arts and Sciences* (Aberystwyth, Wales), (2003), 30-35.

51) [역주] 휴리스틱은 상황에 따라서 학습되거나 발전된 지식을 활용해 문제를 해결하거나 판단하는 방식으로, 문제에 대한 빠르고 효율적인 해결책을 찾기 위해 하나 이상의 방법을 사용하는 것을 의미한다.

52) Gerhard Nierhaus, "Algorithmic Composition: Paradigms of Automated Music Generation," (Germany: Springer Science & Business Media, 2009).

53) [역주] 인공생명(Alife)은 컴퓨터 모델을 사용하여 생명과 유사한 과정을 연구하고 시뮬레이션하는 것을 의미하며, 간단한 규칙과 상호 작용에서 관찰되는 것 및 유사한 복잡한 행동과 패턴이 어떻게 발생하는지 등을 탐구한다.

4. MuMe 시스템의 평가

MuMe 시스템은 음악적 창의성을 탐구하기 때문에 원칙적으로는 인간이 수행하는 작업과 유사한 방식으로 평가할 수 있다. 그러므로 MuMe 출력물의 평가는 다음과 같은 방법으로 이루어질 수 있다:

(1) 저자: MuMe 시스템을 개발한 예술가, 디자이너, 컴퓨터 과학자 및 창조자들은 일반적으로 시스템의 성과를 판단하는 첫 번째 주체이다.

(2) 사용자, 동료 및 전문가: 다른 작곡가, 음악가, 사운드 디자이너 및 연구자 등을 포함한 시스템을 사용하고 비평적 피드백을 제공하는 사람들의 평가도 중요하다.

(3) 관중: 많은 창작 작업은 대규모 관중을 대상으로 한다. 특정 시스템의 출력물의 인기는 공연 티켓 매출이나 음반 구매/다운로드와 같은 직접적인 방법으로 측정할 수 있다.

(4) 언론 및 미디어: 평론가, 기자, 공연 리뷰 및 음반 리뷰 등에서 나타나는 관심도 평가 지표로 사용될 수 있다.

(5) 피어 리뷰어, 큐레이터 및 심사위원: 시스템의 평가는 학술 논문의 피어 리뷰, 학술 콘서트/페스티벌 참여, 학술 연구 지원금 수여 등을 통해 이루어질 수 있다.

(6) 이론적 및 분석적 측정: 시스템의 과정을 설명하는 학술 논문의 동료 평가를 통해 이론적 및 분석적 측정을 할 수 있다.

(7) 경험적 연구: 시스템의 출력물에 대한 특정 질적 또는 양적 사용자/관객 연구를 평가 지표로 사용할 수 있다.

MuMe는 과학적 조사, 예술적 조사 또는 그 두 가지를 동시에 다루는 영역이다. 위에서 언급한 다양한 종류의 평가 방법은 이 두 가지 스펙트럼을 모두 고려하며, 평가 방법을 선택할 때에는 저자의 의도에 따라 적절한 방법을 선택해야 한다. 각각의 경우에 다른 방법이 적용되지만, 작업의 목표와 결과에 대한 엄격함과 명확함이 모두 필요하다.

특히 (4)와 같은 몇 가지 경우에서는 평가를 신중하게 실시해야 하는데, 가령 평가가 프로젝트 뒤에 있는 흥미로운 아이디어 때문에 비평가들을 감동시켰는지, 아니면 시스템 출력물 고유의 품질 때문인지 확인해야 한다.

예술 작품의 평가는 어려운 작업이며 미학이라는 복잡하고 주관적인 개념을 다룬다.[54] 그러나 MuMe 시스템에 대한 다음 측면을 평가할 수 있다.

> 품질(Quality), 창의성(Creativity), 개연성(Believability), 복잡성(Complexity),
> 견고성(Robustness), 신뢰성(Reliability)

- 품질: 시스템은 설정한 작업을 수행하는가? 그 작업을 얼마나 잘 수행했는가? 시스템은 해당 작업에서 인간과 경쟁할 만큼 우수한가?
- 창의성: 시스템은 창의성을 나타내고 있는가? 어떤 유형의 창의성인가? 시스템은 인간과 어떻게 비교되는가?
- 개연성: 일부 연구 프로젝트의 경우 구현된 프로세스가 인간의 행동을 모방하거나 자연적 에이전트의 계산 모델을 시뮬레이션하는 것이 목표이다. 시스템은 이러한 모방을 얼마나 성공적으로 수행했는가?
- 복잡성: 시스템의 알고리즘 속성은 종종 관심의 대상이 된다. 창의적 작업은 어떤 수준의 복잡성으로 정의되는가?
- 견고성: 시스템은 모든 입력에 대해 안정적으로 작동할 수 있는가, 아니면 작은 입력 데이터 집합에 반응하도록 의도되었는가?
- 신뢰성: 시스템은 입력과 상관없이 독립적으로 신뢰할 수 있는 출력 품질을 제공할 수 있는가? 시스템의 출력이 신중하게 선택되었는가?

1) 평가의 이론적 측면

이론적으로 평가가 어려운 데에는 여러 가지 이유가 있다. 예술적인 창작 작업은 주로 객관적인 기준으로 측정하기 어려운 영역, 즉 최적성 개념이 없는[55] 문제들을 다루기 때문이다. 이로 인해 컴퓨터 과학과 AI의 시스템 평가에 사용되는 대부분의 측정 방법이 적용되지 않는다. 예를 들어, 멜로디 생성 시스템은 "가장 좋은 멜로디"와 같은 것이 존재하지 않기 때문에 합리적인 문제 해결에서 사용되는 전형적인 방법으로 평가할 수 없다.

또한, 특정 작업에 대한 시스템을 평가하기 위해 인간 주체가 개입할 때 주관적이고 문

---

54) George Dickie, "Evaluating art," *The British Journal of Aesthetics* 25/1, (1985): 3-16.
55) [역주] 최적성의 개념이 없다는 것은 특정 맥락에서 최상의 또는 가장 효율적인 결과나 해결책을 얻는 것에 대한 개념이 없음을 의미하며, 이는 대상 시스템이나 과정이 최상의 결과를 우선하거나 목표로 삼지 않는다는 것을 시사한다.

화적인 인상과 판단이 추가된다. 시스템을 평가하거나 음악 작품을 해석할 때 개인의 주관적인 인식이나 문화적 배경에 따라 평가가 달라질 수 있으며, 작품이 제시될 때 어떻게 구성되어 있는지도 중요한 영향을 미칠 수 있다.[56] 예를 들어 살가닉은 음악 평가에서 승자 도출 효과에 대한 실험적 증거를 제시했다.[57] 그들은 음악 조각들의 전반적인 평가 점수를 다른 사람들이 볼 수 있는 경우와 그렇지 않은 경우를 비교하여 후자에서 더 극단적인 승자와 패자가 나온다는 것을 보였다. 컴퓨터 창의성 분야에서는 심사위원이 음악 메타창의성에 편견을 가질 수 있다는 연구 결과도 있다.[58]

사실 평가를 온도 측정과 같이 단순한 측정으로 간주하는 것은 비효율적일 수 있다. 예술이나 음악 작품을 경험하는 사람은 단일한 판단을 내리는 것이 아니라 복잡하고 다양한 관점으로 그 작품을 인식하게 되며, 이러한 관점은 시간과 맥락에 따라 다양하게 나타날 수 있다. 이 상호작용을 숫자로 이루어진 등급으로 축소하여 표기하는 것이 의미 있는지 의문이 제기되고 있으며, 다양한 연구 도구의 적절성에 대한 논쟁은 여전히 활발하게 진행 중이다.[59]

2) 평가의 실용적 측면

마지막으로 MuMe 시스템의 평가는 여러 가지 현실적인 이유 때문에 어려운 주제로 여겨진다. MuMe 시스템의 본질에 내재하거나 시스템의 성능에 복잡한 방식으로 영향을 주는 아래와 같은 실용적인 문제들을 고려해야 하며, 이들 문제는 평가를 더욱 어렵게 만든다:

— 코퍼스의 선택: 문헌 기반 시스템(corpus-based systems)의 경우, 학습에 사용할 음악을 선택하는 것이 시스템의 출력에 영향을 미친다. 이것은 리치가 정의한 "영감을 주는 집합(inspiring set)"이다.[60] 이 집합은 얼마나 크고, 얼마나 다양하거나, 조밀해야 하는가? 시스템이 한 집합에서 잘 수행되고 다른 집합에서는 그렇지 않으면, 이것은 결과가 프로그램에 내재된 것(programmed in)인지 컴퓨터 창의성에서 우려하는 부

56) John Charnley, Alison Pease, and Simon Colton, "On the notion of framing in computational creativity," in *Proceedings of the 3rd International Conference on Computational Creativity* (2012), 77-82.

57) Matthew Salganik, Peter Dodds, and Duncan Watts, "Experimental study of inequality and unpredictability in an artificial cultural market," *Science* 311, (2006), 854-856.

58) David Moffat and Martin Kelly, "An investigation into people's bias against computational creativity in music composition," *Assessment* 13/11 (2006).

59) Georgios Yannakakis and Héctor P. Martinez, "Ratings are Overrated!," *Frontiers in ICT*, 2 (2015).

60) Graeme Ritchie, "Some empirical criteria for attributing creativity to a computer program," *Minds and Machines* 17/1 (2007): 67-99.

분-, 아니면 그냥 사람들처럼 특정 작업을 하는 데 더 뛰어나기 때문인지 의문이 들 수 있다.

— 매개 변수의 선택: 대부분의 MuMe 시스템은 매개변수가 많이 있어서, 다양한 매개 변수 선택은 시스템의 성능을 여러 가지 측면에 크게 영향을 줄 수 있다. 이는 대부분의 복잡한 컴퓨터 시스템, 특히 기계 학습을 사용하는 시스템에서 흔한 문제이지만 이런 문제는 해결해야 할 작업이 객관적이지 않은 성격을 띠고 있어 더욱 심각해진다.

— 샘플 출력에서 평가되어야 하는 시스템: 생성 시스템은 무한히 많은 것을 생성할 수 있기 때문에(ad infinitum) 어떤 출력이든 테스트에 유효한가? 아니면 디자이너가 이 출력 중에서 선택해야 하는가? - 이것은 결과물을 "선택적으로 고르기(cherry-picking)"라고 볼 수 있으며, 이는 과학적인 관점에서 부정적으로 여겨질 수 있다. 그러나 어떤 형태의 선택도 없이 생성된 모든 작품의 각 사례를 공개적으로 제시하는 인간 예술가를 찾는 것은 어려울 것이다. 리치는 이러한 점과 위에서 언급한 두 가지 문제를 창조물의 전형성(typicality), 참신함(novelty) 및 품질(quality)을 평가하는 데에 어려움으로 지적했다.[61]

— 시스템의 다양한 사용 목적 고려: MuMe 시스템은 고립된 상태에서 존재하지 않으며, 특정 용도에는 잘 수행될 수 있지만 다른 용도에는 그렇지 않을 수 있다. 예를 들어, 온라인 리듬 생성 시스템은 작곡 프로그램의 맥락에서 영감을 주는 도구로 유용할 수 있지만, 실시간 라이브 연주의 맥락에서는 좋은 음악 대리자가 되지 못할 수 있다.

— 작업의 격리: 대부분의 음악 작업은 맥락과 상호 작용한다. 예를 들어, 작곡과 해석은 서로 종속적이다. 훌륭하게 만들어진 작품-인간이든 컴퓨터가 만든 것이든-은 표현력 없이 연주된다면 청중에게 불리하게 인식될 가능성이 높다. 대부분의 MuMe 시스템은 또한 연주를 포함하므로 청중은 작품을 연주와 분리할 수 있을 것인가?

이러한 어려움들로 인해 MuMe 시스템의 평가 방법론은 여전히 연구가 진행 중인 분야이다. 이러한 평가 전략은 특정한 연구 목표에 맞게 맞춰져야 하며, 매우 긍정주의적인 전략부터 인류학, 디자인 연구 방법 또는 비공식적인 토론과 깊은 고찰을 지원할 수 있는 연구

---

61) 위와 동일

도구로 발전해야 한다.

5. 추가적인 논의 사항

1) 생성(Generation) 대 창조(Creation): 저작권 문제

MuMe 내 실무자들의 명확한 목표는, 인간이 만든 창작물과 동등한 창의성을 가진 음악 자료를 생성하는 것이다. 컴퓨터를 포함한 다양한 방식의 시스템이 예술적 자료를 생성하는 것에 관한 개념은 수 세기에 걸쳐 계속적으로 논의되어 왔다. 갤런터가 주장한 것처럼[62], 체계적인 예술 생성은 예술 자체만큼 오래되었다. 생성 예술은 컴퓨터를 사용하지 않아도 가능하지만, 지난 50년 동안 디지털 도구의 보급으로 인해 생성 기술을 사용한 예술과 음악이 크게 증가했다. 동시에 계산 시스템의 성능이 좋아지면서 기계가 완전한 작품을 생성할 수 있는 지점에 도달했다. 그러나 여기서 질문해야 할 것은 '시스템의 출력이 디자이너의 것이 아닌 기계의 것으로 간주되는 시점이 어디인지'이다. 이에 대해 물을 때, 창의성과 관련된 모든 행위에는 협력적이고 사회적인 네트워크적인 요소가 포함되며, 창의성을 평가할 때 한 명의 특정한 주체에게만 창의성을 한정시키지 말아야 한다는 점을 명심해야 한다.[63] 음악 창작자에게 제공되는 생성 시스템의 한 가지 이점은 설계된 과정의 다양한 출력물을 탐색할 수 있는 능력이다. 여기에서 예술적 행위는 시스템의 설계 뿐만 아니라 그 출력물들을 선택하는 과정에서 발견될 수 있다. 이는 창의성에 대한 귀속을 혼란스럽게 만드는 복잡한 예이다. 시스템의 창의적 능력을 정확하게 파악할 수 없더라도, 디자이너와 인류학자들은 시스템에 대한 풍부한 설명을 작업 맥락에서 충분히 할 수 있다. 이는 시스템이 출력한 결과물을 분석할 때 중요하며, 프로세스를 관찰하고 평가하는 데도 상당한 역할을 수행한다. 이러한 작업은 창의성을 다각도로 이해하고 평가하는 데 도움을 줄 수 있을 것이다.[64]

2) 커뮤니티와 범위

---

62) Philip Galanter, "What is generative art? Complexity theory as a context for art theory," in *Proceedings of the 6th Generative Art Conference*. Milan. (2003).

63) Rob Saunders and Oliver Bown, "Computational social creativity," *Artificial Life* 21/3 (2015), 366-378.

64) Nick Collins, "The Analysis of Generative Music Programs," *Organised Sound*, 13 (2008b).

MuMe는 주로 시스템과 그들이 만드는 음악에 중점을 두었지만, 이 분야는 순수한 예술적 창작부터 순수한 과학적 연구, 인문학적 탐구까지 다양한 영역을 아우르는 광범위한 실천 영역을 다룬다. MuMe 시스템은 컴퓨터와 음악에 대한 지식을 필요로 하기 때문에 본질적으로 다학제적이며, 여러 분야를 효과적으로 통합해야하는 프로젝트들이 존재한다.[65] 예술과 과학 사이의 이분법은 계산적 창의성 커뮤니티에서 문제가 되는 경우도 있지만, 이러한 측면들을 서로 대립시키지 않고 서로 통합할 수 있는 다양한 방법들이 있다. 이러한 다학제적 분야의 지속적인 발전에는 예술과 과학에 모두에 대한 전문지식이 필요하며, 성공적인 시스템을 개발하기 위해 다양한 분야의 전문지식이 필요하다. 앞서 언급한대로 디자인은 디자이너적인 지식과 방식을 활용하여 이러한 전문지식 간의 중간다리 역할을 할 수 있다. 결국 이는 작품이 사람들에게 어떻게 경험되는지에 영향을 주는 중요한 영역 중 하나인 것이다. 마지막으로 MuMe는 생성적 음악 시스템의 설계, 개발 및 평가뿐만 아니라 음악 시스템에 관한 모든 논의나 연구에도 관심을 가지고 있으며, 이러한 논의와 연구는 음악학, 철학, 심리학, 신경학, 사회학, 인류학, 경제학, 수학, 의사소통학, 생태학, 생물학, 의학 등 다양한 영역에서 이루어질 수 있다. 이러한 다양한 커뮤니티와 광범위한 범위는 이 분야의 본질적인 특징이자 강점이다.

3) 로드맵과 기회

현재 우리는 협력적인 연구 커뮤니티를 구축하는 데 기여할 수 있는 몇 가지 주요 발전 가능성을 확인할 수 있다:

— 벤치마크 과제: 음악 정보 검색 커뮤니티4(The Music Information Retrieval community4)에서는 MIREX5[66]와 같은 대회를 통해 다양한 과제에 대한 알고리즘을 테스트하고 비교하고 있다. MuMe 커뮤니티도 이러한 대회에 참여하여 새로운 과제를 추가할 필요가 있다.

— 공유 데이터셋: 음악 정보 검색 커뮤니티처럼 MuMe 커뮤니티도 공통 데이터셋을 구축하고 공유해야 한다. 이러한 공유 데이터셋은 벤치마크 과제에 대한 진전을 가능하게 할 것이다.

---

65) National Academies, "Facilitating interdisciplinary research," (United States: The National Academies Press, 2004).

66) [역주] MIREX는 음악 정보 검색 평가 교환(Music Information Retrieval Evaluation eXchange)을 나타낸다. 이는 음악 정보 검색(MIR) 분야에서 다양한 알고리즘과 기술의 효과를 평가하고 비교하기 위한 연례적인 행사이며, MIREX는 연구자와 개발자들이 표준화된 데이터셋과 작업에 대한 평가를 받기 위해 알고리즘과 시스템을 제출할 수 있는 플랫폼을 제공한다.

— 시스템 배포와 접근성: MuMe 커뮤니티는 작곡가, 사운드 디자이너 및 과학자들로 이뤄진 다양한 집단이다. 이 다양성으로 인해 MuMe 시스템은 개별적 고유성을 가지고 있으나[67], 동시에 결과물의 공유와 재현에 어려움이 있다. 따라서 기존에 개발된 시스템을 공유하고 이 분야의 최고 알고리즘을 모아놓은 라이브러리를 구축하는 노력이 필요하다.

— 표준화와 상호 운용성: 위에서 언급한 다양성으로 인해 개발된 여러 시스템들은 일반적으로 서로 호환되지 않는 경우가 많다. 따라서 MuMe 인터페이스의 표준화가 필요하며, 협력적인 MuMe 시스템에 대한 표준을 정하는 노력이 진행 중이다.[68]

— 실제 응용 분야로의 적용: 현재의 시스템을 실제 산업 응용 분야에 도입할 수 있는 다양한 기회가 있다. 그럼에도 불구하고 현재까지 MuMe의 응용은 비디오 게임 산업이나 전자음악 제작 분야로 한정되어 있다. MuMe를 보다 명확하게 소개함으로써 산업과 더 활발한 협력을 도모할 수 있을 것이다.

— 커뮤니티 구조와 국제적 조직화: MuMe 실무자들은 예술, 학문, 산업 분야에서 활동하며 수백 명에서 수천 명까지 다양하다. 일부 통합 포럼이 존재하긴 하지만 이 분야를 위한 국제적 조직이 구성되어 커뮤니티를 더욱 효과적으로 구축하고 널리 알릴 수 있도록 하는 것이 도움이 될 것이다.

한편, 이 분야는 현재의 주요 기술 동향을 적극적으로 수용하고 이에 기여할 수 있는 위치에 있다. 이러한 기술 발전에는 대용량의 데이터 활용[69]이 포함되어 있으며, 예술가들은 문화 자료에서 지식을 추출하고자 한다. 또한, 예술 매뉴얼에서 쉽게 정의할 수 없는 의미 있는 기능과 구조를 추출해야 하는 딥 러닝[70]이 포함되어 있다. 창의적 자원을 효율적으로 공유하기 위한 온라인 협업[71] 뿐만 아니라, 맥스 포 라이브(Max for Live)와 같은 상업용

67) Evan Merz, "Implications of ad hoc artificial intelligence in music," in *Proceedings of the Artificial Intelligence and Interactive Digital Entertainment Conference*, (Raleigh, NC, 2014).

68) Oliver Bown, Benjamin Carey, and Arne Eigenfeldt, "Manifesto for a musebot ensemble: A platform for live interactive performance between multiple autonomous musical agents," in *Proceedings of the International Symposium of Electronic Art*, (2015).

69) Viktor Mayer-Schoenberger and Kenneth Cukier, *Big Data: A Revolution that Will Transform How We Live, Work, and Think* (United States: Houghton Mifflin Harcourt, 2013).

70) Itamar Arel, Derek Rose, and Thomas Karnowski, "Deep machine learning-a new frontier in artificial intelligence research", *IEEE Computational Intelligence Magazine* 5/4 (2010), 13-18.

71) Randy Garrison, "Online collaboration principles", *Journal of Asynchronous Learning Networks* 10/1 (2006), 25-34.

제품을 포함한 더 나은 코딩 및 창의적 컴퓨팅 환경 및 실천 생태계도 포함되어 있다. MuMe 에 적용된 인간-컴퓨터 상호 작용(HCI) 및 상호작용 음악 설치, 음악에서의 실시간 알고리즘[72), 자동 리믹싱[73), 영화음악작곡 도구[74), 음악 교육 도구[75) 및 저작권 자유 생성[76)과 같은 새로 운 응용 분야에서도 MuMe의 가능성을 탐색할 수 있다.

6. 결론

수백 건에서 수천 건에 이를 만한 학술 논문과 실제 응용 분야가 존재하는 MuMe는 최신 경향과 도전 과제를 탐구하는 활발한 연구 분야이다. 다양한 접근 방식은 예술적이고 과학 적인 연구자들의 다양성을 반영하고 있다. 가장 기본적인 정의는 음악적 창의적 과정의 일 부를 자동화하는 것인데, 이는 선택된 매개변수들의 무작위로 조정하는 것부터 의지를 나타 내는 창의적 시스템을 개발하는 것까지 다양하다. 이 글에서는 MuMe를 다루는 기본적인 정 의와 중요한 차이점을 제시하며, 이 분야가 컴퓨터를 활용한 창의적 음악 작업을 다양한 측 면에서 논의하는 분야임을 밝힌다.

---

72) Tim Blackwell, "Live algorithms. Dagstuhl Seminar Proceedings", (Germany: Schloss Dagstuhl-Leibniz-Zentrum für Informatik, 2009).

73) Sami Vihavainen, Sujeet Mate, Lassi Seppälä, Francesco Cricri, and Igor Curcio, "We want more: Human-computer collaboration in mobile social video remixing of music concerts." *In Proceedings of the SIGCHI Conference on Human Factors in Computing Systems* (2011), 287-296.

74) Andrew Sorensen and Andrew Brown, "A computational model for the generation of orchestral music in the Germanic symphonic tradition: A progress report", in *Proceedings of Sound: Space – The Australasian Computer Music Conference, Sydney*, ACMA (2008), 78-84.

75) Bo L. Nilsson, ""I can always make another one!"-Young musicians creating music with digital tools," *Musicianship in the 21st Century: Issues, Trends and Possibilities*, Sydney, Australian Music Centre (2003).

76) Gerhard Nierhaus, "Algorithmic Composition: Paradigms of Automated Music Generation," (Germany: Springer Science & Business Media, 2009).

참고문헌

Agres, Kat, Forth, Jamie, and Wiggins, Geraint A.. "Evaluation of musical creativity and musical metacreation systems." *ACM Computers Comput. In Entertainment* 14/2 (2016).

Arel, Itamal, Rose, Derek C., and Karnowski, Thomas P.. "Deep machine learning-a new frontier in artificial intelligence research." *IEEE Computational Intelligence Magazine* 5/4 (2010): 13-18.

Assayag, Gérard, Rueda, Camilo, Laurson, Mikael, Agon, Carlos, and Delerue, Olivier. "Computer-assisted composition at IRCAM: From patchwork to open music." *Computer Music Journal* 23/3 (1999): 59-72.

Beyls, Peter. "Interaction and self-organisation in a society of musical agents." In *Proceedings of ECAL 2007 Workshop on Music and Artificial Life* (2007).

Birchfield, David. "Generative model for the creation of musical emotion, meaning, and form." In *Proceedings of the 2003 ACM SIGMM Workshop on Experiential Telepresence*. (2003): 99-104.

Blackwell, Tim. "Live algorithms." *Dagstuhl Seminar Proceedings. Schloss Dagstuhl-Leibniz-Zentrum für Informatik*. (2009).

Boden, MargeretMargaret odMargaret A BodA.. *The Creative Mind: Myths and Mechanisms. London*: Psychology Press, 2004..

Bickerman, Greg, Bosley, Sam, Swire, Peter, and Keller, Robert M.. "Learning to Create Jazz Melodies Using Deep Belief Nets." *First International Conference on Computational Creativity*, Lisbon, Portugal (2010).

Bown, Oliver. *Generative and adaptive creativity: A unified approach to creativity in nature, humans and machines*. Berlin: Computers and Creativity, Springer, (2012): 361-381.

Bown, Oliver, Carey, Benjamin, and Eigenfeldt, Arne. "Manifesto for a musebot ensemble: A platform for live interactive performance between multiple autonomous musical agents." In *Proceedings of the International Symposium of Electronic Art*. (2015).

Bradshaw, Jeffrey M., Hoffman, Robert R., Woods, David D., and Johnson, Matthew. "The seven deadly myths of "autonomous systems"." *IEEE Intelligent Systems* 3 (2013): 54-61.

Brown, Daniel. "Mezzo: An adaptive, real-time composition program for game soundtracks." In *Proceedings of the AIIDE 2012 Workshop on Musical Metacreation*. (2012): 68-72.

Charnley, Jhon, Pease, Alison, and Colton, Simon. "On the notion of framing in computational creativity." In *Proceedings of the 3rd International Conference on Computational Creativity* (2012): 77-82..

Chordia, Parag and Rae, Alex. "Tabla gyan: An artificial tabla Improviser." In *Proceedings. of the 1st International Conference on Computational Creativity* (2010).

Collins, Karen, *Game Sound: An Introduction to the History, Theory and Practice of Video Game Music and Sound Design*. Massachusetts: MIT Press, 2008.

Collins, Nick. "Reinforcement learning for live musical agents." In *Proceedings of the International Computer Music Conference*. Belfast. (2008a).

_____. "The Analysis of Generative Music Programs." *Organised Sound*, 13 (2008b.).

Conklin, Darrell. "Music generation from statistical models." In *Proceedings of the AISB 2003 Symposium on Artificial Intelligence and Creativity in the Arts and Sciences* (Aberystwyth, Wales), (2003): 30-35.

Cope, David. "Experiments in Musical Intelligence." *Interface* 12 (1989): .117–139.

_____. "The composer underscoring environment: Cue." *Computer Music Journal* 21/ 3 (1997): 20-37..

Cross, Nigel, *Designerly Ways of Knowing*. London: Springer London, 2006, 1-13.

Dahlstedt, Palle and McBurney, Peter. "Musical agents: Toward computer-aided music composition using autonomous software agents." *Leonardo* 39/5 (2006): 469-470.

Damschroder, David and Williams, David, *Music Theory from Zarlino to Schenker: A Bibliography and Guide* (No. 4). New York: Pendragon Press, 1991.

Dickie, George. "Evaluating art." *The British Journal of Aesthetics* 25/1 (1985): 3-16..

Dorin, Alan. "Generative processes and the electronic arts." *Organised Sound* 6/1 (2001): 47-53..

Dubnov, Shlomo, Assayag, Gerard, Lartillot, Olivier, and Bejerano, Gill. "Using machine-learning methods for musical style modeling." *Computer* 36/10 (2003): 73-80..

Edwards, Michael. "Algorithmic composition: computational thinking in music." *Communications of the ACM* 54/7 (2011): 58-67..

Eigenfeldt, Arne. "Emergent rhythms through multi-agency in max/msp." *Computer Music Modeling and Retrieval – Sense of Sounds*. Springer Berlin, (2007): 368-379..

Eigenfeldt, Arne, Bizzocchi, Jim, Thorogood, Miles, and Bizzocchi, Justine. "Applying valence and arousal values to a unified video, music, and sound generative multimedia work." In *Generative Art Conference*, Venice (2015).

Eigenfeldt, Arne, Bown, Oliver, Pasquier, Philippe, and Martin, Aengus. "Towards a taxonomy of musical metacreation: Reflections on the first musical metacreation weekend." In *Proceedings of the Artificial Intelligence and Interactive Digital Entertainment (AIIDE'13) Conference* (Boston, MA).. (2013).

Eigenfeldt, Arne and Pasquier, Philippe. "Realtime generation of harmonic progressions using controlled Markov selection." In *Proceedings of ICCC-X-Computational Creativity Conference* (Lisbon, Portugal). (2010): 16-25.

_____. "Negotiated content: Generative soundscape composition by autonomous musical agents in coming together: Freesound." In *Proceedings of the 2nd International Conference on Computational Creativity* (Mexico City), (2011): 27-32.

Eigenfeldt, Arne, Thorogood, Miles, Bizzocchi, Justine, and Pasquier, Philippe. "MediaScape: Towards a video, music, and sound metacreation." *CITAR Journal* 6/1 (2014).

Englert, Giuseppe. *Automated composition and composer automation*. The Music Machine, C. Roads (Ed.). Cambridge: MIT Press, (1989): 131-142.

Galanter, Philip. "What is generative art? Complexity theory as a context for art theory." In *Proceedings of the 6th Generative Art Conference*. Milan. (2003).

Garcia, Ricardo A.. "*Automatic Generation of Sound Synthesis Techniques*." Ph.D dissertation. MIT. D. Garrison. 2006. Online collaboration principles. Journal of Asynchronous Learning Networks 10/1, 25-34.

Groves, Ryan. "Automatic harmonization using a hidden semi-Markov model." In *Proceedings of the Artificial Intelligence and Interactive Digital Entertainment Conference* (Boston, MA). (2013).

Handelman, Eliot, Sigler, Andy, and Donna, David. "Automatic orchestration for automatic composition." In *Proceedings of the AIIDE 2012 Workshop on Musical Metacreation*. (2012): 43-48.

Hedges, Stephen A.. "Dice music in the eighteenth century." *Music & Letters*, (1978): 180-187.

Kirke, Alexis and Miranda, Eduardo. "A survey of computer systems for expressive music performance." *ACM Computing Surveys* (CSUR), 42/1 (2009):3.

Koenig, Gottfried Michael. "Aesthetic integration of computer-composed scores." *Computer Music Journal* 7/4 (1983): 27-32..

Lewis, George. "Too many notes: Computers, complexity and culture in voyager." *Leonardo Music Journal* 10 (2000): 33-39..

Macret, Matthieu and Pasquier, Philippe. "Automatic tuning of the OP-1 synthesizer using a multi-objective genetic algorithm." In *Proceedings of the 10th Sound and Music Computing Conference* (SMC-2013) (Stockholm, Sweden). Logos Verlag, Berlin, (2013):614-621.

_____. "Automatic design of sound synthesizers as pure data patches using coevolutionary mixed-typed Cartesian genetic programming." In *Proceedings of the Conference in Genetic and Evolutionary Computation (GECCO-2014)*. Vancouver, Canada, (2014): 309-316.

Manaris, Bill, Johnson, David, and Vassilandonakis, Yiorgos. "Harmonic navigator: A gesture-driven, corpus-based approach to music analysis, composition, and performance." In *Procedings of the 9th AAAI Conference on Artificial Intelligence and Interactive Digital Entertainment* (Boston, MA), (2013): 67-74..

Martin, Aengus, Jin, Craig, and Bown, Oliver. "A toolkit for designing interactive musical agents." In *Proceedings of the 23rd Australian Computer-Human Interaction Conference*. (2011): 194-197.

Maxwell, James, Eigenfeldt, Arne, and Pasquier, Philippe. "MANUSCORE: Music notation-based computer-assisted composition." In *Proceedings of the International Computer Music Conference*. (2012): 357-364.

Mayer-Schönberger, Viktor and Cukier, Kenneth, *Big Data: A Revolution that Will Transform How We Live, Work, and Think*. Boston: Houghton Mifflin Harcourt, 2013.

Merz, Evan. "Implications of ad hoc artificial intelligence in music." In *Proceedings of the Artificial Intelligence and Interactive Digital Entertainment Conference* (Raleigh, NC). (2014).

Moffat, David and Kelly, Martin. "An investigation into people's bias against computational creativity in music composition." *Assessment* 13 (2006): 11.

Murray-Rust, David, Smaill, Alan, and Edwards, Michael, MAMA: An architecture for interactive musical agents. Frontiers in *Artificial Intelligence and Applications* 141, 36, 2006.

Nierhaus, Gerhard, *Algorithmic Composition: Paradigms of Automated Music Generation*. Berlin: Springer Science & Business Media. B., 2009.

Nilsson, Bo L., "I can always make another one!"-Young musicians creating music with digital tools. Musicianship in the 21st Century: Issues, Trends and Possibilities, Sydney: Australian Music Centre, 2003.

Pachet, François. "The continuator: Musical interaction with style." *Journal of New Music Research* 32/3 (2003): 333-341.

Pachet, François and Roy, Pierre. "Musical harmonization with constraints: A survey." *Constraints* 6/1 (2001): 7-19.

_____. "Non-conformant harmonization: The real book in the style of take 6." In *Proceedings of the International Conference on Computational Creativity* (Ljubljana), (2014).

Peter, Meusburger. "*Milieus of creativity*: The role of places, environments, and spatial contexts." In Milieus of Creativity. Springer Netherlands, (2009): 97-153. .

Reiss, Joshua D.. "Intelligent systems for mixing multichannel audio." In *Proceedings of the 17th International Conference on Digital Signal Processing (DSP)*. (2011): 1-6.

Reiss, Joshua D. and Gonzalez, Eric Perez. "An automatic maximum gain normalization technique with applications to audio mixing." In *Proceedings of the Audio Engineering Society Convention 124. Audio Engineering Society*. (2008).

Ritchie, Graeme D.. "Some empirical criteria for attributing creativity to a computer program." *Minds and Machines* 17/1 (2007): 67-99.

Russell, Stuart and Norvig, Peter. *Artificial Intelligence: A Modern Approach*, third edition. Hoboken: Prentice-Hall. 2009.

Salganik, Matthew, Dodds, Peter, and Watts, Duncan. "Experimental study of inequality and unpredictability in an artificial cultural market." *Science* 311, (2006): 854-856.

Sarwate, Avneesh and Fiebrink, Rebecca. "Expansion on description-based design of melodies." In *Proceedings of the 9th Artificial Intelligence and Interactive Digital Entertainment Conference*. Boston, (2013).

Saunders, Rob and Bown, Oliver. "Computational social creativity." *Artificial Life* 21/3 (2015): 366-378.

Schedel, Margaret and Rootberg, Alison. "Generative techniques in hypermedia performance." *Contemporary Music Review* 28/1 (2009): 57-73.

Simon, Herbert Alexander, *The New Science of Decision Making*. New York: Harper and Row, 1960.

Simon, Ian, Morris, Dan, and Basu, Sumit. "MySong: Automatic accompaniment generation for vocal melodies." In *Proceedings of the SIGCHI Conference on Human Factors in Computing Systems*. (2008): 725-734.

Sloboda, Jhon A., *Generative Processes in Music: The Psychology of Performance, Improvisation, and Composition*, Walton Street: Clarendon Press, 1988.

Sorensen, Andrew and Brown, Andrew R.. "A computational model for the generation of orchestral music in the Germanic symphonic tradition: A progress report." In *Proceedings of Sound: Space – The Australasian Computer Music Conference*. Sydney. ACMA, (2008): 78-84.

Thorogood, Miles, Pasquier, Philippe, and Eigenfeldt, Arne. "Audio metaphor: Audio information retrieval for soundscape composition." *Sound and Music Computing Conference*, Copenhagen. B. (2012).

Truax, Barry. "The inverse relation between generality and strength in computer music programs." *Journal of New Music Research* 9/1 (1980): 49-57.

_____. "The PODX system: Interactive compositional software for the DMX-1000." *Computer Music Journal* (1985): 29-38.

Vihavainen, Sami, Mate, Sujeet, Seppä¨la , Lassï¨, Cricri, Francesco, and Curcio, Igor D.D. "We want more: Human-computer collaboration in mobile social video remixing of music concerts." In *Proceedings of the SIGCHI Conference on Human Factors in Computing Systems*. (2011): 287-296.

Wallis, Isaac, Ingalls, Todd, Campana, Ellen, and Goodman, Janel. "A rule-based generative music system controlled by desired valence and arousal." In *Proceedings of 8th International Sound and Music Computing Conference* (Padova). (2011).

Whalley, Ian. "Software agents in music and sound research/creative work." *Organised Sound* 14 (2009): 156-167.

Whorley, Raymond, Wiggins, Geraint, Rhodes, Christophe, and Pearce, Marcus. "Development of techniques for the computational modelling of harmony." In *Proceedings of the 1st International Conference on Computational Creativity*. Lisbon. (2010).

Wooldridge, Michael, An Introduction to *Multiagent Systems*, Hoboken: John Wiley &Sons, 2009.

Wulfhorst, Rodolfo, Flores, Luciano, Nakayama, Flores, Lauro, Cecília, Alvares, Luis, and Viccari, Rosa. "An open architecture for a musical multi-agent system." In *Proceedings of Brazilian Symposium on Computer Music*. (2001).

Yannakakis, Georgios and Martïnez, Héctor. "Ratings are Overrated!." *Frontiers in ICT*, 2 (2015): 13.

Yee-King., Matthew. "Automatic sound synthesizer programming: Techniques and applications." Doctoral dissertation, University of Sussex, 2011.

Young, Michael. "NN music: Improvising with a 'living' computer." *Computer Music Modeling and Retrieval-Sense of Sounds*. Springer Berlin, (2008): 337-350.

디지털 시대 즉흥 연주의 상호작용
Musical Improvisational Interactions in the Digital Era[1]

알레산드로 베르티네토

김연수 옮김

1. 저자 소개

알레산드로 베르티네토(Alessandro Bertinetto)는 1971년 이탈리아 출생의 철학가이자 미학자이다. 그는 토리노 대학(University of Turin)에서 철학 이론을 공부하였으며, 2000년 파도바 대학(University of Padua)에서 박사 학위를 받았다. 이후, 우디네 대학(University of Udine)에서 미학과 철학 연구원으로 일했으며, 토리노 대학에서 철학과 부교수를 지낸 후 현재는 미학과 정교수로 재임 중이다.[2] 그의 주요 관심사는 형이상학, 19세기 독일 철학, 예술 철학, 음악 철학 등으로, 현재는 예술적 즉흥에 관한 미학 연구에 초점을 맞추고 다양한 저술을 선보이고 있다.[3] 베르티네토의 최근 문헌으로는 "즉흥의 철학: 이론과 실제에 대한 학제 간 관점"(Philosophy of Improvisation: Interdisciplinary Perspectives on Theory and Practice, 2021), 『예술에서의 즉흥과 철학에 관한 라우틀리지 핸드북』(The Routledge Handbook of Philosophy and Improvisation in the Arts, 2021), 『즉흥의 미학』(Estetica dell'improvvisazione, 2021) 등이 있다.[4]

2. 역자 서문

즉흥 연주는 연주와 작곡이 동시에 이루어진다는 점에서, 또한 신속하게 음악적 응답을 주고받아야 한다는 점에서 음악가의 창의성이 가장 잘 드러나는 연주 실제라고 할 수 있다. 특

---

1) Alessandro Bertinetto, "Musical Improvisational Interaction in the Digital Era," *De Musica* 21 (2021), 81-105. [역주] 저자는 예술에서의 즉흥을 주로 음악, 극, 춤이라는 세 가지의 행위 예술(performing arts) 차원에서 접근하며, 본 글에서는 음악적 즉흥을 보다 구체적인 범주의 즉흥 연주로서 다루고 있다.

2) [역주] https://www.dfe.unito.it/do/docenti.pl/Alias?alessandro.bertinetto#tab-profilo [2023년 12월 25일 접속].

3) [역주] https://labont.it/people/alessandro-bertinetto/ [2024년 2월 4일 접속].

4) [역주] https://philpeople.org/profiles/alessandro-bertinetto [2024년 2월 4일 접속].

히 오늘날에는, 디지털 테크놀로지의 지속적인 발전이 예술가들의 자유로운 음악적 상상력을 자극할 뿐만 아니라 다양한 음악적 아이디어를 실현하는 최적의 도구이자 환경으로서 큰 도움을 주고 있다. 이 과정에서 디지털 시대의 즉흥 연주는 새로운 패러다임과 미학적 가치를 제시할 뿐만 아니라 즉흥 연주에 내재한 예술적 창의성에 예상치 못한 커다란 변화를 가져오고 있다.

저자는 앞선 2011년 논문 "즉흥과 예술적 창의성"(Improvisation and Artistic Creativity)에서 창의성의 개념을 '규칙의 응용'과 관련지으면서, 즉흥이 기존의 전통, 장르, 스타일 등을 따르거나 변형하는 행위의 과정에서 예술적 창의성을 전개한다고 주장한 바 있다.[5] 이로부터 십 년 후, 바로 이 글에서 저자는 디지털 혁명이 음악계에 미친 영향력에 주목하여 온라인에서 이루어지는 상호작용이 새로운 즉흥 연주의 실제를 만들어내고 있음을 다룬다. 웹을 기반으로 한 디지털 미디어의 활용과 컴퓨터 주체의 도입은 다양한 층위에서의 상호작용을 발생시키며 즉흥 연주의 범위를 넓히고, 결과적으로 이 새로운 음악적 실제가 형성되는 과정에서 다양한 예술적 창의성이 발현된다. 이와 관련하여 저자는 현대 기술·문화의 발전과 직접적으로 상호작용하는 디지털 시대 즉흥 연주의 미학적 가치를 다음과 같이 크게 세 가지의 관점에서 분석한다.

첫 번째, 즉흥 연주의 주요한 특성으로 음악적 사건이 발생하는 시공간적 상황에 직접적으로 참여하고 공존하는 '라이브'를 제시하고, 이 개념이 웹이라는 원격 통신 매체를 통해 어떻게 가능한가의 질문을 던짐으로써 존재론적인 측면에서 접근을 시도한다. 저자는 미디어의 재현 가능성이 만들어내는 친밀감과 근접함을 오늘날의 새로운 '라이브니스' 개념으로 설명하며, 즉흥 연주의 현존성이 디지털 테크놀로지를 통해 더욱 효과적으로 매개되고 있음을 주장한다. 물론 그는 녹음이나 비디오와 같은 기술이 여전히 라이브 즉흥 연주가 가지는 미학적 특성들, 예를 들어 에너지나 정서적인 참여 등을 부분적으로만 전달할 수 있다는 한계를 인정하면서도, 웹이 즉흥 연주의 실제는 물론이고 기존의 고전적인 라이브니스와 대립한다는 의견에는 강력하게 반대한다. 오히려 웹이 오프라인에서의 음악적 실제를 온라인으로 끌어옴으로써 음악가와 청중을 연결하고 또 음악적 담론을 형성한다는 점에서, 두 차원에서의 확장된 상호작용이 즉흥 연주의 새롭고 독창적인 실제를 형성할 수 있는 유동적인 잠재력을 지니고 있다고 바라본다.

두 번째, 앞선 웹에서의 상호작용을 철학자 페라리스(Maurizio Ferraris)가 제시하였던

---

5) Alessandro Bertinetto, "Improvisation and Artistic Creativity," in *Proceedings of the European Society for Aesthetics*, 2011.

'총체적 작용'(total mobilization)이라는 개념과 연결하여 서로 다른 주체들 간에 발생하는 여러 관계의 연속적 변형이자, 넓은 관점에서의 즉흥으로 인해 일어난 복합적인 결과라고 이해한다. 그리고 이러한 기술·문화적인 역동성이 음악적 실제에 반영되고 있으며, 웹이 실시간으로 유통되고 또 참여적인 형태의 음악적 창의성을 가능하게 만든다고 본다. 음악의 가치와 의미, 정체성은 웹을 매개로 하는 음악적 주체들의 상호작용에서 나타나며, 인터넷에 존재하는 다양한 대상과 재료들은 차용과 재작업 등의 과정을 거쳐 새로운 음악적 실제를 구성하기 때문이다. 나아가 이 가변적이고 또 관계적인 특성들은 즉흥 연주가 지니는 '변형적 창발주의'(transformative emergentist)와 '상호작용적 규범성'(interactive normativity)이라는 두 가지 미학적 가치와 밀접하게 연관된다.

　　세 번째, 여태까지 인터넷을 통해 미디어적으로 구현되는 상호작용적인 공존을 다루었던 것과 결을 달리하여, 컴퓨터 연주자와의 두 가지 상호작용을 통해 새로운 유형의 직접적인 공존을 제시하면서 고전적인 라이브 즉흥 연주의 확장된 경계를 고찰한다. 먼저 인간 연주자들이 기계, 랩탑 등의 네트워크형 장치에 전자적으로 입력과 출력을 실행함으로써 조작하는 것으로, 음악적 요소들을 매개 변수로 설정한 다음 라이브 코딩을 통해 정보 교환이라는 상호작용을 가져온다. 이는 컴퓨터를 즉흥 연주의 음악적 도구(악기)로 활용하는 것으로, 예측할 수 없는 처리 과정에서 발생하는 소리와 아이디어에 응답함으로써 실험적인 결과물을 만들어낸다. 다음은 인공지능을 즉흥 연주의 협력적인 동료로 수용하는 것으로, 인간 연주자와 컴퓨터 연주자가 상호작용하며 라이브 즉흥 연주를 만들어낸다. 이때 저자는 과연 컴퓨터라는 인공적인 주체가 즉흥 연주를 할 수 있는가의 문제에 대해서, 기계적 창의성을 촘스키의 규칙 지배적(rules-governed) 창의성과 보든의 구성적, 탐색적 창의성으로 설명한다. 컴퓨터는 설계된 규칙에 따라 저장된 지식을 조합하고 탐색하는 특유의 '학습' 능력으로 즉흥 연주에 관여한다. 그러나 바꿔 말하자면, 컴퓨터는 인간의 외부적 개입 없이는 자신을 이끄는 '행동 규칙'이나 음악적 환경을 바꾸면서 상호작용하는 변형적 창의성이 부재하기 때문에, 인간 연주자들처럼 즉흥 연주를 하지는 못한다. 대신 저자는 컴퓨터 연주자가 인간 연주자들의 예술적 표현력을 창의적으로 향상할 수 있는 반응성과 책임을 지니고 있다는 점에서, 두 연주자 간의 음악적 상호작용을 새로운 즉흥 연주의 실제로 간주한다.

　　종합하자면, 이 글은 오늘날의 디지털 기술·문화와 상호작용하면서 새롭게 구축되고 확장되는 즉흥 연주의 음악적 실제를 다양하게 파고든다. 저자는 미디어적인 라이브니스와 웹의 즉흥적인 역동성이 예술적 창의성이 실현될 수 있는 원천이라고 판단하면서, 현대의 디지털 즉흥 연주가 지닌 미학적 가치를 논리적으로 뒷받침한다. 또한 즉흥 연주에 참여하

　　음악적 창의성이란 무엇인가?　:　플라톤에서 AI까지 음악적 창조에 대한 미적 담론

는 기계적 창의성이 무엇인지와 이것이 인간 연주자들의 창의성에 어떠한 영향을 주는지를 살펴보면서 이전의 예술적 창의성 논의를 더욱 구체화한다는 점에서 의의가 있다. 디지털 테크놀로지의 발전에 힘입어 음악적 실제와 그 미학적 가치는 계속해서 변화의 양상을 꾀하고 있으며, 그중에서도 음악가의 잠재적인 창의성을 동반하는 즉흥 연주는 이 글에서처럼 변화하는 예술적 창의성의 개념을 넌지시 알린다.

디지털 시대 즉흥 연주의 상호작용

1. 들어가며

디지털 혁명의 영향은 지난 이십여 년 동안 인류 삶의 다른 차원들을 바꿔왔던 것처럼 음악적 경험을 변화시켰으며,[6] 디지털 시대가 가져온 변화의 다양성과 급진적인 성격은 여전히 대부분 진행 중이다. 이 글에서 필자는 디지털 시대가 특정한 음악 실제, 바로 즉흥 연주를 위해서 도입한 새로움에 대한 윤곽을 그려보고자 한다. 최근 몇 년 동안, 철학적 관점에서 이 주제를 탐구하는 데에 여러 작업을 해왔지만, 기술의 혁신이 즉흥 연주의 실제와 경험에 어떻게 영향을 미쳤는지, 그리고 이와 관련된 철학적 질문이 무엇인지의 문제들을 직접적으로 다룬 적은 없었다. 바로 여기서 이 빈틈을 채우는 것이 가능한지에 대한 개요를 제공할 것이다. 그리고 이를 세부적인 내용으로 다루기보다는, 대신 세 가지의 특정한 주제에 관한 일종의 연구 기획을 제안하고자 한다.

　　1) 이 글에서는 인터넷 시대에 '라이브니스'(liveness), 그리고 특히 라이브 즉흥 연주의 의미와 가치에 대해 질문을 제기하고, 이른바 '디지털 혁명'이 즉흥 연주 실제에 끼치는 영향력에 대해 논의할 것이다. 2) 다음으로는, 페라리스(Maurizio Ferraris)가 '총체적 작용'[7]이라고 언급했었던, 웹에 의해 가능해진 상호작용이 일종의 라이브 즉흥의 실제로서 이해될 수 있다고 제안할 것이다. 또한 이러한 실제가 어떻게 즉흥 연주 실제로 연관되는지 간략하게 설명할 것이다. 3) 마지막으로, 최근 인공지능 연구의 발전으로 가능해진 새로운 유형의 라이브 즉흥 연주에 관한 미학적, 철학적 측면에 집중할 것이다.

　　마지막 부분은 즉흥 연주 실제와 새로운 기술 사이의 관계에서 가장 매력적인 측면일 것이며, 필자가 더 깊이 다루고자 하는 주제이기도 하다. 그러나 어쨌든 간에, 앞서 언급한 모든 문제를 충분히 전개하고자 하는 것이 계획된 글의 한계를 넘어서는 작업임을 알고 있

---

6) Inder Sidhu, *The Digital Revolution* (Old Tappan, NJ: Pearson, 2016); Harry Lehmann, Die digitale Revolution der Musik (Mainz: Schott Music, 2012); Alessandro Arbo, "L'œuvre musicale dans le cyberespace: Implications esthétiques et ontologiques," *Aisthesis* 9 (2016), 5-27.

7) Maurizio Ferraris, "Total Mobilization," *The Monist* 97/2 (2014), 200-221.

다. 이 글은 즉흥 연주와 디지털 시대에 관한 질문 중에서도 필자에게 있어 최근 현대음악 실제의 발전에 특히 중요해 보이는 측면만을 간략하게 거론할 것이다.

2. WWW를 통해 실시간 즉흥 연주하기

즉흥 연주는 창작(invention)과 공연(performance)의 동시 발생(coincidence)으로 발생하면서, 근본적으로 '라이브' 음악 경험의 '즉각성'(immediacy)과 연결된다. 인터넷이 즉흥 연주를 위해 제공하는 가능성 또한 어떤 형태의 '라이브니스'에 기반하는 것으로 보인다. 그러나 이는 우리에게 다음과 같은 역설을 제시한다. 만약 웹이 원격으로 또 통신망을 통해(telematically) 전 세계적으로 상호작용을 매개하는 특징을 내재하고 있다면, 어떻게 웹이 라이브 경험의 즉각성을 전달할 수 있는 걸까?

이 지점은 중요하지만, 라이브 경험과 웹 사이의 이러한 대조는 그다지 명확하지 않다. 우선, '라이브'와 '라이브니스'라는 개념 자체의 의미부터 확실하지 않다. 일반적으로, 라이브와 라이브니스는 어떠한 사건이 발생하는 시공간의 환경에서 그 사건의 '직접적인' 참여를 시사한다. 그러나 라이브 공연은 '미디어'를 광범위하게 활용하며 미디어를 모델로 삼는데, 이는 미디어가 친밀감과 근접함을 제공하는 측면에 있어 '현실의' '즉각적인' 라이브 그 자체보다도 더 효과적일 수 있는 라이브니스의 경험을 제공하기 때문이다. 예를 들어 작곡가의 목소리를 청중에게 친밀하게 접촉할 수 있게 해주는 마이크는 이미 청중의 귀와 가수의 목소리 사이에 딱 들어맞는 도구로서, 그 목소리의 음향적 측면과 효과를 조정한다.

나아가 아우슬랜더(Philip Auslander)가 관찰한 바와 같이,[8] 몇몇 라이브 공연들은 종종 미디어화를 위해 설계되고 있을 뿐만 아니라 라이브의 실제적인 개념인 '라이브니스'는 미디어의 재현 가능성에 의해 이루어지기 시작했다. 라이브 공연 경험의 전형으로 여겨지는 '지금 여기'(here and now)와 '현존성', '자발성'은 재현 가능성, 구성, 매개로 인해 만들어지는 효과이다.[9] 이는 왜 우리가 연주자들과 실물로 만나 직접적인 접촉을 하는 것과는 전혀 상관없는 경험에도 라이브니스의 개념을 쉽게 적용하는지를 설명한다.

아우슬랜더에 따르면, "라이브 공연의 기본적인 정의는 연주자와 청중이 물리적으로도, 시간적으로도 서로 공존하는 공연의 형태"를 말하지만, 우리는 '라이브'라는 단어를 매우 다

---

8) Philip Auslander, *Liveness: Performance in a Mediatized Culture* (London: Routledge, 2008), 35.

9) Philip Auslander, 위의 책, 57.

양한 상황에서 사용한다. 라디오, 텔레비전 및 인터넷 스트리밍과 관련해 우리는 '라이브 방송'(live broadcasts)이라고 말하지만, 실제 라이브 방송에서는 연주자와 청중이 공간적이 아닌, 오로지 시간적으로만 공존한다. 또한 우리는 '녹음된 라이브'(recorded live)라는 표현을 문제없이 받아들이는데, 이는 라이브 녹음에서 청중이 공연이 이루어진 것과 다른 장소와 시간에서 주로 공연을 경험하므로 모순적인 표현이다. 이 경우에, 라이브니스의 의미는 주로 '정서적'(affective)이다. "라이브 녹음은 스튜디오 프로덕션을 통해 청중에게 특정한 공연에 참여하는 듯한 감각과 그 공연에 다녀오지 않은 관객들에게 대리 경험적인 관계를 허락한다."[10]

마찬가지로 인터넷은 새로운 종류의 라이브니스를 가능하게 만들었다. '온라인이나 인터넷의 라이브니스' 그리고 '그룹이나 소셜 라이브니스'는 '소셜 네트워크에서의 공존'과 스마트폰, 메신저 서비스 등을 통한 그룹 간의 연결을 의미한다. 여기서 라이브니스는 "항상 다른 사람들과 연결되는 감각, [알거나 모르는] 다른 사람들과 기술적으로 매개되는 지속적인 공존을 말한다."[11] 아우슬랜더는 '인터넷이 라이브가 되어간다'(internet goes live)라는 최종적인 형태의 라이브니스를 제시하며, 이는 비인간적인 주체와의 실시간 상호작용을 포함한다.

즉흥 연주의 상호작용 내 비인간적인 주체와의 상호작용으로의 라이브니스 확장 문제는 잠시 후에 다시 다룰 것이다. 현재 시급한 질문은 다음과 같다. 음악적 경험에서 라이브니스의 경험이 점점 미디어를 통해 성취되고 있는 이래, 연주자와 청중의 [물리적으로] 시공간적인 공존을 뜻하는 '고전적인'(classical) 라이브니스는 여전히 미학적으로 특별히 관련이 있는가? 다시 말해, [기존의] 고전적인 라이브니스는 특별한 미학적 가치를 가지고 있는가?

필자는 음악적 사건의 고전적인 라이브니스, 다시 말해 그 직접적인 라이브 경험이 어떤 경험에는 미학적 및 예술적 내용을 상당히 해치지 않고서는 대체될 수 없다고 생각한다. 공연하는 중에 음악을 창작해내는 즉흥 연주 역시 이에 속한다. 즉흥 연주의 결과물을 반복적으로 감상하게 해주는 것뿐만 아니라, 즉흥 연주의 스타일을 가능하게 만든다는 점에서[12] 녹음의 본질적인 중요성을 부정할 수는 없다. 그러나 적어도 어떤 종류의 즉흥 연주는 '지금 여기'에서 전개되는 사건을 실시간으로 인식함으로써, 고전적인 라이브니스의 의미에서

---

10) Philip Auslander, 위의 책, 60.

11) Philip Auslander, 위의 책, 61.

12) 다음의 글을 참조하라. Alessandro Bertinetto, *Eseguire l'inatteso Ontologia della musica e improvvisazione* (Roma: Il Glifo, 2016), 161-188.

음악적 창의성이란 무엇인가? : 플라톤에서 AI까지 음악적 창조에 대한 미적 담론

더욱 훌륭한 라이브로 여겨진다. 이는 즉흥 연주에서 음악가들이 공연의 구체적인 시공간적 상황과 함께 우리가 정서적인 차원으로 부를 수 있는 것과 물리적으로 상호 작용한다는 사실에 기인한다.[13]

음악 기호학자인 타라스티(Eero Tarasti)가 관찰한 바에 따르면, 즉흥 연주는 자체적인 상황에 대한 참조가 존재론의 부분이라는 즌에서 '지시적'이다.[14] 다시 말해, "즉흥 연주는 공연 자체에서 공연 상황의 흔적인 셈이다."[15] 그러므로 우리가 녹음을 통해 얻을 수 있는 즉흥 연주의 '어쿠스마틱'(acousmatic) 이미지는 기껏해야 해당 예술적 사건의 부분적인 경험에 불과하게 되는데, 바로 이러한 공연 상황의 흔적을 박탈당하기 때문이다.[16] 물론 어떤 종류의 즉흥 연주(예를 들어, 클래식 재즈 즉흥 연주)에서의 녹음들은 미학적 특성을 현저하게 약화하기보다는, 그 음악의 반복되고 향상된 미학적 경험을 가능하게 만든다.[17] 그러나 다른 경우에는, 특히 클럽이라는 제한된 공간에서 이루어지는 이른바 '자유' 즉흥 연주는, 공연의 몇 가지 미학적 특성들을 적절하게 경험하고 또 이해하기 위해 연주자와 청중 간의 공존을 요구한다. 이때에는 심지어 비디오 녹화조차도 이 특성들을 제대로 전달할 수 없는데, 연주자와 다른 청중 간의 상호 작용 가능성은 청중이 구성적인 부분으로 존재하는 사건을 미학적으로 경험하는 데에 매우 중요한 요소이기 때문이다. 이는 단순히 공연 중에 연주자들과 음향적 또는 시각적인 자극을 주고받을 수 있는가의 문제가 아니라, 감정적이고 지적인 방식으로 연주자와 청중을 모두 포함하는 사회-정서적 사건으로서의 예술적 사건에 참여할 수 있는가를 의미한다. 장소의 특정한 분위기는 녹음이 재현할 수 없는 상호작용적인 공연의 올바른 특성들, 즉 에너지, 편안함, 반응슨, 주의력, 강렬함, 정서적인 참여 등을 적절하게 이해하는 데에 도움이 될 수 있다.[18]

---

13) 다음 섹션에서 살펴보겠지만, 온라인 즉흥 연주의 가상 공간 역시 물론 구체적이다. 하지만 우리가 코로나19 시대에 가상 공간을 회의에서 사용하는 것을 극적으로 경험하고 있는 것처럼, 이러한 상호 작용의 가능성은 물리적 공간에서 이용 가능한 것과 다르다. 이 지점에 있어 필자를 지지하는 아르브(Alessandro Arbo)에게 감사의 말을 전한다.

14) [역주] 지시적(deictic)이란, 언어학에서 의미가 사용되는 맥락(또는 화자, 청자, 발화 위치 등)에 따라 달라지는 단어나 표현에 관한 것을 말한다. 즉흥 연주 또한 참여적이고 특정한 상황적 맥락에 기반해 변화하며, 이 과정에서 발생하는 음악적 상호작용이 즉흥 연주의 존재론적인 근거가 된다.

15) Eero Tarasti, *Signs of Music* (Berlin: De Gruyter, 2002), 186.

16) 어쿠스마틱 듣기(acousmatic listening)는 감상자가 소리의 출처를 인지하지 못하고 음악을 듣는 것을 말한다. 다음의 글을 참조하라. Andy Hamilton, "The Art of Recording and the Aesthetics of Perfection," *The British Journal of Aesthetics* 43/4 (2003), 345-362.

17) 더 나아가, 녹음된 즉흥 연주는 때때로 원작자의 의지와 무관하게, 모든 측면에서 음악 작품이 될 수 있으며 또 다양한 해석이 연주될 수 있다. 재럿(Keith Jarrett)의 쾰른 콘서트(The Köln Concert) 사례에서처럼, 우리는 유튜브를 통해 다양한 해석을 발견할 수 있다.

18) 이것이 필자가 라이브 즉흥 연주의 녹음을 들을 때, 그 음악을 완전히 이해하기 위해서는 해당 사건이 이루어지는 동안 라

이처럼 자유 즉흥 연주의 라이브 경험이 가지는 특수한 가치로 인해, 웹은 말 그대로 이러한 [즉각적인 상호작용] 실제의 적이라고 생각될 수도 있다. 그러나 이러한 생각은 잘못된 것이다. 일반적으로 웹은 특히 실험적이고 즉흥적인 라이브 음악의 경우처럼, 그 외에는 거의 존재할 수 없는 라이브 음악의 실제를 가능하게 만듦으로써 라이브 음악의 '심리적 욕구'[19)]와 '사회적 제공'[20)]을 증가시키는 것으로 보인다. 웹은 음악적 재료의 슈퍼 아카이브(super-archive)로서 작용하며 녹음된 음악의 물질적 형태[음반]의 유통과 판매에 영향을 미치면서, 동시에 음악적 실제의 오프라인 형태를 증가시키고 세계화하는 실제와 관계들을 온라인 방식으로 가져오면서 "음악의 담론적이고 사회적인 매개를 배가시킨다."[21)] 요약하자면, 웹은 오프라인에서의 실제와 관계들을 가능하게 만들고 또 실현될 수 있게 하는 매개체의 역할을 한다. 웹페이지, 소셜 네트워크, 온라인 블로그와 웹진은 사람들에게 자유 즉흥 연주의 장르에 참여하는 음악가들에 대한 정보를 제공할 뿐만 아니라, (온라인에서) 음악가, 청중, 비평가들을 모아 온라인 및 오프라인 상호작용의 전례 없는 가능성을 창출한다. 이렇게 생성되는 웹의 문화적 담론은 음악 장르의 형성과 변형에 개입하여, 온라인 및 오프라인 상호작용을 통해 나타날 수 있는 여러 종류의 전례 없는 예술적 성과로부터 예술적 실제를 가능하게 만들고 또 구성한다. 이렇듯 오프라인에서의 실제와 상호작용하는 온라인 회로와 예술적 '니치'[22)]를 구축함으로써, 인터넷은 인터넷과 그 사회적 라이브니스가 없었더라면 즉흥 연주의 현대적인 어떤 장르들은 번성하지 못했을 정도로의 고전적인 라이브니스를 제공한다. 웹진 '캐서딕'(kathodik)[23)]에서 새로운 실험 및 즉흥 음악의 비평가로 활동하는 필자의 개인적인 경험이 증명할 수 있듯이, (온라인으로도 이용 가능한) 새로운 음악적 산물에 대한

이브로 경험했어야 한다는 것을 깨닫게 되는 이유이다. 그러나 이제는 너무 늦어 버렸다. 필자는 2019년 논문에서 음악 공연에서의 분위기 있는 장소가 공연의 미학적·표현적 특징에 미치는 영향력을 자세히 설명한 바 있다. 다음의 글을 참조하라. Alessandro Bertinetto, "Parker's Mood. Emotional Atmospheres and Musical Expressiveness in Jazz," *Studi di Estetica* 47, 4/2 (2019), 23-41.

19) 2020년 3월, 코로나19라는 긴급한 상황 속의 이탈리아에서 이 논문을 수정하면서, 필자는 이 주장을 확신할 수 있었다. 당시 라이브 콘서트는 금지되었으며, 웹은 필자의 첫 번째 음악적 원천이 되어주었다. 이는 음악을 향한 필자의 갈증을 해소해주었고, 다른 한편으로는 라이브 음악에 대한 필자의 열망을 키워주었다.

20) 이와 관련한 흥미로운 사실은, 스트리밍(streaming)을 통해 음악을 다운로드(download)하거나 감상하는 가능성으로 인해 감소한 CD 판매의 결과로서, 록(rock)과 팝(pop) 음악의 콘서트 수가 증가한 것이다. 다음의 글을 참조하라. Philip Auslander, *Liveness: Performance in a Mediatized Culture*, 2008.

21) Georgina Born and Christopher Haworth, "From Microsound To Vaporwave: Internet-Mediated Musics, Online methods, and Genre," in *Music & Letters* (2018), 3.

22) [역주] 니치(niche)란 본래 경제 시장에서의 '틈새'를 말한다. 이 글에서는 새로운 예술 혹은 음악적 장르의 형성과 발전에 적합한 온라인과 오프라인 간의 사이 공간이라는 의미로 볼 수 있겠다.

23) [역주] https://www.kathodik.org/ [2024년 3월 21일 접속].

온라인 음악 리뷰들은 담론적으로 음악적 실제에 영향을 미치며, 음악적 장르의 명료화뿐만 아니라 니치의 발전에도 기여한다. 실제로, 인터넷은 음악적 대상과 장르의 특성을 변화시켜 온라인과 오프라인 사이의 지속적인 매가를 만들어내고 있다. 온라인과 오프라인의 경계는 매우 희미해서 [음악적 경험에 관해서도 마찬가지로] 이 두 차원에서의 상호작용은 우리가 사는 새로운 라이브 방식의 구성 요소가 된다.

결과적으로, 고전적인 라이브니스는 웹에 의해 짓눌리지 않고 오히려 향상된다. 여기 한 가지 중요한 예시가 있다. 베를린에서는 웹사이트 '실시간 음악'(echtzeitmusik)[24] 이 청중에게 콘서트와 다양한 문화적 행사들에 대한 정보를 제공함으로써 자유 즉흥 연주의 장르에 참여한 음악가의 활동을 반영할 뿐만 아니라, 음악가와 청중 그리고 비평가를 한데 모아 창의적인 만남을 촉진하기도 했다. 이 웹은 특정한 오프라인의 지역 상황과 상호 작용하여, 세계적인 무대에서 예술가와 청중 그리고 비평가를 동원하고 또 음악 장르와 실제의 유동적인 변형을 가능하게 만든다. 예를 들어 우리는 재즈와 신음악(neue Musik), 하드 메탈, 소음과 일렉트로닉 사이 하이브리드 장르의 탄생을 목격할 수 있는데, 이는 온라인 상호작용이 새로운 즉흥 연주의 실제를 형성하는 것에 영향력을 미친 결과를 보여준다.[25]

3. 라이브 즉흥 연주와 '총체적 작용'

이제 웹을 통해 예술가와 청중 사이에 형성되는 특정한 종류의 상호 작용을 간단히 다루면서, 더 구체적으로는 웹에 의해 구축되고 전파되는 비판적 담론들이 이러한 상호 작용에 어떠한 영향을 미치는지 논의하고자 한다. 이는 '즉흥 음악'(improvised music)이라고 이름 붙여진 음악 장르의 니치에 한정하는 것이 아니라, 오히려 디지털 혁명의 일환으로서 오늘날 대규모로 일어나고 있는 현상을 나타낸다. 우리의 상호작용은 웹에 의해 매개되는 것뿐만 아니라 웹에 의해 움직이고, 따라서 다시 웹에 의해 피드백되거나 [그렇지 않으면] 웹에 직접 참여하기도 한다. 실제로, 철학자 페라리스(Maurizio Ferraris)가 제시한 바와 같이,[26] 웹 자체

---

24) [역주] https://www.echtzeitmusik.de/index.php [2024년 3월 21일 접속].

25) 통신 즉흥 연주(tele-improvisation), 즉 인터넷을 통한 즉흥 연주에 대해서는 다음의 글을 참조하라. Roger Mills, *Tele-Improvisation: Intercultural Interaction in the Online Global Music Jam Session* (Cham: Springer, 2019). 안타깝게도, 필자는 글을 준비하면서 이 흥미로운 책을 참고할 기회가 없었는데, 저널에 글을 보내기 직전에야 이 책을 발견했기 때문이다.

26) Maurizio Ferraris, "Total Mobilization," *The Monist* 97/2 (2014), 200-221.

는 고정된 네트워크가 아니라 계속해서 진행 중인 '직조'[27]의 과정이라고 할 수 있다. 이러한 매듭짓기는 온라인 및 오프라인의 다양한 상호작용으로 이해할 수 있는 '총체적 작용'에서 나온다.

필자는 이러한 총체적 작용이 전 세계적 규모에서 진행 중인 다수의 즉흥적인 상호작용이 가져온 결과라고 주장한다. 이는 사실 즉흥적인 상호작용에 해당하는 전형으로서, 각각의 행위는 평가이며, 이러한 평가는 '반대의 경우에서' 변형적인 행위가 된다. 바로 이것이 인터넷에서 일어나고 있는 현상이다. 각각의 스마트폰 또는 인터넷 사용자는 정보의 소비자일 뿐만 아니라, 다른 개인과 사회 주체들 그리고 플랫폼과 상호 작용하면서 가치 등의 규범성을 생산하고 다른 사용자의 행동에 영향을 미치는 문서의 생산자이다.

이는 예술 및 음악적 실제에서도 발생하는 현상이다. 한편으로, 음악가들은 한때 다른 전문가들을 위해 남겨졌던 다양한 종류의 활동에 참여하고 있다. 그들은 음악을 만들기 위해 앱과 도구를 사용하고 다른 음악을 활용하며, 때로는 다른 음악을 남용해 이를 재료 삼아 새로운 작품과 공연을 만들어내는 작곡가나 연주자일 뿐만 아니라,[28] 자체적으로 음반 회사를 설립하고 직접 자신의 음악을 배포하는 프로듀서로도 활동한다. 또 다른 한편으로, 작품, 음반, 스타일, 장르, 실제 등의 가치, 의미 그리고 정체성은 웹에 의해 또 웹을 통해 시행되는 상호작용에서 나타난다. 따라서 인터넷에서 유통되는 가지각색의 음악 대상들은 지속적으로 문화적인(심지어 때로는 물질적인) 재작업의 과정을 거치기 쉽다. 다른 예술적 실제들과 마찬가지로, 음악은 작곡가와 청중이 종종 무의식적으로 함께 참여하는 유동적인 '브리콜라주' 작업[29]의 재료가 되도록 그 실제를 구성하는 다양한 대상들(소리, 패턴, 형식, 작품, 녹음, 장르 등)이 차용되는 것을 목격한다. 웹은 "음악적 실제와 공연에서 공존하는 사회성과 유사하게, 거의 실시간으로 유통되고 또 참여적인 형태의 음악적 창의성"[30]을 가능하게 만든다.

결과적으로, 필자는 웹을 통해 또 웹에 의해 생성되는 문화적인 총체적 작용의 역학이 즉흥 연주의 실제를 반영하고 있음을 주장하고자 한다. 이는 연주자들 사이의 상호작용과

---

27) 즉흥 연주에서 직조(weaving)라는 은유를 흥미롭게 적용한 사례는 다음의 글에서 자세히 설명되어 있다. Franziska Schroeder, "Performing Improvisation:Weaving Fabrics of Social Systems," in *Soundweaving: Writings on Improvisation* (Cambridge: Cambridge Scholar Publishing, 2014).

28) 다음의 글을 참조하라. Frédéric Döhl, *Mash-up in der Musik* (Bielefeld: transcript, 2016).

29) 다음의 글을 참조하라. Claude Lévi-Strauss, *The Raw and the Cooked* (New York: Harper & Row, 1964); [역주] 브리콜라주 (bricolage)는 특정한 문화구조에서 여러 전통적 요소를 조합하는 행위를 말한다.

30) Georgina Born and Christopher Haworth, "From Microsound To Vaporwave: Internet-Mediated Musics, Online methods, and Genre," in *Music & Letters* (2018), 11.

더불어 기존의 형식과 재료들의 사용(혹은 남용)을 거쳐,[31] 음악적 대상들이 계속해서 재조명받을 뿐 아니라 나아가 이를 통해 예상치 못한 새로운 결과가 나타나는 것이다. 요약하자면, 즉흥 연주는 웹 시대의 총체적 작용에 생명력을 불어넣는 상호작용적 실제의 모범이라 할 수 있다. 이러한 즉흥 연주의 '변형적 창발주의'와 '상호작용적 규범성'은,[32] 각 참여자의 기여와 더불어 특정한 공연 상황과의 상호작용에서 나타나는 전체 공연의 의미와 가치와 연결되며, 일반적으로는 웹을 규정하는 직조의 세계적인 과정에서 음악가, 청중, 비평가 간의 상호작용적인 온라인 및 오프라인 관계 속에 정확하게 작동하는 것이다.

4. AI와 라이브 즉흥 연주하기

앞서 말했던 것처럼, 디지털 테크놀로지는 고전적인 라이브니스에 힘을 실어주면서, 그 역동성을 반영하여 라이브 음악적 실제를 가능하게 만든다. 하지만, 동시에 이는 다른 형태의 라이브 음악을 생성하기도 한다.

인터넷이 가능하게 하는 기술적인 과정 중 하나는 (온라인 영상 통화에서와 같이) 상황적 현존감(presence)의 통신(telematic) 제작이다. 이러한 상황적 공존, 다시 말해 청중이 창작 과정뿐만 아니라 그 결과에 참여하는 것은 웹에 의해 실현될 수 있으며, 이는 공연을 무대에 올리는 동안 지각자(perceivers)들이 가상으로 공연의 공간에 들어갈 수 있도록 허락하거나 반대로 연주자들을 청중의 데스크탑 안으로 옮기기도 한다. 이를 통해 공연의 상황은 사이버 공간을 매개로 연주자의 물리적 위치를 넘어 그 경계를 확장한다. 일반적인 현존감의 경험, 즉 음악을 직접 경험하는 청중의 존재 그리고 서로 직접적으로 상호 작용하는 공연과 연주자의 존재 모두 '미디어적'(mediatic)이고 '상호작용적인 공존'[33]을 통해 질적으로 향상된다. 청중은 오직 거리의 매개를 통해서만 공연에 존재한다. 연주자는 서로 다른 공간에 위치할 수 있으며 인터넷의 인터페이스를 통해서만 공존할 수 있다. 이러한 관점에서의 미학적 질문은 미디어적인 공존이 청중에게 라이브 콘서트에서의 물리적[실제적] 존재와 같은 방식으로 공연의 정서적이고 미학적인 분위기를 이해할 수 있게 하는가다. 필자의 대답은 '그렇다'

---

31) Alessandro Bertinetto, "The Birth of Art from the Spirit of Improvisation," *Quadranti* 6/1 (2018), 119-147.

32) 변형적 창발주의, 예술적[상호작용적] 규범성 그리고 즉흥 연주 간의 명확한 연관성을 알고 싶다면 다음의 글을 참조하라. Alessandro Bertinetto, "L'emergentismo nell'arte," *Philosophy Kitchen* 11/7 (2019), 177-191.

33) 이는 인터넷에 의해 가능해지는 종류의 온라인 및 오프라인 상호작용을 허락하지 않는, 라디오나 TV와 같은 오래된 미디어에 의해 이루어지는 현존감의 매개와는 완전히 다르다.

라고 할 수도, '아니다'라고 할 수 있겠다. 인터넷에 의해 가능해진 이러한 종류의 상호작용은 강한 친밀감과 참여를 '만들어낼' 수 있는데, 청중과 시청자는 비디오의 가상 공간을 통해 그들의 물리적 공간에 들어오는 연주자와 확실히 가까이 접촉할 수 있다. 물론, 양식과 소리 지각 대상 간의 차이를 간과하더라도, (연주자들의 사이뿐만 아니라 청중과 공연자 사이의) 미디어적 공존은 이렇게 성취된 가까움이 여전히 '먼 존재'(distant presence)라는 느낌을 지우지 못한다. 좋든 나쁘든 간에, 우리가 이더넷 오케스트라(Ethernet Orchestra)의 공연 제목인 '먼 존재들'[34]을 따라 말하듯이 말이다. 결국 이 경험은 고전적인 라이브니스를 더해주지만, 상황적이고 물리적인 공존을 실제로 대체하지는 않는다.

그러나 여기에는 기계와 같은 컴퓨터 연주자와의 상호작용을 포함하는 새로운 종류의 직접적인 공존과 함께 고전적인 라이브 즉흥 연주의 범위를 확장하는 새로운 음악적 실제들이 있다. 필자가 말하고자 하는 바는 다음과 같다. (a) 기계 또는 랩탑(laptop)이나 (스마트폰 등의) 다른 장치 그룹과 같은 기계의 네트워크에 입력을 제공함으로써 생성되는 즉흥 연주 그리고 (b) 아마도 (피아노, 트롬본 등을 말할 수 있는) 전통적인 악기를 연주하는, 인간 연주자와 기계 사이의 음악적 상호 작용이다.

(a) 첫 번째 경우에는, 컴퓨터 장치가 디지털적으로 생성되고 처리되는 입력과 출력 덕분에 상호 작용하는 연주자들에 의해 조작되는 도구로 사용된다. 1960년대부터 1980년대까지 활동했던 라이브 일렉트로닉 즉흥 연주 그룹 '무지카 일렉트로니카 비바'(Musica Elettronica Viva), '누오바 콘소난짜'(Nuova Consonanza) 등과 디제이들의 공연은 이러한 음악적 실제의 선구자들이다. 그러나 가장 흥미로운 예는 랩탑 오케스트라(Laptop Orchestras)라고 할 수 있다. 이들은 "랩탑, 타블렛, 스마트폰 그리고 (종종 다른 장치들로 풍부해지는…) 다양한 컨트롤러와 같은 디지털 악기의 전자음향적인 앙상블은 사운드를 생성하고 처리한다."[35]

랩탑 앙상블의 즉흥 연주는 특정한 문화적인 특징을 지닌다. 특히, "세계적이고, 사회적인 공연 네트워크의 결과물"[36]이기 때문에, 이들의 음악은 비지역적(alocal)이다. 이러한 오케스트라의 문화적 뿌리는 다층적이고 혼종적이며, 그들의 예술적인 결과물 역시 특정한 문화

---

34) https://www.youtube.com/watch?v=iKL3kzPaSXM [2021년 1월 30일 접속].

35) Eldad Tsabary. "Improvisation as an Evolutionary Force in Laptop Orchestra Culture," *Critical Studies in Improvisation* 11/1-2 (2017), 1; 이러한 형태의 음악적 악기 사용에 대한 명확한 개요를 위해 다음의 글을 참조하라. Le Bouteiller, Marie, "Des performances musicales par orchestre d'ordinateurs: une instrumentalité nouvelle? – Le cas de PLOrk," Musique en acte 1 (2020). https://gream.unistra.fr/revue-musique-en-acte/musique-en-acte-1-2020/ [2020년 5월 22일 접속].

36) Eldad Tsabary, 위의 글, 1.

음악적 창의성이란 무엇인가? : 플라톤에서 AI까지 음악적 창조에 대한 미적 담론

적 맥락과는 분리된다. 게다가, 이러한 음악적 실제는 작곡가, 연주자 그리고 악기 설계자들 사이의 구별을 흐린다는 점에서 여타 즉흥 연주 실제의 전형적인 특징을 강화한다.

　미학적인 측면에서 볼 때, 이러한 실제는 연주자들이 학습한 음악 기술에 의존하지 않으며 그들의 활동이 매우 실험적이라는 점에서 상당히 매력적이다. 연주자들은 텍스트적인 인터페이스를 통해 서로의 코드를 복사하고 수정하면서 실시간으로 상호 작용한다. 그 결과, 가장 두드러지는 미학적 특성은 랩탑의 즉흥 연주가 명백히 다른 즉흥 연주보다[37] 인상이 약하다는 것인데, 이는 라이브 코딩이 물리적인 움직임을 덜 포함하면서 더 지적(cerebral)이고 느리게 보일 수 있기 때문이다. 그러나 비록 음악적 상호작용이 주로 청각적인 정보 교환에 의해 이루어지며 문자 및 코드 처리를 통해 시행된다고 하더라도, 이 즉흥 연주는 (통신망을 거칠 때조차도) 매우 상호작용적이다. 실제로, "랩탑 연주자들은 그들의 파트너에 의해 즉흥 연주되는 새롭고 예측할 수 없는 음색, 제스처, 질감 그리고 처리 과정을 마주하며, 다시 이러한 소리와 아이디어에 응답해야 한다."[38] 상호 작용에도 다양한 양식들이 있다. 가장 흥미로운 것은 각각의 연주자에게 (음색, 리듬, 다이내믹 등) 하나의 매개 변수의 제어를 할당하고, 모든 즉흥 연주되는 매개 변수들의 상호 작용으로부터 음악적 결과가 나오도록 하는 것이다. 또는 매개 변수를 하나의 컴퓨터에서 작업하고 모든 랩탑에서 공유할 수도 있다.[39] 다른 흥미로운 사례들로는 (춤과 음악의 즉흥 연주적 상호작용에서처럼) 시각적 또는 제스처의 입력 간의 상호작용,[40] 실시간으로 이미지를 소리로 전환하는 가능성,[41] 지휘를 통해 안내되는 오케스트라 즉흥 연주[42] 등이 있다.

---

37) "연주자들은 입력된 코드를 통해 음악적 아이디어를 평가하고 만들어내는데, 이 과정은 자연스럽게 (일반적으로 3~30초 정도) 시간이 소요된다. 그러므로 음악의 추진력을 유지하기 위해, 라이브 코더(coders)는 주로 박자적이고(metric) 루프에 기반하는 텍스처를 연주하며, 코드의 다음 줄이 평가되기까지 루프가 계속 재생되도록 한다"(Tsavary, 2017, 2쪽). 연주자는 다른 공연자가 만든 신호를 조작하고 텍스팅을 통해 (때르는 코드와 텍스트를 청중에게 보여주며) 소통할 수 있다. "랩탑 음악가들은 악기 연주자보다 그들의 협력적인 즉흥 연주자들로부터의 제스처나 시각적 단서에 덜 의존적인데, 왜냐하면 어쿠스틱 악기와는 다르게, 랩탑은 시각적인 초점을 요구하며 종종 덜 즉각적인 반응을 보이기 때문이다" Eldad Tsabary, 앞의 글, 9쪽.

38) Eldad Tsabary, 위의 글, 2쪽

39) youtu.be/liqOkAEEUL0 [2020년 2월 2일 접속]; youtu.be/mRaxFWEA0Qc [2020년 2월 2일 접속].

40) 다음의 사례를 참조하라. 클로크와 콜랩'아트 데 스테프 ㅌ](CLOrk and Collab'Art de Stéph B), 랩탑과 춤추며(*Dancing with Laptops*). youtu.be/lOIzk6Rr14k [2020년 2월 2일 접속].

41) 다음의 사례를 참조하라. 비에스블로크(BSBLOrk), 《홀로프랙탈 즉흥곡 19번 파트 1: 핀에어리노》(*Holofractal impromptu #19 part I: Pinheirinho*). youtu.be/qAoBlty-q0o [2020년 2월 2일 접속].

42) 다음의 사례를 참조하라. 클로크와 코(CLOrk and CO)의 《티 스틱과 두 대의 랩탑 오케스트라를 위한 협주곡》(*Concerto for T-Stick and Two Laptop Orchestras*). youtu.be/zlheWtLA_-4 [2020년 2월 2일 접속]; 클로크와 리슬의 심포닉 오케스트라 (CLOrk and Orchestre Symphonique de l'Isle)의 《랩탑과 심포닉 오케스트라를 위한 창작》(*Creation for laptop and symphonic orchestras*). youtu.be/qQb4uWWZ34w [2020년 2월 2일 접속].

예측 불가능성, 그리고 창의적 결과물의 발생 가능성은 원칙적으로 기계나 (서로 연결되는 웹을 대체하는) 고유한 컴퓨터가 아닌, 각각 하나의 장치를 제어하는 다중적인 연주자들 사이의 상호작용으로부터 소리의 복잡성과 풍부함이 생성된다는 사실에서 비롯한다. 일반적으로 말하면, 네트워크 기술과 공유된 라이브 코딩을 통한 이러한 상호작용의 효과는 여러 음원[랩탑들]을 동시에 다양한 연주자들이 연주하는 하나의 악기로 변환하는 것이다. 더욱이, 각기 자신만의 인터페이스와의 대화에 몰두한 연주자들이 지닌 공통적인 집중력의 지각은 일종의 의식에 참여하는 느낌을 불러일으킨다.[43]

이러한 실제가 보여주듯이, 고전적인 라이브의 몇 가지 측면과 미디어 공존의 형태를 결합하는, 새로운 종류의 라이브 즉흥 연주의 실제가 디지털 기술에 의해 가능해졌다. 웹이나 특정한 공간적 위치에서, 인간은 전통적인 라이브 연주자들이 하듯이, 그러나 디지털 장치를 조작하는 방식으로 서로 음악적 상호작용을 하면서 즉흥 연주를 한다. 이전과 새로운 실제 사이에는 육체(corporality), 통신에서의 상호작용, 매개 변수의 구분화, 소리 유형, 소리 제어 소스 및 형식 등에 관한 중요한 차이들이 있지만, 즉흥 연주에서 가장 중요한 존재론적이고 미학적인 특징[즉각적인 상호작용]은 존중받는 것으로 보인다. 즉흥 연주자들은 서로와 그리고 특정한 상황과 상호 작용하는 인간들로서, 공연 자체의 순간에서 음악적으로 창의적인 결정을 내리며, 이러한 음악의 미학적 우수함은 바로 실시간적인 상호작용에서 나온다. 즉흥 연주의 존재론에 관한 필자의 책 제목을 가져와 사용하자면,[44] 이 음악가들은 컴퓨터 기술의 도구를 음악적 악기로 사용하면서 예상치 못한 것을 선보인다.

(b) 고전적인 라이브 즉흥 연주의 기술적인 확장이라는 두 번째 사례는 철학적으로 흥미로운데, 이는 그것의 미학적이고 예술적인 표현들 때문이기도 하며, 물론 비예술적인 응용 때문이기도 하다. 인공지능을 상호작용적인 즉흥 연주를 만들기 위한 제어 가능한 도구로 사용하는 것이 아니라, 대신 기계와 함께 연주하는 것을 전적으로 하며 협력적인 즉흥 연주에서 일종의 '동료'로서 기계를 받아들이는 것이다. 바꿔 말하자면, (어떤 종류의 악기도 연주할 수 있는) 인간 연주자와 (디지털 인터페이스에 연결 가능한 악기를 연주하는) 컴퓨터 연주자는 상호작용하며 함께 라이브 즉흥 연주를 만들어낸다.

핵심 질문은 컴퓨터 혹은 로봇이 즉흥 연주를 할 수 있느냐 하는 것이다. 이 질문은 컴

---

43) 소리를 생성하고 처리하기 위한 모든 소프트웨어, 도구 및 코드가 인터넷에서 이용 가능해지면서, 이에 따라 어느 정도 즉흥 연주의 상호작용이 장기적으로 (공연의 실시간은 아니지만, 여전히 온라인에서) 공연 준비, 학습 단계, 문화 교류의 수준에서도 작용할 수 있다고 볼 수 있다.

44) Alessandro Bertinetto, *Eseguire l'inatteso. Ontologia della musica improvvisazione* (Roma: Il Glifo, 2016).

퓨터의 창의성을 이해하는 것에 달려 있다. 이는 현대 과학 연구에서 가장 흥미로운 질문 중 하나이지만, 여기서 그 문헌들을 자세하게 살펴보지는 않을 것이다. 그러나 요점은 다음과 같다. 만약 언어학자 촘스키(Noam Chomsky)의 '규칙 지배적' 창의성과 '규칙 변경적' 창의성의 구별[45] 또는 인지과학자 보든(Margaret Boden)의 '조합적', '탐구적', '변형적' 창의성의 세 가지 구분[46]을 받아들인다면, 우리는 인공지능이 촘스키의 첫 번째 의미와 보든의 첫 번째, 두 번째 의미에서 창의적이라고 말할 수 있다. 기계는 습득하고 저장한 지식을 사용, 결합 및 탐색함으로써 프로그래밍 된 규칙에 따라 즉흥 연주할 수 있는데, 예를 들어 특정한 스타일의 환경을 대표하는 멜로디 및 리듬 패턴과 화성 진행을 재조합할 수 있다. 실제로, 이들은 '부모'에서 '자식'을 만들어내는, 소위 '유전적 알고리즘'을 사용한다. 악구의 레퍼토리와 같은 음악적 재료들은 다른 악구들을 만들어내기 위해 결합할 수 있다. 그 결과는 청취자가 예상하지 못한, 예를 들어 조성에서 벗어나 즉흥 연주를 하는 등의 효과를 발생시키는 무작위한 변형을 만들어내는 확률적인 돌연변이에 의해 복잡해질 수 있다. 이에 대한 예시로는 마림바 즉흥 연주 로봇 '시몬'(Shimon)을 떠올릴 수 있다.[47]

조합하고 탐색하는 능력을 지닌 덕분에, 컴퓨터는 그들의 '개념적 공간'을 탐험하고 문제를 해결함으로써[48] 화성 진행을 연주하는 방법을 '학습'하거나 재즈 음악가인 데이비스(Miles Davis)나 모차르트의 스타일로 연주하는 방법을 '학습'할 수 있다. 따라서 기계는 인간 공동 연주자의 입력에 실시간으로 관련되지만 아마도 예상하지 못한 방식으로 응답할 수 있다.[49]

그러나 정확하게 말해서 즉흥 연주는 단순히 조합하고 탐색하는 활동으로 환원될 수 없다.[50] 알고리즘의 자동적인 적응과 학습 능력은 그 변형을 가져올 수 있을 정도가 아니다.

45) Noam Chomsky, *Current Issues in Linguistic Theory* (The Hague: Mouton, 1964).

46) Margaret Boden, *The Creative Mind: Myths and Mechanisms* (New York: Basic Books, 1990); Margaret Boden, "Computing and Creativity," in *The Digital Phoenix: How Computers are Changing Philosophy* (Oxford: Blackwell, 1998).

47) https://www.youtube.com/watch?time_continue=4&v=FEpQwi0Pgvw [2021년 1월 30일 접속].

48) Luca Casini and Marco Rocetti, "The Impact of AI on the Musica World: Will Musicians Be Obsolete?," *Studi di estetica* 46 4/3 (2018), 123쪽.

49) "사전에 녹음된 악구들의 사용은… 원래의 악구에 있던 음악적 요소들이 실시간으로 이루어지는 입력과 섞여 각기 주어진 멜로디 입력에 대해 독특하고, 혼종적이며(hybrid), 동시에 예상치 못한 응답을 생성할 수 있도록 허락한다. 알고리즘을 실시간으로 작동함으로써, 이 응답들은 음악적으로 적절한 시간(time-frame)에 맞춰 형성된다." Gil Weinberg, Mark Godfrey, Alex Rae, and John Rhoads, "A Real-Time Genetic Algorithm in Human-Robot Musical Improvisation," in *Computer Music Modeling and Retrieval, Sense of Sounds*, Edited by Richard Kronland-Martinet, Sølvi Ystad and Kristoffer Jensen, (Berlin, Heidelberg: Springer, 2008), 353.

50) Michael Young and Tim Blackwell, "Live Algorithms for Music: Can Computers Be Improvisers?" in *The Oxford Handbook of*

기계의 메모리와 데이터 처리 속도는 거대하며 (사물 인터넷[51]의 경우처럼) 다른 기계와의 연결을 통해 더욱 향상되지만, 컴퓨터는 인간의 입력 없이 자신을 이끄는 규칙을 변환할 수는 없다. 이들은 자동적(automatic)이지만 자율적(autonomous)이지는 않기 때문이다. 컴퓨터 그 자체는 주어진 스타일로 연주할 수 있지만, 스타일을 이월해나갈 수는 없다. 그러니 변형적인 창의성은 인공지능의 가능성으로는 (아직) 아니다.

즉흥 연주의 실제는 환경에 적응하면서 그러면서 또한 환경의 변형을 유발하면서 진화할 수 있는 능력을 요구한다. 이는 인간 연주자들이 음악적 실제에서 즉흥 연주하는 방법을 배울 때 하는 일이며,[52] 개인적인 미학적 스타일을 형성하도록 이끄는 습관의 창의적인 형성을 포함하는 활동이기도 하다. 그러나 컴퓨터는 이러한 탁월한 의미에서 즉흥 연주를 할 수 없다. 이들은 특정한 상황에 맞게 행동을 적응시키는 방식으로 '행동 규칙'을 변형하면서 자신들만의 노하우를 스스로 발전시킬 수 없다. 이미 기능 중인 알고리즘만을 구현할 수 있으므로, 철학자 장켈레비치(Vladimir Jankélévitch)[53]의 즉흥 연주에 대한 관점이나 아렌트 (Hannah Arendt)[54]의 인간 행동에 대한 개념처럼 새로운 것을 시작하는 의미에서 즉흥 연주를 하지 않는다.

인공지능 연구에서 자주 활용되는 생물 진화론적인 관점에서 볼 때, 적어도 현재로서 컴퓨터는 외부의 인간 개입 없이 진화한다고 말할 수 없다. 이른바 '라이브 알고리즘'에서 디지털 생성 알고리즘 또는 유전자형은 설계자에 의해 생성되고, (유전자형의 자손이라 할 수 있는) 표현형이 이를 '유기적으로' 피드백할 수 있으며, 계산 중에 제공되는 입력, 예를 들어 라이브 샘플링된 소리를 제공하는 사용자의 직접적인 개입 등을 통해서만 창의적인 결과가 나타날 수 있다.[55] 따라서 컴퓨터 연주자들만으로는 "환경적 피드백이 구조적 변화와 새로운 기초 요소의 생성을 유도할 수 있다"라고 할 만한 창의적인 신생 시스템이 아니다.[56] 다

Critical Improvisation Studies, Vol. 2, Edited by George Lewis and Benjamin Piekut, (New York: Oxford University Press, 2016), 507-528; Gunter Lösel, "Can Robots Improvise?," *Liminalities: A Journal of Performance Studies* 14/1 (2018), 196.

51) [역주] 사물 인터넷(Internet of Things)이란, 각종 사물에 센서와 통신 기능을 내장하여 인터넷에 연결하는 기술, 다시 말해 무선 통신을 통해 각종 사물을 연결하는 기술을 의미한다.

52) 다음의 글을 참조하시오. Alessandro Bertinetto and Georg Bertram, "We Make Up the Rules as We Go Along: Improvisation as Essential Aspect of Human Rationality?," *Open Philosophy* 3/1 (2020), 202-221.

53) Vladimir Jankélévitch, "De l'improvisation," in *La rhapsodie - Verve et improvisation musicale* (Paris: Flammarion. 1955).

54) Hannah Arendt, "Understanding and Politics," *Partisan Review* 20/4 (1953), 377-392; Hannah Arendt, *The Human Condition* (Chicago: Chicago University Press, 1958).

55) Alice Eldridge, "Cyborg Dancing: Generative Systems for Man Machine Musical Improvisation," in *Proceedings of Third Iteration Conference*, 2005; Michael Young and Tim Blackwell, 앞의 글, 515.

56) Alice Eldridge, 앞의 글, 6.

시 말해, 컴퓨터 연주자는 '주도적인' 방식으로 즉흥 연주할 수 없으며, 단지 '주도적으로 보이는' 방식으로만 그럴 수 있다.[57] 예를 들어, 컴퓨터 즉흥 연주자는 순간적인 침묵이 공연의 부재인지 혹은 단순한 일시 정지인지 결정할 수 없다.[58] 컴퓨터는 '그 자체로' 변화, 유전, 선택을 통해 진화할 수 있는 실체가 (여전히) 아니다. 그들은 변화하는 환경에 스스로 적응할 수 없고, 따라서 그들의 '습관'을 만들거나 변형할 수도 없다. 따라서 그들은 엄밀히 말하면 즉흥 연주자라고 할 수 없는데, 즉흥 연주는 정확하게 (다른 연주자들을 포함한) 환경과 창의적으로 상호작용하면서 새로운 결과를 만들고 행동 습관을 변형하는 능력을 말하기 때문이다. 결과적으로, 컴퓨터 연주자의 주체성은 "음악적 아이디어가 시스템 내에 존재한다는 점에서 설계에 따라 달성된다. 행동 규칙, 특정한 행위와 반응, 컨트롤 데이터 매핑 등은 악보나 텍스트로 표현될 수도 있었을 아이디어의 부호화이다. 그러므로 완전히 즉흥 연주되는 맥락에서조차도, 음악가가 컴퓨터를 위해 입력을 만들고 컴퓨터가 다시 규칙에 따라 반응하는 모든 것이 실제로 일어나고 있다."[59]

이러한 상황에도 불구하고, 필자는 컴퓨터 연주자들이 즉흥 연주의 상호작용에 '정말로' 참여하고 있음을 주장한다.[60] 알고리즘의 규칙 변경 또는 변형적 창의성의 부재, 다시 말해 컴퓨터가 즉석에서 그 자체의 공연 규칙을 만들어낼 수 없다는 것은 인간과 컴퓨터의 즉흥 연주적 상호 작용을 인지하는 데에 그리 주요한 문제가 아니다. 알고리즘은 창의적인 결정을 내리는 인간과 논리적인 규칙을 따르는 기계 사이의 상호작용적인 공연 속 파트너가 되어줄 수 있다.[61] 컴퓨터 즉흥 연주자와의 음악적 상호 작용에서, 인간 연주자들은 알고리즘이 만들어 낸 소리에 대답하면서 알고리즘을 응답성 있는 파트너라고 인정하는데, 이 파트너는 그들의 예술적 공연을 향상하는 데 도움이 되는 음향적인 답변을 생성한다. 기계가 만들어내는 예상하지 못한 음악적 사건들은 인간 연주자들이 지닌 표현력을 확장하고, 풍부하게 만들며, 또 증가시킬 수 있다. "컴퓨터는 즉흥 연주자가 연주 도중 응답과 궤적을 발전

---

57) Michael Young and Tim Blackwell, 위의 글, 519.

58) Michael Young and Tim Blackwell, 위의 글, 523.

59) Michael Young and Tim Blackwell, 위의 글, 511. 세인트-저기어(Pierre Saint-Germier)가 관찰한 바와 같이, 컴퓨터는 알고리즘 (즉, 규칙에 따라)과 우연(chance)에 의해 진행되며, 이 과정은 분명히 즉흥 연주라고 할 수 없다. Pierre Saint-Germier, "Turing ex tempore: un ordinateur peut-il improviser de la musique?" in *Perspectives philosophiques sur les musiques actuelles*, Edited by Clément Canonne, (Paris: Delatour, 2017), 47-73.

60) 이 주제에 관한 짧지만 흥미롭고 잘 설명된 논의는 다음의 글을 참고하시오. Caterina Moruzzi, "Improvisation as Creative Performance," in *The Routledge Handbook on Philosophy and Improvisation in the Arts*, ed. Alessandro Bertinetto and Marcello Ruta, (London: Routledge, 2022), 47-59.

61) 다음의 글을 참조하시오. Michael Young and Tim Blackwell, 위의 글, 510.

시키도록 도울 수 있다."[62] 따라서 이러한 상호 작용에서의 예술적 의미는 상호작용 그 자체를 통해 드러나며, 대표적인 사례로는 루이스(George Lewis), 모란(Jason Moran) 그리고 알고리즘인 '보이저'(Voyager)의 공연을 떠올릴 수 있다.[63]

인간과 기계 사이의 이러한 상호작용은 인간 간의 즉흥 연주적 상호작용에 정확하게 해당한다. 즉흥 연주에서, 자기 생산적이고 변형적인 규범적 상호작용의 개방 시스템과 같이, 처리 과정의 의미와 가치는 생성된 여러 사건 간의 다중적인 상호작용과 피드백 루프에서 발생한다. 소리 뒤에 있는 의도들은 단순히 서로 연관될 뿐만 아니라, 연주자 B에 의해 생성된 소리가 연주자 A가 만들어낸 소리에 감각(의미, 가치, 방향)을 수행적으로 부여하고, C에 의해 발생할 소리를 평가하기 위한 진화하는 규범적인 틀을 설정함으로써 다시 A와 B를 피드백할 것이다.[64]

어떤 학자들은 컴퓨터가 자신의 음악 공연 중에 하는 행동이 의도적으로 보일지라도 그 의도나 의지가 없다고 주장함으로써 컴퓨터의 주체성을 다룬다. 따라서 오직 '허구적인 의도성'[65] 혹은 '유사 주관성'[66]만이 컴퓨터에 귀속될 수 있다. 그러나 이는 핵심이 아니다. 철학자 앤스콤(Elizabeth Anscombe)이 주장한 바와 같이,[67] 의도성은 수행된 행동의 숨겨진 발원자로서의 의지를 찾고 귀속시키는 것이 아니라, 사건을 누군가(혹은 무언가)에 의해 수행된 행동(혹은 상호작용)으로서 묘사할 수 있는 것이다. 이에 따라 사건은 '이것이나 저것이 일어났다'라는 표현이 아니라 오히려 '나는 어떠한 일을 한다'라거나 '이 로봇은 어떠한 일을 했다'라는 표현으로 설명되어야 한다. 그러니 철학자 바그놀리(Carla Bagnoli)가 제안한 것처럼,[68] 중요한 것은 연주자의 숨은 의도가 아니라 음악적 사건을 [행동이나 상호작용으로서] 그들에게 귀속시킬 수 있는 가의 가능성, 다시 말해 그들에게 책임과 반응성을 부여할 수 있는 가의 가능성이다. 이는 루이스(Geroge Lewis)[69]가 "기계가 [어떠한 의지나 의도를 지니고

62) Roger Dean. "Envisaging Improvisation in Future Computer Music." in *The Oxford Handbook of Computer music*, Edited by Roger Dean, (New York, Oxford University Press, 2009), 139.

63) [역주] https://www.youtube.com/live/Mn3M2JLQOts?si=g05NAdX_4XZ12WTh [2024년 3월 21일 접속].

64) 다음의 글을 참조하시오. Alessandro Bertinetto, *Eseguire l'inatteso Ontologia della musica e improvvisazione* (Roma: Il Glifo, 2016), 263-294.

65) Gunter Lösel, "Can Robots Improvise?," *Liminalities: A Journal of Performance Studies* 14/1 (2018).

66) George Lewis, "From Network Bands to Ubiquitous Computing: Rich Gold and the Social Aesthetics of Interactivity," in *Improvisation and Social Aesthetics*, Edited by Georgina Bron, Eric Lewis and Will Straw, (Durham: Duke University Press, 2017), 91-109.

67) Elizabeth Anscombe, *Intention* (Cambridge, MA: Harvard University Press, 2000).

68) Carla Bagnoli, "Responsability for Action," *Paradigmi* 1 (2010), 75-86.

69) George Lewis, "Too Many Notes: Computers, Complexity and Culture in Voyager," *Leonardo Music Journal* 10 (2000), 38.

성격이나 정체성을 나타내느냐가 아닌, 어떻게 성격과 정체성이 음향적 행동[사건]을 통해 표현되는가"가 요점이라고 주장하는 것과 같다.[70]

이처럼, 비록 컴퓨터 연주자 혼자서 그 규칙들과 행동 습관을 변형시킬 수는 없지만, 컴퓨터와 함께하는 즉흥 연주는 즉흥 연주적 상호작용이 '맞다.' 루이스가 상세히 설명한 바와 같이, "컴퓨터 시스템과의 즉흥 연주적 상호작용은 인간 상호작용성과 사회성의 (…) 전통적인 개념을 끌어내고 또 도전하는 일종의 가상 사회성을 만들어낸다. 즉흥 연주하는 것은 대안적인 관점들을 마주하고 다른 사람으로부터 배우는 것이며, 컴퓨터와 즉흥 연주하는 것은 우리에게 이런저런 기본적인 상호작용 과정을 내부에서 관찰하는 방법을 알려준다."[71] 이는 단순히 음악적 경험의 시뮬레이션이 아닌, 음악 만들기 그 자체이자, 비인공적인 라이브니스를 만들어내는 인공적인 삶의 형태라고 할 수 있다.[72] 따라서, 예술적인 즉흥 연주적 상호작용을 만들기 위해서는 인간과 컴퓨터 연주자들 간의 음악적 상호작용의 관계가 필요하며, 여기서 표현적으로 또한 미학적으로 가치 있는 예측하지 못한 결과가 나타나는 협력이 발생한다. 이러한 종류의 즉흥 연주는 분명히 직접적으로 라이브로 체험될 수 있지만, 오늘날에는 인터넷이라는 가장 대중적이고 널리 거진 방식을 통해 이러한 유형의 상호작용을 발견할 수 있으며, 나아가 이는 인간과 컴퓨터 연주자의 일반적인 시나리오가 된다.

5. 나가며

인간과 컴퓨터의 협업은 라이브 즉흥 연주의 상호작용이 지닌 가능성을 높인다. 기계를 통해 또는 기계와 함께 음악을 만들 때, 인간은 기계에 기록되고 저장된 알고리즘을 생산한 문화와 상호작용하며,[73] 이 과정에서 전례 없고 창의적인 결과물이 탄생한다. 예술적 가치는 물론이고 이에 대한 평가 자체의 기준들 역시 이러한 상호작용에서 나타나며, 마찬가지로 규범성은 참여자들이 그들의 상호작용에 따라 즉흥 연주를 하면서 나아가는 동안 생성

---

70) 이러한 의미에서, 루이스(Eric Lewis)는 컴퓨터 연주자가 '허구적인 즉흥 연주자'이며, 인간 즉흥 연주자들이 가상(make-believe)의 즉흥 연주 게임에 참여한다고 주장한다. Eric Lewis, *Intents and Purposes: Philosophy and the Aesthetics of Improvisation* (Ann Arbor: University of Michigan Press, 2019), 96-100.

71) George Lewis, "Why Do We Want Our Computers to Improvise?," in *The Oxford Handbook of Algorithmic Music*, Edited by Roger Dean and Alex McLean, (New York: Oxford Univers ty Press, 2018), 127.

72) George Lewis, 위의 글, 12.

73) George Lewis, "Too Many Notes: Computers, Complexity and Culture in Voyager," *Leonardo Music Journal* 10 (2000), 33-39.

된다. 따라서 컴퓨터를 통해 또는 컴퓨터 연주자와 함께 즉흥 연주의 실제를 향상하는 두 가지 사례는 단순히 기계의 오래된 미학의 선행 조건으로서 컴퓨터 연주자의 비인간적인 (inhumane) 능력을 높이는 것이 아니라, 오히려 기술을 인류의 표현적인 실제에 통합시킨다.[74] 이렇게 함으로써, 그들은 즉흥 연주 미학의 몇 가지 중요한 측면을 강조한다.

즉흥 연주의 미학은 불완전성의 미학이 아니라, 상호작용성과 발생의 관계형 미학이다. 이는 필자가 다른 글에서 주장했던 바와 같이,[75] 예술적 규범성에 대해 전형적이다. 즉흥 연주에서 연주자들은 (다른 연주자들을 포함해) 변화하는 환경과 상호작용하며, 이 과정의 의미는 연주자의 의도에 의해 미리 결정되는 것이 아니라, 그 과정이 예측할 수 없는 방향으로 자기 생산적으로 작용하도록 피드백하는 상호작용의 결과로부터 나온다. 마찬가지로 예술작품의 의미와 가치는 예술가의 의도에 감추어져 있지 않다. 그보다는 구체적이고 변화하는 상황에서 다양한 종류의 상호작용, 예를 들어 실제에 관한 참여자, 청중, 비평가들 간의 상호작용뿐만 아니라 [음악적] 재료, 문화적 형식, 스타일, 미학적 습관과 전통과의 상호작용에서 나온다.

필자가 이 글에서 제안했듯이, 즉흥 연주의 변형적 규범성은 인터넷에서 생성되는 유동적인[직조의] 상호작용적인 경험에서 작용하며, 오프라인과 온라인의 상호작용을 함께 얽어놓는다. 이는 예술적 실제의 역학에도 영향을 미친다. 인터넷 시대 이전에는 더 느린 역사적 시간에서 주로 발생했던 다양한 주체와 객체 간의 예술적인 의미 변형 상호작용이 이제는 [웹과 인터넷, 컴퓨터 연주자 등을 통해] 더욱 확장된 실시간에서 나타난다. [디지털 테크놀로지의 발전으로 형성된] 이러한 오늘날의 상황은 고전적인 라이브 실제를 훼손한다기보다는, 디지털 미디어와 컴퓨터 주체와 함께 생성되고 또 경험되는 새로운 예술적 실제를 향상함으로써 그 음악적 및 미학적 가치를 끌어올린다.

---

74) Guy Garnett, "The Aesthetics of Interactive Computer Music," *Computer Music Journal* 25 (2001), 32.

75) Alessandro Bertinetto, "Performing the Unexpected," Daimon 57 (2012), 61-79; Alessandro Bertinetto, "Improvisation and the Ontology of Art," *Rivista di Estetica* 61, 73/1 (2020), 10-29; Alessandro Bertinetto, *Estetica dell'improvvisazione* (Bologna: il Mulino, 2021).

참고문헌

Anscombe, Elizabeth. *Intention*. Cambridge, MA: Harvard University Press, 2000.

Arbo, Alessandro. "L'œuvre musicale dans le cyberespace: Implications esthétiques et ontologiques." *Aisthesis* 9/1 (2016): 5-27.

Arendt, Hannah. "Understanding and politics." *Partisan Review* 20/4 (1953): 377-392.

_____. *The Human Condition*. Chicago: Chicago University Press, 1958.

Auslander, Philip. *Liveness: Performance in a Mediatized Culture*. London: Routledge, 2008.

Bagnoli, Carla. "Responsability for Action." *Paradigmi* 1 (2010): 75-86.

Bertinetto, Alessandro. "Performing the Unexpected." *Daimon* 57 (2012): 61-79.

_____. *Eseguire l'inatteso. Ontologia della musica e improvvisazione*. Roma: Il Glifo, 2016.

_____. "The Birth of Art from the Spirit of Improvisation." *Quadranti* 6/1 (2018): 119-147.

_____. "Parker's Mood. Emotional Atmospheres and Musical Expressiveness in Jazz." *Studi di Estetica* 47, 4/2 (2019): 23-41.

_____. "L'emergentismo nell'arte." *Philosophy Kitchen* 11/7 (2019): 177-191.

_____. "Improvisation and the Ontology of Art." *Rivista di Estetica* 61, 73/1 (2020): 10-29.

_____. *Estetica dell'improvvisazione*. Bologna: il Mulino, 2021.

Bertinetto, Alessandro and Georg Bertram. "We Make Up the Rules as We Go Along: Improvisation as Essential Aspect of Human Rationality?" *Open Philosophy* 3/1 (2020): 202-221. https://doi.org/10.1515/opphil-2020-0012

Boden, Margaret. *The Creative Mind: Myths and Mechanisms*. New York: Basic Books, 1990.

_____. "Computing and Creativity." in *The Digital Phoenix: How Computers are Changing Philosophy*, Oxford: Blackwell, 1998.

Born, Georgina and Christopher Haworth. "From Microsound To Vaporwave: Internet-Mediated Musics, Online methods, and Genre." in *Music & Letters* (2018): 1-47.

Casini, Luca and Marco Rocetti. "The Impact of AI on the Musical World: Will Musicians Be Obsolete?" *Studi di estetica* 46 4/3 (2018): 119-134.

Chomsky, Noam. *Current Issues in Linguistic Theory*. The Hague: Mouton, 1964.

Dean, Roger. "Envisaging Improvisation in Future Computer Music." in *The Oxford Handbook of Computer music*. Edited by Roger Dean, 133-147. New York, Oxford University Press, 2009.

Döhl, Frédéric. *Mash-up in der Musik*. Bielefeld: transcript, 2016.

Eldridge, Alice. "Cyborg Dancing: Generative Systems for Man Machine Musical Improvisation." in *Proceedings of Third Iteration Conference*, 2005. https://www.researchgate.net/profile/Alice-Eldridge/publication/228341080_Cyborg_dancing_generative_systems_for_man-machine_musical_improvisation/links/00b7d52b312771c074000000/Cyborg-dancing-generative-systems-for-man-machine-musicalimprovisation.pdf

Ferraris, Maurizio. "Total Mobilization." *The Monist* 97/2 (2014): 200-221.

Garnett, Guy. "The Aesthetics of Interactive Computer Music." *Computer Music Journal* 25 (2001): 21-33.

Hamilton, Andy. "The Art of Recording and the Aesthetics of Perfection." *The British Journal of Aesthetics* 43/4 (2003): 345-362.

Jankélévitch, Vladimir. "De l'improvisation." in *La rhapsodie - Verve et improvisation musicale*. Paris: Flammarion. 1955.

Lehmann, Harry. *Die digitale Revolution der Musik*. Mainz: Schott Music, 2012.

Lévi-Strauss, Claude. *The Raw and the Cooked*. New York: Harper & Row, 1964.

Lewis, Eric. *Intents and Purposes: Philosophy and the Aesthetics of Improvisation*. Ann Arbor: University of Michigan Press, 2019.

Lewis, George. "Too Many Notes: Computers, Complexity and Culture in Voyager." *Leonardo Music Journal* 10 (2000): 33-39.

_____. "The Secret Love between Interactivity and Improvisation, or Missing in Interaction: A Prehistory of Computer Interactivity." in *improvisation V: 14 Beiträge*. Edited by Walter Fähndrich, 193-203. Winterthur: Amadeus, 2003.

_____. "Interactivity and Improvisation." in *The Oxford Handbook of Computer Music*. Edited by Roger Dean, 457-466. New York: Oxford University Press, 2009.

_____. "From Network Bands to Ubiquitous Computing: Rich Gold and the Social Aesthetics of Interactivity." in *Improvisation and Social Aesthetics*. Edited by Georgina Bron, Eric Lewis and Will Straw, 91-109. Durham: Duke University Press, 2017.

_____. "Why Do We Want Our Computers to Improvise?" in *The Oxford Handbook of Algorithmic Music*. Edited by Roger Dean and Alex McLean. New York: Oxford University Press, 2018.

Le Bouteiller, Marie. "Des performances musicales par orchestre d'ordinateurs: une instrumentalité nouvelle? – Le cas de PLOrk." Musique en acte 1 (2020). https://gream.unistra.fr/revue-musique-en-acte/musique-en-acte-1-2020/ 2020년 5월 22일 접속.

Lösel, Gunter. "Can Robots Improvise?" *Liminalities: A Journal of Performance Studies* 14/1 (2018). http://liminalities.net/14-1/robots.pdf

Mccormack, Jon., Eldridge, Alice. and Peter Mcilwain. "Generative Algorithms for Making Music: Emergence, Evolution, and Ecosystems." in *The Oxford Handbook of computer music*. Edited by Roger Dean, 354-379. New York: Oxford University Press, 2009.

Mills, Roger. *Tele-Improvisation: Intercultural Interaction in the Online Global Music Jam Session*. Cham: Springer, 2019.

Moruzzi, Caterina. "Improvisation as Creative Performance." in *The Routledge Handbook on Philosophy and Improvisation in the Arts*. Edited by Alessandro Bertinetto and Marcello Ruta, 47-59. London: Routledge, 2022.

Saint-Germier, Pierre. "Turing ex tempore: un ordinateur peut-il improviser de la musique?" in *Perspectives philosophiques sur les musiques actuelles*. Edited by Clément Canonne, 47-73. Paris: Delatour, 2017.

Schroeder, Franziska. "Performing Improvisation: Weaving Fabrics of Social Systems." in *Soundweaving: Writings on Improvisation*. Cambridge: Cambridge Scholar Publishing, 2014.

Sidhu, Inder. *The Digital Revolution*. Old Tappan, NJ: Pearson, 2016.

Tarasti, Eero. *Signs of Music*. Berlin: De Gruyter, 2002.

Tsabary, Eldad. "Improvisation as an Evolutionary Force in Laptop Orchestra Culture." *Critical Studies in Improvisation* 11/1-2 (2017), 1-12.

The Oxford Handbook of Critical Improvisation Studies Vol. 2, Edited by George Lewis and Benjamin Piekut. New York: Oxford University Press, 2016.

Weinberg, Gil., Godfrey, Mark., Rae, Alex and John Rhoads. "A Real-Time Genetic Algorithm in Human-Robot Musical Improvisation." in *Computer Music Modeling and Retrieval*. Sense of Sounds. Edited by Richard Kronland-Martinet, Sølvi Ystad and Kristoffer Jensen, 351-359. Berlin, Heidelberg: Springer, 2008.

Young, Michael and Tim Blackwell. "Live Algorithms for Music: Can Computers Be Improvisers?" in *The Oxford Handbook of Critical Improvisation Studies*, Vol. 2. Edited by George Lewis and Benjamin Piekut, 507-528. New York: Oxford University Press, 2016.

틱톡: 숏 비디오의 창의성과 문화
Tik Tok: Creativity and Culture in Short Video[76]

D 본디 발도비노스 케이 외 2명 지음

정다운 편역

1. 저자

세 명의 저자가 이 책의 저술에 참여하였다. D. 본디 발도비노스 케이(D. Bondy Valdovinos Kaye)는 영국 리즈 대학교의 박사 후 과정을 밟고 있으며 음악, 문화 정책, 디지털 플랫폼이 주요 연구 분야이다. 징 젱(Jing Zeng)은 취리히 대학의 시니어 연구자이자 티칭 어시스턴트로 근무 중이다. 페트릭 위크스트롬(Patrik Wikström)은 호주의 퀸즈랜드공과대학에서 디지털 미디어 리서치 센터의 디렉터이자 커뮤니케이션학과 교수로 재직중이다.

2. 편역자 서문

이 책은 폴리티사(Polity)에서 '디지털 미디어와 사회 시리즈'(Digital Media and Society Series)라는 주제로 기획 출판된 시리즈 중 하나이다. 이 연구는 2018년 탄생한 숏 비디오 플랫폼인 틱톡을 사회문화적 관점에서 학문적으로 접근하여 연구한 발 빠른 결과물이기도 하다.

이 책에서 틱톡의 창의성과 관련하여 중요하게 보는 두 개념은 플랫포미제이션 (platformizaion)과 행동유도성(affordance)[77]이다. 플랫포미제이션은 틱톡이라는 디지털 플랫폼의 특성, 기능, 논리가 상이한 사회문화적 관습과 상호 작용하는 방식이다. 행동유도성이란 틱톡의 생태계에서 공간적으로 떨어져 있는 사람들이 어떤 작품을 만들기 위한 창의적 과정을 유도하는 특성이라고 생각할 수 있다.

틱톡은 숏 비디오 플랫폼이며 홈페이지나 메뉴에서 비디오를 선택하는 시스템이 아니

---

76) D. Bondy Valdovinons Kaye, Jing Zeng, Patrik Wikström, *Tik Tok: Creativity and Cultre in Short Video*. polity, 2022.

77) 네이버 지식백과 [affordance] 대상의 어떤 속성이 유기체로 하여금 특정한 행동을 하게끔 유도하거나 특정 행동을 쉽게 하게 하는 성질. 예컨대, 사과의 빨간색은 따 먹고자 하는 행동을 유도하며, 적당한 높이의 받침대는 앉는 행동을 잘 지원한다 (https://terms.naver.com/entry.naver?docId=274918&cid=41990&categoryId=41990, 2024.5.6.접속)

라, 끝없이 올라오는 '30초짜리 목숨'의 비디오 목록을 사용자가 스크롤하며 선택하게 되어 있다. 이러한 맥락에서 틱톡에서 발현되는 창의성은 일반적인 창의성의 개념을 전복시킨다. 이 글에서는 틱톡의 창의성 개념을 언어적 창의성, 사회적 창의성, 분배되는 창의성, 제한된 창의성의 측면에서 설명한다.

언어적 창의성은 태생적으로 모바일 중심이고 음악 중심의 성격을 지닌 틱톡에서 사용자들이 디지털 스토리텔링을 위해 플랫폼에서 통용하는 고유한 언어 관습이다. 사회적 창의성은 행동유도성과 연관되며 틱톡 생태계 내에서 상호 간 형성되는 창의적이며 집단적이며 누적되는 창의성의 의사소통과정이다. 이 과정에서 새로운 관점이 집단의 창의성을 주도하고 새로운 행동유도성을 발견할 수 있다. 이로써 사용자들이 새로운 콘텐츠를 만드는 일에 다른 사람이나 다른 그룹이 참여할 수 있는데, 이것이 틱톡의 핵심이라고 할 수 있다. 사회적 창의성을 발현할 수 있게 해주는 대표적인 기능으로 듀엣, 스티치, 댓글에 대한 비디오 리플라이, 유즈 디스 사운드를 들 수 있다. 분배되는 창의성은 재즈 연주자들의 즉흥연주를 생각하면 쉽게 이해된다. 재즈그룹이 연주하는 어떤 곡은 각 악기 연주자의 즉흥 애드립이 있기 때문에 한 사람의 작품이라고 보기 어려우며 제한받지 않으며 예측 불가능하다. 틱톡의 창작물 역시 이와 유사하다. 제한된 창의성은 틱톡에서 촉발되는 여러 문제점들을 제어하기 위한 규정과 알고리듬으로 사용자들의 창의성에 경계를 긋는 것이다.

본 글에서는 전체 책의 내용 중 특히 '창의성'과 관련된 부분 중 두 챕터를 선택하여 편역하였다. 그중 한 챕터는 위에서 설명한 틱톡의 창의성에 대한 부분이며, 다른 한 챕터는 틱톡의 인프라에 관한 부분이다. 저자는 틱톡의 인프라를 첫째, 태생적으로 모바일 중심이며 음악 중심적인 숏 비디오 플랫폼이라는 점과 둘째, 포유 알고리듬으로 설명한다. 특히 틱톡이 가진 중독성 있는 추천 시스템인 '포유(For You)' 페이지는 정교한 개별 맞춤화 알고리듬으로 사용자들을 잡아둔다는 점을 설명하며, 틱톡 사용자들은 자신의 비디오가 틱톡의 추천 시스템에 포착되도록 하는 무수한 전략들을 공유하는 현상을 다룬다. 이와 함께 플랫폼 안에서 사회적 창의성이 발현되도록 돕는 틱톡의 다양한 기능에 대해 설명한다. 저자에 따르면 듀엣, 스티치, 댓글에 대한 비디오 리플라이, 유즈 디스 사운드는 틱톡이 사회적으로 창의적인 관습을 가능하게 하고 구조화하는데 핵심적인 역할을 담당한다. 다음으로 저자는 틱톡 내에서 할 수 있는 비디오 제작과 편집을 설명한다. 틱톡에서는 이러한 기능들이 앱에 포함되어 있어서 창의적인 표현이나 상업 광고 같은 것들을 하기에 용이한데 이펙트와 필터, 라이브 스트리밍이 대표적이다. 또한 여타의 소셜 미디어 플랫폼처럼 @, 해시태그, 좋아요, 댓글, 공유 등의 기능도 가지고 있다는 점을 언급한다. 마지막으로 틱톡이 신흥플랫폼으로써 가진 독특한 기능인 립싱크, 챌린지, 참여 초대, 어트리뷰션 등이 새로운 행동유도성을 유발한다고 설명한다. 한편 미국 사회 내의 사회적 약자나 유색인종의 저작에 대한 공공연한 도용에 대하여 상업적 착취 혹은 문화 의미를 무력화시킬 위험이 있다는 점을 지적한다.

틱톡: 숏 비디오의 창의성과 문화

1. 도입

저자는 틱톡에서 인기를 얻은 한 영상을 스개하는 것으로 글을 시작한다. 틱톡의 영상에서는 심각하지 않은 것들을 심각하게 다루는 영상이 인기를 얻는다. 그리고 그것에 대한 끊임없는 모방이 일어난다. 바나나 껍질을 벗기고 자르는 매우 평범한 일을 호러물처럼 만들어 인기를 얻고 이후 수많은 패러디물들의 원천이 된 한 예가 소개된다.

저자는 틱톡에서 인기를 얻은 한 영상을 소개하는 것으로 글을 시작한다. 틱톡의 영상에서는 심각하지 않은 것들을 심각하게 다루는 영상이 인기를 얻는다. 그리고 그것에 대한 끊임없는 모방이 일어난다. 바나나 껍질을 벗기고 자르는 매우 평범한 일을 호러물처럼 만들어 인기를 얻고 이후 수많은 패러디물들의 원천이 된 한 예가 소개된다.

2021년 4월 13일 비디오 플랫폼인 틱톡(TikTok)에 정육점 주인이 쓰는 무시무시한 칼을 쥔 두 개의 손과 바나나, 도마가 담긴 비디오가 올라왔다. 이 비디오는 전문가의 손길을 거친 고퀄리티 작품으로 DIY(Do It Yourself)의 달인 같은 분위기를 내뿜고 있었다. 몸과 연결되어 있지 않은 양손은 거대한 칼을 사용해서 바나나 껍질을 벗기고 양날로 바나나를 큰 덩어리로 자른다. 유튜버 레비아단이 2013년 말에 녹화한 '당신과 함께 처그 저그'(Chug Jug with You[1])'가 배경음악으로 흘러나온다.

15초 후에 몸이 분리된 셰프는 껍질이 벗겨진 바나나가 섞여 있는 화면을 보여준다. 이

---

1) '당신과 함께 처그 저그'(Chug Jug with You)는 2018년 유튜버 레비아단(Leviathan)이 제작한 비디오로 그는 당시 13살이었다. 이 비디오는 2008년 상업광고인 '아메리칸 보이'(American Boy)를 패러디하였다. '아메리칸 보이'는 영국의 뮤직 아티스트인 에스테르(Estelle)가 제작한 것으로 카니예 웨스트(Kanye West)가 특별참여하였다. 이것은 유튜버 CM 스키츠(CM Skits)가 레코딩한 18초 분량의 코러스 '레츠 플레이 포트나이트!!!'(Let's Play Fortnite!!!)에 기초하였다. '당신과 함께 처그 저그'에서 레비아탄은 더는 포트나이트(Fortnite) 게임에 없는 아이템을 사춘기 소년 특유의 째지는 목소리로 노래한다(Diaz, 2021). 이로부터 2년 후인 2021년 초 이 작품은 알 수 없는 이유로 돌풍을 일으키며 틱톡 안에서 60만 회 이상 사용되었다. 이것이 사용된 비디오물을 모두 합치면 수억만의 조회 수를 기록한다.

때 비디오는 갑자기 어떤 젊은이가 넓은 방에 혼자 미동도 하지 않고 멍하니 앉아서 책상 위에 놓은 바나나를 보고 앉아있는 장면으로 넘어간다. 그는 아무 말도 하지 않고 바나나를 집어 손으로 껍질을 벗긴다. 그리고 어떠한 표정의 변화도 없이 껍질 벗긴 바나나를 자기 손으로 가리키며 카메라 앞에 가져간다. 그리고는 믿을 수 없다는 듯 머리를 흔들며 녹화를 끝내기 위해 몸을 앞으로 숙인다. 마치 "정말로 하려고?"라고 말하는 듯하다. 비디오의 나머지 후반부는 편집이 덜 끝난 것처럼 보이며 배경음악도 없다. 들리는 소리라고는 젊은이가 앉은 방에서 나오는 바나나 껍질을 벗기는 소리와 희미한 목소리와 소음들 뿐이다.

이 비디오는 세네갈 출신의 이탈리아인인 카베인 레임(Khabane Lame, @Khaby.Lame)이 만들었다. 그는 당시 21살이었다. 카비는 원래 토리노 키바소에 있는 공장에서 일하다가 팬데믹으로 일자리를 잃고, 2020년 중반부터 비디오를 올리기 시작했다. 초기 비디오는 소리가 없거나 이탈리아 독자들을 위해 자국어로 제작된 것들이었다. 그러다가 생활의 꿀팁을 다룬 비디오들이 입소문을 타며 폭발적인 반응을 얻자 이탈리아어로 포스팅하지 않고 요리에 대한 비디오를 집중적으로 다뤘다. 이 전략은 상당히 효과적이었다.

생활의 꿀팁을 다룬 비디오에서 제작자는 소소한 일상의 문제에 대한 참신하고 창조적인 해결책을 보여준다. 그들의 패러디 영상에서 제작자는 우스꽝스럽고 비현실적인 태도로 간단한 임무를 수행하는데, 이런 것들이 꿀팁으로 묘사된다. 이 비디오들은 틱톡의 짧은 포맷에 잘 어울린다. 페이스북이나 유튜브와 달리 틱톡의 비디오는 진지한 것과 웃기는 것을 구분하는 듯한 제목은 취급하지 않는다. 사용자들은 끊임없이 새로 올라오는 비디오들을 스크롤하는데 이는 홈페이지나 메뉴에서 비디오를 선택하는 시스템과 정반대이다. 틱톡 사용자들은 30초의 목숨을 가진 꿀팁 비디오들을 스크롤하며 선택한다. 이 때문에 출발점부터 이 비디오가 진지한 것인지 패러디인지를 구분하기 어렵다.

틱톡을 사용하는 비디오물을 스티치(Stitch)라고 부른다. 사용자들이 자신들이 시청하던 비디오의 일부를 잘라서 자신이 만드는 새로운 비디오물에 임의로 가져다가 쓸 수 있도록 해주기 때문이다. 카비는 스티치를 기술적으로 사용해서 첫 번째 비디오와 두 번째 비디오의 아이러닉한 병치를 만들었다. 이런 재기 넘치는 형식은 짧은 포맷의 비디오에 흔히 쓰인다. 비디오는 시청자가 바나나에 대한 꿀팁인 것처럼 보이는 비디오를 시청하는 것으로 시작한다. 몇 초가 흐른 후 시청자는 의아해한다. '저기… 그런데 왜 바나나를 수술하는 거지? 그냥 껍질을 벗기면 될 것을….' 바로 그 시점에서 시청자들은 '낚였다'는 것을 깨닫고 화면을 위로 스크롤 하려 할 때 갑자기 카비가 나타난다. 마치 그는 조용히 앉아서 자기가 시청자이고 이런 꿀팁 비디오에 대해 어떻게 생각하는지를 표정으로 나타낸다. 카비는 자신의

음악적 창의성이란 무엇인가? : 플라톤에서 AI까지 음악적 창조에 대한 미적 담론

재능과 테크닉에 대해 생각한다. '사람들을 웃게 만드는 것은 (그의) 얼굴과 […] 표정이다

　　업로드된 지 3개월 동안 카비가 만든 30초짜리 바나나 껍질 벗기는 비디오는 2억 5천 5백만의 조회 수와 3천 6백만 개의 '좋아요'를 받았다. 카비는 이 성공적인 요리법 비디오의 후속작을 내놓았는데 그 비디오들은 수억 회의 조회 수와 '좋아요'를 받았다. 불과 석 달 동안 그의 팬층은 거의 0에서 7천만 명까지 폭발적으로 증가했다. 2021년 중반 기준으로 그의 틱톡 계정 팔로워 수는 3위를 기록했고 세계 곳곳에 있는 그의 팔로어 수는 이탈리아 전체 인구보다 많다. 수백만 명의 사용자들이 그의 비디오를 보고, 참여하고 그의 콘텐츠를 기반으로 해서 자신의 비디오를 제작한다.

　　마비가 바나나 껍질을 벗기는 비디오는 어떻게 짧은 비디오 포맷이 인터넷 관습의 복잡한 태피스트리와 밈(memes)[2]을 만드는지, 그리고 어떻게 이것이 많은 관습과 우리가 다루는 창의성과 문화의 관습, 현상, 도전 등을 압축하는지 보여준다.

2. 틱톡 살펴보기

이 부분에서는 새로운 플랫폼으로서의 틱톡의 전반적 특성을 논의한다. 틱톡은 자원을 새로운 형태로 공유하고 상호작용하고 개발하는 디지털 플랫폼이다. 플랫포니제이션은 플랫폼의 개념에서 중요하게 다뤄지는 것으로 디지털 플랫폼과 사회기반시설 실체 간의 상호작용을 의미한다. 틱톡은 유튜브나 페이스북처럼 실리콘 벨리 출신이 아닌 중국에서 탄생한 플랫폼이기 때문에 탈서양화된 플랫폼 연구 이론을 적용시킬 필요가 있다. 틱톡의 엄청난 영향력은 숏 비디오 전성시대를 열었고 이는 소셜 미디어의 시각적인 전환의 단초가 되었다. 숏 비디오는 MZ세대의 성장과 맞물렸고, 10대들은 틱톡을 통해 자신들의 독특한 문화와 문법을 창조했다. 주로 MZ세대를 대상으로 하던 틱톡은 코로나19를 기점으로 다양한 교육 정보 캠페인을 벌여 관심층을 확대하는 데 성공하였다.

1) 플랫폼으로서의 틱톡

틱톡은 중국에 기반을 둔 바이트댄스사(ByteDance)가 런칭한 생산품이다. 이것은 주로 광고로 대부분의 수익을 얻는 비즈니스이다. 틱톡은 짧은 비디오를 제작하거나 공유하는 앱, 혹

---

2) [역주] 패러디물 형태로 인터넷(커뮤니티 또는 SNS)에 퍼진 2차 창작물

은 오락, 상업 광고, 교육을 위한 도구로 이해되기도 한다. 이 책에서는 틱톡을 플랫폼으로 설정하고 다룰 것이다.

플랫폼은 앱이나 웹 인터페이스의 형태를 갖춘 온라인 소프트웨어 기반을 의미하며 사용자들이 자료를 새로운 형태로 공유하고 상호작용하고 개발한다. 그러나 플랫폼의 개념에는 수사적인 면도 있다. 즉 이 개념이 존재론적으로 가진 특성은 차치하고, 플랫폼이란 배우를 한 명 세우고 그에게 영향력, 지속성, 가시성을 부여한다고 생각하면 된다. 플랫폼이라는 용어는 디지털 회사들이 특정 담론을 증진하기 위하여 이용해 왔던 장이다.

길레스피가 지적했듯(Gillespie, 2010) 회사들은 전략적으로 자신들의 테크놀로지를 '플랫폼'이라고 부른다. 이는 판매, 설득, 확신, 보호, 승리, 비난 뿐만 아니라 무엇이 이러한 테크놀로지이고 무엇이 아닌지를 분명히 한다. 예를 들어 틱톡은 자신을 '창조적인 자기표현을 위한 플랫폼' 혹은 '글로벌 엔터테인먼트 플랫폼'으로 기술함으로써 사용자들과 광고주들에게 즐거움과 창조성을 위한 공간이라는 이미지를 판매한다. 동시에 틱톡이 직면한 일부 심각한 혐의로부터 멀어지게 해준다.

틱톡을 플랫폼으로 여긴다면 틱톡의 테크놀로지적인 특성, 기능, 논리가 상이한 사회적 문화적 관습과 어떻게 상호작용하고 어떻게 반응하는지에 대하여 면밀하게 살펴볼 필요가 있다. 여기에서 플랫포미제이션이라는 개념이 등장한다. 플랫포미제이션은 디지털 플랫폼과 사회기반구조를 이용하는 실체 간의 상호 형성과정을 의미한다(Helmond, 2015; Van Dijck, Poell, & de Waal, 2018).

페이스북, 구글, 아마존 같은 빅 테크놀로지 기업들이 시장을 지배하듯 우리의 사회정치적 삶과 문화 활동은 점점 소수의 플랫폼에 의해 좌우된다. 이러한 플랫폼 중심의 상황인 플랫포미제이션은 진 버게스가 언급한 것처럼 테크놀로지 기업들의 권력을 문제화하는데 효과적인 이론적 구조물로 작용한다. 이 책의 중요한 목적은 창조적인 문화, 사회 활동, 정보 관리로서의 틱톡 플랫포미제이션의 영향과 문제에 대해 논의하는 데 있다.

플랫포미제이션에 대한 연구에서 틱톡을 특별히 흥미로운 사례로 지목한 것은 글로벌 플랫폼 시스템에서 틱톡이 지닌 독특한 위치 때문이다. 틱톡은 다른 국제 디지털 미디어 플랫폼들처럼 실리콘 밸리에서 태어나지 않았다. 틱톡은 중국에서 시작되었으며 중국 내에서 숏 비디오 산업이 이미 성숙한 단계였기 때문에 틱톡의 해외 진출이 용이했다. 중국에서는 틱톡의 모회사인 바이트댄스사는 틱톡의 형제격인 숏 비디오 플랫폼 더우인(Douyin)을 만들었다. 더우인은 틱톡의 특징과 기능을 거의 빼닮았다. 더우인이 모국에서 주도권을 잡고 분투하는 것은 틱톡의 글로벌한 성장과 밀접한 관계가 있다. 그러나 틱톡은 중국에 뿌리를 두고 있기 때문에 받는 다른 국가들의 의심을 받을까봐 신경을 곤두세우며, 중국의 모회사와 그리고 형제격인 더우인과는 더욱 거리를 두려 한다.

중국 내의 플랫폼 연구, 플랫포미제이션, 플랫폼 시스템에 대한 치솟는 학문적 관심은 이례적이며 서양의 기준과 매우 다르다. 이는 중국의 특이한 기술적 제어 조건 때문이다. 예를 들어 2019년 왕과 로바토(Wang and Lobato)의 연구에서는 중국 내의 플랫포미제이션 프로세스가 다른 시장의 프로세스와는 다르며 이 차이점은 시장 규제 같은 거시적 차원과 플랫폼의 행동유도성(affordance)같은 미시적 차원이 모두 연관되어있다. 그들은 이런 독특한 점들 때문에 특정한 플랫폼에 대한 역사적인 기원에 민감한 공간화된 플랫폼 이론과 탈서양화된 플랫폼 연구가 필요하다고 주장한다.

중국 시장 내의 플랫포미제이션 프로세스를 관장하는 조건은 사실 중국 내 대부분의 테크놀로지 회사들이 발전 궤적 안에 단단히 박혀있다. 즉 바이트댄스사의 형제 플랫폼들인 더우인과 틱톡은 쌍둥이 같은 두 개의 플랫폼이 서로를 미러링하고 영향을 주고받으면서 각기 다른 시장과 규제 환경에서 어떻게 운영되는지를 연구할 수 있게 해준다. 이 과정을 2021년 케이(Kaye), 첸(Chen), 젱(Zeng)이 병행 플랫포미제이션(parallel platformization)이라는 개념으로 연구하였고 이는 플랫폼 지역화의 논리로 확장되었다. 이 과정에서 개발자들은 어떻게 기업들이 플랫폼 인프라를 반복할 것인가와 지배방식을 개조 여부를 심사숙고하며 새로운 시장에 맞추어 플랫폼을 적응시켰다.

2) 숏 비디오 전성시대

틱톡이 세계 최초의 숏 비디오 플랫폼은 아니다. 틱톡이 생기기 전 유럽과 미국, 아시아에서 바인(Vine), 덥스매시(Dubsmash), 쿠아이슈(Kuaishou)등의 플랫폼이 있었다. 그러나 틱톡처럼 국제적인 주류로 성장한 플랫폼은 없었다. 틱톡의 영향력은 주요 실리콘 밸리 테크놀로지 회사인 인스타그램, 페이스북, 유튜브와 맞먹는다. 틱톡을 새로운 경쟁자로 맞게 되면서 실리콘 밸리 플랫폼들은 인스타그램 릴스나 유튜브 쇼츠같은 숏 비디오 서비스들을 구축했다.

우리는 급속도로 성장한 틱톡과 이와 유사한 숏 비디오 서비스들은 '숏 비디오로의 전환'을 알렸다. 이러한 현상은 소셜 미디어에서의 시각적인 전환(visual turn)으로 보아야 할 것이다. 이는 인스타그램처럼 시각적으로 풍성한 플랫폼과 셀피, GIF, 브이로그 같은 커뮤니케이션이 증가하는 데서 볼 수 있다. 숏 비디오 포맷은 웃기는 밈이나 사회 캠페인, 교육 목적의 강좌, 심화 뉴스 같은 것들을 유통하는 데 사용되어왔다. 유사한 성격의 긴 포맷인 유튜브와 달리 틱톡의 매우 짧은 숏 비디오는 보다 높은 정도의 사회성, 친밀성, 장난스러움을 특징으로 한다.

속도가 빠른 인터넷의 사용과 스마트폰 덕에 시청각성(audiovisuality)이 지배하는 모바일 커뮤케이션이 우세하게 되었다. 그러나 테크놀로지의 진보 외에도 숏 비디오로의 전환에 기여한 요인은 MZ세대이다. 틱톡의 발흥은 MZ세대가 사회의 일원으로 창조하고, 연결하고 자신의 목소리를 낼만큼 성숙해진 시기와 일치한다. 페이스북, 인스타그램, 트위터가 MZ세대에게는 별로 멋있게 보이지 않았으며 가족 구성원들이 거기에 잔뜩 있어서 번잡스럽다. 반면 젊은 세대를 위한 숏 비디오 플랫폼인 뮤지컬리(Muscial.ly), 덥스매시는 이미 많은 MZ세대들을 위한 중요한 공간으로 자리잡았다.

이러한 플랫폼에서 새로운 밈, 댄스, 립싱크 행위가 포함된 비디오 챌린지는 새로운 셀피[3]가 되었고 바디 제스처는 새로운 이모지로 기능하였다. 비디오의 양상과 결합함으로써 10대들과 10세 이하의 아동들은 자기들만의 고유한 문화와 시각적 문법을 개척했다. 사용자층이 점차 다양해짐에도 불구하고 젊은 세대들의 창조적인 문화는 이런 플랫폼에 지속적으로 영향을 미친다.

3) 팬데믹, 틱톡의 촉매제가 되다

2018년 런칭된 이래로 틱톡은 세계에서 가장 빨리 성장한 미디어 플랫폼 중 하나가 되었다. 2020년 중반을 기준으로 틱톡은 중국 밖에서 거의 7억 명의 활동 중인 사용자를 보유했다. 형제 플랫폼인 더우인은 중국 시장에서 6억 명의 사용자를 보유 중이다. 틱톡이 가장 큰 시장 중의 하나인 인도의 일부 지역에서 금지되었음에도 불구하고 사용자 수는 계속적으로 성장하고 있다고 보고된다.

틱톡의 다운로드 횟수는 2020년 코로나19 동안 정점을 이루었다. 세계 곳곳의 봉쇄령이 이 현상에 부분적으로 일조하였다. 웰시, 리, 린(Wells, Li and Lin)의 2020년 연구에 따르면 '틱톡은 팬데믹 기간 동안 세계에서 가장 많이 전파되었다'. 학교가 문을 닫고 재택근무가 늘면서 많은 사람들이 시간을 보내고 사회 활동을 하고 새로운 기술을 배우기 위해 숏 비디오 플랫폼을 사용하였다. 더 넓게 보면 팬데믹이 틱톡이라는 플랫폼의 사용자 기반적인 측면과 그에 대한 공적 담론의 측면에서 티핑 포인트[4]가 되어 준 셈이다.

먼저 코로나19 전에는 MZ세대의 틱톡 점유율이 매우 두드러졌다. 밀로반 사빅(Milovan

---

3) [역주] 자신의 모습을 스스로 찍음, 셀카와 동의어
4) [편역주] 어떤 상품이나 아이디어가 마치 전염되는 것처럼 폭발적으로 번지는 순간을 가리키는 말

Savic)이 2021년 지적했듯, 틱톡의 전신인 뮤지컬리는 10대와 10대 이전의 아동들에게 초점을 맞춘 것이었으며 아동이 이런 테크놀토지를 사용하는 현상이 주는 도덕적인 딜레마를 교묘한 말로 피해가려고 했다. 2020년 팬더믹이 시작되며 점차 다양한 사용자층이 이 플랫폼에 들어왔다. 예를 들어 틱톡커는 30대 이상, 40대 이상, 50대 이상으로 저변이 확대되었고 나이많은 크리에이터들은 자기들만의 스토리와 유머를 주제로 친목을 도모할 수 있었다. 이를테면 결혼 생활, 자식 키우기, 틱톡에 소개되는 댄스 동작 따라하기 같은 것들이다. 또한, 전에는 MZ세대의 틱톡 놀림감이었던 나이 많은 가족 구성원들이 활발한 사용자가 될 뿐 아니라 #틱톡아빠(DadsOfTikTok) #틱톡엄마(MomsOfTikTok)이라는 해시태그를 단 비디오를 올리며 크리에이터가 되어 입소문이 나기도 하였다.

둘째로 틱톡에 대한 대중들의 정서는 2020년 즈음을 기점으로 바뀌었다. 한편으로 플랫폼이 중국에 기원을 두고 있다는 사실은 정보의 보안이나 검열 문제 때문에 사용자들을 걱정스럽게 만들기도 했다. 틱톡에 대한 논의는 중국과 미국의 무역 전쟁과 2020년 미국의 대통령 선거로 정치화되었다. 혐의를 피하기 위해 틱톡은 국제적으로 중국과는 거리를 두며 화이트워싱(white washing)[5] 전략을 사용하였다. 다른 한 편으로 틱톡의 인기가 증가하며 원래 무관심했던 대중들은 호기심을 가졌고 틱톡에 대해 정밀한 조사를 벌이게 되었다. 틱톡은 결국 엄청난 비난에 시달리게 되었다. 논란의 주된 쟁점은 틱톡이 알고 있으면서도 아동에 대한 보호를 소홀히 한다는 점이었다. 뮤지컬리가 틱톡으로 변환되며 젊은 세대의 인기를 유산처럼 틱톡에게 넘겨주었는데 이 젊은 사용자들의 존재는 점차 축복에서 저주로 바뀌었다. 이 플랫폼이 아동들의 정보를 제대로 다루지 못하였고 이는 유럽과 미국에서의 소송으로 이어졌다. 여기에 포르노그래피나 폭력같은 불법적인 내용에 대한 우려는 결국 파키스탄을 비롯한 몇몇 시장에서 이 플랫폼이 영구적으로 봉쇄되는 결과로 이어졌다.

틱톡은 자신의 이미지 쇄신을 위해 폭넓고 다양한 캠페인을 벌였다. 한 예로, 코로나19가 발발한 후 틱톡은 WHO와 긴밀한 협업체계를 구성하여 젊은 층에게 건강에 대한 정보를 제공하였다. 이는 학교 교사들뿐 아니라 공공 보건 근로자들에게도 호응을 얻었고 결국 이들은 코로나19의 격리기간 동안 틱톡을 교육의 장으로 바꾸었다. 팬데믹 전에도 틱톡의 교육적인 잠재력을 판매하는 어젠다는 있었지만 코로나19로 인한 건강상의 위기가 이의 촉매제가 된 셈이다.

틱톡의 인기가 성장하며 틱톡의 영향에 대한 관심, 특히 잠재적인 위험성에 대한 우려

---

5) [편역주] 통상적 의미는 '더러운 곳을 가리는 행위'지만, 미국 할리우드에서 무조건 백인 배우를 캐스팅하는 행태를 일컫는 말

도 증가하였다. 이러한 흐름은 이 플랫폼을 집중적으로 연구하는 학문적인 관심을 필요로 하였다. 틱톡에 대한 연구는 아직 초기 단계이다.

3. 틱톡의 창의성

숏 비디오는 디지털 스토리텔링의 한 형태이다. 틱톡 깊숙이 박힌 언어적 창의성은 젊은이들의 디지털 문화와 행동유도성과 연관된다. 사회적 창의성이란 떨어져 있는 사람들과 그 생산물들을 넘어서는 창조적 과정의 사회문화적 생태계로, 틱톡 내에서는 이러한 사회적 창의성을 발현이 용이하다. 분배되는 창의성은 여러 사람들의 협업하에 나오는 창의성으로 제한받지 않으며 예측 불가능하다. 한편 틱톡의 창의성은 플랫폼 정책에 의해 제한받을 수 있다.

1) 언어적 창의성

버지스에 따르면 언어적 창의성은 틱톡 사용자들이 틱톡 플랫폼에 특화된 커뮤니케이션 방식을 기술한다. 버지스는 이 용어를 일상생활에 대한 디지털 스토리텔링에서 창조적인 커뮤니케이션 관습을 설명하는 데에 사용하였다. 틱톡에 새겨진 언어적 창의성은 디지털 젊은이 문화와 플랫폼의 행동유도성과 밀접하게 연관된다.

2) 사회적 창의성

틱톡 인프라에서의 창의성을 생각할 때 글래보누(Glăveanu)의 행동유도성(perspective affordance) 이론을 참조할 수 있다. 이 이론은 관점과 행동유도성의 사회문화적 이론을 강조한다. 여기에서 창의성의 행동유도성은 '고립된 사람들과 작품 너머의 창의적 과정을 보완하는 '위치, 관점, 행동, 행동유도성의 사회적, 물질적, 문화생태계'를 중시한다. 이런 식의 접근은 사회적, 물질적, 문화적 모임에서 상호 간 형성되는 창의성에 대한 연구를 옹호한다. 이는 사람들과 플랫폼, 기업 사이에서 유사한 사회기술적 과정의 형성을 발견하는 플랫포미제이션 이론을 보완한다. 이 책에서는 글래보누의 접근방식을 '사회적 창의성'으로 언급할 것이며 이는 틱톡이 플랫폼 안에서 창의적인 상호작용을 용이하게 한다는 점에 초점을 맞출 것이다.

3) 분배되는 창의성

틱톡 커뮤니티에서 창의적 작품이 여러사람들의 참여로 이루어지는 것에 대한 논의를 이 책에서는 '분배되는 창의성'의 개념으로 설명하겠다. 이 용어는 소여(Sawyer)와 드주터(DeZutter)가 주창한 것으로 집단의 활동으로 만들어져서 한 개인의 창작물로 보기 어려운 작품을 의미한다. 분배되는 창의성은 연기자나 음악가가 즉흥적으로 연주하는 것처럼 제한받지 않으며 예측 불가능하다.

4) 제한된 창의성

결국 어떻게 사회적 활동주의가 틱톡에서 일어났는지에 대한 사례 연구를 통해 '제한된 창의성'에 대해 논의할 것이다. 이것은 어떻게 틱톡의 창의적인 잠재력이 숏 비디오의 특징과 플랫폼 정책에 의해 고무되고 제한되는지를 기술한다. 제한된 창의성은 이론적으로는 제한하는 대리자(agency)에 기초를 둔다. 이 개념은 일반적 조직에서 창의적인 문화적 생산물을 제작하기 용이하도록 개인에게 주어지는 자율권을 의미한다. 이 책에서는 이 개념을 템플레터빌리티(templatability)와 소셜 미디어에서의 모방 대중(imitation publics)에 대한 연구와 연결하며 확장시킬 것이다. 틱톡에서 제한된 창의성은 이 플랫폼이 모방적인 콘텐츠의 창조와 재창조를 촉발하기 위하여 어떤 특징과 기능을 도입하는지를 보여준다. 동시에 규정과 알고리듬의 메커니즘을 통해 어떻게 사용자들의 창의성에 경계를 긋는지도 보여준다.

4. 틱톡의 인프라

본 장에서는 틱톡 인프라의 특징과 기능을 고찰한다. 틱톡은 태생적으로 모바일 중심이며 음악 중심적인 숏 비디오 플랫폼이다. 특히 '포유(For You)' 페이지는 틱톡의 강력하고 중독성 있는 추천 시스템으로, 정교한 개별 맞춤화 알고리듬으로 사용자들을 끌어들이고 나가기 어렵게 만든다.

저자는 틱톡의 중독성을 만드는 가장 큰 요인을 포유 알고리듬으로 본다. 극도로 개별화된 맞춤 시스템인 포유 페이지는 한편으로는 필터 버블(filter bubble)을 형성할 위험성을 가지고 있다. 필터 버블이란 한마디로 취향에 따른 정보의 편식을 말한다. 틱톡을 비롯한 소셜 미디어 기업들은 사용자의 성향과 기호 등을 파악하여 극도로 맞춤화된 정보만 노

출하여 필연적으로 왜곡 효과를 낳을 수밖에 없다.[6]

틱톡의 핵심 기능 중 하나는 사회적 창의성이다. 이것은 사용자들이 새로운 콘텐츠를 만드는 일에 다른 사람 혹은 다른 그룹과 직접 참여할 수 있는 기능이다. 이 기능은 의도된 사용을 통해서뿐만 아니라 다양한 방법으로 그들의 행동유도성을 전복시키거나 재도용함으로써 참여를 용이하게 한다. 듀엣, 스티치, 댓글에 대한 비디오 리플라이, 유즈 디스 사운드가 사회적 창의성을 돕는 대표적 기능이다.

틱톡은 비디오 제작과 편집에서 최대한 단순함을 표방하였다. 다른 비디오 공유앱에서는 초점이 비디오를 공유하는 것에만 있었고 제작이나 편집은 다른 앱에서 하도록 되어 있었다. 그러나 틱톡에서는 이러한 기능들이 앱에 포함되어 있어서 창의적인 표현이나 상업 광고 같은 것들을 하기에 용이하다. 이 기능은 이펙트와 필터, 라이브 스트리밍이 대표적이다.

틱톡은 음악중심적인 숏 비디오 플랫폼이다. 그러나 또한 넓은 의미에서는 소셜 미디어 플랫폼이다. 따라서 틱톡은 대부분의 소셜 미디어 플랫폼이 갖춘 @, 해시태그, 좋아요, 댓글, 공유 등의 기능을 가지고 있다. 틱톡이 지닌 신흥 플랫폼 관습으로는 립싱크, 챌린지, 참여 초대, 어트리뷰션을 들 수 있다. 이것들은 새로운 행동유도성을 유발한다. 한편 흑인, 원주민, 유색인종이주의, 권력 등과 연결되어 문화에 대한 상업적 착취와 약자들의 문화 의미를 무력화시킬 위험이 있다는 점을 주지하여야 한다.

1) 태생적 모바일 중심, 태생적 음악 중심

틱톡은 태생적으로 음악 중심적인 모바일 숏 비디오 플랫폼이다. 디지털과 소셜 미디어 플랫폼이 점점 더 모바일 중심으로 가는 추세인데 이는 모바일 기기에서 사용하기 편리하도록 구성되었음을 의미한다. 유튜브나 페이스북의 경우 웹사이트에서 시작하여 모바일 플랫폼으로 이동하였으며 모바일로 이동 후에도 브라우저 버전을 유지하고 있다. 반면 바인 (Vine) 같은 숏 비디오 플랫폼은 처음부터 오직 모바일에서만 접근할 수 있게 하였다. 더우인은 아예 웹 브라우저 인터페이스 버전이 존재하지도 않는다. 틱톡 역시 웹 브라우저에서는 제한된 버전만 있으며 대부분의 콘텐츠는 모바일 앱으로만 접근가능하다. 틱톡의 모바일 행동유도성은 기능적인 측면에서 틱톡의 핵심을 이루지만 틱톡을 다른 숏 비디오 플랫폼과 차별화하지는 못한다.

---

6) 네이버 지식백과 [필터 버블] https://terms.naver.com/entry.naver?docId=2718605&cid=55571&categoryId=55571(2024.5.4. 접속)

그러나 틱톡이 다른 경쟁 숏 비디오 플랫폼과 확실하게 차별화되는 지점은 플랫폼 사용자의 경험을 통해 음악을 영상에 스며들게 하는 방법에서 볼 수 있다. 예를 들어 음악 중심성은 틱톡의 메인 화면에서 바로 볼 수 있다. 여기에서는 실제로 비닐 디스크가 돌아가는 애니메이션이 있다. 이 애니메이션은 오른쪽 아래에 위치한다. 음표가 회전하는 디스크 주위를 떠다니는데 이는 음악이 연주되고 있음을 알려준다. 이런 애니메이션은 지금 흘러나오는 소리가 음악이든 아니든 '이 음악을 사용해도 된다'는 것을 가리킨다.

틱톡이 지닌 음악중심적 성격을 드러내는 또 다른 예는 비디오 생성 섹션이다. 여기에서는 위쪽의 아이콘이 '소리를 첨가'하는 데 사용된다. 이 아이콘은 틱톡에서 일어나는 활발한 음악 검색 활동의 핵심으로, 이것을 통해 애플 뮤직, 디저(Deezer), 스포티파이(Spotify)처럼 스트리밍을 할 수 있다. 예를 들어 이 섹션의 위쪽에는 신곡을 발표한 6명의 아티스트를 보여주는 회전목마가 있다. 또한 이 섹션은 주제가 있는 플레이리스트와 사용자의 선호에 따라 곡을 첨가하는 기능을 갖췄다. 틱톡의 음악 검색 기능이 다른 스트리밍 플랫폼과 다른 점은 앨범이나 플레이리스트에서 곡을 골라서 감상하는데 주목적이 있지 않고 음악이 사용자의 숏 비디오 작품에 사용되는데 주목적이 있다는 점이다. 이러한 이유로 틱톡의 음악은 1분 이하로 제한된다. 사용자들은 틱톡의 비디오와 함께 사용하지 않으면 노래를 들을 수 없다. 틱톡의 특징들, 예를 들어 듀엣, 유즈 디스 사운드, 립싱크 같은 것들도 모두 음악에 뿌리를 두고 있다.

2) 포유(For You) 알고리듬

틱톡의 가장 중요한 부분은 포유(For You) 페이지이다. 이것은 틱톡 앱을 열면 제일 처음 나오는 화면으로 바이트댄스사의 정교한 알고리듬 추천 시스템이 여러 요소들을 기반으로 하여 사용자에게 다량의 새로운 비디오들을 추천해주는데 끝없이 스크롤을 하면서 볼 수 있다. 이 알고리듬을 포유 알고리듬이라고 부른다.

포유 알고리듬에 대한 틱톡의 공식 설명에 따르면, 사용자에게 어떤 비디오를 보여줄 것인지는 사용자의 행동, 비디오의 특징, 배경(언어와 지역)의 세 가지 요소에 의해 결정된다. 틱톡은 사용자의 개입 정도를 추적하고 분석한다. 이론상으로는 틱톡 사용자의 활동으로부터 더 많은 정보를 얻을수록 더 정확한 자료수집과 예측이 가능하다. 틱톡의 표현에 의하면 "포유의 피드(사용자를 위한 데이터 포맷)를 큐레이트하는 가장 좋은 방법은 그냥 이 앱을 사용하고 즐기는 것이다.

틱톡의 중독성 있는 알고리듬은 틱톡보다 먼저 만들어졌다; 이 특허 알고리듬은 바이트댄스사가 개발한 첫 번째 서비스를 위한 주춧돌이었다. 바이트댄스사의 첫 뉴스 앱인 토우타오(Toutiao)로부터 현재 열 개가 넘는 소셜 미디어 플랫폼에 이르기까지 추천 알고리듬은 경쟁사에 대한 주요 차별화 전략이다. 틱톡의 알고리듬을 일상생활에 스며든 알고리듬의 측면과 알고리듬의 선택을 받을 수 있는 전략의 측면에서 살펴보자.

알고리듬은 디지털 플랫폼이 정보를 조직하고 개별화하기 위해 광범위하게 사용된다. 포유 알고리듬은 사용자의 일상 경험을 틱톡에서 구성하는 데에서 특히 중요한 역할을 한다. 알고리듬의 추천에 의해 영향을 받는 일상에서의 상호작용은 콘텐츠 발견, 개별화, 확산이다.

첫째, 포유 알고리듬은 플랫폼에서 콘텐츠가 발견될 수 있게 해준다. 이 앱의 사용자 인터페이스는 포유 페이지를 제일 앞에 위치시켰고 중앙에는 이것의 디자인을 넣었다. 사용자가 앱을 열면 즉시 끝없는 목록의 스크롤이 나온다. 이런 과정 덕분에 생성된 콘텐츠에 대한 수동적인 노출은 틱톡 콘텐츠 발견에서 디폴트 모드가 되었다. '수동적인 노출'은 사용자가 자기들이 무엇을 볼지 결정하는 데 있어 전혀 결정권이 없다는 의미는 아니다. 위에서 언급했듯 포유 페이지는 사용자의 비디오 참여를 기반으로 알고리듬적으로 생성된다. 여기에서 '수동성'이란 자신이 무엇을 보고 싶은지 결정하는 데 있어서 사용자의 주도성은 추천 알고리듬에서는 부수적인 요인일뿐이라는 플랫폼의 논리를 드러낸다.

다음으로 개별화를 살펴보자. 콘텐츠 개별화라는 플랫폼 로직은 사용자가 어떤 것을 즐겨 보는지에 대한 틱톡 알고리듬의 핵심이다. 인스타그램, 페이스북, 트위터 등의 소셜 미디어에서 사용자의 네트워크가 홈페이지에 무엇이 보일지를 결정하는 주요 필터의 역할을 하는 것과는 매우 다르다. 틱톡의 포유 페이지에서는 네트워크의 영향이 크지 않다. 대신 틱톡의 개별화는 사용자가 각각의 콘텐츠에 얼마나 관여하는지를 실시간으로 체크하여 적용함으로써 이루어진다.

한편으로 이러한 시스템과 중독의 위험성이 있는 로직은 사용자가 나가지 못하게 하고 접속량을 증가시키려는 목적에 부합한다. 또 다른 한편으로는 이러한 형태의 초개별화는 콘텐츠의 다양성을 고려할 때 많은 비용을 필요로 한다. 디지털 플랫폼의 사용으로 생기는 필터 버블의 문제는 십여 년간 논란의 대상이었다.

스포티파이 같은 스트리밍 플랫폼은 애청자 음악 경험의 균질화를 초래하였다. 페이스북과 트위터는 사용자가 이미 형성된 의견과 신념을 강화하는 콘텐츠를 소비하도록 부추기는 필터 버블을 영속화한다는 비난을 받았다. 포유 페이지를 개별화하는 메커니즘을 고려해 볼 때 틱톡의 콘텐츠 공간은 다른 플랫폼의 피드 콘텐츠보다 파편화되어있으며 양극화되었다. 소위 필터 버블이라는 것은 소셜 미디어에서 발생하기 쉽다. 같은 네트워크에 있는 사람들이라도 제각각의 목적에 따른 다양한 토픽을 나눌 수 있으며, 이 때문에 트위터나 페이스북에서 사용자들은 자신과 다르고 자기와 관련성이 없으며 지루하다고 인식되는 콘텐츠를 만나게 된다.

그러나 틱톡의 포유 페이지는 사용자의 흥미를 유발하여 그들이 계속 스크롤하고 가능한 오랫동안 그 콘텐츠에 관여하도록 붙잡아 두려고 한다. 이런 목적은 사용자들이 자기들이 좋아하지 않는 콘텐츠와 맞닥뜨릴 수 있는 가능성을 좁힌다. 틱톡은 자신을 '재미를 주는' 오락 플랫폼이라고 소개한다. 그러나 많은 사용자들이 틱톡을 정치적인 이슈를 위해 때로는 논란의 여지가 많은 메시지를 전달하기 위해 사용할수록 포유 알고리듬에 의한 초개별화가 증가할 것이다.

마지막으로 틱톡에서의 확산을 알아보자. 포유 페이지에서 콘텐츠 발견과 개별화는 틱톡에서 비디오가 확산되는 방법에 달렸다. 2013년 헨리 젠킨스(Henry Jenkins)가 저술한 『확산가능한 미디어』(Spreadable Media)에서 정의한 바에 따르면 확산이라는 개념은 '기술적인 면과 문화적인 면에서 모두 관중이 자기들의 목적을 위해서, 때로는 저작권자에게 허락을 받고 때로는 그들의 바람과 반대로 콘텐츠를 공유할 잠재성'을 의미한다. 이러한 개념은 널리 적용된다는 의미뿐만 아니라 콘텐츠를 공유하고 리믹스하는 참여적인 문화라는 의미도 포함한다. 이것은 디지털 커뮤니케이션의 핵심 골자이다.

페이스북과 트위터에서 포스트의 확산이란 재포스트(repost)를 베이스로 할 수 있다. 이것은 다른 계정에 공유되면 트위터가 더 눈에 확 들어오게 바뀐다는 의미이다. 틱톡 비디오의 경우 확산은 (재-)창조((re-)creation)) 베이스이다. 틱톡의 사용자는 비디오 클립을 팔로어들에게 직접 리포스트할 수 없고 듀엣(Duet)이나 스티치(Stitch)를 통해서 클립을 제작해야 한다. 이러한 점은 틱톡 사용자들이 서로 연결되도록 직접적인 영향을 끼친다. 틱톡에서는 개인적인 교류의 끈끈함은 부족하지만 콘텐츠 제작을 둘러싸고 생기는 커뮤니티들이 있다. 예를 들어 다른 틱톡커들을 초대해서 챌린지를 하게 하거나 밈의 제작 혹은 재제작에 참여하게 할 수 있다.

이제 알고리듬의 선택을 받을 수 있는 전략에 대해 논의해보자. 틱톡에서 포유 페이지의 중요성을 생각하면 틱톡 사용자들이 '어떻게 하면 포유 알고리듬이 자신의 콘텐츠를 선택할 수 있게 하는지'에 늘 관심을 기울이는 것은 당연한 일이다. 다른 플랫폼들처럼 틱톡은 어떤 사용자가 시스템을 자기 의도에 따라 조작하고 가시성을 최적화하는지 밝히지 않는다. 이 알고리듬의 불투명성은 결과적으로 틱톡에서 추천 시스템이 어떻게 작동하는지, 어떻게 다른 사용자의 포유 페이지에 내 콘텐츠가 뜨게 하는지에 대한 팁들을 서로 공유하게 만들었다.

정식 설명이 없기 때문에 사용자들은 종종 소셜 미디어의 콘텐츠 제어 방법에 대한 자기들의 뇌피셜 이론을 만들어내기도 한다. 2019년 소피 비숍(Sophie Bishop)이 수행한 유튜브연구에서는 유튜브의 알고리듬이 블로거들에게 알고리드믹 가십(algorithmic gossip)이라는 형태로 어떻게 비공식적으로 발전하는지에 대하여 논한다. 비숍의 정의에 따르면 알고리드믹 가십은 "추천 알고리듬에 들기 위해 커뮤니티 안에서, 사회적으로 알려진 이론과 전략인데, 이러한 이론과 전략들이 알고리듬적으로 구조화된 소셜 미디어 플랫폼 안에서 재정적인 일관성과 가시성을 확보하기 위해 공유되고 시행된 것을 가리킨다. 틱톡 특유의 알고리드믹 가십은 자체 내에서뿐 아니라 다른 플랫폼에서도 널리 퍼졌다. 초기 유튜브에서 10대가 제작한 '뮤지컬리에서 유명해지는 방법'이라는 비디오에서부터 오늘날 틱톡 사용자들에게 가시성을 증진하기 위한 방법을 가르쳐주는 멘토링 채널에 이르기까지 이러한 형태의 제작인 매우 다양하다. 알고리듬의 불투명성은 그 자체로 콘텐츠 크리에이터들에게 소재를 제공해주었다.

그 중 널리 알려졌지만, 여전히 리부트되는 알고리듬 가십은 #fyp, #foryou, #foryoupage, #wyzcba[2] 등의 해시태그들이다. 이런 해시태그를 붙이면 포유 알고리듬에 의해 추천될 가능성을 높여준다는 것이다. 이러한 이론을 뒷받침하는 증거가 적음에도 불구하고 어떤 틱톡 사용자들은 이런 해시태그를 단 비디오가 스팸일 수도 있다는 의심을 불러일으켜 오히려 역효과를 낳을 수 있다는 점을 지적한다. 그러나 이런 해시태그들은 여전히 널리 사용된다.

샤우트(Shout(@vocaloutburst)라는 채널에서는 어떤 태그와 트렌드가 가시성을 높이는지를 보기 위하여 다양한 해시태그를 단 실험을 해보기도 했다. 다모이(Damoyee(@damoyee)는 어떻게 효과적인 전략을 사용하여 포스팅했는지를 설명하였다. 2020년 중반에 틱톡에 가입한 그는 비디오를 포스팅하기 앞서, 콘텐츠와 태그의 트렌드와 패턴을 이해하기 위하여 포유 알고리듬을 석 달 동안이나 연구하였다고 한다.

우리가 인터뷰한 많은 크리에이터들은 틱톡에서 공유한 콘텐츠와 친밀한 사적 관계를 맺고 있었다. 특정한 타입의 콘텐츠가 과거에 올라왔던 콘텐츠에 비해 현격하게 질이 떨어질 때 알고리듬 가십은 크리에이터가 스스로를 의심하지 않도록 방어해준다. 알렉스(Alex(@alexengelberg))는 이렇게 설명한다.

당신은 본질적으로 자신의 가치를 발판에 올려놓아야 한다. 이 알고리듬이 어떻게 당신을 속이는지 알기 위해서 마치 '오, 알고리듬에 뭔가 이상이 있네요, 나는 많은 사람들이 볼만한 가치가 있는 콘텐츠를 만들었는데요.'라고 말하는 것과 같다. 이런 말을 하기는 사실 굉장히 불쾌하지 않을 수 없다. 그러나 현실에서는 당신이 엄청난 재료와 시간을 쏟아부었다면, 당신은 분명히 사람들이 어떻게 당신이 만든 걸 보게 되는지어 대해서 어느 정도의 투명성을 요구할 권리가 있다. 하지만 그런 건 현재 존재하지 않는다.

알렉스의 말은 틱톡에서 좌절을 맛본 사람들을 대변한다. 그들은 틱톡의 알고리듬을 '만족'시키기 위해 온갖 노력을 기울였음에도 불구하고 여전히 만족할 만한 참여 수를 얻고 있지 못하다. 블랙박스 추천 시스템은 여전히 오리무중이며 틱톡 크리에이터들을 갸우뚱하게 만든다; '도대체 내가 문제인가? 아니면 알고리듬이 문제인가?' 알렉스는 제3의 의견을 슬며시 제시한다; 내 비디오를 보는 게 사람이 갖긴 맞는 걸까?

3) 사회적 창의성

앞서 언급했듯이 이 책의 주요 목적은 틱톡에서 일어나는 여러 종류의 창의성을 연구하기 위함이다. 이 섹션에서는 사회적인 창의성에 초점을 맞춰 설명하려 한다. 여기에서 사회적이라는 뜻은 여러 사람의 활동으로 가능한 창의적, 집단적, 누적되는 행동으로 이해할 수 있다. 사회적 창의성은 집단이 형성된 가운데에서 일어나며 어느 정도의 사회적인 타당성을 요구한다. 또한 의사소통의 과정으로 이해될 수도 있다. 글래보누는 사회적 창의성을 순환적이고 사회문화적인 창조적 과정으로 설명하였다. 이 과정에서 새로운 관점이 집단의 창의성을 주도하며 대화를 통해 새로운 행동유도성을 발견하고, 결과적으로 새로운 관점을 열어준다.

틱톡의 이러한 창의적 과정을 연구할 때 우리는 사회적 창의성을 구조화하고 형성하는 행동유도성에 초점을 맞춘다. 이 행동유도성을 '사회적으로 창의적인 기능'이라고 일컫는다. '사회적으로 창의적인 기능'이란 사용자들이 새로운 콘텐츠를 만드는 일에 다른 사람 혹은 다른 그룹과 직접 참여할 수 있는 기능을 갖춘 '플랫폼 특성'이라고 할 수 있다. 틱톡이 지닌 사회적 창의성의 기능은 의도된 사용을 통해서뿐만 아니라 다양한 방법으로 그들의 행동유도성을 전복시키거나 재도용함으로써 참여를 용이하게 한다. 다음 섹션에서는 틱톡이 지닌 사회적으로 창의적인 기능을 네 가지로 분류하여 논하려 한다. 틱톡의 이러한 기능들은 이 플랫폼이 사회적으로 창의적인 관습을 가능하게 하고 구조화하는데 핵심적인 역할을 담당하였다. 사회적 창의성을 발현할 수 있게 해주는 대표적인 기능으로 듀엣, 스티치, 댓글에 대한 비디오 리플라이, 유즈 디스 사운드를 들 수 있다.

첫 번째 기능인 듀엣은 다른 사람이 제작한 비디오에 자신의 것을 첨가하는 것으로 사회적 창의성의 좋은 예이다. 듀엣을 통하여 창의성이 집단 안에서 형성되고 다른 사람의 관점으로 정보가 전달된다. 최근에는 사용자가 보다 쉽게 오디오를 녹음하고 레이아웃을 재배치할 수 있게 되었다.

듀엣은 사용자가 틱톡 비디오를 스크롤 해서 듀엣에 적합한 비디오를 찾아 듀엣 버튼을 누르면 실행된다. 듀엣을 누르면 틱톡은 비디오를 다운로드하고 비디오 녹음 인터페이스를 열어서 전송하거나 전송받는다. 그러면 원래의 비디오와 듀엣을 한 비디오가 나란히 뜬다. 듀엣은 뮤지컬리에서도 인기 있는 기능이었다. 뮤지컬리의 듀엣은 그 자체로 또 다른 듀엣을 연상하게 하는데 그것은 스뮬(Smule)이라는 소셜 싱잉 플랫폼이다. 스뮬은 사용자가 집단으로 혹은 다른 사용자들과 함께 합창을 만들 수 있다. 뮤지컬리와의 주요한 차이점은 뮤지컬리의 듀엣은 사용자가 댄스를 하거나 립싱크를 할 때 추가적인 오디오가 녹음되도록 할 수 없다는 점이다. 2019년 틱톡에 첨가된 듀엣에는 리액트(React) 기능이 있다. 이것은 사람들이 다른 사람들의 콘텐츠를 재해석하여 독특한 경험을 만드는 것처럼 창의적인 행동의 런치패드라고 할 수 있다. 듀엣과 리액트를 알리는데 사용된 언어는 사회적인 창의성이 극대화된 예이다. 즉 창의성이 집단 안에서 발현되고 다른 사람의 관점으로 정보가 알려진다. 틱톡의 듀엣 버전은 원래 무음이었다. 그러나 리액트에서는 사용자가 자신의 오디오를 첨가할 수 있으며 다른 비디오에 반응할 수 있다. 2020년 후반기에 듀엣의 기능이 업데이트 되어서 듀엣을 하는 동안 사용자가 좀더 쉽게 오디오를 녹음하고 듀엣의 레이아웃을 재배치할 수 있게 되었는데 이는 굉장히 창의적인 듀엣의 체인을 가능하게 했다.

두 번째 기능인 스티치는 리액트를 개선한 것으로 비디오의 단편을 잘라서 새로운 비디오의 첫 부분에 놓을 수 있게 하는 기능이다. '스티치된' 비디오 클립은 비디오, 오디오, 시각 효과, 스크린의 내용을 응축해놓은 것이다. 다른 비디오를 스티치한 사용자는 스티치의 길이를 설정할 수 있고 새로운 콘텐츠를 삽입할 수 있다. 듀엣처럼 스티치는 다른 사용자의 콘텐츠를 재해석하고 삽입하는 방법이다. 다른 사람의 콘텐츠 위에 교육, 요리법, 수학 과외 등 다양한 것을 얹는다. 스티치가 도입되기 전에는 숏 비디오 사용자들은 틱톡 내, 다른 플랫폼에서 빌려온 여러 개의 클립을 편집하여 점프 컷 효과를 냈다.

바이트댄스사의 개발자들은 스티치 기능을 통합하면서, 그동안 사용자들이 어떻게 듀엣과 리액트를 제쳐두고, 틱톡 안에서 창의적인 상호작용 모드를 시험했는지 알게 되었다.

스티치는 다양한 관점의 인풋을 전시하여 사회적 창의성을 순환하게 만드는 놀라운 기능이다. 예를 들어 북미 원주민 틱톡커들이 원주민 사회에 대해 궁금해하거나 잘못 알고 있는 사람들을 위한 교육용 스티치를 사용한다. 스티치는 또한 사이버 폭력에 새로운 장으로 사용되기도 한다. 이를 감안하여 발표에서는 사용자들이 비디오를 포스팅하기 전에 스티치에서 문제가 되는 옵션을 비활성화할 수 있는지 알려준다.

세 번째 기능인 댓글에 대한 비디오 리플라이(Video Reply to Comments)는 틱톡커들이 먼저 있던 비디오에 남긴 댓글이나 댓글을 단 사람에 대한 반응으로 새로운 비디오를 만들어서 댓글을 눈에 띄게 한다. 스크린에 비디오에 대한 새로운 댓글이 나타나고 사용자들은 창의적인 효과를 위해 그것의 시간과 장소를 편집할 수 있다. 비디오 리플라이는 2020년 3월 가볍게 테스트 되다가 같은 해 6월 공식적으로 발표되었다. 이 기능에 대한 언론 발표를 하는 자리에서 사회적으로 창의적인 과정에서의 관객의 역할이 필요함을 인정하였다; 사실 제작자와 팬들 사이에는 모종의 관계라고 말할 수 있는 것이 없다. 그런데 비디오 댓글 섹션에서 시청자들이 농담을 주고받거나, 댓글을 달거나 질문을 하며 상당히 빈번하게 이러한 관계가 형성되고 자연스럽게 다른 사용자들과 일종의 커뮤니티가 만들어진다.

발표에서는 이 기능을 사용하는 세 가지 예를 보여준다. 사용자들은 어떤 노래나 레시피 같은 것에 대한 비디오를 만들어 달라는 댓글에 대해 응답할 수 있다. 보통은 다수의 사람들이 물어본 질문에 대답하기 위해 FAQ(자주 묻는 질문)의 형태로 답변한다. 사용자들은 자신들이 어떻게 특정한 효과를 냈는지 설명하려고, 혹은 다른 사용자들이 이 트렌드나 챌린지에 어떻게 참여했는지 설명하기 위해서 튜토리얼(교육용 비디오)을 만든다.

네 번째 기능인 유즈 디스 사운드는 뮤지컬리에서 기원을 찾을 수 있다. 비디오에서 음악을 사용하는 것은 뮤지컬리의 립싱크를 위해서 꼭 필요한 기능이었다. 초기 경쟁 상대였던 플리파그램(Flipagram)처럼 뮤지컬리에도 사용자들이 비디오에 쓸 음악을 고를 수 있도록 내부 사운드 라이브러리가 있었다. 뮤지컬리의 오디오 기능은 또한 사용자가 MP3파일 형식으로 디바이스 스토리지에 자기들의 사운드를 업로드하고 사용할 수 있었다. 사운드를 누르면 비디오의 아래쪽에 아이콘이 나타난다. 아이콘은 사용자들에게 그 사운드를 사용할 수 있는 다른 비디오를 보여주고 사용자들은 같은 오디오를 사용해서 새로운 비디오를 만들 수 있다. 이러한 기능은 틱톡에서 '유즈 디스 사운드'로 이어졌다. 유즈 디스 사운드는 메인 비디오 윈도우의 오른쪽 아래에 있는 회전하는 레코드 모양의 아이콘을 누르면 실행된다. 틱톡은 각 비디오에 오디오 파일의 이름을 지정해준다. 이것은 화면의 중앙 아래에서 왼쪽으로 가며 스크롤 할 수 있다. 사운드 배지를 누르면 사운드의 프로필 페이지가 열린다. 스크린에서는 최초의 제작자 이름, 이 사운드를 사용한 비디오의 수가 표시되고 이 기능을 사용한 가장 인기 있는 비디오 피드가 제공된다. 사운드 프로필 페이지의 아래에 빨간색의 유즈 디스 사운드 버튼이 있다. 뮤지컬리에서처럼 유즈 디스 사운드는 비디오 제작 스크린을 열어주고 같은 오디오를 이용해서 새로운 비디오를 만들 수 있다. 비디오가 포스팅되면 여기에 사용된 사운드 기능은 쉽게 다른 사용자에 의해 사용될 수 있다. 이 기능은 다른 사회적으로 창의적인 기능들과는 약간 다르다. 본래의 비디오 제작 과정의 끝에서 사용자는 옵션을 사용해서 다른 사용자들이 듀엣이나 스티치 기능을 사용하지 못하게 하거나 텍스트로 댓글을 남기지 못하게 할 수 있다. 앞서 논의한 세 개의 기능처럼 유즈 디스 사운드 기능도 최소 두 명의 사용자의 참여를 필요로 한다. 이 외에도 사용자는 다른 사람의 사운드를 사용하면서 그 의미를 재해석 하거나 개인의 관점을 덧붙일 수 있다.

4) 인앱 비디오 제작(In-app video creation)과 기능 편집

이펙트와 필터는 사용자가 일일이 편집하지 않고도 다양한 콘텐츠를 비디오에 넣을 수 있게 해주는 창의적인 기능이다. 이펙트 페이지는 비디오 제작 화면에서 갈 수 있으며 주제에 따라 무한한 이펙트 콘텐츠를 얻을 수 있다. '뷰티(beauty)', '퍼니(funny)', '월드(world)', '동물(animal)', '음악(music)' 같은 일반적인 필터 카테고리 말고도 그린 스크린 이펙트, 인터랙티브 필터, 비디오 편집 툴 등의 카테고리도 있다. 유즈 디스 사운드처럼 비디오가 원래의 틱톡 비디오 에디터 안에서 편집되면 인터랙티브 뱃지에서 현재 사용 중인 비주얼 이펙트와 필터도 자동으로 디스플레이 된다. 시청자들은 필터 뱃지를 눌러서 동일한 필터를 사용한 새로운 비디오를 만들 수 있다. 필터와 이펙트는 틱톡에서만 있는 새로운 기능은 아니다; 스냅챗(Snapchat)이나 인스타그램에서는 사용자의 외모를 바꾸고 갖가지 리얼리티 효과를 입히는 필터들을 이미 사용했다. 그러나 틱톡의 필터는 이런 플랫폼들보다 훨씬 많은 옵션을 제공하며 정교하다. 예를 들어 오디오가 틱톡에서 중요한 경험으로 자리 잡은 이후 오디오 필터, 사운드 이펙트, 다른 시각 기능을 갖춘 짝이 될만한 노래들 이런 것들이 틱톡의 중요한 창의적 기능으로 부상했다.

틱톡과 더우인을 나란히 비교해보면 필터와 이펙트는 중요한 차이점의 시작이다. 뚜렷한 문화적 언어적 필터를 제외하더라도 뷰티 필터가 더우인에는 디폴트로 깔려있다는 사실은 흥미로운 시사점을 제공한다. 이런 디폴트 필터는 사람의 외모를 부드럽게 해주고 피부톤을 밝게 만들어주는데 중국의 인기 있는 카메라 이펙트인 메이바이(meibai, beautify whitening(미백효과로 아름답게 만들기)를 모방한 것이다. 메이바이 필터는 고가의 성형수술이나 시간이 많이 드는 메이크업을 하지 않아도 중국 셀러브리티의 기준인 큰 눈, 쌍꺼풀, 흰 피부, 오똑한 코, 뾰족한 턱을 가질 수 있게 해준다.

또 다른 기능은 라이브 스트리밍이다. 틱톡은 원래 숏 비디오를 공유하는 플랫폼이지만 사용자가 실시간으로 자기 팔로워들에게 생방송을 해주는 라이브 스트리밍의 기능도 갖췄다. 사람들은 포유 페이지를 스크롤 해서 스트리밍을 찾을 수 있다. 라이브 스트리밍은 아무나 할 수는 없고 틱톡에서는 팔로어가 최소 1천 명 이상, 더우인에서는 5만 명 이상인 사람만 할 수 있다. 틱톡의 라이브 스트리밍을 보고 싶은 사용자는 화면의 팔로잉 페이지에서 현재 누가 라이브를 하고 있는지 알려주는 뱃지를 손가락으로 훑으면 된다. 포유 페이지를 스크롤 하다가 무작위로 라이브 스트리밍을 찾을 수도 있다. 틱톡은 인박스 메시지를 통해서 사용자들에게 어떤 라이브 스트리밍이 진행 중인지 알려주기도 한다. 주로 스폰서를 받은 스트리밍이나 스트리밍 이벤트, 유명인의 라이브 스트리밍이 여기에 해당된다. 라이브 스트리밍은 틱톡 경제의 중요한 부분이기도 하다. 틱톡의 경제는 가상화폐에 의존하는데 이 가상화폐는 플랫폼에서 구입하거나 다른 사람에게 선물할 수 있다. 2021년 중반 기준으로 틱톡에서 가상화폐를 소비하는 방법은 라이브 스트리밍이 유일하다.

5) 소셜 미디어 플랫폼 기능

첫째, 언급하기는 @표시 다음에 사용자의 이름이 오는 것이다. 비디오 텍스트나 댓글에 사용되는 이 표시는 언급된 사용자의 프로필로 가는 하이퍼링크를 만든다. @는 비디오에 @를 언급함으로써 다른 사람들을 불러 모으는 데 사용되기도 하며 여러 명의 사용자들이 동일한 사람을 태깅하여 체인처럼 줄줄이 엮인 댓글을 만들기도 한다. 우리가 인터뷰한 틱톡 커플들에 의하면 그들은 틱톡 스타인 벨라 포치(@BellaPoarch), 카비(Khaby. Lame)등을 언급할 때뿐 아니라 '오프라인 셀리브리티', 즉 소셜 미디어를 사용하지 않는 유명인들, 심지어 스마트폰도 사용하지 않는 유명인들-그래미상을 받은 리조(Lizzo)나 고든 램지(Gordon Ramsay) 같은 셰프에 대한 댓글을 달 때도 @를 사람들을 모으는 기능으로 사용한다. 셀러브리티 틱톡 댓글은 충격이나 흥분을 표현하기 위해 비디오로 댓글을 단다든지 유명인들이 만든 비디오에 듀엣이나 스티치를 해서 포스팅한다는지 하는 식의 보다 사회적 창의성을 발현할 기회를 준다. 우리가 인터뷰한 개비(Gabbi(@fettuccinefettuqueen))는 @불러모으기가 자기의 댓글 섹션이 미국 셀러브리티인 웨인 브래디(Wayne Brady)에게 간 것을 알고 깜짝 놀랐는데 웨인 브래디는 개비가 지은 〈Ratatousical, 혹은 Ratatouille: The TikTok Musical〉에 대해 칭찬해주었다고 한다. 물론 @불러모으기는 친구, 아는 사람 혹은 틱톡커들을 무작위로 불러모아 예측불가하고 분배된 창의성에 끌어들일 수도 있다.

둘째, 틱톡의 해시태그는 비디오 텍스트에 메타데이터 혹은 댓글에 삽입된 형태로 포함될 수 있다. 비디오 텍스트나 댓글의 해시태그를 누르면 해시태그 페이지에는 그 해시태그를 사용한 비디오들이 디스플레이 된다. 동시에 '유즈 디스 사운드'처럼 새로운 비디오에 '유즈 디스 해시태그'를 할 수 있도록 옵션이 보인다. 다른 디지털 플랫폼들처럼 틱톡에서도 해시태그는 가시성을 위한 중요한 매개이다. 브랜드를 단 해시태그는 스폰서를 받는 것도 아니고 상업 광고와 관련이 있는 것도 아니다. 마찬가지로 #xyzbca처럼 아무렇게나 단 해시태그들 역시 무슨 큰 의미가 있지 않으며 틱톡에서 가시성을 높이기 위해 고안된 것이다. 2021년 중반 1억2천만 비디오가 #fyp라는 해시태그를 붙였는데 이것은 포유페이지를 나타낸다. 이 해시태그는 포유 페이지의 블랙박스 추천 시스템으로 가는 길을 안내하기 위한 많은 전략 중 하나이다. 해시태그는 특정한 토픽을 중심으로 유동적인 커뮤니티를 만드는 데 유용하게 쓰인다.

셋째, 좋아요(Like) 기능은 트위터나 인스타그램에도 있는 것으로 틱톡커들이 그 비디오나 댓글을 '좋아한다'는 의미로, 하트 아이콘으로 표시되기도 한다. 하트 아이콘을 누르면 이 비디오가 좋아요를 누른 사람의 개인 선호 리스트에 저장되며 비디오를 올린 사람에게도 알림이 간다. 사생활의 보호를 위해 사용자는 틱톡의 개별 세팅에서 자기가 좋아요를 누른 비디오 리스트를 다른 사람들에게 노출할 것인지 아닌지를 설정할 수 있다. 2021년 중반 틱톡의 좋아요는 페이스북과 트위터의 다이렉트 메시지 서비스에서처럼 반응 이모티콘으로 차별화되지는 못했다. 다른 플랫폼 역시 틱톡과 마찬가지로 좋아요는 충성도를 알 수 있는 척도이다. 사용자의 프로필 페이지 윗부분에 표시된다. 이와 함께 팔로어의 수와 자기가 팔로우하는 다른 사용자들의 수가 표시된다.

넷째, 댓글에 대해 알아보자. 틱톡의 텍스트 댓글은 150자 이하로 제한된 숏 비디오 포맷의 관습을 따른다. 2021년 틱톡의 댓글 글자 제한은 경쟁 플랫폼들 중 최저였다. 사용자들은 자기들만의 댓글을 타이핑할 수 있고 다른 사람의 댓글에 '좋아요'를 표시할 수도 있고 댓글에 대한 리플라이를 할 수도 있다. 비디오의 원제작자는 리플라이를 텍스트가 있는 댓글로 할 것인지 비디오로 할 것인지 선택할 수 있다. 댓글 섹션은 언어와 팔로우 받는 사람에 의해 자동 분류된다. 즉 댓글을 작성하는 사람은 가장 인기 있는 댓글보다는 자기가 팔로우하는 사람이 배열한대로 댓글을 볼 수 있다. 예를 들어 틱톡에서 일본어로 프로필을 작성한 사람은 일본어로 작성된 댓글을 먼저 보게 되어있다. 댓글에서 악플은 자동 필터링으로 제거된다. 댓글에 대한 필터링은 디폴트로 설정되어 있지만 사용자는 자신만의 옵션으로 필터링을 설정할 수 있다. 첫 번째 옵션은 '모든 댓글'이다. 이것은 사용자가 승인하기 전에는 모든 댓글이 보이지 않는 것이다. 두 번째 옵션은 스팸과 악플에 대한 필터링이다. 이것은 디폴트로 설정되어 있는데 악플은 내부의 알고리듬 언어 프로세싱 시스템에 따라 결정된다. 세 번째 옵션은 키워드 필터링으로 디폴트로 설정된 필터링 외에도 사용자가 특정한 키워드를 포함하는 댓글은 자동으로 제거된다.

다섯 번째, 공유하기는 사용자가 URL을 카피하여 콘텐츠(비디오, 사운드, 사용자의 프로필)를 틱톡의 다른 사용자에게 공유하거나 링크된 다른 소셜 미디어(페이스북, 트위터, 왓츠앱)를 통해 콘텐츠를 공유하는 것이다. 콘텐츠를 공유하는 옵션은 틱톡과 더우인의 인터페이스 간의 주요한 미학적 차이점을 만든다. 더우인은 틱톡에 비해 공유 옵션이 훨씬 적다. 틱톡은 모든 것이 중국의 디지털 플랫폼과 결합하도록 디자인되어있다. 공유하기 버튼은 비디오를 볼 때 추가 메뉴 아이템을 위한 옴니버스식 진입지점이다. 첫 번째 옵션은 비디오가 커뮤니티 가이드라인을 위반하고 있는지에 대한 신고(report)이다. 신고 버튼을 누르면 엔트리 스크린이 나오고 사용자는 이 비디오의 위반 유형을 선택하고 신고할 수 있었다. 과거에는 비직관적인 신고 기능때문에 논란이 일기도 했었다. 미성년자의 포유페이지가 정신산만하고 그래프가 가득한 콘텐츠로 둘러싸여 있어서 부모들이 신고 버튼을 찾을 수가 없었기 때문이다. 두 번째 옵션은 관심 없음(Not Interested)으로 해당 비디오를 건너뛸 수 있게 해주며 다음부터는 비슷한 콘텐츠를 추천하지 갈라고 틱톡의 추천 시스템을 '교육'할 수 있다. 신고하기와 관심 없음 버튼 다음으로 사회적으로 창의적인 기능을 위한 버튼은 듀엣과 스티치이다. 마지막으로 비디오를 아카이빙하는 데에는 세 가지 옵션이 있다. 다운로드하는 방법(단 오리지널 크리에이터가 다운로드 옵션을 활성화 해야 한다), GIF형태로 풀 비디오를 공유하는 방법, 비디오에서 가져온 클립으로 '라이브 포토'를 만드는 방법이다.

좋아요, 댓글, 공유하기 기능은 틱톡 알고리듬 이미지가 지닌 뛰어난 기능들이다. 우리가 인터뷰한 틱톡커들은 비디오의 가시성을 높이는 전략이 좋아요, 댓글 공유하기 기능에 의존하고 있다고 말한다. 자신이 포스팅한 비디오가 뜨기 위해서 시청자들에게 세 가지 방법을 잘 써달라고 요청할 수 있다. 대부분의 사람들은 스크롤을 하다가 찾은 친구, 모르는 사람의 비디오에 좋아요, 댓글, 공유하기 등을 누른다. 심지어 비디오를 끝까지 다 보지도 않고 누르기도 한다.

마지막으로 접근성에 대해 알아보자. 접근성은 보다 넓은 층의 사용자들이 장벽 없이 플랫폼을 이용하게 하려는 것이다. 접근성은 비디오에 자동적으로 플래싱 라이트를 번쩍이게 해주는 경고, 청각장애인을 위한 자막 등이 포함된다. 틱톡은 접근성을 높이는 데 있어서는 다소 태만했다. 2021년에야 자동으로 소리가 자막으로 변환되는 기능을 첨가했다. 그로부터 몇 년 후 인스타그램의 릴스도 같은 기능을 갖췄다. 2021년 5월 캐나다의 성우는 틱톡을 고소했는데 자신에게 동의나 보상 없이 자신의 목소리를 텍스트- 말 변환기능에 사용했다는 이유에서였다. 소송에 대한 뉴스가 퍼지자 악용하는 사람들 때문에 이 기능을 멈추길 원하는 사람들과 실질적으로 접근성이 높아진다는 이유로 이 기능을 계속 사용하기를 원하는 사람들간의 논쟁이 불거졌다. 오디오를 재사용하는 기능, 특히 다른 사용자의 목소리를 쓰는 기능은 숏 비디오 플랫폼에서 늘 있던 이슈였다. 예를 들어 신경발달장애가 있는 크리에이터가 자신의 영상에서 어떻게 오디오 잠금을 걸 수 있는지 도움을 요청하는 비디오를 공유하기도 한다. 이는 다른 사람들이 이 비디오를 장애인에 대한 조롱, 괴롭힘, 협박용으로 사용할 우려가 있기 때문이다. 사람들은 이 비디오에 댓글로 틱톡 안에서 자신의 목소리나 혹은 다른 목소리가 불법적인 방법으로 사용되지 않도록 하는 방법을 알려주었다.

6) 신흥 플랫폼 관습

틱톡커들이 사회적으로 창의적인 프로세스에 뛰어들면서 새로운 행동유도성을 발견하게 되었다. 이것은 결과적으로 플랫폼 특유의 기준과 관습의 발전으로 이어졌다. 립싱크는 덥스매시와 뮤지컬리 같은 숏 비디오에서도 중요한 테마였다. 뮤지컬리에 따르면 크리에이션 신화인 립싱크는 앱 크리에이터들이 '립싱크 배틀'이라는 TV 게임쇼가 방영되는 목요일 오후에 앱 다운로드 수가 급증하는 현상을 경험한 이후로 이 플랫폼의 주요한 부분으로 자리 잡았다. 사용자들은 노래나 오디오 클립을 선택해서 자기 자신의 것처럼 연기할 수 있을 만큼 충분히 익혀야 한다. 이와 비슷하게 플리파그램의 주요 판매 포인트도 그 안에 라이선스 받은 오디오들이 있고 여기에서 자기가 좋아하는 노래, 숏 비디오들을 선택할 수 있다는 점이다. 립싱크는 틱톡의 근간을 이루는 관습이며 송밈스, 스탠드업 코미디에 기초한 립싱크밈스, 혹은 도널드 트럼프가 소독제를 당신의 몸에 주사하는 걸 생각하는 아이러닉한 립싱크 같은 정치적 성격의 댓글 등으로 진화해왔다.

챌린지는 립싱크와 비슷하다. 댄스 루틴, 재미있는 스킷 외 여러 가지 형태가 있는데 틱톡을 정의할 만큼 독특한 점이다. 이런 흉내내기 챌린지는 별거 아닌 것처럼 보이지만 애정, 정치적 견해, 반응, 주요 정보, 중요한 씬(scene)을 강조할 수 있다. 틱톡 챌린지는 다양한 밈 템플릿인데 이것은 틱톡의 기준과 알고리즘 시스템이 미학적으로 비슷한 콘텐츠의 형태로 만들어진 것이다. 다양한 커뮤니케이션이 이미지, 글, 레이아웃, 음악, 제스처, 스피치, 동영상, 사운드트랙, 3D사물 같은 다양한 커뮤니케이션 모드로 구현된다. 기호학 모드는 본질적인 특징과 매체의 잠재성, 요구, 역사, 사회의 가치와 문화에 의해 형성된다.

틱톡은 새로운 변종들과 현존하는 다양한 콘텐츠의 의미와 기원에 대한 깊은 이해를 요구한다. 예를 들어 현재 디지털 음악의 종류를 분석하는 새로운 방법-가사의 텍스트 분석과 오리지널 크리에이터가 작업한 디지털 플랫폼 상에서의 소리 분류에 대한 분석을 매칭하는 것으로 1) 젊은이들이 퍼포먼스를 공유할 수 있는 독자 규모, 2) 같은 음악을 가진 다른 버전의 퍼포먼스에 접근할 수 있는 규모, 3) 그들이 사용하는 미디어의 고정성을 의미한다.

규모, 접근성, 고정성의 이동 외에, 스크린상에 녹화된 행동들 – 이 경우에는 뮤지컬리에서의 제스처 같은 것들이 또 다른 독립적인 양식이다. 이제는 틱톡에서 음악, 가사, 텍스트, 메타데이터, 비디오 클립으로 발전했다. 수많은 숏 비디오 양식의 상호작용은 틱톡에서 '도용되고 다른 길로 방향을 틀고, 잠재적인 가능성과도 협상하는' 열리고 역동성이 넘치는 구조로 된 커뮤니케이션 환경을 조성한다. 시선을 끄는 헤드라인, 입소문(viral), 명성을 불러일으키기, 어른을 혼란스럽게 하는 틱톡 챌린지 같은 것들이 바로 이런 환경의 예이다. 이런 것들은 틱톡에 있는 사람들이 같은 행위를 시도하는 비디오 시리지를 통해서 커뮤니티의 일원이라고 느낄 수 있게 해주는 가장 쉬운 방법이다.

줄리와 줄리(Zulli and Zulli, 2020)는 틱톡 챌린지의 유행과 성공의 요인에 대한 두 가지 설명을 했다. 첫째 수백만의 팔로어와 엄청나게 높은 가시성을 가진 틱톡 인터넷 셀러브리티의 참여도이며, 둘째는 생생함이다. 즉 다른 사용자들이 챌린지에 참여함으로써 사용자는 즉각적으로 소셜 리얼리티에 공헌하게 된다는 생각이다. 이러한 설명 위에서 이들은 '모방 대중'(imitation public)이라는 용어를 만들었다. 이는 모방 콘텐츠가 공유되는 의식을 통해서 형성된 디지털 연결성을 가진 사람들의 모임이라는 뜻이다. 공급과 모방을 통해 이익을 얻는 행위는 틱톡이 다른 환경에서는 해체될 수도 있는 사용자들이 있는 왜 틱톡에서 여러 종류의 미메시스를 선전하는지를 설명한다.

2014년 아이스 버킷 챌린지같은 시각 챌린지는 그 챌린지에 참여하는 개인의 비디오나 사진을 전시한다. 반면 오디오 챌린지는 쉽게 오리지널 크리에이터와 무관해질 수 있다. 2020년 후반 틱톡은 모든 오디오를 자동적으로 오리지널 사운드로 간주했다. 틱톡커들은 이런 원초적인 오류를 극복하기 위한 다양한 전략을 구사한다.

다음으로 참여 초대에 대해 살펴보자. 앞장에서 우리는 알고리즘 문화가 어떻게 사용자 관습을 허용하는지 논의했다. 언론과 크리에이터들이 말한 이런 신화는 포유페이지의 알고리듬이 비디오를 소수의 사용자들에게 보여주고 최초의 그룹에서 이 비디오가 어땠는지에 따라 이후 이것을 본 사용자들이 기하급수적으로 늘어나는 현상을 말한다. 다른 형태의 알고리듬 관습처럼 이 스토리는 참이든 거짓이든 이 알고리듬을 만족시키고 싶어하는 크리에이터들의 행동 양식을 결정한다.

이것은 틱톡에서 새롭지는 않다. 그러나 어떻게 시청자의 상호작용과 참여가 숏 비디오 플랫폼에서 자신을 표명할 수 있는지를 보여주는지를 알려준다. 다른 소셜 미디어 플랫폼에서 시청자들에게 참여를 요청한다고 생각해보라. '그 좋아요 버튼을 막 눌러', '아래에 댓글을 남겨', '눈길을 끌기 위해 벨을 쳐서 울려' 등을 유튜브에서 시청자들에게 요구하는 걸 생각해 보라. 혹은 팟캐스트에서 애청자들에게 자신들의 콘텐츠에 점수를 매기고 리뷰를 하라고 하는 걸 생각해보라. 혹은 라이브 스트리밍에서 진행자가 말할 때 시청자들이 바로 채팅창에 입력하는 걸 생각해보라. 단순한 소비 행위가 조회 수나 스트리밍 수 같은 참여 매트릭스에 공헌하기도 한다; 그러나 참여에 대한 요구는 크리에이터가 수동적인 소비보다는 능동적인 참여에 높은 가치를 두고 있다는 사실을 보여준다.

애비딘(Abidin)은 2021년 틱톡커와 시청자들간 상호작용이 어떻게 플랫폼의 광적인 열기의 경제학을 표명하는지 기술하였다.

- 소유권 관습 – 시청자들이 재사용하려면 자신이 소유한 것임을 밝혀달라고 요구하는 관습, 혹은 콘텐츠에 대한 확실한 권리
- 알고리듬 관습 – 랜덤 버튼을 눌러 계정이나 콘텐츠의 가시성을 향상시키는 관습
- 상호작용 관습 – 듀엣이나 스티치 등을 사용하여 자신의 콘텐츠를 만드는 데 참여해 달라고 시청자들에게 요구하는 관습

가시성을 위한 노동은 크리에이터가 시청자에게, 혹은 시청자가 크리에이터에게 가진 추정의 결합에 의존한다. 즉 이 관습에 참여하면 그에 상응하는 효과를 얻게 될 것이라는 추정인데 이것은 시청자들이 크리에이터의 가시성을 높이는 걸 돕거나 그 일에 참여하도록 자극한다.

틱톡에서 가시성을 위한 노동은 아무것도 하지 말고 가만히 있을 것을 요구하기도 한다. 크리에이터는 시청자의 주의를 끌기 위해 15-60초 동안 '스크롤을 멈추라'고 요구한다. 이런 '멈춤 관습'은 굉장히 수동적이지만 틱톡의 관심 경제학에 참여하는 적극적인 방법이기도 하다. 이것들은 크리에이터나 틱톡커가 말 그대로 시청자들에게 잠시동안 아무것도 터치하지 말고 가만히 기다리라고 요구하는 것이다. 이런 요구는 신생 플랫폼이며 매우 개인화되어있고 초소형 단위의 콘텐츠들이 휙 지나가고 없어져 버리는 숏 비디오 플랫폼에서는

상당히 무리한 요구이기도 하다. 음악을 하는 틱톡커를 인터뷰한 바에 따르면 멈춤 관습은 자기가 만든 새로운 음악이 플랫폼을 트래픽을 넘나들며 유명해지기를 원하는 뮤직 아티스트들 사이에서 인기있는 전략이라고 한다. 이런 밈을 위한 템플릿은 비디오 초반에 시청자들에게 지금 당장 스크롤을 멈추라고 부탁한다. 이것은 흥미를 최고치로 끌어올리는 노래나 앨범에 대한 가슴 아픈 이야기로 이어진다. 그리고 이 노래를 스트리밍 플랫폼에서 스트리밍하거나 틱톡 비디오에 사용해달라고 요청하며 끝난다. 그리고 다시 처음으로 돌아간다. 이런 요청은 처음에는 시청자들에게 어떠한 행동도 하지 말고 수동적으로 있으라고 하지만 곧 틱톡을 닫고 다른 앱을 열라고 요구하며 극도로 활동적인 사람으로 만든다.

가시성을 갖는 것 외에도 시청자의 상호작용은 자연스럽게 틱톡에서 다른 사람들의 경험을 함께 만들어주는 일에 연루된다. 시청자는 디지털 미디어를 형성하는 파워 다이내믹에 흠뻑 빠지게 된다. 이런 파워 다이내믹은 플랫폼 안에서 일련의 폭력, 왕따, 괴롭힘 등으로 이어질 수 있다.

새라(가명)는 틱톡에서 팔로어가 십만 명 이하인데 밈 비디오를 올리고 정치색이 짙은 비디오를 공유한 후에 입소문이 나서 평상시의 시청자들보다 훨씬 넓은 층의 시청자들을 갖게 되었다. 비디오는 이와 반대되는 정치 견해를 가진 사람들의 포유페이지로 가게 되었다. 그들은 여기에 댓글을 달 뿐만 아니라 새라에게 위해를 가하는 듀엣이나 스티치 비디오들이 틱톡의 '나쁜 면'으로 이루어진 커뮤니티에서 입소문이 나기 시작했다. 그 뒤를 이어 나온 비디오들은 새라의 오리지널 비디오와 새라의 계정에 연결된 링크를 박아 넣었다. 새라의 비디오에는 전투적인 시청자들로 가득 차게 되었다. 이는 반대되는 의견을 가진 사용자가 주축이 된 디지털 플랫폼에서 관찰되는 현상이다. 이런 디지털 플랫폼들은 대개 온건한 성격과 정책을 유지하고 있어서 악용을 모호하게 만들 수 있다. 틱톡에서는 적대적인 시청자들이 많은 양의 트래픽과 참여를 야기했다. 이들은 새라가 자기 계정의 새로운 방문자와 관련된 다른 콘텐츠를 보는 것에도 관심을 가질 것이라고 생각해서 추천 시스템에 신호를 보냈다. 그녀는 그 사건 이후에 자신의 포유페이지가 자기와 완전히 반대 의견을 표명하는 문제투성이 콘텐츠로 가득차게 되었다고 했다. 새라는 틱톡의 '나쁜' 면에 완전히 걸려들었다고 느꼈고 틱톡을 더이상 사용하지 않았다. 새라는 돌아온 이후 친한 멤버들과 친한 커뮤니티 사람들에게 자기가 탈출하기 위해서 자신의 콘텐츠에서 틱톡의 '선한' 면이 발현되도록 상호작용해달라고 부탁했다.

어트리뷰션은 오리지널 콘텐츠 크리에이터와 이후 그 콘텐츠를 사용하는 사람들 간의 연결을 유지하기 위하여 사용된다. 틱톡에서는 사용자들을 초대해서 콘텐츠를 재사용하고 재혼합하도록 할 수 있다. 이런 환경에서 자동화된 어트리뷰션 시스템은 이러한 시스템이 정확한 사용자를 식별하지 못하거나 사용자들이 용이주도하게 시스템을 회피한다면 오리지널 크리에이터는 오디오로 전해지는 입소문에서 얻는 이득을 놓칠 수 있다. 플랫포미제이션 연구에서 케이와 로드리게즈는 어트리뷰션이 있는 플랫폼 관습을 사용자가 자동화된 어트리뷰션 시스템에 의존하지 않고도 오리지널 크리에이터가 상당히 자기의 작품에 공헌했음을 보증하는 행동유형으로 보았다.

어트리뷰션에 대한 플랫폼 관습은 불법과 허용가능한 샘플링의 넓은 연속체 사이에 위치한다. 그것들은 스크린상에 있는 하나의 레퍼런스를 이용하여 아티스트나 크리에이터가 다음 틱톡 비디오에 사용하는 것을 포함할 뿐 아니라 해시태그 걸기, 오디오 클립의 제목을 다시 짓기, 비디오에서 말로 언급하는 것까지도 해당된다. 어떤 경우에 크리에이터는 자신들이나 다른 사람의 창의성을 해치지 않고 오리지널에 손으로 크레딧을 표시하는 자기들만의 관습을 발전시키기도 한다. 예를 들어 오리지널 크리에이터를 식별하기 위해 해시태그와 다른 메타데이터를 덧붙이면서 오리지널 크리에이터의 작품에 기초하여 작품을 만든 틱톡 커들을 선전한다.

자동 어트리뷰션 시스템과 관련된 오류를 줄이기 위해 2020년 후반 틱톡은 사운드 매칭 시스템을 도입했다. 이것은 크리에이터들이 부정확하게 올린 오리지널 오디오들을 식별하기 위해 고안된 것이다. 그러나 현재의 사운드 매칭 툴이 개선된 것인지 아니면 창의적인 콘텐츠의 크레딧과 어트리뷰션을 오히려 복잡하게 만든 것인지는 의문을 남긴다. 틱톡의 사운드 매칭 시스템은 언뜻 보기에는 팝송의 개별 클립들을 식별할 수 있는 것 같다. 그러나 어트리뷰션을 잘못한 많은 경우에 있어서 사운드 매칭은 별로 효과가 없거나 사용불가하다. 예를 들어 매시드 업 송, 어떤 크리에이터의 목소리, 혹은 TV나 영화 등 다른 미디어에서 가져온 오디오 클립 등 복잡한 것들은 사운드 매칭 시스템이 식별하기 어렵다. 일상 관습에서 나오는 이런 이슈들은 틱톡이 가진 무료 어트리뷰션의 중요성을 더욱 강조한다.

전파성을 타고 번성하는 디지털 환경, 어트리뷰션 문제가 플랫폼 기반이고 사용자 영속적인 문화 기준을 가진 환경에서는 저작권을 지키고 싶은 크리에이터의 능력이 제한된다. 어트리뷰션에 대한 틱톡의 접근은 플랫폼을 위한 경제적 가치를 생성한다. 그러나 크리에이터들의 노고를 알아주지 않는다면 그들에게 동기를 부여하기는 어렵다. 어트리뷰션 관습을 통해서 다른 크리에이터들이 오리지널 저작권을 인정해주려는 각고의 노력은 감정적인 가치를 쌓아올릴 수 있다. 이는 커뮤니티를 형성하고 창의성에 인센티브를 부여한다. 틱톡의 이런 관계적 측면, 어트리뷰션 관습은 플랫폼의 특정한 일부, 창의적인 커뮤니티에서 수용할 수 있는 크레딧을 부여하는 가장 좋은 곤습모델로 해석될 수 있다.

앞서 언급한 특징들이 틱톡이 건전한 방향으로 가는 단계를 대표한 반면 어트리뷰션 플랫폼 관습은 문화적 도용 같은 좋지 않은 형태도 있다. 흑인, 원주민, 유색인종이 만든 작품에 대한 백인 크리에이터의 문화적 도용은 틱톡에서 늘상 일어나는 비판이다. 특히 미국에서는 틱톡의 관습이 인종, 권력, 우월성과 뿌리 깊이 연결되어 있다. 홀(Hall)의 1997년 연구에 따르면 예술과 민족을 분리하는 패턴은 흑인의 문화 형태를 상업적으로 "착취"할 뿐 아니라 그들에게 제공된 문화 의미를 무력화시킨다. 영(Young)은 2008년 문화적 도용을 매우 모욕적인 것이라고 특징지었다. 문화적 도용이 사람의 핵심 가치나 자존감에 정면으로 타격을 가하기 때문이다. 2021년 틱톡의 인종차별적 관습을 분석한 스티븐스(Stevens)는 경쟁 플랫폼인 인스타그램의 행동유도성이 사용자들에게 흑인 정체성을 상품화하는 보다 신체적이고 표현적이며 구체화된 도용의 형태를 가지라고 요구한다. 인스타그램에서의 복제와 모방을 장려하는 템플릿 가능성의 요소는 틱톡의 사회적으로 창의적인 기능에 의해 증폭된다. 듀엣, 스티치, 유즈 디스 사운드는 백인 크리에이터들이 유색 크리에이터들이 만든 콘텐츠를 도용하는 새로운 차원을 열어줄 수 있다.

댄스 챌린지는 숏 비디오 플랫폼의 문화적 도용의 명확한 예이다. 댄스를 모방하도록 디자인된 기능은 뮤지컬리, 덥스매시, 틱톡 같은 플랫폼들의 주요 수입원이다. 2021년 『리네게이드: 덥스매시에서 틱톡까지의 디지털 댄스 문화』(Renegades:Digital Dance Cultres from Dubsmash to TilTok)에서 보폰(Boffone)은 숏 비디오 플랫폼에서 동성애혐오증, 성차별, 인종차별 같은 문화적 강제성이 어떻게 정체성을 형성하며 젊은 크리에이터들의 참여를 유도하는지 분석하였다. 보폰은 조지아 출신의 14세 흑인 크리에이터인 자라이아 하몬(Jalaiah Harmon)이 처음 안무한 댄스 챌린지인 리너게이드가 15세 백인 크리에이터인 찰리 다멜리오(Harli D'Amelio)에 의해 유명해졌고 하몬은 1억명이 넘는 팔로어를 보유하게 되었다. 하몬이 오리지널 댄스를 포스팅한 후 몇 달 후에 『뉴욕타임즈』는 그녀를 그 댄스의 오리지널 크리에이터로 인정했다. 보폰은 대중들의 항의에 부딪혀, 다멜리오가 자기가 춘 춤의 크레딧을 하몬에게 돌렸다고 설명한다. 그럼에도 리네게이드와 이후의 사건들은 크레딧이 있는 어트리뷰션 플랫폼 관습이 문화적 도용의 경우에 어떻게 무너지는지를 보여준다.

2021년 유명 틱톡커인 애디슨 래 디스터링(Addison Rae Easterling)도 그 예 중 하나이다. 그는 지미 팔론의 투나이트쇼에도 출연했었다. 그녀는 팔론에게 몇 개의 춤동작을 '가르쳐' 주었는데 그것이 그녀에게 몇백만의 조회 수를 가져다 주었다. 2분 동안 팔론은 하우스밴드 더루츠(The Roots)의 반주에 맞춰 이스터링이 보여준 댄스 챌린지의 이름이 적힌 카드를 들고 있었다. 쇼가 방영된 후, 원래 이 댄스는 유색 아티스트가 만든 것인데 그의 동의 없이 젊은 백인 여성 크리에이터인 이스터링이 초대받아 이 댄스를 췄다는 것에 대한 비판이 일었다. 이 비디오의 단편은 '애디슨 래가 지미 에이트에게 틱톡 댄스를 가르쳐주다'라는 제목을 붙이고 유통되었고 유튜브에서 5백만회 이상의 조회수를 기록했다. 역시 그 댄스의 오리지널 크리에이터에게 크레딧이 돌아가지 않았다. 혹자는 이렇게 이 사건을 표현하였다.

> 그들은 이것이 얼마나 불쾌한 일인지 모른다는 사실은 역겹다. 이것은 인종차별이 가장 정교한 형태로 시스템화 된 것이다. 이 백인 여성은 무너진 시스템을 이용해 이득을 보고 있으며 TV에 나와서 주목을 받았다. 실제로 이 안무를 만든 사람과 그 노래를 지은 실제 아티스트는 아예 언급조차 되지 못했다.(@WhosTYE)

이러한 비난에 대해 팔론은 그 다음주에 이 댄스의 오리지널 크리에이터를 초대해서 이야기를 나누고 댄스를 춰보게 하겠다고 방송했다. 팔론은 방송에서 이렇게 말했다.

> 지난번 쇼에서 우리가 애디슨 래가 나에게 틱톡에서 유행하는 댄스를 가르쳐주었습니다. 우리는 이 댄스의 원래 크리에이터가 스포트라이트를 받아야 한다는 점을 인정합니다. 지금 당장 이 댄스의 크리에이터는 우리 쇼에 나와서 이 댄스가 어떻게 인기를 얻게 되었는지 이야기를 나눠주기 바랍니다. (팔론, 2021)

여기에서는 어떠한 죄책감, 저작권에 대한 실수, 혹은 문화도용에 대한 인정은 찾아볼 수 없다. 사실 이 단편 영상은 틱톡 댄스를 다시 보라는 것이 투나이트 쇼의 생각인 것처럼 프레임이 씌워져서, 크레딧을 정당한 사람에게 주라는 대중들의 항의와는 정반대의 결과를 낳았다. 이러한 반응은 인종, 권력, 백인우월주의 같은 미국 사회 내의 껄끄러운 주제들, 문화 도용의 폐해를 보여준다. 이런 반복되는 공적 실패는 IB(inspired by, 영감을 받은), DC(dance credit, 댄스 크레딧), @(오리지널 크리에이터를 언급) 같은 새로운 플랫폼 관습을 표준화하게 만들었다. 이런 관습들만으로는 트렌드를 시작했지만 소외된 크리에이터들과 주류에 속해서 그것들을 상업화하는 틱톡커들 간의 간극을 채울 수 없다.

참고문헌

Barron, F. "All creation is a collaboration." in *Social Creativity*, Edited by A. Montuori & R. E. Purser, 49-60. Cresskill: Hampton Press, 1999.

Bishop, S. "Managing visibility on YouTube through algorithmic gossip." *New Media & Society* 21/11-12 (2019): 2589-2606.

Bolin, G. *Media Generation: Experience, Identity and Mediatised Social Change*. London: Routledge, 2017.

Boukes, M. "Social network sites and acquiring current affairs knowledge: The impact of Twitter and Facebook usage on learning about the news." *Journal of Information Technology & Politics* 16/1 (2019): 36-51.

Bruns, A. *Are Filter Bubbles Real?* Cambridge: Polity, 2019.

Burgess, J. "Hearing ordinary voices: Cultural studies vernacular creativity and digital storytelling." *Continuum* 20/2 (2006): 201-214.

_____. "Platform Studies." in *Creator Cultures: An Introduction to Global Social Media Entertainment*, Edited by S. Cunningham & D. Craig, 21-38. New York: NYU Press, 2021.

Cohen, S. *Rock culture in Liverpool: Popular music in the making*. Oxford: Oxford University Press, 1991.

de Kloet, J., T. Poell, Z. Guohua, and C. Yiu Fai. "The platformization of Chinese Society: Infrastructure, governance, and practice." *Chinese Journal of Communication* 12/3 (2019): 249-256.

Galloway, A. *Protocol: How Control Exists after Decentralization*. Cambridge: MIT Press, 2004.

Gibbs, M., J. Meese, M. Arnold, B. Nansen, and M. Carter. "# Funeral and Instagram: Death, social media, and platform vernacular." *Information, Communication & Society* 18/3 (2015): 255-268.

Gillespie, T. "The relevance of algorithms." in *Media Technologies: Essays on Communication, Materiality, and Society*, Edited by T. Gillespie, P. Boczkowski, & K. Foot, 167-194. Cambridge: MIT Press, 2014.

Glăveanu, V. P. "A sociocultural theory of creativity: Bridging the social, the material, and the psychological." *Review of General Psychology* 24/4 (2020): 335-354.

Helmond, A. "The platformization of the web: Making web data platform ready." *Social Media + Society* 1, no. 2 (2015): 2056305115603080.

Herold, D. K., and G. de Seta. "Through the looking glass: Twenty years of Chinese internet research." *Information Society* 31/1 (2015): 68-82.

Horowitz, J., and T. Lorenz. "Khaby Lame, The everyman of the internet." *New York Times*, June 2, 2021.

IndiaSA Comms Team. "Uber puts safety at the heart of driver experience." *Uber Newsroom*, January 29, 2019.

Iqbal, M. "TikTok revenue and usage statistics." Business of Apps, 2021.

Jenkins, H. *Convergence Culture: Where Old and New Media Collide*. New York: NYU Press, 2006.

Kaye, D. B. V., X. Chen, and J. Zeng. "The co-evolution of two Chinese mobile short video apps: Parallel platformization of Douyin and TikTok." *Mobile Media & Communication* 9/2 (2021): 229-253.

Kaye, D. B. V., and J. Burgess. "Algorithmic recommender systems and everyday data cultures: The view from

Jazz TikTok." in Selected Papers of #AoIR2021: The 22nd Annual Conference of the Association of Internet Researchers, Virtual Event, 13-16 October, 3-6. Selected Papers of Internet Research, 2021.

Kuo, L. "TikTok 'makeup tutorial' goes viral with call to action on China's treatment of Uighurs." *Guardian* 27 (2019).

Leaver, T., T. Highfield, and C. Abidin. *Instagram: Visual Social Media Cultures*. Cambridge: Polity, 2020.

Lotz, A. "Building theories of creative industry managers: Challenges, perspectives, and futures directions." In *Making Media Work: Cultures of Management in the Entertainment Industries*, Edited by A. Santo, D. Johnson, & D. Kompare, 25-38. New York: NYU Press, 2014.

Montuori, A., and R. E. Purser, eds. *Social Creativity*. Cresskill: Hampton Press, 1999.

Nieborg, D. B., and T. Poell. "The platformization of cultural production: Theorizing the contingent cultural commodity." *New Media & Society* 20/11 (2018): 4275-4292.

Pariser, E. *The Filter Bubble: What the Internet Is Hiding from You*. New York: Penguin, 2011.

Perez, S. "Match Group restructures exec team with focus on Asia." *TechCrunch* 16 (2019).

Plantin, J. C., C. Lagoze, P. N. Edwards, and C. Sandvig. "Infrastructure studies meet platform studies in the age of Google and Facebook." *New Media & Society* 20/1 (2018): 293-310.

Sawyer, K., and S. DeZutter. "Distributed creativity: How collective creations emerge from collaboration." *Psychology of Aesthetics, Creativity, and the Arts* 3/2 (2009): 81-92.

Schwarz, J. A. "Platform Logic: An Interdisciplinary Approach to the Platform-based Economy." *Policy & Internet* 9/4 (2017): 374-394.

van Dijck, J. *The Culture of Connectivity: A Critical History of Social Media*. Oxford: Oxford University Press, 2013.

van Dijck, J., T. Poell, and M. de Waal. *The Platform Society: Public Values in a Connective World*. Oxford: Oxford University Press, 2018.

Zeng J., C. Abidin, and M. S. Schäfer. "Research perspectives on TikTok and its legacy apps." *International Journal of Communication* 15 (2021): 3161-3172.

Zulli, D., and D. J. Zulli. "Extending the internet meme: Conceptualizing technological mimesis and imitation publics on the TikTok platform." *New Media & Society* 23/8 (2021): 2359-2378.

음악 작곡과 뇌 모델
Musical Composition and Models of the Brain[7]

에두아르도 미란다
송예진 옮김

1. 저자

에두아르도 미란다(Eduardo Reck Miranda, 1963-)는 작곡가이자 영국 플리머스 대학교 (University of Plymouth)의 컴퓨터 음악 교수이다. 또한 NFT(Non-Fungible Token) 아티스트[8]이며, 메타버스 연주회를 개최한 최초의 클래식 음악 작곡가이기도 하다. 그는 HCI(Human-Computer Interaction) 분야에서 컴퓨터 음악을 연구하고 있으며, 뇌파를 이용한 음악 작품, 양자컴퓨팅을 이용한 음악 작품을 발표하는 등 뇌와 첨단 기술을 활용한 작곡에 관심을 두고 있다. 미란다는 브라질의 UNISINOS(Universidade do Vale do Rio dos Sinos)에서 데이터 처리 학사 학위를 받고, 그 후 UFRGS(Universidade Federal do Rio Grande do Sul)에서 음악을 공부했다. 이후 영국으로 건너가 요크 다학교(University of York) 대학원 과정에서 셀룰러 오토마타(Cellular Automata)를 이용한 작곡 연구를 통해 1991년에 음악 석사 학위를 취득하였다. 1992년 스코틀랜드의 애딘버러 대학(University of Edinburgh)에 입학하여 1995년에 음악과 인공지능을 결합한 분야로 박사 학위를 취득하였다. 박사 학위 취득 후 미란다는 에딘버러 병렬컴퓨팅 센터(Edinburgh Parallel Computing Certer, EPCC)에서 근무하며 셀룰러 오토마타를 이용한 사운드 합성 소프트웨어 카오신스(Chaosynth)를 개발하였고 이후 파리로 이주하여 소니 컴퓨터과학 연구실(Sony Computer Science Laboratory)의 연구원이 되었다. 소니 연구원이 된 후에는 음성처리, 음성 합성, 진화음악 및 인지 신경 모델링 분야에도 학문적 공헌을 하였다. 미란다는 2003년에 플리머스 대학의 교수가 되었고 현재 컴퓨터 음악 정교수이자 케임브리지 양자컴퓨팅(Cambridge Quantum Computing) 객원 연구원, 그리고

---

7) 이 글은 저자 미란다가 자신의 저서를 참고하여 재작성한 글이다. Eduardo R. Miranda, "On Computer-aided Composition, Musical Creativity," Edited by Dave Collins, *The Act of Musical Composition: Studies in the Creative Process* (Oxfordshire: Routledge, 2016).

8) [역주] NFT(Non-fungible token, 대체 불가능 토큰)는 블록체인에 저장되는 디지털 자산이다. 고유하고, 복제 불가능하다는 특징이 있어 화폐, 채권으로 사용되기도 한다. NFT 아트는 디지털 파일에 존재하는 예술 작품을 NFT화한 것인데, NFT의 특징 덕에 원본성과 유일성이 있어 온라인 상에서도 작품으로서의 가치를 잃지 않는다.

컴퓨터 음악 연구를 위한 학제간 센터(Interdisciplinary Centre for Computer Music Research, ICCMR)의 책임자로 재직하고 있다.

2. 역자 서문

과거에는 기술이 단지 작곡을 편하게 하는 도구로 사용되었지만, 현재 우리의 시대에 기술은 단순한 도구를 넘어서서 미학적으로 훨씬 고도화된 작업을 하고, 심지어 미학적 판단까지도 가능한 대상으로 여겨지고 있다. 작곡에 컴퓨팅 기술을 사용하는 것을 부정적으로 보는 시선도 여전히 존재하지만, 미란다는 기술 사용이 작곡의 가능성을 확장시켰다는 긍정적인 점에 주목한다. 그는 철학자 니체의 개념을 적용하여 작곡이 디오니소스적 측면(직관적, 비이성적)과 아폴론적 측면(이성적, 논리적)의 상호작용이라 설명한다. 음악적 소재를 기술적 과정으로 얻어 이성적인 아폴론적 측면이 강해진다면, 자연스럽게 그 소재의 사용에 있어서는 디오니소스적 측면이 증폭된다.

미란다는 확장된 작곡 가능성의 예시로서 자신의 두 작품, 교향곡 《바다로의 소리》(Sound to Sea) 중 《래스터 플롯》과 《큐비즘》을 소개하며 작업 과정에서 테크놀로지를 어떻게 활용했는지 설명한다. "래스터 플롯"은 인간 뇌의 활동에 따라서 연주할 음이 결정되도록 알고리즘을 구성하고, 뇌의 반응을 음악으로 변환하는 과정에 리듬, 조(key) 등의 음악적 규칙을 일부 적용하여 음악을 생성한 작품이다. 《큐비즘》은 분할된 양자 셀룰러 오토마타(Partitioned Quantum Cellular Automata)가 시간에 따라 공간을 구성하는 요소가 어떻게 변화해 가는지를 테셀레이팅[1] 분할 방식에 따라 시뮬레이팅하고, 그 출력을 음악 정보로 변환하여 작곡한 것이다.

이 논문은 음악 분야에서는 잘 사용되지 않는 양자 컴퓨팅을 적극적으로 활용한 작업을 세밀하게 관찰할 수 있다는 점에서 아주 흥미롭다. 또한 기술의 발전이 어디까지 '작곡'을 변화시키는지, 그리고 미란다가 작곡 과정에 있어서 어떻게 컴퓨터 사용과 인간의 개입 사이의 상보적 관계를 구성했는지를 살펴보는 측면에서도 의미가 있다고 본다.

---

1) [역주] 테셀레이션(Tessellation)은 일정한 형태의 도형을 간격이나 겹침 없이 반복하여 패턴을 만드는 것이다. 본 논문의 4장에 관련 내용이 등장한다.

음악 작곡과 뇌 모델

1. 도입

컴퓨팅 기술이 지속적으로 발전하여, 음악을 기호화하고 자동화하는 복잡한 프로그램에 작곡가들이 전례 없이 쉽게 접근할 수 있게 되었다. 그러나 컴퓨팅 기술이 작곡가들에게 중요해진 만큼이나 창의적 파트너로서의 컴퓨터를 반대하는 음악가들이 여전히 많다. 컴퓨터는 창의적 작업에 이미 널리 사용되고 있지만, 컴퓨터를 이용한 작곡, 컴퓨터가 생성한 음악은 아직 인위적, 기계적, 비음악적, 반창의적, 비감성적이라는 부정적 인식이 따르고 있다.

음악을 감정의 예술적 표현으로, 영감과 직관, 초월성의 결과로 여기는 것은 종종 자연스럽게 받아들여진다. 그러나 작곡(특히 클래식음악 전통의 연주회용 음악)에서 이성이 중요한 역할을 한다는 것 또한 부인할 수 없다. 작곡에 대한 이성적 접근방식의 대표적인 예는, 11세기에 귀도 다레초(Guido d'Arezzo)가 찬송가의 음절에 음을 할당하는 순람표(lookup table)를 제시하면서 나타났다. 그리고 시간이 지나, 1950년대에는 작곡에 컴퓨터를 사용하기 시작하였다. 1956년, 레자렌 힐러(Lejaren Hiller)는 《현악 사중주를 위한 일리악 모음곡》(The Illiac Suite for String Quartet)을 작곡했는데, 이는 음악의 재료를 컴퓨터가 생성한 최초의 작품이었을 것이다. 힐러는 수학자 레오나르도 아이작슨(Leonard Isaacson)과 함께 미국 일리노이 대학의 메인 프레임 컴퓨터 일리악을 프로그래밍하여 음악을 작곡했다. 1악장은 대위적 규칙에 의해, 4악장은 마르코프 체인[2]으로 알려진 확률 기법을 사용하여 생성되었다. 힐러와 아이작슨은 컴퓨터의 출력을 현악사중주단이 연주할 수 있도록 전통적 악보로 변환하였다. 다레초의 순람표와 1950년대 초에 등장한 최초의 작곡 프로그램 사이에는 컴퓨터로 작곡하기 위한 수많은 체계화 방법이 제안되었다.[3] 따라서 작곡 도구로 컴퓨터를 사용하는

---

2) [역주] '특정 상태의 확률은 오직 과거의 상태에 의존한다'는 마르코프 성질을 활용한 이산 확률과정이다.

3) Gerard Assayag, "Proceedings of 1st Symposium on Music and Computers," in *Computer Assisted Composition Today* (Corfu, 1998); Paul Berg, "Composing Sound Structures with Rules," *Contemporary Music Review* 28/1 (2009): 75-87; David Cope, *Computer Models of Musical Creativity* (Cambridge: The MIT Press, 2005); Eduardo R. Miranda, *Composing Music with Computers* (Oxford: Focal Press, 2001); Curtis Roads, *The Computer Music Tutorial* (Cambridge: The MIT Press, 1996); Heinrich Taube, *Notes from the Metalevel* (London: Taylor & Francis, 2004).

것은 천 년 전부터 이어져 온 서양음악 사상의 전통을 계승하는 것이다.

작곡의 직관성으로부터 이성적인 것을 구분해내려는 시도는 아마도 당시의 음악 기술을 고려해야 할 것이다. 이 상황에서는 다음의 질문을 제기할 수 있다. 연필과 오선지를 들고 영감을 받아 피아노를 치며 곡을 쓰는 고전적인 작곡가와 컴퓨터로 작업하는 작곡가는 얼마나 다르게 생각했을까?

공학자가 복잡한 방정식을 계산할 때 컴퓨터를 사용하면 사소한 부분은 신경 쓰지 않아도 되니 당장 앞에 있는 문제에 집중할 여유가 생긴다. 이는 분명히 작곡가에게도 적용되지만, 작곡가의 음악적 결정, 나아가 미학적 결정까지도 컴퓨터가 대신할 수 있게 되어 컴퓨터를 이용한 작곡의 경우에는 다른 문제들도 함께 고려해야 한다.

내가 작곡을 할 때 컴퓨터의 역할은 양극단을 오가고 있다. 컴퓨터는 비록 나의 지시를 따르도록 프로그래밍 되었지만, 음악의 저작자는 전적으로 컴퓨터라고 가정했다. 그러면서도 한편으로 손으로 연필을 들고 오선보에 작곡하면서 컴퓨터는 오직 최종 악보를 조판할 때만 사용했다. 나는 작곡에 대한 두 접근방식이 양립 불가능한 것이 아니라, 정교해지는 기술로 인해 점점 양극화되는 창의적 과정의 표현이라 주장하고 싶다. 따라서 나는 컴퓨터 음악 기술이 이와 같은 양극화를 심화시킨다고 주장하는 바이다. 이 챕터에서는 나의 작곡 과정의 두 가지 사례를 돌아보며 위의 주장과 개념을 고찰해 보겠다.

2. 컴퓨터로 작곡에 접근하기

작곡의 적극적 파트너로 컴퓨터를 사용할 때, '상향식' 접근 방식과 '하향식' 접근 방식 두 가지가 나타난다. 컴퓨터로 즉흥 연주와 실험을 하면서 유망한(promising) 음악적 소재를 저장하고, 이 소재를 더 큰 악절과 음악적 구조 등으로 발전시키는 것은 상향식 접근이다. 상향식 접근에서는 컴퓨터가 생성한 짧은 악절이 더 큰 음악 섹션을 구축하기 위한 구성 요소로 작용하여 완전한 음악 작품으로 발전한다.[4]

반대로, 전체적인 작곡 계획이나 알고리즘을 미리 개발하고 이를 다듬어 나아가는 것은 하향식 접근 방식인데, 작곡가가 이 방식을 선호할 수도 있다. 이 방식은 작곡가가 정해 둔 형식적 제약[5](섹션의 수, 섹션의 길이와 성격, 섹션의 생성 과정 유형, 조성 전개, 리듬 구

---

4) 더 큰 음악 섹션 구축에는 컴퓨터의 도움을 받을 수도, 안 받을 수도 있다.
5) 이러한 제약 조건을 명시하면, 창의적인 음악적 사고를 하향식 프로세스의 더 높은 수준에서 구현할 수 있다.

조 등) 내에서 컴퓨터가 창의력을 발휘하도록 한다. 작곡가는 제약을 유지할 수도 있고, 그것이 부적합하다고 판단되면 중간에 수정할 수도 있다. 이 경우, 작곡은 강한 제약 조건과 컴퓨터의 시행 사이 상호작용으로 이루어진다.

상향식 접근과 하향식 접근을 함께 사용하는 경우가 많지만, 나는 습관적으로 컴퓨터를 음악적 재료를 생성하는 도구로 사용한다. 종종 작품에 대해 큰 계획을 두지 않는데, 이때 음악의 형식은 만들어진 재료로 작업하는 과정에서 함께 구성된다. 대체로 컴퓨터가 만들어낸 것들은 대부분 버려지고, 작곡의 특정 맥락이나 목표에 맞게 수정하거나 조종하는 것이 일반적이다. 궁극적인 결정은 내 귀에 달려 있다. 그러나 이 작곡 과정의 역학은 더 나아간 이해가 필요하다. 컴퓨터 생성 재료로 작업하는 것이 흥미로운 이유는 무엇일까? 컴퓨터에서 생성된 것은 대부분 버리고 특정 작품을 위해 선택한 것들만 수정하여 사용하는 경우가 많은데, 왜 그런 재료를 직접 만들지 않을까?

위 질문에 답하기 위해 고민 중인 한 주제는, 철학자 프리드리히 니체(Friedrich Wilhelm Nietzsche)[6]가 제시하고 최근 이안 맥길크리스트(Iain McGilchrist)[7]가 다시 소개한 아이디어를 탐구하는 것이다. 간단히 말해, 니체는 위대한 예술적 창작물은 아폴론과 디오니소스라는 신화적 이분법을 명확히 할 때 탄생할 수 있다고 주장했다. 고대 그리스 신화에서 태양의 신 아폴론은 합리적이고 논리적인 사고, 자제력, 질서와 연관되어 있다. 반대로 술의 신 디오니소스는 비합리주의, 직관, 열정, 무정부 상태와 관련이 있다. 아폴론과 디오니소스, 이 두 신은 서로 상충하는 두 가지 창조적 욕구를 나타내고, 끊임없이 자극, 또 자극한다. 내가 알기로는, 이런 과정을 통해 더 높은 수준의 예술적, 과학적 성취를 이룰 수 있다고 한다.

실제로 나의 한쪽 면은 매우 체계적이고 객관적이며, 자동으로 생성된 음악, 컴퓨터 시스템, 형식, 모델 등을 열심히 사용하려 한다. 그러나 동시에, 나의 또 다른 면은 무정부주의적이고 아이러니하며 직관적이고 은유적인 면이 있다. 말하자면, 두 측면 모두 각각의 목표를 가지고 있지만 나는 각각의 면이 무제한적이지는 않다고 느낀다. 대조적인 이 두 측면은 서로를 억제하는 경향이 있다. 내가 더 아폴론적 측면에 가까워질수록 나를 반대편으로 끌어당기는 디오니소스적인 힘이 강해지고, 반대의 경우도 마찬가지이다.

인지 과정을 깨닫기 위해 가장 먼저 니체의 이분법을 택했던 것은 아니지만, 19세기의 아폴론 대 디오니소스라는 이분법이 현재의 뇌 기능 이론과 놀랍도록 일치한다는 사실이

---

6) Friedrich Nietzsche, *The Birth of Tragedy out of the Spirit of Music* (London: Penguin Classics New Edition, 2003).
7) Ian McGilchrist, *The Master and His Emissary: The Divided Brain and the Making of the Western World* (New Haven: Yale University Press, 2009).

밝혀졌다. 인간의 뇌에는 명백히 아폴론적인 부분도 있고, 또 다른 곳에는 터무니없을 정도로 디오니소스적인 부분도 있다. 이러한 현상을 일반적으로 뇌 비대칭(brain asymmetry)이라 한다.[8)9)10)]

아폴론적인 뇌는 크게 대뇌피질의 전두엽과 좌뇌이다. 뇌의 이 영역들에서는 세부 사항에 집중하고, 구성 요소의 관점에서 전체를 보고, 추상화하는 일을 관장한다. 즉, 아폴론적인 뇌는 체계적이고 논리적인 뇌이다. 디오니소스적 뇌는 진화적으로 훨씬 오래된 피질하(subcortical) 영역과 우뇌이다. 디오니소스적 뇌의 영역은 우리의 감정과 더 관련이 있다. 디오니소스적 뇌는 세상을 총체적으로 인식하고, 초점이 맞춰지지 않은 일반적 시각에 우리를 밀어붙인다. 아폴론적 뇌는 하나의 의미에 관심을 가지는 반면 디오니소스적 뇌는 서로 관련이 없는 것 같은 개념들을 연결하려는 경향이 있다.

좌우 비대칭은 대부분의 동물 뇌에 존재한다. 좌뇌와 우뇌 간의 경쟁과 협력은, 두 쪽 뇌가 전문화되고 더 효율적으로 작동하는 데 도움이 된다. 간단한 예로, 우리가 누군가와 대화할 때 좌뇌는 언어 영역을, 우뇌는 운율(prosody)을 처리한다. 뇌의 비대칭성과 뇌의 음악 처리에 관한 연구는 몇 가지 더 있다.[11)12)13)] 말의 운율을 우뇌가 담당하여 처리한다는 것은, 단지 우뇌의 역할이 그것뿐이라는 것이 아니라 우뇌가 좌뇌보다 더 음악적일 수 있음을 시사한다.[14)15)] 그러나 뇌 비대칭성과 음악적 창의성 사이의 관계는 신경과학 문헌에서는 아직 파악하기 어려운 상태로 남아있다. 음악의 인지 신경과학에 대한 대부분의 연구는 작곡보다는 음악 인식에 초점을 맞추고 있기 때문이다.[16)]

---

8) Richard Davidson and Kenneth Hugdahl (Eds.), *Brain asymmetry* (Cambridge: The MIT Press, 1995).

9) Sally P. Springer and Georg Deutsch, *Left brain, right brain: Perspectives from cognitive neuroscience* (New York: W H Freeman, 1998).

10) Kenneth Hugdahl and Rene Westerhausen (Eds.), *The Two Halves of the Brain* (Cambridge: The MIT Press, 2010).

11) Isabelle Peretz and Robert J. Zatorre, "Brain Organization for Music Processing," *Annual Review of Psychology* 56 (2004): 89-114.

12) Gottfried Schlaug, "The Brain of Musicians," *Annals of the New York Academy of Sciences - The Biological Foundations of Music* 930 (2001): 281-299.

13) Gottfried Schlaug, Lutz Jancke, Yonggang Huang and Holger Steinmetz, "In vivo evidence of structural brain asymmetry in musicians," *Science* 267(5198) (1995): 699-701.

14) Dennis L. Molfese, "Cerebral Asymmetry in Infants, Children, and Adults: Auditory Evoked Responses to Speech and Music Stimuli," *Journal of Acoustic Society of America* 53/1 (1973): 363.

15) Pascal Belin, Monica Zilbovicius, Sophie Crozier, Lioneel Thivard and Anne Fontaine, "Lateralization of Speech and Auditory Temporal Processing," *Journal of Cognitive Neuroscience* 10/4 (1998): 536-540.

16) Isabelle Peretz and Roberto Zatorre (Eds.), *The Cognitive Neuroscience of Music* (Oxford: Oxford University Press, 2003).

아폴론적인 것과 디오니소스적인 것이 서로를 억제하려 한다는 개념은 뇌의 다층적 기능 방식을 떠올리게 한다. 실제로 뇌의 억제 과정은, 미시적으로는 뉴런 간의 통신에서부터, 거시적으로는 수백만 개의 뉴런으로 구성된 대규모 네트워크가 상호작용하는 수준까지 넓게 퍼져 있는 것으로 보인다.

이런 맥락에서 나는 나의 아폴론적 뇌에 따라 작곡하겠다고 밀어붙일수록 디오니소스적 뇌가 더욱 강하게 다른 방향으로 끌어당긴다고 믿게 되었다. 따라서 컴퓨터 기술은 나의 음악에 있어 가장 중요한 요소이다. 컴퓨터 기술이 아폴론적 측면을 직접 할 수 있는 것 이상으로 확장시켜서 디오니소스적 측면의 반응을 증폭시킬 수 있기 때문이다. 이러한 인지적인 밀고 당김이 음악적 창의성의 중요한 원동력이다.

그러나 음악을 생성하는 모델은 대부분 내가 직접 디자인했다는 것을 기억해야 한다. 소프트웨어의 설계와 그에 의해 구현된 생성 모델에는 직관과 영감도 포함되고, 따라서 나의 아폴론적 도구, 음악 생성 모델에는 이미 디오니소스적 측면이 구현되어 있다.

아래의 사례 연구에서는 클래식 현대음악 두 작품을 다루면서, 작곡을 위해 개발한 시스템에 초점을 맞춘다.

3. 사례 연구 1: 《래스터 플롯》(Raster Plot)

《래스터 플롯》은 내가 2012년에 작곡한 교향곡 《바다로의 소리》(Sound to Sea)의 일부이다. 다빈치 클래식(Da Vinci Classics)에서 음반을 발매했고 스포티파이에서 감상할 수 있다.[17] 이 곡은 2012년 영국 플리머스의 세인트 앤드류 교회(Minister Church St. Andrew)에서 텐 토르스 오케스트라(Ten Tors Orchestra)의 연주로 초연되었다.

나는 인간 두뇌의 생리학을 바탕으로, 상호 연결된 뉴런 네트워크 모델을 개발했다. 이 모델을 사용하여 뇌에서 정보가 이동하는 방식을 나타내는 패턴을 생성했고, 이 패턴을 음악으로 변환했다.

외부 신호가 네트워크를 자극하면, 네트워크 모델의 각 뉴런에 스파이크(spike)라고 하는 일련의 작용이 일어나 리듬 패턴의 흐름을 형성한다. 래스터 플롯은 이러한 스파이크를 그래프로 나타낸 것이고, 이에 따라 작품의 제목도 "래스터 플롯"이 되었다.

---

17) Album *Computer-Aided Symphonic Works: Mind Pieces, Sound to Sea*. Spotify: https://open.spotify.com/album/0yNVAgeM7P8X488xDyEIEb (Accessed on 29 Oct 2023).

간단하게 설명하자면, 나는 오케스트라의 각 악기를 뉴런 네트워크 모델의 각 뉴런에 할당하여 오케스트라 편성으로 작곡했다. 뉴런이 스파이크를 생성하면 해당 뉴런에 할당된 악기 연주자에게 특정 음을 연주하라는 메시지가 표시된다. 음표는 화성을 기반으로 할당되었고, 이는 스파이크가 동시에 발생해도 조화로운 소리가 나도록 하는 프레임 역할을 했다.

이지케비치(Eugene M. Izhikevich)[18]의 연구를 기반으로 한 이 모델에는 몇 가지 매개변수가 있다. 이 변수들은 뉴런의 작동 방식을 정의한다. 예를 들어 매개변수 중 하나는 뉴런의 활동 전위(action potential)를 방출하는 민감도, 즉 스파이크의 활동 전위를 정의한다.[19]

모델이 실행되면, 뉴런이 생성한 각각의 활동 전위가 등록되고 다른 뉴런으로 전달되어 전체 네트워크에 퍼지는 활성화 파동이 만들어진다. 50개의 뉴런으로 구성된 네트워크 시뮬레이션에서 가져온 집단적 스파이크 발생 예가 [그림 1]에 나와 있다. [그림 1]은 50개의 인공 뉴런으로 구성된 그룹의 활동을 10초간 시뮬레이션한 결과이다. 이 그래프의 X축은 시간(1-10000ms), Y축은 뉴런 번호(1-50)를 나타내고, 뉴런의 활동이 급증할 때마다 해당 시간 그래프에 점을 찍었다.

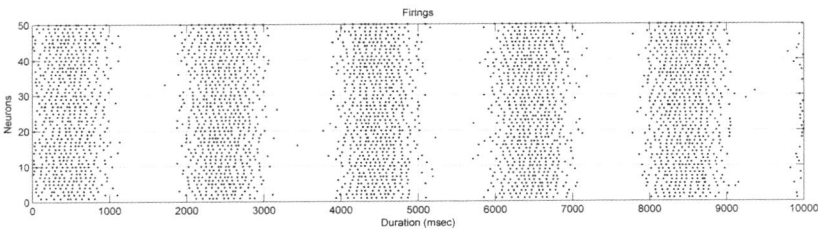

[그림 1] 시뮬레이션 된 스파이크 뉴런 네트워크의 집단적 발화를 보여주는 래스터 플롯. 각 점은 스파이크를 나타낸다.

[그림 1]은 스파이크가 집단적으로 격렬히 발생하는 시기와 조용한 순간이 구분되는 것을 보여준다. 뉴런의 네트워크가 조용해지는 순간은 스파이크를 일으킨 뉴런의 전위가 기준 아래로 떨어지면서 침묵을 유지하는 내화 기간(refractory period)[20]이다. 그리고 네트워크가 다시 활성화되려면 자극을 받아야 한다.

---

18) Eugene M. Izhikevich, *Dynamical Systems in Neuroscience* (Cambridge: The MIT Press, 2007).
19) [역주] 우리 뇌 속 뉴런은 '스파이크'라는 미세하고 짧은 전압 신호로 서로 소통한다. 각 뉴런마다 임계점이 있고, 입력 신호의 합이 임계점을 넘으면 해당 뉴런은 다음 뉴런으로 신호를 방출한다.
20) 모델에서 '억제성'(inhibitory) 뉴런의 작용도 여기에 기여하는 요인이다.

래스터 플롯을 작곡하기 위해 네트워크 상의 모든 뉴런에 동시에 사인파 신호로 자극을 가했다. 이 신호의 진폭이 전반적인 발화(firing) 강도를 제어했다. 예를 들어 [그림 2]의 아래쪽은, 상단의 사인파에 자극을 받아 활성화된 래스터 플롯이다. 물결 모양의 선이 올라갈수록 스파이크가 더 활성화된다.[21]

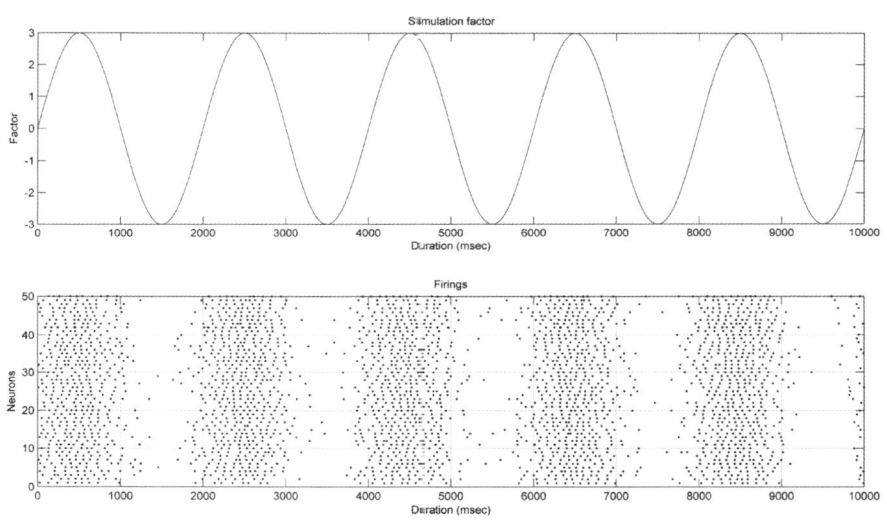

[그림 2] 상단의 그림은 사인파 신호, 하단의 그림은 그에 자극받은 뉴런의 스파이크 활동을 통해 생성한 래스터 플롯이다.

《래스터 플롯》 작곡을 위해 나는 50개의 뉴런으로 네트워크를 구성하고, 그 모델을 10초씩 여러 번 실행했다. 이때 자극되는 사인파는 0.0005Hz로 고정되었고 이는 파동의 각 주기가 2초간 지속됨을 의미한다. 결과적으로 각 시뮬레이션은 [그림 2] 상단에서 보이는 것처럼 5주기의 파동이 사용되었다.

사인파의 진폭과 뉴런의 발화 민감도는 시뮬레이션 실행마다 다르게 설정했다. 모델 자극 신호는 0.0(출력 없음)부터 5.0(최대 출력)까지, 뉴런의 감도는 0.0(감도 없음. 발화하지 않음)부터 5.0(매우 민감함)까지 변경할 수 있다. 예를 들어 첫 실행에서는 자극의 세기가 1.1, 뉴런 민감도를 2.0으로 설정했고([그림3]), 나중에는 자극 세기를 2.0, 뉴런 민감도를 4.4로 설

---

21) 더 복잡한 신호가 사인파를 대체할 수 있다. 사인파가 아닌 다른 사운드를 사용하여 네트워크를 시뮬레이션할 수 있고, 그 경우 래스터 플롯은 훨씬 더 복잡해 보일 것이다.

정했다([그림2]). 자극의 강도가 높고 뉴런의 민감도가 높을수록 뉴런의 발화 가능성이 높아져 전체 네트워크에서 생성되는 스파이크가 전반적으로 더 많다는 것을 알 수 있다.

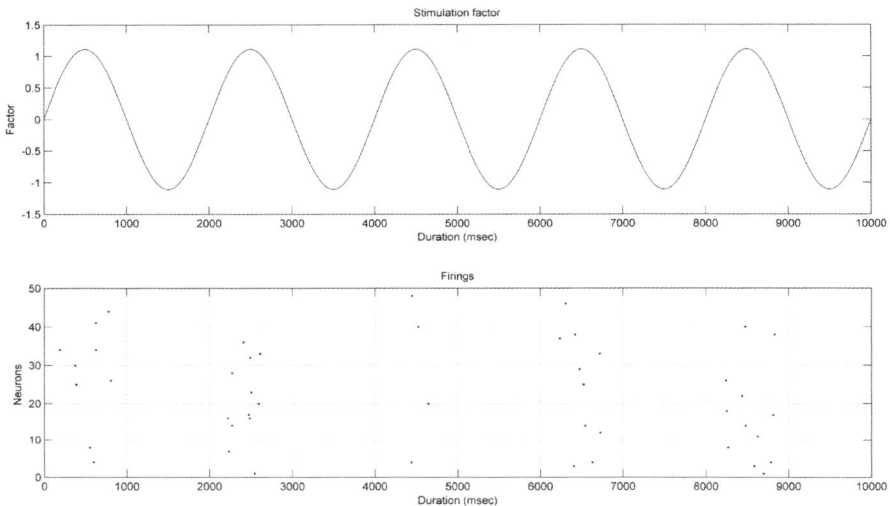

[그림 3] 사인파의 진폭과 뉴런의 민감도가 상대적으로 낮게 설정되어 스파이크 활동이 드문 시뮬레이션

나는 사인파의 각 주기가 생성하는 스파이크 데이터가 4/4 박자 음악의 세 마디에 대한 것이라고 기준을 세웠다. 사인파의 진폭을 다양하게 실험한 후, 생성된 스파이크의 밀도를 관찰하여 직관적으로 확립한 것이다. 3마디를 넘으면 사인파의 최대 진폭 구간에서 너무 많은 음표가 생성되고(높은 밀도의 스파이크), 3마디 미만이면 낮은 진폭에서 조용한 구간이 지나치게 길게 나온다(드물게 나오는 스파이크). 스파이크를 음표로 변환하기 위해 나는 스파이크를 반음계에 맞게 조정하기로 결정하였다. 그 후 [표 1]에 표시된 것처럼 오케스트라와 각 악기를 연결하였다. 오케스트라의 악기 수 33개에 맞추어 래스터 플롯도 아래에서부터 위쪽으로 계산하여 뉴런을 첫 33개까지만 사용했다.[22]

---

22) 《래스터 플롯》은 처음에는 50개의 악기로 구성된 오케스트라를 위한 작품이었으나, 예기치 못한 사정으로 33개 악기 앙상블을 위한 곡으로 완성되었다.

뉴런	악기	뉴런	악기
1	Contrabass	18	Solo violin
2	Cello 3	19	Snare drum
3	Cello 2	20	Maracas
4	Cello 1	21	Bass Drum
5	Viola 3	22	Cymbal
6	Viola 2	23	Wood Blocks
7	Viola 1	24	Tubular Bells
8	2ndViolin 4	25	Timpani
9	2ndViolin 3	26	Trumpet 2
10	2ndViolin 2	27	Trumpet 1
11	2ndViolin 1	28	Horn 2
12	1stViolin 6	29	Horn 1
13	1stViolin 5	30	Bassoon 2
14	1stViolin 4	31	Bassoon 1
15	1stViolin 3	32	Oboe 2
16	1stViolin 2	33	Oboe 1
17	1stViolin 1	34	Flute

[표 1] 악기들이 네트워크의 뉴런과 연결되어 있다.

작곡 과정은 크게 주요한 세 단계, 리듬 템플릿 설정, 템플릿에 음고 지정, 아티큘레이션 설정을 따라 진행하였다.

리듬 템플릿을 만들기 위해 먼저 스파이크를 악보에 표기했다. [그림 4]는 현악기의 한 부분에 대한 표기 결과 일부를 발췌한 것이다. 스파이크를 음표로 변환하는 것은 수작업으로 진행하였다. 자극 신호의 각 사이클에 대한 래스터 플롯을 복사기로 인쇄하고, 확대하고, 아세테이트 필름(cellulose acetate)에 그려진 템플릿을 인쇄된 악보 위에 올리고, 스파이크 위치를 악보에 기록했다([그림5]).

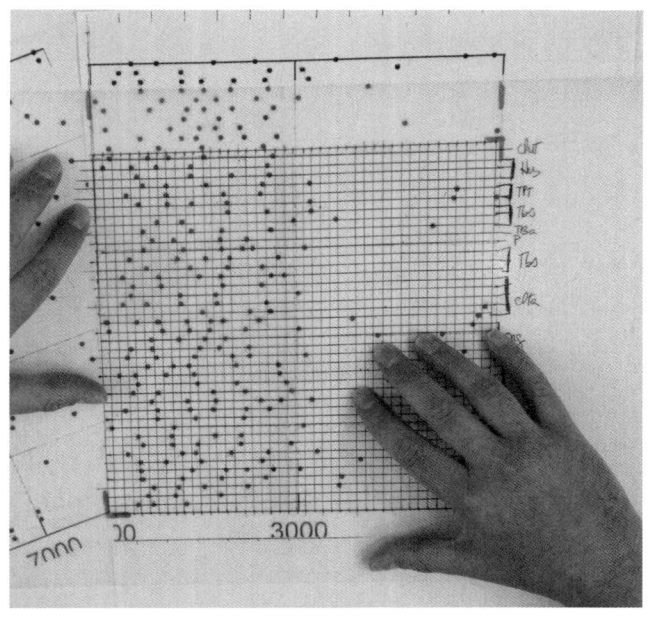

[그림 4] 《래스터 플롯》의 스파이크를 악보 상의 16분음표로 변환

[그림 5] 스파이크를 음표로 변환하는 과정은 수작업으로 진행되었다.

음악적 창의성이란 무엇인가? : 플라톤에서 AI까지 음악적 창조에 대한 미적 담론

음악적으로 더 그럴듯한 리듬을 만들기 위해 원래의 스파이크 패턴은 유지하면서 음표와 쉼표의 길이를 약간 수정했다. 이 과정을 거쳐 [그림 4]는 [그림 6] 같은 악보가 된다. [그림 7]은 음과 아티큘레이션이 포함된 최종 악보이다.

[그림 6] 리듬 템플릿 완성.

[그림 7] 음악 결과물 일부

앞서 언급했듯, 리듬 템플릿([그림6])의 음표는 화성 진행을 기반으로 할당되었다. 작곡 과정의 이 단계부터 디오니소스적인 면이 본격적으로 작동한다.

음은 곡의 진행 속에서 다르게 할당되었는데, 예를 들어 한 화음이 4/4 중 한 박자의 음으로 쓰일 수도 있지만 하나의 화음을 여러 박자에 걸쳐 풀어놓기도 한다. 일반적으로 낮은 테시투라(tessitura)[23] 악기에는 화음의 낮은음이 할당되고, 높은 테시투라 악기로 연주해야 한다면 높은음을 할당하는 등의 방식을 사용했다. 특정 상황이나 다양한 악기의 기술적 제약에 맞게 음정을 한 옥타브씩 이조하는 경우도 있었다. 음악을 표현하는 과정에서 다른 조정도 이루어졌다. 예를 들어 특정 구절을 그 악기에 더 맞게 변경하거나 더 부드러운 성부 진행을 위해 음을 바꾸었을 수 있다. 음 할당 과정은 다음의 글[24]을 참조하라.

4 사례 연구 II: 《큐비즘》(Qubism)

2023년, 나는 양자 컴퓨팅을 작곡에 활용하기 위한 연구를 진행했고, 그 예비 결과를 실행에 옮기기 위해 《큐비즘》을 작곡했다.[25] 이 곡이 아마 양자 컴퓨터로 작곡된 최초의 클래식 음악 작품이었을 것이다. 2023년 영국 런던의 킹스 플레이스(King's Place)에서 런던 신포니에타(London Sinfonietta)에 의해 초연되었으며, 레코딩은 사운드클라우드(SoundCloud)에서 들을 수 있다.[26]

《큐비즘》의 음악 소재를 생성하기 위해 내가 개발한 시스템 중 양자 셀룰러 오토마타(cellular automata, 이하 CA) 모델이 있다.[27] CA는 상호 연결된 세포의 모형으로, 생물학적 시스템을 표현할 수 있다. 은유적으로, 나는 양자 컴퓨터를 사용하여 뉴런의 네트워크를 시뮬레이션하는 시스템을 개발하였다. 이전 사례 연구와 마찬가지로 나는 이 모델을 사용하여 데이터 패턴을 생성하고, 이후 음악으로 변환했다.

---

23) [역주] 무리 없이 편안하게 낼 수 있는 음역. 여기에서는 악기의 음역을 뜻한다.

24) Eduardo R. Miranda, *Thinking Music: The Inner Workings of a Composer's Mind* (Plymouth: University of Plymouth Press, 2014).

25) Eduardo R. Miranda, Editor, *Quantum Computer Music: Foundations, Methods and Advanced Concepts* (London: Springer Nature, 2022).

26) *Qubism*. SoundCloud https://on.soundcloud.com/TgDHe (Accessed on 29 October 2023).

27) [역주] 셀룰러 오토마타, 혹은 세포자동자(細胞自動子)라고도 하는 이것은 이산 모형 중 하나이다. 셀룰러 오토마타는 격자 형태의 세포로 구성되고, 초기 상태에서 각 세포는 상태(0, 1) 중 하나를 가진다. 이후 시간이 지나며 모든 세포는 이웃한 세포의 상태에 기초하여 업데이트된다.

양자 컴퓨팅은 빠르게 발전하고 있는 신기술이다. 이는 현재의 디지털 프로세서로는 구현하기 어려운 특정 계산 작업에 여러 이점을 제공한다. 예를 들어, 신약 발견 및 개발을 위한 분자 시뮬레이션은 현재 슈퍼컴퓨터에서도 계산하기가 매우 까다롭다. 그러나 양자 컴퓨팅에서는 복잡한 계산을 최적화하기 위한 새로운 접근방식을 사용할 수 있으며 이를 통해 약물을 더 빠르고 효과적으로 개발할 수 있다.[28]

기존의 컴퓨터는 1 또는 0의 값을 가지는 2진수 값을 다루었다. 컴퓨터를 작동시키는 마이크로 프로세서는 수십억 개의 작은 스위치로 구성되고, 이 스위치의 켜짐과 꺼짐 상태가 반영되어 1과 0의 값이 표시되는 것이다. 이와 대조적으로 양자 컴퓨터는 양자 비트, 즉 큐비트(qubit)라는 단위로 정보를 처리한다. 큐비트는 아원자(亞原子, subatomic) 수준에서 작동한다. 따라서 양자물리학 법칙의 적용을 받는다.

아원자 수준에서 양자 객체는 결정된 상태로 존재하지 않는다. 우리가 관찰하기 전까지 말이다. 관찰되기 전까지 양자 객체는 마치 파동처럼 움직이지만, 관찰되면 입자가 된다. 이 현상을 '파동-입자 이중성'이라 한다. 양자 시스템은 파동함수로 설명할 수 있다. 파동함수는 양자가 관찰되었을 때 각 양자가 속할 수 있는 가능한 상태의 합으로 표현된다. 물론 파동이기도 한 파동함수의 구성 요소(값)들은 각각 상대적 가중치를 반영하는 계수에 의해 크기가 조정된다. 즉, 양자의 가능한 상태 중 어떤 상태는 다른 상태보다 더 가능성이 높을 수 있는 것이다. 이를 음악에 적용한다면, 양자 시스템은 다양한 파동 성분의 서로 다른 진폭이 독특한 음색을 내는 음악 소리 스펙트럼이라 생각하면 된다. 음파와 마찬가지로 양자 파동의 구성 요소들은 보강되거나 상쇄되며 서로 간섭한다. 양자역학에서는 이러한 간섭파를 '결맞음'(coherent)[29]이라 한다. 파동을 관찰하게 되면 이 결맞음은 분리(decohere)된다.[30] 다시 은유적으로 말하자면, 음악을 들을 때 하나의 소리만 인지하는 것과 같다. 아마도 가장 높은 에너지를 가진 소리(혹은 성분)이겠지만, 반드시 그런 것은 아니다.

큐비트는 파동-입자 이중성으로 인해 독특한 특성을 지닌다. 큐비트는 관찰되기 전까지는 파동함수로 표현되는 불확정 상태에 있을 수 있다. 이를 중첩(superposition)이라 한다. 양자 컴퓨터 프로그래밍 기술의 장점 중 하나는 큐비트가 이러한 불확정 상태에 있을 때 연산을 수행하는 것이다. 이것이 기존의 디지털 컴퓨팅과 새로운 양자 컴퓨팅 사이의 근본적인 차이이다.

---

28) Yudong Cao, et al., "A. Quantum Chemistry in the Age of Quantum Computing," *Chemical Reviews* 19/9 (2019): 10856–10915.
29) [역주] 두 파동이 간섭할 가능성
30) [역주] 양자적이 아닌 상태가 되어 양자 간섭이 나타나지 않음

양자 컴퓨팅의 기본적인 내용은 이 챕터에서 다루지 않는다. 자세한 내용은 다음의 글[31)32)]에서 찾을 수 있다. 양자 컴퓨터 음악이라는 새로운 분야에 대한 소개는 다음의 글[33)]을 참조하라.

내가 CA(Cellular Automata)에 관심을 가지고 사용하려는 것은, 그 기능이 내가 음악에 대해 생각하는 방식을 상기시켜 주기 때문이다. 음악은 공간과 시간 속에 소리를 조직하는 예술이다.[34)35)] 그리고 CA는 공간과 시간에 따라 일부 기능을 변경하는 시스템의 추상 계산 모델이다.[36)] CA 모델은 음악으로 변환될 수 있는 데이터 패턴을 생성하기 때문에 유용하다.[37)38)39)] 양자 버전의 CA는 양자 격자 기체(quantum lattice gases)와 같은 양자역학적 현상을 시뮬레이션하기 위해 개발되었다.[40)]

CA는 이산 동역학 시스템으로 종종 편미분 방정식에 대응하는 것으로 설명되고, 연속 동역학 시스템을 모델링하는 데 적합하다. 스타니스와프 울람(Stanisław Ulam)과 존 폰 노이만(John von Neumann)은 1960년대에 CA라는 개념을 고안했다.[41)] 이들의 목표는 자가-재생산(self-reproducing)하는 기계를 개발하는 것이었다. 먼저 셀 격자로 구성된 모델을 구축하고, 이후 각 셀은 자체적인 재생산 기능을 구축하는 데 사용되는 여러 값들을 가정할 수 있다. 단순한 규칙들에 의해 완전히 통제되는 각 셀들은 격자의 다른 부분에도 똑같은 사본을 만들 수 있다. 이것이 내가 CA에서부터 음악적 영감을 받은 이유이다.

양자 컴퓨터에서 실행되는 CA로 음악 재료를 생성할 수 있다는 사실은 나를 더욱 흥미롭게 했다. 궁극적으로 나는 양자역학의 특성을 활용하여 작동하는 뇌의 생성 모델을 사

---

31) Miranda, *Composing Music with Computers*.

32) Belin, Zilbovicius, Crozier, Thivard and Fontaine, "Lateralization of Speech and Auditory Temporal Processing."

33) Miranda, *Quantum Computer Music: Foundations, Methods and Advanced Concepts*.

34) Suzannah Clark and Alexander Rehding, A., *Music in Time: Phenomenology, Perception, Performance* (Cambridge: Harvard University Press, 2016).

35) Ralph Dunstan, *The Composer's Handbook: A Guide to the Principles of Musical Composition* (South Yerra, Victoria, Australia: Leopold Classic Library, 2017).

36) Joel L. Schiff, *Cellular Automata: A Discrete View of the World* (Hoboken: Wiley, 2011).

37) Peter Beyls, The musical universe of cellular automata. In *Proceedings of the International Computer Music Conference* (ICMC), (Columbus, 1989): 34–41.

38) Peter Hoffmann, "Towards an automated art: Algorithmic processes in Xenakis' compositions," *Contemporary Music Review* 21/2-3 (2002): 121–131.

39) Eduardo R. Miranda, "Cellular automata music: From sound synthesis to musical forms," *Evolutionary Computer Music*, Edited by Eduardo R. Miranda, John A. Biles (London: Springer, 2007).

40) Arthur Walter Burks, *Essays on Cellular Automata* (Champaign: University of Illinois Press, 1971).

41) Burks, *Essays on Cellular Automata*.

용하여 《큐비즘》을 작곡했다.

CA의 입문 예로서, [그림8]은 울프럼(Wolfram)[42]의 기본 셀룰러 오토마타(Cellular Automata)[43]라고 하는 1차원 CA를 보여준다. 그림을 보면, 각각 흰색 또는 검은색으로 표시되며 0 또는 1의 값을 가질 수 있는 셀의 막대들로 구성되어 있다.

주어진 초기 값 이후 가상 시계의 각 틱 t마다 모든 셀의 상태는 동시에 변경된다. 규칙의 예는 다음과 같이 주어질 수 있다. '셀의 현재 값이 1이고 이웃한 두 셀의 값이 모두 0이면 이 셀은 시계의 다음 틱에서 해당 값을 0으로 바꾼다.' CA를 생성하려면 전환 함수가 모든 셀에 대해 어떻게 동작할지 알아야 한다. 위의 규칙은, 설명의 편의를 위해 이 CA에 대해 가능한 규칙 중 하나만 언급한 것이다.

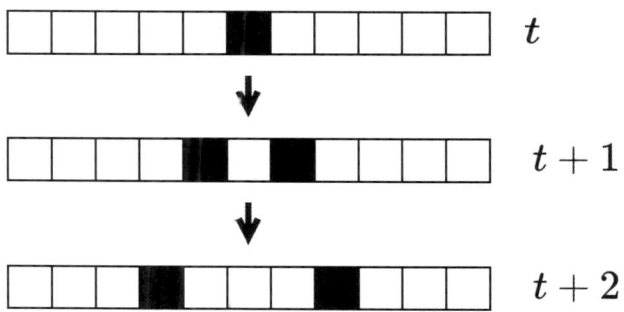

[그림 8] 11개의 세포 배열로 구성된 1차원 셀룰러 오토마톤의 예시

[그림 9]는 [그림 8]의 초기 상태에 가상 시계의 12틱 동안 몇 개의 셀이 더 포함된 경우 발생하는 패턴을 보여준다. 체크 패턴은 오토마톤이 새로운 동작을 한 결과이다. 규칙은 시스템의 부분적인 상호작용에만 관련이 있으며, 전체적인 경향은 명시적으로 인코딩하지 않는다는 점에 유의해야 한다.

---

42) [역주] 울프람은 에릭 웨이스타인(Eric Weisstein)이 1995년에 개설하고 울프람 연구소(Wolfram Research)가 운영하고 있는 온라인 수학 참고 사이트이다. Eric Weisstein, "Making MathWorld," *Mathematica Journal* 10/3 (2007).

43) "Elementary Cellular Automaton," *Wolfram mathworld*, 1999. URL https://mathworld.wolfram.com/ElementaryCellular Automaton. html. Accessed on 19 Feb 2022.

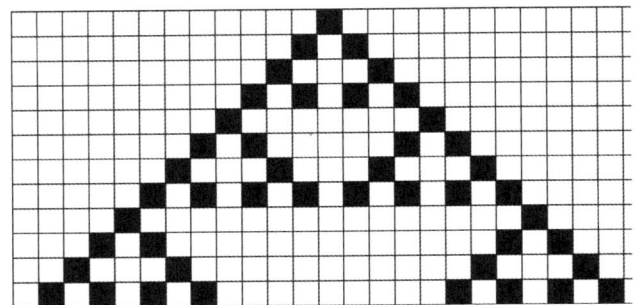

[그림 9] 12주기동안 실행되는 25개의 셀로 구성된 1차원 셀룰러 오토마톤

울프람의 셀룰러 오토마타의 진화는 주어진 셀이 시계의 다음 틱에서 가질 값을 정의하는 8가지 규칙으로 설명할 수 있다.[44] 1차원 오토마톤이라서 이 CA의 규칙은 왼쪽 셀 값, 해당 셀 값, 오른쪽 셀 값을 고려하여 만들어졌다. 따라서 2 × 2 × 2 = 2^3 = 8개의 가능한 상황이 있으며 각 상황은 규칙에 따라 처리되어야 한다. 따라서 총 2^8 = 256개의 규칙 세트가 생긴다.[45] 예를 들어, [그림 9]의 패턴을 생성한 규칙 세트 번호 90은 [그림 10]에 나와 있다.

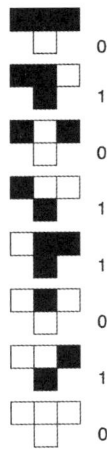

[그림 10] 울프람의 기본 규칙 집합 90번

---

44) 울프람의 기본 오토마타와 그 규칙 집합에 대한 자세한 내용은 다음의 글을 참조하라. Izhikevich, *Dynamical Systems in Neuroscience.*

45) David Cope, *Computer Models of Musical Creativity* (Cambridge: The MIT Press, 2005).

양자 셀룰러 오토마타(Quantum CA, QCA)는 CA의 양자 버전이다. 양자 계산의 대안적 패러다임으로 도입되었으며, "QCA가 양자 튜링 기계를 효율적으로 시뮬레이션할 수 있음"을 의미한다. QCA와 범용 계산에 대한 포괄적인 이론적 논의는 다음의 글[46]에서 확인할 수 있다.

양자 CA를 구현하기 위한 많은 접근법이 제안되었고[47][48][49], 그중 하나가 분할된 양자 셀룰러 오토마타(Partitioned QCA, PQCA)이다. PQCA는 셀룰러 오토마타의 다른 제안된 양자 확장을 효율적으로 시뮬레이션할 수 있다.

이 장에서는 PQCA의 기본 사항만을 소개하겠다. 엄격한 이론적 논의는 이 장의 범위 밖이다. 기존의 규칙과 논리에서 벗어나는 PQCA의 행동 원칙에 대해 더 자세히 알고 싶다면 다음의 글[50][51][52]을 참조하라. 여기서는 PQCA 구현의 실제적인 측면에 초점을 맞추고 이를 통해 음악을 생성하기 위해 개발한 방법을 보여줄 것이다.

요약하자면, 특정 시간 t의 셀룰러 오토마톤은 '현재 상태'와 시간 $t+1$에 상태를 설정하는 '업데이트 단계'라는 두 가지 속성을 특징으로 한다. 그렇다면 양자 셀룰러 오토마톤은 일부 초기 상태에 업데이트 회로를 반복적으로 적용해야 한다. 또한 PQCA의 각 셀은 큐비트에 해당한다. 양자 컴퓨팅 용어에서 프로그램은 '양자 회로'(quantum circuit) 또는 간단히 '회로'(circuit)라고 한다. PQCA의 분할 방식은, 각 셀을 테셀레이팅(tessellating)[53] '슈퍼셀'(supercells)로 분할하는 것이다. '전역 업데이트 회로'(global update circuit)는 기존의 프레임을 갱신하며 구축된다. 이때 새로운 프레임은 각 부분을 쪼개고 부분(local)적으로 업데이트하여 만들어진다.

[그림 11]의 표는 테셀레이션의 이해를 도와줄 것이다. 이 표는 3열 7행, 총 21개의 큐비트로 구성되어 있는 PQCA이다.

46) Terry Farrelly, "A review of quantum cellular automata," *Quantum* 4 (2020).

47) William K. Wootters and Wojciech H. Zurek, "A single quantum cannot be cloned," *Nature* 299 (1982): 802–803.

48) Pablo Arrighi and Jonathan Grattage, "Partitioned quantum cellular automata are intrinsically universal," *arXiv* (2010).

49) Shuichi Inokuchi and Yoshihiro Mizoguchi, "Generalized partitioned quantum cellular automata and quantiza- tion of classical ca," *arXiv* (2003)

50) Wootters and Zurek, "A single quantum cannot be cloned."

51) Arrighi and Grattage, "Partitioned quantum cellular automata are intrinsically universal."

52) Inokuchi and Mizoguchi, "Generalized partitioned quantum cellular automata and quantiza- tion of classical ca."

53) [역주] 일정한 형태의 도형을 간격이나 겹침 없이 반복하여 패턴을 만드는 것.

q_0	q_1	q_2	q_3	q_4	q_5	q_6
q_7	q_8	q_9	q_{10}	q_{11}	q_{12}	q_{13}
q_{14}	q_{15}	q_{16}	q_{17}	q_{18}	q_{19}	q_{20}

[그림 11] 7 × 3 큐비트 격자

[그림 12]와 [그림 13]은 이 격자를 가로와 세로로 분할하는 두 가지 테셀레이션의 예를 보여준다. [그림 12]를 이루는 7개의 슈퍼셀은 각 3개의 큐비트로 구성되고, [그림 13]의 3개의 슈퍼셀은 각 7개의 큐비트로 구성된다.

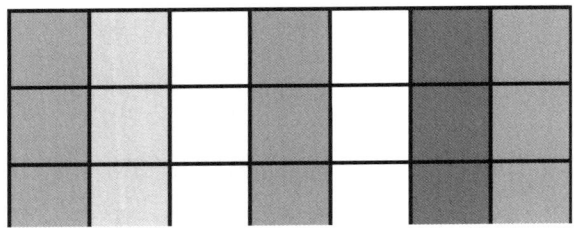

[그림 12] 수직으로 분할된 7 × 3 큐비트 격자

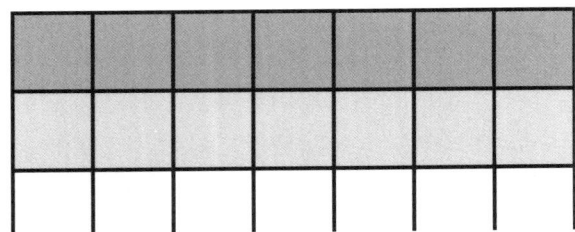

[그림 13] 수평으로 분할된 7 × 3 큐비트 격자

《큐비즘》에는 1차원과 2차원 PQCA를 사용했지만 여기서는 1차원 PQCA에 대해서만 설명하겠다. [그림 14]의 PQCA를 보자. 이는 12개의 큐비트로 이루어진 선으로 구성되어 있고, 각 2큐비트 길이의 6개의 셀로 분할되어 있다. 표기를 하면 이렇게 된다. [[0,1], [2, 3],

[4,5], [6,7], [8,9], [10,11]]. 테셀레이션은 이동할 수도 있다. 예를 들어, [[1,2], [3, 4], [5,6], [7,8], [9,10], [11,0]]와 같이 0이 뒤로 이동하고 나머지가 한 자리씩 앞으로 이동할 수 있다.

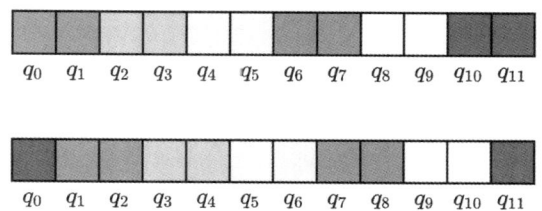

[그림 14] 큐비트 10개로 구성된 윗줄은 큐비트 2개 길이의 슈퍼셀 5개로 분할되었고,
아랫줄은 위 분할을 옆으로 옮긴 버전이다.

다음으로 [그림 15]의 지역(local) 업데이트 양자 회로를 살펴보자. [그림 14]의 각 슈퍼셀이 큐비트 2개로 구성되어 있어 이 회로 또한 두 큐비트에 대한 것이다. 이후 이 지역 회로는 다른 슈퍼셀을 통해 테셀레이션되고, 업데이트 프레임을 형성한다.

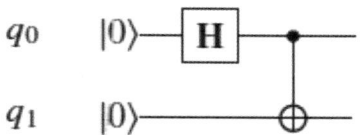

[그림 15] 두 큐비트에 대한 간단한 지역 업데이트 회로

전역 업데이트 회로에는 하나 이상의 업데이트 프레임이 포함될 수 있다. [그림 16]은 두 개의 업데이트 프레임을 사용하는 전역 업데이트 회로이다. 사용된 업데이트 프레임 중 하나는 [그림 14] 상단의 테셀레이션, 다른 하나는 하단의 변환된 테셀레이션이다. t=0의 초기 상태에서 이 PQCA를 4번 반복하는 예가 [그림 17]에 있다. 오토마톤은 전역 업데이트 회로를 현 상태에 적용한 후, 측정된 출력을 현 상태에 덮어쓰고, 다음 사이클을 위해 큐비트를 준비한다.

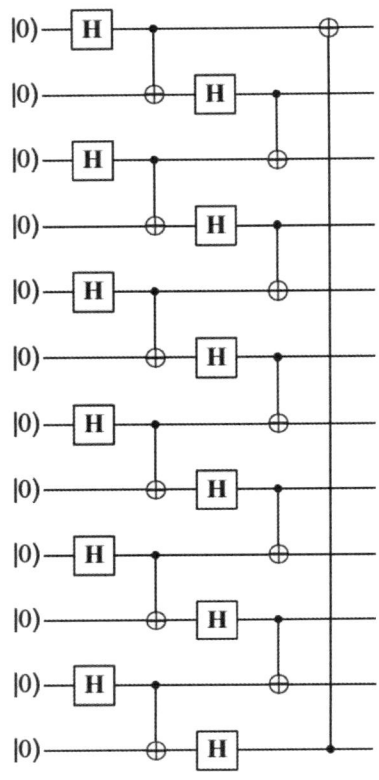

[그림 16] PQCA 전역 양자 회로 예시

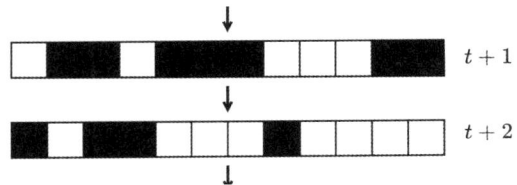

[그림 17] 1차원 PQCA의 5주기 예시. (참고: 격자 혹은 '큐비트'는 파티션의 구분이 아니라 1 또는 0으로 측정된 오토마톤의 상태를 나타낸다)

CA로 음악을 생성하기 위해서는 CA의 출력을 음표, 리듬, 멜로디, 코드, 프레이즈 등과 같은 음악 변수로 변환해야 한다. 위에서 설명한 1차원 PQCA의 방법 중 하나로서 내가《큐

음악적 창의성이란 무엇인가? : 플라톤에서 AI까지 음악적 창조에 대한 미적 담론

비즘》을 위해 개발한 방법을 소개하겠다.

위 PQCA의 각 사이클은 12비트 길이의 비트스트링(bitstring)[54]을 생성하고, 이 비트스트링은 음표의 클러스터 혹은 쉼표로 변환된다. 클러스터(Cluster)는 수직으로 배열된 음표 그룹으로, 동시에 소리가 난다. 이 경우 클러스터에는 최대 8개까지의 음표가 포함될 수 있다. 음표가 하나도 나타나지 않을 때가 쉼표의 구간이다.

음악 정보를 인코딩하기 위해 비트스트링을 네 부분으로 나눈다([그림 18]). 넷으로 나뉜 각 부분은 다음과 같이 음악 이벤트를 만들어내기 위한 변수를 나타내는 코드를 구성한다. (비트 순서는 비트스트링의 왼쪽에서 오른쪽 방향이다.)

- 코드 A (bit 0) 이 클러스터를 재생할지, 휴식할지 나타낸다.
- 코드 B (bit 1) 이 이벤트가 긴지, 짧은지 나타낸다.
- 코드 C (bits and 3) 코드 D에서 사용할 조(key)를 지정한다.
- 코드 D (bits from 4 to 11) 사용할 음표를 지정하며, 이 음표는 코드 C의 조에서 가져온다.

만약 휴식 플래그(코드 A)가 0이면 해당 클러스터는 휴식, 즉 그 위치에는 음이 없다. 여기서 음악적 사건은 두 유형의 기간 동안 지속된다. 코드 B가 0이면 코드 A에 따른 사건은 8분음표동안 지속된다. 코드 B가 1이면 4분음표 동안 지속된다. 코드 C가 나타내는 스케일은 클러스터의 형성에 사용되는 8개 음고(pitch)의 연속이다. 이 예에서는 [그림 18]과 같이 D 나폴리 장조(C = 00), G 하모닉 단조(C = 01), E 리디안(C = 10) 및 A 장조(C = 11)의 네 가지 음계를 정의했다. 어떤 스케일을 사용할지는 사용자가 정의할 수 있다.

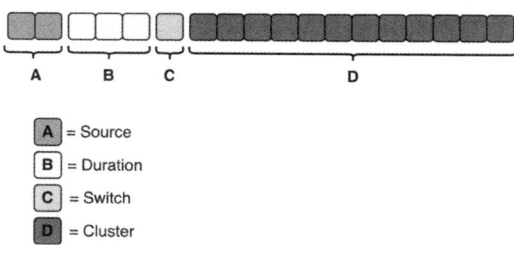

A = Source
B = Duration
C = Switch
D = Cluster

[그림 18] 비트에서 코드까지

---

54) [역주] 이진 데이터를 생성/분석하기 위한 도구이다. 비트스트링을 사용하여 문자열 데이터 등을 이진 데이터로 바꾸고, 이진 데이터를 변환 전의 데이터로 돌려놓는다. 〈큐비즘〉에서는 음재료와 이진 데이터 간의 변환이 일어났다.

음계의 음은 각 8개씩이다. 비트스트링의 마지막 8비트(4에서 11까지)는 클러스터를 구성할 음을 음계 내에서 정의한다. 예를 들어, 코드 01100100이라면 해당 음계의 2, 3, 6번째 음을 선택하여 음 클러스터를 만든다. [그림 19]의 A Major 스케일 코드 11을 사용했다고 해보자.

물론, 전체 문자열 중 가장 왼쪽 첫 번째 비트가 0이면 시스템은 코드에 따라 쉼표를 출력한다. [그림 21]에는 PQCA에서 생성된 코드 시퀀스의 예가 나와 있다.

[그림 19] 주어진 음에서 시작하는 네 개의 스케일이다. 위에서부터 순서대로 네아폴리탄 장조(시작음 D3), 하모닉 단조(시작음 G3), 리디안(시작음 E3), 장조(시작음 A3)이다

[그림 20] PQCA가 생성한 음 클러스터 예시

[그림 21] PQCA를 20회 작동시켜 생성한 클러스터 시퀀스의 예시

《큐비즘》의 경우 [그림 20]의 예시 클러스터와 비슷하게 다양한 클러스터 시퀀스를 생성했다. 또한 2차원 PQCA 및 기타 양자 생성 시스템을 사용하여 또 다른 음 재료도 추가적 유형으로서 생성했다. 실제 작곡 과정에서는 디오니소스적 측면을 활용하여 이런 음 재료를 적절한 음악 형식으로 더욱 발전시켰다. 이러한 작업의 예시로, [그림 20]의 클러스터 음을 앙상블의 다양한 악기에 분배하고, 클러스터의 음으로 멜로디를 만들고, 리듬을 추가하는 작업 등이 있다.

5. 결론

이 글은 작곡의 창의성이 뇌의 비대칭에서 비롯되었음을 명확히 드러낸다.

서론에서, 작곡에 필요한 것이 영감과 직관, 초월성 등임을 부정할 수 없고, 그럼에도 구조적 추상화, 패턴 인식 등의 능력이 작곡에 가장 중요한 능력이라 언급했다. 객관적으로 보면 구조적 추상화나 패턴 인식 능력만 있어도 음악은 만들어질 수 있다.

우리의 뇌는 이성적인 일을 가장 잘 수행하도록 진화해왔고, 현재도 계속 진화하고 있다. 또한 인간의 이런 이성적인 일을 모방하는 컴퓨터도 지속적으로 개발되고 있고, 그 성공 정도도 다양하다. 이론적으로는 적절한 프로그래밍과 함께라면 양질의 음악을 작곡할 수 있다. 이를 은유하자면, 혼자서 음악을 쓸 능력은 있지만 매력은 부족한 아폴론과 혼자 작곡은 불가능하지만 매력을 지닌 디오니소스의 결합이다.

이안 맥길크리스트(Ian McGilchrist)는 『주인과 그의 사자: 분열된 뇌와 서구의 현상』[55] 에서 서양 문화의 역사 속에서 둘로 나뉘어 대립한 뇌 사이의 긴장감을 이야기한다. 고대 그리스의 철학자부터 20세기의 화가에 이르기까지, 그는 작가와 예술가의 생각을 살펴보는 여정으로 우리를 안내한다. 그 과정에서 아폴론적인 좌뇌가 최근 점점 우세해지고 있는데 이게 반드시 좋지만은 않다고 주장한다. 그러나 나는 어느 한쪽이 우세하다고 확신하지 않으며, 오히려 우뇌, 즉 디오니소스적 뇌가 기계에 대체되기는 더 어렵다고 생각한다.

"작곡가들이 컴퓨터로 작곡할 때 그 이전에 비해 얼마나 다르게 생각할까?"라는 질문에 답하는 것은 결코 쉽지 않다. 컴퓨터는 과거에 불가능했던 것을 가능하게 해주지만, 창의

---

55) Ian McGilchrist, *The Master and His Emissary: The Divided Brain and the Making of the Western World* (New Haven: Yale University Press, 2009).

적으로 생각하는 데에는 어떤 관련이 있겠는가? 이런 질문을 다루려는 시도는 몇 차례[56)57)58)] 있었고 이 질문을 다뤘던 학자의 수만큼이나 많은 답변이 있었지만 딱 맞는 설명을 찾지 못했다. 이 글에서는 다소 개인적인 이야기를 한 편 소개하려 한다.

작곡가들이 서로 다른 사고를 하는 이유는, 간단히 말하자면 사람은 원래 모두 다르기 때문이다. 각기 다른 시대의 사람들은 서로 다른 기술을 접했겠지만, 그것들이 음악적 창의성이 더 확장되는 데 얼마나 영향을 미쳤을지는 의문이다. 여기서 바흐(J. S. Bach) 음악의 복잡성이 떠오른다. 만약 바흐에게 컴퓨터가 있었다면 바흐의 음악이 많이 달라졌을까? 내 직감으로는 그렇지 않았을 것 같다.

적어도 나의 경우에는, 이성과 직관이라는 이분법으로 구체화되는 인지적 밀고-당김이 원동력이 되어 음악적 창의성이 발생한다. 컴퓨터는 내 작곡 과정에서의 이분법을 더욱 강화시킬 뿐이다.

컴퓨터는 내 한계를 훌쩍 뛰어넘어 아폴론적 음악성을 확장할 수 있게 해주고, 나의 디오니소스적 측면이 그에 대응하도록 유도한다. 앞의 예시에서처럼 이런 밀고-당김의 역학관계는 소프트웨어 설계부터 오케스트레이션까지 작곡의 모든 단계, 모든 수준에서 일어난다.

컴퓨터가 만들어낸 재료로 음악 작업을 하는 것이 왜 이렇게 흥미로울까? 컴퓨터가 생성한 음악은 내가 놀라운 방식으로 음악적 상상력을 발휘하도록 유도한다. 이런 점이 나에게 흥미로움과 색다름을 가져다준다. 컴퓨터에서 음악 생성 소프트웨어를 실행하여 작곡하는 것이 오선보에 연필로 악보를 그리고 실제 악기를 사용하여 작곡하는 것과 차이 나는 지점이 바로 여기이다. 컴퓨터를 사용하게 되면 변덕스러운 영감이 떠오를 때까지 기다릴 수 없다. 그렇지만 이게 항상 좋은 것만은 아니다. 덧붙이자면, 나의 창작 과정에 대한 설명이 모두 틀렸을 수도 있다. 나는 왼손잡이이기 때문이다.[59)]

---

56) Pachet, "Enhancing individual creativity with interactive musical reflexive systems."

57) Cope, *Computer Models of Musical Creativity.*

58) Scott Watson, *Using Technology to Unlock Musical Creativity* (New York: Oxford University Press, 2011).

59) [감사의 말] 이 글에서 설명한 시스템을 개발하는 데 기여한 플리머스 대학교의 컴퓨터 음악 연구를 위한 학제간 센터(ICCMR)의 연구팀에게 감사의 말씀을 전합니다. 음악용 양자 기술에 대한 저의 연구와 격려에 지원을 아끼지 않은 일리아스 칸(Ilyas Khan)과 퀀티넘(Quantinuum)에게도 감사드립니다.

참고문헌

Arrighi, Pablo and Jonathan Grattage. "Partitioned quantum cellular automata are intrinsically universal." *arXiv* (2010).

Assayag, Gerard. Proceedings of 1st Symposium on Music and Computers. In *Computer Assisted Composition Today*. (Corfu, 1998).

Berg, Paul. "Composing Sound Structures with Rules." *Contemporary Music Review* 28/1 (2009): 75-87.

Belin, Pascal, Monica Zilbovicius, Sophie Crozier, Licneel Thivard and Anne Fontaine. "Lateralization of Speech and Auditory Temporal Processing." *Journal of Cognitive Neuroscience* 10/4 (1998): 536-540.

Beyls, Peter. The musical universe of cellular automata. In *Proceedings of the International Computer Music Conference (ICMC)*. (Columbus, 1989): 34–41.

Burks, Arthur Walter. *Essays on Cellular Automata*. Champaign: University of Illinois Press, 1971.

Cao, Yudong, Jonathan Romero, Jonathan P. Olson, Matthias Degroote, Peter D. Johnson, Mária Kieferová, Ian D. Kivlichan, Tim Menke, Borja Peropadre, Nicolas P. D. Sawaya, Sukin Sim, Libor Veis, Alán Aspuru-Guzik. "A. Quantum Chemistry in the Age of Quantum Computing." *Chemical Reviews* 19/9 (2019): 10856–10915.

Clark, Suzannah and Alexander Rehding. *Music in Time: Phenomenology, Perception, Performance*. Cambridge: Harvard University Press, 2016.

Cope, David. *Computer Models of Musical Creativity*. Cambridge: The MIT Press, 2005.

Davidson, Richard and Kenneth Hugdahl (Eds.). *Brain asymmetry*. Cambridge: The MIT Press, 1995.

Dustan, Ralph. *The Composer's Handbook: A Guide to the Principles of Musical Composition*. South Yerra, Victoria, Australia: Leopold Classic Library, 2017.

Farrelly, Terry. "A review of quantum cellular automata." *Quantum* 4 (2020).

Hatten, Robert. "Aesthetically Warranted Emotion and Composed Expressive Trajectories in Music." *Music Analysis* 29/1 (2010): 83-101.

Hugdahl, Kenneth and Rene Westerhausen (Eds.). *The Two Halves of the Brain*. Cambridge: The MIT Press, 2010.

Inokuchi, Shuichi. and Yoshihiro Mizoguchi. "Generalized partitioned quantum cellular automata and quantization of classical ca." *arXiv* (2003)

Izhikevich, Eugene M. *Dynamical Systems in Neuroscience*. Cambridge: The MIT Press, 2007.

McGilchrist, Ian. The Master and His Emissary: *The Divided Brain and the Making of the Western World*. New Haven: Yale University Press, 2009.

Miranda, Eduardo R. "Cellular automata music: From sound synthesis to musical forms." In *Evolutionary Computer Music*. Edited by Eduardo R. Miranda, John A. Biles. London: Springer, 2007.

——————. *Thinking Music: The Inner Workings of a Composer's Mind*. Plymouth: University of Plymouth Press, 2014.

———. Editor. *Quantum Computer Music: Foundations, Methods and Advanced Concepts*. London: Springer Nature, 2022.

———. *Composing Music with Computers*. Oxford: Focal Press, 2001.

Molfese, Dennis L. "Cerebral Asymmetry in Infants, Children, and Adults: Auditory Evoked Responses to Speech and Music Stimuli." *Journal of Acoustic Society of America* 53/1 (1973): 363.

Nietzsche, Friedrich. *The Birth of Tragedy out of the Spirit of Music*. London: Penguin Classics New Edition, 2003.

Peretz, Isabelle and Robert J. Zatorre. "Brain Organization for Music Processing." *Annual Review of Psychology* 56 (2004): 89-114.

Peretz, Isabelle and Roberto Zatorre (Eds.). *The Cognitive Neuroscience of Music*. Oxford: Oxford University Press, 2003.

Roads, Curtis. *The Computer Music Tutorial*. Cambridge: The MIT Press, 1996.

Schlaug, Gottfried. "The Brain of Musicians." *Annals of the New York Academy of Sciences - The Biological Foundations of Music* 930 (2001): 281-299.

Schlaug, Gottfried, Lutz Jancke, Yonggang Huang and Holger Steinmetz. "In vivo evidence of structural brain asymmetry in musicians." *Science* 267/5198 (1995): 699-701.

Shiff, Joel L. *Cellular Automata: A Discrete View of the World*. Hoboken: Wiley, 2011.

Springer, Sally P. and Georg Deutsch. *Left brain, right brain: Perspectives from cognitive neuroscience*. New York: W H Freeman, 1998.

Taube, Heinrich. *Notes from the Metalevel*. London: Taylor & Francis, 2004.

Watson, Scott. *Using Technology to Unlock Musical Creativity*. New York: Oxford University Press, 2011.

Wolff, Christoph. *Johann Sebastian Bach: The Learned Musician*. NewYork: W. W. Norton, 2001.

Wootters, William K. and Wojciech H. Zurek. "A single quantum cannot be cloned." *Nature* 299 (1982): 802–803.

Album *Computer-Aided Symphonic Works: Mind Pieces, Sound to Sea*. Spotify: https://open.spotify.com/album/0yNVAgeM7P8X488xDyEIEb (Accessed on 29 Oct 2023).

Qubism. SoundCloud https://on.soundcloud.com/TgDHe (Accessed on 29 October 2023).

살과 강철: 음악과 신체적 쟁점의 측면에서 바라본 컴퓨터적 창의성

Of Flesh and Steel: Computational Creativity in Music and the Body Issue[1]

저자 마티아 메를리니, 스테파노 마리아 니콜레티

윤예원 옮김

1. 저자

마티아 메를리니(Mattia Merlini, 1995-)는 딜라노 대학교(University of Milan)에서 철학으로 학사, 음악학으로 석사 학위를 취득하였으더 이후 피사 대학교(University of Pisa)에서 철학으로 두 번째 석사 학위를 취득하였다. 현재는 밀라노 대학교 음악학 박사 펠로우 과정에 재학 중이며 컴퓨터적 창의성, 대중 음악, 게임 음악과 관련된 글을 다수 집필하였다.

　　스테파노 마리아 니콜레티(Stefano Maria Nicoletti)는 밀라노 대학교에서 철학으로 학사 학위를, 우르비노 대학교(University of Urbir.o)에서 철학 석사 학위를 취득하였다. 이후, 트웬트 대학교(University of Twente)에서 컴퓨터 과학으로 박사 과정을 수료하였다. 주된 연구 분야는 사이버 보안 및 안전 분야로, 역사적으로 분리된 안전 분야와 사이버 보안 분야의 결합을 목표로 하는 시저 프로젝트(CAESAR Project)에 참여하고 있다.

2. 역자 서문

인간과 인공지능의 가장 큰 차이는 무엇일까? 어떠한 시각에서 접근하는가에 따라 여러 방향의 대답이 제시될 수 있을 것이다. 수많은 논의가 오갈 수 있는 이 질문에 필자는 자신의 대답을 내놓았다. 그것은 바로 '신체'이다. 인공지능은 살(flesh)로 구성된 육체, 즉 신체를 가지고 있지 않다. 그렇기 때문에, 신체를 활용한 감각적 이해 역시 불가능하다. 필자는 이 지점에 주목하여 인공지능의 신체적 쟁점을 중심으로 논지를 전개한다. 이들은 음악을 경험하는 과정 뿐만 아니라 음악을 창작하는 과정에서도 지각하는 신체의 역할이 무엇보다 중

---

1) Mattia Merlini, Stefano Maria Nicoletti, "Of Flesh and Steel: Computational Creativity in Music and the Body Issue," INSAM Journal of Contemporary Music, Art and Technology 4/1 (2020), 24-42.

요하다고 주장한다. 나아가, 이것이 컴퓨터적 창의성의 본질적인 한계를 나타낸다고 보았다. 필자는 현재 인공지능 음악 창작에서 사용되는 기술부터 철학, 신경과학까지 폭넓게 다루며 자신의 주장에 대한 논거를 제시한다. 이러한 과정을 통해 인공지능의 현재와 한계, 그리고 미래의 가능성을 파악하여 인공지능 인식에 대한 재고를 가능하게 하는 것이다.

필자는 서론에서 간략하게 내용 전반을 소개 한 뒤, 컴퓨터적 음악 생성에 가장 널리 사용되는 기술들을 살펴본다. 확률적인 방식을 사용하는 ① '마르코프 체인', 언어의 문법에서 그 조합 방식을 차용한 ② '형식 문법', 일정한 기준을 둔 ③ '규칙·구속조건 기반 시스템', 보편적인 결과물을 생성할 수 있는 ④ '신경망·딥러닝', 적합성을 기준으로 개선되는 ⑤ '진화·유전적 알고리즘', 구조나 멜로디에서 유사성을 추구한 ⑥ '카오스·자기 유사성', 여러 소프트웨어가 협력 및 상호작용하는 ⑦ '에이전트 기반 시스템'이 있다. 필자는 음악 생성 기술 분야의 현황을 자세히 설명하였고, 이처럼 괄목할만한 성과가 있음에도 불구하고 인공지능의 창의성이 구현될 가능성이 낮다고 주장하였다. 그 이유로 네 가지 쟁점에서의 논의를 제시한다.

첫 번째, '사회적 쟁점'으로 음악의 의미와 가치에서 사회적 맥락의 중요성을 다룬다. 필자는 비틀즈의 음악을 예시로 들며, 컴퓨터는 비틀즈 스타일의 노래를 만들 수 있겠지만, 그 노래는 항상 실제 비틀즈 노래가 담고 있는 사회적 가치를 무시할 것이라고 언급한다. 즉, 음악과 그것의 의미는 언제나 구체적인 상황에서 비롯된다고 본 것이다. 또한, 청취자가 특정한 문화와 역사를 가진 사회 구성원일 때 더 쉽게 경험할 수 있는 사회적 요소에 음악의 의미는 크게 의존하고 있다고 보았다. 두 번째는 '경험적 쟁점'으로 개인의 경험과 배경 및 문화가 음악적 아이디어의 구상에 미치는 역할에 초점을 맞추어 살펴본다. 필자는 인간의 경험이 음악 창작의 조건을 만든다고 강조한 장-자크 나티에의 문장을 인용하며, 작곡가의 선택은 상황적 요인, 담론, 다른 작곡가들과 그들의 음악에 대한 의견과 같은 담론 내지는 개인적 경험 등에서 비롯되는 것이라고 하였다. 이에, 이러한 세계와의 상호작용이 인공지능에게 가능하지 않다고 주장하였다. 세 번째로는 '의식 쟁점'으로 인공지능은 세계와의 직접적인 접촉이 불가능하고, 의식이 부재함을 언급한다. 여기서 의식은 세상을 의도하고 그것과 거래하는 인간의 능력에 관한 것으로 기계가 세계에 대한 '질적' 경험을 가질 수 없다는 문제와 연관된다.

가장 강조한 네 번째 쟁점은 바로 '신체적 쟁점'이다. 여기서는 창의적 과정에서의 체화된 경험의 역할을 강조한다. 모리스 메를로-퐁티가 강조한 육체로서의 신체의 역할, 롤랑 바르트의 무지카 프라티카를 통해 20세기 철학적 주장들을 검토하고, 최근 이와 관련된 신경과학적인 연구 결과로 거울 뉴런과 체화된 시뮬레이션을 다룬다. 이러한 논거를 바탕으로 필자는 우리가 듣고 있는 것의 '신체적 의미'를 완전히 이해하기 위해서는 '행위의 레퍼토리'가 필요하다고 보았다. 이에, 컴퓨터는 인간이나 일부 동물의 거울 뉴런을 포함한 신경망을 가진 신체를 가지고 있지 않으며, 그렇기 때문에 신체적인 방식으로 음악을 이해할 수 없다고 주장하였다.

끝으로, 필자는 포스트 록 밴드 모노의 〈폭풍〉을 통해 음악에서 나타난 실제적인 차원의 신체성을 설명한다. 이후, 전자음악으로 관심을 옮겨 체화된 인지와는 또 다른 방식의 청취 과정을 살펴보고, 전자 사운드의 발생 원인을 통해 신체성을 파악하는 등 전자음악에 대한 이해와 함께 인공지능의 능력을 재고하는 길을 탐색하였다.

정리하자면, 필자는 컴퓨터가 신체를 가지고 있지 않기 때문에 신체적 움직임과 동조하여 음악을 이해하거나 그 신체적 지식을 사용하여 완전히 의미 있는 음악을 창작하는 것이 불가능하다고 주장한다. 음악은 단순히 수동적이고 청각 자극이 아니라, 여러 관계를 맺으며 다양한 감각을 사용하는 사회적인 활동이고, 음악 사용자들은 정신적인 수준에서 행동, 인식, 처리를 위해 필수적인 기능을 갖춘 신체를 가진 생물학적 유기체이기 때문이다. 이 모든 것은 인공지능이 가진 신체적 한계를 명백히 보여준다는 점에서 의의를 가진다.

살과 강철: 음악과 신체적 쟁점의 측면에서 바라본 컴퓨터적 창의성

1. 서론

오늘날 기술의 발전은 당연한 것으로 여겨진다. 스마트 어시스턴트(smart assistant)[1]는 일정 관리를 도와주고, 알고리즘은 우리가 들을 음악과 다음에 사고 싶어할만한 물건을 추천한다. 우리의 삶은 다른 사람들과 공유되는 만큼 컴퓨터(computational devices)[2]와도 공유되고 있다. 철학자 루치아노 플로리디(Luciano Floridi)가 말했듯이, "우리는 점점 더 인공지능에게 기억, 결정, 일상적인 작업 및 기타 활동들을 위임(delecating)하거나 아웃소싱(outsourcing)하고 있으며, 이는 점차 우리와 통합될(integrated) 것이다."(Floridi, 2016, 94.) 흔히 인간만이 할 수 있는 것으로 여겨지는 수많은 작업들이 인공지능에게 위임되고 있다는 사실은 인간과 [인간의] 그 핵심적 특성에 대한 우리의 직관에 도전하는 것처럼 보인다. 예시로, 과거 체스 게임을 통해 이러한 인식의 변화를 관찰해온 것이 있다. 컴퓨터가 등장하기 전, 체스를 마스터하는 것은 지능의 결정적인 표식으로 간주되었다. 하지만, 오늘날에는 컴퓨터끼리 서로 경쟁하며 그 우위를 가릴 수 있게 되었다. 이러한 상황에서 이 사안[즉 체스를 마스터하는 것이 지능의 결정적인 표식으로 여겨졌다는 것]을 지지하기가 쉽지만은 않다.(Silver et al., 2018.)

지능과 마찬가지로 창의성은 인간만이 가질 수 있다고 여겨지는 독점적인 특성이다. 창의성과 관련된 이 독점성은 컴퓨터의 등장으로 인해 도전받고 있는 듯 하다. 이 글에서는 컴퓨터적 창의성 분야의 역사적·현대적 연구 성과에 비추어, 음악 경험과 음악 창작 영역 모두에서 인간 에이전트(human agents)와 음악 사이의 관계를 고찰한다. 더 정확하게 말하면 기계 기반 창의성과 인간 기반 창의성 사이의 공백이 존재하며, 이는 적어도 '신체의 쟁점'(body issue), '사회적 쟁점'(social issue), '경험적 쟁점'(experiential issue)와 '의식의 쟁점'(consciousness issue)의 네 가지 영역에서 나타날 수 있다고 보는 것이다. 필자는 이전에 이러한 쟁점들이 인간과 기계 기반 창의성의 차이에 관한 논쟁에서 가장 의미 있는 것 중

---

1) [역주] 여기서는 애플(Apple)의 시리(Siri), 삼성전자의 빅스비(Bixby)와 같은 인공지능 비서 서비스 및 플랫폼을 의미한다.
2) [역주] 본 글에서의 컴퓨터적 장치(computational devices)는 모두 컴퓨터로 의역되었다.

하나라는 가설 아래, 이 쟁점들을 개략적으로 설명한 바 있다.(Merlini & Nicoletti, 2020.) 이를 통해, 필자는 (모든 맥락에서 우리를 지배할 운명인) 전능한(all-powerful) 인공지능에 대한 우려가 충분한 설득력을 가지지 못하며, 앞서 언급한 쟁점들보다 우선적으로 고려되어서는 안 된다고 주장했다.(Ibid.)[3] (Aldini, Fano & Graziani, 2016.; Beccuti, 2018.; Gödel, 1951.)[4]

이 글에서는 먼저 컴퓨터적 음악 생성에 가장 널리 사용되는 기술에 대해 간략하게 소개하고, 앞서 언급한 쟁점들에 대해 요약할 것이다. 이후 신체적 쟁점, 즉 음악을 경험하고 창작하기 위한 신체를 가지는 것이 얼마나 중요한지 알아볼 것이다. 다음으로는 롤랑 바르트(Roland Barthes)와 모리스 메를로-퐁티(Maurice Merleau-Ponty)의 철학적 입장을 바탕으로 한 현대 신경과학의 몇 가지 발견들을 살펴보며. 이러한 (신체의) 중요성을 지지하고자 한다. 끝으로, 결론으로서의 몇 가지 예들과 [이와 반대의 시각에서] 다루어질 수 있는 반대 의견들을 고찰할 것이다.

2. 컴퓨터에 의해 생성된 방법론(Computational Efforts)과 음악 생성

창의성과 계산(computation)을 결합한다는 아이디어는 현대 컴퓨터의 발명보다 더 오래되었다. 이 [결합의] 가능성에 대한 최초의 언급 중 하나는 찰스 배비지(Charles Babbage)와 에이다 러브레이스(Ada Lovelace)로 거슬러 올라간다. 그들은 특정한 가정 하에 자신들의 분석 엔진이 "아무리 복잡하고 광범위할지라도 정교하고 과학적인 음악을 작곡할 수 있다"고 확신했다.(Babbage, 1889, 23.) 컴퓨터와 창의성을 통합하려는 아이디어는 초기 컴퓨터 시대의 이론가들에 의해 계속되었으며, 배비지의 아이디어가 나온 지 약 100년이 지난 뒤 앨런 M. 튜링(Alan M. Turing)과 같은 인물들에 의해 발전되었다.

(농담으로) 맨체스터의 MADM 컴퓨터에 프로그래밍된 러브레터를 제작하고 있었고, 곧 캠브리지의 EDSAC 컴퓨터에서도 하이쿠[5]가 생성될 예정이었다. 더욱 중요한 것은 (혹은 그렇게

---

3) 본 논문에서는 설(Searle, 1980)이 제기한 중국어 방 논증과 강한 인공지능(Strong AI) 및 약한 인공지능(Weak AI)에 대한 고찰 및 기계적 측면에 관한 논의를 다룬다.
4) 각주 4의 내용은 다음 논문들에서 먼저 논의된 바 있다.
5) [역주] 5·7·5의 3구(句) 17자(字)로 된 일본 특유의 단시(短詩). 특정한 달이나 계절의 자연에 대한 시인의 인상을 묘사하는 서정시이다. (출처: 국립국어원 우리말샘)https://opendict.korean.go.kr/dictionary/view?sense_no=313376&viewType=confirm[2024년 3월 13일 접속].

보일수도 있지만) 1956년 다트머스 여름학교를 계획하는 문서에서 '창의성'이 주요 목표 중 하나로 확인되었다는 것이다. 그 회의는 인공지능이 공식적으로 명명된 곳이었다.(Besold et al., 2015, v.)

이처럼 초창기부터 컴퓨터와 창의성을 결합하려는 노력은 본질적으로 복합적이고 다양했으며, 시각 예술(Cohen 1995.; Colton, 2012.), 시(Colton et al., 2012.) 그리고 음악 분야를 다루었다. 음악 생성, 특히 음악 생성 시스템(Music Generation Systems, MGS) 분야에서는 계산과 창의성을 결합하기 위해 개발된 가장 중요한 알고리즘 중 일부가 도입되었다. 아래에 서술된 분류 체계는 카르노발리니(Filippo Carnovalini)와 로다(Antonio Rodà)에 의해 개발(Carnovalini & Rodà, 2020, 8-12.)되었으며, 이는 페르난데즈 (Jose D. Fernandez)와 비코(Francisco Vico)의 연구(Fernandez & Vico, 2013.)를 기반으로 한다. 컴퓨터 생성 음악 분야에서 가장 널리 사용되는 방법론을 포착하기 위해 7가지 카테고리를 간략하게 소개하고자 한다. 또한, 역사적 관점에서 가장 주목할 만한 몇 가지 사례도 [함께] 제시할 것이다.

① 마르코프 체인(Markov Chains)
② 형식 문법(Formal Grammars)
③ 규칙·구속조건 기반 시스템(Rule/Constraint based systems)
④ 신경망·딥러닝(Neural Networks/Deep Learning)
⑤ 진화·유전적 알고리즘(Evolutionary/Genetic Algorithms)
⑥ 카오스·자기 유사성(Chaos/Self Similarity)
⑦ 에이전트 기반 시스템(Agent Based Systems)

① 마르코프 체인(Markov Chains)
첫 번째 카테고리는 '마르코프 체인'이다. 이는 특정 상태의 결과가 이전 상태의 결과에만 의존하는 확률적 과정으로, 시간이 지남에 따라 확률적인 방식으로 진화하는 수학적 모델이다.(Kemeny & Snell, 1976, 1) 세 가지 상태로 구성되어 있다. 한 상태에서 다음 상태로 (현재 생성에서 다음 생성으로) 전환될 확률은 다음과 같이 분포된다고 가정해보자.

Current generation		Next generation		
	State	1	2	3
	1	0.65	0.28	007
	2	0.15	0.67	0.18
	3	0.12	0.36	0.52

[크 1]

[이 가정을 따라] 그런 다음 전이표(transition diagram)(Ibid., 1976, 2)를 통해 이 특정 프로세스를 나타낼 수 있다.

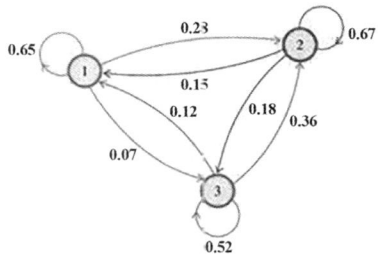

[그림 1] 전이표(transition diagram)

'마르코프 체인'은 일렉트로닉 댄스 음악(EDM)을 작곡할 수 있는 생성 음악 시스템을 제안하고자 앤더슨(Christopher Anderson), 아이겐펄트(Arne Eigenfeldt)와 파스퀴에(Phillppe Pasquier)에 의해 채택되었다.

GEDMAS(Generative Electronic Dance Music Algorithic System)는 완전한 일렉트로닉 댄스 음악 (EDM) 작곡을 구성하는 생성 음악 시스템이다. 작곡은 인간의 상세한 채보(transcription) 과정을

통해 수집된 음악 채보 데이터의 코퍼스(corpus)[6]를 기반으로 한다. 이 코퍼스 데이터는 EDM 스타일과 관련된 장르별 특성을 분석하는 데 사용된다. GEDMAS는 확률적인 접근 방식과 1차 마르코프 체인 모델을 사용하여 음악 형식 구조, 코드 진행, 선율 및 리듬을 생성한다.(Anderson et al., 2013, 6.)

② 형식 문법(Formal Grammars)

두 번째 카테고리인 '형식 문법'은 '생성 문법'(Generative Grammars)의 개념을 도입한 노엄 촘스키(Noam Chomsky)의 연구(Chomsky, 1957)에서 시작되었다.

생성 문법은 두 개의 알파벳, 즉 단말 기호[7]와 비단말 기호[8](또는 변수)로 구성된다. 이 두 알파벳의 결합에서 제공되는 일련의 재작성 규칙은 변수를 다른 기호(변수와 단말 기호)로 변환하는 것을 허용한다. 생성된 언어는 (일반적으로 'S'라고 불리는) 특수한 변수에서 시작한다. [또한, 생성된 언어는] 임의 개수의 재작성 규칙을 순서대로 적용하면 얻을 수 있는 모든 단말 기호 문자열의 집합이라 할 수 있다.(Carnovalini & Rodà, 2020, 9.)

컴퓨터적 창의성 역사상 가장 중요한 음악 생성 시스템(MGS) 중 하나는 형식 문법에 의해 부여되는 가능성과 밀접한 관련이 있다. 데이비드 코프(David Cope)의 EMI 또는 음악적 지능 실험(Experiments in Musical Intelligence)이 그 예시이다.(Cope, 1991.; Cope, 1992.) [EMI의] 음악 작품의 분석 이후 발생하는 조합의 과정은 아래와 같다.

작품의 병치된 요소를 논리적 및 음악적 순서로 다시 조합하는 작업은 자연어 처리 분야 연구자들에 의해 개발된 기술인 확장천이망(Augmented Transition Networks, ATNs)[9]을 사용함으로써

---

6) [역주] 언어 연구를 위해 텍스트를 컴퓨터가 읽을 수 있는 형태로 모아 놓은 언어 자료이다. (출처: 국립국어원 우리말샘) https://opendict.korean.go.kr/dictionary/view?word_no=517854&sense_no=599752[2024년 3월 13일 접속].

7) [역주] '종단 기호'라고도 한다. 언어를 구성하는 가장 기본적인 기호로서 일반적으로 작성되는 프로그램들은 모두 이것으로 구성된다. 계층 구조에서 더 이상 분할되지 않는 구문의 계층적 정의의 부분이다. (출처: 한국정보통신기술협회 정보통신용어사전)https://terms.tta.or.kr/mobile/dictionaryView.do?word_seq=093930-1[2024년 3월 13일 접속].

8) [역주] '비종단기호'라고도 한다.. 언어의 문법을 정의하는 언어 형식에서 실제 언어 자체를 표현하는 것이 아니라, 어떤 하나의 언어에 대한 의미 또는 몇 개의 언어가 모여서 구성되는 하나의 의미를 표현하기 위하여 사용되는 기호이다. (출처: 국립국어원 우리말샘)https://opendict.korean.go.kr/dictionary/view?word_no=985124&sense_no=1056137[2024년 3월 13일 접속].

9) [역주] 한 문장을 가장 작은 형태소들로 분해하는 파싱(parsing, 구문 분석) 방법의 하나로서, 더 이상 할 수 없을 상태까지 최대한 분해한다. (출처: 국립국어원 우리말샘)https://opendict.korean.go.kr/dictionary/view?sense_no=1090575&viewType=confirm[2024년 3월 13일 접속].

향상될 수 있다. […] 확장천이망은 언어에 적용되는 방식과 유사하게 음악의 재조합 문제에도 적용될 수 있다. 음악적 요소를 분석하고 저장한 다음 다양하지만 본질적으로 동일한 음악적 의미(세트 스타일 내 변주)를 갖는 작곡에 재사용하는 것이다.(Cope, 1991, 26.)

③ 규칙·구속조건 기반 시스템(Rule/Constraint Based systems)

세 번째 카테고리인 '규칙·구속조건 기반 시스템'은 일반적으로 새로운 음악을 즉흥적으로 생성하는 것이 불가능하다는 점에서 [형식 문법'에서 다루었던] '생성 문법'과 다르다. 이들은 일반적으로 규칙과 구속조건의 적용을 통해 형성되는 주어진 입력에 의존한다. "규칙을 포함하는 것은 여러 가지 방식으로 구현될 수 있다. 예시로, 최종 검증 단계 또는 중간 결과를 개선하기 위해 […] 구속 조건은 명시적인 음악 이론 규칙보다는 더 추상적인 특징을 모델링하는데 사용될 수 있다."(Carnovalini & Rodà, 2020, 10.) 규칙과 구속조건을 적용하는 아이디어는 음악 생성 시스템의 역사의 꽤 이른 시기부터 등장했으며 이는 〈일리악 모음곡〉(Illiac Suite)의 1, 2악장에서 발견된다.[10] "일리악 음악은 (16세기 대위법과 12음 기법 음악, 그리고 다양한 셈여림과 리듬 등을 포함하는) 여러 가지 스타일을 정의하는 규칙으로부터 생성되었으며, 때로는 우연히 선택된 소리쌍(tone-pairs)과 결합된다."(Besold et al., 2015, vi.)

④ 신경망·딥러닝(Neural Networks/Deep Learning)

시스템의 복잡성은 신경망·딥러닝 카테고리 내에서 증가한다. 앞서 언급한 방법론에 비해 주목할 만한 장점은 딥러닝이나 일반적인 기계 학습 기술을 사용하여 보편성(generality)을 만들어낼 수 있다는 것이다.

기계 학습 기반 생성 시스템은 문법 기반 또는 규칙 기반 음악 생성 시스템과 같은 수작업 모델과는 달리 임의의 음악 코퍼스로부터 모델을 학습하기 때문에 불가지론적일 수 있다. 그 결과, 동일한 시스템이 다양한 음악 장르에 사용될 수 있다. 따라서, 더 큰 규모의 음악 데이터셋이 제공되면 기계 학습 기반 생성 시스템은 코퍼스로부터 음악 스타일을 자동으로 학습하고 새로운 음악 콘텐츠를 생성할 수 있을 것이다.(Briot et al., 2020, 5.)

이 카테고리의 대표적인 예시는 미디넷(MidiNet)으로 2017년 양(Li-Chia Yang), 추(Szu-

---

10) 이와 관련해서는 다음의 논문을 참조하라. Lejaren A. Hille- Jr., Leonard M. Isaacson. "Musical composition with a high- speed digital computer." *Journal of the Audio Engineering Society* 6/3, 1958.

Yu Chou)와 양(Yi-Hsuan Yang)에 의해 제안된 모델(Yang, Chou & Yang, 2017.)이다. 컨볼루션 네트워크(Convolutional Network)[11]를 기반으로 하며, "여러 가능성 중에서 처음부터 코드 진행을 따라 멜로디를 생성하거나 이전 마디의 멜로디를 조건으로 하여 멜로디를 생성"할 수 있다.(Ibid., 1.)

⑤ 진화·유전적 알고리즘(Evolutionary/Genetic Algorithms)

다섯 번째 카테고리는 '진화·유전적 알고리즘'이다. 카르노발리니와 로다가 언급한 바 (Carnovalini & Roda, 2020, 11)와 같이, 유전적 알고리즘을 통해 문제를 해결하기 위해서는 세 가지 주요 전제 조건이 충족되어야 한다.

1) 시작 모집단으로서 문제에 대해 무작위적이지만 적합한 해결책을 생성하는 능력
2) 해결책의 '적합성(fitness)'을 평가하는 방법
3) 이러한 해결책을 변형시키고 재조합하는 능력

이를 통해, 문제에 대해 (알맞은 방식으로 무작위로 생성된 기존 풀(pool)이 있는) '가장 적합한' 해결책을 알고리즘의 모든 반복을 통해 연속적으로 선택할 수 있다. 이러한 종류의 알고리즘 중 하나의 유명한 예는 존 바일스(John A. Biles)의 젠잼(GenJam)이 있다. 저자 [존 바일스]는 젠잼을 다음과 같이 설명한다.

즉흥 연주를 배우는 초보 재즈 음악가를 위한 유전적 알고리즘 기반 모델이다. 젠잼은 연주되는 코드 진행에 의해 제시되는 음계를 통해 특정 음표에 매핑되는 선율 아이디어들이 계층적으로 연관되는 집단을 유지한다. 젠잼이 기준 리듬 섹션의 반주 위에서 솔로 연주할 때 인간 멘토는 실시간으로 피드백을 제공하고, 이는 개별 마디와 프레이즈에 대한 적합성 값을 도출하는 데 사용된다. 이후 젠잼은 다양한 유전적 연산자를 집단에 적용하여 개선된 아이디어를 만들어낸다.(Biles, 1994, 131.)

---

11) [역주] '합성곱 신경망'이라고도 한다. 심층 신경망 (Deep Neural Network, DNN)의 한 종류로, 하나 또는 여러 개의 컨볼루션 계층 (Convolution layer)과 통합 계층 (Pooling layer), 완전하게 연결된 계층 (fully connected layer)들로 구성된 신경망이다. (출처: 한국정보통신기술협회 정보통신용어사전) https://terms.tta.or.kr/mobile/dictionaryView.do?word_seq=138910-9[2024년 3월 13일 접속].

⑥ 카오스·자기 유사성(Chaos/Self Similarity)

여섯 번째 카테고리는 '카오스·자기 유사성'이다. 이러한 방법을 사용하는 음악가와 기술자들은 구조나 멜로디에서 어느 정도 자기 유사성을 나타내는 음악을 만들기 위해 노력한다. 이 목표를 달성하기 위해 한 가지 가능한 방법은 셀룰러 오토마타(Cellular Automata)[12]를 사용하는 것이다. 이 [셀룰러 오토마타]는 이산적인(discrete) 성격을 지닌 추상적 계산 시스템으로 한정된 개수의 단순 유닛 또는 셀로 구성된다.[13] 튜링의 주장을 받아들인다면, 셀룰러 오토마타는 적절한 규칙이 주어질 경우 범용 튜링 기계(Universal Turing Machine)를 모방할 수 있다. [따라서,] 계산 가능한 모든 것을 컴퓨팅할 수 있는 강력한 컴퓨터이다.(Copeland, 2020.; Turing, 1936.; Church, 1936.) 셀룰러 오토마타를 음악 생성에 적용한 가장 유명한 성과 중 하나는 에두아르도 미란-다(Eduardo Reck Miranda)가 제안한 CAMUS이다.(Miranda, 1993.) 첫 번째 프로토타입인 CAMUS V1.0은 서로 다른 두 오토마타의 결합된 동작에 의존했다. 첫 번째 것은 존 콘웨이(John Conway)의 〈생명의 게임〉(games of life)을 기반으로 음고 선택을 담당했고,(Berlekamp, Conway & Guy, 1982.) 두 번째 [프로토타입]는 편곡(orchestration)을 담당했다. 그러나 카를로발리니와 로다에 따르면, 이러한 노력에도 불구하고 셀룰러 오토마타를 기반으로 한 시스템의 결과는 특별히 흥미롭지 않은 것으로 보인다.

셀룰러 오토마타는 너무 만족스럽지 않은 멜로디를 만들어내는 경향이 있으며 종종 인간의 추가적인 개입이 필요하다. […] 결과의 미적 가치가 통상적으로 부족하다는 것은 이것이 컴퓨터적 창의성의 좋은 사례라기보다 특이한 멜로디를 탐색하는 [하나의] 방법임을 시사한다. 이러한 이유로 이 시스템들은 인공지능 전문가들에게 있어 많은 관심을 끌지 못한다.(Carnovalini & Rodà, 2020, 12)

⑦ 에이전트 기반 시스템(Agent Based Systems)

마지막 카테고리는 '에이전트 기반 시스템'이다. 소프트웨어 에이전트(Software Agent)는 정보 수집, 학습 능력 또는 "소유자의 작업을 수행하기 위한 다른 에이전트들과의 협

---

12) [역주] '세포 자동자'라고도 한다. 계산 가능성 이론과 수학에서 연구되는 이산 모델의 하나로, 유한 상태를 갖는 소자들로 구성된 셀 배열에서 주변 셀의 일정한 변화에 따라 규칙적으로 변화되도록 만든 자동 장치이다. (출처: 국립국어원 우리말샘)https://opendict.korean.go.kr/dictionary/view?sense_no=731183&viewType=confirm[2024년 3월 13일 접속].

13) 이와 관련해서는 다음 논문을 참조하라. Francesco Berto, and Jacopo Tagliabue, "Cellular Automata," *The Stanford Encyclopedia of Philosophy* (2017), Edward N. Zalta (ed.), https://plato.stanford.edu/archives/fall2017/entries/cellular-automata/.

력"(Nwana, 1996, 213.)과 같은 특정한 능력으로 어떠한 환경을 인식하고 행동할 수 있는 다소 자율적인 소프트웨어이다. 이러한 종류의 소프트웨어는 특히 여러 에이전트가 서로 상호작용할 수 있을 때, 음악 생성에 가장 적합하다. 이러한 시스템을 다중 에이전트 시스템(multiagent system)이라 한다.(Vlassis, 2007, 1.) 다중 에이전트 시스템의 예로는 조지 루이스(Geroge E. Lewis)가 제시한 보이저(Voyager)가 있다.

> [⋯] 보이저 프로그램은 비동시성으로 작동하는 64개 세트의 단일 음성 미디(MIDI) 제어 '플레이어'로 구성되어 있으며, 모두 실시간으로 음악을 생성한다. 여러 다른 (일부는 충돌하는) 음향 동작 그룹들 또는 앙상블들이 박자적 동시성의 경계 안팎에서 동시에 활성화 될 수 있다.(Lewis, 2000, 34.)

보이저는 본질적으로 조화롭게 즉흥 연주할 수 있는 가상의 오케스트라를 생성하며, 연주 중에 반응할 수[도] 있는 인간 연주자와 함께 연주할 수 있다. 컴퓨터에 의해 생성된 특정한 방법론 외에도 (다중) 에이전트 기반 시스템은 컴퓨터적 수단을 '인간화'하려는 시도가 이루어졌다는 점에서 중요성을 지닌다. 이는 인간과 관련된 음악을 생성하려고 할 때 간과할 수 없는 측면이다.(Carnovalini & Rodà, 2020, 12.)

3. 네 가지 쟁점

이와 같이 컴퓨터에 의해 생성된 창의성(computational creativity) 분야에서의 괄목할 만한 성과에도 불구하고, 필자는 실제로 창의성이 컴퓨터적 혹은 인공지능 기반 존재에 의해 구현될 가능성이 낮다고 본다. 다른 곳(Merlini & Nicoletti, 2020.)에서도 언급했듯이, 인공지능이 진정 창의적인 존재가 되는 것을 방해하는 (적어도) 네 가지 주요 쟁점이 있다고 생각한다. 본 글에서는 '신체적 쟁점'이라고 부르는 것에 초점을 맞추지만, 추가적인 연구를 위한 토대를 마련하기 위해 세 가지 다른 쟁점에 대해서도 간략하게 살펴볼 것이다. 이러한 쟁점들은 단순히 음악을 고립된 (그리고 주로 쓰여진) 텍스트로 간주하던 환원주의적 입장을 넘어서면서 분명하게 드러난다. 필자의 관점에서 음악은 사회적·문화적인 맥락뿐만 아니라 수행적·신체적 본질을 포함하는 틀 안에서 이해되어야 한다. 이러한 음악의 측면들은 단순히 음악의 경험과 창작을 위한 흥미로운 사설이 아니라, 음악적 경험의 본질 그 자체에 기여하는

음악적 창의성이란 무엇인가? : 플라톤에서 AI까지 음악적 창조에 대한 미적 담론

것이다.

첫 번째 쟁점인 음악의 사회적 측면에 대해 더 깊이 탐구해보자. 음악의 '인간'적 특성은 일반적으로 '감정'이라고 불리는 것에 국한되지 않는다. 실제로 일부 인공지능은 인간 청취자들 사이에서 감정적 경험을 만들어내는 음악을 생산할 수 있다. 그리고 이 분야가 더욱 발전하면, 설득력 있는 결과가 등장할 수 있다는 믿음을 배제할 수는 없다. 하지만, 음악의 의미는 청취자가 자신만의 특정한 문화와 역사를 가진 어떠한 사회 구성원일 때, 더 쉽게 경험할 수 있는 사회적 요소에 크게 의존한다. 컴퓨터는 '비틀즈 스타일'의 노래를 만들 수 있겠지만, 그 노래는 실제 비틀즈의 노래가 담고 있는 사회적 가치를 무시할 것이다. 음악과 그것의 의미는 언제나 구체적인 상황에서 비롯된다. 사람들은 특정 종류의 음악을 중심으로 모이고, 그 음악의 감지된 특징은 형식적인 특징을 초월하는 요소들에 달려있는 것이다.(Spaziante, 2007, 33.) 우리는 컴퓨터가 생성한 음악에서도 같은 감정을 느낄 수 있을까? 그리고 창작자는 그 시대의 사회적 요구에 실제로 응답하는 방식으로 행동할 것인가? 혹자는 음악이 독립적인 존재이며 우리가 가진 유일한 실체이자 최종 결과물이라고 주장하는 데이비드 코프(Cope, 2001, 335.)의 의견에 동의할 수 있지만, 이는 매우 논란의 여지가 있다.

둘째로, 우리는 앞서 언급한 내용과 어느 정도 연관된 경험적 쟁점을 다루고자 한다. 컴퓨터가 어떠한 장애물도 마주하지 않고, 최종 결과물[인 작품]을 비슷하게 만들어 낼 수 있다(replicate)고 주장하는 것은 어렵지 않다. 특히 저자의 존재가 죽음을 맞이하는[14] 아방가르드의 초이성적 (혹은 무작위적) 음악을 논할 때 더욱 그러하다. 하지만, 여기서 우리가 놓치는 것은 예술의 아이디어와 개념뿐만 아니라 그 예술을 만들어가는 인간적인 과정 그 자체이다. 예를 들어, 이아니스 크세나키스(Iannis Xenakis)는 자신의 작품이 문화적 기원, 관심사, 이상 그리고 당시 많은 아방가르드 음악에 대한 거부와 같이 매우 개인적인 선택과 조건에 의한 수많은 영감을 언급한다.(Xenakis 2003) 이러한 인간의 경험 없이는 음악이 완전한 의미를 가질 수 있는 적절한 보금자리는 없는 것이다. 컴퓨터는 의도성(intentionality)과 세계와의 연관성이 부족하기 때문에, [컴퓨터가] 얻을 수 있는 유일한 경험은 0과 1을 조작하는 것이다. 장-자크 나티에(Jean-Jacques Nattiez)(Nattiez, 2007.)는 인간의 경험이 음악 창작의 조건을 만든다고 강조하였다.[15] 작곡가의 선택은 상황적 요인, 담론, 다른 작곡가들과 그들의 음악에 대한 의견과 같은 담론 내지는 개인적 경험 등에서 비롯되는 것이다. 이러한 세계와의

---

14) [역주] 롤랑 바르트가 다룬 '저자의 죽음'(The Death of the Author) 개념과 관련된다.
15) 여기서 장-자크 나티에는 창의성의 '미학적' 측면을 강조한다. 이는 미적 측면과는 다른 것으로 청취자가 음악을 경험하는 방식과 관련된다.

상호작용은 인공지능에게 가능하지 않다.

　이는 곧 의식에 초점을 맞춘 세 번째 쟁점으로 연결된다. 이것[의식]은 감정이나 의도, 자기 인식과는 무관하며, [이것들은] 불필요한 추측으로 이어질 수 있다. 여기서 다루고 있는 것은 보다 현상학적인 의미에서의 의식(Brentano, 1874.)으로 세상을 의도하고 그것과 거래하는 인간의 능력에 관한 것이다. 설(John R. Searle)의 입장은 현상학적 전통과는 거리가 멀지만, 그의 중국어 방(Chinese room) 논증(Searle, 1980.)에서 제시된 강한 인공지능의 기초적인 문제는 필자의 관점과 유사하다. 이는 [구체적으로] 기계가 세계에 대한 '질적'(qualitative) 경험을 가질 수 없다는 문제를 다룬다. 이러한 관점에서 볼 때, 약인공지능만이 유일한 가능성인 것처럼 보이며, 우리가 진정으로 창의적인 인공지능에 의해 대체되는 것을 두려워할 필요가 없다. 그러나 여기에는 몇 가지 이유가 더 존재하는데, 이는 다음 장에서 집중적으로 살펴보고자 한다.

4. 신체적 쟁점

의식은 신체와 긴밀하게 연결되어 있기 때문에, 인간과 음악의 특별한 관계를 이야기할 때 (결국 지금까지 필자가 다루었던) 음악적 경험의 신체적 측면을 빼놓을 수 없다. 의식과 신체의 강한 연관성은 이미 모리스 메를로-퐁티의 사상에서 발견할 수 있으며, 그는 세계에 대한 우리의 체화된 경험 속에서 살아있는 육체(flesh)로서의 신체의 역할을 강조함으로써 현상학적 주장을 완전히 새로운 차원으로 끌어올렸다.(Merleau-Ponty, 1945.) 그의 비판은 우리 존재의 육체성(carnality)을 심각하게 고려하지 않는 추상적인 의식 개념과 연결되기도 한다. 이는 또 다른 프랑스 작가 롤랑 바르트의 글에서도 찾아볼 수 있다. 바르트는 음악에서 잊혀졌던 신체적인 측면을 무지카 프라티카[16]의 형태로 강조하는데,(Barthes, 1977.) 이는 실제로 음악을 연주하는 신체적 감각이다. 바르트의 '목소리의 결'(grain of the voice)(Ibid., 49-55.) 개념이나 성악의 신체적인 측면, 성대의 진동과 후두[를 조절하는] 방법이 전달하는 소리의 질,

---

16) [역주] 바르트는 '무지카 프라티카'(Musica Pratica)에서 두 가지 유형의 음악이 있다고 주장한다. 그것은 '듣는 음악'과 '연주하는 음악'으로, 이 글에서 무지카 프라티카의 형태란 후자를 의미한다. 바르트는 연주하는 음악은 청각적인 활동은 거의 요구하지 않고, 무엇보다도 손을 사용하는 (또한 그러하기 때문에 보다 감각적인 방식으로) 활동에 의한 것으로 보았다. 근육을 통한 음악에는 청각이 일부분 사용되는데, 이것은 오직 실증을 위한 것일 뿐이며, 청각을 통해 듣는 것은 영혼이 아닌 육체라 주장한다. 육체는 통제하고 지휘하며 조화시키면서, 육체가 읽은 것을 육체로 복사하여, 소리와 의미를 만들어 낸다고 본 것이다. (출처: 이은진, "롤랑 바르트," 『서양음악학원전』, (서울대학교 서양음악연구소, 2002), 1446.)

그리고 발성의 모든 신체성을 전달하는 소리의 특성 등을 떠올려보면 이 모든 것이 [신체성과 연관된다]는 것을 알 수 있다. 노래에서 목소리가 거칠거나 여린 것, 가수의 열정이나 우아함은 우리가 음악으로부터 쉽게 감지할 수 있는 특성이며 모두들 노래하는 것이 어떤 느낌인지 어느 정도 알고 있기 때문에 이것은 큰 의미가 있다. 우리는 이러한 가치를 유의미한 것으로 이해하고 나중에 창의적으로 활용할 수 있는데, 이는 우리가 신체를 소유하고 있고 (혹은 우리 자체가 신체이고), 음악을 만드는 신체들이 어떤 의사소통을 하는지 연관시킬 수 있기 때문이다. 이것은 악기 연주에도 해당된다. 결국, (반드시 이 장르인 것만은 아니지만) 대중음악은 일반적으로 특정한 어포던스(affordances)[17]를 제공(Gibson, 1979.)하는 악기를 실제로 연주하여 작곡되는 경우가 많으며,(Moore, 2001, 56-60.) 이는 특정 신체 형태(body shapes)와 신체적 감각을 동반한다.(Moore, 2001, 56-60.) 이러한 의미에서 많은 창의적 선택은 신체에 의해 주도되며, 음악에서의 의사소통은 우리가 가지고 있는 신체 지식으로부터 비롯될 수 있다. [또한,] 악기를 매개체로 하여 신체 동작을 소리 사건(sonic event)에 각인시키기도 한다.

물론, 20세기에 주로 추측에 의존했던 것들은 이제 과학적인 발견을 통해 설득력을 얻을 수 있게 되었다. 메를로-퐁티와 바르트는 운 좋게도 이러한 [신체성과 관련된] 과정을 일찍부터 다루었으며, 그들의 직관 중 많은 것들은 신경과학적 주장과 흥미로운 유사점을 가지고 있다.(Corness, 2008)[18] 필자가 주목하고 있는 것은 거울 뉴런의 발견으로, 구체적으로는 체화된 시뮬레이션의 이론화이다.(Gallese, 2005.; Gallese & Sinigaglia, 2001; Schiavio et al, 2014.)[19] [최근] 체화된 음악 인지 연구에 관한 관심이 증가하고 있고, 아직 이해해야 할 것들이 많이 남아있으나 '신체적 쟁점'을 좀 더 구체적으로 설명하는 데 도움이 될 만한 몇 가지 주요 연구 결과를 언급해보고자 한다. 필자가 특히 관심을 두고 있는 것은 '신체적으로 음악을 이해하는 것'과 관련된 체화된 시뮬레이션의 역할, 우리가 듣고 있는 연주자의 경험과 우리의 경험을 다시 연결하는 것, 그리고 이러한 경험이 음악에 대한 이해와 창의성과 관련해서 가질 수 있는 의미이다.

체화된 시뮬레이션은 청취자가 거울 뉴런을 통해 '시뮬레이션'함으로써 마치 자신의 행

---

17) [역주] '행동 유도성' 혹은 '행위 유도성'이라고도 한다. '어떤 행동을 유도한다'는 뜻으로 인간과 컴퓨터의 상호작용에서 '서로 다른 개념을 연결하는 것'이라는 의미로 받아들여지고 있다. 물건 (object)과 생물(organism, 주로 사람) 사이 특정한 관계에 따라서 제시되는 것이 가능한 사용 (uses), 동작(actions), 기능(funcitons)의 연계 가능성을 의미한다. (출처: 신동희, 『인간과 컴퓨터의 어울림』 (서울: 커뮤니케이션북스, 2014.).)

18) 코네스(Corness)의 논문은 메를로 퐁티의 주장과 관련이 있다.

19) 체화된 시뮬레이션과 음악의 연관성을 살펴보기 위해서는 스키아비오(Schiavio)의 논문을 참조하라.

동이 실제로 소리를 내는 것처럼 느끼게 한다. [여기서] 거울 뉴런은 목표지향적인 행동을 수동적으로 경험할 때 활성화되며 능동적으로 그 행동을 수행할 때와 동일하게 작동하고, 정신 상태의 조정이나 인지적인 개입 없이 이루어진다. 음악을 연주할 때 요구되는 행위는 "목적이 있고, 의도적이며, 조직화된 동작 행위의 순서를 시간적으로 동기화된 청각 정보의 원인으로 인식하는 것을 포함"(Overy & Molnar-Szakacs, 2006, 236.)하기 때문에, 체화된 시뮬레이션이 음악에도 작용하는 것으로 보인다. 오버리(Overy)와 몰나르-샤카치(Molnar-Szakacs)의 말을 인용하여 이를 좀 더 설명하자면, "들리는 소리 제스처의 풍부한 다이내믹은 개인의 발성과 신체적 제스처의 풍부한 다이내믹의 측면에서 해석될 수 있다."(Overy & Molnar-Szakacs, 2009, 492.) 음악, 언어 및 행동의 경험 사이에서 (동일한 신경 자원을 공유한다는) 연관성이 있다는 증거도 일부 존재하는데, 이는 체화된 시뮬레이션을 통해 [행위의] 의미와 인간의 감정을 전달할 수 있게 한다.(Overy & Molnar-Szakacs, 2006.) [여기서 체화된 시뮬레이션은] 기본적으로 음악(혹은 적어도 '동작 측면')이 감정을 표현한다는 점에서 표정이나 자세와 같은 선상에서 다루어진다. 이와 같은 새로운 패러다임은 우리의 살아있는 신체와 악기의 관계에 초점을 맞추어 '음악을 다루는 것'의 중요성을 구체적으로 설명한다.(Reybrouck, 2006, 62.) [여기서] 악기는 신체의 부속물로 간주될 수 있으며, 우리와 소리의 세계 사이 인터페이스로 작동할 수 있는 도구이자 음악적 신체 지식을 습득하는 도구로서의 역할을 한다.(Ibid., 66.)

　　일부 연구(Haslinger et al., 2005.; Haueisen & Knösche 2001.; Calvo-Merino et al., 2005.)[20]는 체화된 시뮬레이션을 명시적으로 연구하지는 않았지만, 음악가가 자신이 연주할 수 있는 악기로 (손가락이나 입술의 미세한 움직임을 자극하는 정도까지로) 연주된 음악을 들을 때 신경 활동이 더 강해진다는 것을 보여주었다. 이는 우리가 듣고 있는 것의 '신체적 의미'를 완전히 이해하기 위해서는 '행위의 레퍼토리'(repertoire of acts)가 필요함을 시사한다. 따라서, 전문 지식 혹은 적어도 특정 악기를 연주하는 느낌을 대략적으로 아는 것이 중요한 측면으로 보인다.(Leman, 2007, 95-96.) 그럼에도 불구하고, 비음악가 역시 어느 정도 시뮬레이션을 경험할 수 있다. 이는 누구나 가지고 있는 가장 '인간적인' 악기인 목소리에서 나타나는데, 모두가 노래하는 방법을 알고 있기 때문에 더욱 분명하게 나타난다. 소리에만 국한되지는 않았지만 이것은 보컬 음악이 왜 일반 청취자들에게 가장 널리 인정받고, '이해'되는지 설명할 수도 있다. 예를 들어, 아르니 콕스(Arnie Cox)(Cox, 2016, 28-29.)는 '모방적 하

---

20) 춤과 관련된 체화된 시뮬레이션을 알아보기 위해서는 칼보-메리노(Calvo-Merino)의 논문을 참고하라.

음악적 창의성이란 무엇인가? : 플라톤에서 AI까지 음악적 창조에 대한 미적 담론

위 발성'(mimetic subvocalisation)[21] 또는 가수뿐만 아니라 [악기] 연주자들도 하는 멜로디 윤곽의 대략적인 보컬 재현(reproduction) 개념을 통해 이러한 현상을 설명한다. 또한, 콕스는 악기를 연주하는 느낌을 모르는 상황에서도 그것이 어떤 느낌일지 상상할 수 있다고 주장한다.(Ibid., 51-52.) 이러한 설명은 문제 해결에 대한 흥미로운 통찰력을 제공하지만, 필자는 이 방향으로 더 많은 연구가 필요하다고 생각한다. 실제로, 발성과 관련된 시뮬레이션은 악기 연주와 관련된 시뮬레이션과 감각적으로 동일하지 않으며, 신체적 피드백도 매우 다를 수 있다. 게다가, 이러한 개념은 음악의 선율적 측면을 우선시하여 다른 중요한 측면을 설명하지 못하기도 한다. 끝으로, [악기를 연주하는 느낌을 모르는 상황에서도 그 느낌을 상상하는 것을 언급한] 두 번째 가설에서 상상력이 개입한 것은 체화된 시뮬레이션의 정의 자체가 배제하는 정신 상태를 논하고자 하는 것으로 보인다. [여기서는 이러한 개념의 충돌을 피하기 위해] 아마도 정신 상태를 포함하지 않은 매우 광범위한 개념의 '상상력' (또는 '의도적이지 않거나 의식적이지 않은' 것으로 정의된 "모방적 동작 심상"(mimetic motion imagery)(Ibid., 23.))만이 이 [상상력 개념의] 역할을 할 수 있을 것이다. 발성만큼 리듬의 중요성 역시 원초적인 음악적 참여의 한 형태로 강조되어야 한다. 선율 윤곽이 모방적 하위 발성을 통해 시뮬레이션 될 수 있다면, 리드미컬한 특성이 더 두드러지게 나타나는 악기 부분(드럼, 리듬 기타, 베이스, 피치카토 현 등)이 리드미컬한 능력을 바탕으로(Ibid., 34.)[22] 대략적인 시뮬레이션이 가능할 것이다. [앞선 주장들과는 또 다르게] 그렉 코네스(Greg Corness)는 음악적 제스처의 신체성을 실제로 이해하는 것이 아니라 연주자의 의도를 이해하는 것으로 보았다. 그렇지 않으면, 연주자의 목표 지향적인 행위와 동조'(resonate)할 수 있을 만큼의 충분한 신체 지식이 너무나도 많은 사람들에게 요구되기 때문이다.(Corness, 2008, 23.) 그러나 필자는 후술할 사례를 통해 보여주고자 하는 것처럼, 의도가 가장 중요하다는 사실에 확신하지 않는다.

이러한 '전문성[과 관련된] 쟁점'에 대해 오버리와 몰나르-샤카치는 가능한 해결책을 제안했다.(Overy & Molnar-Szakacs, 2009. 493.) 그들은 청취자들이 정밀한 위계에 따라 음악적 동작에 대한 더 깊은 이해 수준에 도달할 수 있다고 주장한다.

---

21) [역주] 스스로에게 소리 없이 말하는 것으로 하위 발성은 읽기 속도를 제한하지만 세부적이고 복합적인 재료를 재생해내는 능력을 향상시킨다. (출처: 곽호완 외, 『실험심리학 용어사전』 (서울: 시그마프레스, 2008).)

22) 콕스(Cox)의 논문에서 보편적으로 나타나는 발로 박자 닿추기(toe-tapping), 흔들기(swaying), 음악에 맞춰 춤추기의 예시를 발견할 수 있다.

1) 의도 수준(intention level)

2) 목표 수준(goal level)

3) 운동학적 수준(kinematic level)

4) 근육 수준(muscle level)

즉, 오직 음악가만이 진정으로 근육 수준까지 진정으로 '동조'(Leman, 2007, 97.)[23]할 수 있으며, 음악 초보자는 어떤 수준에서도 정확한 정보를 얻지 못하겠지만 여전히 하위 발성을 하거나, 박(리듬과 목소리)을 느끼고, 매우 기본적인 매개변수(음 높이, 속도 및 강도)에 따라 감정적인 내용을 해석할 수 있을 것이다.

컴퓨터는 인간이나 일부 동물의 거울 뉴런을 포함한 신경망을 가진 (살로 이루어진) 신체를 가지고 있지 않을뿐만 아니라, 앞서 언급한 보컬 및 리드미컬한 음악을 생성하는 데 있어 어떤 (선천적인) 성향도 가지고 있지 않다. 컴퓨터는 이러한 [신체적인] 방식으로 음악을 이해할 수 없을 뿐만 아니라 우리에게 의미 있는 방식으로 음악을 음악을 연주할 수 없다. 그렇기 때문에, 이러한 신체 지식의 모든 의사소통 능력은 [컴퓨터 혹은 인공지능에서] 상실된다. 결국, "음악은 단순히 수동적이고 청각 자극이 아니라, 여러 관계를 맺으며 다양한 감각을 사용하는 사회적인 활동"(Overy & Molnar-Szakacs, 2009. 489.)인 것이다. 그리고 음악학 내의 [특정 주제나 현상을] '객관화하는 오랜 전통'(long tradition of objectivation)과는 반대로 "음악 사용자들은 정신적인 수준에서 행동, 인식, 처리를 위해 필수적인 기능을 갖춘 신체를 가진 생물학적 유기체"(Reybrouck, 2006, 60.)이다. 이 중 어느 것도 인공지능에는 해당되지 않는다.

이러한 주장은 본 글의 마지막 두 사례들로 이어지며, 여기에서는 필자가 주장하는 것을 더 잘 보여줄 수 있는 예시와 잠재적인 문제를 각각 논의할 것이다.

5. 사례: 모노(Mono)와 트레몰로 피킹(Tremolo Picking)

음악은 신체성(physicality)과 연관되어 있기 때문에, 필자가 설명하고자 하는 음악적 경험을 독자가 [글을 통해 직접] 느끼게 만드는 것은 매우 어려운 작업이다. 따라서, 일본 밴드 모노

---

23) 레만(Leman)의 논문에서는 특히 자신이 연주할 수 있는 악기나 적어도 같은 계열의 악기로 연주되는 음악을 들을 때 동조하게 된다고 언급하였다.

(Mono)의 앨범 'The Last Dawn'(2014)의 〈폭풍〉(Cyclone) 트랙을 간략하게 분석하면서 실질적인 관점에서 신체적 쟁점의 중요성을 설명하고자 한다. [그리고] 필자가 다루는 내용을 충분히 이해할 수 있도록 독자들에게 이 곡을 들어보기를 권장한다. 포스트 록 밴드인 모노는 굉장히 멜랑콜리한 음악으로 잘 알려져 있는데, [이는] 기타리스트 고토 다카아키라(Goto Takaakira)가 억누를 수 없는 슬픔에 맞서 지속되는 싸움의 결과를 묘사한 것이다.(Chuter, 2015, 176-179.) 이는 특히 2014년에 발매된 두 앨범(sibling albums) 'Rays of Darkness'와 'The Last Dawn'에 잘 드러나며, [둘 모두] 고토의 경험에서 가장 힘든 순간을 반영하고 있다.(Ibid.) 첫 번째 앨범['The Last Rays']은 (극도로 불안한 것으로 절정에 다다른) 어두운 면을 나타내고 있으며, 두 번째 앨범['Rays of Darkness']은 구원 가능성에 대한 이야기를 담고 있다. 〈폭풍〉 (Cyclone)은 [구원을 다루는] 두 번째 앨범에 수록된 곡이지만, 여전히 기쁨과는 거리가 멀다. 필자는 이 노래의 감정적 힘과 의미의 많은 부분이 고토의 기타 연주 테크닉에 의한 것이라고 본다.

[그림 2] 노래에서의 주선율 윤곽

곡의 시작부터 2분까지는 왼쪽으로 패닝(panning)된 전자 기타의 분산화음(arpeggiated)으로 표현된 주요 코드 진행과 곡 전체를 관통하는 주요 선율 아이디어가 제시된다. [이는] 짧고 순환적인 [성격의] 선율(그림 2 참고)로 곡의 제목[폭풍]과 꼭 들어맞는다. 약 2분부터 4분사이에는 수많은 포스트 록 음악의 전형이 그러하였듯이 리드 기타가 트레몰로 피킹(tremolo picking)[24]을 통해 동일한 멜로디를 연주하기 시작하고, 텍스처는 점점 더 조밀해진다. [이러한 과정을 통해 생성된 작품에서의] 순환성(Circularity)은 기타리스트나 세심한 청취자가 느끼기 쉽다.[25] [또한,] 완전히 새로운 차원에서 발생하며 폭풍(cyclone)이 청취자를 강타하는 [듯한] 생생한 경험을 만들어내게 된다. 하지만, 여기서 더욱 놀라운 일이 벌어진다. 보

---

24) 얼터네이트 피킹(alternate picking)이라고도 한다. 매우 빠른 속도로 멈추지 않고 위아래로 번갈아가며 피킹(picking)하는 것으로, 만돌린(mandolin) 음악에서 경험할 수 있는 독특하그 연속적인 사운드가 나타난다.

25) 앞서 언급한 '전문성 쟁점'을 참고하라.

통의 기타리스트는 트레몰로 피킹을 꽤 쉽게 해낼 수 있는데, 이는 여전히 매우 '신체적인' 테크닉으로 (〈폭풍〉(Cyclone)에서 그랬듯) 지속되는 구간을 정확하게 수행하기 위해서 많은 양의 에너지가 요구된다. 고토가 그 부분을 연주하면, 모든 기타리스트는 [신체적인 테크닉의 영향으로 인해] 자신의 손으로 피킹하는 방법을 느낄 수 있을 것이다. [그리고] 곡의 다이내믹과 함께 고통(pain)이 증가하는 것을 느낄 수 있을 것이고, 자신이 듣고 있는 소리에 생명을 불어 넣은 [스스로의] 동작 행위(motor acts)에 공감하게 될 것이다. 청취자가 악기 연습을 통해 배운 신체 지식을 통해 그 기원의 소리를 해독(decrypt)하고 신체적으로 이해할 수 있게 되는 것이다. 이는 가장 높은 수준의 시뮬레이션으로 소리를 통해 근육 수준까지 (Overy & Molnar Szakacs, 2009, 493.) 음악적 경험을 완전히 새로운 차원의 신체적·정서적 의미로 풍부하게 만든다.

이러한 경험의 중요성을 생각해보면 새로운 음악을 창작할 때, 특히 악기를 직접 연주하여 음악을 만드는 경우 이는 컴퓨터적 창의성과 부정적인 연관성을 지닌다. 유도된 (afforded) 테크닉은 음악적 결과에 중요한 역할을 하고, 창작자의 의도와 감정이 그들의 연주에 큰 영향을 미친다는 것은 분명하지만, 작곡가가 의도적으로 또는 무의식적으로 '동작 행위의 어휘'(vocabulary of motor acts)에 의존하여 음악을 연주하는 방식을 선택할 수 가능성도 있다. 이[동작 행위의 어휘]는 적어도 같은 문화 내에서는 특정 방식으로 '느껴질' 가능성이 높다. 또한, 좀 더 기본적인 수준에서 보자면, 신체를 가지고 있다는 것이 음악 창작과 청취자가 음악을 이해하는 방식에 영향을 미친다는 것은 명백하다. 음악은 소리를 통해 말하지만, '신체를 통해' 많은 것을 말[하기도]한다. 컴퓨터는 소리를 (재)생산할 수 있지만, 신체와 관련해서는 문제가 있을 수 있다.

6. 문제: 전자 음악은 차가운가?

일부 음악 애호가들 사이에서는 전자 음악이 록이나 클래식에 비해 '차가운' 것으로 여겨지곤 한다. 이 글에서 필자가 지지하는 관점과 유사한 시각으로 살펴보면, 전자 음악은 종종 합성된 소리에 의존할 뿐만 아니라 인간의 신체성과 관련이 없는 정밀하게 프로그래밍된 장치에 의해 유발된다. 이 점에서 [전자 음악을 차갑다고 여기는] 주장은 과학적인 확증을 가지기에 타당해보인다. (항상 그렇지는 않지만) 전자 사운드의 생성은 탈신체화되어 있기 때문에 어떠한 형태의 체화된 시뮬레이션과도 거리가 멀게 느껴진다. 이 문제를 인정하는 학자들(Overy & Molnar Szakacs, 2009, 439n; Corness, 2008, passim.; Reybrouck, 2006, 67.; Leman, 2007, 98.; Cox, 2016, 37.; Cox, 2016, 212.)은 이를 설명하기 위해 다양한 답을 제시하려고 노력해왔다. 필자는 독자에게 존 홉킨스(John Hopkins)의 〈에메랄드 러쉬〉(Emerald Rush)와 같은 곡을 들어보기를 권한다. [곡을 들으면서] 이것이 (매우) 신체적인 방식으로 느껴지지 않을 수 있는지 확인해보기를 바란다.

레이브룩(Mark Reybrouk)(Reybrouck, 2006, 67.)과 레만(Marc Leman)(Leman, 2007, 98.)은 전자적으로 생성된 소리를 (청취자가 출처를 알 수 없는) '어쿠스마틱(acousmatic) 사운드[26]로 간주한다. [이는] 쟁점의 문제적인 측면을 강조하면서도 (적어도 여기서 필자가 관심을 갖는 관점에서) 널리 열려있다. 레만(Ibid., 112.)은 이후 테오도르 립스(Theodor Lipps)(Lipps, 1903.)의 이론을 가져오는데, 이는 레만의 주장에서 전자 사운드의 문제와 특별히 연결되어 있지는 않지만, 가능한 해결책을 제시한다. 간단히 말해서 립스는 우리가 사물의 형태에 공감할 수 있고, 그 모양이 우리에게 어떤 느낌을 주는지 투영할 수 있다고 주장한다. 예를 들어, 날카로운 물체는 우리에게 불안한 느낌을 투영하게 만들 수 있고, 특정 멜로디 윤곽이나 특정 음색은 어떠한 신체적 움직임이나 상황을 떠올리게 할 수 있다. 여기서 여전히 감정 이입은 관련되어 있지만, 이는 체화된 인지와는 다른 방식으로 나타난다. 그럼에도 불구하고, 이러한 관점은 전자 사운드의 신체적 가치를 설명하는 데 몇 가지 통찰력을 제공할 수 있다. 여기서 어려운 것은 신체적 요소가 중심이 되는 맥락에서 더 추상적인 감정 개념이 지나치게 중요해질 수 있는 맥락으로 분석이 쉽게 전환될 가능성이 있다는 것이다. 이는 궁극적으로 첫 질문["전자 음악은 차가운가?"]에 대답할 수 없음을 보여준다.

그렉 코네스는 2008년 [자신의] 논문에서 전자 음악과 관련된 논의를 다루는데, [여기서 던지는] 주요한 질문 중 하나는 사무실에서 이메일을 작성하기 위해 컴퓨터를 사용하는 사람과 무대 위에서 공연하기 위해 컴퓨터를 사용하는 사람이 얻는 피드백은 서로 다른 차이를 가지고 있다는 것과 연관된다. 탈신체화는 이 문제의 (꼭 그렇지 않을 수도 있지만) 중요한 측면 중 하나로 다루어진다.(Corness, 2008, 21.) 하지만, [탈신체화와는 별개로 이것에 대한] 해결 방안은 거울 뉴런이 맥락 속에서 행위자(agent)의 의도를 '추론'(deduct)하는 능력을 다루며, 맥락에 초점을 맞춘다.(Ibid., 23.) 이는 [피드백의 차이를 언급한] 기존 문제와 연결되지 않는다. [오히려] 필자는 [그들이 얻는 피드백이 차이가 있다는] 그것이 가능한 것일지에 대한 의문이 든다. 아르니 콕스(Cox, 2016, 37.)는 [사람들이] 관계를 쉽게 느낄 수 있는 소리

---

26) 소리가 발생하는 근원지를 보지 않고 듣기만 하는 스리를 의미한다. (출처: 국립국어원 우리말샘)https://opendict.korean. go.kr/dictionary/view?sense_no=1225615&viewType=confirm[2024년 3월 13일 접속].

부터 덜 즉각적인 소리까지의 소리 계층을 설명한다.

1) 우리의 손 또는 입과 직접 관여하는 악기로 생성된 소리 (예. 목소리, 손 드럼(박자 치기), 기타)

2) 막대기, 건반, 활 등을 매개로 만들어지는 소리 (예. 드럼, 피아노, 바이올린)

3) 손 컨트롤러(hand controller)를 통해 생성되는 전자 사운드 (예. 신디사이저 키보드)

4) 실시간 컨트롤러를 통해 생성되고 수정된 전자 사운드 (예. 신디사이저의의 놉(Knobs) 및 슬라이더(Sliders))

5) 녹음된 음악의 재생으로 생성된 소리 (예. 구체 음악)

6) 인간의 우연적인(incidental) 소리 (예. 케이지의 〈4분 33초〉)

7) 인간이 만들지 않은 소리 (예. 새소리)

이를 통해, 우리는 인간의 손길(그리고 신체)에 의해 생성된 소리가 어느 정도 [우리에게] 원인이 있다(responsible)는 일반적인 주장을 이해할 수 있다. 이러한 원인이 분명하지 않은 소리는 "어느 청취자에게는 즐겁지만, 다른 어떤 청취자에게는 불안하고 즐겁지 않게 들릴 수 있다."(Ibid., 212.) 그렇기는 하지만, 콕스의 경험에 따르면 일부 소리는 그가 말하는 '모방적 참여'에 '저항'할 수 있다.[27] 하지만, [저항이] 결코 0에 수렴하는 경우는 없다.(Ibid., 48.) 전자 사운드는 덜 '신체적'(corporal)일 수 있지만, 어떻게든 신체로 구현될 가능성이 있다. 이는 추가 연구와 실험을 통해 증명될 수 있지만, 전자 음악에서 신체적인 피드백을 덜 받는 것이 [과연] 사실인지 자문하지 않을 수는 없다.

이 문제는 현재까지도 해결되지 않은 상태로 남아 있으며, 이에 대한 [차후 제시될] 해결책은 여기에 제시된 관점에서부터 [출발하여] 흥미로운 발전으로 이어질 수 있을 것이다. 전자 사운드로부터 체화된 피드백을 경험하는 방법을 이해하면, 전자 음악이 우리에게 '이질적'이고 '차갑게' 들리지 않는 이유를 설명할 수 있을뿐만 아니라 인공지능의 능력을 재고하는 길을 열어줄 수도 있을 것이다. 우리와 같은 신체가 없다는 것이 컴퓨터가 음악을 신체적으로 이해하고, 결과적으로 의미 있는 것을 창작하는 능력을 방해하는 이유가 되지는 않을 것이다.

(현재로서는 해결되지 않은 문제들이 남아 있지만) 이 글에서 제시한 이론적 개요는 컴퓨터적 창의성 분야에서 얻은 큰 성과에도 불구하고, 음악을 경험하는 과정 뿐만 아니라 음

---

27) 콕스(Cox)가 예로 든 리게티의 〈아트모스페르〉(Atmosphères)처럼 그것이 [반드시] 전자 음악일 필요는 없다.

악을 창작하는 과정에서도 지각하는 신체의 역할이 무엇보다 중요하다는 관점을 지지한다. 이것이 '신체적 쟁점'(과 앞서 언급한 다른 문제들)이 컴퓨터적 창의성의 본질적인 한계를 나타낸다고 주장하는 이유이다.

참고문헌

[단행본]

Babbage, Charles. *Babbage's Calculating Engines: Being a Collection of Papers Relating to Them, Their History and Construction*. Cambridge: Cambridge University Press, 1889.

Barthes, Roland. *Image, Music*, Text. London: Fontana Press, 1977.

Berlekamp, Elwyn R., John H. Conway, and Richard K. Guy. *Winning Ways for Your Mathematical Plays*, Vol. 2. London: Academic Press, 1982.

Berto, Francesco and Jacopo Tagliabue, "Cellular Automata", *The Stanford Encyclopedia of Philosophy* (2017), Edward N. Zalta (ed.), https://plato.stanford.edu/archives/fall2017/entries/cellular-automata/.

Besold, Tarek R., Marco Schorlemmer, and Alan Smaill. *Computational Creativity Research: Towards Creative Machines*. Paris: Atlantis Press, 2015.

Brentano, Franz. *Psychologie vom empirischen Standpunkt*. Hamburg: Meiner, 1874.

Briot, Jean-Pierre, Gaëtan Hadjeres, and François-David Pachet. *Deep Learning Techniques for Music Generation*. Cham, Switzerland: Springer, 2020.

Chomsky, Noam. *Syntactic Structures*. The Hague: Mouton, 1957.

Chuter, Jack. *Storm Static Sleep: A Pathway through Post-Rock*. London: Function Books, 2015.

Colton, Simon. "The painting fool: Stories from building an automated painter." In *Computers and creativity*, Edited by Jon McCormack & Mark d'Inverno, 3-38. Berlin, Heidelberg: Springer. 2012.

Cope, David. *Virtual Music: Computer Synthesis of Musical Style*. Cambridge, Mass: MIT Press, 2001.

Copeland, B. Jack, "The Church-Turing Thesis." *The Stanford Encyclopedia of Philosophy* (2020), Edward N. Zalta (ed.), forthcoming https://plato.stanford.edu/archives/sum2020/entries/church-turing/.

Cox, Arnie. *Music and Embodied Cognition: Listening, Moving, Feeling, and Thinking*. Bloomington, Indianapolis: Indiana University Press, 2016.

Floridi, Luciano. *The 4th Revolution: How the Infosphere Is Reshaping Human Reality*. Oxford: Oxford University Press, 2016.

Gibson, James J. *The Ecological Approach to Visual Perception*. Boston: Houghton Mifflin, 1979.

Gödel, Kurt. "Some Basic Theorems on the Foundations of Mathematics and Their Implications." In *Kurt Gödel: Collected Works III*, Edited by S. Feferman, J. W. Dawson, C. Parsons, R. M. Solovay and W. Goldfarb, 33-82. New York: Oxford University Press 3, 1995.

Kemeny, John G., and J. Laurie Snell. *Markov chains*. New York: Springer-Verlag, 1976.

Leman, Marc. *Embodied Music Cognition and Mediation Technology*. Cambridge, Mass: MIT Press, 2007.

Moore, Allan F. *Rock, the Primary Text: Developing a Musicology of Rock*. Second Edition. Hants: Ashgate, 2001.

Spaziante, Lucio. *Sociosemiotica del pop*. Roma: Carocci, 2007.

Xenakis, Iannis. *Musica, architettura*. Milano: Spirali, 2003.

[논문]

Aldini, Alessandro, Vincenzo Fano, and Pierluigi Graziani. "Alcune note sui teoremi di incompletezza di Gödel e la conoscenza delle macchine." *Tra Linguistica e Intelligenza Artificiale* (2016): 93-114.

Beccuti, Francesco. "La Disgiunzione Di Gödel." *APhEx* 18 (2018)

Biles, John A. "GenJam: A genetic algorithm for generating jazz solos." *ICMC* 94 (1994): 131-137.

Calvo-Merino, B., D.E. Glaser, J. Grèzes, R.E. Passingham, and P. Haggard. "Action Observation and Acquired Motor Skills: An FMRI Study with Expert Dancers." *Cerebral Cortex* 15/8 (2005): 1243-1249.

Carnovalini, Filippo, and Antonio Rodà. "Computational Creativity and Music Generation Systems: An Introduction to the State of the Art." *Frontiers in Artificial Intelligence* 3 (2020).

Church, Alonzo. "An unsolvable problem of elementary number theory." *American journal of mathematics* 58/2 (1936): 345-363.

Cohen, Harold. "The further exploits of AARON, painter." *Stanford Humanities Review* 4/2 (1995): 141-158.

Cope, David. "Computer modeling of musical intelligence in EMI." *Computer Music Journal* 16/2 (1992): 69-83.

──────. "Recombinant music: using the computer to explore musical style." *Computer* 24/7 (1991): 22-28.

Corness, Greg. "The Musical Experience through the Lens of Embodiment." *Leonardo Music Journal* 18 (2008): 21-24.

Fernandez, Jose D., and Francisco Vico. "AI Methods in Algorithmic Composition: A Comprehensive Survey." *Journal of Artificial Intelligence Research* 48 (2013): 513-582.

Gallese, Vittorio, and Corrado Sinigaglia. "What Is so Special about Embodied Simulation?" *Trends in Cognitive Sciences* 15/11 (2011): 512-519.

Gallese, Vittorio. "Embodied Simulation: From Neurons to Phenomenal Experience." *Phenomenology and the Cognitive Sciences* 4/1 (2005): 23-48.

Haslinger, B., P. Erhard, E. Altenmüller, U. Schroeder, H. Boecker, and A. O. Ceballos- Baumann. "Transmodal Sensorimotor Networks during Action Observation in Professional Pianists." *Journal of Cognitive Neuroscience* 17/2 (2005): 282-93.

Haueisen, Jens, and Thomas R. Knösche. "Involuntary Motor Activity in Pianists Evoked by Music Perception." *Journal of Cognitive Neuroscience* 13/6 (2001): 786-92.

Hiller Jr., Lejaren A., and Leonard M. Isaacson. "Musical composition with a high- speed digital computer." *Journal of the Audio Engineering Society* 6/3 (1958): 154-160.

Lewis, George E. "Too many notes: Computers, complexity and culture in voyager." *Leonardo Music Journal* 10 (2000): 33-39.

Merlini, Mattia, and Stefano Maria Nicoletti "Inhuman, All Too Inhuman: Intrinsic Limits of Computational Creativity in Music." *Riffs: Experimental Writing on Popular Music* 4/1 (2020): 28-46.

Miranda, Eduardo Reck. "Cellular automata music: An interdisciplinary project." *Journal of New Music Research* 22/1 (1993): 3-21.

Molnar-Szakacs, Istvan, and Katie Overy. "Music and Mirror Neurons: From Motion to 'e'motion." Social Cognitive and Affective Neuroscience 1/3 (2006): 235-241.

Nattiez, Jean-Jacques. "Alcuni Concetti Fondamentali Di Storiografia Della Musica: Periodizzazione, Spirito Del Tempo, Successione Di Generazioni." *Rivista Di Analisi e Teoria Musicale* 13/1 (2007): 7-35.

Nwana, Hyacinth S. "Software agents: An overview." *The knowledge engineering review* 11/3 (1996): 205-244.

Overy, Katie, and Istvan Molnar-Szakacs. "Being Together in Time: Musical Experience and the Mirror Neuron System." *Music perception* 26/5 (2009): 489-504.

Reybrouck, Mark. "Music Cognition and the Bodily Approach: Musical Instruments as Tools for Musical Semantics." *Contemporary Music Review* 25/1-2 (2006): 59-68.

Schiavio, Andrea, Damiano Menin, and Jakub Matyja. "Music in the Flesh: Embodied Simulation in Musical Understanding." *Psychomusicology: Music, Mind, and Brain* 24/4 (2014): 340-343.

Searle, John R. "Minds, Brains, and Programs." *Behavioral and Brain Sciences* 3/3 (1980): 417-424.

Silver, David, Thomas Hubert, Julian Schrittwieser, Ioannis Antonoglou, Matthew Lai, Arthur Guez, Marc Lanctot, et al. "A General Reinforcement Learning Algorithm That Masters Chess, Shogi, and Go through Self-Play." *Science* 362/6419 (2018): 1140-1144.

Turing, Alan Mathison. "On computable numbers, with an application to the Entscheidungsproblem." *J. of Math* 58/345-363 (1936): 5.

Vlassis, Nikos. "A concise introduction to multiagent systems and distributed artificial intelligence." Synthesis Lectures on Artificial Intelligence and Machine Learning 1/1 (2007): 1-71.

[Proceeding]

Anderson, Christopher, Arne Eigenfeldt, and Philippe Pasquier. "The generative electronic dance music algorithmic system (GEDMAS)." *Ninth Artificial Intelligence and Interactive Digital Entertainment Conference*, Northeastern University. (2013).

Colton, Simon, Jacob Goodwin, and Tony Veale. "Full-FACE Poetry Generation." *ICCC* 2012, University of Dublin. (2012).

[Preprint]

Yang, Li-Chia, Szu-Yu Chou, and Yi-Hsuan Yang. "MidiNet: A convolutional generative adversarial network for symbolic-domain music generation." arXiv preprint arXiv:1703.10847. (2017).

〈업로드〉를 리허설하다
Rehearsing Upload[1]

레아 루카 시카우

박진주 옮김

1. 저자

레아 루카 시카우(Lea Luka Sikau)는 포스트휴머니즘 비평, 창작 음악, 리허설 민족지학으로 케임브리지 대학교에서 박사 학위를 취득한 예술가이자, 연구가이다. 베를린 훔볼트 대학교에서 예술 연구 과정에 대해 강의하며, The Opera Quarterly와 Sound Stage Screen에 투고하는 등 폭 넓은 분야에서 저술 활동을 이어가고 있다. 시카우는 하버드 대학교 바이에른-아메리칸 아카데미(Bavarain American Academy)에서 펠로우로 활동하며 공연과 극장 연구를 진행하였으며, MIT 예술 센터(MIT's Center of Art)에서 진행한 예술, 과학, 기술에 대한 연구로 바이에른 문화상(Bavarian Cultural Award)에서 수상하였다. 그는 로미오 카스텔루치(Romeo Castellucci), 마리나 아브라모비치(Marina Abramovic), 리미니 프로토콜(Rimini Protokoll)의 스테판 카에기(Stefan Kaegi) 등 예술계에서 가장 주목받는 선구자들과 함께 작업했다. 미디어 아티스트이자 메조소프라노인 시카우는 S+T+ARTS, 아르스 일렉트로니카 페스티벌(Ars Electronica Festival), 트랜스미디알레 베를린(transmediale Berlin), 임팩트 위트레흐트(Impakt Utrecht), 앙상블 모던(Ensemble Modern), 기후 주간 뉴욕(Climate Week NYC)의 의뢰를 받아 활동했다.

2. 역자 서문

이 글은 리허설을 단순한 연습의 단계가 아닌 창작의 주요한 과정으로서 관찰하고 연구하는 리허설 민족지학(rehearsal ethnography)의 관점에서 미셸 판데르아(Michel van der Aa, 1970-)의 새로운 오페라 〈업로드〉(Upload, 2021)의 리허설 과정을 검토한다. 〈업로드〉는 아내

---

[1] 이 글은 저자가 본 책을 위해 쓴 글이다.

를 잃은 슬픔과 트라우마를 극복하기 위해 정신을 가상의 세계에 업로드하는 아버지와 그런 아버지의 선택을 이해하지 못하며 물리적인 존재로서의 아버지를 그리워하는 딸의 이야기를 담고 있다. 이 오페라에서 판데르아는 작곡뿐만 아니라, 영상의 촬영과 연출, 무대 감독 등 다양한 역할을 맡아 실질적인 오페라 제작의 거의 모든 과정을 총괄했다.

오페라의 리허설 중심적인 존재론을 제안하는 이 글은 공연과 음악 자체에 대한 논의는 피하고, 아바타의 가상 게슈탈트(Gestalt)와 함께 나타나는 창의적인 협업의 단계에 초점을 맞춘다. 참여자이자 관찰자로서 필자는 〈업로드〉의 리허설 공간이 어떻게 디지털 데이터를 담는 그릇과 선천적인 신체를 논의하는 실험실로 진화하는지 검토한다. 그는 아바타를 비인간적인 에이전트의 복합체로 해부하면서, 가상 신체를 활용한 리허설이 어떻게 오페라의 창의적 역학을 재구성하는지 살펴본다. 또한 그는 오페라 리허설은 생산적인 반복과 상호 관계적인 연결을 처리하며 제작 기술과 함께 진화한다고 보며, 오페라의 창의적인 에이전트 간에 이루어진 연결을 재조정함으로써 아바타의 형태가 어떻게 고전적인 리허설 관습 밖에서 〈업로드〉를 재생산하는지 설명하고자 한다. 이러한 설명을 통해 이 글은 판데르아를 오페라 제작의 포스트휴머니즘적 방식으로 스스로를 재구성한 창작자로 이해하길 제안한다.

〈업로드〉를 리허설하다

1. 도입

클라크(Eric F. Clarke)와 도프먼(Mark Doffman)이 주장했듯이, '단일' 창작자 개념과 협업적이고 분산적인 창의성 개념은 오늘날의 사회와 문화에서 특히 눈에 띄고 대중적인 방식으로 충돌한다.[2] 이 글은 창작 과정이 고도로 협업적인 장르를 추적하여, 창의적 행위에 대한 다양한 개념의 충돌을 연구하는 데 특히 적합한 사례를 검토하고자 한다. "창의성의 사회적이고 분산적인 특성은 음악과 예술을 개인적으로 제작하는 경우보다 [⋯] 대규모의 관료화되고 고도로 자본화된 문화 산업에서 더 분명해진다"라고 한 본(Georgina Born)의 주장을 따라 이 글에서는 최첨단 기술을 탐구하는 오페라의 제작 과정을 살펴볼 것이다.[3]

오페라의 제작 과정에서 리허설은 단계적인 음악 작품의 제작 과정에서 집단 노동의 주요 행위로 간주된다. 리허설 스튜디오에서 참여자들이 진행하는 상호 교류 상황은 문서화되지 않은 채로 남아있다. 악보나 스케치와 같이 기록된 작업 문서를 통해 리허설 과정에서의 창의적인 변화를 어느 정도 추적할 수는 있다 하지만 무언가를 변경한 이유와 어떻게 달라져 갔는지, 참여자들의 대화에서 무엇 혹은 누가 중요한 역할을 했는지 등에 대해서는 기록되어 있지 않다. 리허설은 작업 관계와 재료의 변화를 감지할 수 있는 직접적인 접근의 기회로 인해 창작 과정으로서의 오페라를 연구할 수 있는 유익한 장소를 제공한다. 그렇기 때문에 리허설은 개인적인 기술(記述) 방식의 환원주의적인 '주인(master)' 내러티브를 분산시키고, 과정에서 드러나는 창의성의 사회적 차원을 통해 오페라를 파악하는 데 기여하기에 주목할 필요가 있다.

동시에 음악 작품의 '단일' 창작자 개념이 틀렸음을 드러내기 위해, 이 글의 사례 연구는 오페라의 실무자들이 작곡가에 대해 어느 정도 권위적인 아이디어를 유지하는 방법을 보여줄 것이다. 오페라의 창의성이라는 개념은 본질적으로 분산되고 협력적인 것이지만, 자

---

2) Eric F. Clarke and Mark Doffman (eds.), *Distributed Creativity: Collaboration and Improvisation in Contemporary Music* (Oxford: Oxford University Press, 2017), 16.

3) Georgina Born, 'On Musical Mediation: Ontology, Technology and Creativity' in *Twentieth-Century Music*, 2/1 (2005), 16.

신의 작품을 소유하려는 생각과 자신의 대리권(agency)을 확장하려는 전략과 충돌한다.[4] 이러한 맥락에서 필자는 '음악하기(musicking)'의 관습을 활용해, 창작 과정에 관한 논의에 미묘한 차이를 만든 20세기의 리허설에 대해 연구했다.

> 나는 2021년 2월, 네덜란드 국립오페라에서 진행한 미셸 판데르아의 새로운 오페라 〈업로드〉의 리허설 스튜디오에 들어갔다. 조명은 어두웠다. 무대장치는 일곱 개의 거대한 스크린으로 구성되어 있었다. 두 명의 성악가가 무대 위에 서 있었다. 바리톤 로더릭 윌리엄스(Roderick Williams)는 모션 트래킹 카메라를 응시하고 있었고, 그동안 소프라노 줄리아 블록(Julia Bullock)은 스크린에 밝게 투사된 그의 커다란 아바타를 지켜보고 있었다. 판데르아는 멀티 스크린 장치를 보면서 어떻게 윌리엄스의 신체를 가상의 게슈탈트로 변형시킬지에 집중하고 있었다. 무대 영상은 매번 다른 세부 구조와 대비로 표현되며, 수천 개의 입자로 반복해서 분해되는 아바타의 얼굴을 보여주고 있었다. 약간의 의논 끝에 판데르아는 자신의 책상으로 돌아가 그 장면을 다시 한번 하고 싶다고 말했다. 무대 관리자가 영상, 무대 조명, 클릭 트랙을 준비시켰고, 블록은 다시 스크린을 향해 말하고 노래했다.[5]

창의적인 리허설 과정의 한 장면을 살펴보면, 거의 모든 참여자가 아바타에 주목하고 있다는 것을 알 수 있다. 〈업로드〉가 선천적인 신체를 데이터 수용체로 재구성하여 포스트휴먼이 되는 과정을 다루기 때문에, 배우는 가상의 인물을 연기하게 된다.[6] 작품의 서사는 인간의 정신을 서버에 업로드하고, 아바타로 발전하고, 그 과정에서 물질적인 신체를 잃게 되는 전형적인 공상과학 이야기를 다룬다. 오페라의 플롯에서 아바타의 모습은 실재하는 신체 형태의 토대를 지우는 것에 기반을 두고 있다.[7] 윌리엄스가 연기한 작중의 아버지는 스스로를 미래적인 실험실에 업로드하여 코드로 이루어진 가상의 생명체로 존재하려 하며, 살아 있을 때만 가능한 촉각적 경험에 대해서는 고려하지 않는다. 서버가 인체의 상태를 조정하여 인간 정신의 저장소로 변형시키고, 결국 기계가 새로운 컴퓨터 유기체의 형태를 한 인

---

4) 작곡가 미셸 판데르아가 지정 토론자로 참여한 심포지엄 Musiktheater der Zeitgenossenschaft: Michel van der Aas Schaffen an den Schnittstellen der Künste (Ruhr University Bochum, 2022. 9. 16.).
5) 리허설 스튜디오에서 하루를 보낸 후 작성한 현장 노트 일지에서 발췌함.
6) 이 글의 맥락에서 '배우(actors)'는 연기자라는 직업을 지칭하는 것이 아니라 라투르(Bruno Latour)의 '배우' 개념, 즉 차이를 만듦으로써 상황을 변화시키는 모든 존재(인간, 비인간, 인간 이상의 존재, 혹은 포스트휴먼)를 포괄하는 것이다. 다음을 참조할 것.*Shaping Technology / Building Society: Studies in Sociotechnical Change* (Cambridge, MA: MIT Press, 1992), 71.
7) 다음을 참조할 것. Bernhard Siegert, *Passage des Digitalen: Zeichenpraktiken der neuzeitlichen Wissenschaften 1500–1900* (Berlin: Brinkmann & Bose, 2003), 17.

간이 된다.[8] 줄리아 블록이 연기한 딸이 변화한 아버지의 모습에 충격을 받고 선천적인 신체를 잃은 생명에 의문을 제기하며 두 인물의 논쟁이 시작된다. 여러 가지 면에서 〈업로드〉는 모라벡(Hans Moravec)의 《마음의 아이들》(Mind Children, 1988)과 MIT 미디어 랩에서 개발된 마코버(Tod Machover)의 로봇 오페라 《죽음과 파워스》(Death and Powers, 2010)의 이야기를 연상시킨다.[9] 두 작품과 마찬가지로 〈업로드〉 역시 무대 위에서 최첨단 컴퓨터 기술을 활용한다.[10]

작곡가, 대본 작가, 감독인 판데르아는 이 포스트휴먼 오페라의 설정을 두 명의 성악가, 열한 명의 연주자로 이루어진 실내악 앙상블, 전자 음향, 영상과 모션 캡쳐(신체에 센서 등을 부착하고 다양한 방식으로 추적하여 인체의 움직임을 디지털 형태로 기록하는 작업)로 구상했다. 이야기는 거대한 스크린에 투사되는 영상, 무대 연기, 실시간 렌더링(컴퓨터 프로그램을 활용하여 사진 및 영상 등의 이미지를 생성하는 작업)으로 노래하는 아버지의 아바타로 진행된다. 이 새로운 오페라가 궁극적으로 인물을 포스트휴먼으로 창조하면서, 이 오페라가 궁극적으로 인간을 포스트휴먼으로 창조해내는 과정을 담고 있기 때문에 필자는 작곡가의 구상과 광범위한 사회적, 물질적 관계 사이에서 발생하는 모순과 관련지어 리허설 과정에서의 창의성 개념을 더욱 상세하게 분석할 수 있었다. 리허설은 신체의 상태를 변경하는 동시에 일관되고 통일된 모습을 추구하는 경향을 보여준다.

이 사례에서 필자는 두 달 동안 네덜란드 국립오페라의 작가이자 참여적인 관찰자로서 이 제작물을 연구했다.[11] 이러한 과정에서 포스트휴머니스트의 관점을 통해 비선형적이고 탈중심적 방식으로 창작의 과정을 보여주고, 더 나아가 이러한 리허설을 포스트휴먼이 되어가는(posthuman becoming) 과정으로 정의하였다. '되어가기'(becoming)에 대한 포스트휴머니즘 이론은 탐색의 도구이자 존재론적 접근 방식으로서 인간과 비인간 사이에 구축된 경계, 그리고 포스트휴머니즘적 에이전트의 관계에서 구축된 생물학과 기술 간의 경계를 무너뜨리는 절차적 프레임을 제공한다. 브라이도트 (Rosi Braidotti)의 '변화의 과정에서 우리가 실제로 누구이며, 무엇인지 비판적이고 창의적으로 생각'하는 도구로서의 포스트휴머니즘 개념

---

8) 헤일스(Katherine Hayles)는 이 시나리오를 '모라벡 테스트(Moravec test)'라 지칭했다. 다음을 참조할 것. Katherine Hayles, *How We Became Posthuman*, 12.

9) 마인드 업로딩에 대한 미래주의적 내러티브에서 나타나는 유사성은 다음을 참조할 것. Hans Moravec, *Mind Children* (Cambridge, MA: Harvard University Press, 1990).

10) 로봇을 활용한 오페라 《죽음과 파워스》는 '미래의 오페라(Opera of the Future)' 미디어 랩 그룹의 연구 프로젝트로 MIT에서 개발되었다. 따라서 일반적인 제작 관습에서 탈피할 수 있었다.

11) Lea Luka Sikau, '*Upload* en de stem zonder lichaam'.

을 따라, 필자는 〈업로드〉를 포스트휴먼으로 되어가기로 이론화했다.[12] 인간에 대한 규범적인 문화 생산은 더 넓고 정보가 많은 기술적 네트워크에서의 이 종(種)의 동시대적 내재성에 주목함으로써 비판받는다.[13] 이러한 접근을 통해 필자는 새로운 사회적 상호작용 안에서 새로운 음악을 연구할 때 포스트휴머니즘의 가치를 옹호하는, 본에서 샤이넨(Milla Tiainen), 그리고 가장 최근에는 바렛(G Douglass Barrett)에 이르는 간학문적 학자들을 따른다.[14]

단 한 명의 창작자가 이끄는 과정은 재료와 컴퓨터 장치에 관련된 오페라 레퍼토리에 내재하는 기술과 인간 사이의 역동적인 공진화와 같은 오페라의 기술적 발생(technogenesis)을 강조한다.[15] 필자는 특히 이 복잡한 포스트휴먼으로의 변화 과정에서, 실험실을 건립함으로써 어떻게 창작의 과정이 제작의 역학과 함께 진화하는지에 대해 조사하고자 하였으며, 이를 아바타의 연결을 재조정하는 포스트휴먼으로의 변화 과정으로 분석한다. 이는 판데르아가 자신의 구상을 공동 창작 과정의 형식에 업로드하는 그의 방식으로 어떻게 포스트휴먼이 되었는지 추적하게 한다. 필자는 다음과 같은 질문을 던진다. 배우들이 실험실과 유사한 공간을 세운 이유는 무엇인가? 어떻게 연기자들이 가상의 아바타와의 감정적 연결을 창의적으로 상상해 내는가? 그리고 판데르아는 리허설을 그의 포스트휴먼적 표현 창구(outlet)로 활용하는가?

2. 실험실을 창조하다

가상의 신체는 창작 과정을 재조정하고 실제적인 무대 연출보다 디지털적인 원근법에 우선순위를 부여한다. 기술적으로 야심 찬 〈업로드〉의 제작 과정은 아바타와 함께하는 리허설에 의존하고 중점을 두고 있기 때문에, 리허설을 진행하는 스튜디오가 마치 실험실과 같은 공

---

12) Rosie Braidotti, *The Posthuman* (Cambridge: Polity Press, 2013), 12.

13) Cary Wolfe, *What Is Posthumanism?* (Minneapolis: University of Minnesota Press, 2010), p. xv.

14) Georgina Born, "Social Forms and Relational Ontologies in Digital Music", in *Bodily Expression in Electronic Music: Perspectives on Reclaiming Performativity*, ed. Deniz Peters, Gerhard Eckel and Andreas Dorschel (New York: Routledge, 2012), 163–180; Pirkko Moisala, Taru Leppänen, Milla Tiainen and Hanna Vätäinen, 'Noticing Musical Becomings: Deleuzian and Guattarian Approaches to Ethnographic Studies of Musicking', *Current Musicology* 98 (2014), 71–93 (78–81); G Douglas Barrett, Experimenting the Human: Art, *Music, and the Contemporary Posthuman* (Chicago: University of Chicago Press, 2023), 12.

15) Katherine Hayles, *How We Think: Digital Media and Contemporary Technogenesis* (Chicago, IL: University of Chicago Press, 2012), 10.

음악적 창의성이란 무엇인가? : 플라톤에서 AI까지 음악적 창조에 대한 미적 담론

간으로 바뀌었다. 먼저 15명으로 이루어진 기술팀이 이틀에 걸쳐 컴퓨터 기술로 가득 찬 실내 건축물을 설치한다. 배우들은 배역과 동시에 모습을 갖춰나가는 시스템이 아니라, 처음부터 비교적 변화가 없는 기술적인 코르셋에 갇혀 있게 된다. 이는 필자가 과거에 참여했던 다른 오페라 현장 작업과는 다른데, 일반적으로는 리허설 무대의 세트에 새로운 소품이 추가되는 등 계속해서 변화가 있다. 〈업로드〉는 소품을 추가하지 않고, 오로지 원래의 무대 세트로만 작업한다. 오늘날 대부분의 오페라 제작에서는 최종적인 세트를 작업장에서 만들고 세트와 소품의 대체품으로만 작업하는 반면, 〈업로드〉는 원래의 무대 기술만을 사용하므로 스튜디오 구조가 더 한정되어 있다. 리허설 첫날부터 세트와 전자음향 사운드트랙이 미리 프로그래밍되어 있었기 때문에 악보 또한 이미 확정되어 있었다.[16] 스크린을 활용한다는 점에서 유사한 다른 오페라를 살펴보면, 보통 리허설 스튜디오가 아닌 음악회장에만 프로젝터, 대형 스크린, 조명 등을 설치한다는 점에서 차이가 있다.[17] 본래 컴퓨터 기술을 실험하는 목적으로 설계되지 않은 환경에 가상 세계의 영상을 입히기 위해 〈업로드〉는 극장 환경에서의 새로운 모션 캡처 기술을 위한 인큐베이터 역할을 하며 포스트휴먼을 구현했다.

이러한 기술적 기반 시설은 과학과 테크놀로지 분야의 학자인 라인 베르거(Hans-Jörg Rheinberger)가 이론화한 개념 '실험적 시스템(experimental system)'으로 설명할 수 있다. 이 시스템은 기술적인 것(technical objects)과 인식적인 것(epistemic things)이라는 두 가지 요소로 이루어져 있다.[18] 기술적인 것은 상식에 가까운 지식(수세기 동안 오페라적 어휘의 일부였던 오페라의 일정과 기술)을 전달하는 과정을 반복한다. 이는 항상 이미 반복된 상태로 리허설에 나타난다. 이 반복을 통해 (배우가 아직 모르는 것들을 상징하는 환상(chimeras)과 같은) 인식적인 것들이 존재하고, 또 함께 진화할 수 있다.[19] 반복 속에서 차이를 만들어내는 인식론적 것은 반복과 함께, 그리고 반복에 반하여 재작업된다. 이 '것(thing)'은 반복적인 구조 속의 차이를 확대하고 새로운 질문을 제기함으로써 '지식의 노력(effort of knowledge)'을 받아들이게 된다. 〈업로드〉 리허설에서는 말 그대로 환상이 스크린 영상으로 표현되지 않은

---

16) 세계 초연 무대를 제작할 때는 상당히 유동적으로 악보에서 부분별 수정을 하거나, 심지어 리허설 과정에서 작곡을 마무리하는 것도 일반적인 데 반해서 판데르아는 딸의 파트에서 겨우 한 음만 정도만 고쳤다. 이에 대해서는 판데르아가 심포지엄 *Musiktheater der Zeitgenossenschaft*의 지정 토론에서 설명하였다.

17) 정교한 라이브 스크린으로 작업하고, 필자가 직접 그 리허설 과정을 살펴볼 수 있었던 제작의 두 사례는 앞서 언급한《라이크 플래쉬》(Like Flesh), 그리고 2012년 코스키(Barrie Kosky)와 연극 집단 1927의 협업으로 진행된 모차르트의《마술피리》(Die Zauberflöte, 1791)다.

18) Hans-Jörg Rheinberger, *Toward a History of Epistemic Things: Synthesizing Proteins in the Test Tube* (Stanford: Stanford University Press, 1997), 28.

19) Hans-Jörg Rheinberger, 위의 책, Chapter Five: 'Reproduction and Difference'.

아바타이다.[20] 윌리엄스의 외모, 그의 증폭된 목소리, 아바타 디자이너의 코드, 판데르아의 구상, 실험실로 재조정하는 마지막 과정 등이 복합적인 관계를 형성하고 이를 통해 배우들의 집단적인 유기체가 만들어진다. 아바타는 특유의 커뮤니케이션 방식을 만들어냄으로써 차별성을 드러낸다.

리허설 스튜디오 안에서 탐구된 모션 캡쳐 시스템은 고전적인 관습에서 벗어나 〈업로드〉를 반복하는 데 기여하고, 동시에 모션 캡쳐 시스템 자체도 과학적인 맥락 밖에서 반복된다. 실험실은 두 공간을 축소된 기술적 발생에 맞춰 재구성한다. 아바타 디자이너 브리토 (Darein Brito)에 따르면, 〈업로드〉의 리허설은 탐색해야 하는 미지의 변수가 상당히 많은 자유로운 환경을 만든다.

> 우리(〈업로드〉 제작 팀)는 원래대로라면 오페라 제작에는 쓰이지 않을 도구들을 사용한다. 이러한 도구들로 우리들이 하고 있는 일은 조금 이상하다고 말할 수 있다. 이러한 구조에서 쓰이도록 설계된 도구들이 아니다. 일반적으로는 스튜디오에 적합한 조명이 있기 마련이고, 배우들도 많이 움직이지 않는다.[21]

그는 컴퓨터 기술 자체의 관점에서 이 작품의 기술적 어려움을 설명한다. 리허설 스튜디오는 '인식적인 것'을 수용하기 위해 자체적으로 수정되었다. 이러한 과정을 통해 공연에서 드러나는 새로운 역량을 발휘할 수 있다. 이러한 과정은 (의상이나 조명의 변화는 있지만) 재조정이나 지연 없이 90분 동안 연속해서 인물을 라이브로 렌더링해야하는 공연에서 발휘되는 새로운 능력을 만들어 낸다. 연기자들은 장치가 원래의 것인 것처럼 대체품을 통해 재현하면서 연기할 수 있는 반면에 아바타는 오로지 원래의 무대 기술이 있어야만 작동한다. 창작 과정은 모션 캡쳐 시스템과 함께 이루어지며, 이와 동시에 컴퓨터 시스템도 자유로운 환경에 적응하는 법을 배운다.

리허설이 고전적인 관습에서 벗어나 게슈탈트를 재생산하고, 또 스스로를 반복하게 하는 원동력은 무엇인가? 판데르아는 역동이면서도 동시에 라이브 영상의 형상과 닮아 보이지 않을 만큼 추상적인 아바타를 만들려고 했다. 이 때문에 필자는 다음과 같은 의문을 품게 되었다. 가상적 공간의 아바타가 어떻게 가상적 존재와 인간 본성 양측에 모두 충실하게 표현되면서 아버지의 선천적인 신체를 구현할 수 있는가? 제작진은 옆쪽 무대에서 아바타

---

20) 위의 책, 29.
21) Darien Brito, 인터뷰에서 발췌함.

가 윌리엄스의 물리적 신체와 경쟁하는 장면에서까지도 아바타가 청중의 이목을 집중시키게 하려 했다. 아바타는 선천적 신체가 아닌 가상 영상으로 청중의 시선을 집중시킬 수 있도록 생동감 있어야 하며, 이와 동시에 음악 극장의 현대적인 경향에 부합하는 기술적인 결과물을 보여주어야 했다.[22] 이러한 효과를 내기 위해서는 지연 시간을 최소화해 아바타가 실시간으로 투사되어야 한다. 『퍼포먼스와 테크놀로지』(*Performance and Technology*)에서 공연예술가이자 연구가인 웩슬러(Robert Wechsler)는 라이브 공연에서 모션 캡쳐 기술을 활용하는 일을 설명하며 고도로 정밀한 모션 캡쳐 시스템은 실시간 공연에서 잘 사용하지 않는다고 말한 바 있다.[23]

하지만 업계의 관행에 반하여, 〈업로드〉는 실험적으로 실시간 모션 캡쳐 시스템을 활용했다. 아바타의 모습이 모든 장면에서 변화하는 만큼 렌더링 작업도 상당히 복잡했다. 제작진은 윌리엄스가 노래하는 목소리와 아바타의 입술 움직임이 동시에 진행되도록 투사된 영상의 지연을 최소화하려 노력했다. 이를 위해 판데르아는 아바타의 모습을 바꾸는 일에 대해 아바타 디자이너인 브리토와 함께 긴밀하게 협의했다. 몇 번은 브리토가 판데르아의 요청이 가상 환경에서 구현될 수 없다고 하기도 했다. 이에 판데르아는 반쯤 농담 삼아 다음과 같이 답했다. '난 안된다는 말을 듣고 싶지 않아요.' 브리토, 판데르아, 그리고 기술의 물리적 역량 사이에서 왔다 갔다 하는 이 논의의 과정은 그 자체로 아바타의 속성에 대한 연구의 특징이기도 하다. 그리고 판데르아가 마지막에 결정하고 반영하는 문제에서는 그의 상호의존성이 강조된다. 이 과정에서 가설이 실현에 실패할 때 아바타는 '지식의 노력'을 받게 된다. 포스트휴먼으로의 변화 과정에서 아바타는 이 즉흥적이고 창의적인 연구에 혜택을 받는다. 리허설에는 시험과 반증을 통해 기술적 발생의 과정을 발전시킬 수 있도록 설계된 실험실이 있다. 감독 판데르아는 기술이 그의 기대에 부합하지 않을 때 그의 이론을 시험할 수 있다. 하지만 작업 일정에 맞춰 자신의 미학적 아이디어의 기술적인 실현 가능성을 타협하는 대신, 우선순위를 출연진과의 리허설 시간이 아니라 아바타 이미지 작업에 두고 진행했다.

---

22) Ulrike Hartung, *Postdramatisches Musiktheater* (Würzburg: Königshausen & Neumann), 75.

23) 웩슬러의 글은 2006년에 출간되었지만, 오페라 분야에서 라이브 모션 캡쳐를 활용하는 사례는 그로부터 크게 증가하지 않았다. 하지만 웩슬러는 넓은 범위의 공연에서 대학교와의 협업으로 제작된 다음의 두 가지 예외적 사례에 주목한다. 트리샤 브라운(Trisha Brown)과 빌 T. 존스(Bill T. Jones) 등이 제작한 *motione* (Arizona State University, 2005). 크래너트 공연예술센터(Krannert Center for the Performing Arts)에서 제작된 뤽 베니어(Luc Vanier)의 *Bob's Palace* (University of Illinois Urbana-Champaign, 2003). 다음을 참조할 것. "Artistic Considerations in the Use of Motion Tracking with Live Performers: A Practical Guide", in *Performance and Technology: Practices of Virtual Embodiment and Interactivity*, ed. Susan Broadhurst and Josephine Machon (Basingstoke: Palgrove Macmillian, 2006), 60–77.

앞서 언급했듯이 〈업로드〉는 첫 리허설 날부터 공식 세트를 사용했다. 더 구체적으로 말하자면 똑같은 세트를 사용하는 것뿐만 아니라 가상을 만들어 내기 위해 연기자들을 교체하기도 하였다. 기술적인 실험을 위해 윌리엄스는 모션 캡쳐 카메라 앞에 선 인턴으로 교체되었다. 인간이 다른 인간의 대역이 됨에 따라, 문제는 방대한 어포던스(affordances)[24] 속에서 탐구된다. 인턴은 대화 중에 '카메라 앞에서 몇 시간 동안이나 서서 아주 적게 움직이는 일이 매우 힘들어서, 리허설을 하는 날이면 아침마다 요가와 스트레칭을 한다'고 말했다.[25] 반복적인 실험 과정을 편리하게 해주는 인턴과 더불어, 블록과 윌리엄스의 공연 대역도 스튜디오에 자주 볼 수 있었다. 다른 새 오페라 제작에서는 대역 배우가 마지막 리허설에만 참석하고, 실제 무대 배경에서 하는 연습도 개별적으로 하는 것(예를 들어 무대 감독의 보조자와 연습하는 등)과 비교해, 〈업로드〉에서는 리허설 기간 동안 상당 부분에 참석하게 된다.[26] 다른 새 오페라 제작에서는 대역 배우가 마지막 리허설에만 참석거나 실제 무대를 배경으로 하는 연습도 무대 감독의 보조자와 하는 등 개별적으로 진행하는데, 〈업로드〉의 리허설에서는 상당 과정에 직접 참석하였다. 어느 리허설 날에는, 블록이 그 현장에 없는데도 판데르아가 아홉 번째 장면, 즉 딸의 독창 아리아 장면의 무대를 설치하기 시작했다. 블록의 대역 윈게이트(Verity Wingate)가 대신해서 곧바로 작업을 시작해 판데르아가 장면을 설치할 수 있었다. 〈업로드〉의 리허설 과정은 사람을 대신하는 문화에 의해 형성되었다. 인형에게 부여할 수 있는 속성을 인간에게 요구하고, 재료의 역동적인 능력을 탐구함으로써 〈업로드〉의 리허설 관행은 비인간과 인간의 신체가 상호 작용하는 방식을 역으로 이해하며, 오페라 창작 과정 내에서 인간 연기자의 역할을 재구성할 것을 제안한다.

실험실은 한 *사람*(Man)과 아바타 미학에 대한 그의 인간중심주의적 구상을 고수함으로써 비판적인 포스트휴먼적 입장을 부분적으로 유보한다. 판데르아는 *사람*과 하나의 독립된 존재라는 개념과 같은 비판적인 포스트휴머니스트 담론에서 특히 두드러지는 아이디어들에 반하여 작업을 하면서, 이 포스트휴먼 오페라 제작의 대부분을 책임지고 있다. 이 사례 연구는 (한 명의 창작자가 그 과정을 세심하게 조정하려 노력했음에도 불구하고) 남성(male) 권력의 트랜스휴먼적인 확장과 포스트휴먼의 에이전트 역학 사이에서 발생하는 마찰을 탐색한다.

---

24) [역주] 서로 다른 개념이 연결되어 어떠한 행동 및 반응을 유도하는 것.
25) Anne van Brunschot, 저자와의 대화, (2021년 2월 17일).
26) 윈게이트(Verity Wingate)와 윌머링(Michael Wilmering)이 모두 네덜란드 국립오페라의 오페라 스튜디오 단원이기 때문에 다른 프로젝트의 리허설이 없을 때는 〈업로드〉의 리허설에 참여하게 되었다.

3. 연결을 창조하다

기술적 어포던스를 실험하는 것 외에도 가상 신체는 스튜디오의 다른 신체가 상호 작용을 이해하는 방식을 뒤바꾼다. 판데르아와 브리토, 연기자들은 모두 아바타와 특별하게 상호 작용한다. 작곡가와 프로그래머는 연기자가 가상의 대화 상대와 연결이 끊겨 있을 때 아바타를 조정한다. 가상의 캐릭터지만 작곡가와 아바타 디자이너는 캐릭터가 상상 속 모습에서 실체적인 이미지로 진화하는 과정을 지켜본다. 판데르아가 아바타의 예술적인 지향점을 결정하고, 브리토는 전문가로서 아바타의 어포던스를 이해하고 설정한다. 터치디자이너(TouchDesigner, 가상의 물체를 만들어 내는 소프트웨어) 브리토는 업로드 된 아버지를 입자들로 이루어진 구름의 모습으로 실시간으로 변환하고, 그 모습을 품고 있는 가상의 환경도 만들어 낸다. 모션 캡쳐 시스템에서 추적한 데이터는 다양한 필터의 설정을 통해 수정되어 모든 장면에서 아바타에 다른 모습을 부여한다. 인터뷰에 응한 사람 중 브리토는 '(아바타를) 만지고, 움직이고, 문자 그대로 변형'할 수 있기 때문에 아바타를 '실제적이고 실체적인' 존재로 인식한 유일한 사람이었다.[27] 제작진 내 다른 사람들에게 아바타는 실체가 없는 것이었다. 그들은 아바타 제작을 무대 배경과 상호 작용하는 신체보다는 영화와 결합된 영상 상영으로 인식하였다. 이러한 점에서 연기자들의 어려움을 알 수 있다. 그들은 공연하는 또 다른 신체의 재구성 된 상태를 다루기 위해, 학습된 상호 작용 방식을 수정해야 했다. 이러한 개념은 아바타 디자이너의 책상에서 이루어지는 대화가 대부분의 제작진은 들을 수 없을 정도로 조용하기 때문에 더 강화되었다. 따라서 스튜디오에서 '인식적인 것'에 대해 생성된 지식은 접근하기 어려우며, 가상 존재와 제작진 사이에 거리가 생긴다. 이러한 과정은 많은 배우에게 아바타의 발전을 이해하기 어려운 것으로 만든다.

연기자들은 그들의 상호 작용이 스크린과 스피커를 통해 반영되기 때문에 실체적인 연결에서 제거된다. 가상의 환상에게 육체의 도읍을 빌려준 바리톤 윌리엄스에게도 아바타는 여전히 통제할 수 없는 존재이다. 모션 캡쳐 공간에서 걸어 나와 가상의 신체를 삭제할 때를 제외하고, 윌리엄스는 가상 데이터가 장치가 처리되는 방식에 대해 어떤 힘도 행사할 수 없다. 역할을 배우기 위해 그는 브리토의 기술적인 지침과 판데르아의 구상에 대한 안내에 의존할 수밖에 없다. 그는 모션 추적 시스템이 포착하는 좁은 칸에 제한되어 움직임을 수행하고, 상대 연기자와도 90도 각도로 떨어져 있다. 그는 소외감과 단절감을 표현하는 자신의 얼

---

27) Darien Brito, 인터뷰.

굴 표정이 어떻게 나타나는지 모르지만, 판데르아의 지시를 전적으로 신뢰한다고 대화 중에 언급했다.[28] 아바타 영상은 윌리엄스에게는 반직관적인 연기 방식을 요구하고, 브리토에게는 연기자를 복제하고 무대 전체로 분산시키며 연기자의 행위성을 파편화하는 실시간 변형의 방식을 요구한다. 윌리엄스는 포스트휴먼이 되기 위해 스스로를 개방하고, 그의 행위성이 컴퓨터 기술과 함께 분산되고 무대 위 자신의 모습을 가상의 것으로 재조정 되도록 한다.

한편 블록은 아버지의 실질적인 손길을 갈구하면서도 여전히 그와 정서적인 유대감을 느끼는 딸을 연기한다. 이 창작 과정에서 그는 가상의 신체를 무대 위의 자주적인 페르소나로 인정함으로써 그 연결을 만들고자 한다. 윌리엄스의 아바타가 포스트휴먼이 되는 과정을 거친 후, 블록은 이 아바타를 일관적인 가상의 존재로 반복하여 아버지를 향한 인간적인 표현을 가능하게 한다.

> 나는 (윌리엄스의) 아바타와 감정적으로 연결되어야 했고, 관계를 맺어야 했다. 이는 정말 이상한 생각이지만, (윌리엄스와) 분리된 아바타와 (그의) 무대 위 존재와의 연결 조직을 만들어야 한다.[29]

블록은 윌리엄스를 둘로 나누면서 아바타 영상이 그 자체로 자주적인 신체인 것처럼 여기며 자신의 연기 상대로 정의한다. 그는 브리토의 관점에 동의하려 한다. 즉, 아바타를 그가 영향을 미칠 수 있고, 반대로 그에게 영향을 미칠 수도 있는 존재로 바라보는 것이다. 하지만 아바타의 계속되는 파편화, 서라운드 음향으로 들리는 목소리, 다양한 필터는 블록의 대화자를 찾아서 말하기가 어렵게 만든다. 이 과정은 인간과 기술 사이의 '끝없는 변환 - 또는 차이에 대한 상호 간의 절충 - 이 이루어지는 유동적인 회로'를 설명한다.[30] 마지막 단계에서 가상의 신체는 무대 위 인물들의 포스트휴먼 집합체가 된다. 가상 아바타와의 결합은 기술적 매개와 무대 위 인물들 간의 관계를 모호하게 만드는 존재론적 평탄화(ontological flattening)로 이어진다. 시각적, 청각적으로 파편화되어 블록은 연결될 수 있는 가상의 접촉 지점을 찾는다. 극작가 쿠이즈먼(Madelon Kooijman)은 딸 캐릭터의 감정 표현에 각 장면을 연결함으로써 이러한 과정이 원활하게 이루어지도록 하였다. 블록은 인간 연기자의 즉각적인 반응을 확인할 수 없더라도 여전히 감정을 스크린에 투사해야만 한다. 아바타 영상이 인

---

28) Roderick Williams, 저자와의 인터뷰, (2021년 1월 12일).

29) Julia Bullock, 인터뷰.

30) Georgina Born, "Social Forms and Relational Ontologies in Digital Music," 171.

간 연기자의 존재감을 표현하는 데 실패한 것으로 여겨져, 블록은 신체적 상태와 에이전트 네트워크의 재구성을 이해하기 위해 다양한 접근 방식을 시도했다.

4. 창작자의 권력을 창조하다

실험실을 세우고 연결을 재구성한 가상의 신체는 정확히 누구인가? 지금까지는 윌리엄스의 모습에 대한 존재의 복합체인 아바타 영상과 그의 증폭된 목소리, 브리토가 프로그램을 활용해 써낸 코드, 프로젝터, 스크린, 판데르아의 구상 등에 초점을 맞추어 살펴보았다. 다수의 연기자가 가상 차원에서 나타난 윌리엄스의 모습에 당황하지 않을 수 없었다. 그가 혼란스러워할 때면 얼굴의 입자들이 주변으로 터졌는데, 마치 감정적 반응에 유발된 것처럼 보였다. 하지만 이러한 과정이 아바타 디자이너의 책상 위에서 이루어졌기 때문에 윌리엄스는 파편화에 아무런 관련도 없고 또 모습이 정확히 어떻게 바뀌는지도 알지 못했다. 아바타가 만들어지는 과정을 지켜보면 그 존재의 (다양한 데이터 세트의 혼합으로 이루어진) 분산된 특징이 더 두드러진다. 리허설에서의 가상 신체에 대한 연구는 아바타에서 결론 지을 수 있을까? 아니면 〈업로드〉의 창작 과정에서 포스트휴먼을 만들어내는 방식, 즉 연기자의 개념을 일종의 데이터 저장소로 전환하는 방식에 대해서 더 폭넓은 고찰이 이어져야 할까?

브리토는 '아바타라는 개념 자체가 인간의 모습을 상당히 낭만적으로 표현한 것'이라고 주장한다.[31] 이 '낭만적인' 내러티브를 연출하는 일에서 아바타는 배우들의 관계에 큰 영향을 미친다. 하지만 〈업로드〉의 리허설은 아바타 영상 외에도 덜 허구적인 방식으로 더 넓은 범위에서 데이터 저장소로 기능한다. 아바타는 윌리엄스의 가상 신체가 자연스럽게 입혀지기 전부터 항상, 이미 스튜디오 안에 있다. 그 예로, 윌리엄스는 자신을 '작곡가의 예술적 구상에 대한 아바타'로 보며 자신이 작곡가의 신체적 확장인 것 같다고 이야기하기도 했다.[32] 판데르아에게 창작 과정은 그의 포스트휴먼을 실현하는 기능을 한다. 그는 신체와 물체에 대한 자신의 구상을 스튜디오에 저장한다. 자신의 생각과 그에 대한 수정 과정을 리허설 공간에 업로드하고, 과부하가 생기지 않도록 타이밍을 정확하게 맞춘다. 윌리엄스는 연기자에게 필요한 정보를 한 번에 최대한 많이 얻을 수 있도록 보고한다.[33]

---

31) Darien Brito, 인터뷰.
32) Roderick Williams, 인터뷰.
33) 위의 인터뷰.

따라서 이제부터는 판데르아가 새로운 오페라의 고도로 분산적인 작업 과정 속에서 창작자의 구조물을 세우기 위해 노력하며 독립적인 데이터 저장 시스템을 만드는 방식을 살펴볼 것이다. 자신의 예술적 구상에 따라 〈업로드〉를 만들어 내는 과제는 스튜디오 안에서 어떤 신체와 물체를 다룰지뿐만 아니라, 그것들이 (넓게 봤을 때 리허설 공간과 시간까지) 어떻게 작곡가의 포스트휴먼적 형상이 되는지까지 그가 결정하게 한다.[34] 리허설에 도입된 포스트휴먼의 에이전트 역학이 판데르아의 신체 상태를 재구성하고 오페라적인 구조로 만들지만, 필자는 궁극적으로 인간중심적인 야망, 즉 인간의 신체를 뛰어넘어 자신의 능력을 확장하려는 트랜스휴먼적 갈망을 드러내는 그의 과정에 주목한다.

〈업로드〉 리허설에서 오간 일상적인 대화에서 몇 명의 제작진은 판데르아의 위치가 독특하다고 말했다. 오페라 극장에서 작곡, 리브레토, 영상 대본, 영상 연출, 미장센, 출연진, 게다가 창작과 기술팀의 많은 부분까지 한 사람에게 맡기는 경우는 매우 드물다. 20세기와 21세기의 오페라 제작에서는 창작자를 여러 명 두는 것이 기본적인 체제이다.[35] 판데르아는 독립적으로 그의 작품을 생산하기 위해 '더블A 파운데이션(DoubleA Foundation)'이라는 조직적인 체계를 새롭게 만들어 내면서 예외적인 경우를 만들었다. 집단적이기보다는 개별적인 창의성을 추구하는 그는 6개의 위촉 파트너 중 한 곳인 네덜란드 국립오페라단과 오페라를 공동 제작한다.

판데르아는 〈업로드〉 이전에도 기술적으로 매우 야심 찬 프로젝트인 3D 영상 오페라

---

34) 〈업로드〉에 대해 다룬 다큐멘터리의 인터뷰에서 네덜란드 국립오페라의 감독 소피 드 린트(Sophie de Lint)는 판데르아를 소개하며 오늘날의 바그너라고 비유했다. 오페라 리허설에서의 언어적 상호작용에 대한 중요한 최초의 서술은 흥미롭게도 바그너의 《니벨룽의 반지》(1875-76)에 초점을 맞추고 있다. 바이로이트 세계 초연 무대의 리허설에서 안무가 리하르트 프리케(Richard Fricke)는 바그너로부터 그가 한 모든 말을 기록해 달라는 요청을 받았다. 이 기록을 최초의 리허설 민족지학적 기록으로 볼 수 있지만, 거의 대부분 작곡가를 중심으로 서술되어 있다. 일기를 보면 바그너가 미장센에 대한 아이디어를 수시로 바꾸었으며 예측할 수 없는 감독이었다는 사실이 분명해 보인다. '이런 상태에서는, 오늘은 모든 것을 한 방향으로 차단했다가, 내일 변경하는 것이 필수적이다.' 다음을 참조할 것. James Deaville and Evan Baker (eds.), *Wagner in Rehearsal 1875–1876: The Diaries of Richard Fricke*, trans. George R. Fricke (Stuyvesant: Pendragon Press, 1998), 80. 〈업로드〉를 종합예술(Gesamtkunstwerk)로 간주할 수도 있지만, 판데르아의 연출은 바그너의 리허설 방식과는 상당히 다르다. 바그너는 오페라 제작의 마지막 단계에서 계속해서 자신의 생각을 바꾸는 데 반해, 판데르아는 리허설을 시작할 때 확고한 아이디어를 가지고 온다. 이와 관련해서 본다면 판데르아를 오페라에 대한 자신의 궁극적인 구상에 근접하기 위해 연습하는 베르디적인(Verdian) 인물로 볼 수 있다. 베르디의 리허설 방식에 대해서는 다음을 참조할 것. Clemens Risi, "Encore! Oper wiederholen," in *Chaos und Konzept: Proben und Probieren im Theater*, ed. Melanie Hinz, Jens Roselt (Berlin: Alexander Verlag, 2011), 97–108.

35) 틸(Nicholas Till)은 '20세기 오페라에서 다수의 창작자 개념은 보편적인 것으로 유지되었다'고 주장한다. 'The Operatic Work: Texts, Performances, Receptions and Repertoires', in *The Cambridge Companion to Opera Studies*, ed. Till (Cambridge: Cambridge University Press, 2012), 245. 단일 창작자를 반박하는 더 자세한 내용은 다음을 참조할 것. Jack Stillinger, *Multiple Authorship and The Myth of Solitary Genius* (New York: Oxford University Press, 1991).

〈썬큰가든〉(Sunken Garden, 2013)와 〈블랭크 아웃〉(*Blank Out*, 2016)에서 현실감을 높였고, 〈에이트〉(Eight, 2019)에서 가상 현실을 그려내며 이 시스템을 성공적으로 구축한 바 있다. 판데르아와 더블A 파운데이션은 기술적인 실험, 그리고 다양한 페스티벌과 극장에 초기 단계의 창작물을 선보이는 가능성에 초점을 두고 있다.[36] 기술적으로 야심찬 새 오페라 제작에 내재된 위험을 최소화할 수 있다는 점에서 이러한 제안은 공연 예술 기관과 오페라 극장의 예술 감독에게 특히 긍정적인 것으로 받아들여진다. 더블A 파운데이션은 전체 오페라를 위촉하는 것이 아니라 특정한 개발 단계에 대한 자금을 지원하는 파트너십을 맺음으로써 독립적인 예산을 활용해 초기 단계에서 컴퓨터 실험을 도입할 수 있다. 그는 몇 주에 걸쳐 분투하며 컴퓨터 기술을 시험하고 이를 통해 실현된 기술적, 예술적 개발을 강조했다. 이는 곧 오페라 제작 과정 자체를 수정함으로써 창작 오페라를 다시 생각하게 하는, 오페라 제작에 대한 대안적 접근 방식을 제시하는 것이다.[37] 자체 제작과 위촉을 혼합하는 판데르아의 전략은 글래스(Philip Glass)와 윌슨(Robert Wilson)의 오페라 〈해변의 아인슈타인〉(Einstein on the Beach, 1976)과 코롯(Beryl Korot)과 라이히(Steve Reich)의 〈더 케이브〉(The Cave, 1993)에서 드러났던 오페라 사업가적인 면모를 연상하게 한다. 예를 들어, 코롯과 라이히는 20세기 후반 오페라에서 실험을 하기 위해 필요한 전제 조건으로 생각해 여러 위촉 파트너와 함께 〈더 케이브〉의 자체 제작을 결정했고, 이를 통해 예술적 과정의 모든 측면을 주도할 수 있었다.[38]

비슷한 방식으로 판데르아는 제작진을 선택할 수 있는 단일 극장에서 자신의 오페라를 제작하지 않으려 했다. 더블A 파운데이션을 통해 그는 작곡가의 역할을 뛰어넘고, 개발 과정의 모든 단계를 총괄할 수 있다. 〈업로드〉 안에서 그는 다양한 역할로 기능한다. 더 나아가 그는 디자이너, 성악가들, 외부의 극작가들, 기술 전문가들을 임명한다. 이로 인해 리허설 스튜디오에는 전반적으로 남성이 우세하게 된다.

작업 현장에서 다양한 역할이 배분된 양상은 작품의 플롯에서 이야기하는 성별에 편향적인(gender-biased) 내러티브 외에도 행위자 권력의 역학 관계에 있어 성별 격차를 드러낸

---

36) 'doubleA Lab', doubleA Foundation, https://doublea.net/doublea-lab/.

37) 오페라 극장들이 제작 과정에 대해 재고하는 노력을 하지 않는다는 것은 아니다. 엘다르(Sivan Eldar)의 《라이크 플레쉬》 (Like Flesh)와 같은 오페라는 연구, 실험, 테스트의 단계를 가능하게 하는 전통적인 오페라 제작의 틀 안에서 이르캄(Ircam) 과 같은 기관과 협력하는 대안적인 형태가 있다는 것을 보여준다. 이러한 발전은 오페라하우스와 다른 문화 기관 간의 파트너십을 구축하는 FEDORA 및 ENOA와 같은 유럽의 협력 프로젝트들을 통해 더욱 강화된다.

38) 다음을 참조할 것. Ryan Ebright, "'My Answer to What Music Theatre Can Be': Iconoclasm and Entrepreneurship in Steve Reich and Beryl Korot's The Cave," *American Music*, 35/1 (2017), 30.

다. 판데르아를 제외하고 무대 디자이너, 지휘자, 촬영 기사와 같은 제작에서 중요한 역할은 남성으로 가득한 데 반해, 각 조직의 업무와 딸의 '감정적인 여정'을 담당하는 보조와 극작가는 여성이다. 이러한 편향은 데이터를 저장하는 실질적인 물체와 물질, 즉 인쇄된 대본, 영상을 보존하는 비디오 서버와 그러한 데이터와 함께하는 사람들로 변환된다.

이와 유사하게 음악은 악보뿐만이 아니라 판데르아의 클릭 트랙에 따른 템포, 증폭 매커니즘, 성악가들의 위치에 따른 공간적 배분에 의해 전달된다. 스튜디오의 공간 구성은 판데르아가 공간을 어떻게 아바타로 바꿔 가는지를 보여준다. 오늘날 오페라를 제작하는 대부분의 리허설 스튜디오에는 고정적인 공간적 관계가 존재한다. 제작에서 음악을 담당하는 부분은 무대 위 성악가들의 오른쪽에 의치한다. 이 두 하위 공간 모두 음향을 만들어 내고, 리허설 스튜디오 내 가청 공간을 공동으로 제어할 수 있어야 한다. 연출과 음악의 공간적 관계는 분명히 분리되어 있다. 음향은 오른쪽과 정면에서 나오고 무대 연출에 대한 지시는 왼쪽에서 나온다.

〈업로드〉에서는 음향 공간을 통한 행위자의 창의적 배분이라는 아이디어가 재구성되어 소리와 공간의 분리가 변경되었다. 무대 감독이 곧 작곡가이기 때문에 연출과 음악 사이의 구분이 모호해진다. 소리의 원점이 원래 있던 곳에서 분리되어 서라운드 스피커로 분산되었기 때문에 음향이 더 이상 오른쪽과 앞쪽에서 나오지 않고 모든 곳에서 나온다. 성악가들의 목소리가 전달되는 경로를 스피커로 배분하는 것은 오페라와 사운드 시네마에서의 목소리의 비효율성(ineffability of voice)에 대한 더 큰 논쟁과 관련이 있다. 아바테(Carolyn Abbate)는 이러한 부재와 편재의 동시성이 '지배와 복종의 상황을 설정한다'고 주장한다.[39] 〈업로드〉의 리허설에서는 피아노와 반주자가 없기 때문에 소리에 대한 '지배'가 판데르아에 의해 만들어진다.[40] 반주자는 성악가들의 증폭된 목소리와 함께 서라운드 스피커를 통해 퍼지는 판데르아의 전자음향에 교체되었다. 두 자릿수의 스피커들은 스튜디오의 벽을 따라 흩어져, 어쿠스마틱 사운드(acousmatic sounds)만 내보낸다. 정교하게 만들어진 미디 파일은 오케스트라의 음향을 모방해 반주자를 불필요한 존재로 만든다.[41] 또 피아노 반주자보다 다양한 소리를 제공하면서, 작곡된 전자 음원을 재생해 퍼뜨린다.

스피커를 활용해 음악이 전달되는 가청 공간을 재구축하는 것 외에도 판데르아는 원하

---

39) Carolyn Abbate, *In Search of Opera* (Princeton, NJ: Princeton University Press, 2001), 148.

40) 피아노는 잘 사용되지 않는 키보드로 대체되고 가수에게 단일 음을 전달한다.

41) 어쿠스마틱 사운드(acousmatic sounds) 개념에 대해서는 다음을 참조할 것. Pierre Schaeffer, *Treatise on Musical Objects: An Essay across Disciplines*, trans. Christine North and John Dack (Oakland: University of California Press, 2017), 64–69.

는 템포를 외부 저장체에 저장하여 음악의 시간을 제어한다. 그는 투사된 영상과의 동기화를 용이하게 하기 위해 정확한 박을 제공하는 신호인 클릭 트랙으로 작업한다. 성악가들은 네덜란드 국립오페라에 도착하기 이전에 클릭 트랙으로 각자의 파트를 배운다. 수많은 반복을 통해 박자를 외운 그들은 이제 스튜디오에서 클릭이 없는 전자음향 트랙 위에서 노래하면서 더 많은 자유를 경험하게 된다. 그들은 지휘자의 지휘를 따르며 모든 박을 듣기 위해 집중하는 것이 아니라 각자의 음악적 해석어 점점 더 집중할 수 있다. 리허설에서는 메트로놈의 기능이 지휘자에게 부여된다. 그들의 책상에는 시각적, 청각적 신호가 장착되어 있다. 박자는 판데르아의 시간을 지시한다. 지휘자는 판데르아가 작품을 작곡할 때 상상했던 박을 따른다. 판데르아는 클릭 트랙을 통해 과거르부터 음악의 박자를 쓰고 또 지휘한다. 지휘자의 책상에는 빨간색과 초록색 불이 들어오는 작은 클릭 트랙 박스가 설치되어 있다. 마디의 첫 박에는 빨간 불빛을, 나머지 박에서는 초록 불빛이 나온다. 책상 위에는 그 밖에도 이어폰을 통해 지휘자에게만 청각적인 신호를 전해주는 MP3 플레이어도 있다. 보조 지휘자 맥알파인(Fergus McAlpine)은 지휘자의 행위성이 클릭 트랙을 통해 변경되었다고 말한다.

> 오디오 클릭은 메트로놈에 맞춰 지휘하는 것처럼 단순하지 않다. 따르지 않을 수 없는 박을 몸으로 보내지만, 너무 엄격하기 때문에 음악에서 벗어날 수 있다. 반면에 불빛은 그 자체로 박의 가이드라인 역할을 한다. 내 주변에서 무슨 일이 일어나고 있는지 귀를 완전히 열 수가 있어서 좋다. 좀 더 음악적으로 느낄 수 있다. 안 좋은 점은 조심하지 않으면 박을 놓치기 쉽다는 것이다. 또 음악의 박자가 불빛이 가장 밝을 때가 아니라, 불빛이 들어오는 그 순간에 시작한다. 그래서 박자보다도 더 앞서서 지휘해야 한다.[42]

클릭 트랙와 미디 파일의 엄격성에 더불어 작곡가가 현장에 있다는 점은 음향을 바꾸며, 따라서 지휘자의 역할도 바뀐다. 제대로 리허설을 하기 위해 악보와 미디 파일을 성악가에게 제시간에 전달하려는 판데르아의 시간 관리 때문에 지휘자의 행위성은 더 줄어든다.[43] 대부분의 동선 리허설에서는 지휘자 타우스크(Otto Tausk)가 보조 지휘자로 대체되었다. 대화 중에 맥알파인은 〈업로드〉에서의 자기 일을 안무가의 스텝이 고정 되어있는 발레와 영

---

42) Fergus McAlpine, 인터뷰에서 발췌함.

43) 새로운 오페라 제작에 참여했던 이전의 경험에 비추어 볼 때, 초기 단계에서부터 확정적인 악보가 있다는 것은 매우 이례적인 일이다. 앙상블 무지크파브릭(Ensemble Musikfabrik)과 함께 〈업로드〉의 음악을 리허설 하는 동안 지휘자 타우스크는 전체 악보에서 단 두 개의 오류만을 발견했으며, 이는 매우 인상적인 일이라고 말했다.

화 음악 콘서트에 비유하기도 했다.[44] 일반적으로는 무대 감독과 지휘자가 음향 공간을 지휘하는 반면 여기서는 그 관계가 바뀌었다. 지휘자는 스튜디오의 다른 사람이 들을 수 없는 음원에 맞춰 클릭 트랙과 음악적 다이내믹을 제스처로 변환한다. 〈업로드〉 리허설에서는 영상 신호, 음악적 템포, 다이내믹이 상당히 세밀하며 거의 고정적이다. 작곡가는 시간의 안무가가 되고 그와 함께 지휘자는 (음악적 해석가가 아닌) 번역가로 변화한다. 작곡가는 지휘자의 창의적 책임의 영역을 축소한다. 지휘자의 행위성이 음악의 박자를 지시하는 것이 아니라 가능한 차이가 없도록 반복하는 것으로 상당히 축소되면서 판데르아의 행위성은 그와 반대로 확장된다. 판데르아는 지휘자를 중심에서 분산시키고, 성악가들의 유연성을 줄이고, 어쿠스매틱 사운드에 주도권을 이행하며, 기술을 퍼뜨린다.

판데르아의 오페라 리허설 과정은 인간중심주의의 주요한 윤리 문제를 피해 그 자체로 포스트휴먼이 되는 과정으로 읽을 수 있다. 리허설 과정에 참여하는 사람들, 아바타, 공간적 기술은 모두 판데르아에게 데이터를 제공하는 주체가 된다. '인식적인 것'은 근본적으로 아바타 뒤의 아바타로, 즉 판데르아가 리허설의 공간과 시간을 공급하는 것이다. 위촉 시스템과 더블A 파운데이션을 통해 판데르아는 새로운 오페라의 기반 시설 안에 있는 자신의 창의적인 구상을 위한 '더블A 생태계'를 만들었다. 그는 사람과 사물에 대한 선호도, 시간과 공간에 대한 구상에 따라 리허설이 모두 끝날 때까지 지속적으로 데이터를 업데이트하며 자신의 의견을 반영한다. 리허설에서 연기자들의 다양한 상호작용을 관찰하며 필자는 아바타의 존재가 고전적인 리허설 관습 밖에서 〈업로드〉를 만들어내고, 판데르아를 오페라 제작 과정의 궁극적인 창작자로서 제시하는 과정을 살펴볼 수 있었다.

---

44) Fergus McAlpine, 인터뷰.

음악적 창의성이란 무엇인가? : 플라톤에서 AI까지 음악적 창조에 대한 미적 담론

참고문헌

Abbate, Carolyn. *In Search of Opera*. Princeton: Princeton University Press, 2001.

Barrett, G Douglas. *Experimenting the Human: Art, Music, and the Contemporary Posthuman*. Chicago: University of Chicago Press, 2023.

Born, Georgina. "On Musical Mediation: Ontology, Technology and Creativity." *Twentieth-Century Music*, 2/1 (2005): 7–36.

──────. "Social Forms and Relational Ontologies in Digital Music." In *Bodily Expression in Electronic Music: Perspectives on Reclaiming Performativity*, Edited by Deniz Peters, Gerhard Eckel and Andreas Dorschel, 163-180. New York: Routledge, 2012.

Braidotti, Rosi. *The Posthuman*. Cambridge: Polity Press, 2013.

Clarke, Eric, Mark Doffmann and Liza Lim. "Distributed Creativity and Ecological Dynamics: A Case Study of Liza Lim's "Tongue of the Invisible"." *Music and Letters* 94/4 (2013): 628–663.

Deaville, James, and Evan Baker. *Wagner in Rehearsal 1875–1876: The Diaries of Richard Fricke*, Translated by George R. Fricke, Stuyvesant: Pendragon Press, 1998.

Ebright, Ryan. "'My Answer to What Music Theater Can Be': Iconoclasm and Entrepreneurship in Steve Reich and Beryl Korot's The Cave." *American Music*, 35/1 (2017): 29–50.

Hartung, Ulrike. *Postdramatisches Musiktheater*. Würzburg: Königshausen & Neumann, 2019.

Hayles, Katherine. *How We Became Posthuman: Virtual Bodies in Cybernetics, Literature, and Informatics*. Chicago, IL: University of Chicago Press, 1999.

──────. *How We Think: Digital Media and Contemporary Technogenesis*. Chicago, IL: University of Chicago Press, 2012.

Latour, Bruno. *Shaping Technology / Building Society: Studies in Sociotechnical Change*. Cambridge, MA: MIT Press, 1992.

Moisala, Pirkko. Taru Leppänen, Milla Tiainen and Hanna Väätäinen, "Noticing Musical Becomings: Deleuzian and Guattarian Approaches to Ethnographic Studies of Musicking." *Current Musicology* 98 (2014): 71-93.

Moravec, Hans. *Mind Children: The Future of Robot and Human Intelligence*. Cambridge, MA: Harvard University Press, 1988.

Rheinberger, Hans-Jörg. *Toward a History of Epistemic Things: Synthesizing Proteins in the Test Tube*. Stanford: Stanford University Press, 1997.

Risi, Clemens. 'Encore! Oper wiederholen', in *Chaos und Konzept: Proben und Probieren im Theater*, Edited by Melanie Hinz, Jens Roselt, 97-108. Berlin: Alexander Verlag, 2011.

Schaeffer, Pierre. *Treatise on Musical Objects: An Essay across Disciplines*, Translated by Christine North and John Dack. Oakland: University of California Press, 2017.

Siegert, Bernhard. *Passage des Digitalen: Zeichenpraktiken der neuzeitlichen Wissenschaften 1500–1900*. Berlin: Brinkmann

& Bose, 2003.

Sikau, Lea Luka. "Upload en de stem zonder lichaam." *Odeon Magazine*, 30/121 (2021): 56–57.

Stillinger, Jack. *Multiple Authorship and The Myth of Solitary Genius*. New York: Oxford University Press, 1991.

Till, Nicholas. "The Operatic Work: Texts, Performances, Receptions and Repertoires." In *The Cambridge Companion to Opera Studies*, 225-253. Cambridge: Cambridge University Press, 2012.

Wechsler, Robert. "Artistic Considerations in the Use of Motion Tracking with Live Performers: A Practical Guide", In *Performance and Technology: Practices of Virtual Embodiment and Interactivity*, Edited by Susan Broadhurst, Josephine Machon, 60-77. Basingstoke: Palgrove Macmillian, 2006.

Wolfe, Cary. *What Is Posthumanism?*. Minneapolis: University of Minnesota Press, 2010.

[인용된 학회]

Musiktheater der Zeitgenossenschaft: Michel van der Aas Schaffen an den Schnittstellen der Künste (Ruhr University Bochum, 16 September 2022).

4.

창의성을 둘러싼 음악교육학적 담론

창의적 학습의 여러 전통들
Traditions of creative learning[1]

니콜라스 쿡

이창성 편역

1. 저자

니콜라스 쿡(Nicholas Cook)은 그리스에서 태어난 영국의 음악학자로 음악 미학, 음악 사회학, 음악과 테크놀로지, 음악교육 등 음악학에 관련한 주제를 전방위적으로 다루는 학자이다. 그는 홍콩 대학교, 시드니 대학교, 사우샘프턴 대학교에서 후학을 양성한 바 있으며, 현재는 케임브리지 음악대학 교수로 재직 중이다. 그는 또한 왕립 음악 협회 저널(*Journal of the Royal Musical Association*)의 편집자를 역임한 바 있으며, 2001년에는 영국 학술원 회원으로 선출되었다. 대표적인 저서로는 『음악 분석 입문』(1987), 『음악, 상상력, 그리고 문화』(1990), 『음악 멀티미디어 분석』(1998), 『셴커 프로젝트』(2007)가 있으며 옥스퍼드 대학 출판사에서 간행하는 학문 입문서 시리즈인 『아주 짧은 입문서』(A Very Short Introduction)에서 '음악' 입문서를 담당한 바 있다. 이 입문서는 17개의 나라에 번역되어 발간되었고, 한국에서는 『음악에 관한 몇 가지 생각』(장호연 역, 2016)으로 출간되었다. 니콜라스 쿡의 저술 활동과 연구 활동은 아직까지도 활발하게 계속되고 있으며, 그의 관심 분야는 끝없이 확장되고 있다.

2. 편역자 서문

음악을 가르치는 장면을 상상해 보라고 한다면, 흔히들 피아노 앞에 교수자와 학습자가 두루 앉아있는 장면이나 혹은 특정한 악기를 함께 연주하며 일대일로 교수자와 학습자가 상호작용하는 모습을 떠올릴 것이다. 이러한 상상은 꽤나 자연스러우면서도 이례적인 것인데 다른 교과목의 경우에는 일대일의 교수법보다는 일대다의 교수법이 먼저 떠오르기 때문이

---

[1] Nicholas Cook, "Traditions of creative learning," in *Music As Creative Practice* (Oxford University Press, 2018), 163-170.

음악적 창의성이란 무엇인가? : 플라톤에서 AI까지 음악적 창조에 대한 미적 담론

다. 가령 수학이나 물리학을 비롯한 학문의 경우, 거대한 칠판에 교수자 한 명이 서 있고, 그 교수자를 여러 명의 학생들이 바라보고 있는 장면이 떠오른다. 물론 공교육에서는 음악교육이 일대다의 형태로 쉽게 이루어지지만, 왜 우리는 음악교육이 일대일로 이루어져야 한다고 생각하는 걸까? 또한, 음악대학이라는 공식적인 제도 하에서는 교수자와 학습자 간의 도제식 교육이 왜 계속해서 유지되고 있는 것일까?

니콜라스 쿡은 이를 규명하기 위해 공식적 제도 외에서 일어나는 음악교육 및 학습의 사례들을 탐구한다. 이 글은 그의 저서 『창의적 관행으로서의 음악』(Music As Creative Practice, 2018)에 실린 "창의적 학습의 여러 전통들"이라는 챕터를 편역한 것으로, 이 글에서 먼저 쿡은 서양 음악 중에서 재즈, 팝, 록 뮤지션들이 음악을 학습하는 방식을 관찰한다. 그리고 그들이 정식적인 교육보다는 독학을 하거나, 여러 뮤지션들의 음반을 듣거나, 혹은 선배 음악가들로부터 음악을 배웠다고 말한다. 쿡은 이러한 방식을 '사회적 학습'(Social Learning)이라고 칭하는 데, 사회적 학습이란 개인 간의 상호관계를 통해 이루어지는 학습이며, 학습자는 자신이 속한 공동체와 집단의 규칙, 습관, 태도 등을 관찰하거나 모방함으로써 자연스럽게 그것들은 습득하게 된다. 음악에서 '사회적 학습'이란 학습자가 교수자와 상호작용하며 교수자가 지닌 음악적 기술이나 지식을 자연스럽게 체득하는 것이고, 교수자를 너머 자신이 속한 음악 공동체의 규율이나 관습 등을 받아들이는 것이다. 쿡이 보았을 때, 이러한 사회적 학습은 공교육으로 대표되는 공식적인 제도권 아래의 교육에서는 제공하기 어려운 것이다. 이러한 사회적 학습은 오늘날까지 서구음악이든, 비서구 음악이든 음악교육에서 핵심적인 요소를 차지하고 있다.

재즈, 록, 비서구 전통음악에서의 사회적 학습의 예시들을 살펴본 후, 쿡은 오늘날의 음악대학이나 음악원들이 어떻게 현재의 공식적인 교육 제도 안에 편입되었는지를 추적한다. 쿡은 콘세르바토리(conservatori), 콩세르바투아르(conservatoire) 등 여러 음악 전문 교육기관의 역사를 추적한다. 현대의 음악원들은 대부분 대학교와 비슷한 제도를 채택하고 있고, 특정한 커리큘럼을 이수하면 학위 수여도 받을 수 있다. 그러나 쿡은 이러한 현대적 의미에서의 음악원들이 생긴 것은 19세기에서 20세기라 말하며, 본래의 음악원은 선생과 학생이 일대일로 상호작용하며 음악에 관한 지식과 기술을 배우는 전문학교에 가까웠다고 말한다. 그는 18세기에 이탈리아를 중심으로 생겨난 음악원들을 살펴보며 그 교육과정에 주목한다.

18세기 음악원의 교육은 두 개의 축으로 구성되었는데 하나는 대위법(counterpoint)이고, 다른 하나는 파르티멘토(partimento)이다. 대위법은 오늘날까지 음악대학이나 음악원에서 중요한 교육과정으로 남아있지만, 파르티멘토는 거의 사라졌다. 그러나 쿡은 이 파르티멘토가 음악교육에서 핵심적인 비중을 차지했다고 주장한다. 파르티멘토는 베이스에 몇 가지 선율 패턴들이 주어지는 교육용 악보로서 학생들은 베이스 선율 위에 즉흥적으로 작곡하여 음악으로 완성한다. 이는 일종의 계속 저음과 비슷해 보이지만 계속 저음과 달리 파르티멘토는 반주 혹은 연주를 위한 것이 아니라 작곡을 위한 도구이다. 쿡은 파르티멘토가 손과 귀, 그리고 눈이라는 감각들이 총체적으로 결합하는 학습이었다는 것에 주목하며 본래의 음악원은 이론뿐만 아니라 실기를 가르치는 곳이었고, 이론과 실제가 엄밀하게 구분되지 않는 형태의 교육 과정을 지니고 있었다고 추정한다.

그러나 음악의 주요한 후원체계가 19세기 이후 고등 교육 기관, 즉 대학이 되면서 음악원들은 파르티멘토처럼 눈으로 보이지 않는 지식보다는 논문이나 악보와 같이 문서화된 정보로서 명확하게 드러나는 것들을 중요시하게 되었다. 또한 음악원이 국가적인 정책 아래에서 정식적인 기관으로서 인가를 받거나, 대학교 내부에서 음악이라는 학과를 개설하기 위해서는 이를 평가하는 대상들에게 그동안 음악원에서 이루어졌던 도제식 교육이나 사회적 학습보다 훨씬 더 구체적인 성과물들을 제시해야 했다. 이 과정에서 음악이론과 음악실제는 위계적인 관계에 놓이게 되었고, 서로의 영역은 분리되게 되었다. 그리고 음악가들은 자신의 작품이 특정한 연구로서, 지식으로서의 가치가 있음을 증명하기 위해 여러 서류를 작성하고, 이를 통해 자금을 조달하기 위해 고군분투하고 있다.

니콜라스 쿡의 글은 짧지만 현대의 음악교육에 대해 재고해 볼 수 있는 좋은 기회를 제공한다. 오늘날 음악교육은 대부분 거대한 국가사업의 일환으로서 이루어지고 있다. 예술중학교, 예술고등학교와 같은 음악 전문학교를 비롯하여 대부분의 대학교에는 음악대학이 있다. 그리고 음악대학의 주요한 커리큘럼으로는 음악사, 음악이론, 화성법, 대위법과 같은 이론과목들이 있다. 하지만 음악대학 내에서는 일대일 강습이 주를 이룬다. 악기 수업뿐 아니라 작곡 수업의 경우도 마찬가지이다. 음악교육은 교수자와 학습자간의 상호작용과 사회적 학습이 핵심인데, 이론과 실제가 철저하게 분리된 오늘날의 음악대학의 교육대학을 어떻게 바라보아야할까. 이러한 질문에 대해 쿡의 글은 음악교육의 본질은 무엇인가를 성찰하게 한다.

창의적 학습의 여러 전통들

음악을 교육하고 학습하는 것은 다양한 사회적 맥락에서 이루어지며 광활한 스펙트럼을 띠고 있다. 그 스펙트럼의 맨 끝에는 공식적인 제도 아래에서 시행되는 음악교육과 나머지 끝에는 비공식적인 맥락에서 이루어지는 음악교육이 존재한다. 비공식적 음악교육의 대표적인 예시에는 20세기 후반, 재즈와 자유로운 즉흥 연주를 추구하며 모인 단체들이 있다. 이들의 움직임은 대서양 양쪽, 미국과 서구 우럽에서 동시다발적으로 일어났으며 게브하르드(Nicholas Gebhardt)에 따르자면 이들의 목적은 "기업과 국가가 지원하는 음악 산업의 지배적인 사회적, 경제적 명령에 도전하는 것"이었다.[2] 공식적인 제도 아래에서 이루어지는 학습이 아닌 이러한 형태의 대안적 음악 학습에서는 우리가 생각하는 것과는 다른 방식의 학습법들이 동원된다. 맥글론과 맥도날드(Una MacGlone & Raymond MacDonald)의 연구[3]에 따르면 이들이 음악을 체득하는 방식에는 음반을 들으며 독학하는 것, 경험이 많은 음악가가 여러 녹음본을 탐구하고, 그리고 자신이 롤모델이 되는 것, 그리고 자신이 그 실천 공동체의 일원이 됨으로써 얻게 되는 자원에 주목한다. 맥글론과 맥도날드의 연구에서 나타나듯 연구 참여자들에게 "즉흥연주자가 되는 것은 스스로 만들어 내는 다면적이고 깊이 있는 경험"이었다.[4] 즉, 고도로 사회화된 환경은 개인이 목표를 설정하고, 자신의 진행 상황을 모니터링하며, 일반적으로 자신의 학습에 대해 책임지는 데에 도움이 되었다. 이러한 것들은 덜 사회화된 환경, 즉, 제도화된 정규 교육이나 공식적인 교육에서는 부족한 것으로 인식되는 것이다.

재즈 뮤지션들과 비슷하게 팝과 록 뮤지션들도 대부분 음악을 독학으로 배웠지만, 그렇지 않더라도 그들의 음악교육 및 학습은 비공식적으로 이루어지는 경우가 많다. 스마트와 그린(Tim Smart & Lucy Green)은 더 큰 맥락에서 음악가의 자질(musicianship)을 강조한

---

2) Nicholas Gebhardt, "The collective problem in jazz," *Jazz Research Journal 5* (2011), 16.

3) Una McGlone and Raymond MacDonald, "Learning to improvise, improvising to learn a qualitative study of learning pocesses in improvising musicians," in *Distributed Creativity: Collaboration and Improvisation in Contemporary Music*, ed. E. Clarke and M. Doffman (New York: Oxford University Press, 2017), 278-294.

4) Una McGlone and Raymond MacDonald, 위의 글, 290

다.[5] 한 연구참여자가 말했듯 "모든 사회적 행동을 정확하게 안다는 것, 예를 들어 술집에서 언제 술을 살 수 있는지, 기름값을 내야하는 것을 아는 것"[6]과 같은 기술은 창의적인 실천에 있어 없어서는 안 될 요소라고 말한다. 한편, 스마트와 그린은 클래식 음악계에도 우리가 생각하는 것보다 더 많은 비공식적 학습이 존재한다고 말한다. 몇 가지 예시를 보자면 이전 장에서 살펴보았던 나디아 불랑제(Nadia Boulanger, 1887-1979)의 수요일 티 파티(Wednesday afternoon tea parties)[7]가 있다. 또한 30대 초반이었던 라흐마니노프(Sergei Rachmaninoff, 1873-1943)는 모스크바에서 니콜라이 즈베레프(Nikolai Zverev, 1833-1893)와 함께 공부하며 훨씬 더 몰입적인 학습 환경을 경험한 적이 있다. 해리슨(Max Harrison)에 따르면 즈베레프는 꽤나 부유했는데, 그는 가난하지만 재능이 있는 학생들을 위해 무료로 교육을 제공했으며, 그러한 학생들은 즈베레프의 집에 거주하며 음악을 배웠다. 이는 과거 훔멜(Johann Nepomuk Hummel, 1778-1837)이 모차르트(Wolfgang Amadeus Mozart, 1756-1791)의 집에서 함께 생활하며 음악을 공부했던 것을 떠올리게 한다. 마티네로 명성이 자자했던 즈베레프는 피아노 레슨뿐만 아니라 학생들에게 숙식과 옷 등을 제공했고 음악회와 오페라, 그리고 연극 관람을 독려했다. 일요일에는 수업이 없는 대신 즈베레프와 함께 음악을 공부했던 차이코프스키(Pyotr Ilyich Tchaikovsky, 1840-1893)를 비롯한 전문 음악가에서부터 음악을 사랑하는 배우, 변호사, 교수에 이르기까지 '음악적이고 지적인 모스크바 사람들을 위한 오픈하우스'가 열렸다.[8] 즈베레프는 주로 연주를 가르치는 선생이었지만, 연주 외에 그가 제공한 교육의 효과는 꽤나 대단했고, 이는 그의 제자들인 라흐마니노프와 스크랴빈(Alexander Scriabin, 1872-1915)을 위대한 작곡가로 음악사에 남겼다.

사회적 학습은 역사적으로 서구 이외의 많은 음악 전통에서도 보편적으로 나타나는 현상이다. 악기를 배우는 것은 종족음악학 연구에서 잘 알려진 방법으로 키펜(James Kippen)[9]은 우스타드 아팍 후세인(Ustād Afaq Hussein)에게 타블라(tablā)[10]를 배웠던 경험에 대해 "스승과 함께하기"라는 글을 남겼다. 그에 따르면 "스승은 음악적 지식, 혹은 그것을 연주하는

---

5) [편역] 일대다의 수업만으로는 배울 수 없는 것을 의미한다.

6) Tim Smart and Lucy Green, "Informal learning and musical performance," in *Musicians in the Making: Pathways to Creative Performance*, ed. J. Rink, H. Gaunt, A. Williamon (New York: Oxford University Press, 2017), 115.

7) [편역] 불랑제는 수요일마다 자신의 집에서 개인 레슨을 진행했는데, 이 레슨에서 스트라빈스키, 포레 등의 걸출한 음악가들이 영향을 받았다.

8) Max Harrison, *Rachmaninoff: Life, Works, Recordings* (London: Continuum, 2006), 14-15.

9) James Kippen, "Working with the masters," in *Shadows in the Field: New Perspectives for Fieldwork in Ethnomusicology*, ed. G. Barz and T. Cooley (New York: Oxford University Press, 2008), 125-140.

10) [편역] 두 개의 북을 한 쌍으로 하는 남아시아의 전통 악기로 손으로 연주하는 막명악기이다.

기술을 전수하는 것뿐만이 아니라, 도덕, 윤리, 성실성, 자아실현, 비전 및 개인적 깊이에 이르기까지 제자에게 완전한 롤모델이 된다."[11] 한편 키펜은 후세인의 제자가 되는 것이 그리 간단하지는 않았다고 기록한다. 후세인은 키펜의 타블라 연주를 단 5초 정도 듣고 나서는 그가 모든 것을 잘못하고 있고 처음부터 다시 배워야 한다고 딱 잘라 말했다. 이후 9개월 동안 키펜은 후세인에게 타블라를 배우지 못하고 일종의 수습 기간을 보냈는데, 이 기간에 키펜은 후세인이 자신을 일부러 멀리하면서 자신을 시험하고 있다고 느꼈다.[12] 이후 키펜이 이전에는 보여주지 못했던 새로운 '소리의 질과 음색'을 들려주기 시작했을 때 후세인과의 관계가 바뀌기 시작했고, 얼마 지나지 않아 수업의 시작을 알리는 즉, 후세인이 키펜을 가르치겠노라고 알리는 작은 의식이 열렸다.[13] 이 시점부터 후세인의 단칸방에 살던 여성들은 키펜이 수업을 위해 후세인의 집에 올 때 더는 뒷마당으로 물러나지 않았고, 동료 제자들 역시 키펜에게 적극적으로 우정을 표하기 시작했다. 키펜은 후세인에게 타블라를 배우는 과정에서 자신은 "후세인의 새로운 가족이 되었고, 나는 위대한 스승의 아들이 되었다"고 말한다.[14] 한편, 키펜은 이러한 비대칭적 권력 구조가 제자를 유아화시키고, 스승에 대해 완전한 의존성을 만들어낸다고 덧붙인다.

비슷하게 오늘날 인도에는 연주를 가르치는 다양한 기관이 있는데, 스승과 제자 사이의 관계는 여전히 굳건하게 유지되고 있다. 인도에서 전통음악을 공부하는 연주자들은 자신의 연주 계통을 추적할 수 없다면 경력을 쌓기 어렵다.[15] 그리고 이러한 교육은 공식적인 제도 밖에서 이루어지며 종종 노동력이나 현물을 지불하는 대가로 제공된다. 예를 들어 하이든(Franz Joseph Haydn, 1732-1809)이 작곡을 가르쳐주는 대가로 포르포라(Nicola Porpora 1686-1768)의 수발 노릇을 한 것처럼 키펜은 스승을 위해 잡다한 심부름을 했다.[16] 한편, 세계의 다른 많은 지역에서는 20세기 들어 악기의 표준화가 이루어지고, 돈을 지불한 청중 앞에서 연주하는, 이른바 서양식 콘서트를 여는 문화가 자리 잡기 시작했다. 특히 중국에서 이러한 변화를 추적하던 스톡(Jonathan Stock)은 이를 "개별적인 작곡물을 악보로 표현하고, 전승하고, 보전함으로써 영구적인 작품으로서 탄생시키는 것"이라고 명명한 바 있다.[17] 1927년

---

11) Kippen, "Working with the masters," 127.

12) Kippen, 위의 글, 129.

13) Kippen, 위의 글, 130.

14) Kippen, 위의 글, 131.

15) 물론 이는 서양 음악가들에게도 해당되는 이야기지만, 그것이 자신의 경력에 결정적인 영향을 미치지는 않는다는 점에서 차이가 있다.

16) Robert Gjerdingen, "Partimento, que me veux-tu?" *Journal of Musical Theory* 51 (2007), 89.

17) Jonathan Stock, *Musical Creativity in Twentieth-Century China: Abing , HIs Music and its Changing Meanings* (Rochester, NY:

에 중국 상하이에 상해 음악원이 설립되고, 1950년에 베이징 음악원이 설립되었던 것처럼 이제 여러 문화권에도 음악원과 같은 공식적인 교육기관이 자리 잡은 지 오래다. 유럽에서 현대적인 의미에서의 음악원이 탄생하게 된 것 역시 어떤 측면에서는 구전되거나 스승을 통해 전승되는 것들을 공식화한다는 의미에서 비슷하지만, 20세기가 아니라 19세기에 주로 일어난 일이다.

  사실 300년 전, 그러니까 18세기에도 음악원(Conservatory)라는 개념은 존재했지만 현대적인 의미의 음악원과는 거리가 멀었다. 당시 이탈리아는 음악교육의 중심지였으며, 음악교육은 주로 고아원을 중심으로 이루어졌는데 남자아이를 위한 음악원은 콘세르바토리(Conservatori), 여자 아이를 위한 음악원은 오스페달레(Ospedale)라고 불렸다. 이 기관들은 아이들을 대상으로 음악을 가르쳤으며, 이 중에서 우리에게 가장 잘 알려진 곳은 비발디(Antonio Vivaldi, 1678-1741)가 활동한 베네치아의 '피에타 델라 오스페달레'(Ospedale della Pieta)이다. 그러나 작곡 교육에서 핵심적인 기관은 나폴리에 위치한 네 개의 음악원이었는데 18세기에는 유럽의 유명한 음악가를 교사로 고용하고 해외에서도 수많은 학생들이 찾아올만큼 발전했다.[18] 산기네티(Girogio Sanguinetti)에 따르면, 이때의 교육은 공개강좌와 일대일 레슨의 형태로 이루어졌는데, 후자의 경우 교사가 상급생을 가르치고, 이어서 상급생이 하급생을 가르치는 방식이었다.[19] 이 음악원들의 커리큘럼은 파르티멘토(partimento)와 대위법(counterpoint)이 주를 이루었는데, 전자는 주로 즉흥 연주에 초점이 맞추어져 있었고, 후자는 작곡에 중점을 두었다. 이 중에서 대위법은 전통적인 음악교육의 필수적인 요소로 남아 현대에까지 전수되고 있으며, 특히 북미의 이론 교육에서 중요한 위치를 차지하고 있다. 반면 즉흥 연주로 대표되는 파르티멘토는 거의 사멸했다가 최근에야 다시금 관심을 받고 있다. 파르티멘토가 기록된 악보들을 유심히 살펴보면, 음자리표가 여러 번 바뀐다는 점을 제외하고는 계속 저음(figured bass)과 유사해 보인다. 그러나 파르티멘토는 계속 저음과는 분명한 차이가 있는데, 계속 저음은 연주를 하기 위한 악보인 것에 반해 파르티멘토는 특정한 선율에 기초하여 작곡하기 위한 개요이자 일종의 템플릿이다. 산기네티가 말했든 "파르티멘토는 오선지 한 장에 적힌 간단한 스케치로 건반 위에서 즉흥적으로 작곡을 하는 것을 돕기 위한 일종의 지침이다."[20]

University of Rochester Press, 1996), 144.

18) Gjerdingen, "Partimento, que me veux-tu?" 104.

19) Giorgio Sanguinetti, *The Art of Partimento: History, Theory, and Practice* (New York: Oxford University Press, 2012), 42-3.

20) Sanuinetti, 위의 글, 14,

종별 대위법과 마찬가지로 18세기에 파르티멘토는 주요한 교육적 도구였으며 이 교육은 몇 년에 걸쳐 이루어졌다. 학생들은 파르티멘토 교육을 통해서 18세기 음악 어법들에 대해 익숙해질 수 있었고, 이 학습은 손과 눈, 그리고 귀를 통해서 지식을 축적하는 일종의 느린 학습(slow learning)이었다. 예딩엔(Robert Gjerdingen)이 말했듯 18세기의 파르티멘토는 작곡과 연주, 두 영역 모두를 증진하는 학습법이었고,[21] 이러한 전통을 이해하지 못한다면 당대의 작곡가들이 어떻게 그토록 작곡을 빠르게 할 수 있었는지를 포함하여 18세기 음악 문화 전반을 이해하는 데에 어려움이 생길 수밖에 없다. 하이든이 스승으로 모셨던 니콜라 포르포라는 당시 빈에 거주하고 있었지만, 나폴리 출신의 거장이었으며, 하이든의 표현을 빌리자면 "작곡의 진정한 기초"를 가르쳤다.[22] 영국 작곡가 토마스 에트우드(Thomas Atwood, 1765-1838) 역시 잘 알려지지 않았지만, 모차르트의 제자였으며, 그보다 더 잘 알려지지 않은 사실은 에트우드가 나폴리의 음악가들과 2년 동안 음악을 공부했다는 점이다.[23]

파르티멘토의 전통은 현대적 의미에서의 콘서바토리가 생겨난 이후에도 은연중에 음악적 사고에 계속해서 영향을 미쳤다. 이러한 콘서바토리의 원형은 프랑스 혁명 이후, 음악 교육을 지원하던 당대의 후원 구조가 붕괴하면서 설립된 파리 음악원(Paris Conservatoire)으로 그 이름에서 알 수 있듯이 이 음악원은 나폴리의 콘서바토리를 본따 만들어졌고, 초대 교장은 이탈리아의 작곡가 루이지 케루비니(Luigi Cherubini, 1760-1842)였다. 1853년 케루비니는 파리 음악원에서 사용하기 위한 『대위법과 푸가 작법』(Cours de contrepoint et de fugue)를 출간하였고, 이는 여러 언어로 번역되어 19세기 유럽 전역에서 널리 사용되었다. 그러면서도 파르티멘토는 파리 음악원에서 이탈리아 출신의 또 다른 작곡가 오귀스트 판세론(Auguste Panseron, 1796-1859)의 『실제적 화성과 조율에 관한 논문』(Traité de l'harmonie pratique et des modulations)에 의해 명맥을 이어갔다. 예딩엔은 20세기까지 이어지는 파르티멘토의 흔적을 추적한 바 있는데[24], 그에 따르면 불랑제는 1921년, 테오도르 뒤부아(Théodore Dubois, 1837-1924)의 논문을 바탕으로 제자들에게 파르티멘토를 가르쳤고, 그녀의 제자인 피스톤(Walter Piston, 1894-1976)은 파르티멘토를 하버드로 가져와 학생들에게 가르쳤다. 베리오(Luciano Berio, 1925-2003)는 어렸을 적 페나롤리(Fedele Fenaroli, 1730-1818)의 유명한 파르티멘토 모음집을 통해 음악을 학습한 바 있다. 그러나 20세기에 들어오면서 파르티멘토는

---

21) 파르티멘토에 대한 예딩엔의 대표적인 연구로는 앞서 인용한 Robert Gjerdingen, "Partimento, que me veux-tu?"와 Robert Gjerdingen, Music in the Galant Style (New York: Oxford University Press, 2007)이 있다.

22) James Webster and Georg Feder, The New Grove Haydn (New York: Oxford University Press, 2002), 4.

23) Gjerdingen, "Partimento, que me veux-tu?," 131.

24) Gjerdingen, 위의 글, 127-128.

대위법이 그래왔던 것처럼 연주보다는 작곡에 관한 연습이 되었고, 이는 작곡과 연주가 별개의 작업으로 분리되어 가는 경향을 따라가는 것이었다.

프랑스의 교육 모델을 따라 콘서바토리들은 그 후 수십 년 동안 유럽의 주요 도시들에 건설되었다. 예를 들어 1817년에는 빈 음악원과 1822년에는 런던 왕립 음악원이 건립되었다. 그 안에서 일대일 교육, 즉 도제식 교육은 계속되었으나 새로운 제도적인 맥락에서 기존과는 다른 약간의 교육적 사고의 전환이 있었다. 18세기의 음악원은 손, 눈, 그리고 귀를 통한 감각들의 결합을 통해 높은 수준의 음악적 전문성과 유창성이 성취되는 전문적인 교육 현장이었다. 악보나 언어 등으로 정립된 교재는 상대적으로 덜 중요한 역할을 했는데, 파르티멘토가 근래까지 음악학에서 그리 많은 주목을 받지 못한 이유도 거기에 있다. 파르티멘토는 음악가가 논문, 에세이과 같은 인쇄물을 남기는 것이 아니라 구전으로 학습자에게 전수되는 것이기 때문이다.[25] 벨리너(Paul Berliner)가 말했던 것처럼 파르티멘토는 "음악적 아이디어나 특정한 패턴들과 클리셰, 그리고 자신이 할 수 있는 것"들의 방대한 레퍼토리를 내재화함으로써 재즈 음악가들이 그들의 음악을 습득하는 것과 비슷한 방식으로 전문성을 얻는 교육적 도구이다. 예딩엔이 기술한 것처럼 파르티멘토는 학생들에게 "음악을 작곡할 수 있는 풍부한 기억의 저장소"를 제공했을뿐 아니라,[26] 18세기 음악에 사용된 화성을 식별하고 배치하는 것에 대한 전문성을 제공했다. 이에 대한 좋은 예시는 파헬벨의 《캐논》과 같은 화성진행일 것이다.

예딩엔이 설명한 바에 따르면 파르티멘토를 학습하던 학생들은 이러한 화성진행이나 특정한 도식에 대해 이름을 붙이지는 않았어도, 그것들을 즉시 인식하고 어떻게 대응해야 하는지 알고 있었다. 다시 말해 이 실천 중심의 교육법은 폴라니(Michael Polanyi)와 콜린스(Harry Collins, 2010)가 제시한 암묵지(tacit knowledge)라는 개념을 떠올리게 한다.[27] 이 개념에서 중요한 것은 몸으로 체득한 지식인데, 이는 본인이 인지하기 전에 자신의 손가락이 저절로 움직이는 것과 같은 것이다. 파르티멘토를 통한 교육법은 19세기 음악 이론이 추구하는 것과는 매우 다른 모델을 추구했다. 파르티멘토는 전문적 기술에 대해서 장인적 훈련, 즉

---

25) Giorgio Sanguinetti, *The Art of Partimento: History, Theory, and Practice*, 10.

26) Gjerdingen, "Partimento, que me veux-tu?," 115.

27) [편역] 암묵지(tacit knowledge)는 학습과 경험을 통해 개인에게 자연스럽게 체화되어 있지만 겉으로 드러나지 않는 지식이나 노하우를 의미한다. 쿡이 앞에서 계속해서 살펴보았던 재즈, 록 뮤지션이나 타블라를 배우던 키펜이 습득한 것이 암묵지에 해당한다. 이에 반대되는 개념은 명시지(explicit knowledge)는 형식지라고도 표현되며 문서화된 글이나 그림을 통해 명시적으로 드러나는 지식이나 정보를 의미한다. 이를 이 글에 대입하자면 암묵지는 일대일로 전수되는 파르티멘토에 해당하며, 명시지는 특정한 논리와 규칙이 서술되어 있는 대위법에 해당한다.

음악적 창의성이란 무엇인가? : 플라톤에서 AI까지 음악적 창조에 대한 미적 담론

도제식 교육을 추구했지만, 이와 대조적으로 음악 이론은 형식적 통일성과 같은 개념에 관심을 표하며 주로 비평과 연관되어 있었다. 19세기에 대두된 음악 이론은 미적 원칙과 규칙의 수립을 향한 언어적인 담론으로 넓은 종류의 아마추어 독자층들을 대상으로 했다. 간단히 말해 음악 이론은 암묵지가 아니라 명시지(explicit knowledge)에 근거하고 있으며, 이 새로운 교육 체제가 작곡이라는 행위와 연결된 것은 교과서가 개발되고 나서이다. 대표적인 예는 요한 크리스챤 로브(Johann Christian Lobe, 1797-1881)의『음악 작곡에 관한 교재』(Lehrbuch der Musikalischen Komposition, 1850)였으며, 이 책은 베토벤의 스케치로부터 일반적인 작곡 원리를 도출한 것이었다. 이제 가르치는 법인 교수법은 이론적 지식을 체계적으로 제시하는 것으로 전환되었고, 실재인 실기는 특정한 맥락에서 이론을 적용하는 것이 되었다. 이러한 방식으로 이론과 실재는 서로 위계적인 관계에 놓이게 되었다. 그렇게 말로 전달되는 지식보다는 문서로 만들어진 지식을 우선시하는 현대적 의미에서의 콘서바토리 교육 모델은 장인적인 것, 도제적인 것보다는 학문적인 것이 되었다.

19세기 콘서바토리에 불어온 인식론적 변화는 20세기 들어 시행된 예술과 교육 정책에 직접적인 영향을 받았다. 20세기 후반 영국의 경우, 두 가지 측면에서 변화가 일어났다. 하나는 영국방송(British Broadcast Corporation, BBC)과 예술에 대한 정부 자금을 출자한 독립 단체인 영국 예술 위원회(Arts Council of Great Britain)가 모더니즘 음악의 대의에 전념하게 되었다. 학계에서도 강력하게 자리 잡지 된 모더니즘 음악에 대한 움직임은 영국뿐만이 아니라 북미에서도 일어났다. 고등교육이 문화후원에서 핵심적인 역할을 하는 북미에서는 작곡과 이론을 모두 '과학적인 접근법', 매우 합리화된 접근법으로 바라보게끔 하였고, 이를 방증하듯 작곡과 이론은 하나의 연구 과정에 합쳐지거나, 취업 공고는 종종 작곡가와 이론가를 동시에 요구했다. 그러나 이러한 모더니즘 음악의 대두보다 더 결정적인 것은 제도 조직과 학문적 인가 및 자금 지원 구조의 개편이었을 것이다. 때때로 콘서바토리는 대학과 합병되었고 이는 음악을 제외한 여러 예술 대학의 경우도 마찬가지이다. 대학에 합병되기 이전에도 현대에 들어 콘서바토리는 고등교육 전반에 걸쳐 부여되는 압박에 시달리게 되었고 영국의 경우에는 특히 두 가지 발전이 중요했다. 졸업생들이 졸업장이 아니라 학위를 수여받을 수 있도록 콘서바토리 프로그램의 학문적 요소를 강화하는 것과 1997년부터 콘서바토리를 국가적인 연구 평가 대상에 포함시키는 것이었다. 이를 기반으로 예술교육에 대해 상당한 자금이 할당되었다.

이러한 와중에도 학생들을 일대일로 가르치는 장인적 교육, 즉 도제식 교육은 레슨실을 비롯한 비공개적인 장소에서 계속되고 있었다. 그러나 그 문 밖에서 공식적이고 제도적인 교육 환경은 지식 산업과 점점 맥을 같이하고 있었다. 영국에서 작곡은 콘서바토리뿐만 아니라 대학에서도 가르치는 분야가 되었으며, 존 크로프트(John Croft)는 이러한 현상을 '연구로서의 작곡'(composition as research)이라며 비판한 바 있다. 그는 온갖 유행어들과 있어 보이는 단어들로 나열된 가상의 작품《지속 가능성에 관한 작품》(a piece about sustainability)을 가정하며 오늘날 작곡 분야에서 벌어지는 일을 풍자한다. 그가 제시한《지속 가능성에 관한 작품》은 "북극 빙하 데이터를 소리 파일로 변환하여 인터넷으로 매개되는 자유 즉흥적 이벤트를 라이브 프로그래밍, 비디오 프로젝션 및 소셜 미디어와 결합하는 것"이다.[28] 크로프트는 현재의 성행하는 연구로서의 작곡이 지니는 목적, 목표, 방법론은 실제적인 작곡과 관련하여 전혀 의미가 없다고 주장한다. 그의 비판은 어느 정도 합리적이지만, 어떤 의미에서 그는 핵심을 놓치고 있기도 하다. 연구가 주도하는 고등교육 부문에서 예술을 추구하는 이들이 연구와 예술 사이에서 약간의 줄다리기에 성공한다면, 그렇게 하여 자신의 작품을 연구라는 프레임워크에 맞춘다면 그들은 존중받을 수 있다. 무엇보다도 작곡가들이 연구로써 자신의 작품을 평가받을 수 있게 되면 그들이 정년을 보장받는 교수직(tenure)이나 학술 계약으로 고용되어 정식으로 급여를 받고 일하기 어려운 상황에서도 자금을 확보할 수 있게 해준다. 많은 작곡가가 현재 교수직을 얻어 생계를 유지하는 현 상황에서 이는 매우 중요하며, 오늘날의 문화 경제에서 작곡가라는 직업이 자금을 조달하는 주요한 방법 중 하나이다. 작곡이 순수한 음악이 아니라 연구가 되었다는 것은 조금은 씁쓸하지만 이는 어쩔 수 없는 결과이다. 점점 더 상품화되는 연구, 그리고 암묵지보다는 명시지를 추구하는 고등교육기관의 제도적인 흐름에 예술이 편입되어버려 발생하는 문제이다.

---

28) John Croft, "Composition is not Research," *Tempo* 69 (2015), 8, (6-11).
　　편역자) 크로프트가 제시하는 일종의 비꼬기로 그럴 듯한 단어들과 이해하기 힘든 현학적인 용어들을 남발하면서 프로젝트가 연구를 평가하는 개인이나 기관에게 소구할 수 있도록 계획하는 작곡 연구 과제들을 비판하는 것이다.

참고문헌

Croft, John. "Composition is not Research." *Tempo* 69 (2015): 6-11

Gebhardt, Nicholas. "The collective problem in jazz." *Jazz Research Journal 5* (2011): 5-20.

Gjerdingen, Robert. "Partimento, que me veux-tu?" *Journal of Musical Theory* 51 (2007): 85-135.

_____. *Music in the Galant Style*. New York: Oxford University Press, 2007.

Harrison, Max. *Rachmaninoff: Life, Works, Recordings*. London: Continuum, 2006.

Kippen, J. "Working with the masters." In *Shadows in the Field: New Perspectives for Fieldwork in Ethnomusicology*. Edited by Gregory Barz and Timothy Cooley: 125-140. New York: Oxford University Press, 2008.

McGlone, U. and MacDonald, R. "Learning to improvise, improvising to learn a qualitative study of learning pocesses in improvising musicians." In *Distributed Creativity: Collaboration and Improvisation in Contemporary Music*. Edited by E. Clarke and M. Doffman: 278-294. New York: Oxford University Press, 2017.

Sanguinetti, G. *The Art of Partimento: History, Theory, and Practice*. New York: Oxford University Press, 2012.

Smart, T. and Green, L. "Informal learning and musical performance." In *Musicians in the Making: Pathways to Creative Performance*. Edited by J. Rink, H. Gaunt, A. Williamon: 108-125. New York: Oxford University Press, 2017.

Stock, J. *Musical Creativity in Twentieth-Century China: Abing, HIs Music and its Changing Meanings*. Rochester, NY: University of Rochester Press, 1996.

Webster, J. and Feder, G. *The New Grove Haydn*. New York: Oxford University Press, 2002.

체화된 음악교육과 음악 창의성의 실천
Embodied Music Pedagogy and Musical Creativities in Action[1]

딜런 반데르 쉬프

최진경 편역

1. 저자

딜런 반데르 쉬프(Dylan van der Schyff, 1970-)는 캐나다 사이먼 프레이저 대학(Simon Fraser University)에서 박사학위를 받은 후, 옥스퍼드 대학 음악부(Music at the University Oxford) 박사 후 연구원을 거쳐 현재 멜버른 음악원(Melbourne Conservatorium of Music) 교수로 재직 중이다. 그는 체화인지, 현상학, 음악학에 기반하여 '음악이 인간에게 왜, 어떻게 의미가 있는지'와 관련한 문제들을 탐구해 왔으며, 즉흥연주, 음악교육, 공연과 같은 실천적 영역에서 음악적 사고와 행동을 개발하는 것에 관심을 보여왔다. 음악이 정서와 공감에 미치는 영향, 음악적 창의성의 기초, 인간 진화에서 음악성의 발생 과정을 주제로 다양한 저작물들을 출판하였으며, 최근에는 음악 교육학자 엘리엇(David J. Elliott), 인지과학자 샤비오(Andrea Schiavio)와 함께 『음악적인 몸, 음악적인 마음』(*Musical Bodies, Musical Minds: Enactive Cognitive Science and the Meaning of Human Musicality*, 2022)을 출판하였다. 음악의 실천적 가치를 중시하는 쉬프는 조지 루이스(George Lewis), 존 부처(John Butcher), 케니 워너(Kenny Werner), 데이브 더글라스(Dave Douglas), 아힘 카우프만(Achim Kaufmann), 마이클 무어(Michael Moore) 등의 아티스트들과 협업하며 음악, 춤, 연극, 영화를 가로지르는 실험적인 예술 공연을 기획해 왔으며 연주가로서도 활발히 활동하고 있다.

2. 편역자 서문

이 글은 라우틀리지(Routledge) 출판사가 2022년 출간한 『음악교육의 창의성 안내서』(*The Routledge Companion to Creativities in Music Education*) 6장 '공연 예술에서의 창의성 재고,

---

1) Dylan. van der Schyff, "Embodied Music Pedagogy and Musical Creativities in Action," in *The Routledge Companion to Creativities in Music Education*, ed. Clint Randles & Pamela Burnard (New York: Routledge, 2022), 457-472.

재탐구, 재전망(Re-thinking, Re-searching, Re-visioning Creativities in Performance)'에 실린 논문이다. 음악학, 심리학, 철학을 가로지르며 음악의 본질과 가치를 탐구해 온 쉬프는 음악의 행위적 성질이 가장 드러나는 연주 창의성을 체화인지(embodied cognition)로 설명하고자 한다. 하지만 광범위한 학문에 걸쳐 토론과 논쟁을 불러일으키고 있는 체화인지가 아직 명확한 개념으로 정리되지 못하고 있기에, 체화인지에 대한 이해 없이 쉬프의 글을 만나는 것에 어려움이 있을 듯하다. 이에 독자들이 체화인지를 쉽게 이해하고 연주와 공연 및 음악교육에 다양하게 적용할 수 있도록 체화인지의 핵심 개념과 대표적인 갈래들을 쉬프의 글에 앞서 제시하고, 부연 설명이 필요한 부분들에는 역자의 설명을 덧붙였으며, 논의의 흐름과 연관성이 적다고 판단되는 부분은 편집하는 방식으로 글을 재구성하였다.

체화인지 학자들은 생명체가 환경에 생존하고 적응하기 위해 환경과 역동적으로 상호작용하며 생성하는 의미를 인지라고 칭함으로써 인지를 고정되거나 정형화된 지식이 아닌 '의미-생성(sense-making)'으로 설명한다. 따라서 체화인지는 변형적이고 유동적인 성질을 갖는데, 이는 생명체가 생존을 위해 의미를 생성하는 과정에서 자기의 생각과 몸의 구조를 변화시킴으로써 진화하고 있음을 의미한다. 환경이나 변화에 적응하기 위해 전통적인 아이디어를 성찰하고, 변형하고, 적용하는 과정은 발전적이고 변혁적인 앎으로 정의되는 창의성과 연결될 수 있다.

새로운 생각이나 개념을 발견하거나, 기존에 있던 생각들을 조합하고 변형하는 능력인 창의성은 예술에서 중요한 능력으로 여겨져 왔다. 하지만 음악에서의 창의성은 창의적 작품의 측면과 창작자의 창의적 과정을 중심으로 연구되었으며 연주에서의 창의성은 거의 연구되지 않았는데, 전통적으로 연주는 재생산의 영역이었지 생산의 영역이 아니었기 때문이다. 연주를 재생산으로 간주하는 것은 연주와 창작의 위계를 만듦으로써 연주자를 작곡가의 아래에 두는 오랜 전통을 만들어냈으며, 이는 음악교육에도 지대한 영향을 미쳤다. 따라서 연주에서의 창의성을 탐색하는 쉬프의 시도는 신선하고 기발하다. 그는 체화인지를 대표하는 4E 관점을 간략하게 설명하고, 그중에서도 유기체와 환경의 상호작용을 강조하는 행화인지(enactive cognition)[2]를 중심으로 연주 창의성을 설명하고자 한다.

그렇다면 쉬프가 설명하는 연주 창의성이란 무엇이며, 어떠한 특징을 갖는가? 행화인

2) [역주] embodied는 체화(體化)라는 역어가 보편적으로 사용되고 있지만, enactive는 상용화된 역어가 존재하지 않는다(배문정, 2014). 이에 역자는 enact를 '행위하다(en-act)'라는 의미와 '산출하다(bring forth)'의 의미를 종합해 '주어진 대상, 세계, 자신 등을 행위를 통해 특정 방식으로 변화시켜 세상을 내외적으로 변화시킨다'라는 의미로 해석한 이기흥(2017)의 번역을 따라 enactive를 '행화'로 번역하였다.

지는 생명 시스템이 생존을 위해 환경과의 상호작용에서 끊임없이 무언가를 생성하는 과정을 '제약과 자유, 안정성과 불안정성 사이에서 균형'을 유지하는 일련의 행동으로 설명하는데, 쉬프는 이것이 연주에서 빈번하게 일어나는 일임에 주목한다. 연주는 음악이 속한 제도, 규범, 형식, 합의된 표현 양식이나 스타일을 유지하면서도 이를 깨는 자유와 불안정성을 항상 내재하고 있다. 따라서 연주나 공연에 필요한 순간적인 판단, 상황에 따른 음색 조절, 표현의 즉흥적인 시도, 앙상블 팀원의 예기치 못한 실수에 대한 대응, 관중의 반응과 연주자의 응답 등 연주에서 일어날 수 있는 음악적 사건들은 행화인지 관점에서 창의성으로 간주 될 수 있다.

이는 이제까지 창의성에 대한 학계의 대표적인 담론들과는 배치(排置)된다. 천재 작곡가가 영감을 통해 놀랄만한 작품을 세상에 선보이는 것, 뛰어난 작곡가의 머리 안에서 창작의 과정이 어떻게 전개되는지는 알 수 없지만 무언가 신비로운 창작의 과정이 있을 것이라고 짐작하는 것, 혹은 독창적이고 창의적인 산출물을 평가하는 기준 등과 같이 창의성에 대한 기존의 담론들은 행화인지를 통해 허물어진다. 쉬프에 따르면 '앙상블 연주에서 참가자들 간의 신체 협응, 다이내믹의 표현, 문제 해결, 새로운 통찰, 감정의 공유, 즉흥적인 반응'처럼 음악을 함께 만들어 가는 과정은 불안전성과 안정성을 오가며 다양한 창의적 옵션을 선택하고 수행하는 것으로 이루어진다. 즉, 연주는 신체적, 도구적, 감정적, 사회적 요소들이 제약과 자유로움 사이에서 적절한 균형을 유지하며 생생한 음악적 사건들을 만드는 과정이며, 그 과정에서 음악가들은 참신한 해석, 템포나 프레이즈의 변화, 즉흥적인 아이디어의 시도와 실패 등을 통해 새로운 관행이나 스타일을 낳을 수 있다.

종합하면, 행화인지는 창의성을 창작으로부터 자유롭게 함으로써 음악교육의 변화를 요구한다. 창의성을 창작에만 할당된 것으로 간주해 온 음악교육의 전통은 악보를 인지하여 재생산하고, 표준화된 음악 장르의 이론과 기술 습득에만 집중함으로써 다양한 영역과 역할에서 생성될 수 있는 학습자의 잠재적인 창의성을 제한하였다. 쉬프의 글은 창의성을 '모든 학습자들이 길러야 할 혹은 기를 수 있는' 보편적 역량으로 설명함으로써, 음악 교육자들로 하여금 창의적 성향이 개발되고 증진될 수 있는 참여적이고 협력적인 음악 수업을 탐색하도록 한다.

체화된 음악교육과 음악 창의성의 실천

1. 들어가며

『마음속의 몸』(The body in the mind, 1987)[3]을 출간한 마크 존슨(Mark Johnson, 1949)에 의해 처음 등장한 체화인지는 프란시스코 바릴라(Francisco Varela, 1946-2001), 에반 톰슨(Evan Thomson, 1962-), 엘리노어 로쉬(Eleanor Rosch, 1938)의 공동 저작물인 『체화된 마음』(The embodied mind, 1991)[4]으로 인지과학에 새로운 흐름을 만들었다. 기존의 인지과학이 마음을 기호체계로 간주하고 마음의 지시를 따르는 몸을 경시하였다면, 체화인지는 몸의 경험을 통해 인지가 이루어진다고 주장함으로써 몸을 인지의 중심으로 가져온다.

체화인지는 사피로(Lawrence Shapiro)의 '체화인지(embodied cognition)'를 필두로 비고츠키(Lev Semenovich Vygotsky, 1896-1934) 이론에 기초한 '매개된 행위인지(mediated cognition)', 클랜시(William J. Clancy)의 '상황인지(situated cognition)', 이 밖에도 '분산된(distribute), 역동적(dynamical) 인지' 등으로 다양하게 논의되고 있다.[5], 하지만 이들은 체화인지라는 커다란 범주 안에서 서로의 이론을 지지하고, 보완하고, 부딪히면서 혼란스러운 양상을 보여왔다. 이러한 배경에서 체화인지를 '체화된(embodied), 내장된(embedded), 확장된(extended), 행화된(enactive)' 4개의 접근으로 구분한 롤랜즈(Mark J. Rowlands)[6]의 이론이 소위 '4E 인지(cognition)'로 총칭되며 체화인지를 대표하는 이론으로 확고한 위상을 차지하고 있다. 쉬프는 체화인지를 대표하는 4E 인지 중에서도 행화인지를 중심으로 체화된 음악교육과 음악적 창의성의 실천을 탐색하고 있다. 아래에 간략하게 소개하는 4E 개념은 체화인지와 행화인지를 이해하는 것에 도움을 줄 것이다.

---

3) Mark Johnson, *The Body in the Mind: The Bodily Basis of Meaning, Imagination, and Reason* (Chicago: University of Chicago Press, 1987).

4) Francisco Varela, Evan Thompson, and Eleanor Rosch, *The Embodied Mind* (Cambridge, MA: MIT Press, 1991).

5) 이정모, "체화된 인지 접근과 학문간 융합: 인지과학 새 패러다임과 철학의 연결이 주는 시사," 『철학사상』 38 (2010), 27-66.

6) Mark J. Rowlands, *The New Science of the Mind: From Extended Mind to Embodied Phenomenology* (Cambridge, MA: MIT Press, 2010).

* 체화인지(embodied cognition): 체화인지는 체화주의에 기반하고 있는 이론 전체를 아우르기도 하지만, 롤랜즈의 구분에 의하면 체화된 인지의 4가지 영역 중 하나이다. 인지는 추상적·표상적 관점에서 완전히 설명될 수 없으며, 인간 몸의 구조와 과정들에 의해 형성되므로 살아있는 시스템 전체를 포함하게 된다.

* 행화인지(enactive cognition): 행화인지는 유기체의 행위와 환경 간 역동적인 상호작용으로 인지가 드러남을 뜻한다. 따라서 행화인지는 생물이 거주하는 환경과의 적극적 상호작용으로 결정되는 일련의 의미-생성(sense-making)이며, 이러한 의미-생성은 유기체뿐 아니라 환경을 변화시키는 양방향 교환으로 이루어진다.

* 내장인지(embedded cognition): 내장된 인지는 환경 및 세계에 내장되어(embedded) 있는 것들이 인간의 인지에 영향을 준다는 시각이다. 즉, 인간의 인지는 환경 및 세계의 물리적, 사회적, 문화적 맥락과의 상호작용을 통해 생성되는 것이며, 이는 또한 환경과 세계에 내장되어 있다.

* 확장인지(extended cognition): 확장된 인지에서 유기체의 마음은 뇌나 몸 안에만 한정되지 않고 유기체가 살아가는 세상으로 확장된다. 따라서 인간의 인지는 생물학적 존재-교사, 부모 등과 같은- 혹은 비 생물학적 존재-컴퓨터, 악기. 도구-로 확장될 수 있다.

"체화(embodiment)"라는 개념은 음악교육 연구에서 중요한 주제로 자리 잡아왔다. 음악적 경험과 발달에서 몸에 관한 관심이 높아지면서 신체 기반 활동이 음악 학습의 중요한 부분임을 인식하게 되었고, 악기 연주와 다른 연주자들과의 상호작용이 음악 학습에 어떤 영향을 미치는지에 대한 더 나은 이해가 가능해졌다. 이는 악기를 다루는 기술(instrumental control), 조화로운 동작(coordinated action), 의사소통과 같이 음악 기술이 관련된 다양한 신체 역학에 주목하는 것으로 이어졌다.[7] 또한 우리는 체화인지를 통해 개인적, 사회적 발전 그리고 보다 보편적으로 인간의 잘 삶(well-being)을 위한 중요한 음악 교육적 가치를 발견할

---

7) Jane W. Davidson, "Bodily Movement and Facial Actions in Expressive Musical Performance by Solo and Duo Instrumentalists: Two Distinctive Case Studies," *Psychology of Music* 40 (2012), 595-633.; Jane W. Davidson, and Jorge S. Correia, "Meaningful musical performance: A bodily experience. *Research Studies in Music Education*," 17/1 (2001), 70-83.; Marja-Leena Juntunen, and Lea Hyvönen, "Embodiment in musical knowing: how body movement facilitates learning within Dalcroze Eurhythmics," *British Journal of Music Education* 21/2 (2004), 199-214.; Kimberly Powell, and Lisa Lajevic, "Emergent places in preservice art teaching: Lived curriculum, Relationality, and embodied knowledge," *Studies in Art Education* 53/1 (2011), 35-52.

수 있다. 이러한 관점은 관계적이고 창의적이며 세계 형성(world-making)에 도움 되는 음악 교육 모델을 제공하려는 학자들의 노력[8] 즉, 비판적이고 철학적인 접근, 인지과학에서의 최신 연구 그리고 교육적 실천에서 얻어진 통찰력 사이의 유사성을 탐색하는 과정에서 나온다. 이중 다수는 '음악적 존재가 되는 것', '존재가 되는 것이 무엇을 의미하는지?'와 같은 존재적 물음과 관련 있다. 즉, 이들은 생명-윤리(bio-ethical)의 첫 번째 원칙으로서 살아있는 시스템의 적응성(adaptive), 자율성(autonomous), 관계성(relational) 및 자체-생산(self-making)의 본성을 포용하는 존재론을 주장한다.[9]

본 연구는 마음에 대한 "행화적(enactive)" 접근과 관련된 핵심 아이디어가[10] 음악적 창의성에 수반되는 다원적 개념을 뒷받침하는 생물-인지적(bio-cognitive) 통찰력을 어떻게 제공하는지에 집중하고자 한다. 행화적 입장은 인지를 본질적으로 체화되고 창의적인 것으로 보며, 행위자가 거주하는 물질적, 사회적 환경과 상호 작용하는 다양한 방식을 통해 세계의 의미가 드러나는 적응적이고 관계적인 과정으로 설명한다. 따라서 나는 행화적 관점이 창의적 개인에 의해 생산된 제품의 수용과 평가에 대한 전통적인 관점을 어떻게 분산시키는지 그리고 탐색, 협력, 적응 및 "신체적 지식(bodily knowledge)" 개발을 통해 음악적 창의성이 실제로 전개되는 방식을 어떻게 이해할 수 있는지를 설명할 수 있다고 생각한다. 덧붙여 실제적이고 협력적인 맥락에서 음악적 창의성이 발휘될 때 이를 비교하고 통합하는 데 도움이 될 수 있는 사유, 연구 및 실천을 위한 4E 접근을 제안하려 한다. 결론적으로 나는 오늘날 음악교육의 핵심 문제라 할 수 있는 창의성에 다원적 4E 접근이 시사하는 바를 논의하고자 한다.

8) David J. Elliott, and Marissa. Silverman, *Music Matters: A Philosophy of Music Education* (2nd ed.) (New York: Oxford University Press, 2015).

9) Wayne Bowman, "Cognition and the body: Perspectives from music education," in *Knowing Bodies, Moving Minds: Toward Embodied Teaching and Learning*, ed. L. Bresler (Dordrecht: Springer Netherlands, 2004), 29-50.; Marissa Silverman, "Virtue Ethics, Care Ethics, and The Good Life of Teaching," *Action, criticism, and theory for music education* 11/2 (2012), 96-122.; Marissa Silverman, "Sense-making, meaningfulness, and instrumental music education," *Frontiers in Psychology* 11 (2020).; Dylan van der Schyff, Andrea Schiavio, and David J. Elliott, *Musical Bodies, Musical Minds: Enactive Cognitive Science* (Cambridge, MA: MIT Press, 2022).

10) Francisco Varela, Evan Thompson, and Eleanor Rosch, 1991, 위의 글.; Evan Thompson, *Mind in Life: Biology, Phenomenology, and the Sciences of Mind* (Cambridge, MA: Havard University Press, 2007).

2. 행화적 관점

"행화주의(enactivism)"라고 불리는 학제 간 연구는 1980년대 칠레의 사상가인 움베르토 마투라나(Humberto Maturana, 1928-)와 프란시스코 바렐라(Francisco Varela, 1946-2001)의 선구적인 작업[11]과 함께 시작되었다. 마투라나와 바렐라는 다양한 철학적, 과학적 관점을 활용하여 본질적인 질문을 하였다. "생명이란 무엇인가?" 그들 주장의 핵심은 생명체가 다양한 형태의 적응 행동을 통해 스스로 존재하고 스스로 유지하는 방식을 강조하는 데 있다. 생명체는 자기-조직적(self-organizing)일 뿐만 아니라 자기 창조적이다(self-creating). 그러한 체계의 원형적 예는 살아 있는 자가-생산(self-making, autopoietic) 세포이다. 마투라나와 바렐라[12]가 논의한 것처럼 단순한 단세포 유기체일지라도 생존에 도움이 되는 범위 내에서 그들 환경과의 관계를 적극적으로 개발하고 유지하며 대사 작용을 한다. 이 관계의 개발은 환경과의 결합 역사에서 펼쳐지는 행동과 인식의 적응 패턴인 자가 생성(self-generation)을 포함한다.[13] 이 과정은 두드러진 세계(틈새, a niche)를 생성하거나 "행화(enactment)"하는 결과를 가져온다. 두드러진 세계란 생명 시스템이 생존을 위해 다른 종과 경쟁하거나, 자원을 확보하고, 환경과 상호작용하며 특별한 전략을 개발하는 것이라 할 수 있다. 즉, 생명체는 환경과의 역사를 통해 자기에게 필요한 것을 생산하는데, 이는 행화 과정이 필요하다. 또한, 생명체는 자기 생산적(autopoietic)이라는 점에서 자율적(autonomous)이다. 생명체는 단지 미리 주어진 환경에 반응하는 것이 아니다. 이것은 상황에 따라 달라지는 환경 속에서 자신의 행동과 지각을 축적하며 세상에 대한 이해를 형성해 나간다.[14]

간단히 말해, 생명체는 사물이 아니라 오히려 생명 세계를 실현하고 유지하는 데 관여하는 복잡한 과정의 적응 시스템이다. 이러한 과정에는 다양한 행동과 감각 교차적(cross-modal) 인식이 포함되며 동물의 복잡성과 맥락에 따라 물질적, 사회적 환경과 상호적으로 영향을 미치는 관계들이 점점 더 풍부한 형태로 진화한다. 따라서 이러한 관점에서 '인지'나 '마음' 같은 개념은 상황적이고 시너지 효과를 가지며 체화된 빛으로 반짝거린다. 중요한 것

---

11) Humberto Maturana, and Francisco Varela, *Autopoiesis and Cognition: The realization of the living* (Boston: Reidel 1980).; Humberto Maturana, and Francisco Varela, *The Tree of Knowledge: The Biological Roots of human Understanding* (Boston: New Science Library, 1984).; Francisco Varela, *Principles of Biological Autonomy* (New York: Elsevier North Holland, 1979).

12) Humberto Maturana, and Francisco Varela, 1980, 위의 글; Humberto Maturana, and Francisco Varela, 1984, 위의 글.

13) Francisco Varela, "Structural coupling and the origin of meaning in a simple cellular automation," In *The semiotics of cellular communication in the immune system*, ed. E. Secarez, F. Celada, N. A. Mitchinson, & T. Tada (New York: Springer-Verlag, 1988), 151-161.

14) Francisco Varela, 1979, 위의 글.; Francisco Varela, 1988, 위의 글.

은 이 관점이 창의성에 대한 다원적이고 관계적인 개념에 생물학적 기반을 제공한다는 것이다. 이는 삶의 과정이 어떻게 의미 있는 관계의 지속적인 행화를 필연적으로 수반하는지 그리고 환경에 대한 에이전트의 적응적 신치 참여 역사에 따라 관계가 어떻게 다양한 방식으로 형성되고 실행되는지를 강조한다.[15]

마투라나와 바렐라의 작업은 바렐라, 에반, 톰슨(1991)의 독창적이고 실천적 텍스트인 『체화된 마음』(The Embodied mind: Cognitive Science and Human Experience)의 길을 열었다. 체화된 마음은 생태 심리학, 인지 언어학, 로봇 공학, 이론 생물학, 역학 시스템 이론, 동양 철학 및 현상학의 지식을 활용하여 생명체의 자기 생산적 본성에 기반한 '마음'에 대한 체화된 접근 방식을 개발한다. 저자들은 생물학적 과정과 정신적 과정, 정신과 삶 사이의 깊은 연속성을 추적한다. 그렇게 함으로써 그들은 인지과학의 지배적인 '정보 처리' 혹은 '컴퓨터로서의 마음' 모델에 대해 지속적으로 비판한다.

일반적으로 정보 처리 접근법은 인지를 뇌에 국한된 것으로 생각하고 모든 정신 과정은 본질적으로 계산적이고 표상적이라는 가정을 포함한다. 즉, 경험은 직접적인 것 혹은 세계 자체에 관한 것이 아니라 뇌가 계산한 세계의 표상에 관한 것이다. 이러한 접근 방식은 그동안 중요한 통찰을 제공했으나 뇌와 살아 있는 마음과의 관련성은 설명하지 못했다. 신경과학자 안토니오 다마지오(Antonio Damasio, 1944-)는 마음과 뇌를 다음과 같이 요약한다.

> 마음과 뇌는 서로 관련되어 있지만 마음은 두뇌라고 불리는 컴퓨터 하드웨어 부분에서 실행되는 소프트웨어라는 점에서만 그렇다. 뇌와 몸이 관련되어 있지만, 전자가 후자의 생명 유지 없이는 생존할 수 없다는 의미에서만 가능하다.[16]

행화적 관점은 인지가 뇌의 계산 및 표현이라는 추상적인 과정으로 제한되어야 한다고 가정하지 않는다는 점에서 정보 처리 관점과 대조된다. 앞서 언급했듯이, 행화주의자들은 가장 단순한 생명체라도 의도적으로 움직이며 환경과 상호작용하며 인지를 생성한다고 주장한다. 실제로 생명체는 뇌 혹은 신경계를 갖고 있지 않은 경우에도 조건적 환경 내에서 생존 관련 관계를 발전시킬 수 있는 행동과 인식의 형태에 참여할 수 있다.[17] 이러한 이유

---

15) Andrea Schiavio, and Mathias Benedek, "Dimensions of Musical Creativity," *Frontiers in Neuroscience* 14 (2020).; Dylan van der Schyff, Andrea Schiavio, Andre Walton, Valerio Velardo, and Anthony Chemero, "Musical creativity and the embodied mind: Exploring the possibilities of 4E cognition and dynamical systems theory," *Music & Science* 1 (2018).

16) Damasio Antonio, *Decartes' Error: Emotion, Reason, and the human Brain* (New York: G. P. Putnam's Sons, 1994), 247-248.

17) Evan Thompson, 2007, 위의 글

로 행화적 이론가들은 인지가 "저 밖의 세계"에 대한 추상적 표현에 기반을 둘 수 없다고 주장한다.[18] 기초 생명체는 그러한 "정신적 활동"을 수행하는 것에 필요한 신경 하드웨어를 보유하지 않고 있기 때문이다. 인지는 동물이 세계와의 관계적 결합의 역사를 발전시키고 유지하는 방법과 관련하여 적응적, 지각적으로 안내되는 행동 형식과 움직임으로 시작된다.[19] "의미생성(sense-making)"이라는 용어는 유기체와 환경의 상호작용을 지칭하는데,[20] 의미 생성으로서의 인지가 종종 유기체 간의 상호작용을 포함한다는 사실이 매우 중요하다.[21] 유기체는 필연적으로 서로를 위한 환경을 형성하므로 각각의 관점은 그들이 만나는 타자성의 형태에 의한 발달에 영향을 받는다. 이는 의미 생성이 다양한 범위, 개발 및 순간의 시간 규모와 맥락에 걸쳐 에이전트 간에 발생하는 상호협력적인 역학(Synergistic Dynamic)을 포함하는 "참여적(participatory)" 현상임을 의미한다.[22]

다시 말하자면, 이는 인지 활동의 기본 형태가 미리 주어진 환경에 대한 유기체의 내부적 반응이나 표현이 아님을 시사한다. 오히려, 살아 있는 참여적 의미 생성은 비유기적인 환경 요소들뿐만 아니라 다른 생명체까지 포함하는 복잡한 "인지 생태계(cognitive ecologies)"의 창출을 포함한다. 그러한 상호작용을 통해 생겨나는 삶의 세계는 미리 결정된 것이 아니라 적응 과정을 통해 전개되기에 의미 생성은 의미 있는 세계가 지속해서 실현되는 창의적이고 즉흥적인 과정으로 볼 수 있다.[23] 따라서 바렐라, 톰슨, 로쉬[24]는 인지가 "이미 있는 길을 걷는 것이 아니라 걸으며 길을 내는 것"과 같다고 말했다. 이 문장은 인지가 항상 "다음 단계"를 포함하는 방식 즉, "시스템의 행동은 항상 이루어지지 않은 상황"을 향하고 있으며, 체화된 행동으로서의 인지가 "문제를 제기하고 문제 해결을 위해 밟거나 마련해야 하는 길"을 어떻게 내는지 설명한다. 위에 소개된 인지와 마음의 다원적 개념에 따라, 이러한 과정이

---

18) [역주] 추상이나 상징을 설명할 수 없다는 점이 행화주의자들의 한계이기도 하다.

19) Ezequiel Di Paolo, Thomas Buhrmann, and Xabier E. Barandiaran, *Sensorimotor life: An enactive proposal* (New York: Oxford University Press, 2017).

20) Evan Thompson, 2007, 위의 글

21) Steve Torrance, and Tom Froese, "An inter-enactive approach to agency: participatory sense-making, dynamics, and sociality," *Humana Mente* 15 (2011), 21-53

22) Hanne De Jaegher, and Ezequiel Di Paolo, "Participatory sense-making: An enactive approach to social cognition," *Phenomenology and the cognitive sciences* 6 (2007), 485-507.; Hanne De Jaegher, and Ezequiel Di Paolo, and Shaun Gallagher, "Can social interaction constitute social cognition?," *Trends in cognitive sciences* 14/10 (2010), 441-447.

23) Steve Torrance, and Frank Schumann, "The spur of the moment: What jazz improvisation tells cognitive science," *AI & Society* 34/2 (2019), 251-268.

24) Francisco Varela, Evan Thompson, and Eleanor Rosch, *The Embodied Mind: Cognitive Science and Human Experiece* (Cambridge: MIT Press, 1991), 205

진행되는 방식은 다양한 맥락에서 기능하고 진화하며 의미의 세계가 지속해서 새롭게 생성될 수 있도록 하는 "적응(adaptivities)" 행동 방식들의 개발을 포함하는 것으로 이해될 수 있다.

3. 4E 관점

행화적 관점은 체화된 마음의 적응성, 창의성 혹은 "세상을 만드는(world-making)" 성향을 근본적으로 강조한다. 세상을 만드는 것은 특정한 세계를 창조하거나 구축하는 것을 의미한다. 즉, 행화주의자들은 유기체의 인지를 생성적, 유동적, 창조적으로 보고 있으며, 이러한 인지가 생명체의 세계 구축과 관련 있음을 강조한다. 몸은 실제로 우리가 세상을 이해하게 하는 주요 인지 영역으로 여겨지지만, 의미생성 과정은 개별 에이전트의 뇌와 신체에만 국한되는 것으로 이해되지 않는다. 인간과 같은 사회적 동물의 경우, 참여적 의미생성(participatory sense-making)은 에이전트 간의 복잡한 정서적, 공감적, 협력적, 창의적 의사소통 모드의 행화와 일치하는 조정된 행동을 공유하는 레퍼토리 개발을 포함한다. 예를 들어, 음악적 동기화(musical entrainment), 부모와 아기의 상호작용, 감정이 실린 몸짓과 말처럼 말이다. "체화된 마음"에 관해 말할 때 다중 뇌, 몸들, 공간 그리고 사물 사이의 상호작용뿐 아니라 사회적 삶이 행화하는 사회적 협력 행위, 실천, 담론, 협상의 방식도 반드시 포함해야 한다.[25] 그러므로 인지에 대한 체화된 개념은 생명체가 필연적으로 특정 환경 내에 위치하거나 "내장되어(embedded)" 있다는 사실을 배제할 수 없다. 인간의 삶에서 이러한 내장성은 우리가 참여하는 인지 생태계를 특징짓는 물질적, 기술적, 문화적 요소를 포함한다.[26]

인지의 내장된 측면을 인식하는 것은 마음이 행화되고(enactive), 체화되고(embodied), 내장되는(embedded) 것 외에도 생태학적으로 "확장된(extended)" 현상이라는 보다 급진적인 주장으로 이어질 수 있다.[27] 여기서 우리는 노트북, 지도, 스마트폰을 사용하는 방식처럼 기억이나 방향을 돕는 인지 능력의 확장을 이해해 볼 수 있다. 시각 장애가 있는 사람이 지팡이를 사용하여 환경을 탐색할 때 지팡이는 손을 넘어 지팡이 끝까지 확장되므로 인식이 확

---

25) Tom Froese, and Ezequiel Di Paolo, "The enactive approach: Theoretical sketches from cell to society," *Pragmatics & Cognition* 19/1 (2011), 1-36.

26) Lambros Malafouris, *How things shape the mind: A theory of material engagement* (Cambridge, MA: MIT Press: 2013).

27) Menary, Richard. (Ed.) *The Extended Mind* (Cambridge: MIT Press, 2010).

장된다.[28] 유사하게, 피아니스트는 다소 복잡한 기술을 통해 신체적, 감각적 능력을 확장할 수 있다. 연습을 통해 표현적인 목표, 감각 운동 동작과 악기 사이의 투명한 연결성에 도달할 수 있다. 여기서 악기는 더 이상 단순한 대상으로 경험되지 않는다. 오히려 음악적 세계는 신체의 연장으로 악기를 통해 재현되고 경험된다.

인지의 확장된 측면은 사회적 맥락에서도 나타난다. 예를 들어, 음악 앙상블은 공동 창작하는 음악을 유지하는 데 필요한 다양한 형태의 감정적, 육체적 조화를 행화할 수 있는 행동과 인식의 공유된 레퍼토리를 개발한다. 이 과정에는 근본적인 형태의 참여적 의미 생성을 가능하게 하는 연속적이며 적응적인 자기 조직(self-organizing) 움직임이 포함된다.[29] 이러한 움직임은 긴밀하게 결합 된 다중모드(multi-modal) 피드백과 작동 중인 몸 간에 실행되는 피드포워드 루프(feedforward loops)[30]를 포함하며 시너지를 발휘한다. 복잡한 역학의 협상을 통해 음악가들은 다양한 작업을 서로 떠맡고 분담함으로써 음악 환경에 집단적인 "비계(scaffold)[31]"를 제공한다. 예를 들어 드러머가 제공한 비트와 함께 다른 사람의 프레이즈에 적응하고, 화음 및 동적 변화를 주도하거나 따르는 것 등이 포함될 수 있다.[32] 이렇게 확장된 목표-지향적 활동을 통해 앙상블은 그들이 공동 창조하는 음악 세계를 특징짓는 문화적 스타일과 장르의 제약 내에서 음악 구조를 행화하고 유지한다. 요컨대, 음악에서의 참여적 의미 생성은 행위자가 공동으로 행화하는 공유 환경 내에서 발생하는 체화된 상호작용의 역사를 통해 서로를 알고, 이해하는 생태학적 과정으로 설명될 수 있다.[33]

생명체와 사회 및 물질적 환경 사이의 복잡한 상호작용을 설명하기 위하여 이론가들은 최근 내가 그리기 시작한 네 가지 중첩 차원의 관점에서 인지 모델을 탐색해 왔다.[34] 다시 말하면, 이 "4E" 접근 방식은 인지가 체화(행동과 인식 사이의 깊은 관계를 포함하므로), 내

---

28) Merleau-Ponty, Maurice *Phenomenologie de la Perception* (Paris: Editions Gallimard, 1945).

29) Andrea Schiavio, and Dylan van der Schyff, "4E Music Pedagogy and the Prinsiples of Self-Organization," *Behavioral Science* 8/8 (2018).

30) [역주] 역학 또는 제어 이론에서 사용되는 용어로, 시스템의 출력이 자신의 입력에 영향을 미치는 반복적인 과정을 나타낸다.

31) [역주] 학습자가 주어진 과제를 잘 수행할 수 있도록 교사, 부모, 도래 등이 도움을 제공하는 것으로 비고츠키(L. Vygotsky)의 이론을 효과적으로 적용하려고 우드(D. Wood), 브루너(J. Bruner), 로스(G. Ross)가 제시한 개념이다.

32) Laura Bishop, "Collaborative musical creativity: How ensembles coordinate spontaneity," *Frontiers in psychology* 9 (2018).; P. Keller, "Attentional resource allocation in musical ensemble performance," *Psychology of Music* 29 (2001), 20-38.

33) Dylan van der Schyff, and Joel Krueger, "Musical empathy, from simulation to 4E interaction," *Music, sound, and mind*, edited by A. F. Correa (Brazil: Brazilian Association of Cognition and Musical Arts, 2019), 73-108.

34) Glăveanu, Vlad Petre, *Distributed creativity: Thinking outside the box of the creative individual* (Cham: Springer, 2014).; Newen, Albert, Leon De Bruin, and Shuan Gallagher. (Eds.). *The Oxford handbook of 4E cognition* (New York: Oxford University Press, 2018).

장(사회적, 문화적, 물질적 환경 내에서), 확장(사물, 기술, 타자에 의해 그리고 함께) 그리고 행화(의미적 세계를 가져오는 것을 포함하여)로 이해될 수 있음을 시사한다. 이후에 논의하 겠지만, 이러한 차원은 음악적 창의성이 실제 어떻게 전개되는지 생각하는 데 유용한 도구 를 제공한다.

4. 상호적 행위에서의 음악적 창의성

연구자들은 창의성을 주로 '제품, 아이디어 또는 결과물' 등을 수용하는 전통적인 접근 방식 으로 탐구해 왔으며, 창의성을 단순히 창작자의 개인적인 인지 과정으로 한정 짓는 경향이 있었다.[35] 이러한 접근 방식이 중요한 통찰력을 제공했음에도 불구하고 음악 연습과 관련된 상호작용, 사회적 참여 및 "분산(distributed)" 형태의 창의성에 대해서는 거의 언급되지 않았 다.[36] 우리가 "음악"이라는 단어와 관련짓는 활동 및 경험들은 창의성의 여러 형태를 포함하 며, 다양한 맥락과 시간의 흐름 속에서 적응적 과정을 작동한다.[37] 따라서 형태적, 시간적, 공 간적 차원은 물론 가치와 전통적 기술의 경험과 사용은 음악적 창의성 유형에 따라 상당히 다를 수 있다.[38] 음악 연주, 즉흥연주, 작곡은 다양한 사회적 역동성, 기술의 사용, 어포던스

---

35) Sawyer, R Keith, *Explaining Creativity: The Science of Human Innovation*, 2nd ed. (New York: Oxford University Press, 2012).

36) Pamela Burnard, *Musical creativities in practice* (New York: Oxford University Press, 2012). Pamela Burnard, and Tomislav Dragovic, "Characterizing communal creativity in instrumental group learning," *Departures in Critical Qualitative Research* 3/3 (2014), 336-362.; Glăveanu, 2014, 위의 글; Merker, Bjorn H, "Layered constraints on the multiple creativities of music," in *Musical creativity: Mutidisciplinary research in theory and practice*, ed. I. Deliege and G. Wiggins (New York: Taylor and Francis, 2006), 25-43., Sawyer, R. Keith and Stacy Dezutter, "Distributed creativity: How collective creations emerge from collaboration," *Psychology of aesthetics, creativity, and the arts* 3/2 (2009), 81-92. [역주] 분산된 인지는 환경 내의 정보와 자원을 활용하여 개 인의 인지적 한계를 확장하는 것을 의미하므로, 쉬프가 말하는 분산적 창의성이란 도구, 동료, 환경을 활용하여 창의성이 확장될 수 있음을 뜻한다.

37) Burnard, 2012, 위의 글; Pamela Burnard, and Elizabeth Haddon. (Eds.) *Activating diverse musical creativities: Teaching and learning in higher music education* (New York: Bloomsbury, 2015).; Dylan van der Schyff, Andrea Schiavio, Andre Walton, Valerio Velardo, and Anthony Chemero, "Musical creativity and the embodied mind: Exploring the possibilities of 4E cognition and dynamical systems theory," *Music & Science* 1 (2018).

38) Bjorn Merker, 위의 글.

(affordance)[39] 및 "저자적(authorial)" 전략 개발을 포함한다.[40] 현대적인 음악 활동은 종종 고도로 협력적이다. 창의성은 서로 겹치고 상호작용하며 정보를 제공하고, 에이전트가 생각과 행동에 대한 새로운 관계와 가능성을 협상함에 따라 다양한 종류의 적응 행동과 복잡한 신체적, 발달적, 대인관계 역학을 포함하는 다양한 시간에 걸쳐 발생한다. 이처럼 행화적 접근은 우리가 음악적 창의성의 다양한 표현을 가치 있게 여기게 하는 동시에 보다 일반적으로 생명체의 발전과 관련한 체화된 의미 생성 형태의 공통 기원을 밝히는 데 도움이 될 수 있다는 점에서 흥미롭다.[41]

예를 들어, 생명 시스템의 중요한 특징은 제약과 자유, 안정성과 엔트로피 사이의 균형을 유지하기 위해 끊임없이 노력해야 한다는 것이다. 이러한 역동성은 환경과의 일관된 행동 패턴 및 관계를 개발하는 동물의 능력을 반영할 뿐만 아니라, 동물이 어떻게 환경의 동요(perturbations)에 적응해야만 하고, 삶을 통해 이동하면서 새로운 관계 및 행동 패턴을 스스로 조직할 수 있는지도 반영한다. 예를 들어, 심리학자들은[42] 동작과 시선 추적을 사용하여 참가자들이 문제 해결에 참여하고 새로운 형태의 신체 협응을 배우는 것을 관찰하였다. 그들은 새로운 통찰력의 실현 및 새로운 행동을 성공적으로 수행할 수 있는 능력의 시작 즉, "무언가를 깨닫거나 느끼는 순간" 직전에 시스템 엔트로피 즉, 움직임의 불안정성과 낮은 협응력이 뚜렷하게 튀는 것을 발견하였다. 연구자들은 또한 새로운 상태가 달성되면 엔트로피의 급격한 감소가 뒤따른다는 점에 주목하였는데, 이는 "새로운 인지 구조의 자기 조직화(self-organization of a new cognitive structure)"를 나타낸다.[43]

다른 연구자들은 인간 발달의 맥락에서 이러한 종류의 과정을 조사했다.[44] 이들은 어린이가 기어다니다가 걸음마를 떼기 시작할 때 한 세트의 안정적인 신체 구성을 다른 세트

---

39) [역주] 미국의 인지심리학자 깁슨(James J. Gibson, 1966)이 행위자와 세계 사이의 행동 가능한 속성을 설명하기 위해 사용한 것으로서, 환경이 동물이나 인간에게 직접적으로 지각할 수 있는 가치 있고 의미 있는 정보를 제공하는 것을 의미한다. 즉, 어포던스란 생활환경, 표면, 물질이나 물체 등과 같이 인간을 둘러싸고 있는 환경에 내재한 행위를 유발하는 의미 있는 정보로서, 특정한 행위자의 행위 가능성과 관련된다.

40) Burnard, 위의 글.

41) Dylan van der Schyff, Andrea Schiavio, and David J. Elliott, *Musical bodies, musical minds: Enactive cognitive science and the meaning of human musicality* (Cambridge, MA: MIT Press, 2022).

42) Damian G. Stephen, and James A. Dixon, "The self-organization of insight: Entropy and power laws in problem solving," *Journal of Problem Solving* 2/1 (2009), 72-102. Stephen et al., "Dynamics of representational change: entropy, action, and cognition," *Journal of Experimental Psychology: Human Perception Performance* 35/6 (2009), 1811-1832

43) James A. Dixon et al., "The self-organization of cognitive structure." *in Psychology of learning and motivation*, edited by B. Ross (San Diego: Elsevier, 2010), 343-384.

44) Smith, Linda and Esther Thelen, "Development as a dynamic system," *Trends in cognitive sciences* 7/8 (2003), 343-348.

로 교환하는 방법을 생각하였다. 아이의 이러한 전환은 불안정하고 불편한 기간(떨어짐, 울음, 좌절감)을 포함하게 된다. 하지만 전환이 이루어지고 나면 어린이의 걷기는 안정성과 유연성 모두를 특징으로 한다. 걷기는 다양한 목표를 실현하고 환경 조건에 반응하기 위해 적응할 수 있는 어린이 운동 레퍼토리의 안정적인 부분이 된다.[45] 마찬가지로 엔트로피와 안정성의 작용은 도구 학습의 맥락에서 식별될 수 있다.[46] 도구를 사용하여 신체를 쓰는 새로운 방법을 개발하는 것은 신체 내 그리고 신체와 도구 사이의 관계가 불안정하고 분리되어 있음을 나타내는 불편하고 실망스러운 시간을 발생시킬 수 있다.[47] 그러나 이러한 경험은 신체적, 신경적, 환경적 차원 사이에 새로운 관계를 형성하는 데 필요하다. 이는 음악가들이 창의적인 가능성을 연습하고, 배우고, 탐구하는 과정에서 나타난다. 이를 통해 음악가는 더 넓은 범위의 음악적 행동과 이해를 개발하고, 더 유연하고 적응적으로 될 수 있으며, 사용하는 악기에서 새로운 "어포던스"를 인식할 수 있다.

"어포던스"라는 용어는 에이전트가 환경의 특징에 참여한 역사를 통해 행화하는 행동의 가능성을 의미한다.[48] 학습, 성장 및 경험은 움직이고, 행동하고, 생각하는 새로운 방식을 여는 단계 전환으로 이어진다. 예를 들어, 아이들은 자신의 환경을 탐색하면서 물건을 발견하고 그것을 사용하는 방법을 개발한다. 때때로 이러한 발견은 사물이나 사물의 집합에 대한 소리 생성 어포던스를 포함한다. 아이들은 이러한 대상을 깊이 탐구하면서 원하는 소리를 생성하는 참여 패턴을 개발하기 시작한다. 그들의 탐색적 행동은 목표 지향적인 행동 및 인식의 레퍼토리 생성과 초기 음악 환경의 자기 조직화로 이어진다.[49] 에릭 클락(Eric Clarke)은 이에 대한 유용한 예를 아래와 같이 설명한다.

아이가 실로폰을 처음 접했을 때 손이나 막대기를 사용하여 어느 정도 통제되지 않은 실험을 하면 온갖 종류의 우연한 소리가 발생하게 된다. 비지도 탐색(unsupervised investigation)을 통해 아동은 다양한 종류의 행동을 발견하고…차별화된 결과를 낳을 수 있고…이러한 구별은 그 자체

---

45) Esther Thelen, and Smith, Linda, *A daynamic system approach to the development of cognition and action* (Cambridge, MA: MIT Press, 1994).

46) Dylan van der Schyff, Andrea Schiavio, and David J. Elliott, 위의 글.

47) David Sudnow, *Ways of the hand: The organization of improvised conduct* (Cambridge, MA: Havard University Press, 1978).

48) James J. Gibson, *The senses considered as perceptual systems* (Boston: Houghton-Miffin, 1966); James J. Gibson, *The ecological approach to visual perception* (Boston: Houghton-Miffin, 1979); Anthony Chemero, "An outline of a theory of affordances," *Ecological Psychology* 15/2 (2003), 181-195

49) Schiavio et al., "When the sound becomes the goal. 4E cognition and teleomusicality in early infancy," *Frontiers in Psychology* 8 (2017).

로 다른 목표를 달성하는 데 사용될 수 있다.[50]

이러한 과정은 사람들이 악기를 배우기 시작하고 연습과 실험을 통해 악기를 조작하는 새로운 방법을 발견함에 따라 계속된다. 발생하는 어포던스는 다양한 방식(예를 들어 아티큘레이션, 음질, 리듬, 다이내믹스 및 확장된 기술)으로 병치하는 창의적 옵션을 음악가에게 제공된다.

어포던스라는 개념은 신체적 발달(성장과 실천), 적응성(새로운 관계와 행동 레퍼토리를 형성하는 능력), 개념적 발달(다양한 행동, 도구, 아이디어를 새로운 방식으로 결합하는 능력) 그리고 창의적 실천에서 교차하는 다양한 방식 사이의 긴밀한 관계를 강조한다. 음악가들이 효과적인 음악 공연에 필요한 종류의 동작을 함께 행화함에 따라 음악적 어포던스가 음악가-악기의 결합을 넘어 사회적 음악 환경으로 확장될 수 있다는 점이 중요하다.[51] 앙상블이 학습 및 발달 과정을 협상함에 따라 우리는 불안정성과 안정성의 시기를 식별할 수 있다.[52] 이 기간은 공유된 탐색, 실험 그리고 그에 따른 다양한 도전, 좌절, 보상이 포함된다. 앙상블이 일관되게 연주하고 그들이 작업이 내장한 문화적 형식의 제약 내에서 만족스러운 그리고 참신한 음악적 결과를 개발할 수 있도록 하는 사고와 행동의 공유된 형식을 개발하려면 이러한 과정이 필요하다.[53]

음악, 스포츠 및 기타 영역의 수행과 관련한 지각적 및 행동 기반 이해의 종류를 종종 "숙련된 대응(skilled coping)"이라고 일컫는다.[54] 이 용어는 지속적인 적응성과 즉각적인 문제 해결이 필요한 환경에서 신체 기술의 비결과 행동적 사고의 상호작용을 설명하는 데에 사용된다.[55] 이러한 형태의 신체적 지식을 통해 에이전트는 창의적인 "몰입"을 경험할 수 있으

---

50) Edmund M. Clarke, *Ways of listening: An ecological approach to the perception of musical meaning* (Oxford: Oxford University Press, 2005), 23.

51) Joel Krueger, "Affordances and the musically extended mind," *Frontiers in psychology* 4 (2014), 1003.; Mark Reybrouck, "Musical sense-making and the concept of affordance: an ecosemiotic and experiential approach," *Biosemiotics* 5/3 (2012), 391-409.

52) Dylan van der Schyff, Andrea Schiavio, and David J. Elliott, 2022., 위의 글.

53) Adam Lison, and Eric Clarke, "Distributed cognition, ecological theory, and group improvisation," in *Distributed creativity: Collaboration and improvisation in contemporary music*, edited by E. Clarke & M. Doffman (New York: Oxford University Press, 2017).

54) Hubert L. Dreyfus, "The myth of the pervasiveness of the mental," in *Mind, reason, and beong-in-the-world*, edited by J. K. Schear (London: Routledge, 2013), 15-40.

55) Geeves et al., "To think or not to think: The apparent paradox of expert skill in music performance," *Educational Philosophy and Theory* 46/5 (2014), 674-691.; Simon Høffding, *A Phenomenology of musical absorption* (New York: Palgrave Macmilan, 2019).; Kimmel et al., "Sources of embodied creativity: interactivity and ideation in contact improvisation," *Behavioral Sciences* 8/6 (2018), 52.; John Sutton et al., "Applying intelligence to the reflexes: Embodied skills and habits between Dreyfus and

며, 이는 재료(악기 및 장비) 및 기타 행위자와 연주자의 행동 및 인식이 통합되는 깊은 시너지 효과를 의미한다.[56] 높은 수준의 숙련된 대응(skilled coping) 및 몰입을 개발하면 음악(기타 장르) 연주자가 자기 신체와 행위 레퍼토리를 순간적으로 해결하는 새로운 맥락과 구성을 배치할 수 있다. 확장된 음악 시스템에 새로운 요소(소리, 리듬, 역동적인 변화)를 도입하여 어포던스를 재구성하고 "위험"을 감수함으로써, 그들이 참여하는 공연은 창의적으로 발전할 수 있다.

그러므로 연주의 음악적 창의성과 유기체-환경의 관계 유지와 관련된 적응적 역학(adaptive dynamics) 사이의 연속성이 더욱 분명해진다. 즉, 이는 신체와 세계를 연결하는 생존관련성을 유지하는 것과 관련 있다. 실제로 여러 명의 음악가가 함께 음악 연주를 하거나 만드는 과정은 말 그대로 "생사가 걸린" 문제는 아니지만, 그럼에도 불구하고 음악적 이벤트를 살아있고 번창하게 유지하기 위한 신체적, 도구적, 감정적, 사회적, 음향적 요소 사이의 적절한 균형을 포함한다. 다른 생명 시스템과 마찬가지로 음악 시스템도 안정성과 자유 사이에서 적절한 균형을 유지해야 한다. 안정성과 제약이 너무 많으면 유기체가 성장하고 진화할 수 없다. 엔트로피가 너무 높으면 시스템은 일관성을 잃고 붕괴한다.[57] 마찬가지로, 음악가들은 상호작용에서 안정성을 유지하려고 노력하면서도 때로는 의도적으로 시스템에 불안정성을 도입하기도 한다. 그리고 이는 음악가에 따라 다양한 방식으로 발생할 수 있다. 재즈 뮤지션은 실시간 적응성을 요구하는 예상치 못한 리듬 또는 화성 구조를 소개하는 경우가 많다. 현악 4중주 단원들은 템포와 프레이징의 변화를 통해 서로 경쟁을 벌일 수 있다. 즉흥 연주자들은 음악적 균형을 극한까지, 혼돈의 가장자리까지 그리고 다시 되돌리는 것에 매우 능숙하다.[58]

음악적 창의성의 실제적인 "작동"은 연주가 무너지지 않는 특정 제약, 예를 들어 확립된 템포 및 프레이징 패턴, 음악과 관련하여 내재된 문화적 규범 등의 조건을 유지하며 음악적 환경의 동요에 순간적으로 적응하는 것을 포함한다. 그러나 이는 또한 음악적 역학에서의 변화 시작과 제약에 맞서는 것을 수반하며, 앙상블이 적응해야 하는 불안정한 순간을 발

Descartes," *Journal of the British society for Phenomenology* 42/1 (2011), 78-103.

56) Mihaly Csikszentmihalyi, *Creativity: Flow and the psychology of discovery and invention* (New York: Harper, 1996).

57) Dylan van der Schyff et al., 2018, 위의 글; Ashley E. Walton et al., "Improvisation and the self-organization of multiple musical bodies," *Frontiers in psychology* 6 (2015); Ashley E. Walton et al., "Creating time: Social collaboration in music improvisation," *Topics in cognitive science* 10/1 (2018), 95-119.

58) David Borgo, Sync or swarm: *Improvising music in a complex age* (New York: Continuum, 2005).

생시킨다.[59] 덧붙여, 이러한 형태의 적응성과 경계 확장은 내장된 문화 환경에 영향을 미쳐 특정 장르 내에서 새로운 관행과 스타일 개념을 낳을 수 있다. 음악가와 앙상블 연주에서 음악적 창의성에 필요한 신체적 지식, 숙련된 대응과 확장된 사회적, 물질적, 개념적 어포던스를 개발하는 데 도움이 되는 요소들은 근육, 신경, 정서, 지각 그리고 개념적 발전에 영향을 미치는 대상 및 사회적 구성에 관한 다양한 탐구 및 참여를 포함한다.

흥미롭게도 이러한 육체적·생태학적 요소들은 작곡과 같은 영역에서 음악 창의성의 실천을 안내하며, 상황에 따라 체화된 의미생성과 관련한 다양한 발달 궤적에 의존한다.[60] 작곡가는 앙상블, 기술 및 음향 공간의 어포던스를 탐색하면서 확립된 스타일의 제약 내에서 이동하거나 이에 맞서 싸우는 새로운 방법을 발견한다.[61] 그리고 여기에서 새로운 관계와 가능성이 나타나기 위해서는 불편하고 불안전한 영역과 협상해야 한다. "고독한 창의적 천재(lone creative genius)"와 달리, 작곡가는 고립되어 창작하지 않으며, 그들의 작품은 단순히 영감의 번쩍임으로 나타나서 "고정된" 출력을 가져오는 것이 아니다.[62] 작곡가는 기술, 다른 작곡가, 연주자를 포함하는 더 넓은 문화적 환경과 상호작용한다.[63] 간단히 말해서, 작곡가들은 사회적, 물질적, 음향적 환경과의 신체적 참여 역사에 따라 인도된다. 따라서 작곡 과정에는 새로운 음악적 장치, 형식, 개념에서 나타날 수 있는 행동 즉, 다양한 탐색, 실험, 기술이 중재하고 사회·문화적으로 합의된 행동이 포함된다. 따라서 '작곡'이라는 용어에 해당하는 것 자체가 무수히 많은 창의성을 수반할 수 있으며, 창의성은 작곡 진행의 여러 단계에서 두드러진 역할을 맡을 수 있다. 예를 들어, 즉흥연주는 작곡 과정의 일부일 수 있다. 마찬가지로, 연주 및 즉흥연주와 같은 음악적 실천 영역 내에서 한 명의 음악가에게 다양한 창의성이 작용할 수 있다는 점을 인식하는 것, 참여한 각각의 음악가가 지닌 특별하고 다양한 창의성을 통해 공연이 실행될 수 있음을 인식하는 것이 중요하다. 예를 들어, 즉흥 바이올린 연주자와 라이브-코딩 아티스트 그리고 대중음악 그룹과 녹음 사운드를 편집하고 제작하는 프로듀서의 협업에서 관계적으로 결합할 수 있는 다양한 창의성을 생각해 보자.

59) Andrea Schiavo, and Mathias Benedek, "Dimensions of musical creativity," *Frontiers in Neuroscience* 14 (2020).

60) Nicholas Cook, *Beyond the score: Music as performance* (New York: Oxford University Press, 2014); Mariusz Kozak, *Enacting musical time: The bodily experience of new music* (New York: Oxford University Press, 2019).; Zvonimir Nagy, *Embodiment of musical creativity: The cognitive and performance causality of musical composition* (London: Routledge, 2017); Ulla Pohjannoro, "Embodiment in composition: 4E theoretical considerations and empirical evidence from a case study," *Musicae Scientiae* 26/2 (2022), 408-425.

61) Dylan van der Schyff et al., 2018, 위의 글.

62) Pamela Burnard, 2012, 위의 글; A. Schiavio, and M. Benect, 2020, 위의 글.

63) Nicholas Cook, 2014, 위의 글.

음악적 창의성이란 무엇인가? : 플라톤에서 AI까지 음악적 창조에 대한 미적 담론

서로 다른 음악적 창의성 간의 특성을 이해하고 가치를 부여하는 것도 중요하지만, 협업 환경에서 창의성이 어떻게 서로를 지원할 수 있는지 이해하는 것도 마찬가지로 중요하다. 이를 위해서는 적응적 행동의 출현(예를 들어, 엔트로피와 안정성, 자유와 제약의 작용), 어포던스의 발전, 보다 일반적으로 창의적 협업의 역동성과 관련한 요소를 이해하는 것이 필요하다. 실제로 위에 소개된 예는 창의적인 음악 환경의 실천에 있어 신체적, 사회적, 물질적 요인의 깊은 통합을 강조한다. 이러한 측면은 고독한 행위자 및 고정된 인공물과 관련된 창의성에 대한 환원적 개념으로는 잘 포착되지 않는다. 대조적으로, 4E 프레임워크는 다음과 같은 상호 영향 차원을 가로지르는 음악적 창의성을 탐색, 비교 및 통합하기 위한 비환원적 가능성을 제공한다.[64]

- 창의적인 음악적 활동의 체화된 움직임: 연주, 작곡, 제작 등에서 음악가가 사운드를 생성, 경험 및 구상하는 방법과 관련된 운동, 정서 및 발달 측면이다. 따라서 탐구와 연습을 통해 음악적 어포던스와 기술을 신체적으로 행화하는 것.

- 공유된 창의적 틈새(niche)에 내장된 움직임: 음악가가 자신이 속한 물리적, 사회적, 문화적 환경과 관련하여 어떻게 적응적으로 자신을 위치시키는지 그리고 창의적인 음악 실천(연주, 작곡, 교육)을 통해 어떻게 제약에 적응하고 이를 극복하는지 아는 것.

- 음악적 사고와 행위의 확장: 음악가가 인지 영역의 일부로 악기와 기타 기술을 사용하는 방법, 앙상블 내에서 안정성과 엔트로피 사이의 균형을 유지하고 조작하는 것과 관련된 다양한 작업들을 적응적으로 제거하거나 수행하는 방법을 아는 것. 그리고 환경적 요인이(다른 음악가, 교사, 청중, 사운드 엔지니어 등) 작곡, 즉흥연주 및 제작에서 새로운 음악 형식 및 관계의 실현에 어떻게 도움을 주는지 설명하는 것.

- 음악적 발전에서의 행화적 움직임: 음악적 주체의 자기 조직적 활동을 통해 독특한 음악적 정체성, 인식 및 환경이 어떻게 나타나고 변화하는지, 이러한 프로세스가 어떻게 지속적인 방식으로 관계적, 창조적 제약을 형성하여 새로운 음악 세계를 만드는지를 아는 것.

---

64) Dylan van der Schyff et al., 위의 글.

요컨대, 이 접근 방식은 창의성이 각 "E"에서 어떻게 펼쳐지는지 그리고 창의성이 어떻게 다르고 어떻게 수렴되는지를 검토함으로써 창의적 주체의 과정과 상호작용을 탐색하는 데 사용될 수 있다. 예를 들어, 사고와 행동의 새로운 가능성이 나타날 때 각 차원과 관련된 신체적, 사회적, 개념적 전환에 대한 현상학적 설명이 포함될 수 있다. 또한, 행화적 관점은 생명 시스템을 근본적으로 창의적인 과정으로 보기에, 음악교육의 사고와 행동이 인간 삶을 위한 음악적 의미-생성의 긍정적인 세계 만들기의 잠재력을 보존하고 육성하도록 함으로써 윤리적 차원으로 이끈다. 이와 관련하여 4E 프레임워크는 어떤 음악적 환경과 행동이 창의성, 개인 성장 및 사회적 복지를 육성하는 올바른 종류의 상호작용 역학을 제공하는지 이해하는 데 도움을 줄 수 있다.

5. 교육적 시사점

행화적 관점에 따라 "삶에 기반한" 지향은 지난 세기 동안 교육을 이끌어 온 가정이 어떻게 변화해야 하는지 알려준다. 예를 들어, 저명한 사상가들은 현대 교육 제도가 표준화된 시험을 통과하기 위하여 기존 지식을 암기하고 재현하도록 학생들을 훈련하는 "산업적(industrial)" 세계관에 의해 형성되어 왔는지 연구해 왔다. 일종의 교육학적 생산설비처럼 말이다.[65] 음악적 맥락에서 이러한 접근 방식은 종종 "창의성" 영역이 작곡가에게만 국한된 것으로 가정하게 한다.[66] 따라서 음악 학습자는 악보에 적힌 정보를 정확하게 재생산하거나 수용된 교육 도구(예: 빅 밴드 차트, 코드-스케일 이론 및 화성학 그밖에 성문화된 교재)에 의해 표준화 음악 장르의 기존 관습 내에서 적절하게 연주할 수 있는 기술적 능력을 개발하도록 훈련받는다. 기술적인 기능과 전통적인 이해의 습득이 음악적 발전에 중요한 요소지만, 음악이 제공하는 지식 유형은 정보 기반 학습 형태를 훨씬 뛰어넘는다. 실제로 교사에서 학생으로의 기존 사실과 기술 전달에 중점을 둔 모델은 학습자의 잠재력을 제한한다고 주장된

---

65) David J. Elliott, and Marissa Silverman, *Music Matters: A philosophy of music education (2nd ed.)*. (New York: Oxford University Press, 2015).; D. van der Schyff, Andrea Schiavio, and David J. Elliott, "Critical ontology for an enactive music pedagogy," *Action, Criticism, and Theory for Music Education* 15/4 (2016), 81-121.

66) Keith Sawyer, "Improvisation and teaching," *Critical Studies in Improvisation* 2/2 (2007), 1-4.

다.[67] 소이어(Keith Sawyer, 1960-)[68]는 이러한 접근 방식이 학생들에게 "새로운 지식을 생성할 수 있는 더 깊은 개념적 이해와 적응형 전문 지식"을 개발할 기회를 제공하지 않는다고 주장하였다. 마찬가지로, 바우만(Wayne Bowman)은 음악 학습이 수반할 수 있는 이러한 제한된 개념이 음악교육을 다음과 같이 축소한다고 주장했다.

> 사실, 무언가를 중요하게 만드는 대부분은 근육, 피, 뼈, 투쟁, 권력, 정치와 같은 신체적·사회적인 것들을 제거한 심리학적 사건이다…이것은 신체를 어색한 장소에 남겨두고 문화적 활동으로서의 음악 지위를 무시한다. 음악이 교육적으로 정말로 중요한 이유 중 가장 중요한 것은 음악의 참여적이고 행화적이며 체화된 특성과 그에 따른 신체, 정신 및 문화의 공동 기원을 강조하는 능력이다.[69]

음악적 환경은 학습자가 자신이 참여하는 사회적, 문화적, 물질적 세계의 우연성을 어떻게 탐색하는지를 반영하고 알리는 맥락적, 체화된 형태의 지식을 탐구할 무한한 가능성을 제공할 수 있다. 연구에 따르면 어린이를 위한 협동적 창의적 음악 실천의 긍정적 측면이 밝혀졌으며, 이는 다른 맥락에서 공감 수준을 높이는 것으로 보인다.[70] 또한, 다양한 문화적 배경(예: 정착민, 토착민, 이민자, 난민)의 참가자가 참여하는 지역 사회 음악 프로젝트에 관한 연구는 '협업 음악과 예술이' 어떻게 체화된 형태의 의사소통(즉흥, 춤)을 강조하고, 언어를 통한 의사소통이 어렵거나 불가능한 상황에서 이해, 신뢰, 우정을 키우는 데 도움이 되는 공유된 목표를 개발하고 실현하는지를 입증하였다.[71] 이러한 잠재력에 맞춰 교육자들은 학생과 교사의 실제 삶과 관심을 반영하는 협력, 즉흥연주 및 기타 관계형 창의성으로 음악 발전을 도모하기 위한 새로운 모델을 개발하고 있다.[72] 많은 이들에게 이러한 움직임은 음악을

---

67) Thomas Regelski, "On methodolatry and music teaching as critical and reflective praxis," *Philosophy of music education review* 10/2 (2002), 102-123.

68) Keith Sawyer, 위의 글.

69) Wayne Bowman, "Cognition and the body: Perspectives from music education," *in Knowing bodies, moving minds: Towards embodied teaching and learning,* edited by L. Bresler (Netherlands: Kluwer Academic Press, 2004), 46.

70) Tal-Chen Rabinowitch, and Ariel Knafo-Noam, "Synchronous rhythmic interaction enhances children's perceived similarity and closeness towards each other," *PloS* one 10/4 (2015).; Tal-Chen Rabinowitch, Ian Cross, and Pamela Burnard, "Long-term musical group interaction has a positive influence on empathy in children," *Psychology of music* 41/4 (2013), 484-498.

71) Andrea Schiavio et al., "Negotiating individuality and collectivity in community music. A qualitative case study," *Psychology of Music* 47/5 (2019), 706-721.

72) Pamela Burnard 2012, 위의 글.; L. Green, *Music, informal learning, and the school: A new classroom pedagogy* (London: Ashgate Press, 2008).

실천으로 받아들이도록 한다. 즉, 기술적 지식을 더 큰 사회적, 윤리적 활동에 봉사하도록 하는 공유된 창의적 활동으로 받아들이는 것이다. 여기에서 학습자들은 음악적 환경을 공동으로 창조하면서 적극적인 자아와 언어 창조자로서 잠재력을 능동적으로 탐색할 수 있다.[73]

그러한 가능성은 또한 뿌리 깊은 개인적, 문화적 가정에 직면하여 음악교육에 대한 행화적인 접근 방식의 비판적이고 윤리적인 의미를 밝혀준다. 이전에 논의한 것처럼 생명 시스템 개발의 주요 측면은 적응성과 관련 있다. 확장된 인지 생태학에 참여하고 신체-세계의 단계적 변이를 탐색하는 경향은 이해와 의미의 새로운 세계를 공동으로 만들어내는 것이다. 교육 맥락에서 이러한 근본적인 의미 생성 능력을 인식하고 육성하는 것은 학생과 교사가 자신의 가능성과 다른 사람의 잠재력을 제한할 위험이 있는 권력 역학, 제도적 구조, 사고 습관을 인식하고 비판적으로 성찰해야 함을 의미한다. 이를 위해 교육자는 학생들이 탐구하고, 새로운 상황에 적응하고, 위험을 감수하고, 자기 창조(음악) 존재로서 잠재력을 발휘할 수 있는 안전한 환경을 제공해야 한다. 이러한 잠재력을 드러내려면 학생과 교사가 기관 환경에 의해 부과된 개념적이고 물리적인 경계를 넘어 인지적 범위를 확장하여 그들이 참여하는 더 넓은 커뮤니티의 다양성에 참여할 수 있어야 한다.[74]

음악교육과 연구를 토착민 및 기타 소외된 공동체와의 협력으로 확장하다 보면, 결국 인류의 번영을 제한하는 유럽 중심주의, 가부장제, 이분화된 젠더 및 백인 우월주의적인 가정을 없애는 데 도움이 될 수 있다. 이러한 가능성은 이미 다양한 비판적 사상가와 전문가에 의해 탐구되고 있다.[75] 예를 들어, 이들은 토착민의 생활 음악을 활용 또는 연주하는 것에 대해 충분한 이해가 없는 예술가들이 작곡과 연주와 같은 예술 활동에 있어 토착 음악 전통의 요소들을 전혀 고려하지 않은 채 그들의 작품과 공연을 그저 외래적인 요소로 취급하고 있는 사례들을 밝혀낸다.[76] 따라서 새로운 형태의 비판적이고 문화적으로 인식된 실천과 이론

73) David J. Elliott, and Marissa Silverman, 2015, 위의 글.; T. Regelski, "The Aristotelian bases of praxis for music and music education as praxis," *Philosophy of Music Education Review* (1998), 22-59.; Thomas Regelski, 2002, 위의 글.

74) Patrica Campell, and Judith Teicher, "Themes and variations on the creative process: Tales of three cultures," *Research Studies in Music Education* 8/1 (1997), 29-41; Susan A. O'Neill, "Revisioning musical understandings through a cultural diversity theory of difference," *Exploring social justice* 4 (2009), 70-89.

75) Deborah Bradley, "Good for what, good for whom?: Decolonizing music education philosophies," in *the handbook of philosophy in music education*, edited by W. Bowmna & L. Frega (New York: Oxford University Press, 2012); A. Herbst, M. Nzewi, and K. Agawu, *Musical arts in Africa: Theory, practice and education* (Pretoria, South Africa: University of South Africa Press, 2003); Juliet Hess, "Challenging the empire in empir(e)ical research: The question of speaking in music education," *Music Education Research* 20/5 (2018), 573-590; Kevin Korsyn, *Decentering music: A critique of contemporary musical research* (New York: Oxford University Press, 2003).

76) Dylan Robinson, *Hungry listening: Resonant theory for indigenous sound studies* (Minneapolis: University of Minnesota Press,

음악적 창의성이란 무엇인가? : 플라톤에서 AI까지 음악적 창조에 대한 미적 담론

은 예술가, 교사, 학생을 뿌리 깊은 사고와 행동 방식에 도전받도록 하고, 새로운 확장된 관계로 등장시키며, 보다 유연하고 적응적이며 포용적인 환경이 연행되는 협력적인 위치에 배치함으로써 식민화된 정신의 "인지적 한계(cognitive confinement)"[77]를 돌파하는 데 도움 될 수 있다.

요컨대, 비판적으로 참여하는 음악 및 예술 실천과 관련된 활동은 현대 사회에서 '창의적인 음악인이 되는 것(be), 되기(become)'에 필수적 부분이다. 이러한 활동은 탐색, 적응성, 즉흥성 및 협업을 포함하고, 창의성에 대한 다양한 개념을 접하게 한다.[78] 따라서 행화적이고 창의적이며 다원적인 환경은 타인과의 관계 및 상호 이해에 따른 협상, 새로운 지식, 실천 형태, 하이브리드 문화 경험 및 표현의 공동 창조(co-creation)를 위한 새로운 음악 방식을 육성할 수 있다.[79] 이러한 유형의 의미-생성에는 신체 기반의 환경적 지식(새로운 신체 기술, 인식 및 어포던스) 개발, 사회적 이해 향상(공감, 문화적 인식, 공유된 어포던스) 그리고 다른 사람의 창의적인 행동에 의존하고 기여하는 능력(신뢰, 경험 공유 및 이해)을 포함한다. 다시 말하지만, 그러한 가능성의 실현은 새로운 행동 및 사고방식의 발전에 따라 신체 및 대인 관계가 불안정한 어려운 시기를 헤쳐 나가는 것을 포함할 수 있다. 그러한 역학을 협상할 수 있는 기술, 경험 및 자신감을 얻기 위해서는 현대의 창의적 실천과 그것이 실행되는 다양한 공동체를 특징짓는 일종의 개념적, 스타일적, 문화적 경계 교차에 참여하는 것이 필수적이다. 따라서 우리는 학생들이 다양한 방식으로 탐구하고, 창조하고, 협력하는 성향을 개발할 수 있도록 환경을 제공해야 한다.[80] 이는 독창적인 음악의 창작 즉, 존재(being)와 되어가기(becoming)에 대한 공유된 경험을 반영하는 음악 창작의 자기-조직화(self-organizing) 과정에 참여하는 것을 포함한다.[81]

여기에 작용하는 복잡한 요소들은 인지 및 음악 학습에 대한 계층적, 입력-출력, 정보 처리 또는 재생 기반(reproduction-based) 접근 방식을 훨씬 뛰어넘는다. 오히려, 그들은 신체

2020).

77) Shella Batacharya, and Yuk-Lin Renita Wong, (Eds.) *Sharing breath: Embodied learning and decolonization. Edmonton, AB: Athabasca University Press, 2018)*; Konrad Werner, "Cognitive confinement, embodied sense-making, and the (de)colonization of knowledge," *Philosophical Papers* 49/2 (2020), 339-364.

78) Patrica Campell, Judith Teicher, 위의 글.

79) Homi Bhabha, *The location of culture* (Abingdon: Routledge, 2004).

80) Leon De Bruin, Pamela Burnard, and Susan Davies, (Eds.) *Creativities in arts education, research and practice: International perspectives for the future of learning and teaching* (Breill-i-Sceince, 2018); Tamas PeterSzabo et al., "Multiple creativities put to work for creative ecologies in teacher professional learning: A vision and practice of everyday creativity," *in Palgrave handbook of creativity and learning*, ed. S. Lemmetty et al. (New York: Palgrave, 2021), 115-143.

81) David J. Elliott, and Marissa Silverman, 위의 글.

적, 사회적, 물질적 영역을 넘나들며 음악성과 생명 시스템의 시너지 역학 사이의 깊은 연속성을 강조한다. 따라서 4E 프레임워크는 교육자와 학생들이 창의적인 음악 환경의 공동 행화를 특징으로 하는 역동성을 연구할 때 유용한 출발점이 될 수 있다. 예를 들어, 다음과 같은 창의적인 개발을 탐구할 수 있다.

1. 연습을 통해 어떤 새로운 도구적 과제가 나타났는가? 이를 충족하는 과정에서 어떤 새로운 신체-도구적 관계와 이해가 발전했는가? 사람들은 새로운 기술을 배우고, 상호작용하고, 창의적 경계를 넓힐 때 불안정성과 안정성을 어떻게 신체·정신적으로 경험하는가? 다양한 음악적 창의성은 신체 활동과 신체 경험을 어떻게 활용하는가? (체화인지)

2. 우리가 창의적으로 생각하고 행동하는 방식을 형성하는 데 사회·문화적 환경은 어떤 역할을 하는가? 음악 활동은 우리가 개인과 사회 집단으로서 살아가는 더 넓은 물리적, 음향적, 역사적, 사회적, 문화적, 성별 세계에 대한 새로운 이해로 어떻게 이어지는가? (내장인지)

3. 공동 연주자, 기술 및 기타 비유기적 생태학적 요인과의 상호작용을 통해 창의적 가능성은 어떤 방식으로 향상되거나 가능해지는가? 서로 다른 창의성이 확장된 음악 네트워크를 통해 어떻게 서로를 지원하고 정보를 제공하는가? (확장인지)

4. 음악 제작을 통해 어떤 새로운 의미가 생겨나는가? 어떤 새로운 관계와 이해가 나타나는가? 이러한 관계와 이해는 음악가가 음악적으로, 음향적으로, 사회적으로, 정서적으로 세상과 소통하는 방식을 어떻게 변화시키는가? 그리고 이것이 어떻게 새로운 창의성이나 하이브리드 창의성을 낳을 수 있는가? (행화인지)

덧붙여, 이러한 차원은 신체적(예: 부상 또는 건강 불량, 정서적 고통), 내장된 그리고 확장된 영역(예: 제대로 작동하지 않는 도구, 신체적으로 안전하지 않거나 부적절하고 강압적이며 위협적이거나 편견적인 사회적 환경을 포함하는 환경) 전반에 걸쳐 창의적 참여에 부정적인 영향을 미치는 요인을 드러내는 데 중요한 역할을 할 수 있다.

6. 결론

내가 여기서 논의한 통찰력과 가능성은 현재 다양한 맥락에서 음악교육분야의 학자들이 발전시켜 나가고 있다.[82] 행화적 입장은 일반적으로 비판적 교육학의 주요 발전에도 영감을 주었다. 특히, 조킨첼로(Joe Kincheloe, 1950-2008)[83]는 마투라나와 바렐라[84]의 작업을 활용하여 교육에 대한 삶 기반 접근 방식으로 가치를 전환하였다.

> 삶이 자기-조직화되어 있다면 존재론적, 인지적, 교육학적 의미가 심오하다. 새로운 패턴을 인식하고 새로운 프로세스를 개발함으로써 인간은 이전에 상상했던 것보다 훨씬 더 많은 정보를 자신의 진화에 투입한다. 그러한 맥락에서 인간 에이전시의 가능성은 강화된다(p. 50).

조킨첼로[85]가 언급한 바와 같이 "감지하고, 적응하고, 창의적으로 체화된 마음은 생명의 자기 생성(self-making), 자기 조직화(self-organizing) 또는 포이에시스(poiesis)의 진화적 개념"을 반영한다. 이에 따라 다른 사상가들도 창의적인 음악 작업과 관련하여 어떠한 종류의 체화·공감·시너지스틱 활동이 우리를 지탱하는 생태계에 대한 더 깊은 이해를 발전시키는 데 도움을 줄 수 있는지 연구하고 있다.[86] 학생과 전문가들이 자신의 음악 제작에서 발견한 체화된 자아 형성 과정(self-making processes)과 그들의 만나는 환경(예: 자연 속에서의 깊은 듣기, 생태학 연구 및 이러한 경험에서 영감을 받은 창의적인 프로젝트 개발) 사이의 연속성을 상상하고 식별할 때, 그들은 인간이 아닌 생명체에 대해 더 깊은 이해와 자비로운 관계를 발전시킬 수 있다.

---

82) Rosalind Ridout, and John Habron, "Three flute players' lived experiences of dalcroze eurhythmics in preparing contemporary music for performance," *Frontiers in Education* 5 (2020); Andrea Schiavio et al., "When the sound becomes the goal. 4E cognition and teleomusicality in early infancy," *Frontiers in Psychology* 8 (2017); Marissa Silverman, "Sense-making, meaningfulness, and instrumental music education," *Frontiers in Psychology* 11 (2020); Kai Tuuri, and Oskari Koskela, "Understanding human–technology relations within technologization and appification of musicality," *Frontiers in psychology* 11 (2020).

83) Joe Kicheloe, "Artful teaching in a 'sensational' context," *Counterpoints* 212 (2003), 1-37.

84) Humberto Maturana, Francisco Varela, 1980.

85) Joe Kicheloe, 위의 글 50.

86) Freya Mathews, The ecological self (London: Routledge, 1991); Freya Mathews, "Thinking from within the calyx of nature," *Environmental Values* 17(1) (2008): 41-65; David Rothenberg, and Marta Ulvaeus. (Eds.) *The book of music and nature: An anthology of sounds, words, thoughts* (Middletown, CT: Wesleyan University Press, 2009); Daniel Shevock, *Eco-literate music pedagogy* (New York: Routledge, 2018); Dylan van der Schyff, "Music as a manifestation of life: exploring enactivism and the 'eastern perspective' for music education," *Frontiers in Psychology* 6 (2015).

물론 더 많은 것을 탐구해야 한다. 그러나 지금으로서는 4E 사고에서 영감을 받은 음악교육이 창의적인 악기 연주 및 음악 실습을 더 잘 안내할 수 있다는 것만을 간단히 언급하겠다. 실제로, 체화된 음악 교수법이 아우르는 개인적, 사회적, 생태학적, 비판적 참여 관점은 학생들이 현대 세계에서 직면하는 경험과 도전을 탐구하고, 이해하고, 표현하는 데 핵심적인 역할을 할 수 있다. 따라서 이러한 교육적 접근 방식은 다원적 관점과 새로운 관계를 여는 데 도움이 될 수 있으며, 학생과 교사가 자비롭게 진화하는 존재 방식과 지식을 반영하는 새로운 형태의 음악적 실천을 행화할 수 있도록 지원한다.

참고문헌

배문정. "Enactivism 을 Enact 하기: 번역의 문제를 중심으로: 번역의 문제를 중심으로."『인지과학』25/4 (2014): 303-341.

이기흥. "행화주의 마음치유: 시론."『철학탐구』48 (2017): 91-129.

이정모. "체화된 인지 접근과 학문간 융합: 인지과학 새 패러다임과 철학의 연결이 주는 시사."『철학사상』38 (2010): 27-66.

Batacharya, Sheila., and Wong, Y-L. R. (Eds.) *Sharing breath: Embodied learning and decolonization*. Edmonton, AB: Athabasca University Press, 2018.

Bhabha, Homi K. *The location of culture*. Abingdon: Routledge, 2004.

Bishop, Laura. "Collaborative musical creativity: How ensembles coordinate spontaneity." *Frontiers in psychology* 9 (2018).

Bowman, Wayne. "Cognition and the body: Perspectives from music education." In *Knowing bodies, moving minds: Towards embodied teaching and learning*. Edited by Bresler: 29-50, Netherlands: Kluwer Academic Press, 2004.

Borgo, David. *Sync or swarm: Improvising music in a complex age*. New York: Continuum, 2005.

Bradley, Deborah. "Good for what, good for whom?: Decolonizing music education philosophies." In *the handbook of philosophy in music education*. Edited by W. Bowmna & L. Frega: 409-433, New York: Oxford University Press, 2012.

Burnard, Pamela. *Musical creativities in practice*. New York: Oxford University Press, 2012.

Burnard, Pamela., and Tatjana, Dragovic., "Characterizing communal creativity in instrumental group learning." *Departures in Critical Qualitative Research* 3/3 (2014): 336-362.

Burnard, Pamela., and E. Haddon. (Eds.) *Activating diverse musical creativities: Teaching and learning in higher music education*. New York: Bloomsbury, 2015.

Campbell, Patricia Shehan., and Judith Teicher. "Themes and variations on the creative process: Tales of three cultures." *Research Studies in Music Education* 8/1 (1997): 29-41.

Clarke, Eric F. (Ed.) *Ways of listening: An ecological approach to the perception of musical meaning*. Oxford: Oxford University Press, 2005.

Cook, Nicholas. *Beyond the score: Music as performance*. New York: Oxford University Press, 2014.

Csikszentmihalyi, Mihaly. *Flow and the psychology of discovery and invention*. New York: Harper, 1996.

Damasio, Antonio. *Decartes' Error: Emotion, Reason, and the human Brain*. New York: G. P. Putnam's Sons, 1994.

Davidson, Jane W. "Bodily movement and facial actions in expressive musical performance by solo and duo instrumentalists: Two distinctive case studies." *Psychology of Music* 40/5 (2012): 595-633.

Davidson, Jane W., and Jorge Salgado Correia. "Meaningful musical performance: A bodily experience." *Research*

Studies in Music Education 17/1 (2001): 70-83.

De Bruin, Leon., Burnard, Pamela., and Davies, S. (Eds.) *Creativities in arts education, research and practice: International perspectives for the future of learning and teaching*. Breill-i-Sceince, 2018.

De Jaegher, Hanne., and Ezequiel Di Paolo. "Participatory sense-making: An enactive approach to social cognition." *Phenomenology and the cognitive sciences* 6 (2007): 485-507.

De Jaegher, Hanne., Di Paolo, Ezequiel., and Shaun Gallagher. "Can social interaction constitute social cognition?." *Trends in cognitive sciences* 14/10 (2010): 441-447.

Di Paolo, Ezequiel., Buhrmann, Thomas., and Barandiaran, Xabier. *Sensorimotor life: An enactive proposal*. New York: Oxford University Press, 2017.

Dixon, J. A., Stephen, D. G., Boncoddo, R., & Anastas, J. (2010). "The self-organization of cognitive structure." In *Psychology of learning and motivation.*, Edited by B. Ross: 343-384, San Diego: Elsevier, 2010.

Dreyfus, Hubert L. "The Myth of the Pervasiveness of the Mental." *In Mind, reason, and being-in-the-world*. Edited by J. K. Schear: 15-40, London: Routledge.

Elliott, David., and Silverman, Marrisa. *Music Matters: A Philosophy of Music Education* (2nd ed.). New York: Oxford University Press, 2015.

Froese, Tom., and Ezequiel A. Di Paolo. "The enactive approach: Theoretical sketches from cell to society." *Pragmatics & Cognition* 19/1 (2011): 1-36.

Geeves, Andrew., et al. "To think or not to think: The apparent paradox of expert skill in music performance." *Educational Philosophy and Theory* 46/5 (2014): 674-691.

Gibson, James J. *The senses considered as perceptual systems*. Boston: Houghton-Miffin, 1966.

——————. *The ecological approach to visual perception: classic edition*. Boston: Houghton-Mifflin, 1979.

Glăveanu, Vlad Petre. *Distributed creativity: Thinking outside the box of the creative individual*. Cham: Springer, 2014.

Green, Lucy. Music, *Informal learning and the school: A new classroom pedagogy*. London: Ashgate Press, 2008.

Herbst, A., Nzewi, M., and Agawu, K. *Musical arts in Africa: Theory, practice and education*. Pretoria, South Africa: University of South Africa Press, 2003.

Hess, Juliet. "Challenging the empire in empir (e) ical research: The question of speaking in music education." *Music Education Research* 20/5 (2018): 573-590.

Høffding, S. A. *Phenomenology of musical absorption*. New York: Palgrave Macmilan, 2019.

Johnson, Mark. *The body in the mind: The bodily basis of meaning, imagination, and reason*. Chicago: University of Chicago press, 2013.

Juntunen, Marja-Leena., and Hyvönen, Leena. "Embodiment in musical knowing: how body movement facilitates learning within Dalcroze Eurhythmics." *British Journal of Music Education* 21/2 (2004): 199-214.

Keller, Peter E. "Attentional resource allocation in musical ensemble performance." *Psychology of Music* 29/1 (2001): 20-38.

Kimmel, Michael., Hristova, Dayana., and Kussmaul, Kerstin. "Sources of embodied creativity: interactivity and ideation in contact improvisation." *Behavioral Sciences* 8/6 (2018): 52.

Kincheloe, Joe L. "Artful teaching in a "sensational" context." *Counterpoints* 212 (2003): 1-37.

Korsyn, Kevin. *Decentering music: A critique of contemporary musical research*. Oxford University Press, 2003.

Kozak, Mariusz. *Enacting musical time: The bodily experience of new music*. Oxford University Press, 2019.

Krueger, Joel. "Affordances and the musically extended mind." *Frontiers in psychology* 4 (2014): 1003.

Linson, Adam., and Eric F. Clarke. "Distributed cognition, ecological theory, and group improvisation." In *Distributed creativity: Collaboration and improvisation in contemporary music.*, Edited by E. Clarke & M. Doffiman., New York: Oxford University Press, 2017.

Malafouris, Lambros. *How things shape the mind: A theory of material engagement.*, Cambridge. MA: MIT Press, 2013.

Mark J. Rowlands. *The New Science of the Mind: From Extended Mind to Embodied Phenomenology.* Cambridge, MA: MIT Press, 2010.

Mathews, Freya. *The ecological self.* London: Routledge, 1991.

—————————. "Thinking from within the calyx of nature." *Environmental Values* 17/1 (2008): 41-65.

Maturana, Humberto R., and Francisco J. Varela. *Autopoiesis and cognition: The realization of the living.* Boston: Reidel, 1980.

—————————. *The Tree of Knowledge: The Biological Roots of human Understanding*. Boston: New Science Library, 1984.

Merker, Björn H. "Layered constraints on the multiple creativities of music." In *Musical creativity: Mutidisciplinary research in theory and practice.* Edited by I. Deliege and G. Wiggins: 25-43, New York: Taylor and Francis, 2006.

Merleau-Ponty, Maurice. *Phenomenologie de la Perception*. Paris: Editions Gallimard, 1945.

Nagy, Zvonimir. *Embodiment of musical creativity: The cognitive and performative causality of musical composition*. Routledge, 2017.

Newen, Albert., Leon De Bruin., and Shaun Gallagher. (Eds.) *The Oxford handbook of 4E cognition*. New York: Oxford University Press, 2018.

O'Neill, Susan A. "Revisioning musical understandings through a cultural diversity theory of difference." *Exploring social justice* 4 (2009): 70-89.

Pohjannoro, Ulla. "Embodiment in composition: 4E theoretical considerations and empirical evidence from a case study." *Musicae Scientiae* 26/2 (2022): 408-425.

Powell, Kimberly, and Lisa Lajevic. "Emergent places in preservice art teaching: Lived curriculum, relationality, and embodied knowledge." *Studies in Art Education* 53/1 (2011): 35-52.

Rabinowitch, Tal-Chen, and Ariel Knafo-Noam. "Synchronous rhythmic interaction enhances children's perceived similarity and closeness towards each other." *PloS one* 10/4 (2015): e0120878.

Rabinowitch, Tal-Chen., Ian Cross, and Burnard, Pamela. "Long-term musical group interaction has a positive influence on empathy in children." *Psychology of music* 41/4 (2013): 484-498.

Regelski, Thomas A. "On methodolatry and music teaching as critical and reflective praxis." *Philosophy of music education review* 10/2 (2002): 102-123.

──────────. "The Aristotelian bases of praxis for music and music education as praxis." *Philosophy of Music Education Review* (1998): 22-59.

Reybrouck, Mark. "Musical sense-making and the concept of affordance: an ecosemiotic and experiential approach." *Biosemiotics* 5/3 (2012): 391-409.

Richard. Menary. (Ed.) *The Extended Mind*. Cambridge: MIT Press, 2010.

Ridout, R., & Habron, J. "Three flute players' lived experiences of dalcroze eurhythmics in preparing contemporary music for performance." *Frontiers in Education* 5, 2020.

Robinson, Dylan. *Hungry listening: Resonant theory for indigenous sound studies*. Minneapolis: University of Minnesota Press, 2020.

Rothenberg, D., & Ulvaeus, M. (Eds.). *The book of music and nature: an anthology of sounds, words, thoughts*. Wesleyan University Press, 2001.

Sawyer, R. Keith. "Improvisation and teaching." *Critical Studies in Improvisation* 2/2 (2007): 1-4.

──────────. *Explaining Creativity: The Science of Human Innovation* (2nd ed). New York: Oxford University Press, 2012.

Sawyer, R. Keith., and DeZutter, Stacy. "Distributed creativity: How collective creations emerge from collaboration." *Psychology of aesthetics, creativity, and the arts* 3/2 (2009): 81.

Schiavio, A., van der Schyff, D., Gande, A., & Kruse-Weber, S. "Negotiating individuality and collectivity in community music. A qualitative case study." *Psychology of Music* 47/5 (2019): 706-721.

Schiavio, Andrea., and Benedek, Mathias. "Dimensions of musical creativity." *Frontiers in Neuroscience* 14 (2020): 578932.

Schiavio, Andrea., and Van Der Schyff, Dylan. "4E music pedagogy and the principles of self-organization." *Behavioral Sciences* 8/8 (2018): 72.

Schiavio, A., van der Schyff, D., Kruse-Weber, S., & Timmers, R. "When the sound becomes the goal. 4E cognition and teleomusicality in early infancy." *Frontiers in Psychology* 8 (2017).

Shevock, D. *Eco-literate music pedagogy*. New York: Routledge, 2018.

Silverman, Marissa. "Virtue Ethics, Care Ethics, and The Good Life of Teaching." *Action, criticism, and theory for music education* 11/2 (2012): 96-122.

──────────. "Sense-making, meaningfulness, and instrumental music education." *Frontiers in Psychology* 11 (2020): 837.

Smith, Linda B., and Esther Thelen. "Development as a dynamic system." *Trends in cognitive sciences* 7/8 (2003): 343-348.

Szabo, T. P., Burnard, P., Harris, A., Fenyvesi, K., Soundararaj, G., & Kangasvieri, T. "Multiple creativities put to work for creative ecologies in teacher professional learning: A vision and practice of everyday creativity."

음악적 창의성이란 무엇인가? : 플라톤에서 AI까지 음악적 창조에 대한 미적 담론

In *Palgrave handbook of creativity and learning.* edited by S. Lemmetty et al.:115-143, New York: Palgrave, 2021.

Stephen, Damian G., and James A. Dixon. "The self-organization of insight: Entropy and power laws in problem solving." *Journal of Problem Solving* 2/1 (2009): 72-102.

Stephen, Damian G., James A. Dixon, and Robert W. Isenhower. "Dynamics of representational change: entropy, action, and cognition." *Journal of Experimental Psychology: Human Perception and Performance* 35/6 (2009): 1811-1832.

Sudnow, David. *Ways of the hand: The organization of improvised conduct.* MA: Havard University Press, 1978.

Sutton, J., McIlwain, D., Christensen, W., & Geeves, A. "Applying intelligence to the reflexes: Embodied skills and habits between Dreyfus and Descartes." *Journal of the British society for Phenomenology* 42/1 (2011): 78-103.

Thompson, Evan. *Mind in life: Biology, Phenomenology, and the Sciences of Mind.* Cambridge: Havard University Press, 2007.

Torrance, Steve., and Froese, Tom. "An inter-enactive approach to agency: participatory sense-making, dynamics, and sociality." *Humana Mente* 15 (2011): 21-53.

Torrance, Steve., and Schumann, Frank. "The spur of the moment: What jazz improvisation tells cognitive science." *AI & SOCIETY* 34 (2019): 251-268.

Tuuri, K., & Koskela, O. "Understanding human–technology relations within technologization and appification of musicality." *Frontiers in psychology* 11 (2020): 416.

Van der Schyff, D. "Music as a manifestation of life: exploring enactivism and the 'eastern perspective' for music education." *Frontiers in Psychology* 6, 2015.

Van der Schyff, D., Schiavio, Andrea., and J. Elliott, David. *Musical bodies, musical minds: Enactive cognitive science and the meaning of human musicality.* Cambridge, MA: MIT Press, 2022.

Van der Schyff, D., Andrea Schiavio, and David J. Elliott. "Critical ontology for an enactive music pedagogy." *Action, Criticism, and Theory for Music Education* 15/5 2016.

Van Der Schyff, D., Schiavio, A., Walton, A., Velardo, V., & Chemero, A. "Musical creativity and the embodied mind: Exploring the possibilities of 4E cognition and dynamical systems theory." *Music & Science* 1 2018.

Van der Schyff, D., and Joel Krueger. "Musical empathy, from simulation to 4E interaction." In Music, sound, and mind, edited by A. F. Correa: 73-108, Brazil: Brazilian Association of Cognition and Musical Arts, 2019.

Varela, Francisco J. "Structural coupling and the origin of meaning in a simple cellular automation." In *The semiotics of cellular communication in the immune system.* edited by E. Secarez, F. Celada, N. A. Mitchinson, & T. Tada: 151-161, New York: Springer-Verlag, 1988.

——————. *Principles of biological autonomy.* New York: Elsevier North Holland, 1979.

Varela, Francisco J., Thompson, Evan., and Eleanor Rosch. *The Embodied Mind: Cognitive Science and Human Experiece.* Cambridge, MA: MIT Press. 1991.

Walton, A. E., Richardson, M. J., Langland-Hassan, P., & Chemero, A. "Improvisation and the self-organization of multiple musical bodies." *Frontiers in psychology* 6 (2015).

Walton, A. E., Washburn, A., Langland-Hassan, P, Chemero, A., Kloos, H., & Richardson, M. J. "Creating time: Social collaboration in music improvisation." *Topics in cognitive science* 10/1 (2018): 95-119.

Werner, Konrad. "Cognitive confinement, embodied sense-making, and the (de) colonization of knowledge." *Philosophical Papers* 49/2 (2020): 339-364.

저자 소개 (목차 순)

오희숙

서울대학교 음악대학 음악학과 교수로 재직 중이다. 이화여대 피아노과를 졸업하고, 독일 프라이부르크 대학교에서 음악학 석사 및 박사 학위를 취득했다. (사)음악미학연구회 대표로 활동하면서. 음악미학과 현대음악을 분야를 중심으로 연구활동을 하고 있으며, 최근에는 한국연구재단 '우수학자 연구 프로젝트'에 선정되어, 첨단 테크놀로지가 결합된 디지털 현대음악과 AI 음악을 포스트휴머니즘 미학의 관점에서 연구하고 있다. 대표 저서로는 『문화상징으로서의 인용음악』(2022), 『음악이 멈춘 순간 진짜 음악이 시작된다』(2021), 『상호문화성으로 보는 한국의 현대음악』(2020), 『작곡으로 보는 한국현대음악사』(2019) 등이 있다.

이해완

미국 오하이오 주립대학 철학과에서 박사학위를 받은 후 서울대학교 인문대학 미학과 교수로 재직하면서 분석철학적 방법론에 기초한 미학과 예술철학을 배우고 가르치고 있다. 『불온한 것들의 미학』(2020)의 저자이며 『예술과 그 가치』(2010), 『비평철학』(2015)을 번역하였다. 「창의성과 가치: 결과에서 덕성으로」(2021), 「'포르노그래픽 아트'의 가능성에 대한 비판」(2017) 등의 논문이 있다. 한국 미학회 회장을 역임했고 현재 서울대학교 인문학연구원 원장을 맡고 있다.

임수영

임수영은 분석 미학 연구자로, 서울대학교 미학과에서 석사 학위를 취득 후, 동대학원에서 창의성의 철학을 주제로 박사 학위 논문을 작성 중이다. 「예술적 창의성과 합리성」(2021), 「창의성에 대한 제거주의 정의 비판」(2023) 등 창의성에 대한 몇 편의 학술 논문을 썼다. 창의성 외에 환경 미학과 일상 미학에도 관심을 갖고 연구하고 있으며, 환경 미학에 대한 강의와 세미나를 기획하고 진행했다.

권애영

경희대학교 성악과를 졸업하고, 서울신학대학교에서 합창지휘로 석사학위(MACM)를, 서울대학교에서 음악학 석사학위를 취득하였다. 서울신학대학교에서 강사로 재직하였으며, 연주 현장에서 활동하던 중 음악이 우리의 삶에 어떤 가치를 지니는지에 대한 깊은 질문을 품게 되면서 음악 미학 분야에 관심을 갖게 되었다. 한국현대음악 창작비평 시리즈 6권부터 필진으로 참여하고 있으며, 연주 비평단체 '멜로스'의 필자로도 활동 중이다.

김지은

독일 하이델베르크대학교 철학부 음악학과에서 "한국적인 음악과 트랜스문화성: 서구화와 한국화 사이의 길항영역 연구"(Tectum, 2022)라는 주제로 박사학위를 취득하였다. 현재 서울대학교 규장각한국학연구원 국제한국학센터 객원연구원으로 재직중이다. 주요 연구분야는 한국의 음악과 문화, 공연예술의 실제, 동시대음악 작곡가와 청중, 유럽과 아시아의 문화비교이다.

조수현

중앙대학교 작곡과를 졸업하고 뉴욕대학교 Tisch 예술대학원에서 뮤지컬 작곡 전공으로 M.F.A.학위를 취득했다. 이후 예술적 인사이트를 탐구하고 학문적 지평을 넓히고자 서울대학교 음악대학원으로 진학하여 이론을 기반으로 음악학을 학문하고 있다. 클래식 음악, 뮤지컬, 현대 미술 그리고 무용의 작곡, 편곡, 음악감독을 맡아 활동 중에 있다. 지난 5년간 여러 대학에서 실습 중심 과목으로 학생들을 지도하였다. 예술을 사회학적인 시선으로 바라보고 고민하는 것을 좋아하는 작곡가로서 우리 사회에서 들려오는 작은 소리에 귀 기울이고 그들의 이야기를 무대 위로 올리기 위해 고군분투 중이다.

조민경

서울대학교 학부에서 작곡과 이론전공(현 음악학과), 인문대학 미학과를 복수 전공했다. 동 대학원에서 오케스트라 지휘로 석사학위를 받았으며, 현재는 서울대학교 음악학과 박사과정에서 학업을 이어가고 있다. 19세기 연주담론의 지형과 리하르트 바그너의 지휘론을 연계하여 탐구한 논문으로 한국서양음악학회 주관 차세대 음악학자 우수논문 공모전에서 우수상을 수상하였다. 음악사와 미학, 연주 실재를 폭넓게 아우를 수 있는 음악학자로 성장하고자 노력한다.

손민경

서울대학교 작곡과 이론전공을 졸업하고, 미국 노스웨스턴 대학교에서 음악학 전공 석사 학위를 받은 뒤 〈Western Composers' Encounter with Korean Traditional Music〉를 주제로 서울대학교 음악학 박사학위를 취득하였다. 2022-23년 풀브라이트 장학금을 수혜하여 하버드 대학교 음악학과 박사후 연구원에 재직하였고, 현재 서울대학교 동양음악연구소 연구교수와 미국 노스이스턴 대학 박사후 연구원으로 재직중이다. 글로벌 시대 서양과 한국의 음악 문화 교류 현상을 추적하여 음악의 예술 미학적 의미에 주목하고 있다. 한국현대음악 창작비평 시리즈 1권부터 필진과 편집위원으로 참여하고 있으며, 국내 외 학술대회와 저널에 다수의 연구논문을 발표하였다. 주요 논문으로 "Negating Nationalist Frameworks: Aesthetics of Unsuk Chin's Musical Individualism in Twenty-First-Century East Asian Composition," The Journal of Asian Music, 2022), "Reflections on the Challenges of Musical Representations of Korean Historical Texts in Cord Meijering's Marsyas" (Music and Politics, 2024), "미국 포스트모더니즘 작곡가 존 존"(2022), "21세기 음악에서의 탈식민주의 담론"(2023) 등이 있다. 단독저서 『21세기 문화적 경계를 넘어서: 서양작곡가들의 한국음악 수용』(서울대학교출판문화원, 2024)은 2024년 대한민국학술원 우수학술도서로 선정되었다.

임혜숙

이화여자대학교 피아노과를 졸업하고, 이화여대 교육대학원에서 음악교육학 전공으로 석사학위, 미국 University of Illinois at Urbana-Champaign에서 연주 및 문헌으로 석사학위를 받은 뒤, 서울대학교 사범대 협동과정 음악교육으로 박사학위를 취득하였다. 수원대학교 음악대학 객원교수역임, 이화여자대학교 문화예술교육원, 백석대학교 교육대학원 및 평생교육원, 백석예대, 부산교대 강사를 역임하였고, 현재 서울대학교 학습과학연구소 객원연구원, 경기도교육연구원 이사, UN피스코 오케스트라 단장으로 재직중이다. 피아니스트로서 다양한 솔로 및 협연, 앙상블 연주활동을 하였고, 소방공무원들의 우울증 치료를 위한 음원개발 책임연구자로서 음악을 통해 PTSD와 우울증 회복에 기여하고 있다. 또한 한국교육과정평가원 2015 개정 교육과정 적정성 연구 전문가 워킹그룹(2020), 경기도교육청 늘봄학교 시범연구(2024) 등 교육연구자로서 문화예술, 지속발전교육에 우수한 성과를 내고 있어 최근 UN Cultural Award 2024에서 우수연구대상을 수상한 바 있다. 대표 저서로는 『음악적 발달 심리학』(2022), 『디지털 시대의 양적연구방법론』(2023) 등이 있다.

김주희

성신여자대학교 작곡과에서 이론을 전공하고, 서울대학교 음악학 석사과정에 재학 중이다. 음악미학연구회 연주 비평단체 '멜로스'에서 필자로 활동하고 있으며, 음악을 미학적 관점에서 연구하는 것에 흥미를 갖고 상호텍스트성과 관련된 작품 연구에 관심을 두고 있다.

배묘정

한양대학교 사학과를 졸업한 뒤 서울대학교에서 바그너와 쇼펜하우어 음악미학의 관계에 대한 기존의 해석을 재검토하는 논문으로 음악학 석사학위를 마쳤으며, 동 대학에서 근대 일본의 다카라즈카 소녀가극(宝塚少女歌劇) 안에 나타나는 제국주의 이데올로기의 재현 방식을 분석한 논문으로 문학박사학위를 취득했다. 박사학위논문은 2018년 서울대학교 아시아연구소에서 우수학위논문으로 선정되어 2019년 7월에『정치의 가극화, 가극의 정치화-소녀가극이 재현한 제국 통합의 이데올로기』(소나무)로 출간되었으며, 2020년 세종도서 학술부문에 우수도서로 선정되었다. 서강대학교 트랜스내셔널인문학연구소 연구교수를 역임했으며, 음악미학연구회 학술이사로 활동 중이고, 서울대학교에서 일본을 중심으로 동아시아 지역의 공연예술에 관해 강의하고 있다. 역사학·음악학·공연예술학의 다양한 전공 지식을 토대로 동아시아 지역의 문화예술에 관해 독자적인 문제의식과 방법론에 따라 연구를 수행 중이다. 최근의 연구로는「일본의 신작오페라 ≪아니오히메≫(アニオ一姫)의 역사적 상상력에 관한 연구」(2024),「20세기 전반 다카라즈카 가극단의 조선물 연구 - 〈숙향전〉(1938)과 〈풍양가〉(1941)를 중심으로」(2023),「히키아게샤의 노래 ─ 링고노우타(リンゴの唄)에 나타나는 소리 기억의 균열과 재구성」(2022) 등이 있다.

송예진

서울대학교 음악대학 작곡과 이론전공(부전공 철학, 언론정보학)을 졸업하였다. 학부 졸업논문 "표제적 연주회용 서곡의 절대음악적 해석의 시도"(2023)에서 멘델스존과 19세기 음악미학 연구를 하였으며, 현재는 동대학원 음악학과 석사과정에 진학하여 디지털 미디어 환경과 현대 음악미학, 인공지능 등 다양한 분야에 관심을 두고 연구를 이어가고 있다. 최근에는『AI시대의 음악과 테크놀로지』편역에 참여하였다.

정다운

음악비평웹진『멜로스』의 편집위원으로 활동하며 음악에 관한 다양한 글을 쓰고 있다. 이화여대 영어영문학과와 숭실대학교 현대기독교음악(CCM)과를 졸업 후 서울대학교 대학원에서 〈미디어의 미디어가 된 오페라: 존 애덤스의 《닉슨 인 차이나》 연구〉로 음악학 석사학위를 취득하였다. 《실내악: 무한한 상상력의 락(樂)》,《오페라 속의 미학Ⅱ》,《베토벤의 위대한 유산》,《음악, 죽음을 노래하다》 등 여러 저서의 공저자로 참여하였다

김연수

서울대학교 작곡과 이론전공을 졸업하고, 현저 동대학원 음악학과 석사과정에 재학 중이다. 2024년 서울대학교 학문후속세대 장학생에 선정되었으며, 음악미학연구회가 주관하는 『한국창작음악 비평과 해석 사이』 등의 필진에 참여하고 있다. 21세기 동시대 현대음악을 중심으로 음악과 테크놀로지, 음악과 (디지털) 콘텐츠, 개념음악에 관해 다양한 음악미학적 접근을 시도한다.

윤예원

부산대학교 음악학과 작곡 전공을 졸업하고, 서울대학교 석사과정 이론 음악학 전공에 재학 중이다. 20-21세기 현대음악과 동시대 음악의 기학적 가치에 큰 관심을 가지고 있다. 현재는 음악과 테크놀로지의 결합, AI의 음악 작품의 미학적 의의에 대한 연구를 진행하고 있다.

최미설

서울대학교에서 음악교육 전공 석사 학위를 받은 뒤 서울대학교 사범대학 음악교육과 박사과정 중이이며, 현재 서울영도초등학교에 교사로 재직중이다. 음악창작교육과 기술철학, AI와 테크놀로지 분야를 중심으로 연구하고 있다. 2022 개정 교육과정 초등 3-4학년 음악 교과서(비상교육)를 집필하였으며, 주요 논문으로 "Design, Implementation, and Effects of Elementary Music Creation Class Using an AI-Based Music Program, Doodle Bach"(2023), "현대 미학적 관점에서 바라본 문화예술교육으로서의 음악교과교육 방향 연구"(2023), "디지털 매체와 온-오프라인 블렌디드 환경을 활용한 협력적 음악창작 활동 질적 탐구"(2021) 등이 있고, 주요 저서로는 『온음다해 교실합주1』(2022), 『초등음악수업, 질문에 답하다』(2022) 등이 있다.

박진주

성신여자대학교 작곡과에서 이론을 전공하고 서울대학교에서 음악학과 석사과정을 수료하였다. 음악미학연구회에서 〈비평과 해석 사이 6 - 문화융합: 소통과 공명의 합〉의 필진으로 참여하였고, 연주 비평단체 '멜로스'에서도 활동한 바 있다. 현재 슈베르트 피아노 소나타에 나타나는 내러티브적 양상에 대한 연구로 졸업 논문을 준비하고 있다.

이창성

서울대학교 음악대학 작곡과 이론전공을 졸업하고 현재 동대학원 이론·음악학 석사과정에 재학 중이다. 학부논문 "《슈퍼 마리오 오디세이》에 나타난 게임음악의 역할과 의미"를 통해 현대사회에서 게임과 음악의 관계에 대해 고찰한 바 있으며, 2023년부터 2025년까지 공연예술 전문잡지 『객석』에 "Play Game & Music" 칼럼을 연재하였다. KBS 1FM(클래식FM)에서 PD 및 작가로 근무하였으며, 현재는 서울대학교 음악학과 조교로 재직중이다.

최진경

연세대학교 피아노과 졸업 후 미국 Eastman School of Music에서 피아노 연주와 문헌으로 석사학위를 받았으며, 서울대학교 사범대학에서 음악교육 박사학위를 취득하였다. 2020년 한국음악교육학회 차세대 음악교육학자 우수논문상을 받았으며, 시민성, 윤리, 환경 등의 주제를 중심으로 음악교육의 역할과 가치를 탐색하는 연구를 수행하고 있다. 주요 연구로는 "체화인지 관점에서 바라본 실천적 음악교육의 윤리적 가능성 탐구"(2024), "하이데거의 존재론이 함의하는 AI 기반 음악교육의 방향"(2023), "초연결 시대의 고립된 자아를 위한 돌봄으로서 음악교육 탐색"(2023), "생태전환교육으로서 실천적 음악교육의 가능성과 의미 탐색"(2022) 등이 있다. 현재 서울대학교 교육연구소 객원 연구원이며, 전주교육대학교, 국민대학교, 건국대학교에 출강 중이다

(사)음악미학연구회 Study Group for Music Aesthetics

음악미학연구회는 음악미학에 관심 있는 음악학자들과 서울대학교 음악학 전공 석·박사 학생들을 중심으로 구성된 스터디 모임이다. 정기 세미나를 통해 음악미학의 다양한 주제를 연구하는 한편, 연구서 발간을 통해 음악학을 연구하는 후속세대를 위한 학문적 토대를 마련하고 있다. 또한 현대 사회와 문화 전반에 대한 연구를 통해 음악미학의 영역을 확대하고, 음악애호가 및 대중과의 소통을 시도하고 있다.

연혁

2010년 8월	제1차 정기 세미나 개최
2010년 10월~12월	제2차~제3차 정기 세미나 개최
2011년 1월~12월	제4차~제7차 정기 세미나 개최
2012년 12월	「총서1: 음악 말보다 더 유창한 – 현대 독일·영미권의 음악미학의 논의들」 발간
2013년 1월~12월	제8차~제19차 정기 서미나 개최
2014년 1월~12월	제20차~제26차 정기 세미나 개최
2015년 6월	「총서2: 글로벌 시대의 동아시아 현대음악」 발간
2015년 1월~12월	제27차~제31차 정기 세미나 개최
2016년 8월	「총서3: 작품으로 보는 음악미학」 발간
2016년 2월~ 12월	제32차~ 제35차 정기 세미나 개최
2017년 7월	「총서5: 한국을 노래하는 세계의 작곡가 : 작곡가 정태봉 음악 연구」 발간
2017년 1월~ 12월	제36차~ 제41차 정기 세미나 개최
2017년 8월	「총서4: 오페라 속의 미학. 1 : 몬테베르디에서 진은숙까지」 발간
2017년 8월	제1회 공개 학술 포럼 〈오페라 속의 미학 I : 몬테베르디에서 진은숙까지〉개최
2018년 1월~ 7월	제42차~ 제44차 정기 세미나 개최
2018년 7월	「총서6: 그래도 우리는 말해야하지 않는가: 음악의 연주·분석·작품의 해석」 발간
2018년 8월	제2회 공개 학술 포럼 〈오페라 속의 미학 II: 오페라, 낯선 사랑을 통역(通譯)하다!〉개최
2018년 8월~ 10월	제45차~ 제47차 정기 세미나 개최
2018년 10월 15일	(사)음악미학연구회 사단법인 설립 〈문화체육관광부 및 문화재청 소관 설립허가 제2018-209호〉
2018년 11월 27일	제48차 공개 학술 포럼 (사)한국작곡가협회 공동주최 심포지엄 개최
2019년 2월	「비평과 해석 사이 시리즈 001『실내악: 무한한 상상력의 락樂』」 발간
2019년 5월~ 7월	제49차~ 제52차 정기 세미나 개최
2019년 7월	「총서7: 오페라 속의 미학. 2 : 오페라, 낯선 사랑을 통역하다」 발간
2019년 8월	제3회 공개 학술 포럼 〈오페라 속의 미학 III: 오페라, 시대를 지휘하다!〉 개최
2019년 10월	「비평과 해석 사이 시리즈 002『관현악: 사람과 세계의 창窓』」 발간
2019년 10월 26일	제53차 공개 학술 포럼[한국창작음악-비평과해석사이] (사)한국작곡가협회 공동주최 포럼개최
2020년 1월 11일	제55차 정기 세미나 개최

2020년 3월 16일	「총서8: 바그너의 죽음과 부활: 음악극 연출을 통한 작품의 재탄생」 발간
2020년 6월	제56차 정기 세미나 개최
2020년 7월 10일	「총서9: 베토벤의 위대한 유산: 미학과 사회학으로 바라보기」 발간
2020년 9월	제4회 공개 학술포럼 〈오페라 속의 미학IV: 한국 오페라, 노래가 되어 날아오르다!〉 개최
2020년 10월	「비평과 해석 사이 시리즈 003 『독주곡: 사고와 신념의 상想』」 발간
2020년 10월 24일	제58차 공개 학술포럼 〈한국창작음악-비평과해석사이〉 개최
2021년 1월 ~6월	제59차~62차 정기 세미나 및 총회 개최
2021년 8월 27일	제5회 공개 학술포럼 〈오페라 속의 미학V: 오페라, 여성의 운명을 변주하다!〉 개최(63차)
2021년 9월 15일	「총서10: 뉴노멀의 음악. 디지털 컨버전스 음악으로 미래를 듣다」 발간
2021년 10월	「비평과 해석 사이 시리즈 004 『성악곡: 음유와 서정의 화畫』」 발간
2021년 10월 23일	제64차 공개 학술포럼 〈한국창작음악-비평과해석사이〉 개최
2021년 11월 26일	「총서11: 디지털 혁명과 음악: 유튜브, 매시업, 그리고 인공지능의 미학」 발간
2022년 1월~6월	제65차~68차 정기 세미나 및 총회 개최
2022년 6월 1일	「총서12: 오페라 속의 미학: 동아시아의 목소리를 담다」 발간
2022년 9월 3일	제6회 공개 학술포럼 〈오페라 속의 미학VI: 오페라, 너무나 인간적인 너무나 기계적인〉 개최
2022년 10월	「비평과 해석 사이 시리즈 005 『전자음악: 인식과 소통의 감感』」 발간
2023년 1월~6월	제72차~74차 정기 세미나 및 총회 개최
2023년 8월 18일	제7회 공개 학술포럼 〈오페라 속의 미학VII: 음악, 문화, 시대의 교차점에서: 오페라, 오페라〉 개최
2023년 10월 21일	제76차 공개 학술포럼 〈한국창작음악-비평과해석사이〉 개최
2023년 10월	「비평과 해석 사이 시리즈 006 『문화융합: 소통과 공명의 합슴』」 발간
2024년 1월~6월	제77차~80차 정기 세미나 및 총회 개최
2024년 8월 21일	제8회 공개 학술포럼 〈오페라 속의 미학VIII: 오페라, 음악으로 쓴 인간의 사유〉 개최
2024년 8월 21일	「총서13: 오페라의 위대한 여정: 탄생·절정·현재」 발간
2024년 10월	「비평과 해석 사이 시리즈 007 『환경과 자연: 조화와 공생의 류流』」 발간

"아름다운 예술로
아름다운 내일을 열어갑니다"

세아이운형문화재단은 오랜 시간 순수 문화예술에 대한 열정으로 문화예술을 사랑하고 후원해왔던 세아그룹 故 이운형 회장의 뜻을 기려 2013년 세상에 터어났습니다. 예술에 대한 그의 열정을 오늘에 이어받은 세아이운형문화재단은 다양한 문화예술을 지원함으로써 예술인들의 열정과 노력의 가치를 더욱 높이고자 노력하고 있습니다.

다양한 문화예술과 학술연구를 지원함으로서 예술인·음악학자들의 열정과 노력의 가치를 더욱 높이고 오페라 인재 후원으로 가능성을 가진 영재들이 더 크게 성장할 수 있는 기회를 만들어 주며, 국내 오페라 저변을 확대시키고 있습니다. 또한 다양한 클래식 공연의 후원과 개최로 더 많은 사람들에게 아름다운 예술의 감동을 선사함으로써 이를 통해 대한민국 문화예술 활성화에 작은 디딤돌이 되고자 합니다.

아름다운 예술에 대한 세아이운형문화재단의 열정과 사랑이 내일의 세계적인 오페라스타를 배출하고 클래식의 대중화에 한발 다가서는 밑거름이 될 것이라 믿으며, 아름다운 예술로 아름다운 내일을 열어가는 일에 정성을 다하겠습니다.

후원사업
국내외 권위 있는 콩쿠르 입상 경력이 있는 성악가나 오페라 인재 가운데 추천과 심사로 대상을 선정하여 해외 유명 오페라 스타로 성장할 수 있도록 다각도에서 지원합니다. 소프라노 여지원, 박혜상, 이명주, 황수미, 라하영, 테너 김범진, 김승직, 신현식, 박기훈, 박희림, 이준탁, 바리톤 김주택, 최인식, 베이스바리톤 길병민, 지휘 데이비드 이를 후원했으며, 현재는 소프라노 문현주, 김도연, 박성은, 테너 손지훈, 황준호, 바리톤 김건을 후원하고 있습니다. 안정적이고 지속적인 후원을 통해 대한민국 오페라 분야의 발전을 돕고자 합니다

학술연구지원
음악총서 발간 등 음악학 연구를 지원하며, 음악학계에 실질적인 지원활동을 추진하고 있습니다. 또한 음악학자들이 학문에 전념할 수 있도록 안정적 저술 환경을 제공하고 예술을 더 깊이 연구할 수 있는 토대를 만들어갑니다.

정기음악회 〈세아이운형문화재단 음악회〉 개최
2015년부터 매년 정기 공연으로 '세아이운형문화재단 음악회'를 개최합니다. 오페라에 대한 대중의 관심과 이해를 높이고, 예술가들의 공연 활동 및 상호 교류의 장을 마련하고자 하는 취지에서 기획되었습니다. 특히, 이 공연에는 세아이운형문화재단이 후원하는 성악가들과 세계적인 성악가들이 함께하는 무대가 마련되어 그 의미를 더합니다.

지역음악회 〈세상을 아름답게 하는 음악회〉 개최
군산, 부산, 창원, 충주 등 지역 시민을 위한 음악회를 기획 및 개최함으로 지역 시민들에게 문화예술을 향유할 수 있는 기회를 제공합니다. 대중적인 프로그램은 물론 다양한 클래식을 통해 예술과 친근해지고 소통하는 시간을 함께 나눕니다.